国家哲学社会科学成果文库

NATIONAL ACHIEVEMENTS LIBRARY
OF PHILOSOPHY AND SOCIAL SCIENCES

# 社会科学哲学的语境论
# 研究纲领

殷杰 等 著

北京师范大学出版集团
BEIJING NORMAL UNIVERSITY PUBLISHING GROUP
北京师范大学出版社

**图书在版编目(CIP)数据**

社会科学哲学的语境论研究纲领 / 殷杰等著. —北京：北京师范大学出版社，2023.4
（国家哲学社会科学成果文库）
ISBN 978-7-303-29056-7

Ⅰ. ①社… Ⅱ. ①殷… Ⅲ. ①社会科学－科学哲学－研究 Ⅳ. ①C02

中国国家版本馆 CIP 数据核字(2023)第 062502 号

| 图 书 意 见 反 馈 | gaozhifk@bnupg.com　010-58805079 |
| 营 销 中 心 电 话 | 010-58805385 |
| 北 京 师 范 大 学 出 版 社 主题出版与重大项目策划部 | http://xueda.bnup.com |

SHEHUI KEXUE ZHEXUE DE YUJINGLUN YANJIU GANGLING

出版发行：北京师范大学出版社　www.bnupg.com
　　　　　北京市西城区新街口外大街 12-3 号
　　　　　邮政编码：100088
印　　刷：北京盛通印刷股份有限公司
经　　销：全国新华书店
开　　本：710 mm×1000 mm　1/16
印　　张：45.5
字　　数：660 千字
版　　次：2023 年 5 月第 1 版
印　　次：2023 年 5 月第 1 次印刷
定　　价：198.00 元

| 策划编辑：李雪洁　祁传华 | 责任编辑：祁传华 |
| 美术编辑：王齐云 | 装帧设计：王齐云 |
| 责任校对：段立超　陈　民 | 责任印制：马　洁　赵　龙 |

# 《国家哲学社会科学成果文库》
# 出版说明

为充分发挥哲学社会科学优秀成果和优秀人才的示范引领作用，促进我国哲学社会科学繁荣发展，自 2010 年始设立《国家哲学社会科学成果文库》。入选成果经同行专家严格评审，反映新时代中国特色社会主义理论和实践创新，代表当前相关学科领域前沿水平。按照"统一标识、统一风格、统一版式、统一标准"的总体要求组织出版。

全国哲学社会科学工作办公室

2023 年 3 月

# 目　录

# CONTENTS

# 导　论

随着自然科学的思想方法不断应用到社会科学各个领域，社会科学取得了很大进步，尤其是按照自然科学的标准看，社会科学的科学性有很大提高。但这也意味着，自然科学进一步挤压了社会科学的生存空间，社会科学不仅无法从运用自然科学方法所获得的成功中建立自身存在的合法性基础，而且也正在丧失其具有的独特性。自然科学浸入社会科学的过程进一步削弱了社会科学的存在感，不仅社会科学是否具有与自然科学相类似的合法性地位一直悬而未决，而且还不断加重了人们对社会科学是否属于真正科学的怀疑。人们很可能不再从社会科学的视角来审视科学事业的标准条件，甚至可能将自然科学的标准作为认识世界的唯一标准，这对于社会科学来说无疑是一场性命攸关的重大危机。

这场危机的吊诡之处在于，社会科学已经不能按照传统社会科学哲学的思路，通过与自然科学划清界限来确立自己的合法地位，社会科学在自然科学规划好的道路上越走越远，难以回头。社会科学面临如此局面的根本原因在于，在经验主义、历史主义等传统范式，或者以自然科学为主的语境论科学哲学范式下，社会科学哲学始终无法通过调和具有自由意志的人或者能动主体（agent）与科学所要求的普遍性、规律性之间的矛盾，来为社会科学的合法性进行有效辩护。如何在与自然科学和平相处的情况下调和上述矛盾，重新定位社会科学自身的科学地位，进而找到论证自身合法性的路径，这点正是社会科学哲学迫切需要解决的基本问题，也是本书所提语境论研究纲领的目标所在。

我们首先要反思的一个问题是，社会科学为什么会在其科学性不断提升的发展趋势之下反而迷失了自身的存在价值？我们认为，关键的原因在于，社会科学在科学化进程中失去了其最重要的核心——真实的人。社会科学放弃了关注真实的人，更多从一种统计学视角来研究由人构成的社会或者群体行为，而这些行为的结果像冰冷的数据一样体现为一种失去了人之本质的、纯粹的科学意义。从社会科学理论的假设前提看，社会科学诸多理论纷纷效仿自然科学研究范式的抽象化处理方法，以理性人假设等方式简洁抽象真实的人，以满足理论解释之需要；从社会科学的研究对象和目标看，社会科学的研究对象以社会现象为主，但为了追求普遍性等科学特征而过于关注人或者具有主体地位实体的可观察和可量化的行为，忽视了人之为人的意义，人成为行为的实施者而已。因此，社会科学需要回到其研究的根本主旨：对人之本质的科学理解，即人之本质在科学视阈下展现的普遍性和规律性特征。换言之，社会科学是通过一种科学解释的方式来展现人之本质的科学，无论其科学化程度多深，社会科学的目标终究是在科学层面探究人的本质是什么，这是社会科学区别于自然科学、文学艺术等领域的最大特点。社会科学既然不是对人的一种生物学研究，也不仅仅是对社会现象的自然科学式描述，那么，我们就需要回答这样两个问题：究竟什么才是对人之本质的科学研究？这种研究又如何可能？

第一个问题的关键是理解人之本质与科学之间的关系，也就是一个具有自由意志的人如何能具有一种科学的普遍性和规律性？尤其是如何能够对人与自身、人与他者、人与社会、人与自然等这些复杂关系实施一种既包含因果性又包含价值的科学研究，最终的结果又如何展现人之本质？对人的科学研究，并不是对每一个具体的人的研究，也不是对抽象的人的行为后果的统计学研究，而是对具有能动性的人和主体的研究，是力图从科学的普遍性、规律性出发来展现人之本质。

人是一个复杂的主体，具有数不清的独特性，体现人的维度可能有很多，关键是从哪些维度出发来展开对人的科学研究，而这些维度还需要满足人之本质特征和科学性两个条件。从科学研究的基本要素看，任何形式的科学研究都包含了时空和因果两个方面，对应于真实的人来说，表现为人的历史性和社会性维度。历史性体现了人是时空中的存在，是形成社会现象的根本推动力，同时人又具有不可回溯性，表现在时间不可逆以及人的意向性不可逆，也就是人不可能以一切没有发生的意向状态回到过去；社会性维度体现了社会群体对个体的功能性作用，也就是社会实在(social reality)对个体行为会产生实质性的作用。比如，经济学在理性人假设下通过演绎归纳等方法解释了经济现象，而经济现象某种程度上也是人的历史性和社会性的结果。如果人是具有无限生命或者可以回溯的，或者社会对人不具有显著的功能性作用，那么缺乏历史性和社会性维度的人不可能导致现有的经济现象，其解释理论也是无法成立的。除历史性与社会性之外，人还具有另外一个维度：文化性。这种同时对个体与群体具有本质意义影响的文化是社会科学研究人不可忽视的重要方面。但从满足科学特征的条件来说，文化性实际上是一种价值(value)，而事实(fact)与价值的分离是现代科学的重要特征，如何处理事实和价值的关系是社会科学要面对的一个重要问题。基于此，我们展示了历史性、社会性和文化性三个维度之于社会科学研究人之本质的必要性，而其中的充分性将在下文语境论研究纲领的建构中予以论证。

　　由此，我们就进入到了第二个如何可能的问题，也就是社会科学如何展现人的本质。以往关于社会科学合法性争论的焦点是"事实—价值"之争，但是这种争论的出发点更多体现的是自然事实或者塞尔(John R. Searle)所称的原初事实(brute facts)。这也是为什么人们很难为社会科学合法性提供有效辩护的　个重要原因。实际上，社会科学所面对的事实是由人的意向性和人的行动所构成的，自然科学意义上的事实抹杀了人的意向性，只剩下人的行为构成的事实。社会科学从一开始就站在了一个不利或者不正确的位置，已有的科学哲学框架并不能解决社会科学合法性的问题。据此，社会科学合法性有两种解决思路：第一种思路是放弃社会事实(social fact)的价值维度，使其符合自然科学的解释模式；第二种思路是保留事实的价值维度，难点是如何建构具有价值特征的且能够与自然科学兼容的科学解释模式。社会科学哲学的语境论研究纲领采取了第二种保留价值的思路，从破除"事实—价值"的传统思辨框架出发，基于语境论(contextualism)的视角方法让价值回归到社会科学领域，使得社会科学能够处于一个相对公正的位置。

　　因此，语境论研究纲领聚焦于恢复社会科学在强调传统科学理性的常规范式下被消失的真实的人，提出一种能够统一主体能动性与科学普遍性、规律性的社会科学研究新范式，进而从人的历史性、社会性和文化性三个维度重建人的科学意义，为社会科学回归到最开始的核心追求——对人的科学理解提供了一种新路径。

在导论中，我们首先回顾了社会科学主要范式的起源、发展历程以及在解决社会科学合法性危机中的历史局限与不足，然后在梳理分析语境概念的基础上论述了语境介入社会科学和社会科学哲学的必要性与可行性，阐述了语境论研究纲领的解决思路与建构逻辑，最后介绍了本书的整体思路框架。

一

历史地看，现代社会科学发端于 17 世纪，到 19 世纪末 20 世纪初基本成型。在这几百年里，人类社会发展经历了巨大变化。社会大变革对科学地研究人与社会提出了时代的要求。自然科学的非凡成功，为社会科学树立了模仿的样板。但社会科学研究对象本身的多样性、特殊性和复杂性，以及不同时代和地区的社会科学家群体各异的哲学观与科学观，决定了社会科学不大可能形成比较一致的社会科学观和方法论。从哲学的角度讲，其原因在于人们对自我与社会的界定有着根本不同的看法，从而相应地有了多种社会科学范式。总的来看，这三个世纪里依次出现了如下三种社会科学范式。

一是机械论范式（mechanistic paradigm）。这一范式主张人就是一架机器，因而是有规律可循的。社会只不过是人类个体的总和，找到单个人的规律，加以综合计算也就找到了社会的规律。具体方法是，通过观察他人与内省自身以发现所有人的共性，进而为社会科学研究标明逻辑起点。该范式的特征主要体现在：在本体论上，机械论社会科学范式以抽象的个人为研究本体。在这种范式中，看待社会的方式是原子主义的，社会是个人的简单加总，不具有独立的实在性。在认识论上，该范式是心理学经验主义与理性主义的结合。在获取经验知识的可能性方面，机械论范式秉承的是英国经验主义，认为人的身体感官能够感觉到外在的物质及其运动和内在的心灵活动。在方法论上，机械论社会科学范式运用的是基于普遍人性假设的、方法论的个体主义，内省是机械论范式下的社会科学家普遍采用的研究方法。在价值论上，社会科学中的价值问题涉及的是"事实与价值"之间的关系，在此方面，机械论社会科学范式是价值无涉(value-free)的。

二是有机论范式(organicistic paradigm)。该范式认为社会本身类似于一个有机生命体，具有客观实在性，有其发生发展的进化过程。个人从属于社会而存在，受社会这个超级有机体的塑造和影响。社会科学的目标，就是通过实证的经验方法找到社会有机体的演化规律。其特征主要体现在：在本体论上，有机论社会科学范式以社会整体为研究本体，采纳的是社会实在论立场，其把社会整体看作一个具有独立实在性的、外在于研究者的客观存在，从而有效地说明和解释很多在机械论范式中无法解释的社会现象。在认识论上，有机论社会科学范式直接受到法国实证主义的影响，强调通过"经验概括"发现社会现象的规律。① 此外，该范式还受到理性主义认识论的影响，采用特殊理论架构，来对社会资料、统计数据等经验数据进行选择。在方法论上，该范式运用了整体主义的方法论，拒绝机械论范式中的方法论个体主义。在对社会实在的研究中，有机论社会科学范式排除还原和简化的方法，坚持从社会事实本身出发来进行科学研究。在价值论上，有机论社会科学范式同样恪守价值无涉原则。在这一点上，有机论社会科学范式与机械论社会科学范式有着相同的取向，那就是实现社会科学的客观性。

三是人文主义范式(humanistic paradigm)。它既不认为人都是自利的机器，也不赞同社会是超脱于个体的独立实体，而是强调人作为能动主体具有差异性，其行为负载意义与价值。社会只是人类交往互动中建构的形式总和，并无普遍规律可言。这样，用理解的方法来探求人类行为的动机，就成了社会研究的最佳路径。其特征主要体现在：在本体论上，人文主义范式聚焦于个人的社会行

---

① 　Emile Durkheim, *The Rules of Sociological Method*, The Free Press, 1982, p. 141.

动或社会交往，因为人的所有属性正是在与其他人的互动交往中得以外在化、客观化、对象化而组成各种社会现象的，人的社会行动和交往总是负载着他们的价值抱负与意义诉求。在认识论上，人文主义范式则将理性主义、经验主义与非理性主义融为一体，核心主旨在于合理性（rationality）。合理性这个概念能够以其指涉的合乎科学理性的逻辑自洽性、合乎人文理性的价值与意义的自洽性，把科学理性和人文理性两种意涵统一起来，实现对较大范围的社会现象的因果说明。在方法论上，该范式则是将解释（explanation）与理解（understanding）相结合，认为社会现象是由负载着行为者之价值与意义的、目的性和意向性的社会行为组成的。因此，在对社会现象的研究中，机械论范式与有机论范式的方法论都不能完全适用，在其不能胜任的社会现象层面和维度，应当以"理解"方法论作为补充。在价值论上，人文主义范式也奉行价值无涉原则，不过与机械论和有机论范式不同的是，人文主义范式对该原则做出了可操作的详细规定。比如，在具体的科学研究和分析过程中，社会科学家必须树立客观中立的态度，如实地遵从经验材料的指引，用对象自身特有的价值观念来解释对象的社会行动。

综上可以看出，在本体论方面，上述三种范式都认为可以对社会进行科学的研究，但是在研究对象和研究层面上，存在着根本的区别；在认识论方面，三种范式的社会科学认识论经过了一个从经验主义和理性主义为主，到引入非理性主义的过程，显示出社会科学逐渐从自然科学模式向多元模式过渡的特点；在方法论方面，三种范式的最大分歧在于对待说明与理解的态度，机械论范式和有机论范式的社会科学方法论坚持说明模式，而人文主义范式则引入理解的方法，并将二者结合起来；在价值论方面，以上三种社会科学范式都坚持了价值无涉原则，但是在前两种范式那里，并没有对这个原则做出可操作的详细规定，只有在人文主义范式那里做到了这一点。

可以说，所有现代社会科学研究的主流路径或者合法性来源，几乎都是从上述三种范式派生而来，这些范式之间的交锋也在社会科学哲学的主要争论点中得到充分体现。而机械论范式、有机论范式、人文主义范式为社会科学所构建的哲学基础，并未达成一种统一的共识，从而来为社会科学的逻辑、方法以及说明模式，提供一种整体的分析框架，由此引发了社会科学研究中的一系列争论，在本体论上表现为个体主义与整体主义之争，在认识论上呈现为经验主义与理性主义之争，在方法论上凸显为说明与理解之争，等等。可以说，也正是这些争论使得社会科学的合法性以及社会科学知识的科学性等问题历来备受争议。具体来看：

第一，社会科学传统范式的本体论之争。

自 19 世纪社会科学以一门独立的学科体系出现以来，就受到多种哲学思想的影响，形成了不同研究模式的理论流派，比如以自然科学为指导的实证主义、以解释学为指导的解释主义等。由此引发了社会科学研究中的一系列争论，在知识论上表现为客观主义与建构主义之争，在方法论上呈现为"解释"与"理解"之争，等等。如上所述，这些争论本质上源于两种不同的社会本体论观点：社会唯名论与社会实在论。社会实在论强调，社会外在于个人，是一个独立的实体性存在，由各种社会规范与制度构成，对个人具有制约和控制功能；而社会唯名论则认为，社会仅为一种单纯的名称，而个人是实际的存在，个人行为及其意向性才是社会科学的研究对象。由此可见，两者的分歧主要表现在人们对于个人与社会及其本质认识上的差别。科学哲学家邦格（Mario Bunge）指出："本体论的分歧是社会科学中各种争论的根源所在。"①

一方面，社会唯名论者将社会科学的研究对象视为行为主体的社会行动，其中的"行动"意指个体行为者赋予其主观意义的人类的一切行为，都称之为行动。② 这一思想尤为体现于韦伯（Max Weber）关于行为理论的相关探讨中，其核心观念在于，社会科学的主要任务就是求解个体行为者及行动的主观意向性如何与意义相关联的问题。韦伯将纯粹反应性的或机械的行为排除在社会科学的范围之外，而专注于主体赋予意义的行动，也就是说，只有个人才是行动的

---

① Andreas Pickel, "Mario Bunge's Philosophy of Social Science", *Society*, 2001, 38, p. 73.
② 在本书中，我们区分了行为（behavior）和行动（action），前者强调物理意义上的人的行为，后者强调在特定语境下具有意义的一种行为。社会现象是人的行动的结果，而非行为的结果。

主体，并能够赋予其行动以意义。由此，有意义的行为就是社会行为的本质特征，它之成为社会历史领域内独一无二的现象，才是区别于自然现象的根本所在。① 基于此，韦伯反对将"国家""社会""民族""经济"等那些社会的"整体"视为原始的实在，而把个体行为者视为社会有机体的"细胞"。实质上，针对社会唯名论思想，人们普遍混淆了两种性质的先在性，不恰当地将先在性（preexistence）、存在性（beingness）、实在性（reality）三个方面等同起来。主要体现在三个方面：

首先，个人与社会的先在性问题之所以争论不休，一个重要原因就在于人们对先在性的不同理解。对于这一问题，我们有必要对"先在性"做出澄清。先在性具有逻辑先在性和历史先在性之别，在不同先在性视阈下会得出不同的结论。历史先在性从时间维度，立足于发生学理论来看待个人与社会的先后顺序，其强调个人之于社会的先在性，社会是由个人创造或组成的事物，没有人就没有社会；而逻辑先在性则是指处于命题作为一个整体系统的情景下，事物在逻辑上的说明的先在地位。之所以会有这样的差异，是因为这里存在着本体论层面与认识论层面的差异。这两种先在性都只把握到了各个侧面，忽视了个人与社会共同演化的内在关系。因此，抛开语境来看待先在性是毫无意义的。

其次，先在性、存在性和实在性是三个不同方面，三者之间不存在必然的逻辑推导关系。先在性问题不同于存在性问题，从个人与社会何者具有优先性中并不能必然地推出社会是否存在，存在与否是一个事实问题。事实上，这是两个毫不相关的问题。即使认为人先于社会存在，也并不能由此就得出社会并不存在，或者说社会是次级的存在。此外，需要指出的是，在实在性问题上，"实在"与"存在"两者的混淆也是产生分歧的一个主要原因，因为，"社会是存在的"与"社会是实在的"是两个不同的命题。社会实在问题隐含了一个独立性问题，即社会是否独立于个人的问题。

最后，关于社会之实在性问题，通常是将"建构"与"实在"对立起来。社会

---

① 于海：《西方社会思想史》，复旦大学出版社，2009，第312页。

无疑是人的建构物，但这并非就否定了社会之实在性，社会虽然不能离开人而独立存在，但反过来，社会是独立于个人意识之外的，社会有其独立于人的客观性，因此建构性与实在性并不矛盾，建构论与实在论的对立也并非本质上的对立。正如德兰逊（Gerard Delanty）所言，"真正的差异在于建构论内部而不是在于建构论和实在论之间"①。因此，建构与实在是可以兼容的，正是在此基础上，瓦尔纳（Fritz Wallner）尝试提出了建构实在论（Constructive Realism），主张实在是建构的实在，以此超越实在与建构之对立。

　　另一方面，社会实在论者强调，社会先于个体而存在，因此，社会事实外在于个体；社会的性质不能归结为组成社会的个体性质，社会的性质也不同于其构成要素。实质上，社会实在论的核心观念主要有两点：一是先在的实在性。该观念指出，社会现象是一种先于个体行为者的实在，也就是说，对于个体行为者而言，社会规则、社会组织、法制规章等并非是由个体行为者所创造，而是体现为先于他们而存在，成为个体行为者存在的历史前提，对于个体而言具有历史的先在性。二是强制性。这一观念强调，个体行为者的行为方式、思维方式、价值取向并非他们所创造，而是来源于社会，其必须遵循社会所认可的标准。如果违反这些标准，社会的强制力就会作用于个人。比如，违反特定的习俗、道德规范等，就会招致嘲笑与轻视；侵犯法律就要遭受相应的惩罚；等等。

　　总之，从社会实在论的思想观念上看，其认为社会是实在的，但在社会究竟是怎样的实在这个问题上，社会实在论者持有不同的哲学态度。

　　法国社会学家迪尔凯姆（Emile Durkheim）强调，社会科学应以社会现象或社会事实作为研究对象，而社会是集体意识，是一种建立在个人意识之上的独立实体。社会事件由规律联系在一起，社会科学研究的核心在于，深刻揭示出社会事实与人类行为两者间所蕴含的因果规律。由此，社会事实就具有了实在性的特征，从而以社会的强制力来规范个体行为者的自由行动，在这一意义上，

①　〔英〕吉尔德·德兰逊：《社会科学：超越建构论和实在论》，张茂元译，吉林人民出版社，2005，第149页。

社会事实就类似于自然科学中的自然事实。美国芝加哥学派的领军人物之一帕克（Robert Park）持这样一种观点：社会是一种世代积累的遗产；美国社会学开创者之一的萨姆纳（William Sumner）认为，社会是一些力量的系统；库利（Charles Cooley）把社会视为人群关系网；金斯伯（Morris Ginsberg）认为社会是人类关系的整个组织；美国生物学家威尔逊（Edward Wilson）强调社会是"一群以协作方式组织起来的同种生物"①。

由此可见，社会实在论理论可大致分为以下两种哲学倾向，一是将社会理解为实体性事物，二是将社会理解为关系性事物。

综上所述，面对社会唯名论与社会实在论的内在分歧，以及社会实在论内部对社会认识的差异，我们认为无论在本体论层面还是在认识论层面，实在与有关实在的观念并非是一成不变的，而是在相互影响、相互交织中不断生成演化的。因此，笼统地讲社会是否存在及社会与个人的关系，就难免陷入形而上学思辨。实质上，社会是历史的产物，个人与社会之关系是随着个人与社会的发展而逐渐形成的，是在具体历史语境中展开的。因而，我们就十分有必要从语境的观点来理解个人与社会的关系。

第二，社会科学传统范式的知识论之争。

由笛卡尔（René Descartes）开启的近代经典认识论，把具有认知能力的主体和作为认知焦点的客体截然分开，这种主客分离关系就构成了一切知识得以产生的前提。所以，人们对于知识论所探讨的知识之来源、本质、限度等问题给出何种答案，就主要取决于他们怎样看待认知活动的主客体之间的关系，以及与认知活动相伴随并影响到这种活动的各种内外在条件。② 具体到社会科学知识论来说，现代社会科学是在自然科学已经取得巨大成功的影响下诞生的，所以，尽可能全方位地模仿自然科学，并生成同等类型的客观普遍知识，就成了社会科学家们的最大理想。但是，社会科学有着比自然科学更为复杂的认知主

---

① 李文管：《社会实存与社会科学》，中国社会科学出版社，2011，第21—22页。

② Ilya Kasavin, "To What Extent Could Social Epistemology Accept the Naturalistic Motto?", *Social Epistemology*, 2012(3-4), p. 355.

客体关系和多变的影响因素，使得社会科学中陆续出现了多种知识论立场。客观主义与建构主义是两个具有代表性的知识论立场。

客观主义(objectivism)的社会科学知识论认为，社会科学知识必须以研究的客体为准绳，其合法性建立在知识能够准确客观地反映认知客体的本质、属性和特征的基础之上。实证主义和传统解释学的知识论都秉持这样一种知识论立场。

实证主义是社会科学知识论中最为鲜明的客观主义立场。实证主义发源于经验主义传统。其创始人孔德(Auguste Comte)认为，唯一合理的知识典范就是经验的自然科学和数学以及逻辑等形式学科的知识，社会科学应当遵循这样的典范，从而达到知识的客观性。这种客观性包括社会事实的客观性、观察的客观性，以及通过对经验事实进行归纳而得到的规律的客观性。为了保证这样的客观性，他把研究客体局限在可观察的现象层面，从相似类型的行为中归纳概括出规律性的知识形式，排除了诸如个人的心理体验、价值倾向、目的动机等不可观察的因素。迪尔凯姆延续了这种知识主张，强调社会科学知识就是关于社会事实的规律性因果说明，他说："因为因果规律已经在其他自然领域得到了验证，其权威性日益从物理和化学世界扩展到了生物世界，进而心理世界，所以我们有理由承认，对于社会世界来说因果规律同样是适用的。"[①]此后，逻辑实证主义进一步从经验的可观察、可验证性和逻辑推演的严格性上强化了客观主义的知识论立场，强调归纳法和普遍规律在社会科学知识中的合法性，并由此反对传统哲学中思辨的形而上学陈述。此后，尽管覆盖律模型的提出者亨普尔(Carl G. Hempel)承认，在多数情况下，对社会历史事件的规律性说明并不具有必然的确定性，也不能完全经得起严格的经验验证，但仍然可称得上是科学的解释。[②]

事实上，传统解释学的知识论也具有客观主义的倾向。如前所述，传统解释学路径与实证主义的自然科学模式存在重大分歧，主张社会科学(精神科学)

---

① Emile Durkheim, *The Rules of Sociological Method*, The Free Press, 1982, p. 159.

② Scott Gordon, *The History and Philosophy of Social Science*, Routledge, 1991, p. 393.

是与自然科学并列的、独立的学科体系，反对将社会科学自然化，但是在追求知识的客观性方面，二者是一致的。解释学的研究对象与实证主义相反，集中在不可观察的历史、文化所承载的客体意义方面，倡导用移情理解的方法来把握人的价值、动机、情感，将解释的敏感性与对客观知识的追求连接起来。那么，如何保证这种解释的客观性呢？在狄尔泰（Wilhelm Dilthey）看来，我们之所以能实现对文本作者原意的客观理解，是因为所有人都具有生命的共同性和普遍性。他假定文本原作者与设法理解原作的解释者之间存在某些相似性，这种相似性建立在时时处处都不变的共同人性之基础上，由此我们就能够客观地理解他人。① 社会学奠基人之一的韦伯把纯人文式的解释学与经验社会学结合起来，为人的社会行为动机寻求目的论式的因果说明。但是和实证主义一样，他也强调经验确证的重要性："通过与事件的具体过程相比较来确证主观解释，与所有假说的验证一样是必不可少的。"② 不过，他对社会科学客观性的论述集中体现在其价值无涉学说上。韦伯遵循事实与价值的严格区分，尽管承认认知主体的价值取向会影响到对主题的选择，但他主张一旦进入科学研究的操作阶段，就必须恪守价值无涉原则，以此来保证研究方法和研究结果的客观性。因此，在这一点上看，传统解释学与实证主义立场保持一致。

　　客观主义知识论的问题主要在于，它难以满足自身提出的严格标准。尽管这种追求绝对客观的知识的理想一直在人类思想舞台上占据着重要位置，但是，其严格苛刻的知识标准，使以实证主义为代表的社会科学知识论长期以来面临窘境。首先，经验确证的困难。自社会科学建立至今，几乎没有任何社会科学知识理论得到真正严格证实，亦鲜有成功预测的例子。不仅如此，针对相同的研究主题进行实证研究的社会科学家，却常常得出不同的甚至矛盾的结论，至于究竟哪种理论更符合社会世界实际，社会科学缺乏评判的标准。其次，知识有效性的困难。这涉及知识的应用问题。在社会政策实践中，实证主义定量研究得出的很多结论引发了一系列争论。20 世纪 70 年代，人们在对实证主义的

---

① Hans P. Rickman, *Dilthey's Selected Writings*, Cambridge University Press, 1976, p. 133.

② Max Weber, *The Theory of Social and Economic Organization*, The Free Press, 1947, p. 97.

批判中就提出质疑："对研究人类行为而言，在可控实验条件下消除语境变量的影响，是否为一个恰当的方式。"①最后，知识适用范围的困难。比如说，从某个地区或国家的社会研究中得出的理论，能否适用于全人类社会？答案常常是否定的。这就与客观主义知识论所追求的普遍有效性目标相悖。在这些问题上，更多地通过定性方法获得的解释学路径下的知识，也同样捉襟见肘。此外，后现代主义对标准科学哲学立场的批判所导致的自然科学知识之霸主地位的动摇，也使得客观主义的社会科学知识论困境雪上加霜。

作为后现代主义思潮的重要组成部分，建构主义的社会科学知识论认为，社会事实本身就是由人们社会地建构的，而非实在的。一个代表性的观点是，"'事实'是由科学家的选择决定的，而非由'客观的实体'决定"②。所以，知识也源自认知主体的社会性"建构"，而不是主体对客体的客观发现、说明和解释。在建构主义看来，客观主义知识论立场设定的认知主体是被动的、消极的，充当了"上帝之眼"或外部人的角色，这实际上是不可能的，因为身为特定社会成员的认知主体无法置身事外。一般认为，建构主义的哲学源头可追溯至经典认识论中康德的"哥白尼转向"：我们之所以能够拥有知识，是因为人类先天具有的认知结构将其呈现给我们，这就突出了主体的创造性作用。实际上，笛卡尔所持有的我们从来不能直接和立即接近客观性，知识总是以主观性为媒介的观点，就已经为建构主义知识论的出现提供了理论基础。

就社会科学知识来说，因为其认知主体并不是经典认识论所虚构的那种抽象的孤独沉思者，而是受到各种内外在因素和条件制约的具体的人。所以，建构主义知识论强调，知识渗透着来自认知主体的个人和社会因素方面的影响，诸如价值取向、历史文化、社会关系、权力利益、意识形态等。比如，建构主义知识论的主要创立者曼海姆（Karl Mannheim）认为，知识通常是特定的社会和历史观的产物，反映了特定群体的文化和利益。真理最终是其社会立场的产

---

① Jane Ritchie et al., *Qualitative Research Practice: A Guide for Social Science Students and Researchers*, SAGE Publications, 2003, p. 8.

② Alan Nelson, "How Could Facts Be Socially Constructed", *Studies in History and Philosophy of Science*, 1994, 25, p. 541.

物。他的建构论不仅限于文化或意识形态领域，还将其与政治信念联系起来，这样就破坏了知识的客观性地位。较为温和的建构主义者如布迪厄(Pierre Bourdieu)认为，社会行动者的知识建构不同程度地依赖于他们在社会客观结构中的位置。而一些较为激进的观点则认为，社会人类学的研究者根本不可能获得异质文化中的研究客体的客观知识，要么只能达到一种自我认识，要么得出完全充斥着西方中心主义叙事色彩的结论。①

因此，建构主义知识论就很自然而然地扮演了社会科学知识论中相对主义一方的角色，这就是其困境的所在之处。建构主义过分夸大了知识的生产和辩护过程中社会历史文化等外在因素对认知主体的影响，否定了社会科学研究对象的实在性及其知识的客观性，进而走向了知识论的相对主义，导致了不同的知识类型之间变得不可通约，人们无法对这些知识进行合理的比较和评价。其极端形式完全消解了客观知识所应当具备的经验性、逻辑性、因果性等科学理性的品质，使其彻底沦为交流商谈的修辞学(rhetorical)产物，从而使知识失去了适当的基础。针对建构主义知识论立场这种试图从社会历史的决定性角度取消知识客观性的偏激态度，库恩(Thomas Kuhn)指出："社会学和历史学的这类研究越是在形式上得到承认，就越不会使问题得到满意的解决。在这些新的研究形式中，他们十分随意地否定对自然的观察在科学发展中所起到的作用，但是，却从来没有就自然在有关科学的协商中如何发挥作用给出过正式的说明。"②

第三，社会科学传统范式的方法论之争。

现代社会科学诞生以来，实证主义方法论和解释学方法论之间的论战一直无法达成一致，使社会科学方法论陷入一个似乎无解的困境，阻碍了社会科学研究的深入推进。这个困境主要体现在：一方面，两种方法论都坚持自身立场的唯一合法性，从而在两者之间产生了二元对立的僵化格局；另一方面，各自

---

① Isaac A. Reed, "Epistemology Contextualized: Social-Scientific Knowledge in a Post-Positivist Era", *Sociological Theory*, 2010, 1, p. 31.

② Thomas S. Kuhn, *The Road Since Structure*, University of Chicago Press, 2000, p. 91.

立场固有的内在缺陷，导致相应的社会科学研究实践逐渐背离了复杂多样的真实社会世界。因此，能否找到一个新的方法论立场，使社会科学方法论可以借此实现融合或统一，并能有效贴近和解释社会世界，就成为一个亟待解决的问题。

在社会科学研究中，研究者对一种方法论的选择，能够体现出他们所预设的"一套关于所研究的现象之本质的根假设（root assumptions）"[①]。的确，社会科学方法论之所以总是处于僵持与对立的状态，正是因为各种方法论立场的基本预设本身就有极大的差异。因此，要厘清社会科学方法论争论的缘由，仅停留在社会实在论或唯名论的层面进行探讨是远远不够的，还须深入到包含其根假设的哲学世界观层次。且唯有如此，我们才有可能从中窥探出社会科学方法论有价值的发展趋势。

根据佩珀（Stephen C. Pepper）的观点，人类是用根隐喻（root metaphor）来观察和认识世界的，将一种根隐喻作为根假设和认知工具对世界做出的总体概括，就是一种世界观。他进而辨识出了多个根隐喻及其世界观。[②] 遵循他的视角来看待社会科学方法论发展史，我们认识到：

实证主义方法论预设了机械论和有机论这两种世界观。以机器为根隐喻的机械论世界观，使社会科学中出现了机械论的社会观和科学模式。人被看作机器，社会只是个人的总和；找到人类个体共有的普遍性质，便可演绎出社会运行规律。而后出现了以有机体的生长为根隐喻的有机论世界观，在社会科学中催生了整体主义的实在观和方法论。社会被认为类似于一个有机体，具有独立的客观实在性，整体并非个体总和；研究对象应当是社会整体而非个人，反对个体主义的还原论。不过总的来说，这两种视野下的社会科学都认为，其研究对象与自然客体并无实质区别，都可用客观的经验研究方法予以考察，并发现其普遍规律。因此，实证主义的社会科学方法论构成了社会科学中的自然主义

① Gareth Morgan, Linda Smircich, "The Case for Qualitative Research", *Academy of Management Review*, 1980, 4, p. 491.

② Stephen C. Pepper, *World Hypotheses: A Study in Evidence*, University of California Press, 1942, pp. 151-232.

流派，突出客观性的一面。

解释学方法论主要受新康德主义哲学的影响。尽管没有借助某种客体或形式作为根隐喻来塑造世界观，但其发挥了康德"哥白尼转向"对能动主体之创造性作用的强调，使世界成了人化的或属人的世界。这种立场从主体对客体的价值评价入手来解释社会历史事件，重视情感、意志、动机这些涉及人类行为意义的内在因素。作为研究对象的"人"，是具体的、特殊的、有主观能动性的，其内涵与属性根本不同于自然主义所规定的"人"。由此，社会科学中出现了以解释性"理解（Verstehen）"为路径的方法论，它反对建立关于人或社会之一般性、抽象性的形式理论取向，主张社会科学的目的在于描述特殊的、具体的社会文化事件。因而，解释学方法论就构成了社会科学中的人文主义流派，强调主观性的作用。

以上过程表明：随着哲学世界观的发展演变，社会科学研究者们"对人与社会的总的看法不断由简单抽象向复杂具体发展，使社会科学不断引入新的视角"①，促进了社会科学的全方位发展，这是其积极的一面。但是，哲学世界观在自然与人文两个方向上的分化也导致了社会科学方法论的多元并立，且每种立场都无视内在于自身世界观预设中的缺陷，片面夸大自己的合法性和普适性；当它们在自然科学模式和人文理解模式这两极之间渐行渐远时，就导致了实证主义路径单纯强调可观察和可测量的方法及抽象的理论形式，忽视了对意义与价值的合理探索，解释学路径则在过度追寻意义的过程中，走向对价值和意义的任意主观解读，从而都大大背离了社会世界的真实状况。

实质上，社会科学传统范式之争论的根源之一就在于，对于人的全面性关注的缺失，本质上讲，社会科学是一门关于人的科学，社会科学传统范式中的解释与理解之争却无法体现人的全面性，特别是社会科学解释要素并未能周全到人的历史性、社会性和文化性，也未将社会科学本身所特有的事实系统、因果系统、价值系统给予全方位的综合考察，从而导致现有的社会科学哲学无法

① 殷杰、樊小军：《社会科学范式及其哲学基础》，《山西大学学报》2010年第1期，第8页。

解决社会科学所面临的合法性危机。我们也恰恰是出于这样的认识并以此为思考的出发点，尝试为当代社会科学哲学构建一种基于语境论的研究纲领。在此我们有必要对这一纲领的建构过程给予思路上的阐释，这也构成了本著作逻辑编排与内容展现的内在核心与主线。

二

近年来，语境论在一般科学哲学特别是认知科学哲学、心灵哲学、物理学哲学、生物学哲学以及数学哲学等领域中，因为对语形、语义和语用分析方法的统一，而构筑了理论和方法交流与融合的新平台，形成了语境论的世界观、科学观、实在观及真理观。语境论作为一种替代性研究纲领，为当代科学哲学理论和方法提供了新的生长点。但与此同时，其所遭受的相对主义和怀疑主义质疑、泛语境论责难、语境论与普遍主义之间适当张力的保持等问题，也引起了科学哲学家的普遍关注。特别是在社会科学哲学领域，研究者对于语境论在拯救社会科学研究的碎片化、实现社会科学知识的有效累积、构造统一的社会科学研究路径等方面的能力展开了广泛争论。

为了便于读者了解语境思想以及本书关于语境概念的使用情况，我们首先对语境的概念进行梳理分析。语境（context）最基本的含义是一个字、词、句、文本等文句前后的某种东西，以帮助理解其意义。从英文辞源来看，"context"来自于拉丁文"contextus"，意为"组合在一起"，强调一种相互联系的性质，"con-"这一前缀也有伴随、共同、一起的意思，即伴随文句共同出现的某种东西。如果伴随着的东西仅仅指其他文句，那么就得到了狭义的"语境"概念，即"上下文"的意思；如果伴随着的东西还包括非文句的要素，那么就得到了广义的"语境"概念，即"语言环境"的意思。可以说，"语境"这一中文词语的使用相当传神地对应了这两层意思。"境"的本义是"边界"，这一边界既可以限定在语言层面，也可以扩大到非语言层面，但无论如何，确定"边界"的目的是更好地理解"语"的意义。因此，"语境"一词的定义蕴含了两层意思：一是基本文句及其周边某些东西之间的结构关系，二是通过这种结构关系来获得基本文句的恰当意义。

事实上，语言本身并不具有任何意义，只有语言与外部世界产生某种关联，进而对特定对象或事件形成表征或描述的时候，语言才可能产生意义。因此，字、词、句、文本等文句的意义一方面取决于它与外部世界的关联，另一方面也取决于它与周边结构的关系。正如亚里士多德在讨论名词意义时所言，"名词是因约定俗成而具有某种意义的与时间无关的声音。名词的任何部分一旦与整体分离，便不再表示什么意义"①。其中，"因约定俗成而具有某种意义"指的就是其本身与外部世界关联而产生的意义，而"一旦与整体分离，便不再表示什么意义"则指的是它经由周边结构的关系而产生的意义。

更广泛地看，我们可以把基本文句及其指称对象、外在关联、蕴含意义等等视为结构上的基本单元，并称之为"焦点事件"；把这些基本单元周边的所有东西（无论是语言的还是非语言的），视为赋予其恰当意义的某种解释或理解，并称之为"解读框架"。因此，就得到了"语境"的引申义：理解和解释焦点事件所需要的解读框架。② 从结构上来看，语境由其"内环"的"焦点事件"与"外环"的"解读框架"构成，从目的上来看，语境是要通过"外环"的"解读框架"来更好地解释和理解"内环"的"焦点事件"（如图1）。

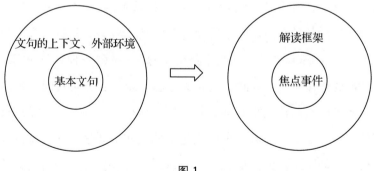

图 1

---

① 〔古希腊〕亚里士多德：《工具论》，余纪元等译，中国人民大学出版社，2003，第50页。

② Alessandro Duranti, Charls Goodwin, *Rethinking Context: Language as an Interactive Phenomenon*, Cambridge University Press, 1992.

　　由于"语境"概念广泛存在于哲学、自然科学、社会科学等诸多话语体系和学科背景中，所以不同领域中的"语境"概念并不完全一致，它们既有统一的一面，也有各自区分的一面，甚至某些"语境"之间的概念还存在相互批判或彼此矛盾的关系。尽管如此，本书仍剥离出这些概念的共同特征，将"语境"视为一种抽象的概念框架、一种"焦点事件"与"解读框架"之间的"拓扑关系"。我们可以简要列举几个具有代表性的例子，来进一步理解这种"语境"的概念框架：

　　早期分析哲学中的"语境"概念。早期分析哲学主要是通过对语言进行概念的、逻辑的分析基础上来理解语境的，因此他们的语境主要聚焦于对语言本身的分析。弗雷格（Gottlob Frege）《算数基础》中提出的"语境原则"就是如此，他指出，"一个语词只有在语句的语境中才具有意义"[①]。罗素（Bertrand Russell）也同样继承了这样的观点，在他看来，语词的意义来自于整体命题的意义，"指谓词组自身决不具有任何意义，具有意义的是指谓词组出现在其词语表达式中的每个命题"[②]。可以说，在早期分析哲学中，"焦点事件"就是单个的词、句、命题，"解读框架"就是词、句、命题周边的其他语句，前者的意义要依赖于与后者的密切联系。

　　认识论（或知识分析）中的"语境"概念。认识论中的"语境"概念是针对怀疑论所提出的一种解决方案，它通过主张知识的归因者（attributor）、知识内容等诸因素都是语境敏感、语境依赖的，从而在一定程度上消解怀疑论的责难。例如，主张在知识陈述"S 知道 p"中，p 的语义内容在一定程度上要依赖于归因者 S 所处的语境，如果 S 是在哲学语境中谈论 p，那么就会有较为严苛的考量标准，如果 S 是在日常语境中谈论 p，则仅会有较为宽松的考量标准，从而保护了日常语境中知识的合法性，避免了怀疑论对日常生活的危害。不过，不同知识论学者的"语境"概念也有不同的侧重，例如大卫·刘易斯（David Lewis）、斯图尔特·科亨（Stewart Cohen）、吉斯·蒂罗斯（Keith DeRose）等人倡导归因者

---

① 〔英〕戈特洛布·弗雷格：《论涵义与指称》，见涂纪亮主编：《语言哲学名著选辑》，生活·读书·新知三联书店，1988，第 9 页。

② 〔英〕贝兰特·罗素：《论指谓》，见涂纪亮主编：《语言哲学名著选辑》，生活·读书·新知三联书店，1988，第 69 页。

语境主义，以及约翰·霍桑(John Hawthorne)和杰森·斯坦利(Jason Stanley)等人强调主体语境主义。总之，在认识论的"语境"概念中，"焦点事件"就是知识，而"解读框架"就是知识归因者所处的不同情境(situation)。

日常语言哲学中的"语境"概念。日常语言哲学对语言的关注从形式化的、静态的分析拓展到了真实情境的交流互动当中，对于他们来说，语境意味着交谈时所涉及的一切语言与非语言的因素。例如，斯特劳森(Peter F. Strawson)明确指出，"我用'语境'这个词，至少是指时间、地点、境况、说话者的身份，构成直接兴趣所在的论题，以及说话者和听者双方的个人历史"①。奥斯汀(John Austin)的言语行为理论也可以视为持有这种语境观念，他区分了以言表意的行为(locutionary act)、以言行事的行为(illocutionary act)与以言取效的行为(perlocutionary act)，为言语行为本身赋予交往意义，构成了交谈时的外部语境。总之，日常语言哲学研究的"焦点事件"是言谈中的语句，而"解读框架"就是言谈发生的环境，即说出这些话语时所涉及的语言环境与非语言环境。

诠释学中的"语境"概念。诠释学关注于文本的解释和理解，受基础主义与本质主义的影响，对文本的诠释最初被认为是可以诉诸普遍的、确定性的、客观的基础或框架来得到理解，而"语境"概念则破除了这种恒定的诠释模式，认为文本既离不开其特定历史文化背景，又离不开诠释文本的主体。例如，伽达默尔(Hans-Georg Gadamer)认为，文本与释义者都内在地镶嵌于特定的历史语境，而释义者的"偏见"恰恰是其理解赖以发生的条件，不可能脱离主体的意向性而获得某种普遍的理解，诠释学"不再是简单地解释文本，它所关心的不再是把世界表征成'它所是'，而是关心在特定语境中的理解时间和意义的重构或创造"②。因此，按照诠释学的观点，其"焦点事件"是文本，而"解读框架"就是文本的语境与释义者的情境。

历史学或历史哲学中的"语境"概念。"剑桥学派"是明确将"语境"作为一种

① 〔英〕彼得·F·斯特劳森：《论指称》，见涂纪亮主编：《语言哲学名著选辑》，生活·读书·新知三联书店，1988，第106页。

② 郭贵春、刘俊香：《伽达默尔的理解语境观》，《自然辩证法研究》2000年第7期，第1—6页。

方法论，并将其贯穿到历史研究，特别是对近代早期主要思想家进行重新解读的一些学者，其代表人物有波考克（J. G. A. Pocock）、约翰·邓恩（John Dunn）和昆汀·斯金纳（Quentin Skinner）。特别是斯金纳，他结合言语—行为理论，并将语言语境置于历史文本解读的核心，提出"发现一个作者表达某种言论时意在何为，需要调查一个更大的语言语境，以便揭示这种言论的相关语域、约定和用法"[①]，也就是说，意向、约定和语言系统（langues）作为文本的语境，对文本所表征的言语—行为进行了限制，而这些语境因素又是由社会、文化和政治所塑造的智识语境（intellectual context）来提供的。由此，他们研究的"焦点事件"是历史文本，而"解读框架"则是产生这些历史文本所必需的言语—行为、背景性的社会、文化和政治等非语言语境与作为言语表达的语料库和限制条件的约定或语言系统等语言语境。

人类学中的"语境"概念。1923 年，马林诺夫斯基（Bronislaw Kaspar Malinowski）在给《意义的意义》一书撰写补录时，第一次提出了"语境"的概念。他将语境概念从"语言语境"（context of language）扩展到"情境语境"（context of situation）、"文化语境"（context of culture）和"社会语境"（context of society）。[②] 事实上，人类学研究采取语境概念是理论适切的，因为人类活动总是发生在特定的语言、情境、文化与社会环境之中，人类学就是旨在描述和解释不同民族的知识、信仰、艺术、道德、法律、习俗、行为等文化现象，从普遍联系的观点来看，"语境可能是文化的、社会的、政治的、仪式的和宗教的、经济的和生态学的；他们可能是交互的、系统的、历史的"[③]。就此而言，人类学研究的"焦点事件"是人类活动与文化现象，而"解读框架"则是与之相关的语言、情境、文化和社会。

心理学中的"语境"概念。心理学中的"语境"概念综合了时间、地点、情节

---

① Ian Hunter, "The Contest over Context in Intellectual History", *History and Theory*, 2019, 2, p. 189.

② Bronislaw Malinowski, "Problem of Meaning in Primitive Languages", In Charles Ogden, I. A. Richards, *The Meaning of Meaning*, Routledge & Kegan Paul, 1923, pp. 296-306.

③ Roy Dilley, "The Problem of Context in Social and Cultural Anthropology", *Language & Communication*, 2002, 22(4), pp. 437-456.

等各类语境因素，并应用于催眠、心理咨询等心理学实践领域，取得良好效果，其主要体现为三种解释形式：一是描述语境论中的"语境"，其试图借助对事件的参与者和事件特征的考察，描绘事件的丰富性和复杂性，代表人物有萨宾(Thedore Sarbin)、罗斯诺(Ralph Rosnow)；二是发展语境论中的"语境"，其关注于人类发展及其密不可分的多层级变量，代表人物有奥弗顿(Willis Overton)、勒纳(Richard Lerner)；三是功能语境论中的"语境"，其研究集中于行为分析学，强调语境对于行为预测的功能性，并且认为心理学研究处于历史和环境的语境中，代表人物有海斯(Steven Hayes)、凯莉·威尔逊(Kelly Wilson)。总的来说，心理学中的"焦点事件"是认知、心理与行为，而"解读框架"则是行为、语言、叙事等。

语言学中的"语境"概念。语言学中的"语境"概念比较丰富，不同的研究旨趣分别强调了语境的不同特征。比如，美国哲学家皮尔士(Charles Peirce)从符号学的意义上，认为索引词语对语境有着很强的依赖性，脱离了具体语言环境，索引词语就无法确定其实际所指的内容，所以语境对确定索引词语的具体意义作用巨大。再如，现代语言学伦敦学派的创始人弗斯(John Firth)吸收了马林诺夫斯基的观点，进一步提出了"语言语境"(context of linguistics)和"情境语境"(context of situation)概念之间的划分，并把情境语境分为几个更具体的方面。又如，英国功能学派的韩礼德(M. A. K. Halliday)及美国社会语言学家费什曼(Joshua Fishman)先后提出"语域"概念指称语境。但是，二者在理论的英文表述以及包含内容方面有明显区别。作为弗斯的学生，韩礼德的"语域理论"(Register Theory)继承了伦敦学派的界定，主要包括话语范围、话语方式和话语风格三个方面：话语范围包括政治、科技、日常生活；话语方式指言语活动的媒介——口头、书面、口头书面相交叉；话语风格指言语交际者的地位、身份、相互关系。而费什曼的"语域"英文表述为"域"(domain)，包括地点、身份，言语交际发生的时间、场所，交际的话语主题等社会情境的因素。他着眼于语言变体产生的社会因素，认为"语域"(domain)是受共同行为规则制约的社会环境，在特定的语域中要受到语言规则的制约。① 费什曼、韩礼德都肯定了言语环境对言语使用的影响，他们大都把语境看作是一种静态的并且是交际产生之前就已经存在的一种客观实体。

还有一些学者从交叉学科的角度提出了"认知语境"(cognitive context)概念，法国学者斯珀泊(Dan Sperber)和英国学者迪尔德丽·威尔逊(Deirdre Wilson)的《关联：交际与认知》一书，标志着认知语境理论的诞生。"关联理论"(Relevance Theory)把语境看成是一种动态的心理构建过程，从认知心理学角度把语言交际看作是一个明示－推理过程，提出语言交际是在关联原则支配下按一定推理思维规律进行的认知活动，由此，语境研究中融入了动态的因素，进入了一个新的阶段。

另外，语言学中关于话语的"语境"概念也是我们研究的一个要点，特别是范戴伊克(Teun A. van Dijk)的话语语境理论(the theory of discourse context)为我们的理论建构提供了许多有益的借鉴。范戴伊克是荷兰著名语言学家、话语分析家与评论家。作为当代语言学的一位重要人物，范戴伊克从 20 世纪 70 年代的"语篇语法"，到现在的"批评性话语分析"，以及其他领域如意识形态、知识、认知心理，尤其是在语境及相关的社会科学研究方面一直是其领域内最活跃的学者之一。范戴伊克最初运用语言学、语义学和语用学方法研究语境元理论及其发展历史，指出语境并非客观环境实在，而是话语参与者主体间的建构和互动。话语是语境的一部分，语境可以通过心理模型影响话语，从而控制参与者产生与理解话语。语境是对交际情境的主观抽象解释，可以分为可能语境与真实语境。语境是话语参与者及其内在属性(如知识、信念、目的)、话语行为本身，以及相关时空特征的集合体。语境是动态、变化、有条件限制的。转入心理认知和社会科学分析语境后，范戴伊克提出了行为理论概念，强调对社会情境的研究，并且提出了四种认知理论：策略信息处理认知、话语理论社会认知、社会认知与社会情境认知、种族话语模型理论认知，进一步指出了社

---

① 高登亮、钟 茂、詹仁美：《语境学概论》，中国电力出版社，2006，第35—36页。

会组成的复杂性对语境的影响，从而开辟了语境研究的新视角——跨学科多领域运用社会学、政治学、心理学、新闻学、社会心理学和语言学理论，研究语境在社会环境中的结构和功能，分析和揭露一些亟待解决的现代社会问题。①所以，范戴伊克是社会科学领域中提出和贯彻语境论思想的重要代表人物之一。在范戴伊克那里，语境并非是一种客观条件或环境，或者自主的社会变量，比如性别、阶级、种族、年龄、身份、文本、谈话的社会条件，而是会话参与者在实际的言语交流情形中的一种主观解释。实质上，范戴伊克的话语语境认知理论正是基于语境与语言、认知、话语等相关内容而得以构建的。特别是他所提出的"语境模型"(context model)消解了社会情境与话语理解的对立，为人们在交际中为何产生冲突提供了解释的方案，为话语的复杂结构提供了一种分析范式。

值得一提的是，在范戴伊克话语语境的基础之上，我们以话语语境为本体，把主体和世界的二元关系转化为话语、话语语境和世界的三元关系，部分消解了传统语境的主体性依赖，重新审视了社会科学理论、现象和外在世界三者之间的关系，并由此建立了与自然科学兼容的社会科学语境模型，进而从规范性视角说明社会科学解释何以可能这一重要问题。

表1

|  | 焦点事件 | 解读框架 | 代表人物 |
|---|---|---|---|
| 早期分析哲学 | 词、句、命题等 | 词、句、命题等周边的语句 | 弗雷格、罗素、早期维特根斯坦 |
| 认识论或知识分析 | 知识 | 知识归因者所处的不同情境 | 刘易斯、蒂罗斯 |
| 日常语言哲学 | 言谈中的语句 | 言谈发生的环境 | 后期维特根斯坦、奥斯汀、施特劳斯 |
| 诠释学 | 文本 | 文本语境与释义者情境 | 伽达默尔、保罗·利科 |

---

① Joseph P. Forgas, *Language and Social Situations*, Springer, 1985, p. 56.

续表

| | 焦点事件 | 解读框架 | 代表人物 |
|---|---|---|---|
| 历史学或历史哲学 | 历史文本 | 产生历史文本的言语行为、语言环境与非语言背景 | 波考克、邓恩、斯金纳 |
| 人类学 | 人类活动与文化现象 | 与之相关的语言、情境、文化、社会 | 马林诺夫斯基 |
| 心理学 | 心理、认知与行为 | 行为、语言、叙事、外部环境等 | 萨宾、海斯 |
| 语言学 | 索引词、语词、话语等 | 上下文、外部情境、语域、话语语境等 | 皮尔士、韩礼德、范戴伊克 |

通过对不同学科中"语境"概念的考察不难看出，这一概念首先是一种结构关系，是一种关于"焦点事件"这一研究对象与"解读框架"这一研究方式之间的相互关系，而这种关系能够在某种程度上反映世界的运作方式、我们言说这个世界的方式，或者我们认识世界的思维方式与行动方式。由此，语境不仅可以作为一种概念框架，还可以进一步得到系统化和理论化，直接启发并形成了一种成体系的语境论或语境主义，成为指导我们看待事物、研究事物的世界观、认识论、方法论和价值体系。也正是在这个意义上，我们为语境赋予一种本体论的实在地位，为不同的本体论态度提供了共同的对话平台，使它们能够在语境的基础上构建语义范畴和概念范畴的统一性；赋予一种认识论地位，作为一种新的认识范式语境为各个学科提供了可以达成一致的统一框架，为知识生产、真理探寻提供了新的认识路径；赋予一种方法论地位，使语境分析的元方法论特征在语形、语义和语用的内在一致的意义上对各个学科的方法论作了有效的融合。

由于每一个社会科学传统范式都认为自己的世界观和方法论是唯一正确或适当的，故而完全可以将其理论体系涵盖到全部社会科学，这些社会科学范式不仅无力解决社会科学的合法性，而且这些范式的独断式特征甚至都没有给其他范式进行修正或者融合的机会。"'语境论'的科学认识观，把它作为一种超越以逻辑经验主义为核心的现代科学哲学的趋向选择。"①语境论作为已在自然科学和社会科学诸学科中逐渐发挥重要作用的思想观念，其深刻的价值指向性、广泛的对话性和兼容性，使其成为融合已有社会科学范式、破解社会科学合法性危机的较好选择。

按照美国哲学家佩珀的分析，世界观是世界假设的模式，而世界假设又来自日常生活中的根隐喻，根隐喻构成了人们观察和认识世界的工具。他提出四个根隐喻：形式、机器、有机体、语境，分别形成相应的世界观：形式论、机械论、有机论、语境论。沿着这个思路看待社会科学，显然，形式作为一种基于事物相似性的命名与分类的隐喻，只能作为科学研究的前提，而机械论和有机论已经在社会科学中形成各自的范式。也就是说，从我们对世界的假设来说，现有的社会科学范式部分还是来源于形式论、机械论和有机论，而语境论是比前面几种世界观更加基础、广泛的世界观，正是这点优势使得语境论能够介入社会科学哲学来解决社会科学的合法性问题。

首先，语境论世界观关注的是特定时空条件下流动变化着的历史事件（historic event）。② 事件本身负载主体的目的与意图，主体参与了事件与语境的构造；同时，语境也影响主体的行为，形成一种主客互动互联的实在图景。由此看待社会科学范式，就应当将各自范式的本体论立场予以语境还原。不论是有机论中的社会实在，还是机械论的个体实在，抑或人文主义的意义实在，都应视为特定条件下研究主体基于不同视角和意图所语境化了的实在。这样，不同范式下社会科学理论中的概念和命题所具有的不同含义，只有放在特定的语言、社会、历史、文化或主体的心理语境中才能得到合理解释。这样我们就能够在整体的社会科学语境中澄清不同范式所揭示的实在层次、特征与意义，避免离开特定语境限制去追求所谓的永恒普遍规律，从而构建主体、知识与实在之间的合理关联。

其次，作为方法论，语境论有其独特的认知维度。语境是主体的主观心智

---

① 郭贵春：《"语境"研究纲领与科学哲学的发展》，《中国社会科学》2006年第5期，第28—32页。

② Stephen C. Pepper, *World Hypotheses: A Study in Evidence,* University of California Press, 1942, p. 233.

建构，这就决定了在科学发现的过程中，必然有主体的认知因素在起作用，即通过构造问题逻辑来形成聚焦点。从提出问题到在不同语境要素间建立关联予以解答，并通过与其他主体的互动来验证和掌握相关语境中的话语规则，就构成了语境论的方法论路径。这是一种情境理性的方法，既融合了人文主义诠释学方法的优点，又强调通过商谈和交流达成主体间越来越多的共识，从而将各种主观的、客观的、经验的、逻辑的因素综合在特定的语境中，形成实质的扎根理论(Grounded Theory)知识。

最后，语境论对科学哲学的介入已经取得了显著效果。语境论的科学哲学主张把语境作为阐述问题的基底，把语境论作为一种世界观与方法论，认为科学家所有的认知活动都是在特定的自然、社会、语言和认识语境中进行的，科学理论是一定语境条件下的产物，在一个语境中是真的科学认识，在另一个更高层次的语境中有可能会被加以修正甚至被抛弃。①语境论科学哲学面对的是科学认识的绝对主义和相对主义问题，因为科学本身的问题并不大，至少还存在相对统一的范式。因此，语境论科学哲学的重心是对科学哲学自身的重建，其中更多体现的是科学哲学自身的问题。相比之下，社会科学哲学则需要同时处理社会科学和社会科学哲学自身的双重问题：社会科学自身没有统一范式，其合法性备受质疑，而社会科学哲学无法直接引用科学哲学的理论实践来解决社会科学的问题，这是社会科学哲学难以处理的地方。可以说，本书通过改造社会科学哲学来解决社会科学的合法性问题。也就是说，社会科学哲学语境论纲领的作用是，在本体论、方法论和知识论层面上容纳社会科学的多元哲学观，以期解决现有社会科学哲学无法为社会科学提供一种具有合法地位的统一研究范式问题。

三

语境论主张，世界本质上表现为一种"历史事件"，历史事件就是语境论的

---

① 郭贵春：《"语境"研究纲领与科学哲学的发展》，《中国社会科学》2006 年第 5 期，第 28—32 页。

根隐喻。语境论中的历史事件同时包含了自然历史事件和社会事件，是我们认识世界的新的世界观。语境论认为，社会事件（event）或个体行动是受语境所影响、限制的，一个命题的意义具有语境的敏感性与依赖性。语境论关注的是真实发生的事件和过程，事件在这种动态过程中包含了行动主体的目的和意图，主体的这些行动目的和意图建构了语境，而语境又对主体的行动产生影响。语境是由事件的发生和性质相关的事件所构成的，事件与语境都具有边界开放和不断变化的特征，人类行为或事件并非孤立于社会，而是根植于社会历史文化语境之中，同时，语境也制约着人类行为或事件，行为在语境中成为构成事件的行动。因为社会具有动态性、生成性、语境性、具体性的特征，事件是处于不断变化的人类活动过程中的，语境论将人类行动和事件置于意义与关系的社会历史语境当中，这样就在基于"事件"的本体论基础上，把社会视为事件的展开。这里需要说明的是，本书中的语境和事件可以相互使用，事件是一种语境，事件的集合也可以构成一种语境，反之，一个语境也可视为一个或者多个事件。

我们所看到的社会实际上是由一系列的事件构成，而事件又是包含了人的意向性的行动结果。社会、具有能动性的个人和主体等社会科学研究的基本对象都可以用事件的形式表达。对于社会科学而言，以事件为核心的重大意义在于，价值能够在事件中获得表达，进而可能破解"事实—价值"的二分法，重建社会科学对人之本质的科学展开逻辑。

语境论视阈下，社会科学研究的基本单元是事件，也就是"语境中的行动"，基于此，社会科学形成了由事件集合构成的事实系统、由事件关系构成的因果系统、由事件意义构成的价值系统的社会科学新范式，使得社会科学可以对包含人的意向性和价值的事实进行逻辑分析和科学解释，体现了人之本质的历史性、社会性和文化性三种维度。具体而言，纲领的建构包括四个方面：

（一）事实的语境化。通过将遮蔽的事实语境化（contextualize）为事件，这些事件组成了社会科学的事实系统。

人在不断创造历史的同时也不能在历史时空中回头，即便是历史的当事人也无法完全还原当时的事实状态。虽然人创造了自己的事实，但人的事实不仅包含人的行为，也包含人的意向性等方面，人的历史性本质决定了我们无法完全看到事实的全貌，人类创造的事实始终处于遮蔽状态。与塞尔对原初事实和制度事实的区分不同，这里的遮蔽事实是一种包含价值在内的、关于人的事实，这个事实是由人的行为形成的。之所以事实处于遮蔽状态，是因为我们既不可能把包含意向性因素在内的所有可能行动全部列出，也不能用无理由的随机行动序列来描绘已经发生的包含价值在内的事实。关于人的事实只能在某种特定价值视角下才能呈现出来，社会科学的一个重要问题就是如何呈现和描述这种包含价值的事实。

事件是由具有自由意志或者能动主体的行动所构成，事件本身就包含了人的能动性。一个事实是由主体的行动所构成，在特定语境下被分割成为具有因果特征和价值指向的行动序列，事实通过语境化的方式显现为事件。在同一个语境下，一个事实可以被呈现为多个事件，每一个事件都是由特定主体的行动序列所构成。在社会科学中，这些事件既可以作为理论的解释项，也可以作为被解释项。也就是说，社会科学是在事件基础上的理论建构，社会现象本质上也表现为待解释的事件。在语境框架下，这些处于解释和被解释地位的事件构成了社会科学中具有因果特征与价值属性的事实系统。事件包含特定的人或主体的行动序列，表现了人的历史轨迹。社会科学用事件重建了遮蔽的事实，由事件集合构成的事实系统还原了人创造历史的过程，社会科学由此可以从科学视野下刻画人的历史性维度。

（二）因果关系的语境化。通过事件对个体行动的功能作用来说明事件之间的因果关系，这些因果关系形成了社会科学中的因果系统。

冯·赖特（G. van Wright）主张社会科学中存在真正的因果解释，这种解释分为两个类型，"第一种因果解释回答的是'为何必然'形式的问题，第二种因果解释回答的是'如何可能'类型的解释"[①]。冯·赖特分析了这两种解释与社会研究的关系，他认为第一种并不直接与历史和社会研究相关，而第二种解释不同，

---

① 〔芬兰〕冯·赖特：《解释与理解》，张留华译，浙江大学出版社，2016，第106页。

其待解释项"是世界上的一些状态或事件",而解释项则是与这些状态或事件具有因果关联的其他一些状态或事件。一方面,在自然科学中,量子力学的出现对第一种必然性的因果解释构成了冲击,而社会科学面对的是能动性的主体,这种必然性显然弱于物理学中的因果必然性;另一方面,冯·赖特第二种因果解释的基础是事件,这点与语境论提出的以事件为本体的思想相似,社会科学中的因果关系也应以事件为基本单元,因此,社会科学因果解释更多表现为第二种"如何可能"类型的解释。

社会科学解释的核心是基于事件对个体的功能作用来建立各类事件之间的因果联系。事件之间因果关系的关键在于事件与行动之间的关系。从自然科学的因果解释上看,社会科学中的因果关系应该表现为行动之间的关系。问题在于,由于人的意向性和行动动因的复杂性,人的行动之间更多体现的是关联关系,即便我们承认这些关系具有因果属性,但是由于事件包含多个行动,基于行动之间的关系很难表征事件之间的因果关系。社会是一个具有功能性的实体,其对个体的功能影响要通过事件的形式才能产生,这是有机论与语境论世界观最大的区别所在。在语境下呈现的事件需要一定的因果系统来确定构成事件的行动序列。只有在特定语境中,人的行为才能形成有意义的行动,这是语境之于社会科学因果关系的基础。也就是说,事件在语境中以一种因果的行动序列呈现出来。由此,社会科学中的因果性本质上是把事件对另外一个事件中的行动的功能作用作为事件之间因果关系的核心。一个社会科学理论所建构的实际上是一个事件与另外一个事件中每一个行动之间的功能关系,这样两个事件之间才具有因果关系。

传统社会科学范式强调社会之所以可视为一个实在,是因为这个社会实在对个体具有因果力作用,但这会马上陷入"社会—个体"关系的整体主义与个体主义之争。同时,社会科学理论中提到的事实也不完全是真正的完全客观的事实,只是事实的某个方面。也就是说,之所以社会科学的合法性备受质疑,一个重要原因是将具有价值特征的某个事实维度等同于和自然事实具有同等地位的事实，但是这种事实又无法达到作为科学解释所需要的客观度。我们如果以语境化的事件为基础，即社会事实由事件来呈现，而个体的行动也构成了相应的事件，那么"社会—个体"之间的关系就转化为事件范畴之间的关系，如此就能将价值维度纳入社会科学解释的因果关系当中。

（三）价值的语境化。基于行动序列来表征事件的价值取向与知识形式的价值输出，形成了社会科学中的价值系统。

文化是人的本质的核心维度之一，人总是以一种文化的态度和形式而存在。著名心理学家瓦尔西纳（Jaan Valsiner）认为，一个真正的文化心理学应该是"社会科学的基本基础"[①]。从传统事实和价值的二分法开始，价值一直是社会科学最重要的特征之一，也是其合法性备受质疑的关键部分。文化之于人的重要性决定了，一个真正意义上的社会科学不可能抛开价值去谈所谓的客观事实。一个合法的社会科学理论除了包含事实系统和因果系统，还包含重要的价值系统。具体来说，社会科学语境化的事件焦点需要价值系统来确定。这里的价值作用点位表现在两个方面：一是从用事件呈现遮蔽事实开始就已经包含的价值属性，包括事件中行动主体的选择，代表了事件的观察视角；事件中行动本身的选择，代表了事件的价值预设。二是知识形式的价值输出。即任何社会科学理论的结论本质上都是包含价值的知识，而价值本身也是在事实系统和因果系统中才能得以具体地展现，社会科学就是将事实系统和价值系统通过因果系统的关联形成一种关于人的科学知识，价值以科学知识的形式输出到社会世界当中，最终以指导主体行动的规范形式展现人的文化性维度。

（四）社会科学是基于事实系统、因果系统和价值系统对人的历史性、社会性和文化性维度的科学重建与展开。

事件的发展过程需要因果和价值同时作用，才能形成一个有效的事件链。社会科学解释需要确定研究或解释的现象（也就是特定语境下的事件），而后建构理论来解释这个现象，整个过程都是基于"事实—因果—价值"三个系统来实

---

[①]　Jaan Valsiner, *Culture in Minds and Societies: Foundations of Cultural Psychology*, SAGE Publications, 2007, p. 2.

现的。在确定现象时，需要事实和价值参与其中，从遮蔽的事实到事件的呈现，价值决定了事件是否作为一种研究的社会现象。这个价值来源于已有的语境，基于事实和价值为这个现象提供了概念、焦点和研究的理由。事件可能在语境当中分裂甚至重组，以因果系统和价值系统为支撑，同一个事实可以形成不同的事件集合。社会科学所做的正是对遮蔽事实的解析与重构，并从历史性、社会性和文化性三个维度展现人的科学意义。

历史性方面，社会科学对人的历史性进行了科学重建。基于"事实—因果—价值"的语境范式不仅为重建人的历史性提供了重建的基本单位——事件，也为重建过程提供了科学所需要的科学方法和视角——因果系统和价值系统。因果系统提供了基于事件重建的科学逻辑，价值系统提供了事件重建的基点和方向，这正是人的历史性在社会科学当中的展开。社会性方面，当我们解释一个人或者一个能动主体的行为时，如果不考虑其具有社会性，就不可能理解该行为以及行为背后的意向性。社会性是社会科学因果系统的基础，在语境化的因果关系中，事件对能动性主体的功能影响来源于社会性所支撑的社会实体的功能作用。从预测的角度看，对行为的精确和有效的预测需要事实系统和价值系统作为因果系统的支撑。比如，我们在做社会学研究时，如果不考虑社会蕴含的文化性（群体习惯的历史性），不考虑人和社会的历史性，就不可能准确解释目标社会的现象。文化性方面，人的文化性是个体价值社会化的结果，尚未社会化的价值观无法对社会发展产生重大影响，这是人的文化性与社会性之间的关系。但是一定的社会形态并不能确定文化的唯一性，这是文化性独立于社会性的表现。由此，我们在语境论研究纲领框架下，论证了历史性、社会性和文化性三个维度之于社会科学研究人之本质的充分性。

在简述语境论研究纲领的建构过程后，让我们回到社会科学哲学领域，进一步阐述语境论研究纲领在社会科学哲学的实在观、认识观、真理观和进步观等方面的一些优势特点，并尝试对社会科学哲学的重要问题予以新的回应。

拉卡托斯（Imre Lakatos）的科学研究纲领由硬核、保护带和正反启示法构成，借此来描述科学发展进步中的变化过程，同时也是关于科学本质的一种结构化说明。社会科学哲学的语境论研究纲领也具有类似之目标，其目的在于说明社会科学发展进步过程中的变化，为社会科学研究的本质提供一种结构化的说明，并最终能够对社会科学的合法性予以有效的、根本的辩护。

首先，在实在观方面，研究纲领承袭了语境论关于世界本质上表现为一种"历史事件"以及事件具有本体地位的主张，认为语境化的事件是社会科学研究的基本对象，是社会科学因果关系和承载价值的基本单位，只有在语境框架下向其注入因果链条和价值取向才能将遮蔽的事实呈现为语境化的事件集合。社会科学中事实的呈现、因果性的形成与价值作用都是以语境化的事件为基底。

在此基础上，我们从语境论视角对社会实在论和反实在论之争、个体与社会关系两个问题予以评论。

社会实在论和反实在论之争。实在论认为，我们的知识只是外部世界的映像，但问题在于，一个社会科学理论既不完全是某个世界的映像，也不完全是对已存世界的表征。反实在论则认为，不可观察的物体不能认为是实在的，电子只是物理学家的虚构而已。威尔弗雷德·塞拉斯（Wilfrid Sellars）认为，非实在论者所犯的错误是认为"可观察的事物和理论上假设的实体之间存在本体论上的差异"[①]，二者实际上只是方法论上的差异，"理论实体只是以某种特定方式被认知的事物"[②]，这种特定方式即是特定的语境。再从社会实在与客观性的关系看，如果社会实在和自然实在一样是独立于人的心灵的一种客观存在，那么像经济学描绘的市场是否属于一种社会实在？显然，市场行为受到经济学理论非常深的影响，很多理论改变和塑造了市场参与者的行为，不断形成新的市场规范。我们所指的社会实在，是市场中不变的部分还是变化的规范？这个问题也是一般的科学实在论和反实在论难以解释的。在语境论研究纲领中，离开语境的词项不再有任何指称意义，我们所能确定的是语境所包含的各类规范和事件构成的现象，语境演化过程中真正不变的是随演化不断产生的各种社会现象，

---

① 〔美〕罗伯特·布兰顿：《在理由空间之内：推论主义、规范实用主义和元语言表达主义》，孙宁等译，上海人民出版社，2019，第77页。

② 〔美〕罗伯特·布兰顿：《在理由空间之内：推论主义、规范实用主义和元语言表达主义》，孙宁等译，上海人民出版社，2019，第77页。

这些获得解释的现象集合构成了人的世界拼图，展现了人的科学图景。如果不同语境所对应的就是不同的实在，那么我们就不能将社会世界等同于社会实在，社会实在将是一种多元的形态。换句话说，实在的形态并不影响我们对事件的正常理解，语境和社会世界的互动产生了事件，社会科学在此基础上提供了一幅由具有本体意义的事件所构成的人的科学图景。

关于个体与社会关系的问题。在语境论研究纲领中，个体与社会世界的中介是语境化的事件，社会世界只有通过这种事件才能影响个体的行动。对于个体来说，并不存在纯粹的私有意义和私有话语，个体所指向的意义必须在语境中才可能表达，而语境本身并不需要假定公共属性，这样就可能为解释意义是私有的还是共有的提供了一种新的思路。同时，社会世界能否还原为个体这个问题本质上是一个伪问题，因为与社会世界直接发生关系的是语境而不是个体，或者说，语境化的事件才是影响个体的关键，这即是对社会塑造个体还是个体形成社会这个社会科学核心争论的回答。

其次，认识观和科学理性方面，语境论研究纲领把以自然科学为基础的科学理性延伸拓展至社会科学领域，突破了一直以来的"事实—价值"二分法，提出包含主体能动性和价值的"事实系统—因果系统—价值系统"三位一体的社会科学理性，主张事实是包含价值的事件集合，社会科学解释是通过事件对个体的功能性影响将因果性注入到事件关系之中，最终输出同时具有科学规范和社会规范的事实。因此，主体的能动性和价值并不是科学理性的障碍，相反，在以事件或者语境为基底的社会科学中，能动性和价值都是社会科学理性的重要组成部分，社会科学最终形成的是体现价值输出的关于人的科学知识。至此，我们可以重新审视社会科学和自然科学的关系、社会科学解释或说明（explanation）和意义解释或阐释（interpretation）的关系这两个重要问题。

社会科学和自然科学都是一种稳定的语境，都具有相似的解释结构，虽然二者介入外在世界的方式不同，但都是语境与世界相互作用的结果。面对外在世界，不同的语境会折射出不同的话语体系，社会科学和自然科学一样本质上都是一种具有话语特征的语境。这里的话语是事件在语境中的一种形式，理论与现象都是一种事件形式的话语，二者之间的关系反映了科学语境的话语结构。不同的是，自然科学语境的变化会产生新的现象，但是这些新现象并不会和原有现象产生冲突，自然现象保持了恒定和统一。新理论不仅要能解释新的现象，而且还要求能够解释旧的现象，现象的统一性要求理论也应具有统一性。对于社会科学而言，表现为事件的社会现象是人的行动的结果，理论解释现象的同时也会引起社会世界的变化并产生相应的事件，这种结果并不要求社会科学理论具有统一性。虽然二者存在差异，但是社会科学的语境结构以及演化过程和自然科学是相似的，二者都具有"理论—现象"解释结构。不仅如此，从介入的科学实践是形成有效知识前提的观点看①，社会科学和自然科学一样都是通过语境来实现对外在世界的介入，虽然二者在介入世界的方式上存在差异，但社会科学同样是我们科学认识社会世界并理解人之本质的方式和结果。

关于社会科学解释和阐释的关系问题，阐释不仅可以给社会科学解释提供更多的合理性选项，也促进了社会科学以及社会世界不断发展变化。阐释不是对文本的确证，而是在阐释中发现新的意义，主体也在阐释的语境当中获得了理解。"阐释的重点是理解和交流"②，是人和文本的一种对话，阐释的话语和文本的话语同样构成了一种具有话语特征的语境。如果没有阐释的意义，理性计算就可能成为指导人类行动的唯一标准，那么经济学就会取代社会学或者政治学而成为唯一的社会科学。行动的意义不仅是效率或者效用的函数，而且也包含了主体的自我理解。阐释不仅体现了作为语境和世界关联主体的能动性，而且也促进了语境与社会世界的互动。因此，阐释并不是社会科学解释的对立面，而是社会科学不断发展的重要源泉。

再次，真理观方面，包含价值的事实同样具有真理性，其表现为理论解释需符合科学规范与社会规范，并以包含价值的事件的形式输出指导主体行动的规范。以真理符合论和真理融贯论之争为例，面对非恒定的社会世界，两者都

---

① 参见孟强：《科学哲学的介入主义方案》，《哲学研究》2008 年第 4 期，第 72—79 页。

② Roger Trigg, *Understanding Social Science: A Philosophical Introduction to the Social Science*, Blackwell Publisher, 2001, p. 219.

无法涵盖社会科学理论的真，而能够促进社会科学语境演化和稳定的理论都具有真理属性。我们不能简单地用符合论来界定社会科学理论的对错。对于物理学这样的自然科学来说，不同理论之间的矛盾是非常关键的问题，因为物理现象都在一个具有齐一性的自然世界之中。当然，这种理论之间的自洽性并不是社会科学的根本要求。社会世界是变化的，其与社会科学语境相互作用产生了需要解释的社会现象，但融贯性并不是社会科学的最高要求，同一个社会现象一般也不能得出唯一的社会科学解释，这些理论所提供的规范性在社会科学的语境中是可以共存的。社会科学理论的作用在于通过语境向社会世界输出了能够指导主体行动的规范，这本身即体现了社会科学理论的真理性。

最后，进步观方面，通过"事实—因果—价值"三位一体的方法，社会科学将遮蔽的事实转化为人之本质的科学形象，由此，评价一个社会科学理论好坏的标准主要表现在三个方面：理论解释的事实范围，体现了理论对人的历史性维度的认识程度；事件对行动功能作用的适用性，体现了理论对人的社会性维度的认识程度；理论输出的规范有效性，体现了理论对人的文化性维度的认识程度。当然，这里仍旧需要对备受质疑的社会科学理论预测问题和价值无涉问题予以回应。

在语境论研究纲领中，预测并不是社会科学理论优先地位的绝对标准，理论之间的连续和对偶关系能够更好地使社会科学保持解释张力。精确预测的前提是外在世界的恒定性，如果自然科学理论预测成功，那么这个理论就具有了解释现象的优先地位。如果原有理论和已然预测成功的新理论不相容，就会形成新的问题，同时在自然科学语境中形成一个需要解释的新现象或者新事件。对于社会科学而言，由于社会世界缺乏恒定性，社会科学理论要给出精准预言还是非常困难的。相反，已有关于社会世界的知识不会完全决定未来的世界，社会科学理论成功解释过去并不代表也能成功预测未来，这种解释背后体现了存在的规范性。即便社会科学理论成功预测了某种现象，并不意味着这个理论就一直正确或者就具有解释的优先地位。社会科学也并不是处于任意发展的状态，虽然理论可以出现冲突，但是理论之间仍然会表现出连续性和对偶性。经济学中的自由市场理论和凯恩斯(J. M. Keynes)的经济理论在实践中不断交替应用，两种理论存在着像"管制—自由""政府—市场"等具有对偶关系的概念，这种对偶关系不仅体现了社会规范的特征，也使得经济学面对变化世界时保持了解释张力。

关于社会科学的价值无涉问题。在语境论研究纲领中，社会科学的一个重要功能就是对价值的科学化输出，价值赋予了社会科学理论更多的解释力。社会科学中的价值无涉问题表现为两个方面：一个是社会科学理论所蕴含的价值是否影响解释效力；一个是价值是否会影响社会科学的发展方向。价值不仅是个体对事物的主观评价，也是个体观察世界无法摆脱的变量，个体总是在某个价值下来观察社会现象，这些待解释的社会现象或者事件体现了价值对语境的浸入，而这并不影响理论解释现象的合法性。理论证明的是人的行动的合理性，这种合理性受到特定语境的约束。自由市场理论和凯恩斯理论包含了不同的价值观，这并不影响二者的解释效力，二者都揭示了各自规范性的合理性。相反，价值恰恰是构成一个社会现象或者事件的重要因素，没有价值驱动，语境和社会世界就无法互动，人也就不再是一种社会性生物。价值通过浸入社会现象来影响和促进社会科学语境的演化，是社会科学发展进步的主要动力之一。

# 四

基于上述讨论，可以发现，庞大而复杂的社会科学领域长期以来出现了两个难题：一是社会科学诸领域哲学基础的欠缺，社会科学哲学的基本概念、规范的解释以及根本的规律性探索，都严重不足；二是社会科学诸领域很难形成一般的社会科学哲学理论。所以，解决这些难题以及各种范式之间争论的关键就在于，能否找到一种新的世界观和方法论，以消除分歧、融合各自优点，或者说能否找到一种统一的哲学框架或者说一种新的范式，并在此基础上来重构社会科学的哲学基础，以此来保证社会科学的科学地位，从而推动社会科学以及社会科学哲学的有效发展，这已成为当代社会科学哲学发展迫切需要求解的首要问题之一。

　　本书也正是立足对上述问题的思考，尝试以语境论来构筑社会科学的思想基础。事实上，本书核心内容的形成，一方面来源于我们多年对社会科学哲学领域的深入探索，另一方面主要是得益于对《当代社会科学哲学：理论建构与多元维度》（入选 2016 年度《国家哲学社会科学成果文库》，北京师范大学出版社 2017 年出版）一书更为深入的思考。而《社会科学哲学的语境论研究纲领》有幸再次入选也正是对上一本文库的理论拓展与深入，特别是从社会科学哲学的"发展走向"的论证层面上升到了"研究纲领"的建构层面。这一思路上的变化主要是出于如下这样一种考虑：

　　《当代社会科学哲学：理论建构与多元维度》一书，甄选了实证主义到邦格共九个不同的历史流派、人物思想以及富有争议性的哲学问题，呈现了社会科学哲学的演变过程、趋势定位、理论范式的最新研究成果。特别是在"发展走向"的论证上，该书重点是对社会科学哲学不同的理论形态中所包含的自然主义进行多维度审视，具体包括自然主义的自然维度、历史维度、社会维度和实践维度，从而提出以"自然主义转向"的思维模式来把握当代社会科学哲学的发展趋势，由此尝试找到社会科学哲学未来发展的理论基点。然而，当我们在这一研究基础上，面对近几年国内外科学哲学最新研究进展时，却产生了另外一种困惑，那就是，在社会科学哲学走向自然主义这一发展趋势的背景下，又该如何为其构建一种能够有效解决社会科学合法性危机的研究纲领？也恰恰是由于这样一种有益思考，我们更加积极地吸收当前社会科学哲学研究的最新成果，提出了一个能够消解我们多年困惑的核心观念：社会科学哲学的语境论研究纲领是一种体现自然主义特征的哲学纲领。这一观念事实上也体现了前后两本文库在研究思路上的逻辑关联。

　　《社会科学哲学的语境论研究纲领》一书中所构建的"研究纲领"具有鲜明的自然主义特征。首先，语境论的直接思想来源于美国的实用主义，实用主义者采用科学的理论与方法来处理人类与世界的关系问题，将人类生活建基于达尔文进化论之上，这种观念本身就体现出一种自然主义的哲学立场，语境论是一种实用主义的自然主义。其次，语境论在具体社会科学学科的运用过程中，凸显了语境在不同学科中所发挥的规范性作用，不同学科中方法之间的相似性基于科学的统一的内在标准，而其差异性又是学科多样化的前提。这种观念将哲学所追求的大思想与社会科学所追求的硬证据有机结合起来，为社会科学范式的革新提供了新方向。在这一视角下，哲学的规范性与科学的描述性在语境论框架中得到了有效融合，这种思维模式恰恰是一种自然主义的研究策略。最后，在"语境论科学哲学"框架下，作为"人的科学"的自然化基础，心理学的语境范式展现出一种自然主义意蕴。这种语境心理范式与经济学、社会学等其他社会科学学科相结合形成了具有自然主义特征的社会科学语境范式。语境论纲领与当代社会科学哲学研究的自然主义趋势呈现出了内在的一致性。

最后，我们介绍一下本书的写作思路与基本框架。

本书共分为六部分十五个章节，内容的展开逻辑是，先提出社会科学合法性危机这一总问题和语境论这一解决问题的总思路，然后从本体论、方法论、知识论三个层面，社会科学哲学关键问题与具体学科问题两个方向阐述语境论的具体解决方案，最后凝练出将人的历史性、社会性、文化性三个本质性维度语境化展开为事实系统、因果系统、价值系统，进而提出指向社会科学应回归"人的科学"的社会科学哲学语境论研究纲领。

第一部分由导论和第一章组成，主要阐述本书拟解决的社会科学合法性危机这一总问题及其形成背景，进而引入语境论作为解决总问题的切入点，为全书的展开奠定理论基础。

在导论部分，我们提出并分析了社会科学的合法性危机这一总问题，指出传统的社会科学哲学思想并不能解决这个问题，其根本原因在于社会科学的现有范式无法调和具有自由意志的人或者能动主体与科学具有的普遍性、规律性之间的矛盾，进而将语境论引入社会科学哲学，通过重建社会科学的哲学框架来解决社会科学的合法性危机。导论论述了本书核心——语境论研究纲领的背景来源、建构逻辑与理论价值，并说明了全书写作的逻辑框架。

第一章"语境论与社会科学的哲学基础"从语境开始，到语境论具有的世界观特征，再到语境论的科学哲学，最后到社会科学具有的语境论特征，论述了语境介入到社会科学的逻辑链路。主要包含五个方面的内容：第一，从语境结构与语言系统的关系出发，论证语境的主要建构路径，并阐述与语境相关的自然、文化和社会三个基本参照系，初步建立语境与社会历史文化之间的基本逻辑；第二，从本体论、方法论和知识论三个方面重点阐述语境论的世界观特征，为论证其作为社会科学的哲学基础做好理论准备；第三，概述了语境论科学哲学的基本思想和形成过程，重点论述了语境论与科学范式之间的关系；第四，结合语境论和社会科学的主要特点，详细论证了社会科学具有的语境论特征，构成了社会科学哲学语境论研究纲领的理论基础和建构出发点；第五，在语境论框架下来阐述社会科学解释与人文科学理解之间的语境融合路径，进而在一定程度上化解社会科学的解释与诠释之争。本章的写作过程中，把我前期关于语境论的一些工作（含与合作者一起发表的论文），也融合了进来，主要有：殷杰的《当代西方的社会科学哲学研究现状、趋势和意义》（《中国社会科学》，2006年第3期），殷杰、韩彩英的《视阈与路径：语境结构研究方法论》（《科学技术与辩证法》，2005年第5期），殷杰的《语境主义世界观的特征》（《哲学研究》，2006年第5期），王亚男、殷杰的《社会科学中语境论的适用性考察》（《天津社会科学》，2020年第5期），申晓旭、殷杰的《语境论视阈下的理解与解释之争》（《科学技术哲学研究》，2016年第1期），殷杰的《语境论与科学哲学的新进展》（《中国哲学年鉴》，2017年第1期）等。

　　社会科学哲学是对社会科学的哲学研究，语境论作为一种新的哲学思想，不仅对社会科学有直接作用，更为重要的是其具备了修正和改造现有社会科学哲学的可能。换言之，只有在社会科学哲学层面做出重大改变，才能找到突破社会科学合法性难题的正确方向。因此，在第一部分"语境论适合作为社会科学的哲学基础"这一观点基础上，我们在第二部分至第四部分研究了语境论对社会科学哲学介入改造的具体方案和改造结果。

　　第二部分由第二章和第三章组成，主要论述语境论之于社会科学本体论形成的语境本体，基于"历史事件"的根隐喻完成了社会科学本体的语境建构，从语境的话语特征出发重新审视了主体—世界的关系，进一步确立了语境的本体地位，在本体论层面部分地消解了社会科学合法性面临的主体性困境。

第二章"社会科学的语境本体"围绕"社会实在是否具有语境性"这一问题，探讨了社会实在的语境特征，进而在语境论的根隐喻"历史事件"的基础上，为社会科学研究构建一种新的社会本体论——事件本体论。对此，本章首先考察了当代科学研究的前沿趋势和新兴范式对传统社会科学哲学观念的影响，指出复杂系统范式对传统科学观的修正，使得社会本体论研究重新获得研究的合法性。在此基础上，本章立足如何理解社会的本质，阐释了事件本体论的建构与特征，提出语境是由事件的发生和性质相关的事件所构成，社会就是事件的展开，是具有历史性的社会。由此，语境论就为社会实在的本体论构造提供了新的"根隐喻"。立足于此，本章进一步探索了语境的社会本体论构造，阐述了语境在社会事实的本体论关系构建中的历时性与共时性特征，重点探讨了语境在奠基与锚定中所发挥的功能，揭示了语境的描述性与规范性的内涵，以及语境在不同社会事实、社会系统的关系与互动中的重要作用。最后，基于复杂系统范式的核心观念，本章从复杂性视角，通过对本体论不可还原性与认知不可还原性所作出的区分，对语境的本体论构成和在科学发现过程中的合法性地位给予辩护，指出社会现象和行为所具有的突现因果力很大程度上来自语境，特别是基于主体的建模方法，为语境的社会本体论研究之具体化、可操作化提供了一种有效方式。本章的写作过程中，把我前期关于社会本体论的一些工作（含与合作者一起发表的论文），也融合了进来，主要有：殷杰、王亚男的《社会科学中复杂系统范式的适用性问题》（《中国社会科学》，2016 年第 3 期），樊小军、殷杰的《语境论视阈下的社会本体论探析》（《科学技术哲学研究》，2018 年第 2 期），殷杰的《社会实在能是语境的吗?》（《中国社会科学报》，2017 年 2 月 28 日）等。

通过第二章的探讨我们可以发现，语境本体的合法性很大程度上取决于语境这一范畴的本体论内涵，以及语境在社会科学研究中的解释和规范作用，传统社会科学研究由于对社会科学解释和预测的过度关注，加剧了语境的相对性，同时还出现了语境泛化应用的不良后果。而传统科学解释模型对社会科学解释适用性并不强，这其中的一个重要原因是，这些解释模型大多源于自然科学，其背后所体现的"主体—世界"二元关系无法应对变化的社会世界。那么，如何从语境本体的视角为社会科学解释模型奠定较为严谨的语境形式，这也是社会科学语境本体合法性需要进一步给予辩护的重要问题之一。

第三章"社会科学中语境的话语结构与特征"正是围绕上述问题，在修正现有语境论的基础上，以具有话语特征的语境为本体，探索社会科学解释的语境形式，为从认识论层面构建社会科学解释的语境模型提供理论基础。基于此，本章首先分析了现有语境论的主体性问题，并通过融合语境本体论和范戴伊克话语与语境关系理论两种观点，提出一种不依赖主体且具有话语特征的语境，由此重构了"主体—世界"的关系，并指出社会科学所面对的是话语、语境和世界的三元关系。在此基础上，本章从这种三元关系框架下考察了科学解释中的观察和现象，阐述了以话语为基础的语境的结构特征、同一性条件和演化过程，强调社会科学的理论和现象可视为一种可交流的话语，语境控制话语的产生和理解。最后，本章从主体间性的视角，阐述了以话语为特征的语境在求解自然与社会世界客观性假定、主体认知的唯一性、社会科学解释的自反性等问题上的理论优势，同时还阐释了该语境之于人类理性的意义，指出这一语境具有认知意义上的本体论地位。本章的写作过程中，把我前期关于话语语境和科学模型的一些工作（含与合作者一起发表的论文），也融合了进来，主要有：殷杰、孟辉的《社会科学解释的话语语境模型》(《中国社会科学》，2020 年第 3 期)和《科学语境及其意义》(《湖南社会科学》，2020 年第 1 期)，孟辉、殷杰的《论科学模型中的可计算变量》(《科学技术哲学研究》，2018 年第 3 期)等。

第三部分由第四章和第五章组成，主要论述语境论之于社会科学知识论形成的知识语境，从语境视角打破社会科学知识的主客观困境，建构了强调真实的认知主体和知识规范性的社会科学知识语境图景，并在具有话语结构的话语语境基础上论证了社会科学具有的科学规范与社会规范，解决了社会科学的规范性和解释力来源问题。

第四章"社会科学知识的语境建构"。社会科学知识能否像(或者在多大程度上像)自然科学知识一样具有客观性,是社会科学哲学在知识论层面亟须解决的重要问题之一。在社会科学哲学传统中,对待知识的态度一般有两种:一是站在客观主义立场,坚持主体与客体的二分,从而坚持事实与价值的二分,试图将作为客体的事实单独剥离出来,剔除掉其中主体的、价值的、不确定的因素,为社会科学知识赋予客观性;二是站在建构主义的立场,过分强调主体与社会的能力,认为客体、事实及其相关的知识都是由主体与社会建构而成的。本章在指出以上两种观点的合理性与片面性的同时,进一步提出了一种兼容的演进趋向,即将语境视为知识的一种主客观条件。在此基础上,我们可以得到一种关于社会科学知识的语境图景:关注真实的认知主体、强调认知主体与客体之间的相互关系、突出知识产生和评价过程,在这种语境图景中,知识的确定性和合法性将在社会科学的实践和规范中得以确立,而非知识本身的某种符合或融贯。最后,本章认为,需要为知识的语境图景提供一种更具体的、更恰当的刻画方式,即话语语境。通过研究和借鉴范戴伊克的话语语境理论,本章分析了话语的互动、使用和理解如何控制知识的确证,而这些确证方式又恰恰体现出了社会科学知识与实践、规范的密切关联。本章的写作过程中,把我前期运用语境论分析社会科学知识论的一些工作(含与合作者一起发表的论文),也融合了进来,主要有:殷杰、何华的《经验知识、心灵图景与自然主义》(《中国社会科学》,2013 年第 5 期),王璐、殷杰的《范戴伊克的语境论思想》(《科学技术哲学研究》,2018 年第 1 期),殷杰、樊小军的《基于语境论的社会科学知识论探析》(《江汉论坛》,2018 年第 5 期),张鑫、殷杰的《论社会科学知识的话语进路》(《科学技术哲学研究》,2021 年第 4 期)等。

第五章"话语语境与社会科学的规范性问题"。由于社会科学知识的特殊性,我们无法在社会科学当中找到像自然科学、逻辑或数学中那样具有普遍必然性的知识,对知识的纯粹客观性的追求,应当转变为对认知主体、主客关系,以及知识产生过程进行的评价,也就是说,应当在实践和规范中寻求社会科学知识的确定性。那么,规范性问题就成为话语语境需要处理的一个突出问题。本章首先研究了话语语境的三种规范性特征：一是话语语境与外在世界的关联具有规范性，通过话语语境可以阐述经验、概念和规范之间的关系，进而论证话语语境与外在世界的作用方式；二是话语语境具有科学规范特征，通过理论话语和现象话语说明社会科学的理论和现象也是由可计算变量构成，从而具有一种形式规范、表征规范和推理规范；三是话语语境具有社会规范特征，即社会科学话语实践中各个概念背后蕴含的结构性要素，构成了社会科学话语之间关系的基础。沿着这三种规范性概念，本章进一步探讨了社会科学解释力的问题，通过概念与行动规范的生成、社会科学解释力的规范性来源、规范的普遍性与合理性，论证了社会科学解释力的本质体现在解释社会现象的同时向社会世界输出了合理的规范性。本章的写作过程中，把我前期运用语境论分析社会科学解释的一些工作(含与合作者一起发表的论文)，也融合了进来，主要有：殷杰、孟辉的《社会科学解释的话语语境模型》(《中国社会科学》，2020 年第 3 期)等。

第四部分由第六至九章组成，主要论述语境论之于社会科学方法论形成的新方法论转向，阐述了社会科学语境分析方法的形成过程以及方法特点，运用模型化的语境方法研究了社会科学解释问题，通过经济学和政治学中具体案例的详尽考察，从元理论和实践的双重维度来尝试解决社会科学方法论的理论困境。

第六章"社会科学的语境分析方法"。本章聚焦于"基于社会科学的语境性如何进一步凝练其方法论内核"这一重要元理论难题。由社会科学对象的语境性和社会科学分支学科日益凸显的语境本质所决定，社会科学方法论已经跳出了从逻辑实证主义以来的概念—语义分析所主导的静态的逻辑分析，而转向了更具语境敏感性的语用—语境分析模式，而社会科学对于案例研究的核心关切，也在这种语用—语境转向中，突出地呈现了出来。基于这种认识上的转变，本章首先通过回溯 20 世纪哲学"语言学转向"的时代特征，对语境分析方法形成的背景进行了元理论考察，进一步指出从对语形的经验语义分析到对语用的语境分析，正是通过语境才使蕴含于言语形式中的各种意义和功能得以表现出来，由此揭示出社会科学中语境分析方法论的内在必然性。其次，通过社会科学方法论层面实证主义与解释学方法论立场的二元对立，以及由各自内在缺陷所导致的对真实社会世界的背离，具体阐述了社会科学语境分析方法的基本路径，即社会科学研究者首先提出明确具体问题，然后围绕此问题构建出研究对象的语境，对诸多语境因素与研究对象之间的关系进行分析，找到其中引发焦点现象或事件的多种因果机制，最终以提出合理恰当的实质性说明，来完成对初始问题的解答。从具体的方法路径来看，语境论的社会科学方法论倡导一种案例研究式为主的操作方法和应用模式，这种方法论能够吸收并综合各种方法论立场的优势，克服它们的不足，进而可以在很大程度上消解社会科学方法论中的二元对立矛盾，为社会科学方法论的进步打开新的空间。本章的写作过程中，把我前期运用语境论分析社会科学方法论的一些工作（含与合作者一起发表的论文），也融合了进来，主要有：殷杰的《论"语用学转向"及其意义》（《中国社会科学》，2003 年第 3 期），殷杰、樊小军的《语境论的社会科学方法论探析》（《自然辩证法研究》，2018 年第 4 期）等。

第七章"语境分析方法的模型化"。本章着力回答"如何通过重塑社会科学理论结构来实现语境分析方法的模型化"这一问题。以社会现象的语境本质为切入点，本章延续前面的思路，将社会科学理论和社会现象都作为一种话语模式纳入社会科学语境中，从而把社会现象和社会世界分离开来，社会科学理论不再和社会世界直接发生关系，而是将包含理论话语和现象话语的社会科学语境与社会世界发生关系，进而构建了形式化的社会科学语境模型。主要内容有四个部分：首先，理论话语和现象话语形成了社会科学语境，社会科学的语境控制了观察事件以及社会现象的产生和理解，社会现象是社会科学的语境与外在世界相互作用的结果。由此，社会现象的不可重复性和观察视角等问题都可以得到较好说明。其次，以布莱克—斯科尔斯金融模型为案例，详细分析了社会科学语境的结构和演化过程，进一步论证了社会科学语境分析模型的合理性。再次，在社会科学语境中区分了行动和行为，行动只有在语境中才具有意义，而每一种社会科学解释就是通过设定行动的可计算变量集，进而重构社会现象的过程，从而构建了社会科学解释的语境模型。最后，从语境模型的视角对社会科学方法论的一些重要问题进行了重新审视，阐述了语境和语境分析在哪些维度上能够指引社会科学凝练和重塑其自身的方法论空间。本章的写作过程中，把我前期关于语境模型的一些工作(含与合作者一起发表的论文)，也融合了进来，主要有：殷杰、孟辉的《社会科学解释的话语语境模型》(《中国社会科学》，2020年第3期)等。

第八章"经济学的隐喻语境分析方法"。本章关注"经济学实证研究的局限性和方法论的多元性如何通过转向隐喻语境分析来寻求出路"这一应用问题。为了解决经济学研究和方法论所面临的问题，本章在探讨经济学隐喻作为一种新的经济学方法论的基础上，基于语境分析的修辞学维度，展开隐喻经济学方法论运行机制和经济学隐喻实在性的有关论述，这无疑是对自然主义经济学研究方法的重要补充，也为经济学研究和经济学方法论的发展提供了一个可靠的实在性基础。本章的论述分为以下四部分：第一部分以经济学实证研究局限性的成因作为切入点，分别对早期经济学方法论研究中有关知识诉求的规定性导向、研究目标、理论困境进行了梳理。同时在经济学哲学多元化研究的趋势中，着重讨论了对经济学隐喻进行哲学研究的必要性。第二部分探讨了隐喻作为经济学方法论的可行性问题。鉴于经济学隐喻所具备的机制、功能等优越性在经济学理论建构和实践过程中逐渐凸显出来，借此具体阐述了隐喻在保持经济学理论自身的"开放性"及其理论建构等方面的工具属性。第三部分讨论了经济学隐喻的认识论本质问题。这部分以困扰经济学研究中的不确定性问题作为切入点，结合经济学学科本身的认识原则，论述了经济学隐喻的认识论特征及其在化解不确定性问题时的特有优势。在此基础上，讨论了隐喻在经济学研究中的认知功能和认识论意义。第四部分探讨了经济学隐喻的实在性问题。这部分以"经济学研究与现实世界相脱离这一现状"作为切入点，论证了经济学隐喻在概念化未知经济实体和机制中的重要作用。通过讨论经济学隐喻的指称、表征以及隐喻重要载体——模型的实在性问题，说明了经济学隐喻不仅具有方法论和认识论价值，而且还深深扎根于实在性之中。本章的写作过程中，把我前期语境论与经济学哲学的一些工作(含与合作者一起发表的论文)，也融合了进来，主要有：

殷杰、祁大为的《经济学隐喻的实在性探析》(《自然辩证法研究》，2019 年第 4 期)和《论经济学隐喻的方法论意义》(《江海学刊》，2019 年第 1 期)，祁大为、殷杰的《不可言说的言说：经济学隐喻的认识论本质》(《科学技术哲学研究》，2018 年第 6 期)等。

　　第九章"政治学中的语境分析方法"。本章聚焦于"政治学的方法论分野如何内蕴了一种语境论的分析模式"这一具体问题。本章将方法论的视野收束于政治学领域，通过分别论述政治学方法论存在的经验性进路和规范性进路分野及其各自的缺陷，明确揭示出当代政治学方法论中语境分析方法的凸显，系统阐释了其理论特征和实践应用，进而肯定了其为政治学研究所提供的新思路。本章从政治学方法论的争论入手，聚焦于实证主义方法论和规范性方法论之间的论战所衍生的两种研究进路——经验性进路和规范性进路，将这种方法论的分野归因于实证主义方法论和解释学方法论的二元对立。通过分别回顾经验性进路中行为主义、理性选择和新制度主义的政治科学研究方法的历史演进及缺陷，规范性进路中自由主义、社群主义、社会批判理论的政治哲学的历史演进及缺陷，廓清其争论的理论内涵及哲学根源。基于此，语境论作为替代性解决方案，有着调和二元对立，实现有效对话的巨大优势。政治哲学中的语境论围绕着正义理论的建构、抽象原则的解读、政治理论与社会实践的互动关系等问题展开，吸收并综合各方的优势，克服它们的不足，进而在很大程度上调和了普遍主义和特殊主义的二元对立，疏解事实性和有效性之间的张力，为政治哲学研究提供了一种具有多元性、动态性和整体性的研究方法。在此基础上，以经验、规范和实践为导向的政治学语境分析方法逐渐形成，其主要倡导一种问题驱动的案例研究方法，以及过程介入操作方式，从历史和当下两个向度对政治语言、政治概念、历史文本以及著名人物的思想等进行解读。事实上，语境论的政治学方法吸收并综合各方的优势，调和了二元对立，为经验性进路和规范性进路建立起一个对话平台，从而推进政治学方法不断地向前发展。最后，在经验性和规范性的语境论融合中，阐述了语境分析方法的整体关联性视角的定位，扩大了作为政治学核心论题的正义理论的论域，语境论以问题导向、案例研究的方法建立了语境要素与正义理论的互动关系，并尝试从多种角度阐释正义理论的实质内容，在政治哲学中产生了一定影响。本章的写作过程中，把我前期关于语境论和政治哲学的一些工作(含与合作者一起发表的论文)，也融合了进来，主要有：殷杰、胡松的《正义理论的语境论路径》(《求索》，2019 年第 2 期)和《语境论的政治学方法探析》(《理论探索》，2019 年第 1 期)，胡松、殷杰的《规范性政治理论的建构与政治哲学中的语境论》(《科学技术哲学研究》，2019 年第 1 期)等。

第二部分到第四部分展现了语境论在一般社会科学哲学和具体社会科学方法论层面的关键作用，这些结果对于社会科学哲学非常重要，说明了语境论对于改造社会科学哲学的巨大潜力，也充分说明语境论之于社会科学的适用性。但是，仅在社会科学哲学领域的分析，对于解决社会科学合法性这一总问题还远远不够。我们还需要把重心从社会科学哲学调回到社会科学，以语境论改造过的社会科学哲学视角来回答社会科学研究的本质是什么的问题，这即为第五部分之目标。

第五部分由第十至第十三章组成，主要基于社会科学诸学科的研究特征，发现了社会科学对人的历史性、社会性和文化性三个本质维度研究过程中所表现出的事实系统、因果系统和价值系统，并从多学科—交叉学科融合视阈描绘了社会科学如何立体重塑了人的科学化形象。

第十章"人的历史性生成"。本章聚焦于"社会科学中的事实和行动，如何经由人的历史性而结构化为可解释的事件类对象，进而在历史语境的脉络化中获得解释"这一问题。人的历史性决定了我们不可能对发生的事实进行全方位透视和还原，通过事实的语境化才能呈现为"看得见"事件形成的事实系统，这即是社会科学对人的历史性维度的科学展开过程。经由之前对社会科学元理论的本体、认识和方法层面的廓清，语境因素的普遍渗透和社会科学自身的语境性自不待言，如何将这种语境敏感性的特征内化为社会科学自身理论结构和社会科学哲学元理论反思的切入点，需要我们重新思考社会科学作为理解并解释人本身的理论手段，其所内蕴的理论逻辑，而人的历史性维度则是贯穿于全部社会科学基础层面的核心维度，本章正是经由人的历史性生成来展现社会科学的事实系统如何结构化为可解释的研究对象，进而为这种解释性理解划定语境论框架。本章通过回顾 20 世纪以来叙事心理学和历史解释理论表现出的以叙事形式为特征的事实的话语空间，阐述了语境论正是从这种历史性和事实性的逻辑融合中获得其合法性基础。首先，对叙事心理学中具体理论形态和方法论特征进行了求解，揭示出人类心理的叙事性和历史性本质，以这种根植于人性的历史性为基础，将社会科学的经验—描述性基础奠立于历史事实的生成语境当中，指出事实作为一个动态、历史的概念，其描述性特征是在历时性的维度中建构起来的，而历史事实是由历史解释的规范性过程所确定，社会科学正是在这种事实性和历史性的合力下，建构起其描述性语境的大量实践；然后，从人的历史性出发，在语境的本体论性基础上，通过对历史学的方法论核心"历史解释"的规范性基础进行语境重构，将社会科学中事实系统的结构充分揭示出来。在此基础上，以剑桥思想史学派的历史语境论理论为考察对象，在政治思想史的范式转换中透视语境论模式之于学科规范和问题求解的重要意义。本章的写作过程中，把我前期关于语境论与历史哲学的一些工作(含与合作者一起发表的论文)，也融合了进来，主要有：殷杰、张玉帅的《萨宾语境论心理学思想探析》(《山西大学学报》(哲学社会科学版)，2015 年第 1 期)，殷杰、马健的《从逻辑论证到语境分析——后实证主义的历史解释》(《求索》，2020 年第 3 期)，马健、殷杰的《规范性政治理论的建构与政治哲学中的语境论》(《科学技术哲学研究》，2019 年第 4 期)，殷杰、王茜的《语境分析方法与历史解释》(《晋阳学刊》，2015 年第 2 期)，殷杰的《走向语境论的历史解释研究(上中下)》(《中国社会科学报》，2017 年 3 月 21、28 日，4 月 12 日)等。

第十一章"人的社会性结构"。本章着力回答"个体行动者的主观性和具有明显结构特征的社会性之间的张力，如何能够在因果系统的线索中经由语境论而得以调和"这一问题。人的社会性是事件对个体功能作用以及事件之间因果关系的来源，通过因果的语境化，事件之间的因果关系形成了社会科学的因果系统，这即是社会科学对人的社会性维度的科学展开过程。本章通过考察社会认知层面，人们如何理解他人的问题，将社会世界的因果层级问题凸显出来，通过语境论对读心论与互动论的调和，进一步探讨了社会科学中主体的价值偏好、意识形态等主观内容，对知识归赋和理论解释的影响方式，尝试在语境论框架内构建社会科学解释的概率因果模型，以此来将解释主体的背景知识、认知状态、认知条件这些解释要素融入科学解释要素当中，从而重新赋予解释者以认知主体的认识论地位，从而说明以因果系统与社会性维度的融通来展现语境论对社会性结构的表征方式。本章的论述分为以下两部分：一是从社会认知和社会心理学的视角，对社会维度的理解他人过程进行了深入剖析，当代社会认知理论在理解他人问题上分裂为两大理论倾向，读心论认为，理解他人应当聚焦于主体心智的内部发生机制，以及在此基础上形成的理论性或实践性的推理过程；而互动论认为，理解他人的本质是直接的感知，以及生成的、具身的、叙事的互动过程。究其根源，两种进路分别源于不同的理论传统，采取不同的概念框架，既存在合理之处，又造成了无法弥合的割裂。因此，通过分析推理与感知的相容性，以及读心论与互动论的不充分性，指出作为中间道路的语境论，或许能够成为解决该问题的一种新思路。二是通过阐述贝叶斯概率理论来构建一种基于主观概率视阈下的贝叶斯概率解释模型。这一模型是一种再语境化的动态认识论模型，它强调了社会科学知识的语境论特性，认为不应简单地忽略社会科学中主体的价值偏好、意识形态等主观内容，而是将其作为社会科学知识的具体语境展开研究，在这一前提下，在社会科学中知识的真依赖于特定的语境，由此形成了一种动态的再语境化的社会科学知识模型。这一模型在社会科学解释中重新确立了解释主体的认识论地位，旨在为社会科学解释提供一种新的理论原则，指导人们更好地认识、理解社会科学，使得社会科学客观性的凸显成为可能，尤其是能够为社会系统中因果关系与社会结构的互证，提供一种主客融合式的新路径。本章的写作过程中，把我前期关于语境论与贝叶斯模型、他人问题的一些工作（含与合作者一起发表的论文），也融合了进来，主要有：殷杰、张鑫的《理解他人问题与语境论的适用性分析》（《自然辩证法研究》，2020年第12期），殷杰、赵雷的《社会科学与贝叶斯方法》（《理论月刊》，2012年第

12 期)和《基于语境论的贝叶斯概率说明模型探析》(《山西大学学报》(哲学社会科学版)，2013 年第 4 期)等。

第十二章"人的文化性形塑"。本章集中探讨了"价值与文化的互动语境下，社会科学的价值系统如何以文化为内在机制来组织和呈现，进而实现解释自反性层次上的再语境化"这一核心问题。人的文化性体现了人的独特存在方式，也是人类价值的主要来源和表现方式，通过价值的语境化，事件的价值预设与知识的价值输出形成了指导人类行动规范的社会科学价值系统，这即是社会科学对人的文化性维度的科学展开过程。本章基于人类学和道德哲学案例，揭示了社会科学对文化的认识受到价值系统的塑造，这些价值是基于人类生存本能的不可抗拒的终极选择，社会科学中的价值系统体现的正是人的文化维度。本章从四个方面展开论述：首先，从人类学研究范式的历史演化入手，考察语境在人类学研究中的逐步渗透过程，揭示了人类学解释的语境模式及价值系统的结构。人类学研究中的语境思想的渗透表现为以田野调查和民族志写作代替扶手椅式的脱离实际的人类学研究、以对行动的整体主义的社会文化研究代替对普遍信念的完全依赖、以对社会系统的共时分析代替对社会进化序列的历时比较等。不论是在对行动和实践的语境翻译中，制造和断离相关要素之间的联系，还是在文化语境中，揭示话语表达和知识建构的共生关系，语境及其带来的语境主义思想，都为人类学应对相对主义挑战，增加研究客观性，提升学科和科学地位，带来了重要的认知和方法论工具。其次，在语境论框架下重构了人类学对象的确定方式、价值在人类学知识构成中的作用以及人类学知识的评价标准等，明确了人类学知识的科学标准，推动了人类学知识的语境化。在人类学中构造语境翻译和语境知识的实践，建立起作者、读者和当地人之间的对话网络，在语境化过程中追求人类学的更加自主的发展，剖析人类学知识的语境内涵，本质上是对语境论社会科学研究纲领的一种实践，同时，也带来了人类学研究的一些新的富有潜力的发展方向。再次，聚焦于人类价值维度中的道德实践和道德论证问题，以道德语境论的实践方法论为视角，指出应该直接从原则、主体心理和具体情况的相关模式入手，研究实践领域的特性，揭示语境的优先性，而不是从规范中寻求权威性和正当性，道德判断和道德信念是不需要依赖原则的道德认知过程。最后，文化与价值的密切关系使得文化的概念化成为我们打开价值系统的黑箱的重要突破口。人类学对文化的研究首先是文化的概念化，通过这种概念化来获得具有客观性的人类知识，人类学对文化概念化的作用充分展现了价值塑造在社会科学知识生成过程中的重要作用。本章的写作过程中，把我前期关于道德语境论的一些工作(含与合作者一起发表的论文)，也融合了进来，主要有：殷杰、陈嘉鸿的《道德语境论探析》(《西北师范大学学报》(社会科学版)，2015年第1期)等。

第十三章"人的多维演化系统"。本章聚焦于"当代语境行为科学、发展科学、教育学和人工智能等多学科—交叉学科融合视阈如何立体重塑了人的科学化形象"这一趋势性问题。本章以生命发展系统中深层的多方向、多维度、动态层级结构为底色，聚焦于当代语境论心理学中语境行为科学、发展科学、功能心理学的最新进展，整合了发展系统范式、功能语境范式和人工智能语境论范式，对于人的科学所体现的历史—社会—文化的科学化融合与展开进行了深度呈现。具体到章节论述中，体现为五个层面的探讨：首先，从当代心理学中语境论的不同解释体系入手，明确指出这些解释体系适用于不同的心理学研究领域，并且预设了不同的研究方法，但所有解释体系都具有实用性、整体性、层级性、主动性、动态性以及扩张性的方法论特征。其次，由语境论世界观和语境论解释模式共同主导的心理学层面的发展科学，已经形成了以语境论和有机论思想为基础的关联论和关联的发展系统范式。这种包含着丰富的语境论思想的关联的发展系统范式可以更好地容纳发展科学中的新数据，为发展科学的进一步具体研究提供基础，为心理学、社会学和人类学哲学中涉及的个体发育和演化问题提供新的理论依据。然后，通过考察莫里斯和海斯等人的语境行为科学，并指出在功能语境的框架下，语境行为科学是一种采用归纳的方法所建立的一套综合性的、系统性的心理学理论与方法，进一步在教育学框架内对功能语境论教学设计理论进行论述和分析，并指出功能语境论将语境论世界观作为其教学设计理论的哲学基础，以经验科学的研究方法考察教学事件，其力求构建一种具有普遍性原理和规则的应用性学科，一种以科学为基础的语境论哲学。再次，由语境论介入心理学所导致的研究路径变革，已经呈现为一种以实证研究为基础、从功能语境论的哲学假设出发、系统且实用的语境行为科学，用科学的概念和方法有效地预测和影响个体或群组在语境中的行为，并扩大其适用域以应对人类社会的实践问题。行为神经科学和演化科学的整合研究有助于实现一致的研究网络，语境行为科学具有演化的认识论特征和一元的本体论特征。最后，作为人的延伸，人工智能的发展历程中贯穿着鲜明的语境论特征，人工智能的表征语境与计算语境围绕智能模拟的语境问题逐步走向融合，已成为语境论范式下人工智能发展的主要趋势。作为未来人类的衍生物，智能机器人在复杂环境中的任务处理已经成为我们理解人类行为和心理的有效模拟手段，构造网络化语境论范式，以及"网络智能系统＋智能机器人"的智能结构模式，能够帮助从下一代机器人的智能模式中深度透视人类行为的科学性本质。本章的写作过程中，把我前期关于语境论与发展科学、人工智能的一些工作（含与合作者一起发表的论文），也融合了进来，主要有：刘扬弃、殷杰的《当代语境行为科学及其特征——基于多层级演化发展系统的实用科学》（《系统科学学报》，2019 年第 4 期）和《语境论心理学是可能的吗？——莫里斯的历史分析和思想路径》（《科学技术哲学》，2016 年第 2 期），殷杰、刘扬弃的《发展科学及其语境论趋势探析》（《哲学动态》，2019 年第 4 期）和《心理学中的语境论解释探析》（《自然辩证法研究》，2015 年第 8 期），殷杰、董佳蓉的《论智能机器人研究的语境论范式》（《自然辩证法研究》，2009 年第 2 期）和《人工智能的语境论范式探析》（《自然辩证法通讯》，2011 年第 4 期）等。

　　第六部分由第十四章组成，该部分既是全书的总结凝练，也是全书核心观点的中心思想所在。主要在前面章节基础上提出了社会科学哲学的语境论研究纲领，阐明社会科学哲学语境论纲领所蕴含的，社会科学是一门"人的科学"这一主旨，回归"人的科学"是解决社会科学合法性危机的理性尝试。

　　第十四章"语境论研究纲领的建构"。总结提出一种明显区别于传统社会科学哲学模式的语境论研究纲领，并最终指明社会科学本质上是一种"人的科学"，这也是解决社会科学合法性危机的根本所在。主要包含三个方面：首先阐述了社会科学是人的科学化展开，以心理学语境论为例，论证了社会科学其实是对人的历史性、社会性和文化性三种本质维度的科学化展开过程；其次是完成了语境论研究纲领的形式化建构，详细给出了事实、因果和价值的语境化过程，由此得到了体现人之本质的历史性、社会性和文化性三个维度的事实系统、因果系统和价值系统，并与五种典型社会科学哲学理论模式进行了比较，论证了语境论研究纲领的独特优势；最后指出社会科学哲学语境论研究纲领蕴含了社会科学应是一种"人的科学"的思想，这是解决社会科学合法性危机新的可行路径。

# 第一章
## 语境论与社会科学的哲学基础

从现代社会科学诞生开始，实证的或者科学解释的社会科学与诠释的社会科学（或者称之为精神科学）之争已延续了百年之久。这些争论并没有因为当代社会科学的飞速发展和巨大成就而销声匿迹，反而进一步加剧了人们对社会科学本质的一种焦虑：如果社会科学只是科学解释而不包含诠释，那么社会科学本质上可能只是自然科学的一类，包括以前和现在的社会科学只是社会科学迈向自然科学范式和目标的一个不太成熟的过渡阶段；而如果社会科学本质上只是诠释，那么社会科学可能根本上就不再是科学，自然科学只是提供了一种方法上的指导，即便不存在这些指导，社会科学也只是一门具有一定社会价值的阐释性学问。

从现代范式概念的角度看，这些争论的根源还在于社会科学缺乏一个统一坚实的范式基础，仅仅在本体论、知识论、方法论问题上的争论并不能化解这个问题，反而使得争论呈现一种复杂而琐碎的趋势。人们始终无法再取得根本突破的根源在于，没有从社会科学范式的哲学基础层面去探究社会与自然、社会科学与自然科学的本质差异。现代社会科学的基本范畴是由包含经济学、人类学、社会学、心理学、政治学、历史学等诸学科组成的，这些学科不仅在范式结构上有很多差异，而且其背后的哲学立场更是复杂多样的，部分学科内甚至都有多种对立的哲学观点，这些观点是社会科学多元化发展的根本原因。这些多元观点大多处于方法论层面，其形式主要表现为一些学科或者理论的基本假设条件，反映了人的本质的部分维度，但这并不意味着我们无法从这些各异的哲学观点中凝练寻找一种能够作为社会科学哲学基础的统一立场。社会科学研究的核心终究是人，是对人的科学研究，这是任何社会科学学科都具有的根本性的共同特点，也是社会科学存在统一哲学观的基础。因此，我们需要做的是，如何寻找一种更加开放、包容的概念框架，不仅可以容纳所有这些学科之间、学科内部看似相互竞争的多元哲学观点，同时也能消解或兼容各学科在本体论、知识论、方法论等方面的差异。

随着语境观念在当代思维领域中的普遍渗透，一种语境论世界观（contextualism as a world view）①逐渐显现在自然科学和社会科学各个学科的发展中。不仅在量子测量过程的整体性特征、生物学解释的自然科学语境相关性问题上，而且在社会科学诸学科的语境诉求、心理行为的语境评价中，语境实在都为不同的本体论态度提供了共同的对话平台，使它们能够在语境的基础上构建语义范畴和概念范畴的统一性。语境的这些特点体现了其具备作为社会科学统一哲学观点的优势。

本章主要阐述语境论作为社会科学的哲学基础的合理性。主要思路是，首先从语境结构与语言系统的关系出发，论证语境的主要建构路径，并阐述与语境相关的自然、文化和社会三个基本参照系，初步建立语境与社会历史文化之间的基本逻辑；其次，从本体论、方法论和知识论三个方面重点阐述语境论的世界观特征，为论证其作为社会科学的哲学基础做好理论准备；再次，概述了语境论科学哲学的基本思想和形成过程，重点论述了语境论与科学范式之间的关系；复次，结合语境论和社会科学的主要特点，详细论证了社会科学具有的语境论特征，这些内容构成了社会科学哲学语境论研究纲领的理论基础和建构出发点；最后，从语境论框架下来实现社会科学解释与人文科学理解之间的语境融合，进而在一定程度上化解社会科学的解释与诠释之争。

## 第一节  语境的动态结构与建构路径

在语言学、语言哲学、科学哲学以及其他哲学人文社会科学研究中指涉语

---

①　Steven C. Hayes, Linda J. Hayes, Hayne W. Reese, et al., *Varieties of Scientific Contextualism*, Context Press, 1993, p. vii.

境问题已经是一个非常普遍的事情。由于语言与语境各自构成的多样性、复杂性以及语言和语境关系的多样性、复杂性，在研究语言并讨论语境问题的时候，就不可避免地要涉及语境的结构性问题。但是，在众多涉及语言的研究著述中存在着一种极不协调的现象，一方面是对语言细致入微的结构切分，另一方面与之相伴随的是对语境粗放浅陋的随意取舍。在结构性的语形、语义和语用分析研究中，对于语境这一根本性的参照系，就其结构性因素的广泛使用和对其结构的随意描述，既表明了语境是当代哲学人文社会科学领域的一个重要范畴，又表明了其在基本理论研究方面存在薄弱之处。而在哲学及语言学之外的人文社会科学领域，"语境"只是一种避免深入细致论证的托词而已。[1]　由此，研究者往往受之所累，或在论述中举步维艰或很难达到理论架构的系统性、逻辑性；所建构理论的解释力也就可想而知了。为此，本节基于对语言社会性文化性的认识，提出语境的结构是指相对于语言符号的语境系统的各种组成因素及其在制约语言的程度上的顺序和它们的组合方式，语境系统具有多维的动态结构模式。语境结构的建构要以语境与文化系统、语言与具体语境结构、语境系统与语言主体三种基本关系作为切入点和出发点。

## 一、语境的系统结构与认识论建构

### 1. 语境系统及其结构

（1）语言与语境。我们已经习惯于将语言当作一种实在。然而，虽然语言作为一种存在它也是一种客观实在，但是它并不是自由自在自足的存在。一切具体的语言存在都是特定环境条件下的产物，这种特定的环境条件就是语境。[2]

各种具体的语境因素本身都具有制约语言发生发展、存在与变化的属性。相对于语言系统，语境是一个客观存在的系统；但是，语境作为人们所认知的一种客观存在类型，人们并不能直接认识到它自身的终极本体或终极系统的实在性；其作为一种客观存在的存在整体，它的整体性是由认识主体所赋予的，

---

① 韩彩英：《关于语境问题的哲学解读》，《科学技术与辩证法》2004 年第 3 期，第 65—69 页。
② 韩彩英：《语境本质论》，《自然辩证法通讯》2004 年第 5 期，第 43—47 页。

并不是自身演化生成的自在的系统。因而，就人们对其整体性、终极性、本体论性的认识而言，总带有认识上的主观性和建构上的局限性。

人们对语境整体性的认识与对语言(以至整个符号系统)的认识是相互联系的。语境是一种与语言(符号)对象相联系的在主体认知基础上的存在类型。这是对语言和语境存在原因最基本的本体论认识，也是讨论具体语境问题的认识论依据。

正是基于这种关于语境的本体论认识，也就有了对语境本质最基本的认识：语境是语言发生发展、存在与变化的条件。一切影响与制约语言发生发展、存在与变化的因素都属于语境的范畴。①

关于语言与语境关系的本体论认识是认识语境的哲学基础，是讨论具体语境问题的时候不应当也不可能完全避开的基本理论前提。因为一切对语境问题的具体讨论都是建立在语言主体对语境的某种认知基础之上的。

(2)认知对象的语境系统。对语境的本体论认识同时也是研究语境的认识论出发点。总体而言，语境研究是基于对语言各个侧面、层次、层面的认识以及它们与语境个别性关系的把握，以至于对语言的整体性和对语言与语境整体性关系把握基础之上的。

从语言与语境历时关系的角度来看，语境是语言发生发展的条件；从语言与语境共时关系的角度来看，语境是语言存在与变化的条件。② 应当看到的是，历时状态的语言与共时状态的语言，是依附于社会性的"人"和文化性的"人"的存在而存在，因此，在分析具体语境问题的时候，势必也要同时分析"人"，分析语言主体的社会性和文化性以及语言的社会特征和文化特征，分析"人"与"人"之间的社会文化关系及语言行为关系。语境系统是与具体语言对象以及整体语言对象相联系的作为认知对象而存在的系统。

构成语境的各种因素虽然在总体上不是自成体系的系统，但是在与具体语言对象相联系时，它就是一个相对于具体语言对象的系统。语境和其他任何事

---

① 韩彩英：《语境本质论》，《自然辩证法通讯》2004年第5期，第43—47页。
② 韩彩英：《语境本质论》，《自然辩证法通讯》2004年第5期，第43—47页。

物一样都有其内在的结构。

（3）语境系统的结构。所谓结构是指作为一个系统的组成因素之间的关系和构成方式。由于语境系统是与具体语言对象以及整体语言对象相联系的作为认知对象而存在的系统，因此，语境结构是语境作为一个被语言主体（以及语言研究主体）认知的对象系统的结构。

作为社会性、文化性的"人"，各个个体之间的心理认知水平不尽相同，其语言心理认知水平自然也就存在着千差万别。总体而言，虽然"人"具有了社会文化基础之上的心理意识，但是并没有摆脱生物心理水平的前意识，在"人"的生存发展过程中和人与人之间的社会交往过程中，生物心理水平的前意识始终贯穿其中，有时甚至会左右"人"的行为（包括语言行为）与心理（包括语言心理）。

在日常的人际交往中，人们的语言行为往往没有强烈的目的性，人们对于人际关系的心理定位主要依赖于他们潜意识状态的社会心理定式和文化心理定式。因此，人们的语言行为所依托的语境参照系，在依托于前意识水平的具有生物遗传性质的语言心理机制的同时，主要依赖于在前意识基础之上的由意识积淀而来的潜意识状态的社会心理定式性质的和文化心理定式性质的语言心理机制。

以前意识为基础的、以潜意识为主体的、以意识为导向的三维复合认知心理结构的语言行为和语言认知心理，制约着语言的结构——语言符号的形式结构和语言符号的意义结构，也制约着语言主体——包括语言交际活动的所有参与者——所依托的语境参照系系统的结构。当然也制约着语言研究者对语境及其结构的认知，从而制约了研究者对与语言相关联因素及其与语言关联程度的认知与描述。

从语言与语境关系的角度来看，语境的结构就是语言与语境二者之间关系的方式。一般结构问题的讨论，是对某种事物在其特定状态下，人们对其所感知的它的组成因素及其组成方式的分析与描述，是对系统内部组成方式的描述。一般意义的结构是被感知的结构，而语境的结构则是被认知的结构，具有间接性，是从非常广泛的认知对象中抽象出来的系统。

至此，我们对语境结构的本质就有了一个基本的认识，不妨给出一个语境结构的定义。所谓语境的结构是指相对于语言符号的语境系统的各种组成因素及其在制约语言的程度上的顺序和它们的组合方式。

2. 解析与重构：语境结构研究的认识论原理

由于包括语言主体语言认知心理在内的、影响制约语言行为与语言心理的语境因素的多样性和复杂性，各个具体语言主体的语言行为/语言心理所依托的语境因素及其所组成系统的结构也就不尽相同，甚至其内容和结构方式会相差甚远，这样就使得人们在研究中难以把握各种具体的语境因素及其所组成系统的结构。对于语境的结构分析及其描述与阐释也就不可能单纯地放在语言的某个平面上进行。因为，其一，对语境与语言的结构分析，与对语言的层次性、层面性结构分析相联系，而语言本身并不是一维的或二维的线性结构，语境也就不可能是一维的或二维的结构；其二，对语境的结构分析与对语言符号和非语言符号以及实体对象的关系结构分析相联系，在具体的语言交际活动中，由于语言交际活动主体之间社会文化背景差别的多样性，还要面对各种形态的语境和具体的语境因素组合，而各种具体的语境因素组合很难具体地说是几维结构；其三，语境主要是作为被认知的对象系统，对其结构的分析势必就要与对语言对象行为主体的分析相联系。因此，对于语境的结构分析很难将它放在语言的某个平面上或某个侧面上，来作出结构性的描述与阐释。为此，在我们讨论语境结构的时候，有必要首先弄清楚语境结构的认识论、方法论方面的一些基本问题。

(1)语境系统组成的结构性因素。在分析语言符号的同时也包含了对非语言成分的"语言"分析。与之相对应，对于语境结构的分析既包括了语言形态的"语言因素语境"——上下文，也包括了非语言形态的"非语言因素语境"。这种肯定否定式的语境类型二分法是语言学界使用最多的"便捷"模式(违反逻辑的无意义的表达式)。

但是，应当看到的是对于语言这样一个相对自足的系统，对于它在层次、层面以及不同角度下的切分是非常有限的。因此，虽然对于语言的结构可以有各种各样的描述，但是对于语言因素不可能划分出太多的类型，起码目前是如此。然而"非语言因素语境"就要复杂得多。对于研究者来说，具体语言交际中的"非语言因素语境"更多的是那些捉摸不定的东西，诸如自然性因素、社会性因素、文化性因素、心理性因素这些复杂而又多变的结构性因素。因此，对于语境系统组成因素的结构性分析不应当仅仅建立在"语言的"和"非语言的"因素组成的基础之上，而应当建立在文化、社会这两个最基本层次的基础之上，建立在语言主体三维复合的语言认知心理的基础之上，并且根据具体研究的需要进一步细化语境系统组成因素的分类。

在涉及语境的一般语言研究中，只要将语境组成因素在语境系统结构性层次上进行"四层次"切分分类即可，也就是将语境系统的结构性组成因素划分为文化语境、社会语境、情景语境、上下文语境四种类型。这四种类型的语境同时也分别包含了符号语境、心理语境这两种基本层面上的语境结构性组成因素类型。①

（2）语境系统内部各层次组成因素之间的制约关系。语境与语言在整体上存在着制约关系，语境系统内部各个层次组成因素之间也存在着制约关系。语言与语境之间的制约关系是单向的——语境制约语言；而语境系统内部各个层次组成因素之间的制约关系是双向的（把语言仅作为语言因素之语言来考察，与同时将语言作为一种语境因素来考察是不同的，当然也有两种不同的结论）。在语境系统内部，较高层次的组成因素对较低层次的组成因素具有制约功能，而较低层次的组成因素对较高层次的组成因素也具有制约作用。语境系统内部各层次组成因素之间的制约关系具有二重性。例如，在一个具体时期，相对于特定的语言对象，在语境系统内部，文化语境因素对社会语境因素具有制约作用；而在这个时期的一些被定性为社会语境的语境因素，对被定性为文化语境的语境因素也具有制约作用。文化语境因素对社会语境因素的制约关系可以称之为

---

① 韩彩英：《情景会话中的语境及其语义制约功能》，《山西大学学报》1998 年第 3 期，第 92—94 页。

正向制约关系，社会语境因素对文化语境因素的制约关系可以称之为逆向制约关系。这是一种共时状态下的描述。从历时状态下来看，一些较低层次的语境因素能够在语境系统的历时演变中积淀并转化为较高层次的语境因素，在定性上发生质的变化。一般而言，正向制约关系是绝对的，而逆向制约关系则是相对的。

(3)相对于具体语言对象的语境系统结构。系统的组成要素是这个系统结构构成的基础，而系统内部各层次要素之间的关系则是这个系统结构的主要内容。系统内部各层次因素之间的关系还可以被认知，并描述为形式化的结构。

所谓系统的结构，一方面包括了一个系统内部各种要素之间在各自因素组成及其规模上的差别，以及不同层次不同规模因素的依次从属关系这样一种层次性结构，例如，语言的语词/语句/语段/语篇等纵向的语法层次关系；另一方面系统的结构也包括了这个系统内部各个层次，以及被分析性认知所切分出来的各种因素类型的层面性结构，例如，语言的语音/语法/语义/语用等被析出的横向层面结构。对于语境系统的结构形式而言，系统的结构形式则表现为，人们对其内部具体组成因素之间关系，在相对于具体语言对象的不同层次、不同层面以及不同角度下的认知和对这种关系的形式化描写。相对于语言的语法层次结构，语境的层次结构可以切分为语词语境/语句语境/语段语境/语篇语境；相对于语言的层面结构，语境的层面结构可以切分为语音语境/语法语境/语义语境/语用语境；相对于对语言不同角度下的认知语境的结构在宏观上可以切分为文化语境/社会语境/情景语境/上下文语境。如果要给语言或语境在理论上建构一个静态结构模型的话，语言系统或语境系统的静态结构模型在总体上就应当是一个具有不同角度、不同层次、不同层面三个基本维度的多面体结构模型。

我们讨论语境的结构，主要理论目的在于从总体上弄清楚在不同的角度下各种语境因素对语言影响与制约的层次性和层面性。具体地说，就是从理论上弄清楚不同的角度下语境对不同层次、不同层面的语言对象以及对语言主体的语言表达、语言认知和语言理解的影响与制约的情况。与此同时，还要将具体的语境组合类型及其结构、不同语言主体对语境因素的认知程度及其反映程度都要考虑进来，这就使得我们对语境结构的层次性层面性的认知与描写在一定程度上又转变为了对语境作用强弱的认知与描写。

## 二、语境的意义结构与方法论建构

1. 影响对语境结构认知的三种基本关系

研究语言离不开对影响制约语言的语境的讨论，很自然地，研究语境及其结构也离不开对与之相关联的一些基本因素和与之关系的讨论。与语境紧密关联的因素主要有三个方面，或者说，存在着三种影响对语境结构认知的基本关系。

按照系统论的观点，任何一个系统都从属于在层次上高于自己的系统，语言系统和语境系统当然也不例外。那么，语言与语境究竟从属于什么系统？以及在这个系统中语言与语境二者之间的关系处于什么样的状态？这是就语境及其结构性问题进行比较全面系统的讨论与研究的认识论前提和根本理论前提。

（1）语境系统是相对语言—符号的文化系统。符号指的就是人与人之间进行交流的方式。符号形式的生产与存在以意义的产生与存在为前提，而意义的社会/文化存在和社会/历史传播又以形式符号的产生与传播为基础。意义作为符号系统的信息内容，符号形式作为信息内容的载体，共同构成了符号系统。一般而言，语言是一种符号，语言系统是符号系统中的一个子系统。关于这一点，语言学界不会有太大的分歧。我们认为，语境系统也是符号系统中的一个子系统，在符号系统中，语言本身之外的一切因素和结构都属于语境的范畴。关于后一个问题，迄今语言学界还没有人提及，在这里有必要予以简要的解释。

"旨在意指交流"的符号系统是符号意义系统与符号形式系统的统一体。一方面，社会交际中的交际符号不能只是个纯粹形式而无"意义"，没有"意义"的符号形式是不存在的，这是符号学界的基本认识。即使是在游戏中产生的所谓的"无意义"的符号也是有意义的，只不过这些符号的"意义"不是一般意义上的用于交际的"意义"而已。另一方面，凡是"意义"就要有相应的符号形式或完全有可能有相应的符号形式，来作为其存在的载体和作为社会存在、文化存在的基础，否则即使被认为是有"意义"的东西也只能是社会个体非意识非思维的心理表象而已。"意义"是建立在社会认知基础之上的社会个体的认知意识。符号的社会性决定了符号意义的社会性——不论这个社会交际主体规模的大小，只要不是一个人内心世界的"梦呓"；也不论这个"意义"被认知认同的社会群体规模的大小。

虽然完全个人的心理表象不具有符号的特征和属性——符号学家所规定的特征和属性，不属于符号的范畴，却应当归属于符号系统，作为符号系统中符号意义系统边缘的组成部分。同时，社会个体的一些生理心理反应仅属于感觉知觉的范畴，更不具有社会性，还远远没有达到心理意识的水平，在很大程度上也不可能用一定的符号形式表达出来，但是这些社会个体的生理心理反应在一定的条件下可能会转化上升到心理表象层面，并进一步转化上升到心理意识层面，进而转化为心理意识的能与一定的符号形式相结合的"意义"。社会个体无意识的心理反应和心理表象是意识产生的基础，并且具有进化为心理意识的潜在可能性。从参与交流的意义上来说，社会个体无意识的心理反应和心理表象，都是构成"旨在意指交流"的符号意义系统的重要组成部分。在一定的条件下，社会个体内心的意识的/无意识的心理反映/心理反应，都有可能参与到社会交际活动中，并有可能被社会的其他个体所认知或认同，而成为社会交际活动所交流的意义的组成部分。即使是未被交际同伴所认知或认同，这种个体的内在的生理心理因素也有可能影响制约这个社会个体自己的交际行为——包括对意义的形式表达和对符号意义的认知或认同，进入这个社会交际个体的语境领域。因此，相对于整个交际活动或仅相对于某个交际参与者，一个特定对象的符号系统其形式系统和意义系统是不对等的，二者不可能完全契合。

这里的讨论有意地省略了对具体"意义"的分析，省略了对那些具有社会个体个性特征的对一定"意义"的符号形式表达，和对一定符号形式的意义的认知理解的分析。因为这些个性化的东西终究是属于符号的范畴，其实质上没有太大的区别。

应当看到的是，个性化的符号形式表达和意义认知理解，以及未能与符号形式系统相契合的处于社会个体心理反应、心理表象的心理因素，正是新的符号产生的基础和原动力，当然也是新的符号形式所承载"意义"的原型。

符号系统中符号形式系统和符号意义系统的不对等性并不意味着人类观念与情感的表达是不可能的。符号形式系统总是在不断地产生、不断地发展以最大限度地满足社会对意义载体的需要。以文字的产生与发展为例，文字以图画形态的表达符号为基础，不断地分裂重组，演化出具有文字意义的书写符号来承载那些由图画形式符号所承载的意义，这是文字发生发展的基本路径。在文字的使用过程中人们又直接将文字的构成要素——字素加以重组，或是将现有的文字符号赋予新的内涵，来承载那些已经产生而又由图画承载的意义或还没有载体的意义，这是文字不断完善的基本途径。

语言符号作为一种在使用上最普遍、表达上最完善、社会认同上最广泛的符号，是符号系统最基本的最主要的组成部分。语言符号系统的形式系统和意义系统也是不对等的。语言符号系统的形式系统并不能满足人们进行交际表达的需要，社会个体往往存在着难以言传的意思和难以表达的情感。在整个社会层面更是如此，人类对语言符号形式的创造远远赶不上他们观念与情感的发生、发展与变化，永远存在着难以言传难以表达的个性化的观念与情感。

在新的语言符号形式产生之前，一定意义一定情感的表达在可能的情况下是依赖于非语言符号形式来传达的，这些思想意义或情感意义与那些非语言符号的符号形式相对应、相契合。非语言符号系统的意义与符号形式，相对于语言符号系统来说无疑是属于语境的范畴。

与文字发生发展相类似，语言符号系统在发生发展过程中也是将那些由体态语符号承载的意义或还没有载体的"意义"用新的语言符号形式来承载，不断扩充完善自己的形式系统和意义系统。在新的语言形式产生之后，与语言符号系统以外的其他符号形式相对应、相契合的意义，即属于语境意义系统的那一部分意义（包括已有符号形式载体的意义和没有符号形式载体的"意义"），就会转移到语言符号系统中来，转化为语言符号系统中意义系统的一部分。在符号系统中，语言符号意义系统与其之外的意义因素，即语境的意义系统共同组成了符号系统的意义系统。

语境是语言发生发展、存在与变化的条件①，相对于语言系统来说，语境的条件性首先在于它是一种有意义的（重要的）东西；相对于语言的意义来说，它就是一种"意义"的语境——语义语境。

（2）语境的具体结构及语境与语言的具体关系。语境与语言二者的关系从根本上说就是语境制约语言、语言从属于语境的关系。语境与语言的这种制约与从属的关系，一方面，表现在语言与语境的整体关系上，同时也表现在具体的层次上和具体的层面上。从具体层次、层面语言与语境的关系来看，语境的结构就是在对语言系统进行层次结构切分和层面结构切分基础上的、相对于具体层次具体层面语言对象的具体的语境因素组合及其组成方式。

在符号学基本理论的框架内，语境系统的意义系统是语言符号系统发生发展的基础和语言符号系统中意义系统发生发展的直接来源。另一方面，诸如上下文的语义其本身就是语境意义系统的组成部分或者说语义语境的组成部分。这也从一个侧面说明同属于符号系统的语言系统和语境系统二者之间的关系并不是单纯的"语境制约语言，语言从属于语境"这样一种绝对关系。对于具体层次具体层面的语言对象来说，在一定的宏观语境条件下，具体的语言因素可以转化为具体的语境因素，同样，具体的语境因素也可以转化为具体的语言因素。

由于对语言及语境的认知抽象以及对其结构所进行的结构切分，不可避免地甚至是有意识地省略了其中的次要成分，使得对语言结构以及语境结构的认知与描述简单化，甚至线条化、平面化了而已。对于语言的静态研究来说，相对于具体层次、具体层面的语言对象及其静态结构，这种直观简约的线条化、平面化的静态的语境结构，在一定程度上也是科学的、可取的，并且在具体的实际研究中也是必要的。因为，完全动态的不断变化着的语言及与其相对应的动态的不断变化着的语境，它们的因素组成及其结构是不确定的，因而，也就不可能对其作出清晰的认知与描述。只有特定的语言对象和特定的语境对象，

---

① 韩彩英：《语境本质论》，《自然辩证法通讯》2004 年第 5 期，第 43—47 页。

才有可能对这个特定事物的因素组成以及组成结构予以认知并进行描述。

（3）语境系统与语言主体的关系。从前面的论述中可以得出这样一个结论：语境的结构在一定程度上反映的是，特定语境因素或语境组合与语言关系的紧密程度。从语言对于"人"的依附性来看，具体语言与具体语境之间关系的紧密程度反映的是，语言交际参与者个体之间语言交际特征和属性的同一性和差别性。对于语言交际活动来说，制约和影响具体语言交际活动的是在语言及其对应语境建构过程中，语言交际参与者个体之间在语言表达上和语言认知上所依托语境的一致性程度，或者说语言主体语境对立/语境一致的程度。[①]

在语言交际活动的展开过程中，随着语言交际语篇系统的逐步形成，与之相对应的语境系统也在逐步形成。在语言交际活动中，一定时段交际参与者个体在语言交际的特征和属性方面的相同性、相异性或者说语言主体语境对立/语境一致的程度，是语言交际活动中语言及与其相对应语境的结构模型形成的决定性因素。

上述三种基本关系既是语境研究的主要内容，也是语境结构研究的基本内容和基本的理论出发点。

2. 语境结构的方法论原理

对语境的研究，首先要将对语言的审视推到语言存在的文化基底，重复、再现或重演语言——人类物种交际手段的进化过程，从而从进化重演过程中重构语境结构。

从历史的角度看，人类的发展进化过程是各种人文因素不断叠加或相互作用的有机整合过程，这种整合过程逐渐形成了"语言"意义上的交际符号与交际活动。因此，从语言/符号的本体论性来看，语言/符号自身就是各种因素复合重塑而成的整体，而不仅仅是自然性、生物性、社会性的个别属性的本体。从本体论的整体性来说，人类的历史文化性似乎更能较好地说明语言/符号深层次的本体论性，即在人类历史性的大文化系统中来阐释语言/符号的本体论性，而

---

①　韩彩英：《语境的制约功能及其表现形式》，《语言文字应用》2000 年第 4 期，第 37—42 页。

不仅仅是从语言/符号自身的文化性以及自然性、生物性、社会性等个别角度来阐释；同时，也只有在人类历史的大文化系统中，才能对与语言/符号系统紧密联系的语境作出合乎语言/符号发生发展、存在与变化轨迹的本体论解释。用文化性来涵盖语言/符号的自然性、生物性、社会性、符号性、心理性等属性无疑是可行的；用文化系统的两个基本系统——文化符号系统和文化心理系统，来涵盖语境系统的自然性、生物性、社会性、符号性、心理性等基本属性同样也是可能的、合理的。这是对语言/符号和语境存在原因的最基本的本体论认识，也是讨论语言/符号、语境和人类知性、理性的认识论依据。

很显然，我们对语境的结构描述不可能是对它所指涉具体对象的自然性状、自然空间位置、自然次序的直接的具体描述，这种描述更多的是间接的认知描述。"每一个关于复合物的陈述可以分解为关于其各组成部分的陈述，分解为完全地描述该复合物的一些命题。"[1]结构原型与对原型的结构表述（图像或命题）二者之间不是一种绝对的自然性的对应关系，而是一种相对的认知性的对应关系。"原型与图像内部结构的一致是获得事实'图像'的必要条件，这种一致使得这两个领域之间有一种一一对应关系。然而这种对应关系却不能确定对应的具体方式，因为我们可以选取这样一种对应关系，根据这种对应关系，图像获得一个与原型不同的外部结构。或是这样来选取对应关系：原型与图像在外部结构方面也是一致的。在这种情况下，在两个复合的事实之间就存在一种同型性（Isomorphismus）。"[2]这样，对语境的本体论认识就又转化为对语境的结构理解，即对语境的因素组成及其组成的顺序、组成方式等方面的实在论理解。因此，从语言认知心理的角度来说，语境制约语言表达和语言理解的顺序和组成方式在心理认知方面也是实在的。

应当说语境结构的陈述命题并不是一个直接的基本的陈述命题，而是一组陈述命题组成的复合命题。语境结构问题本身是一个间接的认知命题。由于这个问题本身包含了心理认知、人与自然之间的关系、人与人之间的文化社会关

---

[1] 〔英〕路德维希·维特根斯坦：《逻辑哲学论》，贺绍甲译，商务印书馆，1999，第27页。

[2] 〔德〕施太格缪勒：《当代哲学主流》，王炳文、王路、燕宏远等译，商务印书馆，2000，第532—533页。

系等一些复杂问题，再加上语境结构本身的间接性，因此，要用纯粹的自然结构方式去描述是不可能的，这种描述的陈述命题或陈述图像与自然结构图式在对应关系上始终是不相符合的。其原因还在于，语言本身就不是对自然或"客观实在"的直接映像，而是与所指对象之间间接的抽象的指代关系方式。并且，语言的所指对象并不都是直接的自然性的事物，很大一部分所指对象本身就是间接的观念的东西，这些观念的东西本身就不是可以直接观察分析的自然实体，而是人类文化心理基础之上的文化方式（人与自然、人与人之间的文化关系方式）。对于语言的所指对象来说，对这些观念的东西的命题陈述和结构陈述只能是抽象的逻辑的陈述。而语境的结构也更凸显为一种逻辑结构。

语境是以与语言相联系为前提的，因为根本不存在一种独立的语境系统，任何一种独立性的自然存在的系统都不具有语境的属性；未与一定的语言对象相联系，或者说一定的环境条件没有产生一定的语言现象，任何事物、任何系统充其量也只能是潜在的语境，而不是现实的语境。语境的现实性是与语言对象的现实性相联系的现实性，只有与语言对象发生关系时，那些所谓独立存在的自然性的非自然性的东西，才具有了认知意义上的语境的属性。

语境系统是因素相近因果相关的产物。也就是说，语言的发生发展、存在与变化是与语境在因果关系上直接相关，是与语境在性质类型上相近因素演化的结果。语言与语境的关系在深度和广度上都很难确定，或者说不是随意能够确定的。但是，问题在于，这种在深度和广度上无度的宽泛，势必会将一些次要的或非直接性的东西都引入理论分析之中，而难以抓住本质的东西及主要的矛盾。因此，我们所建立的语境系统应当是在本质上与语言直接相关的系统，或者说，应当抓住那些在语言的发生发展、存在与变化上起决定性作用的，与语言具有本质联系的因素及其所构建的结构系统。

我们对语境的结构性描述，不应当是简单的客观存在的自然空间位置、自然空间结构的复制，因为简单的结构复制其结果只能是一种扭曲的命题或图像，这种语境结构的研究描述没有任何理论意义和实际意义，更没有任何认识论、方法论意义。对语境的结构性描述，在于对语境的实在本体与语言本体之间关系的程度和方式的"抽象的复合方式"的陈述。不是感觉知觉基础上的图像映像复制，而是统觉—思维基础之上的对语言与语境二者关系认知的抽象。可以用维特根斯坦（Ludwig Wittgenstein）的"事态"及其"属性"的逻辑哲学理念来理解语境的结构性问题。语境的抽象结构的组成因素（基本命题）与相对于具体语言交际活动的实在语境因素——语境"事态"与语境"属性"二者之间具有一一对应的关系；而语境的结构在本体论上却是一个不同于原型的"外部的结构"。"语境的问题本质上就是确定某种语言环境的意义问题。因而，给出意义就是确定环境，就是对语境结构的内在把握，因为意义就存在于语境的结构关联之中；对特定语境结构的理解，就是接受相关意义的可能性条件。在这里，对于特定语境来说，没有结构就没有意义，没有对结构的理解就没有对意义的可能接受。语境的实在性就体现在这种结构的现存性及其规定性之中，并通过这种结构的现实规定性展示它的一切历史的、具体的动态功能。"①

## 三、语境的三种基本参照系

语言存在以有"意义"的社会交际为前提，以承载"意义"的语言符号为存在形式。普遍的语言交际不能无"意义"。然而，由于"意义"的无限性和符号形式的有限性，决定了有限的符号形式不可能完全承载"人"所要表达的全部"意义"内容。因此，对于语言符号系统来说，意义的语言表达必然要依托于非语言符号的另外的符号系统——语境系统。相应地，对于交际活动中所交流意义的理解与认知也必然地要依托于语境系统，否则，人与人之间所交流的意义就不可能是一个相对连续、完整的系统。另一方面，在交际活动中，参与交际活动的个体之间如果在语境系统层次上——语境形式系统和语境意义系统层次上，没有相对一致的心理认知基础和交际中的语言心理认同，或者说如果语境不进入这个交流系统，那么，语境系统中的"意义"也就不可能参与到这个交际活动中来。在这种情况下，交际参与者的语言表达与语言认知只能是误入歧途。

---

① 郭贵春：《论语境》，《哲学研究》1997 年第 4 期，第 50 页。

对于语言符号及非语言符号的整体性认知，和对语言符号意义及非语言符号意义的整体性认同，是语言交际活动的基础，也是进行宏观语境结构分析的基础。我们所讨论的语言、语境的结构是以语言"旨在交流"的意指功能——包括能指功能和所指功能——以及语境对语言意指功能的制约作用为前提的。因此，讨论语言系统以及语境系统的结构自然离不开对自然系统、文化系统、社会系统这三个基本参照系的讨论。

（1）自然系统参照系。无机界物理化学的反应方式以至于生物界生物心理水平刺激—反应的反应方式，是包括人类交际活动在内的一切动物信息交换的基本机制和基本关系方式。这种自然性的关系方式和相对于文化性、社会性人类个体的自然实体（包括"人"的自然存在），是"人"与"人"之间进行交际活动的物质基础，也是讨论一些具体语言对象（如语音）、具体语言交际活动时不可或缺的参照系。对于一些具体的语言对象来说，自然性的关系方式就是相对于这个语言对象的语境（如语音语境）。对于一些具体语言交际活动来说，一方面，客观存在的自然实体是相对于这个交际活动及其具体语言符号系统的语境，特别是语言符号系统中所指涉的那一部分自然实体；另一方面，在一些自然语言交际活动中，自然实体本身事实上也是交际符号系统的组成部分，而不仅仅是语言符号系统中指示性语词所指涉的对象。不过，这种自然实体之所以能够成为自然语言交际活动中符号系统的组成部分，还需要一些文化意义的交际符号（如原始性质的体态语）或特殊的交际符号（如哑语）的形象指涉（语言符号的指涉可以看作是抽象指涉），但是如果仅有形象指涉而没有这种指涉所指涉的对象——特定的自然实体，显然，这种指涉行为是无效的交际行为，这种指涉符号是无效的交际符号。自然实体因形象指涉而参与到自然语言交际活动中来，并由此而具有了符号价值，成为事实上的交际符号——实体符号，虽然是一种没有独立交际功能的符号。

既然自然实体/实体符号是特定自然语言交际活动符号系统中不可或缺的组成部分，因而也就没有理由将其排斥在这个符号系统之外。在这种情况下，自然实体/实体符号在这个特定的符号系统中相对于其他的交际符号已经具有了

"上下文"的性质，和"上下文"具有同等的语境作用和地位。

在自然语言交际活动中，具体自然实体/实体符号的参与并不是罕见的个案，而是一个非常普遍的现象。与之相对应，自然系统中的具体实体或实体组合已经在事实上成为自然语言交际活动中经常参与其中的一种语境。因此，完全有理由将自然实体/实体符号纳入语境的范畴（事实上语言学界已经将其纳入了语境研究之中，只不过还没有把它作为一个独立的语境类型来看待），并且将其作为语境系统中的基础系统或语境结构中的基础层次。自然实体/实体符号作为一种语境类型，可以冠之以"实体语境"之名。

(2)文化系统参照系。对于人类这样一种经过复杂进化过程的物种来说，个体与外界、个体与个体之间的关系方式仅用"刺激—反应"的反应方式——旧行为主义的 S—R 反应模式以及新行为主义的"刺激—有机体—反应"(S—O—R)反应模式——来解释他们的交际交流显然是不够的甚至是行不通的。人类与外界、人类个体与个体之间的关系方式就其进化的水平而言，不能简单地等同于动物的进化水平。人类与外界、个体与个体之间的关系方式，并不能用生物进化论、社会进化论这样生物社会性的理论来作出解释。总的来说，人类之外的动物物种与外界的关系方式是具体关系中的被动反应和进化过程中的被动适应，而人类与外界的关系方式是具体关系中的能动反映和进化过程中的主动适应。前者的被动适应只能是生物水平的生物机能的进化，而后者的主动适应是文化水平的文化机制的进化。人类适应自然的过程是改造自身文化的过程和改造自然文化的过程的统一。这种文化改造本身就包含了交际方式的改造，包含了交际符号的不断改造。

因此，符号系统作为人类内部交际的基本途径，不应当仅仅建立在社会交际水平或者说社会交际规模之上，符号系统应当归结到更大规模的系统中去。这个系统也许就是人类学意义上的文化系统——大文化观念下的文化系统，包括自然文化、历史文化和社会文化在内的文化系统。这种文化系统表现为外在的文化符号和内在的文化心理，它是语言交际所依托的最基本的语境参照系。

(3)社会系统参照系。如果说对人类的文化性考察是放在宏观的历史的层次来认识人类与自然、人类自身内部个体与个体之间关系方式的进化过程的话，那么，对人类的社会性考察则是放在中观的历史的一个或几个具体时段来考察人类内部个体与个体之间具体的关系方式。前者侧重于动态的文化关系演变；后者侧重于静态的社会关系的规范。

对人类文化性的静态考察主要集中在社会性的领域，最典型的就是在语言学领域对语言形式结构的分析研究与描述阐释。迄今为止，对语言语法的描述阐释还没有突破纯粹的形式结构的范畴。

也许有人会认为，对语言纯粹形式结构的描述阐释，并不需要对语言意义的分析研究、描述阐释的参与，其实这是一个在语言学认识论方法论上的错误认识。简单地从对语言语法结构的描述来看，语法似乎是纯粹形式化的东西。但是，对语言语法的纯粹形式化的描写阐释仅仅是对语言语法分析研究的结果。谁也不能否认的是，在对语言语法的分析研究过程中，始终离不开对语言意义特别是语词意义的分析研究，建立在语词意义基础之上的对语词的词性研究和词性分类，正是语法理论得以建立的基础和对语言进行结构性描述阐释的主要依据。需要指出的是，传统的语词、语句语法以至于当代的语篇语法，其研究对象基本上局限于书面语言，其着眼点又囿于语言规范。因此，这样的研究都是对所谓名作的语法结构的分析研究，其语法理论也就只能是仅对所谓规范的、标准的语言形式的描述阐释，而对在整个社会交际中占绝对多数的那些所谓的不标准的、不规范的自然语言则难以作出其之所以大量存在并且还将永远存在下去的合理解释。

这里并不是要完全否定当今的语法理论，而是要强调语法研究的动态性，是要强调对自然语言语法研究的重要性。语法不应当仅仅是书面语的语法，也不应当仅仅是规定死了的一成不变的形而上学模式。20世纪汉语语言形式结构的频繁演变足以说明语法研究仅仅拘泥于一种近乎是社会规范的纯粹形式研究是不科学的，也是没有出路的。

在事实上，语言形式结构既包括了一般社会意义上的语言符号的形式结构，也包括了个性化的以至于被认为是错误的——不符合语法学家所框定的所谓一般结构模式的语言形式结构，也应当包括语言符号之外的一切参与人类语言交际活动的非语言符号和各种符号所共同构成的符号系统的形式结构，尽管这种符号系统的规模在传统语法学家看来是太宽泛了一些。

综上所述，语境结构在总体上就应当是具有多个角度、层次和层面的多维结构模型，并且，讨论语境系统的结构自然离不开与自然系统、文化系统、社会系统这三个基本参照系关系的讨论。这点不仅是语境系统的重要特征，也是其以一种世界观的形式介入到社会科学哲学的重要原因。

## 第二节　语境论的世界观特征

作为一种新的认识范式，语境为各个学科提供了可以达成一致的统一框架，为知识生产、真理探寻提供了新的认识路径；语境分析的元方法论特征，在语形、语义和语用的内在一致的意义上，对各个学科的方法论作了有效的融合。作为一种普遍的思维特征，它在世界观的意义上成为构造世界的新的"根隐喻"。

## 一、语境论的本体论构架：语境实在

语境思维之所以能够具有世界观的特性，跟"语境"这个术语本身的意义密切相关。在马林诺夫斯基开创性的工作之后，语境观念从"言语语境"扩展到了"非言语语境"，包括"情景语境""文化语境"和"社会语境"。[1] 自此语境的观念发生了根本性的变化，从"关于人们在语境中的所言、所作和所思"，转变为"以语境为框架，对这些所言、所作和所思进行解释"[2]。这样一来，语境就跟语词和文本的意义所反映的外部世界的特征，从而也跟世界的本质尤其是知识和真理问题，关联了起来。

由此，"语境"具有了根隐喻的意义，成为人类概念系统中深层次的核心概

---

[1]　Bronislaw Malinowski, "Problem of Meaning in Primitive Languages", In Charles Ogden, I. A. Richards, *The Meaning of Meaning*, Routledge & Kegan Paul, 1923, pp. 296-336.

[2]　Dilley Roy, *The Problem of Context*, Berghahn Books, 1999, p. 4.

念，对人类日常的思维方式和话语表达起到重要的作用。语境论注重动态活动中真实发生的事件和过程，即在特定时空框架中不断变化着的历史事实，而且可变的事件本身赋有主体的目的和意图，主体参与到了事件和语境的构造当中，同时语境反过来也影响主体的行为，这是一种相互促动、关联的实在图景。语境论将实体、事件、现象等具有实在特性的存在视为是在相互关联中表述的，不同的语境会形成不同的本体论立场，从而语词及其所指的对象就会具有不同的意义。这样，语境就具有了本体论性的特质，成为判定意义的本质基元。跟传统的"朴素实在论""指称实在论"和"关系实在论"等相比，语境论从"语境具有本体论性"的意义上①提出的这种"语境实在论（contextual realism）"观点具有更强的基础性、科学性和不可还原性。这主要体现在：

第一，语境实在论是基于现代科学发展形成的科学世界观。长期以来，包括本质主义、实证主义在内的各种流派都普遍认为，科学和哲学的任务就是去揭示现象背后所隐藏着的终极实体。但是现代科学的发展表明，尽管存在着隐藏的实体，不过它们都不是终极的而是体现为有层次的递进。比如，卢瑟福（Ernest Rutherford）实验之前，原子是宇宙之不可分的基元，卢瑟福则使我们认识到原子由大量的核子组成，是合成的。其后，随着更强粒子加速器的出现，质子、中子、强子、介子相继发现，于是物理学家越来越相信，这是一条逐渐迈向物质的最终结构和自然的基本规律的路径，但它只是一种不断的逼近，而非终极结果。

上述事实深刻表明，物理实在是由一系列的层次所构成的；在每一个层次上实在都具有独特的性质，这种性质为其后出现的更高层次的结构和实体提供解释。因为每一个新出现的层次中的实在，自身都不足以提供完全解释，而要依赖于科学研究的方式和研究工具。这种认识跟日常经验或古典科学基础上建立起来的"朴素的""直观的"世界图景具有很大的不同。世界绝不是它展示给我们的样子，科学研究所要做的也不仅仅是对世界的真实特征进行揭示和表达。

---

① 郭贵春：《论语境》，《哲学研究》1997年第4期，第46—52页。

自然的状态和过程是复杂的、有条件的存在，其性质不仅要依赖于人类的感觉器官和认识工具，也要依赖于未曾认识到的更深层原因和结构，这正是语境实在论所揭示的世界观的核心特征。

第二，语境实在论是解释现代科学的"形而上学"框架。虽然世界在表象上是独立的和自足的，但无论是自然本身还是在现代科学实验中，相对于更深刻的背景条件而言，已知的所有物理现象都是偶然的和有条件的存在。通过修改其外界条件和内部构成，物质或元素就可以进行相互的转换。于是，所有知识都相对于特定的条件而存在，更进一步讲，宇宙就是由实体和过程的无穷变化着的无数语境所构成的，每一个语境构成了相对自主和可信的知识或真理，所有实在都是有条件的或依赖语境而存在的。从某一层面的语境实在向更高或更深层面的语境实在的递进及它们之间的必然联系，构成了我们当前的科学知识。不过，知识的语境化并不意味着无法达到确定的真理或可信赖的知识，相反，具有层次结构的语境之链，在每一个特定的语境链条上都展示出在该条件下的确定知识。这种语境实在论的图景，相比康德以来把现象与实体相分离的主张或者对实体进行还原的认识策略，更为符合当代科学发展的现状，也是对当前科学知识的比较合理的解释。

第三，语境实在论反映了现代科学的基本特征。20世纪物理学、生物学等自然科学的发展已经表明，无论是古希腊的哲学传统还是近代的古典科学，它们所奉为至高追求的"确定性知识"或终极知识已经完全没有了可能。不确定性成为这个时代科学的最明显特征之一。传统上寻求世界之基本元素或构造基元的企图，实际上抹杀了认识新的微粒或实体的可能。语境实在的提出又为哲学和科学的这一追求注入了信心，因为即便是语境实在，也仅仅是暂时的和相对确定的，它不具有绝对的意义。比如，我们会把量子现象看成具有波和粒子的特征，是"不能预测的"和"无法描述的"，它只具有不确定的和概然性的特征。因为科学理论给出的仅仅是对可能世界的描述，观察或测量结果跟对象之间的关系只是特定条件下的一种语境关系，而非传统认识论范畴内的再现。与此相应，所谓认识宇宙，追求单一、统一的规律，更只是相对于语境而言的；离开特定的技术条件和思维框架，这些都只是一种理想，否则世界就过于简单了。

总之，作为认识主体的人类在跟世界进行相互作用时，认识对象所展示出来的属性和对象本身所具有的特征之间，具有概念上的区别。这使得科学家普遍认识到，"对象应当在不同的条件或语境下，表现出不同的或未曾预料到的属性，这种语境实在的科学世界观，是现代科学的核心观念之一，它跟柏拉图或亚里士多德的实在论和本质论观念相比，具有完全不同的意味"①。

## 二、语境论的认识论路径：语境范式

知识问题是科学和哲学中最为核心和关键的问题之一。关于知识之本质、基础和限度的讨论占据着人类认识长河的重要位置，我们关于世界的认识就是由知识所构成的。这在很大程度上是因为，世界不是自明的，不同的实在和事件有着各异的理由而存在和出现，从而关于实在和世界的不同看法也就形成了本质上不同的认识范式和框架。基于现代科学发展而形成的语境实在论思想，也形成了能够反映新的认识论路径的语境范式。

当人们认识到事物本身与它展示给我们的表象之间具有很大不同之后，关于知识或认识的问题就具体化为：(1)界定独立存在的对象；(2)描述对象对于认识主体的影响；(3)阐明主体认识或经验对象的过程；(4)传达认识到的结果或知识。历史地看，按照对这四个认识论问题的关注重心的不同，目前已经形成了三种认识论的范式。

第一，本体范式。这是最早形成的一种认识论路径，它更多地关注对外在于主体的世界进行客观的界定。比如柏拉图就按照理想的、普遍的理念原型来界定现实中的具体事物，赋予这些对象以名称和意义。日常经验中的世界是变化的，形成的仅仅是意见和信仰，而永恒的理念则构成了真实知识，保证了获得真理的可能。亚里士多德则立足于经验，认为所有的知识都来自感觉的归纳，根据事物的性质、形式和过程就可以理解世界的变化及存在，也就是说，可观

---

① Richard H Schlagel, *Contextual Realism*, Paragon House Publishers, 1986, p. xx.

察性是获得知识的重要手段，其结果就是形成了常识性的、客观的和经验的知识。

可以看出，作为人类早期认识世界和自然现象的一种框架，本体范式更侧重于上面四个认识论问题中的第一个问题，即以界定独立存在的对象和真实世界为取向，关心的是世界的本质、构成和本原等。应当说，这种本体范式为客观知识提供了充分的保证，使得人类在早期就能够比较准确地把科学探索定位于工具性的成功之上。不过，这种比较简单的本体范式过分狭隘地对应于客观世界，把客观理性视为唯一的理性手段，从而事实上无法真正洞察到世界的真实面貌，尤其是无法理解外部的刺激是如何被主体经验到，并形成对事物的属性和本质等的认识结果的。这一缺憾部分地促成了笛卡尔后来的认识论转向。

第二，心智范式。作为现代哲学之父，笛卡尔思想的重要之处在于引入了一种新的认识论范式或认知框架，这就是寻求知识的心智路径。笛卡尔"我思故我在"的推理使人们意识到，个体对自身意识及内容的认识，要比对他人的认识具有更大的确定性。也就是说，个体自身意识的知识在认识论上要先于任何其他种类的知识，所以，从本体论的意义上讲，心智的存在独立于任何其他事物的存在。此后，洛克（John Locke）以作为意识之唯一对象的观念为认识的出发点，区别了独立存在的第一性的质和主观的第二性的质；贝克莱则把存在完全归结为感知；休谟（David Hume）把因果性和客观世界视为心理的一种状态；而康德更认为，我们之所以具有科学的知识，是因为主体本身的认知结构将它们呈现给了我们。肇始于笛卡尔的这一思想，根本改变了哲学发展的路径：既然只有心智及它的知识才是最明确的，那么在认识过程中，就必须以意识、观念、感觉印象等属于心智范畴之内的东西作为认识的开端，所有独立的客观都只是依赖于心智的，是从意识中推导出来的。

这种心智范式导致了主体/客体、心/身相对的"镜式"认识论模式。跟本体范式不同，心智范式更侧重于上面四个认识论问题中的第二个和第三个问题，即探讨外延的、因果的和可观察的外部事物，跟非外延的、非因果的和私人的心智之间的关系，也就是认识主体和认识客体之间的相互影响和作用。心智范式促使哲学开始去思考外部的客观世界是如何能够存在于精神中的，以及精神对世界的表征和真实世界之间的差异等问题。既然认识客观世界的感觉会欺骗认识主体，那么就必须转而在自明的原则中，来寻求更为可靠的知识基础，进而澄清人类本身的理性认识能力就成为哲学探索的第一要务。不过，心智范式以主体世界为基本定位的目标取向，囿于狭隘的主观理性，过分地脱离了现实世界，因而在实际的哲学探索中造成了诸多无法解决的问题，比如如何把做梦跟有意识的经验相区别的问题。尤其是心智范式容易导致假设过多的虚无实体，形成无休止的形而上学的争论或伪哲学问题，从而严重阻碍科学认识。这一点是 20 世纪初语言学转向形成的重要动因之一。

第三，语境范式。语言学转向使人们在思维上普遍意识到，哲学问题并非真正的论题，而是起源于语言的混乱和模糊，更为重要的是，"本体论所描述的对象依赖于人们使用变元和量词所意指的东西……因为在任一情况下，问题并不在于实在是什么，而在于人们所说或意含的实在是什么。这一切表明，实在依赖于语言"①。因此，人们不再全力关注知识的起源、认识的能力和限度、主体在认识活动中的作用等问题，而是转向探究语言的意义、语言的理解和交流、语言的本质等。这种探究把语言本身的一种理性知识提升到哲学基本问题的地位：哲学关注的主要对象由主客体关系或意识与存在的关系转向语言与世界的关系，语言问题成为哲学的基本问题。

这样一种解决哲学问题的策略最初以理想语言为主要诉求，通过寻找指称的唯一确定性和绝对所指，形成了语言和实在、命题和现实之间的同构性语义模式。不过，随着现代逻辑的发展提高了人们对自然语言的理解，尤其是以理想语言来"统一语言"这一尝试在解释实践中的失败，人们逐渐意识到，哲学的任务不只是根据特定意义和句法规则，去翻译、解译或解释任意符号的思想，这种形式主义的和理性化了的语言图景不具有覆盖所有哲学认识的能力。正如维特根斯坦所倡导的那样，对语言而言，使用才是最根本的，语言的主要功能

---

① W. V. Quine, Existence, In W. Yourgrau, A. Breck, *Physics*, *Logics and History*, Plenum Press, 1970, p. 94.

在于实践，是人类的公共生活实践。哈贝马斯(Jürgen Habermas)也表达了同样的洞识："人与人之间通过符号协调的相互作用，在规则的引导下，进入人的语言的世界，从而以语言为媒介，通过对话，进而达到沟通与相互理解。"①这样一种从认识的语义模式向语用模式的转变，实际上导致了新的认识论路径——语境范式的形成。它更侧重于上面四个认识论问题中的第四个问题，即传达认识到的结果或知识。语境范式沿着语言分析的传统，构造了一种动态的、语境化的交流理性标准。它以语言的适当性作为判断命题是否具有意义的基准，把理论命题的实在性归诸历史的、文化的和科学的语境维度中，通过语境的功能来形成和强化科学概念和理论的意义，其最终目的就是在科学语言的语境化当中、在主体间性的基础上，对科学理论进行新的意义重建。

语境认识论范式带来的最重要的结果就是"知识的语境相关性"：不仅"关于知识的主张是相对于言说语境的……而且，对认识论结果的评价，也只能在具体的语境中来进行"②。从这一意义上看，知识不是命题和人之间的关系，而是语境相关的。也就是说，关于知识的主张的正确与否会随着会话和交流的目的而变化，因而，知识主张的适当性也是随着语境的特征变化着的。应当说，认识论路径的这一变化，在科学知识的产生、理解和评价当中具有极为重要的意义。事实上，语境范式也正是基于现代科学发展表现出的特征而形成的。玻尔就曾经讲过，"物理学中出现的新情况和问题一再地表明，在存在之舞台上，我们既是旁观者，又是参与者"③。因为现实世界展示给我们的是一个不确定的和概然性的状态，科学理论对世界进行的描述是对象和仪器之间的相互作用的结果，取决于我们探索事件和过程时所采取的方式。这种情况使得语境范式成为当代科学认识的必然结果。

---

① 魏敦友:《释义与批判：哈贝马斯的"交往合理性"述评》,《江汉论坛》1995 年第 7 期，第 26—31 页。

② Christopher Hookway, "The presidential address: Questions of context", In *Proceedings of the Aristotelian Society*, Aristotelian Society, Wiley, 1996, 96, pp. 1-16.

③ Niels Bohr, *Atomic Theory and the Description of Nature*, Cambridge University Press, 1934, p. 119.

## 三、语境论的方法论视角：语境分析

随着语境实在作为认识世界基元这一地位的确立，以及语境范式作为新的科学认识论路径的形成，语境分析（contextual analysis）作为语境论最核心的研究方法，在科学认识和哲学研究中也逐渐显现出它的重要性。语境分析方法具有一种普遍的方法论能力不是偶然的，这是由哲学思维的内在发展和科学实践的客观要求所决定的。这种方法主要体现为：

第一，语境分析方法是语形、语义和语用分析的集合。从历史上看，"分析哲学最伟大的成就之一，就是对本体论和语义学之间关系的强烈洞察"①，这种洞察使得语言分析方法介入到哲学和科学当中成为必然。哲学和语言学的相互结合和介入是一个逐渐发展的过程。一开始，哲学家希望通过形式的手段，在理想语言的基础上来构造世界的逻辑结构；其后，作为语言之指称的对象被引入了进来，语言意义进一步跟本体论域密切关联；最后，弗雷格提出了著名的"语境原则"，语言之使用者也成为交流的必要因素。由此，符号—意义—使用者的三维模式成为认识和理解世界的方法论手段。在此，语形学以句法形式为取向，形成"逻辑—语形"分析；语义学以言说对象为取向，形成"本体论—语义"分析；语用学以语言使用者为取向，形成"认识论—语用"分析。如阿佩尔（Karl-Otto Apel）所言："正是语用学才分析整体作用；而在这个整体作用的语境中，对语言系统或科学系统的句法—语义学分析才可能是有意义的。因此，唯有指号学语用学才能使当代语言分析的科学逻辑变得完整。"②这三种分析方法的整合和扩张就是语境原则或语境分析方法的整个应用空间。

这样一种语境分析方法具有的独特功用是非常明显的。一般来说，一个具体的语境分析要涉及四个方面的参数，包括：（1）基架（setting），即社会和时空的框架；（2）行为环境，即会话中对身体和行为的运用；（3）作为语境的语言，

---

① Lorenz B. Puntel, "The Context Principle, Universals and Primary States of Affairs", *American Philosophical Quarterly*, 1993, 30(2), pp. 123-135.

② 〔德〕卡尔-奥托·阿佩尔：《哲学的改造》，孙周兴、陆兴华译，上海译文出版社，1997，第111页。

即谈话本身所使用的语境，或者再语境化；(4)超语境，即背景知识以及相关性的结构。语境的这一动态构成实际上不仅涉及语言、自然环境、主体本身的心理和认知结构，而且还包括社会语境和生活形式。由此，既是知识之生成原则又是认识结果的语境，使得行为者能够根据特定的意趣来构造语境，从而语境分析就是"一种在实践中通过相互作用构成的模式"①。语境分析使得哲学的提问方式发生了改变，求解问题的方式也随之得到了相应的改变。由此，语境分析方法成为当代哲学运动的基本诉求之一。

第二，语境分析方法满足了现代科学研究的需求。随着物理测量的日益系统化和科学理论越来越远离经验的发展，语境分析方法作为理论解释的特定分析方法，在科学解释中具有了更加突出的地位。语境分析之于现代科学的意义在于：它用"科学可错论"的视角来思考科学的合理性和道德规范，认识到科学的世界图景不仅是对实在世界的客观表达，更是科学共同体间约定的语言世界；科学家所面对的除了自己的言语行为能力之外，更有自己深嵌于其中的社会历史的境况。由此，"解释者进入了一个具有告诉他讲话者的任一言说所意谓东西的理论的言说情景中。讲话者进而说出了具有意向的某种东西，即它将在一种特定方式中被解释和将被这样解释的期望的意向。事实上，这种方式并不是由解释者的理论所提供。但此讲话者仍然被理解；解释者调整他的理论以使它产生讲话者所意指的解释"②。它所显示出的哲学意义不仅体现在科学解释的认识论和方法论变化上，而且表明对科学理论的认识已不仅仅是科学解释问题，更应结合人文解释，从科学共同体的意向、心理、行为等各个方面进行认识；在科学语境基础上所建构的解释才能真正认识科学理论的本质。

语境分析方法使得科学家和哲学家们认识到，科学理论已经不再是传统意义上的一种"叙事知识"，相反，其合法性只有经过科学共同体的论辩才成为可能。所以，通过语形、语义和语用分析方法在语境基底上的统一，可望使得本

① Alessandro Duranti, Charls Goodwin, *Rethinking Context: Language as an Interactive Phenomenon*, Cambridge University Press, 1992, p. 22.

② Richard Grandy, Richard Warner, *Philosophical Grounds of Rationality: Intentions, Categories, Ends*, Oxford University Press, 1988, p. 166.

体论与认识论、现实世界与可能世界、直观经验与模型重建、指称概念与实在意义，在语言分析的过程中内在地联成一体，形成方法论的新视角。

语境分析方法在理解命题和知识时所使用的这种"语形—语义—语用"的综合分析模式，使得哲学对话真正建构在牢固的公共生活实践之上。其所展示的作为人类对话要素结构的特性，内在地规定了对话的公共性、实践性和历史趋向性，使人类思想的各种信念、欲望、语句态度、对象都被"语境化"，"一个确定的有归属的知识句可以在不同的语境中表达不同的命题，这意味着存在多种知识关系，而非一个"①。因此，没有超人类权威的"上帝之眼"来选择真值，一切均取决于在当下情景状态中所进行的平等对话。

综上所述，这种以语境范式为基本定位的思维路径，不仅本身就是现代科学发展的产物和结果，而且反过来为理解和把握科学哲学和语言哲学演变的历史进程、趋势定位和理性重建的模型及其各种特征，提供了最清晰和本质的脉络。可以说，语境作为一种具有普遍意义的思维观念，在本体论上，它可以使理论和流派之间做出有原则的改变和后退，有意识地弱化各自内在的规定性，从而使相互之间有融合的基底；在认识论上，它可以使认识疆域获得有目的的扩张，脱离给定边界的狭义束缚，获得以问题为中心的重新组合，趋向于从一个视点上来透视整个哲学的所有基本问题；在方法论上，它可以使科学方法论从给定的学科性质中解构出来，在形式上相互渗透和全面扩张，越来越成为核心的分析工具。②

尽管语境观念本身仍有许多尚待解决的问题，诸如相对主义的困境和再语境化的问题，但是，反观今日包括哲学、社会学、人类学、心理学、物理学、生物学等在内的各个学科，无论是在理论的定位、知识的构造还是方法的使用上，语境论世界观的思想都已经深刻地渗入到这些学科的方方面面之中；可以说，"所有的经验和知识都是相对于各种语境的，无论物理的、历史的、文化的

---

① Gerhard Preyer, Georg Peter, *Contextualism in Philosophy: Knowledge Meaning and Truth*, Clarendon Press, 2005, p. 2.

② 郭贵春：《"语境"研究纲领与科学哲学的发展》，《中国社会科学》2006 年第 5 期，第 28—32 页。

和语言的，都是随着语境而变化的"①，这正是语境论世界观思维的要旨所在。

## 第三节　语境论科学哲学的形成与发展

在具体社会科学和自然科学学科中，语境论世界观、认识论和方法论已经深刻地渗透到这些学科的方方面面之中，基于语境的世界观、科学观、实在观和真理观，形成了科学哲学的语境论进路。本节在近年来语境论的科学哲学研究之已有成果的基础上，探索了语境论范式的哲学内核、语境论科学哲学的新发展以及语境论范式的修正和再定位，系统梳理了语境论科学哲学的形成发展过程，为社会科学哲学的语境论研究路径提供重要的理论依据。

### 一、语境论范式的哲学内核

语境论在重构世界观、科学观、实在观和真理观的过程中，本质上构成了一种范式转移，为自然科学哲学和社会科学哲学的诸多研究领域和主题带来了新的认知模式和方法论路径。

第一，语境实在论和知识的语境相关性。包括本质主义和实证主义在内的各种科学哲学流派都倾向于把科学和哲学的任务定位为揭示现象背后隐藏的终极实体。现代科学的发展特别是量子测量、生物学解释及心理行为评价等科学活动呈现出一种层级论的科学实在观。这种观点认为，尽管可能存在着隐藏的实体，但它们不是终极的，而是体现为有层次的递进。因此，揭示自然实在的状态和过程充分体现了语境实在论世界观的特征。

如何界定独立存在的实在，如何描述实在对于认识主体的影响，如何阐明主体认识或经验实在的过程，这些问题把与实在观相互依赖、相互影响的知识问题提到了科学和哲学研究的核心位置。基于语境实在的层次性和不可还原性，语境知识观认为，所有实在都是有条件的或者依赖语境而存在的，实在和过程

---

① Richard H. Schlagel, *Contextual Realism*, Paragon House Publishers, 1986, p. xxxi.

的无穷变化构成了无数的研究语境，每一个语境都可以构成相对自主和确证的知识或真理。从某一层面的语境实在向更高或更深层面的语境实在的递进，构成了科学知识不断发展和进步的本体论基础。因此，知识的语境化意味着我们无法获得确定的终极真理或知识，而只能在具有层次结构的语境链条的基础上，获得特定条件下的确定知识。

这种语境实在论的图景，既拒斥对实在进行无限的还原，也反对实在与主体之间的绝对分离。基于此所形成的语境范式，既超越了以界定独立存在的对象为取向、以客观理性为唯一手段的本体范式的对应论，又超越了导致主体—客体、心—身相对的心智范式的镜式认识论模式，它把理论命题的实在性归诸历史的、文化的和科学的语境维度中，这就在科学语言的语境化当中、在主体间性的基础上，对科学理论进行新的意义重建。这种认知策略，更符合当代科学发展的现状，也是对当前科学知识的更为合理的解释。

第二，语用学转向和科学可错论。20 世纪初发生的"语言学转向"，把语言问题提升到哲学基本问题的高度，使得哲学关注的对象从主客体关系转移到语言和世界之间的关系，即从知识的起源、认识的能力和限度等问题，转移到语言的意义和本质、理解和交流等问题。作为其最直接的后果，逻辑经验主义主张在科学语言的逻辑统一的前提下，对科学理性进行经验主义重建，这虽然在一定程度上使得现实世界与可能世界、指称概念与实在意义，在语义分析过程中内在地关联起来，从而为统一科学知识和哲学理性提供了新视角。但是，这种逻辑分析方法本质上是分析的、共时性的，而非综合的、历时性的，在对科学理论进行逻辑分析时，只静态地考察科学的逻辑结构，而忽视科学发展的历史、社会结构、文化背景以及心理因素。由此导致了一种基于语义分析方法的真理观念，即真理符合论，它认为真理是对实在的某种符合或表述，语言和实在、命题和现实具有同构性。

然而，语用学转向试图把语用对话真正建构在公共生活实践的基础之上，使得真理"语境化"。它根据语境关联的整体性、公共实践的具体性和对话要素的结构性，来展示出作为人类对话要素结构的特性，使得人类对话的公共性、实践性和历史趋向性，以及人类思想的各种信念、欲望、语句态度等都得到"语境化"表示。这种语用化的真理观，突破了语言学转向基于句法形式的语形分析和解释学转向(interpretive turn)以言说对象为取向的语义分析，超越了它们所局限的静态指示相关语词关系的狭隘层面，使得语用分析情境化、具体化和现实化。这种认知模式上升到学科层面，也就突破了极端科学中心主义关于将所有自然科学和社会科学分支沿着物理主义途径进行彻底的还原这一教条主义规定。

同时，语用分析还带来了一种"可错的世界改良论"[①]。它通过"可错论"的视角来思考科学的合理性，认为科学的世界图景不仅是客观表达的实在世界，更是科学共同体之间约定的语言世界。它否认科学概念和理论可以通过语义分析完全还原为基本的感觉经验概念和命题，并由此依靠观察或经验来证实或确证理论。相反，它认为一旦符号或符号系统的意义与使用者关联起来，真理便走向语用层面。科学家在面对自己的言语行为能力时，不能忽视其所嵌入的社会历史语境。因此，科学理论本质上不是传统意义上的"叙事知识"，对其合理内核的认识需要将语形、语义和语用分析方法统一起来，在语境的动态构成中，将语言、自然环境、主体本身的心理和认知结构，以及社会语境和生活形式等要素综合起来进行研究。

事实上，正是因为语言所具有的"媒介"和"实在"的双重特征，使得语言分析能够搭建起对象世界和心理意识之间的桥梁，这既避免了形而上的空洞思辨，又扩展了知识和科学形成的人类生活实践空间。

## 二、语境论科学哲学的新发展

作为科学哲学理论发展的新的基点和生长点，近年来语境论在道德哲学、心理学哲学、政治哲学、物理学哲学、生物学哲学以及认知神经科学哲学等研究领域中不断渗透和扩张，特别是其对道德问题、心理事件、时空观以及进化

---

① Gunnar Skirbekk, *Rationality and Modernity: Essays in Philosophical Pragmatics*, Scandinavian University Press, 1993, p. 10.

本质等重要科学问题的认识和把握，消解了围绕实在论与反实在论、还原论与反还原论、实体论与关系论、价值与事实等之间的传统二元对立，重新界定了因果关系、规范性、科学规律和解释、知识的可能性等概念和认识的本质内核，对于伦理学、心理学、物理学和生物学等学科中的重要问题与核心争论的求解带来了革命性的影响。

第一，道德问题的实在性和特殊性。道德问题的实在性和规范性之间的张力，一直是道德哲学的核心关注点。近年来，道德语境论（moral contextualism）①或者叫道德特殊论（moral particularism）②，作为对传统道德实在论的反驳，以语境为工具，为道德原则、道德判断、道德信念以及其他道德实在论和道德认识论问题提供了一种新的实践方法论理论。道德实在论用"随附性"来描述价值与事实之间的关系，认为价值层面的任何变化都能在事实层面找到其依据，而且必然能追溯到事实层面的某种差异。因此，价值随附于事实。基于此所形成的因果语义自然主义观点（thesis of Causal Semantic Natualism，CSN）认为，"每一个道德词语 t 都严格指定了一个自然性质 N，N 因果性地控制了人对 t 的使用"③。道德语境论正是在对道德实在论特别是其随附性概念的批判中发展起来的。道德语境论认为，随附性概念不足以成为"价值—事实"还原的基础，因为"以描述性定义来代替评价性定义并不能得出确定的结论"④。道德特殊论是一种更为激进的道德语境论，它认为，根本不存在任何普遍的原则，甚至连一定范围内的普遍性都不存在，任何一个抽象的结论都必然只适用于它被从中提取出来的那个特殊案例。正如蒙特米尼（Martin Montminy）所言，"行为主体

---

①　参见 Daan Evers, "Moral Contextualism and the Problem of Triviality", *Ethical Theory and Moral Practice*, 2014, 17(2), pp. 285-297。

②　参见 Benedict Smith, Characterizing Moral Particularism, In Benedict Smith, *Particularism and the Space of Moral Reasons*, Palgrave Macmillan, 2011, pp. 1-27; Jennifer L. Zamzow, "Rules and Principles in Moral Decision Making: An Empirical Objection to Moral Particularism", *Ethical Theory and Moral Practice*, 2015, 1(1), pp. 123-134。

③　Mark Timmons, *Morality without Foundations: A Defense of Ethical Contextualism*, Oxford University Press, 2000, p. 58.

④　Brad Hooker, Margaret O. Little, *Moral Particularism*, Oxford University Press, 2000, p. 61.

A 的行为 C 在道德上是善的",这句话在不同谈话语境中有着不同的真值。① 因此,道德语境论认为,道德判断首先是语境敏感,其次才是规则遵循;而道德特殊论则完全否定道德思考和道德陈述与规则遵循之间的相关性。

相比道德特殊论可能受到的相对主义质疑,道德语境论关于道德实在之本质的认识更具建设性。道德语境论认为,首先,道德实在具有外在性和整体性。外在性是指一个道德特征所具有的某种效价(valence),是由该特征所在语境中另外一个或一些相关特征所决定的。整体性是指,语境中的所有相关特征是一个整体,每个特征的效价都是由所在语境整体中其余所有相关特征共同决定的。道德实在的外在性和整体性所构成的"以多解释多"的反理论特征,证明了道德特征的效价的多变性,构成了道德语境论的精神核心。其次,软事实在道德判断中具有核心地位。道德问题本身包含着与人相关的各种因素,而且主体先天的道德直觉和后天形成的道德能力使其在面对具体问题时,会受到做出某种判断的语境压力。最后,道德实在是自然事实与实践事实的有机结合。自然事实的本性内在于自身,而实践事实的本性外在于自身,某一特征的效价会受到其所在的语境中的另外一个或一些相关特征是否存在的影响,一个特征遇到不同的特征会呈现出不同的效价,因此要结合具体语境进行具体分析。可见,在具体的研究方式上,道德语境论是语境论在道德实践领域的具体化。

借助语境论工具对道德实在之本质的剖析,是对语境论作为实在论与反实在论之争的必然结果的一个强有力的例证。道德语境论将自然事实的内在性与实践事实的外在性有机结合起来,向上可以解释道德特征的效价所具有的多变性,得出没有必然普遍的道德原则这一结论;向下可以分析人的目的、价值和选择对于道德实践事实的影响。它既可以为道德认知过程提供更真实的理论描述,又清楚地展示出人的因素如何渗透到道德判断和决定的过程中,这种超越绝对论与相对论的解释路径,正是道德语境论步步深入的理论逻辑。

第二,心理事件解释的描述性和规范性。相比在其他社会科学学科如政治

---

① Martin Montminy, "Contextualist Resolution of Philosophical Debates", *Metaphilosophy*, 2008, 4-5, p. 578.

学、社会学中的碎片化研究而言，语境论作为一种世界观正式进入心理学研究中，已经有三四十年的历史。因此，对于科学哲学研究者而言，语境论的心理学研究不是一个全新的、正在快速扩张的领域，而是一种相对成熟和完善的跨学科研究。从 20 世纪 70 年代心理学内部认知革命的兴起开始，在心理学研究中长期占据主导地位的机械论世界观的本质缺陷逐渐凸显出来，而语境论思维的实用性、整体性、层级性、主动性以及扩展性，恰恰有效地改善了机械论世界观的简单性、线性和孤立性。经过近二十年的发展，1993 年海斯明确表示，"语境论正被看作是一种推动心理学进步的框架，这一框架消除了多余的机械论和哲学上的不协调"[1]。到目前为止，心理学的很多子学科和研究领域都表现出了以语境论为世界观的趋势，如社会建构论心理学、叙事心理学、生命全程发展心理学以及后斯金纳行为分析学等[2]，特别是语境论解释在各心理学分支领域中不断成熟和体系化。

　　科学解释因为涉及待解释项和作为解释主体的人，从而在某种程度上兼具描述性和规范性。语境分析方法的实用性、层级性和整体性，在心理事件的解释中将实在层次和心理层次有机融合起来，丰富并扩展了传统心理学解释的维度。在对心理事件的解释过程中，语境论解释的形式各不相同，语境标准变得越来越严格，由此导致心理学中语境论解释的形式体系、具体方法及其适用领域等的分化。但无论怎样，心理学中语境论解释的整体性和动态性，既可以对心理事件的发展过程进行客观描述，又考虑到个体内部的、社会的、文化的、历史的语境信息对于认知主体的影响，构造出人与人之间、人与环境之间以及各种环境因素之间的双向动态交互作用。在从多维度和多层级的视角理解和解释心理事件的过程中，将心理事件解释的描述性和规范性整合了起来。

---

[1]　Steven C. Hayes, Linda J. Hayes, Hayne W. Reese, et al., *Varieties of Scientific Contextualism*, Context Press, 1993, p. 11.

[2]　参见 Theodore R. Sarbin, "Contextualism: A World View for Modern Psychology", In Alvin W. Landfield, *Nebraska Symposium on Motivation*, University of Nebraska Press, 1977, pp. 1-41; Edward K. Morris, "Contextualism: The World View of Behavior Analysis", *Journal of Experimental Child Psychology*, 1988, 46(3), pp. 289-323; Edward K. Morris, "Behavior Analysis and A Modern Psychology", In Kennon A. Lattal, Philip N. Chase, *Behavior Theory and Philosophy*, Springer, 2003, pp. 275-298。

　　第三，时空本质的实体论和关系论。物理学哲学是当代科学哲学最为成熟的研究领域之一，与其他科学哲学分支相较于一般科学哲学研究的相对滞后性和随附性而言，物理学哲学本身就是与一般科学哲学协同发展的。一方面，一般科学哲学的核心概念、基本论题以及发展导向，都与物理学包括物理学哲学本身的发展密切相关，例如，机械论、决定论和还原论等在物理学哲学中占据主导地位的概念同时也贯穿于一般科学哲学的理论演变中；而且，"语言学转向"产生的背景之一就是相对论和量子力学的出现，使科学理论越来越远离经验，使得借助形式语言进行逻辑演算，成为描述科学理论和进行科学解释的内在要求。另一方面，一般科学哲学发展过程中出现的诸如"语用学转向"和后现代趋向等观念革新，也影响着对决定论和客观性、时空观以及概率本质等物理学核心争论的重新回答，影响着物理学学科本身的发展。

　　时空实在性是当代物理学哲学最为关注的核心问题之一。[①] 关于时空本质的认识大致经历了如下演变过程：在广义相对论诞生之前，牛顿经典力学把时空视为绝对的客观实在；从广义相对论诞生到 20 世纪 60 年代，"广义协变性"原理的发现在一定程度上否定了经典物理学时期绝对时空观对于空间和时间的客观实在性的认识，时空反实在论开始兴起，这种观点把时空结构和物质联系起来，认为时空仅仅是物质之间的关系；然而，到 20 世纪 90 年代，随着科学实在论观念的兴起和后实证主义趋向的出现，时空关系论也开始受到质疑，基于结构实在论的认识和量子引力的新发现，时空实体论与关系论之间的争论暂时得到平息，物理学哲学家们转而关注时空的结构实在论认识，这种观点与传统基于指称的相对确定性和语义的连续性的实在论观点不同，它尝试用结构术语对对象观念进行重新概念化，从而消解本体论层面上的非充分决定性难题，由此，通过把关注焦点转向结构的实在性和连续性，它尝试消解时空实体论和

---

① 参见 Gustavo E. Romero, "On the Ontology of Spacetime: Substantivalism, Relationism, Eternalism, and Emergence", *Foundations of Science*, 2017, 22(1), pp. 141-159; Baptiste Le Bihan, "Super-relationism: Combining Eliminativism about Objects and Relationism about Spacetime", *Philosophical Studies*, 2016, 173(8), pp. 2151-2172; 郭贵春、王凯宁：《当代物理学哲学的研究现状及趋势》，《哲学动态》2014 年第 4 期，第 23—30 页；程瑞、郭贵春：《当代时空实在论研究现状及其述评》，《哲学动态》2011 年第 4 期，第 97—103 页。

关系论之间的无休止争论；然而，结构实在论所带来的本体论后退和对心理意向性的忽视，同样没有超越经典表征主义的局限性，因为如果在形而上学层面和认识论层面上，对时空本质的认识不能达成一致，那么时空实体论与关系论之间的论争就永远不会结束。近年来一些科学哲学家和物理学哲学家致力于寻找一种能够融合时空实体论和关系论的横断性方法论，以对时空实在性进行合理的说明。

从牛顿经典力学到广义相对论再到量子力学，对时空本质的刻画经历了从绝对连续到相对弯曲再到高维离散的转变。语境论之所以能为时空实体论与关系论的争论提供一个出口，很大程度上是因为其所倡导的语境分析方法可以将物理学家为理论预先假设的条件、结构及目标逻辑地构建为一个整体，语境分析把关于时空的预设、形式体系、科学解释以及实验检验等要素，共同纳入对时空实在之本质的认识过程中，由此来明晰科学文本的意义，从而在理论的形式结构与具体的物理现象之间建立关联，这就超越了把时空的特性及其意义表达当作绝对真理这种时空观所内含的狭隘性。同时，语境分析对科学文本、科学测量、科学实验及其他科学活动的再语境化，也为物理学哲学家重构理论的核心概念和基本原则提供了适当的平台。因此，对时空本质的语境论认识一方面包容了实体论和关系论所追求的语义表征的静态性和片面性，另一方面在再语境化的过程中，以其所具有的连续性和扩张性，推动了对时空实在性之认识的不断进步。

第四，进化的经验性和历史性。生物学哲学是在 20 世纪 60 年代反还原论和反实证主义的背景下发展起来的，其研究主题涉及分类学、实验生物学、生态学以及进化论等。其中，进化论一直是当代生物学哲学研究中的一个热点问题。[①] 对进化特征的哲学分析，一方面有助于澄清与进化相关的诸多生物学概

———————

① 参见 Kostas Kampourakis, *The Philosophy of Biology: A Companion for Educators*, Springer, 2013; Francisco J. Ayala, Robert Arp, *Contemporary Debates in Philosophy of Biology*, Wiley-Blackwell, 2009; Sahotra Sarkar, Anya Plutynksi, *A Companion to the Philosophy of Biology*, Blackwell, 2008; Michael Ruse, *Oxford Handbook of the Philosophy of Biology*, Oxford University Press, 2007；赵斌：《生物学哲学研究的历史沿革与展望》，《科学技术哲学研究》2012 年第 4 期，第 35—40 页；赵斌：《进化论的语境分析》，《科学技术哲学研究》2011 年第 2 期，第 44—50 页。

念和理论问题，例如，微观上涉及进化的适应性、自然选择、遗传和突变、进化的目的性等，宏观上涉及进化与生命伦理、社会生物学以及进化心理学等的关系研究。另一方面也可以对一般科学哲学的基本观念如目的论和功能论等观念进行批判性反思。更重要的是，进化论在生物学哲学研究中的重要性，使其成为维系不同研究领域之间的纽带，这样，对进化适应的本质特征的认识关系着生物学哲学研究纲领的核心和主旨。

生物学中进化的开放性和语境敏感性既体现在不同层级的进化描述之间的不可还原性，又表现为进化所涉及的个体的、种群的、社会的和文化的自然选择语境。一方面，从纵向来看，低层级的进化描述一般诉诸物理的和化学的解释，而高层级的进化描述则需要考虑进化的历史性，这样，很难用低层级的进化描述来取代高层级的进化描述中的对应部分，还原就成为不可能的了。另一方面，从横向来看，需要从不同层面对进化中的协同因素进行综合研究，将个体的或种群的、染色体的或基因片段的，或者甚至是心理的或行为的层面综合地、多元化地表征出来，这就需要整体论的方法论工具。事实上，进化既具有历史性又具有经验性。生物多样性是在长期进化过程所构筑的连续时空环境中形成的，因而必须要在整体历史的语境中考察生命的起源和演化问题；而生物进化又在宏观层面表现出一定的内稳态，如群体层面的自然选择循环和性别比例的自然平衡，在微观层面上遵循物理和化学原则，形成可以得到经验证实的科学规范，如分子遗传理论。而且，在进化过程中，社会因素具有重要的地位，进化的开放性不局限于自然科学范围内。这样，对进化本质的认识仅从概念上进行语义探究是远远不够的，应在语用层面上结合进化的综合语境来分析进化论的理论更迭。

值得注意的是，在进化理论的发展过程中，对进化本质的认识不仅仅是概念的变迁，不是一个理论取代另一个理论的范式革新，而是理论结构的重整，是跨越传统观念对不同理论和学科知识的再整合。而在整合不同表征体系时，既存在着理论语境之间的启发性关联，也存在着转化法则的语义不对称性。例如，分子生物学对经典遗传学中诸如遗传物质的自我复制等问题做出了有效的扩展性说明，二者之间存在语境间的关联性；但在将大量遗传现象还原为分子层面的解释时，语义不对称性使得无法在二者之间构建出一套明确的转化法则。因此，这也将进化的语境论问题与还原论关联起来，而围绕还原论展开的一系列争论，同样在分子生物学和经典遗传学之间不断展开。① 由此可见，关于生物学理论的语境化过程与形式问题在未来可能会逐渐成为一项重要的方法论议题，它无论对于生物学的理论化研究还是生物学哲学研究的路径而言，都具有重要意义。

综上所述，语境论范式特别是语境分析方法，作为一种多元化的整体论研究方法，在各门具体的自然科学和社会科学学科之研究模式的改革中发挥了重要作用。其对于一些经典的形而上学和认识论难题的求解，对于消解各门具体科学包括具体科学哲学中长期存在的争论，都具有重要的理论和实践意义。同时，在研究论域不断扩展的过程中，语境论作为一种研究范式，其理论内核得到不断丰富，其所面临的一些潜在质疑也逐渐凸显出来。

## 三、语境论范式的再定位

语境论作为一种世界观和方法论，通过重构科学观、实在观和真理观，建构了一种语境论的科学哲学研究范式。可以说，一方面，语境论的研究思维和路径，作为现代科学发展的产物和结果，证明了其发展和应用前景；另一方面，语境分析方法作为语形、语义和语用分析方法的统一，贯穿于后现代科学哲学发展的历史过程中，为理论和流派之间的融合及多元方法论的整合提供了一个基点和框架。值得注意的是，语境论本身存在着许多尚待解决的问题，如实用主义的定位问题、相对主义的困境和再语境化的困难，同时还面临着多方面的潜在质疑，如怀疑主义、还原论及泛语境论等问题，另外，它还要解决与规范

---

① 参见 Frederic Bouchard, "Moving Beyond the Influence of Molecular Genetics on the Debate About Reductionism in Philosophy of Biology", In Anne Fagot-Largeault, Shahid Rahman, Juan Manuel Torres, *The Influence of Genetics on Contemporary Thinking*, Springer, 2007, pp. 63-80; Marie I. Kaiser, *Reductive Explanation in the Biological Sciences*, Springer, 2015; James Maclaurin, Against Reduction, *Biology & Philosophy*, 2011, 26(1), pp. 151-158; Kenneth Waters, "Shifting Attention from Theory to Practice in Philosophy of Biology", In Maria Carla Galavotti, *New Directions in the Philosophy of Science*, Springer, 2014, pp. 121-139。

性之间所存在的张力。回答这些问题既是对语境观念本身的修正和丰富，同时也是对语境论作为科学哲学研究的一种纲领和范式的提炼和完善，有助于使语境论世界观和方法论在包括社会学、伦理学、心理学、物理学、生物学等在内的各个学科中的应用更加充分、广泛和深入。

第一，语境论不是相对主义。在科学哲学和语言哲学领域内，语境论所遭受的相对主义质疑来自多个方面，其中一个方面是因为历史主义的整体进步及其带来的解释学转向，将历史的、社会的、心理的、文化的等因素纳入解释过程中，突出了主体的内在心理意向在人类认识中的重要地位；另一方面来自以解构和消解为特征的后现代主义，拒斥对应论的本质论、符合论的真理论及反映论的认识论，反对唯科学主义，突出非理性因素的不可或缺的作用，强调真理的获得不可避免要受到社会、历史、科技发展、主体生物特征以及心理特征等因素的影响。事实上，语境分析方法是在语形、语义和语用分析方法的统一过程中形成的，具体来讲，语形分析是基于科学语言的逻辑统一这一前提，借助公理化形式体系对科学理性进行经验主义的理性重建；语义分析反对科学主义教条，强调科学概念和解释的约定性，倡导解释与理解在方法论上的融合，但它并没有因为强调解释学的文本理解的作用而否定科学理论的解释作用；语用分析尝试融合强调符号化系统的形式语境与强调整体解释的社会语境，推进科学主义与人文主义的相互融合，从方法论层面上克服单纯本体论立场的独断性，并从科学发明的创造性实践界面上去展示其认识论价值。因此，作为这三种分析方法的综合和圆融，语境分析方法因为其现代逻辑的根基而绝非相对主义，同时也因为其后现代主义趋向而远离任何固定不变的教条和模型，它将科学分析和解释情境化、具体化和现实化，将形式语境、社会语境和修辞语境结合起来，本质上是科学实践观从单一走向多元、由绝对转向相对的具体体现，是科学哲学多元化、整体性发展的一种有效路径，有助于弥合科学主义与人文主义、英美哲学与大陆哲学之间的裂缝，推动科学哲学的全面发展。

第二，语境论不是还原论。还原论是牛顿机械论世界观的产物，其很长一段时间在自然科学和社会科学方法论选择中都占据一定的支配地位。作为哲学特别是科学哲学中长期存在的一个核心争论，实在论与反实在论之间争论的一个焦点就是还原的可能性问题。一方面，经典实在论者从科学的纯客观性与绝对真理性出发，倡导本体论层次上实在的绝对还原，并认为还原是实现对实在的科学解释的有效路径；另一方面，反实在论者认为任何科学解释都是在特定语境内有效的约定性假设，解释的有效性在于理论的约定性，因此不存在绝对的终极的、普适的真理。作为对实在论与反实在论之间争论的调和，语境论在对实在的表征过程中，倡导经验性和历史性的统一，既赋予指称、测量、经验、范式等最基本的概念以特有的语言实在性，又赋予社会的、历史的和心理的等背景要素以本体论实在性；同时，实在还是实体论和关系论的统一，它既包含具有一系列层次的物理实在，同时也涉及物理实在与非物理实在之间、实在与环境之间的交互作用关系。另外，从科学哲学和语言哲学的宏观演化历史来看，语义分析向语用分析的转向恰恰始于指称理论在传统语义学研究中的还原论缺陷。语义分析方法认为科学概念和理论均可通过语义分析还原为感觉经验的概念和基本的经验命题，并由此依靠观察或经验来证实或确证这些理论，这种一一对称的映射式观念带有明显的真理符合论和还原论色彩。而语用学转向则揭示出，人类所使用的语言符号并不具有绝对的语义单义性和指称性，心灵对有关对象的知觉和反映会受到主体的知识背景和价值观的影响。同时，语用学转向还强调了指称说明会随历史和文化语境的改变而变化，只有整体语境才可以使对语言系统或科学系统句法的语义分析变得有意义，进而使语言分析的科学逻辑变得完整。因此，事物的存在具有多维性、历史性和整体性。自语用学转向之后，语境论既克服了经典实在论的直指论和符合论的僵化性，避免了落入还原论的窠臼；同时也纠正了奎因（Willard V. O. Quine）、库恩和费耶阿本德（Paul Feyerabend）等人所倡导的语义相对论，构建了语境整体性。

　　第三，语境论不是"怎么都行"。在科学哲学和语言哲学中，不论是对语境论的元理论研究还是语境论的方法论实践，面临的一个核心问题，同时也是遭受到的一个主要的质疑是泛语境论的问题。这一方面与语境本身的内在观念有关，特别是历史主义和后历史主义对于构成整体语境的社会的、文化的、历史的以及心理的等多层次和多维度因素的普遍关注；另一方面，语境论在具体自然科学和社会科学学科的理论重构和方法革新中不断渗透和扩张，受其影响，在后现代主义的去中心化趋向的支配下，语境论看似可以应用于任何研究领域。事实上，语境内在的一些规定性完全可以避免受到泛语境化的诟病。首先，在牛津哲学词典中，语境被限定为所连接之文本的结构，涉及构成某一语境的任何特定的段落。现在语境的外延虽然有所扩展，但在某种一般化的意义上仍然需要文本，文本分析在一定程度上避免了在本体论的分析上导致形而上学的无限后退。其次，语境具有目标导向性，它决定着所提出和回答的问题，并将对话的公共性、实践性和历史趋向性展示出来，将人类思想的各种信念、欲望、语句态度和对象等等"再语境化"，因而其本质上是实用主义的。这种实用主义特征补充了传统真理符合论所缺失的语用因素，真理不具有任何独立于语境的意义，只有在特定的动态语境中才能展示真理的存在。再次，语境论所纳入考量的主体意向性这一要素，建立在命题态度和主体的言语行为的基础上，从而在语用分析的实践整合过程中实现了意向性的自然化。这本质上是科学的意向实在论的建构过程，将主体内在的心理意向与外在的因果指称分析融合起来，为科学心理认识提供了实在性基底，避免了怀疑主义的抨击。另外，语境还具有广义和狭义之分，如何在具体的研究范围和研究过程中，在明确的研究层次上，将狭义语境从广义语境中区分出来，将语境的无限性与有限性辩证地统一起来，解决好语境的划界问题，从而避免"其他条件不变"这一规则所带来的语义表征困难，事关语境解释的效用和解释力，这也是未来语境论范式进一步提炼的核心要旨之一。

第四，语境论不反对普遍主义。普遍主义是与特殊主义相对而言的，表面上来看，语境论关注的是具体的、局部的、特殊的事件和形态，倡导的是一种特殊主义的研究视角。但事实上，在逻辑经验主义对绝对普遍真理的追寻，与历史主义对整体社会文化和心理意向要素的强调，这二者之间所构成的张力中，语用学对于后历史主义科学哲学的影响是，"语境论的普遍主义策略是只在特定语境内进行普遍化"，"在语境论体系内谈论普遍理论（general theory）并不是自相矛盾的"[①]，但是这种一般化和普遍化仅限于所研究问题的语境边界内，它与通常意义上的普适理论（universal range theory）完全不同。因此，语境论的知识增长观念是，随着对所研究问题的考察维度的不断丰富，该问题所在的语境边界会越来越成熟，但这既不意味着在某一层次上一定会实现对所研究问题的绝对正确的表征和认识，因为可能会不断地产生一些更深层次的、更复杂的问题，也不意味着局部语境层次上的知识积累到一定程度，就能跨越到一个更高层次的语境范围内。当前社会科学就面临这样一个问题，各个社会科学研究领域在各自的局部语境边界内拥有成熟的知识和理论，但它们并未汇聚成一个更高层次的知识，当然，这与社会科学本身的学科性质也不无关系，社会科学各具体学科之间所研究问题的语境边界之间的重叠，导致了不同学科各自相对独立地研究同样的问题。基于此，语境论带给社会科学的一个认知革命是，相比自然科学，社会科学并非不成熟，而只是局部的研究边界没有汇聚到一个更高层次的研究边界上。[②] 因此，跨越局部语境边界以获得知识的整体性累积对于社会科学长远发展而言十分必要，而这也构成了未来语境论研究的重心之一。

第五，语境论是整体关联主义的。语境论的整体关联性，可以从两个方面窥见一斑。从语境论观念及其范式的形成过程来看，语境论是在融合形式语境和社会语境的过程中发展起来的，它将逻辑经验主义的形式理性与历史主义的社会历史要素整合起来，超越了唯科学主义、基础主义和本质主义，搭建了人文主义与科学主义对话交流的平台。从语境论观念的哲学内核上来看，语境论是语形、语义和语用分析方法的统一，它将形式的、经验的要素与历史的、社会的要素整合到语境这个基点上，是一种系统性、横断性的研究纲领和范式。具体而言，语形分析方法旨在基于形式语言来实现科学语言的逻辑统一；语义分析方法在从微观语义分析发展到整体语义构造的过程中，将语句真值的赋予和判定定位在证明或正确判定它的整体语境之中；语用分析方法在实践上集中

---

① Lars Mjøset, "A Case Study of A Case Study: Strategies of Generalization and Specification in the Study of Israel as A Single Case", *International Sociology*, 2006, 21(5), pp. 735-766.

② Lars Mjøset, "The Contextualist Approach to Social Science Methodology", In David Byrne, Charles C. Ragin, *The SAGE Handbook of Case-Based Methods*, SAGE Publications, 2009, p. 45.

于语用的形式、特征、本质以及实现的具体途径，从而由语用个体论走向语用整体论。另外，知识的旁观者理论认为，科学共同体通过描绘自然而认识自然。而语境论者则认为，科学共同体是一个局域社会，它嵌入在更大的社会之中。知识的旁观者理论仅是一种内部视角，而语境论是一种外部视角，内外因素共同影响着研究者表征问题的方式。与传统科学观只关注科学的静态结构不同，语境论把科学视为人类整体知识的一个子系统，是构成社会现象的重要组成部分，因此，它把科学放在社会整体中来考察，把科学与其周围的政治、经济、文化等因素之间的关联和互动当作一个整体系统来处理。这样，不论是从内部视角还是从外部视角来看，语境论本质上都是一种整体论的研究视角，而这种研究视角和方法的多元化，也为问题的多学科和跨学科研究奠定了理论和实践基底。

第六，语境论是问题导向的。语境实在以及表征语境实在的方式的层级性，决定了还原论范式不论是在宏观还是微观层面上都是有问题的。因此，与大多数说明性还原的理论导向型纲领不同，语境论研究是问题导向型的。例如，在对基本粒子的内部结构的认识过程中，在通常的宏观和微观层次之间存在诸多中间层次，研究层次的定位取决于所研究的问题，而不是某种一般的粒子运动规律。这样，语境论范式就可以根据所研究的问题而把研究定位在宏观和微观之间所构成的一个连续统中的任何可能的位置上。因此，不论是把科学研究的目标定位在发现规律、解释事件还是形成理论等目标上，科学研究者之间的分歧都会得到某种程度的消解。因为不论是事件还是规律，所研究的问题决定了要被解释的结果。事实上，与其说语境论范式消解或解决了关于科学研究的各种传统的二元对立，不如说它在一开始就"以一种网状模型将概念和条件之间的间隙最小化了"。这实际上也反映出语境论范式的实用主义趋向，特别是功能语境论聚焦于历史和情境语境中的行动之功能这一理论定位。近年来兴起的语境论的行为科学(Contextual Behavioral Science，CBS)，其重点关注的就是"与被陈述的目标相关联的实用主义真理"①，这就在一定程度上呼应了语境论的真理

---

① Steven Hayes, Dermot Barnes-Holmes, Kelly Wilson, "Contextual Behavioral Science: Creating a Science More Adequate to the Challenge of the Human Condition", In Steven Hayes, *The Act in Context*, Routledge, 2016, pp. 285-287.

观之本质内涵。因为研究问题和目标为实用主义真理确立了目标，因此，从逻辑上来说，它们本身不可能是终极正确的或真的，为某一实用主义目标的辩护将需要为更多实用主义的目的进行辩护，由此陷入无限循环。另外，需要注意的是，语境中的行动不仅发生在个体层面上，也发生在群体层面上，因此，语境论的行为分析倾向于把同一层次的行为和现象作为一个统一的目标来进行分析和抽象，这就在一定程度上避免了假说—演绎理论所带来的经典实用主义难题。

在正视和回答语境论所受到的怀疑主义和相对论主义质疑、泛语境论责难以及语境论与普遍主义之间存在的适当张力等问题的过程中，语境论范式本身也得到不断的提炼和修正。这本质上是在延续整体语义论和语用对话论，在"语境"的既非还原论也非扩展论的意义上，进一步完善科学哲学研究的语境论纲领的过程，而在完善语境论范式的过程中，我们特别需要注意的是，一方面，语境论研究纲领绝非某种有形的、明确的标签或形态，而是关涉新的实在观的构建、新的认识论基点的重新界定以及新的研究方法和模式的转换，它本质上是多形态、多层次和多视角的。另一方面，如何在这种多元化的研究视角和维度下，把握语境论范式的主旨和内核，避免泛语境论的危险，规范语境研究的合理有效边界，则成为语境论范式在科学哲学领域内继续深入扩展的一个必要前提。在当代计算和认知科学飞速发展的时代背景下，一种行之有效的、富有启发性的发展路径就是模型化。模型化是当代科学哲学发展的历史趋向，而模型化的前提和基础是形式化方法的引入和应用。不论是作为自然科学哲学代表的、相对成熟的物理学哲学、生物学哲学，还是正在迅猛发展的社会科学哲学研究，如社会学哲学、人类学哲学和心理学哲学，其科学的分析方法归根到底要有形式化的内核。如何基于计算和信息技术的发展，利用模型化重建科学理性，实现计算思维和人文逻辑的有机融合，搭建科学认识的全新平台，为语境论研究纲领构建形式化的理论基底和方法论规范，这将是语境论范式自身发展成熟的必然趋向，同时也是语境论的科学哲学研究需要深刻关注、思考和解决的重大问题。

## 第四节　社会科学的语境论特征

自 19 世纪建制化的社会科学出现开始，社会知识的科学地位问题，一直伴随着各门社会科学学科的形成和演化，并构成了社会科学哲学争论的主要来源。20 世纪 60 年代之前，社会科学在机械决定论范式的主导下，不断尝试借助定量测量、科学实验和形式化语言来获得社会知识，以分析性说明推进描述性研究。60 年代之后，人文主义开始盛行，社会科学开始重视个体的意向性、社会结构和制度的规范性，强调对整体社会世界的综合性理解。由此，社会科学被自然科学和人文科学这两大巨人之间的争斗所撕裂，社会科学研究呈现碎片化趋势，社会科学知识难以实现有效累积。[①]　近年来，语境论所具有的超越科学主义与人文主义对立的理论优势，受到学界广泛关注。本节从语境之于社会科学的适用性、语境以奠基和锚定方式对社会科学研究描述性与规范性的有机整合，以及社会科学发现语境和辩护语境的协同等方面，阐述了社会科学具有的语境论特征。

### 一、社会科学中语境的存在合理性

本质上，语境涉及从言语语境到情景语境、文化语境和社会语境，语境与语词和文本的意义所反映的外部世界特征之间存在紧密的关联，从而也将语境与世界的本质特别是知识和真理问题衔接起来。在社会科学中对语境的考量，有助于澄清牛顿实证主义范式所蕴含的"点状主体"承诺，消解其"抽象悖论"；同时，也避免了反自然主义者因相对主义立场而陷入"笛卡尔式焦虑"。这既是对语境的存在合理性的辩护，也有助于揭示社会科学中普遍存在的学科分裂和知识分化的内在原因。

---

① 关于当代社会科学研究面临的困境，参见殷杰、王亚男：《社会科学中复杂系统范式的适用性问题》，《中国社会科学》2016 年第 3 期，第 62—79 页。

## 1. 澄清"点状主体"承诺

牛顿实证主义范式下的社会科学研究通常预设了一种"点状主体"（punctual self）①或者叫非社会性主体。其核心内涵是，主体可以与自然和社会世界分离开来，以一种"弱具身"形式实施工具主义行动，由此，主体与世界之间的交互作用被限制在动力因果关系的范围内。社会科学研究中的"外部人视角""相关者"（correlators）方法、"因果—机械"解释模型等，均是基于"点状主体"承诺而在认识论和方法论上对社会科学研究特征的刻画。

然而，"点状主体"承诺存在着两个内在缺陷：第一，它暗含着事实—价值二分。它把社会事实看作外在于研究者的客体，而价值是研究者对这些外部客体的主观态度，从而倡导把经验理论与人的规范性视角分开，把研究实践构想为独立于社会语境、文化价值及历史影响的手段—目的推理。这一定程度上导致了霍克海默（Max Horkheimer）所谓"理性的消逝"②。因为寻求手段而不考虑目的的本质，削弱了社会科学反思人类生活固有特质的能力和意义。第二，它混淆了社会科学研究的客观性与价值中立性。它以一种与语境无关的方式，把社会实践解释为工具主义式的，借助价值中立为社会科学的客观性辩护。然而，对社会实践的工具主义解释并不是价值无涉的，相反，它强调精通、控制的价值，而掩盖甚至否认社会世界的其他重要维度，这恰恰损害了社会科学的真正客观性。

作为一种潜在的本体论承诺，"点状主体"在社会科学研究中的影响是广泛而深刻的，与其相关的社会原子论、自由个人主义和还原论等，不断强化着社会科学研究的决定论和客观主义倾向。事实上，主体的特定具身形式（form of embodiment）、主体的历史及生活形式三个方面共同提供了一个语境，正是在这个语境下，主体的行动才是可理解的。③ 所有行动都发生在某一背景中，行

---

① Charles Taylor, *Philosophical Arguments*, Harvard University Press, 1995, p. 7.

② Max Horkheimer, *Eclipse of Reason*, Continuum Publishing, 1974.

③ Robert Bishop, *The Philosophy of the Social Sciences: An Introduction*, Continuum Publishing, 2007, p. 25.

动的背景不只是物理—生物世界，还有主体的意向、信念和情感，以及文化—历史背景。它们为主体的行动提供了意义，并塑造着主体所关注和参与的社会实践。

2. 消解"抽象悖论"

描述社会事实的本质特征、发现普遍规律、模拟并预测社会事实的演化等，都离不开抽象这一重要的科学实践。抽象的作用涉及两个层次：一是把某一社会事实与其原始物理语境隔离开来；二是把某一社会事实与我们的具身状态隔离开来。在社会科学中，这两个层次上的抽象经常会走向极端。脱离社会事实所处的物理语境，经常以有损研究对象及其特征的动态关联性为代价；脱离具身存在的主观特征，则造成了对任何价值判断和目的的抽离，以一种具有"弱塑造世界"（weak world-shaping）特征的社会行动概念，把社会事实限制在动力因果链条所构造的范围内。① 由此，研究者以一种粗糙且不公平的方式，隔离各种相关要素，基于量化方法描述人类行为的因果路径。本质上，这种抽象预设了一种"可控最小化"理想，即考虑到社会世界的复杂性、我们知识的局限性以及研究目标的指向性，研究者在科学实践中需要切断绝大多数原始复杂经验，寻找一个控制模块。而选择在哪里切断以及如何切断，常常受到研究者的背景理解和价值导向的驱动，这就与抽象的最初目标，例如，发现与语境无关的规律、实现绝对客观性等，产生了矛盾，抽象悖论②由此出现。

值得注意的是，无论是哪个抽象层次，都不能脱离语境而得以实现。作为一种简单化、理想化过程，研究者做出抽象之前首先需要了解研究对象所处的语境，才能明确抽离掉的具体内容；其次，抽象的数量和程度与特定的研究目的有关，研究者只能针对一组背景理论和知识来确定相关和不相关要素；再次，语境在构成意义和行动中的作用类似于目的因，可以避免单纯追求动力因果关系的极端抽象对于社会事实的过度"漂白"。因此，构成社会事实的各种要素及

---

① Robert Bishop, *The Philosophy of the Social Sciences: An Introduction*, Continuum Publishing, 2007, p. 86.

② Robert Bishop, *The Philosophy of the Social Sciences: An Introduction*, Continuum Publishing, 2007, p. 118.

其互动处于一个整体性的、动态的统一体中，抽象本质上是研究者从一个具有丰富的物理和人类交互作用语境转移到一个更加有限的语境中的过程。

诚然，很多社会科学研究都因为某种程度的抽象而得到了不断推进，但是要对社会事实的构成、属性与演化给出准确刻画，就不得不增加对语境的考量，将独立于物理语境和具身状态而进行抽象这一理论立场，与关注对社会事实的整体性理解和主体行动的社会意义这一实践立场结合起来，从而在一定程度上消解"抽象悖论"。

3. 超越"笛卡尔式焦虑"

机械决定论范式与人文主义之间的对立，带来了主体—客体本体论与认识论，以及客观主义与相对主义之间的二分，这在社会科学研究者中间引起了普遍的"笛卡尔式焦虑"，即"要么对我们的存在给予某种支持，给我们的知识一个固定的基础，要么我们就不能避开黑暗力量，这些黑暗力量会用疯狂、智识和道德的混沌包围着我们"①。

一方面，研究者在社会科学中追求一种外部人视角，基于主体—客体二分，把社会行动者看作是其行为受到普遍规律、函数关系和社会结构等支配的客体，而研究者在研究实践中可借助工具主义力量不受这些社会因素的约束。由此得出，真正的知识是对外部客体的准确表征，理性可以把研究者从偏见和传统中解放出来，从而借助普遍的理论、方法和规律为社会知识建立一个稳固的基础。另一方面，社会研究具有双重诠释（double hermeneutic）特征，在社会科学中，研究对象也是开展研究的人；社会科学中的理论不只反映了社会事实，还定义和形成了社会事实。因此，对社会事实的科学解释不是对一个独立实在的中立描述，相反，社会科学的理论和发现在很多关键性的方面都是由研究者的诠释框架所塑造出来的，这种诠释框架包含着假定、习惯和目的，而这就可能或好或坏地影响研究者如何阐释并开展其研究实践。

当代社会科学研究方法的多样化中隐藏的，恰恰就是这种自社会科学创立

---

① Richard Bernstein, *Beyond Objectivism and Relativism: Science, Hermeneutics and Praxis*, University of Pennsylvania Press, 1983, pp. 16, 18.

之初就存在的张力。在社会研究中，似乎只要承认不存在独立于主体的客体，就是在否认普遍真理的存在，被困于内部人视角的研究者经常走向相对主义甚至犬儒主义；而一旦强调以外部人视角去发现社会事实之间的普遍联系，就一定会忽略或抽离研究中所涉及的意义、价值和目的，从而由对客观性的追求发展为客观主义甚至教条主义。鉴于此，一个更好的选择是语境论[①]：在语境论中，所有的信念、真理、价值及规范等，都被束缚于研究语境而不是个体、群体或文化之内；同时，语境论与存在真正的知识和真理这种观点是一致的，只不过这种科学真理受到语境论世界特征的修正和限制。简单说，语境论者既不盲目假定特定观点是必然的，也不认为它们是相对的，而是在具体语境中，找到质疑某些观点和价值的理由，以及参与到与其他人或过去的对话中的理由。这就预先假定了，当一些特定观点和价值具有可替代性且可能被修正时，一些其他观点和价值不会同时受到质疑。

总之，当代社会科学在描述实在、做出解释及形成理论的过程中，需要超越外部人视角与内部人视角、事实与价值、客观主义与相对主义等之间的张力，而语境恰恰为社会科学澄清"点状主体"承诺、消解抽象悖论、超越"笛卡尔式焦虑"等提供了有效路径，社会科学研究可以而且应该利用语境将发现理性知识与提升个人和社会福利有机结合起来。对语境在社会科学研究中的存在合理性的辩护，构成了在本体论和方法论层面上探讨语境论之于社会科学的适用性的前提。

## 二、社会事实的本体构造：语境奠基和锚定

在本体论层面上，语境论关注动态活动中真实发生的事件和过程，即在特定时空中不断变化着的历史事实。它呈现出这样一种相互联动的实在图景：主体既参与到事件和语境的构造中，同时，语境也影响着主体的行为。为了避免像奎因的本体论承诺学说对本体论陈述的研究那样，走向外部世界与描述外部

---

① Robert Bishop, *The Philosophy of the Social Sciences: An Introduction*, Continuum Publishing, 2007, pp. 40, 362.

世界的语言的相互剥离,当代社会本体论研究关注社会事实之间的本体论建立关系。这种关系可以在两个不同但密切相关的层次上体现出来,一是构成某一社会事实的基础,二是某一社会事实得以确立的方式。前者是奠基(grounding)问题,后者是锚定(anchoring)问题。① 语境在社会事实的本体论建立关系中的作用,构成了语境的本体论存在性的基本表现形式。通过奠基和锚定,既可以看到主体对语境的构造,也能体现出语境对主体行为的影响。

在奠基和锚定层次上,主体对语境的构造如下。奠基将某一社会事实与为这一事实打下基础的其他事实联系起来。通常来说,绝大多数社会事实都不只有一组基础。例如,"赫尔曼·戈林在二战期间对犹太人施行种族屠杀"为"赫尔曼·戈林是战犯"打下基础,同时,"他在战争中杀害战俘"构成了另一个基础。主体依赖其研究语境而选择的不同形而上学理由,导致了对"某一社会事实凭借什么得以存在"这一问题的不同回答。与之相比,锚定则回答了什么把与之相关的其他事实和成为某一社会事实的条件联系起来。例如,什么使得赫尔曼·戈林在第二次世界大战期间的种种行为成为"他是战犯"的条件。对这一问题的回答可以是,这些条件是协商或约定(《日内瓦公约》)的结果、法学理论或司法解释(国际刑事法院的程序和证据规则)的规定等。实际上最终选择哪一种锚定方式,取决于主体的目的、知识背景及其他一些相关因素。

在奠基和锚定层次上,语境对主体行为的影响如下。在奠基层次上,语境因为在部分程度上由一些关于主体的事实或事实集合所决定,因而语境与主体行为之间的本体论关系是客观可描述的。例如,对于"某公司在 2019 年是一个盈利公司"这一社会事实,"某公司"和"2019 年"所规定的语境,使得构成"一个盈利公司"的基础可能涉及某公司(而不是其他公司)在 2019 年(而不是其他年份)中的人员构成、部门、总产值、净利润、在产业链中的位置等,而这些要素在某种程度上都是可分析还原的。在锚定层次上,语境对主体行为的影响主要表现为,有些社会事实虽具有相同的基础条件,但在不同的语境中却以完全不

---

① Brain Epstein, "A Framework for Social Ontology", *Philosophy of the Social Sciences*, 2016, 46(2), pp. 147-167.

同的方式得到锚定。

在传统社会科学研究中，绝大多数研究者一方面忽视语境在社会事实的奠基过程中的客观作用，无视主体对于语境的潜在选择和构造，抹杀了语境作为社会事实构成和演化的形而上学理由的可能性，特别是否定了语境在区分同一社会事实的不同基础上的积极作用，认为语境无益于科学发现和科学知识的累积；另一方面却过分夸大语境在社会事实的锚定过程中对主体行为的影响，但并未澄清语境在形成社会事实的相关基础中的具体作用机制，反而将其"黑箱化"，以一种非科学的方式处理语境的约定性和规范性。这就导致了一些普遍存在的对语境的狭隘理解：在科学发现和解释中，语境不仅不重要，而且不可理解；语境带给社会科学的障碍，相比自然科学而言，使得社会科学更难形式化、科学化；等等。

事实上，在当代社会本体论研究中，奠基和锚定同样重要。前者事关存在哪些社会事实，它们为什么会存在；后者则回答了我们为什么会有这些社会事实，它们为何处于那样的位置上。社会事实的基础是异质的，语境直接或间接地促成了这种异质性；对社会事实之基础条件的锚定也是异质的，通常涉及历史符号、环境特征、颁布的法律、建立的社会机制以及群体信念等语境要素。基于此，研究者即使选择拒斥关于社会世界的整体论，也不能支持关于社会解释的个体主义。这就在一定程度上超越了"自 20 世纪 50 年代以来对本体论整体主义的拒斥和对方法论个体主义的支持"①。对任何社会事实的本体论研究都不能拒斥语境，相反，它需要语境来把奠基和锚定过程具体化、日常化。同时，语境所带来的奠基和锚定形式的多样化，本质上要求对社会事实的说明和理解模式的多元化，这就将语境在方法论层面上的作用机制及其重要性等问题凸显了出来。

---

① Brain Epstein, "A Framework for Social Ontology", *Philosophy of the Social Sciences*, 2016, 46(2), pp. 147-167.

### 三、社会科学中的发现语境与辩护语境

主流科学哲学倾向于把哲学定位为科学的科学，自 1938 年赖欣巴哈（Hans Reichenbach）为科学哲学确立"辩护的语境"与"发现的语境"之分后，科学哲学一直关注"科学理论"研究，关注科学有效性和合理性的逻辑重构，拒斥"科学实践"，将其归为心理学或社会的范围。简单地说就是，关注科学成果而忽视科学过程，关注对科学知识的辩护，而忽视科学知识生成过程中所涉及的各类构成之间交互作用的动态性和复杂性。当代社会科学哲学研究同样受到这种趋势的普遍影响，社会科学哲学对社会科学研究的理性反思，普遍集中于对社会科学理论和知识的逻辑重构，关注社会解释的科学性、社会规律的普适性和社会科学模型的形式化研究，等等。事实上，对社会科学研究模式的认识论和方法论层面上的反思，不能脱离社会科学研究主题的独特性。本质上，社会科学研究对象和主题的复杂性和多样性，是社会科学学科合理性的关键所在，也是社会科学受到科学和哲学层面上的各种质疑的主要来源。因此，对语境之于社会科学乃至哲学的作用的探讨，不应该仅仅停留在科学辩护的层次上，对语境是否带给社会科学区别于自然科学的认知复杂性进行争论，并极力尝试在方法论层面上将其作用形式化，我们更应该在科学发现的层次上，探索语境在个体、社会与环境之间互动过程中的存在及其作用，为语境提供本体论辩护，更为社会科学研究模式的创新提供一个新视角，为从哲学角度论证社会科学合理性提供一条新进路。

社会本体论研究社会世界的终极构成、社会现象的基本属性和存在模式、社会事实与个体事实之间的关联性、社会实在的存在层次及其各层次之间的关系，等等。社会本体论研究有助于将社会现象及其属性的形成和演化过程具体化，既明确了现象及其属性得以形成的奠基条件，又澄清了各类社会规范在形成现象及其属性的独特性的过程中的锚定作用。因此，在社会科学中，语境的作用更容易凸显出来。构成社会知识的各类物质、行为和社会因素，不仅具有异质性，而且相互生成、共同演化，各类因素之间的交互作用模式所具有的独

特性，基于此所形成的个体和社会属性及其存在和变化，都不能先于或者独立于特定的社会实践过程，它们是特定交互作用的独特突现。语境在这一过程中发挥着关键作用，特定语境与特定个体和社会属性及其演化是相对应的，语境的存在证明了，交互作用的这些异质性要素之间在本体论层次上具有不可分割性。

值得注意的是，语境所带来的社会现象在本体论层次上的不可分割性，并不意味着在方法论层次上倡导完全的整体论研究，相反，它带来了一种凯斯·索耶（Keith Sawyer）称之为的"非还原个体主义"，即整体主义与个体主义之间的一种中间立场。一方面，社会本体论坚持复杂的社会过程和集合体产生于个体的行动和思想，并不意味着我们的解释总是需要从个体层次出发，然后再到社会层次，在某些语境下这是适当的解释策略，但在有些语境下却不是。另一方面，即使当我们的解释包含指称社会实体的假设，我们仍然需要对建立那些实体的属性的个体行动和交互作用有所了解。因此，对语境的社会本体论分析，有助于弥补自 20 世纪 40 年代以来科学哲学（包括社会科学哲学）对发现语境的关注缺失，在科学知识的生成过程中，将发现语境与辩护语境有机结合起来。

## 四、语境论在社会科学中的适用性

传统社会科学研究中充斥着科学主义与人文主义、牛顿实证主义与反自然主义、基础主义与实用主义、个体主义与整体主义等的对立，对立的双方均把语境当作偶然条件，认为对语境的考量越多，抽象程度越低。不同的是，争论的一方为追求对社会事实描述的抽象化与形式化，而选择忽视语境细节，以此来探寻社会科学知识和理论的一般化；争论的另一方选择正视语境所带来的异质性和偶然性，突出语境对于社会事实的规范性，以诠释性理解作为科学研究的目标。前者的错误在于没有认识到，社会事实不能与其环境绝对割裂开来，对社会事实之构成的特定排列及其演化的特定路径的认识，需要将社会事实定位在一个具体语境中，而且，社会事实的同一属性在不同语境中的重要性不同，在一个特定语境中不相关的那些属性在另一个语境中可能是高度相关的①；后者的错误在于，将对语境的认识仅仅停留在意会、默化、感知的层面上，没有对语境的本体论存在性、认知合法性和方法论可行性进行科学化、自然化处理，从而限制了语境在社会科学研究中更广泛、深入的应用。事实上，在社会事实的奠基和锚定层次上，主体既参与着对语境的构造，语境也影响着主体的行为；对于把握社会事实之属性突现的共时性与历时性，相比其他模式而言语境突现（contextual emergence）具有无可比拟的认知优势；语境拓扑（contextual topology）则将社会解释中长期存在的生成解释与机制解释的对立融合起来，在方法论层面上以科学化的方式呈现语境的作用模式。语境论在社会科学中的这些适用性，证明了其作为一种替代性研究进路的优越性，其基本特征如下。

第一，描述性与规范性的统一。在传统社会科学研究中，描述性与规范性的对立贯穿一般社会科学研究范式的更迭（如从实证主义到解释主义）和具体社会科学学科内部的流派演替（如政治学从行为主义到新制度主义）。这一对立不仅影响着对社会科学研究模式的选择，更事关社会科学的科学地位问题，甚至经常在哲学层面上上升为社会科学与自然科学的统一还是分化问题。语境论既关注构成社会事实的基础，又重视社会事实的确立方式，在前者中倡导对构成社会事实之基础的描述性研究，在后者中强调对社会事实为什么是其所是的规范性研究，从而将社会科学的"是什么"研究与"应该如何"研究有机结合起来，而且，在"应该如何"研究中，语境论既包括逻辑基础上的"should be"，又包括道德基础上的"ought to be"②，从而将分析的和有机的、描述性的和规范性的研究传统统一起来，兼顾了社会科学的科学性与自主性。

第二，个体主义与整体主义的融贯。本体论个体主义与整体主义之间的对立、方法论个体主义与整体主义之间的二分，带来了传统社会科学研究中还原

---

① 事实上，不论是在自然科学还是在社会科学中，属性生成和描述都是高度语境依赖的。例如，温度与热力学相关，但与统计力学不相关；分子的不对称性与物理化学相关，但与量子力学不相关；利率和汇率与宏观经济变量如物价和就业水平、国际收支以及经济增长率等因素相关，但与家庭收支平衡和个人幸福指数无关；等等。

② Rein Taagepera, *Making Social Sciences More Scientific: The Need for Predictive Models*, Oxford University Press, 2008, p. 6.

与突现、原因与理由、说明与理解等二元划分，这些划分常常使研究者深陷各种长期争论的泥淖。例如，意义是否应该存在于社会科学研究中，价值中立是否具有有效性，等等。语境论超越了本体论与方法论的绝对划界，以认知可还原性与本体论不可还原性的统一，将方法论个体主义与本体论整体主义有机融贯起来。其一，语境论既看到了构成社会事实之部分的属性对于整体社会事实的基础作用，又揭示了社会事实的整体属性的突现性和新奇性；其二，语境论一方面以语境突现揭示了社会事实之部分的属性对于社会事实的整体属性的非充分性，另一方面以语境拓扑将整体社会事实的突现因果力去神秘化。由此所实现的个体主义与整体主义的融贯，在哲学层面上将消解很多相关的无谓争论，释放出更多理论进步与方法革新的空间。

第三，自然主义与反自然主义的调和。关于社会科学是否应该采用来自自然科学的方法、理论和模式，形成了自然主义与反自然主义的争论。这一争论经由语境论阐释可以得到一定程度的消解。易言之，一则自然现象的本质复杂性和语境依赖性①，使得对于反自然主义者而言，社会现象的语境依赖性，以及由此带来的其他非决定论属性，不再构成"社会科学不应该借鉴自然科学范式"的本体论依据。二则语境论以社会本体论研究为前提，关注社会现象的基本属性和存在模式、社会事实与个体事实之间的关联性、社会实在的存在层次及其各层次之间的关系等②，从而推动了"问题导向"的社会科学研究模式的形成，也就是说，对社会科学理论和方法的选择，应以所研究的现象及其特征为导向，而不是基于某种理想化的理论和方法论预设，如自然主义。基于此，语境论所倡导的多元化研究方法超越了自然科学与社会科学的明确界限，来寻求跨越学科边界和范式的话语或知识整合，从而推动了社会科学研究从"理论导向"走向

---

① 例如，化学语境决定了基因序列编辑和重组所带来的不同基因组逻辑结构，以及蛋白质所表现出的不同生物学功能；基于分割神经状态空间所提供的不同语境，从个体神经元到神经网络集成的过程可以突现出不同的认知潜能；等等。

② Simon Lohse, "Pragmatism, Ontology, and Philosophy of the Social Sciences in Practice", *Philosophy of the Social Sciences*, 2017, 47(1), pp. 3-27.

"问题导向"①。

综上观之，在科学层面上，语境论借助奠基与锚定、语境突现与语境拓扑，将严密的逻辑推理、代数学运算与个体意向性、社会价值及道德规范等有机结合起来，将来自自然科学和工程学传统的分析性解释，与对整体社会世界的综合性理解统一了起来，从基底上弥合了社会科学研究的不同语言、方法和理论框架之间的分裂，其所培养的跨学科和全学科思维，代表着当代社会科学研究的一种富有成效的替代性进路。在哲学层面上，语境论以对还原与还原论、客观性与客观主义等的严格区分，有望消解各种社会科学研究模式如自然科学式、描述主义、批判社会科学、社会建构论及诠释学等之间的对立，从而推动社会科学哲学话语体系的扩展和深化。当然，在具体的科学实践中，要时刻关注语境论在社会科学中的适用范围和层次，避免把碎片化研究当作多元主义，从而走向泛语境论、相对主义甚至怀疑主义，这也是相关社会科学和哲学研究者未来需要着重面对和解决的一个核心问题。

## 第五节　社会科学中"解释"与"理解"的语境融合

我们在本节将回到本章一开始提到的社会科学解释与阐释之争这个关键问题，尝试在语境论框架下处理社会科学中的解释与人文科学中的理解之间的关系。在哲学语境中，自实证主义与新康德主义关于自然科学与人文社会科学的方法论争论，即所谓的"解释"（英文 explanation，德文 Erklären）与"理解"（英文 understanding，德文 Verstehen）之争（以下沿用卡尔-奥托·阿佩尔在《理解与解释——一种先验语用学的透视》中的做法，简称"E-V 之争"②）被提出以来，学界关于这一争论的讨论经久不衰。本节试图对"E-V 之争"的问题背景进行重构

---

① Caterina Marchionni, Petri Ylikoski, "Generative Explanation and Individualism in Agent-based Simulation", *Philosophy of the Social Sciences*, 2013, 43(3), pp. 323-340.

② Karl-Otto Apel, *Understanding and Explanation: A Transcendental-Pragmatic Perspective*, translated by Georgia Warnke, The MIT Press, 1984, p. 3.

和反思，立足于语境与理解、语境与解释相互关联的具体机制的研究，探索语境论在整合"E-V 之争"中的作用。

## 一、社会科学中理解和解释之争的四个阶段

德国哲学家阿佩尔曾明确指出"E-V 之争"包括三个历史阶段："解释性精神科学""新实证主义对科学解释的叙述""新维特根斯坦主义对解释性社会科学的方法论自主权要求的复兴"[①]。这种划分不足以概括"E-V 之争"的全貌，结合哈贝马斯对"E-V 之争"的认识[②]，我们将此过程细分为四个阶段：

第一阶段，19 世纪 30 年代至 20 世纪早期，西方学者在社会科学研究方法问题上提出两种对立的思路：一种是以狄尔泰为代表的解释主义和以德罗伊森(Johann Gustav Droysen)、李凯尔特(Heinrich Rickert)等人为代表的新康德主义思路；另一种是以孔德、斯宾塞(Herbert Spencer)、穆勒(John Stuart Mill)等人为代表的实证主义思路。[③]

狄尔泰和李凯尔特等人认为，自然科学和精神科学(即人文社会科学)的研究对象截然不同：自然现象可重复发生，不涉及自由意志，可量化和预测；社会现象是人类社会的产物，社会发展与人的主体意识分不开，人类的历史不会重复，因而不可预测。因此，二者的研究方法也根本不同，自然科学的研究方法是"解释"，精神科学则是"理解"[④]。孔德、斯宾塞、穆勒等实证主义者坚持"统一科学"的立场，认为人文社会科学只能采取自然科学的归纳法，即必须寻找规律，并尝试建立普遍规律的解释。德罗伊森、狄尔泰、李凯尔特等人则主张精神科学的自主权[⑤]，认为人文社会科学应该通过移情透视(empathic perspective)认识到单个事

---

① Karl-Otto Apel, *Understanding and Explanation: A Transcendental-Pragmatic Perspective*, translated by Georgia Warnke, The MIT Press, 1984, pp. 11-79.

② Jürgen Habermas, *The Theory of Communicative Action: Reason and The Rationalization of Society*, Beacon Press, 1984, pp. 108-109.

③ 殷杰：《当代社会科学哲学：背景、理论和意义》，《哲学研究》2008 年第 6 期，第 94 页。

④ Peter Winch, *The Idea of a Social Science and Its Relation to Philosophy*, Routledge, 1990, pp. 66-94.

⑤ Jakub Čapek, "Explanation and Understanding: Action as 'Historical Structure'", *Philosophia*, 2008, 36, p. 453.

件，再通过解释单个事件在一个更大的整体中的作用来促进对它的意义的理解。[1]

第二阶段，20世纪20年代至中叶，逻辑实证主义者（或新实证主义）的科学解释模型与海德格尔、伽达默尔的解释学的解释性（interpretative）理解方法之间的争论。这一阶段是第一阶段的延续。逻辑实证主义者在波普尔（Karl Popper）、亨普尔、奥本海默（Paul Oppenheim）等人所倡导的科学解释的D-N模型（即演绎律则模型）的基础上，进一步推进统一科学的立场，以亨普尔1942年发表的《普遍规律在历史中的作用》为代表，将这一模型应用至人文社会科学尤其是历史学领域，引发了著名的"亨普尔—德雷"论战（"Hempel-Dray Debate"）[2]。亨普尔的方法受到来自各方面的质疑，其遵循的演绎—还原的科学理性的思维模式是造成其解释困境的根源。而解释学则遵循一种整体主义的理解观，"提出将理解视为一个循环的过程。著名的解释学循环指的是整体与部分之间这样一种关系，在此关系中基于整体我们理解了部分，反之亦然"[3]。

第三阶段，20世纪50年代末至70年代，新维特根斯坦主义的新二元论与科学哲学的历史主义流派、科学社会学等对于自然科学与社会科学关系的新理解导致了"E-V之争"的逐步消解。

新维特根斯坦主义的代表人物温奇（Peter Winch）、冯·赖特等分析哲学家以维特根斯坦后期的"语言游戏"和"生活形式"等理论批判逻辑经验主义，从而提出社会科学与自然科学是两种不同的"语言游戏"，因而，社会科学拥有自主地位，温奇在此基础上强调社会科学中理解对于解释的逻辑在先，冯·赖特则进一步主张一种意向性解释与因果联系的循环论证。[4] 科学哲学的历史主义流派和科学社会学，主张一种不同于逻辑主义的整体主义科学观，强调科学理解的地位，考察科学与其他社会建构之间的联系，彻底改变了人们对于自然科学

---

① Karsten R. Stueber, "Understanding Versus Explanation? How to Think about the Distinction between the Human and the Natural Sciences", *Inquiry*, 2012, 55(1), p. 20.

② 顾晓伟：《何谓"历史解释"？——以"亨佩尔—德雷论战"为讨论中心》，《史学理论研究》2014年第1期，第51—61页。

③ Jakub Capek, "Explanation and Understanding: Action as 'Historical Structure'", *Philosophia*, 2008, 36, p. 459.

④ 章素珍：《冯·赖特行动哲学研究》，华东师范大学2014年博士学位论文，第106—113页。

的客观性、普遍性的看法，使得自然科学与社会科学之间相互借鉴。

第四阶段，20世纪70年代末以后，阿佩尔和哈贝马斯等人对"E-V之争"的调和，以及科学哲学中科学诠释学、科学语用学等的出现，标志着"E-V之争"已经进入融合阶段。

阿佩尔在《理解与解释》一书中，综合了康德先验哲学，皮尔士实用主义，后期维特根斯坦的语用学、解释学等哲学传统的精髓，提出一种与众不同的先验语用学（Transcendental-Pragmatics），通过对"交往公共体"的强调，解决了解释学理解与科学解释之间的断裂①，从而消除了自然科学与人文社会科学之间的隔阂，也扬弃了主客二分。哈贝马斯的"交往行为理论"主张把生活世界中实际发生的"交往理性"和"规范"引入社会科学，通过整合"事实"与"规范"，消解了将"解释"与"事实"相联系，而"理解"与"规范"相联系的传统观念，从而使"理解"与"解释"相融合。② 而科学解释学、科学语用学的出现则是在科学哲学内部融合"理解"与"解释"的有益尝试。

通过上述对"E-V之争"四个阶段历史线索的梳理，我们看到"E-V之争"的实质为：

第一，自然科学与人文社会科学学科门类之间的差别，是"E-V之争"的起源。正如罗思（Paul A. Roth）所指出的："一种基本的直觉支撑着人们区分人文科学与自然科学的努力：人类创造和保持着社会的而非自然的秩序。因此，对构成社会秩序的因素的理解包含着人的价值和意志——这些因素不属于自然秩序。"③自然科学研究自然现象，探索其普遍规律；人文社会科学则研究人类的各种社会建构和事件，研究其背后的价值与规范。由于研究对象和方法的不同，自然科学被认为是普遍必然的知识，而人文社会科学则体现出文化的多元性，

①　Karl-Otto Apel, *Understanding and Explanation: A Transcendental-Pragmatic Perspective*, translated by Georgia Warnke, The MIT Press, 1984, pp. 179-242.

②　张庆熊：《寻求"说明"与"理解"的整合——论近200年来社会科学哲学的发展线索》，《探索与争鸣》2014年第11期，第88—89页。

③　Paul A. Roth, *Beyond Understanding: The Career of the Concept of Understanding in the Human Sciences*, In Stephen P. Turner, Paul A. Roth, *The Blackwell Guide to the Philosophy of the Social Sciences*, Blackwell Publishing, 2003, p. 311.

斯诺(C. P. Snow)等人甚至将这种差别视为"两种文化"之间的对立。① 然而，学科之间的交叉研究倾向已经越来越证明传统的隔阂正在消解②，在科学哲学的历史主义和科学知识社会学流派那里，科学本身也是一种社会建构，从学科分类和研究对象来区别社会科学与自然科学，进而区别理解与解释的做法已经过时。

第二，自然主义与反自然主义关于社会科学方法论的争论，是"E-V 之争"的核心。③ "E-V 之争"涉及经验科学的方法论规则。④ 在争论的前两个阶段，实证主义和逻辑实证主义者都按照"统一科学"的自然主义的思路，认为自然科学与社会科学的方法论具有一致性，应该统一到自然科学尤其是物理学方法之下，利用因果联系、归纳、还原等科学方法，探索现象背后的普遍规律，以获得对自然现象和社会现象的科学解释和预测。而反自然主义者则更加强调人文科学研究的独特性，其研究对象是人和由人所组成的社会，无法达到价值无涉和纯粹客观的程度，也无法像自然科学那样解释和预测各种社会现象，因而，社会科学研究以获得对现象的理解为目的，其方法也是解释学意义上的解释性理解。如果按照自然主义的社会科学研究思路，那么社会科学也将成为自然科学的一部分，其结果是，取消了人文社会科学对于人的自由意志的研究，人文社会科学也将丧失其自主性。而过分强调理解，忽视自然科学方法在社会科学中的作用，也不符合社会学、经济学等社会科学研究的现实。

第三，笛卡尔以来，近代哲学中的主客二分的传统，是"E-V 之争"的实质。由传统的身心二元论所引发的主客二元论，在人们的思维方式领域获得了基础性地位，以至于人们在学科和方法领域，将解释性理解视为研究主体现象的知识路径，解释(或说明)方法则是研究客体现象的知识路径。然而，"所有的对立，如自然—心灵，自然—文化，物质—人，非人类世界—人类形成的世界，

---

① Charles P. Snow, *The Two Cultures*, Cambridge University Press, 1998, pp. 1-21.

② 〔美〕华勒斯坦等：《开放社会科学》，刘锋译，生活·读书·新知三联书店，1997，第36—73页。

③ 殷杰：《社会科学哲学的论域》，《科学技术与辩证法》2006年第3期，第71—75页。

④ Jakub Čapek, "Explanation and Understanding: Action as 'Historical Structure'", *Philosophia*, 2008, 36, p. 453.

未能达到基本要求，即它们没有分离开科学研究的两个区域"①，主客二元论所遭遇的困境已经充分说明了这一点。科学哲学等交叉学科领域的新发展，尤其是"E-V 之争"的后两个阶段已经证明主客二分的思维方式不再适合自然科学和社会科学的现实发展。在思维领域融合二者以创造新的研究范式，这一思路已经在认知哲学、社会哲学、科学知识社会学中取得新进展。本节将以语境论为纲领来探索这一融合的具体做法。

## 二、理解和语境的关联性

社会科学致力于对于行动的理解，但这种理解并非狄尔泰所谓的移情，即一种心理想象。按照马尼卡斯(Peter T. Manicas)的观点："正如韦伯所指出的，这涉及他所谓的理解，即领会另一个人行动的意义的人类能力。我们千万不要以为理解是某种特殊的、直观的、同情的理解，一种对别人经验的重温。理解是我们所有人一直在做的事情。在判断一个站在梯子上的人是在粉刷房子时，在判断另一个人脸上表情的不快是由我们不小心的言论所导致的时，等等，我们都是在从事理解。"②社会科学中的理解是现实生活中所实实在在发生的，是我们在"生活世界"中用于了解他人的想法和举动的"语言游戏"③。这种理解涉及两个阶段、两种层次，第一阶段是所谓的"民族志学者"(Ethnographer)的理解，第二阶段是吉登斯(Anthony Giddens)的"双重诠释学"。而这两个阶段都能够在语言语境的视角下看得更清晰。

首先，民族志(Ethnography)学者的比较研究方法在理解一个不同于他所生活的社会和文化的其他社会中的制度、规范等内容时，所体现的外位性(exoto-py)特征，以及在此基础上的自反性立场，是对于"生活世界"中的语境因素的尊

---

① Jakub Čapek, "Explanation and Understanding: Action as 'Historical Structure'", *Philosophia*, 2008, 36, p. 455.

② Peter T. Manicas, *A Realist Philosophy of Social Science: Explanation and Understanding*, Cambridge University Press, 2006, p. 64.

③ 张庆熊：《社会科学的哲学：实证主义、诠释学和维特根斯坦的转型》，复旦大学出版社，2010，第84—87页。

重。社会科学家在研究其他文化中的行动者的行为时，不可避免地面临两个问题，即他们能否作为局外人（outsiders）而理解"内部人士"（insiders）的行为？该文化中的成员或内部人士是否对于其行为或他们所处的世界有着更好、更充分的理解？这些问题涉及所谓的"民族志的怀疑论"（Ethnographic skepticism）[1]。事实上，这些问题在温奇的《社会科学的观念及其与哲学的关系》一书所指出的"内部关系"和"外部关系"的区分中已经被讨论过，在他看来，实证主义所主张的客观而公正的外部观察并不能实现理解，而社会学的功能主义所主张的局外人通过观察一种文化中的人的行为及其社会建构，就能理解这一社会中的行为和现象的意义也根本不可能，理解无法通过这些外部关系实现，只能在内部关系中进行[2]，即"只有当说明与语言使用的实践活动相结合的时候，当人们通过进行说明的例子参与到相关的语言游戏中去的时候，才真正达到理解[3]。这种将问题归于不可能的做法并没有考虑到社会科学的现实，也并没有真正领会"语言游戏"的真谛。事实上，通过诉诸"生活世界"的语用维度，充分考虑行动的规则和情境等语境因素，采取一种"外位性"的立场，并且通过对比自身文化与所研究的社会文化之间的典型差异，摒弃各种偏见，民族志学者能够获得比"局内人"更加深刻和清晰的理解图式。

其次，"双重诠释学"是社会科学家与社会成员之间的"语言游戏"，社会科学家必须建立一种理论共识，而社会成员所形成的社会本身是有意义的社会，这就将社会学家的理论限定在了"生活世界"的语境中，而这一语境却是不断发展和生成的。马尼卡斯指出，"社会科学家描述、交流、寻求共识的世界本身就是一个有意义的世界，一个对被研究的社会成员都有意义的世界……这一基准是社会科学中探究的出发点"[4]，社会科学家所研究的社会本身就是建构在概

---

① Peter T. Manicas, *A Realist Philosophy of Social Science: Explanation and Understanding*, Cambridge University Press, 2006, p. 64.

② 〔德〕彼得·温奇：《社会科学的观念及其与哲学的关系》，张庆熊等译，浙江大学出版社，2016，译者序第4页。

③ 张庆熊：《社会科学的哲学：实证主义、诠释学和维特根斯坦的转型》，复旦大学出版社，2010，第84页。

④ Peter T. Manicas, *A Realist Philosophy of Social Science: Explanation and Understanding*, Cambridge University Press, 2006, p. 63.

念、规则、规范、信念基础上的，这些社会建构是成员们活动的出发点，也是他们所达成的关于解释的共识，从而使得世界成为有意义的。而社会科学家们对于这些社会建构和社会成员的行为所进行的理论探索，也需要与社会成员以及其他社会科学家进行互动，从而参与到解释中来。这样一种"双重诠释"的有效互动，规避了维特根斯坦主义者所指出的困境——"理解总能追到前理解，从前理解总能追到前前理解，这是永无尽头的"①，同时遵循一种"从意识的领域回到实践的领域，从用词语的说明转到与行为结合在一起的直接施教"②，回到"生活世界"和"交往理性"的语境中，从而使得理解不断地有新的内容生成，获得更新，而这一过程也使得理解不断地适应于所研究的社会行动和社会建构，从而在社会成员和社会科学家之间多层次的"语言游戏"中探究相互交流和寻求共识的"诠释的"世界。

总之，社会科学通过将社会成员的行动和社会建构置于"生活世界"的语境中而获得"民族志"式的客观的理解，又通过将理解回归于社会成员所组成的有意义的世界，而形成一种"双重诠释学"，使得语境因素在生成的语境中不断地更新和拓展，从而将理解推向深入，也使社会科学能够持续地与社会发展相适应，从而对社会发挥一种解放性的反作用。

## 三、解释和语境的关联性

约翰·塞尔曾指出，在社会科学中，行动解释可以归结为两种支配性的理论，一种是"理性选择理论"（rational choice theory），另一种是"与行为主义极为相关"的物理因果关系③。此外，我们还需要考察一下"意向性解释理论"。

首先，传统的"理性选择理论"有三种主要模型：

第一，亨普尔的覆盖律解释模型。

亨普尔的覆盖律模型包括"演绎—律则"模型（Deductive-Nomological Mod-

---

① 张庆熊：《社会科学的哲学：实证主义、诠释学和维特根斯坦的转型》，复旦大学出版社，2010，第84页。
② 张庆熊：《社会科学的哲学：实证主义、诠释学和维特根斯坦的转型》，复旦大学出版社，2010，第84页。
③ Peter T. Manicas, *A Realist Philosophy of Social Science: Explanation and Understanding*, Cambridge University Press, 2006, p. 64.

el，简称 D-N 模型）、"归纳—统计"模型（Inductive-Statistical Model，简称 I-S 模型）、"演绎-统计"模型（Deductive-Statistical Model，简称 D-S 模型）。D-N 模型可以概括为：

L₁，L₂，L₃，…，Lₙ（普遍定律）　　　　　　　　　　解释项
C₁，C₂，C₃，…，Cₙ（先行条件）

---

E（待解释项，即经验现象的描述）　　　　　　　　　　被解释项

这一推理过程是一种逻辑演绎。在 D-N 模型的基础上，亨普尔通过把普遍规律换成统计规律，又提出了 I-S 模型和 D-S 模型。覆盖律模型的实质是通过断言某类事件 E 按照一定的普遍规律或统计规律，有规则地伴随着一组事件如 C1，C2，C3，…，Cn，从而为事件 E 提供了解释。[1] 亨普尔认为他的解释模型与社会科学中的理性解释理论兼容，德雷（William H. Dray）的理性解释模型，用覆盖律模型改造之后就是：

"A 处在情境类型-C 下，A 是一个理性行动者　　　　　解释项
在类型-C 的情境下，任何理性行动者会采取 x

---

因此，A 做了 x"[2]　　　　　　　　　　　　　　　被解释项

在这里，理性行动者是一种"描述性—心理学概念"，它描述人们"广泛的意向性特征"，亨普尔强调这种倾向取决于行动者的信念、期望、心理和生理状态，以及所处的环境等的整个网络，与"刺激—反应"的低阶倾向不同，是一种高阶倾向，即动机理由（motivating reasons）。[3] 根据动机理由和理性来解释行动也就是对这种倾向性的一种呈现或例证。

第二，德雷的理性行动解释模型。

德雷也用动机理由来解释行动，但他反对在行动解释中运用普遍规律。他

---

① 〔美〕C·G·亨普尔：《普遍规律在历史中的作用》，黄爱华译，《哲学译丛》1987 年第 4 期，第 48 页。

② Carl G Hempel, *Aspects of Scientific Explanation and Other Essays in the Philosophy of Science*, The Free Press, 1965, p. 471.

③ Noretta Koertge, "The Methodological Status of Popper's Rationality Principle", *Theory and Decision*, 1979(1), p. 84.

强调，我们通过对行为"恰当性"的阐释①，把行动描述为理智的。这种行动解释的原则是"处在类型-C 的情境中，恰当的事情是做 x"②。也就是说，德雷着重强调行动者在所处的情境中对于既定目标和如何行动的评估和算计。正如亨普尔所概括的，理性解释是"表明所做之事就是那种为某种理由而做的事，而不是纯粹根据某个原因或规律而做的"③，它通过对行动背后信念与愿望的考察来理解情境。如果一种行动能适应于行动者的错误信念，那么关于这种行动的解释即使是在行动者对于他所处的情境的评价已经错了的情况下也同样有效。④德雷的理性行动原则并不是亨普尔式的普遍规律，而是作为一种规则或规范来起作用，它通过对行动者的预期与行动之间交互作用的评价程序来不断地逼近比较可靠的关于行动的解释。

第三，波普尔的情境逻辑解释模型。

研究者们通常将波普尔的情境逻辑方法作为社会科学方法论加以考察，忽视了其作为行动解释的初衷。事实上，波普尔的情境逻辑解释建立在合理性原则的基础之上，核心内容是将符合情境逻辑作为一个基本坐标来评估人们社会行为的合理性⑤，根据波普尔的论述，他的解释模型可以概括为：

"行动者 A 处在情境类型-C 中；

在情境类型-C 中，恰当的事情是做出 x；　　　　　　解释项

行动者总是恰当地按他们的情境行动；

---

因此，A 做了 x"⑥　　　　　　　　　　　　　　被解释项

这种行动解释与德雷的相似之处是强调行动者对问题情境的评价程序在解释中的作用。波普尔不再使用早期的理性选择理论中对于行动"合理性"或"恰当

---

① William H. Dray, *Laws and Explanation in History*, Oxford University Press, 1957, p. 124.
② William H. Dray, *Laws and Explanation in History*, Oxford University Press, 1957, p. 132.
③ 袁继红：《社会科学解释研究》，中国社会科学出版社，2009，第88页。
④ William H. Dray, *Laws and Explanation in History*, Oxford University Press, 1957, p. 125.
⑤ 〔英〕卡尔·波普尔：《历史决定论的贫困》，上海人民出版社，2009，第111页。
⑥ Noretta Koertge, "The Methodological Status of Popper's Rationality Principle", *Theory and Decision*, 1979(1), p. 87.

性"的限定，而是用"按照情境"这类更宽泛的表述来减少对情境和行动之间相适应的限制。同时，他强调了他所解释的情境并非行动者的客观的—物理的—生理的情境，而只是行动者自己所认识到的情境，这种情境与德雷所谓的行动者所算计和谋划的情境非常相近，二者都更重视行动者对于目的和情境之间关系的评价程序。

与亨普尔相比，波普尔的理性原则具有普遍适用性，能够作用于健全的、理智的人，也能作用于疯子，相应地，他的情境类型-C 也是泛化的，这与亨普尔的严格限制极为不同。① 其次，波普尔虽然承认普遍规律在行动解释中的重要地位，但他反对亨普尔把理性行动者解释为一种"描述性—心理学概念"。波普尔反对把人类行动解释成心理主义的，合理性原则一定不能是心理状态的概括。在这里，波普尔通过在本体论上对三个世界的划分来为自己的合理性原则找到客观基础。波普尔认为存在三种世界："世界-1"是物理世界，如物质、能量、有机体等；世界-2 指人的心理现象，包括意识、感觉等心理过程，即所谓的主观世界；世界-3 是人类精神活动的内容，是思想内容的世界或观念的世界，包括客观知识和客观的艺术作品；世界-2 和世界-3 是人类特有的。② 波普尔强调三个世界之间存在着直接或间接的相互作用。尤其是世界-3 中的客观的观念能够（通过心灵的中介作用）对我们在世界-1 中的活动产生因果性的影响。因此，作为客观的世界-3 的构成因素，行动者的问题情境可以被用来解释行动的基本起因。

事实上，无论是亨普尔、德雷还是波普尔都没有考虑到，人在做出一种行为时，是否真的像他们的模型所指出的，进行了对各种情境和目标的机械评估？此外，他们的理性选择理论暗示了"根据这一理论，如果一个人喜欢 a 胜过 b 而且喜欢 b 胜过 c，那么他喜欢 a 不胜过 c，是不合理的"③，这种传递性在语言逻辑层面是有效的，但在我们的生活中却不一定恰当。这表明，完全按照自然科

① Noretta Koertge, "The Methodological Status of Popper's Rationality Principle", *Theory and Decision*, 1979(1), p. 87.
② 〔英〕卡尔·波普尔：《客观知识：一个进化论的研究》，上海译文出版社，2001，第163—172页。
③ Peter T Manicas, *A Realist Philosophy of Social Science: Explanation and Understanding*, Cambridge University Press, 2006, p. 55.

学的演绎推理来类比行动解释，忽略了人的思想和观念在行动选择中的重要影响。同时，我们看到，在以上三种模型中，对于情境的理性分析逐步得到重视，尤其是人的动机、意向、信念在社会行动领域的作用在德雷和波普尔那里体现为一种对于情境的评估，这就在解释过程中引入了对于情境的理解。这种理解能够将一种"情境-C"置于整个情境网络的语境中加以把握，就如同思想史领域中常常把一种信念置于信念网络中加以把握一样，而对于整个情境网络的把握则又依赖于对传统、约定等规则因素及其困境等更广泛的背景语境的掌握①，这就使得解释与语境关联起来，解释依赖于对语境因素的把握，从而弥补了三种解释模型的不足。

其次，行为主义的物理因果关系和"意向性解释理论"是两种对立的理论。前者主张一种完全排除主观因素、否认能动性的机械因果关系，其主张可概括为"每当 A，则 B"，但社会现象非常复杂，其中无法排除人的主体性参与，更无法将社会整体全盘考察，要实现物理因果关系对社会现象的统一解释，是不可能的。此外，任何行动（或行为）都是在一定的社会、历史语境中发生的，仅仅将其诉诸行动之间的关联，把行动与语境相隔离，既缺乏对于行动基础的考察，也无法获得行动产生的各种语境因素，最终会导致解释的非对称性。而意向性行为解释主张对理由进行意向性分析，将引起行为倾向性的各种因素加以考察，这种解释诉诸行为的理由，而且综合考虑人的性格等主观因素，似乎非常合理，但它缺乏一种对于行为的背景语境和"生活形式"的全面考察，从而被各种随机因素所困扰。

总之，以上三种行为解释理论无一例外地搞错了社会科学的目标，以为社会科学是为了得到对于人们的社会行动的解释，而忽视了社会生活本身是一个最大的语境，所有的行为都是在生活世界中发生的，其意义和机制都只是社会整体的结构和机制的一部分。人们在分析每一行为时都是在采取隔离的办法，将它与其"语言游戏"和"生活世界"这些语言和规则发生作用的语境分割，最后

---

① Mark Bevir, "The Role of Contexts in Understanding and Explanation", *Human Studies*, 2000(23), p. 409.

得到的也将不会是真正的解释，而只是将行为还原为模型的一个例证。

## 四、语境论如何整合理解与解释

在科学解释（或说明）领域，从逻辑经验主义对于逻辑—语形分析的方法的全面应用，到历史主义、新历史主义对于社会语境—语义分析的强调，再到科学语用学对于修辞—语境分析的重视①，对语形—语义—语用的探索与科学哲学自身的内在逻辑紧密联系起来。而在人文理解领域，后期维特根斯坦"语言游戏"与"生活世界"理论对温奇、冯·赖特、哈贝马斯等的影响导致人们将理解与语言环境相联系，强调规则、意向、交往行为等对于理解行动者（agent）的行为有重要意义，并通过对语言语境的分析和应用促进解释与理解的统一。因此，在广义语境中，充分考虑各种语境因素对于社会中发生的科学活动和历史活动的影响，成为人们理解自然科学和人文社会科学的全新视角。通过上述对于理解、解释与语境关系的分别考察，我们发现，所有的理解和解释都是在作为整体的"生活世界"的语境中发生的，并不存在与理解相脱离的解释，解释与理解在经历了社会科学哲学的语言学、解释学、修辞学转向的基础上，已经由相互排斥到相互渗透，最终在语境论的纲领下获得了统一。具体来讲：

首先，理解与解释的相互渗透，是能够以语境论整合二者的前提条件。正如爱因斯坦（Albert Einstein）在 1933 年牛津大学赫伯特·斯宾塞讲座上所指出的，"如果你想从理论物理学家那里发现他们所使用的方法的任何内容，我建议你坚持一种原则：不要听他们所说的，集中注意力于他们所做的"②，自然科学家和社会科学家对于理解与解释方法的使用也同描述不一致，事实上，这两种方法在科学研究中往往是相互渗透的。一方面，"理解是科学的认知目标的重要组成部分；如果没有理解，这些目标仍然遥不可及"③。在科学认知的本质方

---

① 郭贵春：《"语境"研究纲领与科学哲学的发展》，《中国社会科学》2006 年第 5 期，第 30—31 页。

② Peter T. Manicas, *A Realist Philosophy of Social Science: Explanation and Understanding*, Cambridge University Press, 2006, p. 7.

③ Henk W de Regt, Dennis Dieks, "A Contextual Approach to Scientific Understanding", *Synthese*, 2005(144), p. 140.

面，较为普遍的观点是：科学是生产经验所支持的事实性知识。然而，这就忽略了科学作为人们对客观世界的理解与认识的层面。而且，科学理论本身也不只是关于自然的描述或预测，还应该能够使人们具备使用这种理论描述和预测自然现象的技能，这就涉及科学理论的语用功效。① 因此，科学解释（或说明）的目标在于增进人们对自然现象的理解，而这种语用目标的实现依赖于科学的历史发展和社会对自然科学观念的接受，这是一种语境依赖。另一方面，社会科学中的理解也离不开解释所提供的客观性。社会科学的实践并没有被一种心理主义和主观主义所误导，相反社会科学遵循一种解释学循环和规范性原则，以及方法层面的质性研究，这些都在最大限度地排除主观色彩，从而使社会科学真正具有本体论的实在性与理解的客观性。无论是解释学循环还是规范性，都是建构在特定的语言语境基础上的，依赖于一种"交往理性"所形成的社会成员共同体，这就要求社会科学家以自身所具有的知识背景为参照，保持一种语境敏感性，从而最大限度地发掘研究对象的本质特征。正是在这两种层面上，我们认为解释包含理解和理解离不开解释，二者都建构在语境中，其具体操作过程也是语境依赖的。

其次，作为背景的"生活世界"整体语境，为整合理解与解释提供了根本保障。在后现代主义的影响下，任何知识（包括自然科学）都是历史性的。② 因而，一方面，在行动的理解和解释方面，也必须充分考虑"每一个行动的一般性和独特性之间有一种真正的衔接，正是它使得行动成为一种'历史结构'"③，将行动视为社会整体活动的一部分，充分考虑社会语境对于行动发生的具体情境的决定性作用，采取一种整体论的立场，在解释学循环中探讨行动的机制和意义④，也就是说，"只有基于整体，这整个的不同部分才是可以理解的，也就是说不是

---

① Henk W de Regt, Dennis Dieks, "A Contextual Approach to Scientific Understanding", *Synthese*, 2005(144), p. 140.

② 殷杰：《当代西方的社会科学哲学研究现状、趋势和意义》，《中国社会科学》2006年第3期，第31—32页。

③ Jakub Čapek, "Explanation and Understanding: Action as 'Historical Structure'", *Philosophia*, 2008, 36, p. 461.

④ Karsten R. Stueber, "Understanding Versus Explanation? How to Think about the Distinction between the Human and the Natural Sciences", *Inquiry*, 2012, 55(1), pp. 18-19.

基于它们本身。我们遇到的每一种情境和我们在其中所采取的行动可以被描述为：被给予的和可能的，动机和意图，过去和未来，现实和愿望之间的一种张力"①。在这种整体论视阈下，行动的解释依赖于行动者所遭遇的"情境"，而这一情境又必须放在社会语境网络中才能认识，作为背景语境的"生活世界"成为行动理解的根源，动机、意图、目的、愿望、传统、约定等都成为依赖于"生活世界"的语境因素，在"语言游戏"的动态过程中保持一种与行动之间的张力。这种互动和张力成为"双重诠释学"的机制：我们正是在解释的出发点和过程中得到了最终的理解，而这一理解又反作用于行动本身，从而使行动更加理性和实际。整体论的社会语境，通过"生活世界"和"语言游戏"，使得理解与解释之间不再截然区分，而是密不可分地融合在"诠释过程"中。

最后，理解与解释共同遵循的语境分析思路，是二者相互融合的具体途径。语境论作为一种世界假设的根隐喻②，为我们提供了建立在语形、语义、语用相结合基础之上的语境分析方法③，传统的思维模式所导致的理解的主观主义倾向和解释的还原论教条都能在语境基底上得到扬弃。理解通常关注实践领域的目的、动机、意图在行为选择中的作用，强调理解应该是内部的；而解释则更加关注普遍规律、机制在特定事件中的解释力，考察行为背后的普遍性特征。语境分析方法则超越了这两者的界限，更加注重各种语境因素在社会实践领域的相互作用，采取整体主义的方式考察行为的背景语境和行动者之间的互动，把各种语境因素体现在整体的行为网络中。因而，语境分析更加能够体现语言学转向的精髓，将社会行动置于社会成员的"交往理性"中加以研究，既从单个行动中透视整个共同体的规范、规则的运行，也从"交往共同体"的互动中找到真正在实践层面影响行动的因素。

---

① Jakub Čapek, "Explanation and Understanding: Action as 'Historical Structure'", *Philosophia*, 2008, 36, p. 461.

② Stephen C. Pepper, *World Hypotheses: A Study in Evidence*, University of California Press, 1942, p. 232.

③ 殷杰：《语境主义世界观的特征》，《哲学研究》2006年第5期，第98—99页。

# 第二章
## 社会科学的语境本体

自逻辑实证主义占据科学哲学研究主流以来，形而上学研究遭到普遍拒斥，在社会科学及其哲学研究中，集中体现为对模拟、解释和预测社会现象与行为的重点关注。近几年来，形而上学基础对于科学实践的重要性开始受到学界重视，很多学者认为，对形而上学基础的研究，有潜力开启一种更多产的社会科学哲学的大门，因为它挑战了目前社会科学家和哲学家所广泛接受的社会世界观，特别是揭示了这种社会世界观在回答社会世界的本质这一问题上所存在的缺陷，同时还揭示出社会科学在模拟和解释对象的过程中，过于"以人为中心"的倾向。这些研究主题和目的在社会形而上学或者叫"社会本体论"[①]这个统一的组织框架下，展开了对社会世界之本质的研究。社会本体论研究重新获得研究合法性，对于社会科学哲学的影响是普遍且深远的。

本章之目的，正是立足于当代社会科学哲学中社会本体论研究复兴的背景下，从语境论的视角探讨社会实在的语境特征，进而在语境论根隐喻——"历史事件"的基础上，为社会科学重建一种基于"事件"的新本体论——事件本体论，尝试为社会唯名论与社会实在论之争提供一种对话的可能。对此，本章阐释了事件本体论的建构与特征，提出语境是出事件的发生和性质相关的事件所构成，社会就是事件的展开，是具有历史性的社会。在此基础上，本章进一步探讨了社会科学中的语境特征，认为语境既存在于共时事件中，也存在于事件的历时演化中，指出通过对语境的奠基和锚定，把握语境与其他社会事实之间的互动

---

① 布莱恩·爱泼斯坦(Brian Epstein)于2015年所著的《蚂蚁陷阱：重构社会科学的基础》一书，是目前社会本体论研究的突出成果，并荣获2016年拉卡托斯奖。参见 Brian Epstein, *The Ant Trap: Rebuilding the Foundations of the Social Sciences*, Oxford University Press, 2015。

关系，本质上是对语境的社会本体论构造。基于此，本章从复杂性视角，通过对本体论不可还原性与认知不可还原性所作出的区分，尝试对社会科学的语境本体给予一种合法性辩护。

## 第一节　社会本体论研究的复兴

在逻辑实证主义的影响下，当代社会科学哲学普遍拒斥形而上学研究，将社会实在最基本、最普遍特征的探索排除在哲学研究范围之外，这本质上也就是拒斥社会本体论研究，转而将更多的注意力放在方法论层面上，集中于发现可以与自然科学规律相媲美的社会规律，并不断改进预测模型，以实现对社会现象的科学解释和预测。具体表现为：追求科学精确性和形式化，倡导对社会现象进行分析还原；方法论个体主义盛行，描述性语言受到推崇，与规范和日常语言相关的要素，均被当作意向性要素隔离在社会科学研究之外。这种方法论关注的直接后果就是，社会科学研究"碎片化"趋势日益明显，社会科学知识难以实现跨领域有效累积，甚至对同一现象的不同学派和解释框架之间难以达成共识。同时，对个体作用的过分强调使得社会结构和制度以及与之相关的社会属性和社会因果关系等遭到忽视，反本体论实用主义倾向日益严重。

立足这一背景，本节在剖析传统科学观内在张力及其困境的基础上，阐述了复杂系统范式所带来的科学哲学观念的革新，特别是对传统社会科学哲学基本观念的修正，使得社会本体论研究的重要性日益凸显。在这一研究趋势的影响下，本节进一步通过本体论基础主义与反本体论实用主义、方法论个体主义与整体主义之争，考察了本体论研究之于社会科学的作用，同时还阐释了社会本体论研究与科学哲学的实践转向的内在一致性，这些方面对于维护语境的合法存在性均起到了积极作用。最后，本节通过对社会实在是否具有语境性的考察，提出构建一种社会科学的语境本体，为社会科学本体论研究开辟一条新路径。

## 一、传统科学观内在张力的消解

传统科学观建立在经典力学的基础之上，追求以精确的科学语言实现对世界（包括社会世界在内）的客观描述和系统预测。一方面，坚持实证主义和强自然主义的社会科学和社会科学哲学家，倾向于按照传统科学的标准去指导社会科学研究，并将不符合传统"科学"标准的范畴、理论和方法，直接当作错误的而排除在外。传统自然主义者普遍追求一种离身的确定性和一种理性的算法。因为这种算法在大部分自然科学领域都取得了成功，同时推动了个别社会科学学科如经济学的飞跃式发展。因而，他们认为这种传统科学观及其相关研究框架是正确的，即使在某些领域的应用存在困难，也是因为这些领域的研究主题的复杂性，而不是这种科学观所代表的科学方法本身存在问题。毕竟，"当我们只拥有一把铁锤时，把所有东西都当作钉子，是非常有吸引力的做法"①。

然而，"当自然科学开始走向非线性的计算形式主义时，社会科学却还在继续尝试通过复制经典物理学的线性决定论模型来提高自身的科学合法性"②。在社会科学家努力支撑起"是什么"这条腿，以避免被定位为宗教、神话、艺术等，并基于此来维护其"科学"地位时，却忽视了"应该如何"这条腿，并把与之相关的社会制度、结构的规范性和约定性，当作其实现学科合法性的障碍，因而尽其所能地规避这些要素。因此，在当代社会科学研究中，经验主义研究与定性参与式研究分庭抗礼，难以实现有效的对话，社会科学研究范式在对立阵营的对抗中难以实现有效统一。由此导致的结果是，不能兼顾两条腿走路的社会科学，似乎总是达不到它们应该实现的那种科学性程度。然而，问题的关键不在于它们所使用的研究方法和手段不"科学"，相反，问题源于它们过度使用了源自经典自然科学的方法。事实上，即使在自然科学中，"刻板的经验主义也只会

---

① Rein Taagepera, *Making Social Sciences More Scientific: The Need for Predictive Models*, Oxford University Press, 2008, pp. 4-5.

② Leslie Henrickson, Bill Mckelvey, "Foundations of 'New' Social Science: Institutional Legitimacy from Philosophy, Complexity Science, Postmodernism, and Agent-based Modeling", *Proceeding of the National Academy of Sciences of the United States of America*, 2002, 99(10), p. 7288.

形成第谷·布拉赫(Tycho Brahe)对行星轨道的描述，但不会形成约翰尼斯·开普勒(Johannes Kepler)的椭圆模型；只会形成植物的林奈命名法，但不会形成达尔文进化论"[1]。当代自然科学在各个领域和学科中的新发展，正不断挑战着基于经典物理学所形成的传统科学观，对世界和实在本质的新认识，正不断修正甚至颠覆着各种科学问题的传统研究模式。

肇始于量子力学的复杂系统范式，以其在混沌理论、耗散结构理论、突现论、自组织理论以及非线性动力系统理论等前沿自然科学分支和学科中，对"科学"和"科学性"的重新表达，提供了一种完全区别于牛顿机械决定论范式的研究框架。这一研究范式揭示了自然现象的本质复杂性、不确定性、对初始条件的敏感依赖性、自组织性，凸显了自然系统运行过程的不可逆性、非决定性、非平衡性，这些都为传统科学观的修正提供了契机。科学观的修正一方面带来了科学哲学观念的重大变化，另一方面将社会本体论研究的重要性凸显出来。复杂系统范式带来的当代科学观、真理观的革新，为关于科学方法、科学解释、科学规律等科学哲学关注的核心问题提供了重新描述的可能性，同时，也对很多以自然科学的科学性为标准的社会科学范畴和理论产生了广泛深刻的影响。

另一方面，还存在着一些非自然主义者特别是反自然主义者，他们在政治学、心理学、社会学等具体社会科学学科中探索了多元化的社会科学研究方法。但是，不同研究框架和模式之间并未实现有效的对话和互补，社会科学知识难以实现有效累积，统一的社会科学研究范式难以确立，社会科学研究的碎片化趋势日益明显。本质上，社会科学研究的碎片化来源于不同研究流派在本体论层面上对社会世界和实在的本质难以达成共识。不同的研究不是对同一问题尝试提出有建设性的、互补性的回答，而是在不断提出新问题、解决新问题。由此，社会本体论研究的重要性凸显出来。值得注意的是，这种社会本体论研究不同于奎因的本体论承诺学说意义上的本体论研究，"不是对本体论陈述的研

---

① Rein Taagepera, *Making Social Sciences More Scientific: The Need for Predictive Models*, Oxford University Press, 2008, pp. 5-6.

究，而是对不同社会实体之间的本体论建立关系的研究"①。

## 二、基础主义与实用主义的调和

复杂系统范式挑战了传统的实在观、科学观和真理观，将关注世界本质的社会本体论研究的重要性凸显了出来。同时，对语境的社会本体论构造，揭示了语境在奠基和锚定两个层次上的本体论存在性和认知规范性，规避了方法论层面上的相对主义和不可知论，为考察语境在社会现象及其属性的不同层次之间的作用提供了有效工具，因此具有极强的理论意义。然而，对于本体论问题之于社会科学的重要性，学者中普遍存在两种看法：一种认为，本体论研究是解释社会现象、社会规则性、社会现象对个体行为的影响等的基础，即本体论基础主义；另一种认为，本体论研究与社会科学中的解释无关，社会科学哲学家应集中关注认识论和方法论研究，即反本体论实用主义。具体来看：

本体论基础主义预设了实在论，基础主义者认为，好的社会理论和解释只需要描述和刻画要解释的实体和依赖关系，本体论基础是社会解释实践的起点，坚实的本体论基础不仅有助于改进社会科学的解释适当性和预测力，提高社会科学的认知地位，而且还有助于沟通不同学派和解释框架，为社会科学知识的积累奠定统一的基础，缓解社会科学碎片化现状，解构关于社会科学处于前科学阶段的质疑。简单来说就是，"只要与社会科学有关的地方，社会本体论优于方法论和理论，其优先性在于，除非对正在研究的现象之本质有清晰的认识，否则就不可能形成正确的方法论和理论装置去构造研究"②。

反本体论实用主义则重视科学实践，实用主义者认为，关于世界的本体论理论并没有揭示实在的结构或科学研究的必要条件③，我们不需要本体论来为

---

① Brian Epstein, "A Frame Work for Social Ontology", *Philosophy of the Social Sciences*, 2016, 46(2), p. 149.

② John Searle, "Language and Social Ontology", *Theory and Society*, 2008, 37(5), p. 443.

③ Osmo Kivinen, Tero Piiroinen, "Toward pragmatist methodological relationalism: from philosophizing sociology to sociologizing philosophy", *Philosophy of the Social Sciences*, 2006, 36(3), p. 310.

我们的方法论和经验研究奠定基础。[①] 诸如个体主义和整体主义这样的本体论争论因为认知理由而不可判定，引导解释和方法论工具选择的不是社会世界的本体论结构，而是研究者的认知兴趣和想要研究的实际问题，而且，由此导致的理论和解释多元主义并非社会科学的缺陷，因为在生物学和心理学中，这种多元主义同样存在。由此可见，基础主义与实用主义之间的争论本质上预设了，本体论推理相当于概念推理，依赖于哲学家对实在的直觉和先入之见。然而，事实上，当代社会本体论研究的是理论和解释框架所蕴含的那些或明或暗的本体论假定，也就是，研究科学理论、模型和相关解释实践所预设的对世界的本体论要求。[②]

因此，一方面，本体论不是扩展社会科学知识和解释策略的必然基础；另一方面，本体论问题又并非与社会科学和社会解释全然无关，当代社会本体论研究应该摆脱本体论基础主义与反本体论实用主义这两种立场之间的绝对对立。尽管从一般科学哲学的视角来看，哲学本体论不应该决定科学研究，但是，本体论研究可以用于根据所假设的解释方法来检验和限制本体论假定；而且，本体论研究可以用于阐明一些社会解释形式所预设的本体论假定，澄清在社会解释中假定了哪些关系和层次，它们之间如何关联起来，以及这些假定在社会解释中的作用等。另外，本体论研究还可以用于批判性地分析和对比不同解释框架之间的深层次关系，将碎片化的社会科学研究与真正多元主义的社会科学视角区分开来，对不同范式或学派所持有的概念的内涵、外延及分类的统一认识，有助于范式间的话语和知识整合。[③] 澄清本体论研究之于社会科学的作用，还有助于解构方法论个体主义与整体主义等社会科学哲学中长期存在的方法论争论。事实上，个体主义者和整体主义者都预设了本体论对于社会科学研究的重

---

① Leonidas Tsilipakos, "The Poverty of Ontological Reasoning", *Journal for the Theory of Social Behaviour*, 2012, 42(2), p. 215.

② Hasok Chang, "Epistemic Activities and Systems of Practice: Units of Analysis in Philosophy of Science After the Practice Turn", In Soler L, Zwart S, Lynch M, Israel-J V., *Science After the Practice Turn in the Philosophy, History, and Social Studies of Science*, Routledge, 2014, p. 67.

③ Simon Lohse, "Pragmatism, Ontology and Philosophy of the Social Sciences in Practice", *Philosophy of the Social Sciences*, 2017, 47(1), pp. 16-22.

要影响，特别是对于选择个体主义解释还是整体主义解释而言意义重大，不同的是，个体主义者假定个体主义本体论是不证自明的，而整体主义者通常利用来自心灵哲学、生物学哲学或一般科学哲学的论证，证明社会整体具有突现属性。当代社会本体论提醒我们，整体既依附于个体和个体之间的交互作用而存在，又具有突现因果力和本体论地位，我们既要拒斥"完全整体论的解释"，也就是拒斥那种只诉诸社会实体而不考虑这些实体的任何微观基础的解释，又要认识到社会群体和组织所具有的真正因果力，它们生成和支持着社会规范，而社会规范是社会实在或文化的一部分。这就在实在论与反实在论、个体主义与整体主义之间实现了某种融贯。

## 三、社会本体论研究的"实践转向"

近年来，科学哲学的实践转向强调从作为知识的科学向作为实践的科学转变，倡导科学哲学应摆脱纯粹认识论的、抽象的、概念的、离身的科学形象，转向更为日常的、具体的、实践的、具身的形象，这种观念在学者中得到了广泛关注。在这种科学思潮影响下，从表面上来看，哲学本体论研究不能决定社会科学研究，不能决定社会科学中的理论和解释，而且，社会科学家也很少在哲学本体论的基础上去尝试建立一门新的或者更好的社会科学。因此，倡导社会本体论研究与当前科学哲学的实践转向这一主流思潮存在着分歧。然而，这种分歧建立在对本体论研究是什么和本体论研究在社会科学中的目的是什么等的狭隘理解的基础上，而这也是导致上文提到的本体论基础主义与反本体论实用主义之间对立的根本来源。

事实上，社会本体论研究社会科学理论、模型和相关解释实践中所预设的对世界的本体论要求，在这一范畴下，科学哲学的实践转向与社会本体论研究之间存在着深刻的一致性。具体表现在：

第一，作为科学实践哲学的逻辑起点，拉图尔（Bruno Latour）的广义对称性原则强调科学实践哲学应该聚焦在科学得以发生的真实本体时空，即实验室活动中，研究实验室中科学事实或现象是如何在人类与非人类的交织态中建构、生成与演化的。第二，除实践之外，作为科学实践哲学的另一个认识论根源，历史主义否认参与实践互动过程的各种要素具有先于并独立于实践过程的属性，所有属性都是在实验过程中得到界定的，这不仅代表着人和物在认识论上的关联，更代表着交互作用的异质性要素在本体论上的不可分性。第三，科学哲学的实践转向为理解社会科学哲学中本体论研究的位置和目的提供了一个良好的视角，即从为社会科学做出本体论推理转移到了对社会科学进行本体论研究[①]，它不仅包括社会科学理论及其在各学科内的实际应用，还包括各种不以理论为基础的解释实践。因此，科学哲学的实践转向并不拒斥理论和理论化，相反，它为社会本体论研究所补充的实践维度，推动了其研究意义的扩展。

　　另外，社会本体论在不同的科学实践中还发挥着描述、澄清和规范本体论假定的功能。在有些情况下，社会科学哲学中的本体论研究具有某种描述和澄清的作用，假定存在哪些关系和层次，它们之间如何被关联起来；在有些情况下，本体论研究具有某种规范作用，反思哪些相关的本体论假定应该存在于解释框架中；另外，对不同的"社会"概念的批判性分析和对比，可以阐明不同解释框架之间的深层次关联，有助于澄清表面上碎片化的社会科学所蕴含的系统化。[②] 例如，社会科学中普遍存在的机械论解释，通过描述社会现象的生成机制来解释特定的社会现象，它蕴含着一个特定的本体论假定，即对真实世界的实际机制的描述，就是对这一机制所生成的现象的解释。然而，在对社会机制的描述中，还有很多问题并不清晰，如社会实体包含几个层次，不同层次之间如何关联起来，宏观实体以何种方式依赖于个体，宏观实体与微观实体之间是否存在因果关系，等等。关于这些问题的不同的本体论假定影响着我们在社会情境中的意义建构和我们的行动。因此，社会本体论研究一方面有助于对社会科学所暗含的解释方法和研究的认知目标等本体论假定提供一种语境批判；另一方面，它对于社会科学哲学中因不同理论和解释形式的并存而引起的不同学

---

[①] Simon Lohse, "Pragmatism, Ontology and Philosophy of the Social Sciences in Practice", *Philosophy of the Social Sciences*, 2017, 47(1), p. 16.

[②] Simon Lohse, "Pragmatism, Ontology and Philosophy of the Social Sciences in Practice", *Philosophy of the Social Sciences*, 2017, 47(1), pp. 16-22.

派和解释框架之间相对独立、社会科学知识难以实现有效积累、社会科学各学科碎片化发展等问题提供了解决的本体论基础，推动着社会科学从碎片化向多元主义的真正转变。

## 四、社会实在的语境性

目前，社会本体论研究开始重新获得学界的关注和认可，为社会科学家把握社会世界的本质，澄清个体与社会世界的关系，提供了一个良好的宏观背景。同时，对于我们修正传统科学观，明确多元主义的社会科学研究视角和路径，提供了一个必要的基础和条件。同时，社会本体论研究的复兴，将对社会实在区别于自然实在的那些核心范畴，如社会语境、规范性、集体意向性等，给予本体论层次上的合法性论证。

进一步来看，社会实在是指负载一定社会意义和功能的实在。社会实在有别于物理实在，社会实在既因人而存在，又不以个人意志为转移；既可能具备物质载体，又可能不具备物质载体，而纯属一种思维或理论的观念构造。不同的社会科学学科如社会学、经济学、政治学等，都是在研究个别类型的社会实在或者说社会实在的个别方面，而缺少对整体的社会实在之普遍本质的研究。因此，社会科学哲学尤需主动提出并处理关于这种独特对象之普遍本质的问题，也就是人们通常所说的"社会实在问题"。

在社会实在问题上，目前不同社会科学哲学有不同的取向。总体来看，实证主义将社会实在视为一种"实体"的实在，一种只待人们去发现和说明的客观存在物；解释学将社会实在视为一种"文本"的实在，一种需要人们去建构和解释的主观创造产物。实证主义和解释学代表了对社会实在看法的两个极端。除此两者之外，批判理论将社会实在视为充满冲突、虚假和谬误的实在，因而需要通过对之批判来获得解放。实在论（批判实在论）将社会实在分成实在、实际和经验三个领域，社会实在不仅包含已经实现了的，还包含潜在能实现的，因此被称为深层本体论。这些社会科学哲学理论流派虽然都对社会实在有所阐述，但大多是一种社会实在本体论的约定，而非去构造一种关于社会实在的本体论框架。

那么，基于这样一种思考，我们如何去研究社会实在？社会实在究竟是怎样的实在？目前主要有两种研究视角：一种是以舒茨（Alfred Schutz）为代表的现象学视角；另一种是以塞尔为代表的分析哲学视角。舒茨的多重实在观是在对詹姆斯的批判性继承中发展来的，他用"有限意义域"取代了詹姆斯（Willian James）的"次级宇宙"，这是因为在舒茨看来，构造实在的恰是我们的各种经验所具有的意义，而不是各种客体的本体论结构。实在是多重的，而由常识和日常生活构成的世界是最高实在。最高实在是建立在自然态度的表面真实的基础之上的，其本质特征在于它的一切都是主体间性的。在生活世界的多重结构中，日常生活具有最直接的、未分化的经验现实性，人们正是在日常生活之普遍性基础上进行交流并获得生活意义的，社会实在正是从这种生活世界中产生的。此外，塞尔区分了两种事实：一种是不依赖我们而独立存在的原初事实（或称为无情事实）；另一种是依赖我们而存在的社会事实（制度性事实）。社会事实是相对于观察者（包括制造者、使用者、设计者、意向性的拥有者）的态度、活动而存在的事实，只有在人类集体接受或承认它存在时它才存在。塞尔建构社会实在使用了三个理论工具：集体意向性、功能赋予和构成性规则。建构社会实在的过程简单来说就是，共同体在集体意向性的基础上达成以下共识：通过将某种功能赋予 X 使之成为 C 语境下的 Y。

基于上述阐述我们发现，在对社会实在的看法上，现象学和分析哲学存在三点相关的共同取向：一是对集体意向性或主体间性的强调，这是社会实在存在的基础；二是对语言和语用的强调，这是社会实在实现的途径；三是对生活世界或日常世界的强调，这是社会实在形成的背景。于是，这就将我们的视角引向了"语境"并启发我们去思考这样一个问题：社会实在能是语境的吗？也就是社会实在是否具有语境性的问题，一方面社会实在是语言性的，即社会实在是通过语言表征的，社会实在的意义是在语用中确立的；另一方面又是境遇性的，即社会实在是在一系列社会关系、物质条件和生活背景中形成的，社会实在的意义不能脱离种种情境而存在。语言性强调主观方面，即人的能动方面；

境遇性强调客观方面，即条件的限制方面。社会实在既是人们言行之条件，又是人们言行之后果。社会唯名论突出了主观方面，社会实在论突出了客观方面。基于这样的思考，我们希望以语境为基础，建立一种社会科学的语境本体，以此超越社会唯名论和社会实在论之争，并开辟出一条社会科学本体论的新路径。

实质上，语境论作为当代社会科学哲学研究的一种替代性框架，其范式合理性在很大程度上取决于语境这个范畴的本体论内涵和认知与方法论价值，取决于语境在社会科学研究中的解释和规范作用，取决于语境论对于社会科学哲学核心论题的重构，以及对长期存在的各种二元争论如方法论个体主义与整体主义、自然主义与反自然主义、社会实在论与建构论等之间对立的消解。自语用学转向之后，语境论研究更多地集中于方法论层面，但语境在方法论层次上的应用并没有形成一致的纲领，反而因为语境应用的泛化，使语境论陷入了相对主义和不可知论的泥淖。同时，传统社会科学研究因为对社会科学解释和预测的过度关注，而带来了极强的反本体论实用主义，这一方面加剧了语境的相对性，另一方面也构成了语境泛化应用的必然结果。另外，语境论在科学哲学各分支学科和研究方向上的应用，如生物学中的信息概念、量子场论、数学实在性等的语境论解释等，以学科为界限，深化了语境应用的差异。在新的科学范式指导下，对语境的本体论研究，就有助于提出可能解决目前这些难题的可行路径，明晰语境论纲领应用的合理范围和层次。

## 第二节 "事件"根隐喻的本体建构

自社会科学诞生之日起，人们就从不同维度围绕"社会实在"问题展开自身的研究，其所关注的是真实客观世界的存在。在社会的本体问题上，争论最多的就是个人主义与整体主义关于"社会本身是否是独立实在"的争论。特别是，在整个社会科学认知过程中，主体研究目标的实现总是依赖于客体自身的性质与结构，以及所使用的研究方法和工具。事实上，社会本体论问题隐含着一个基本思想是，在本体论层面上关于社会之本质的看法，直接导致了不同研究方法的选择。因此，方法论定位就需要以本体论的定位为前提，正如邦格所言，"本体论先于认识论，尤其先于方法论"①。有怎样的社会本体论，就有怎样的社会科学认识论与方法论。社会科学的认识论、方法论之争，很大程度上根源于其本体论的差异，因此，如何理解"社会"的本质，已成为当代社会科学哲学需要求解的核心问题之一。

对此，本节立足于社会唯名论与社会实在论之争的根源所在，尝试在语境论的视阈下为社会科学重构一种基于"事件"的新的本体论，着重探讨了语境论根隐喻的本体论性，指出语境是由事件的发生和性质相关的事件所构成，不同的语境会产生相异的本体论立场。在此基础上，本节进一步阐释了语境论社会本体论的基本框架，认为社会是事件的生成，从而在事件本体论立场上赋予事件以解释人类行为的合法性。最后，本节通过对比"事件"与"实践"之间的关系，阐述了语境论的事件本体论是一种历史的、实践的本体论，展现了事件是自然、社会、心理共同形成的动态世界图景。

## 一、语境论根隐喻的本体论性

正如导论中所指出的那样，社会唯名论与社会实在论虽然所秉持的哲学主张有所不同，但包含着一个共同前提，那就是去语境化地理解人和社会。社会唯名论与社会实在论都未能把握到社会的整体的语境性，也就是说，未能以一种历史的、动态的视角来审视社会，因而只洞察到了局部的、阶段性的某种本质。此外，人是具体的人，社会是具体的社会，任何脱离具体语境的抽象化都必然割裂两者的本然联系，都不能对社会做出充分的理解。

因此，社会本体论的构架暗含着对语境的诉求，社会科学的研究对象都是已经语境化了的对象，"在任一特定的语境中，对象是语境化了的对象，语境是对象化了的语境；对象不能超越语境，语境不能独立于对象，二者是一致的。因此，语境的相对独立性和独立于语境的东西，不应当像传统哲学中那样造成

---

① Mario Bunge, *Finding Philosophy in Social Science*, Yale University Press, 1996, p. 243.

人为的二元对立，而应当是统一的"①。进一步来讲，社会实体的存在是在相互关联中得以表达的，从经验的层面上看，社会实体的意义是在特定的语境中来展现的。这就标示着，正如社会唯名论与社会实在论所持有的本体论观念那样，不同的社会本体论态度与不同的语境是相关联的。从这一观念来看，社会唯名论者与社会实在论者在不同的语境中确立自身研究对象的本体论性，不同的语境所定义的研究对象的意义就会大不相同；反之，所研究的对象之不同，其本体论性在不同的语境框架中就可能不同。也就是说，从语境论的视角来理解个人与社会的关系，以语境论世界观的根隐喻为基底，可以为我们构建一种融合社会唯名论与社会实在论的新的社会本体论提供思路与方案。

按照佩珀提出的四种根隐喻理论②，可以看出，社会实体、事件以及现象等具有真实、具体特点的存在被语境论安放于关联体系的视阈中来表达，因此，语境的不同就会产生相异的本体论立场，从而所指对象就具有了不同的本体论意义。

由此，在世界观的意义上，语境论就为社会实在的本体论构造提供了新的"根隐喻"。正如佩珀所指出的那样："语境的根隐喻是'历史事件'，其并非指过去的、死的、必须挖掘的事件，而是指当下活的事件。"③也就是说，包括社会事件在内的一切事件，都是语境的。正如诺义萨（Wolfgang Neuser）所言："一切哲学问题都必须在特定的语境基底上进行回答，也就是说，理性意味着在特定的语境下对相关问题做出论证或回答。"④

## 二、语境论的社会本体论框架

基于上述语境论的哲学观念，我们可以看出，从语境论之根隐喻——历史事件来审视，就有了超越社会实在论与社会唯名论的可能。从事件根隐喻来看，

---

① 郭贵春：《走向语境论的世界观：当代科学哲学研究范式的反思与重构》，北京师范大学出版社，2012，第368—369页。

② 张沛：《隐喻的生命》，北京大学出版社，2004，第40页。

③ Stephen Pepper, *World Hypotheses: A Study in Evidence*, University of California Press, 1942, p. 232.

④ 转引自郭贵春：《隐喻、修辞与科学解释》，科学出版社，2007，第302页。

"社会"既非社会唯名论所认为的"空无"或某抽象名称，也非社会实在论认为的"实有"或某一具体事物。因为社会具有动态性、生成性、语境性、具体性的特征，因而，我们需要将社会的本体论建立在"事件"而非"事物"的基础上来看待。究其原因，主要体现在下述两个方面。

一方面，社会是一体多面的，既表现为实体性的一面，又具有非实体的一面。在"事物"视阈下，把社会当作"物"来看待，是难以调和社会的两面性的；而从语境论的角度，以"事件"来审视社会，就能够兼容社会的实体性与非实体性的对立。另一方面，社会实在论者对"社会"秉持着两种哲学倾向：实体性与关系性。具体来看，通过将社会理解为关系的总和来肯定社会的实在性，这种理论本质上是关系实在论，而语境的本质就体现为一种"关系"，也就是说在语境的意义上，社会可解构为一种关系，以这种关系为视角来看待社会的本质；通过将社会理解为实体性存在来肯定社会的实在性，这种理论实质上是一种实体实在论。根据科学哲学的发展理论，特别是科学实在论的相关理论表明，关系实在论与实体实在论之争各执一词，或者认为关系先于实体，或者认为实体先于关系，而实体与关系的对立仅仅体现于过程当中，即在历史事件中才能统一起来，因此，我们就需要将社会理解为事件的展开，而非事物的集合。由此，基于语境论根隐喻的事件本体论恰恰是立足于社会实在论的立场上，来重新审视社会科学认识论当中主体与客体、事实与价值、精神与世界等传统哲学所进行的对社会世界的机械二分，事件本体论的构建也正是要在语境结构的统一性上去重新求解社会科学认识论中机械二分的一致性难题。

由此可知，语境论根隐喻的核心观念，就是要把社会的本体论建立在"历史事件"而非"事物"的基础上，将社会视为事件的生成，并且以一种复杂的、不断变化的方式来呈现社会世界。事实上，这种基于"事件"的社会本体论思想，为有关社会世界的不同本体论立场提供了共同的对话平台，从而使得这些立场能够在语境的基础上，构建个人与社会不同范畴的统一性。或者说，正是在语境的基底上，通过事件本体论将事件中人的意向性行为构建成一个基于事件的行动者网络。

通过前述内容基于"事件"来构建社会本体论的一系列讨论，我们发现，与传统哲学家把研究客体作为本体论探讨的出发点不同，语境论视阈下的社会本体论以其所倡导的根隐喻——历史事件，作为社会世界与实在分析的认识前提。实际上，在语境论框架下，"事件"这一概念不再仅仅被视为一个静态的概念，而是从一种动态的、历史的、发展的语境视角下，在更为宽泛的意义当中，将"事件"表征为参与事件活动的人与物之间的关系。因此，语境论视阈下的"事件"成为本体论探讨的核心概念之一，这标示出语境论的社会本体论所具有的内在特征。

## 三、事件本体论的历史实践特征

我们认为，事件本体论包含着鲜明的历史实践特征。首先，我们可以对比一下"事件"与"实践"之间的关系。马克思（Karl Marx）在人与社会方面提出了一系列重要洞见。马克思试图从"实践"视阈超越社会唯名论与社会实在论之争，他指出，"一切生产都是个人在一定社会形式中并借这种社会形式而进行的对自然的占有"①。该观念反映了人对自然的实践过程中，人与社会是如何连接的内在关系。正是据此，人们通常认为，马克思的本体论是一种"实践本体论"。

那么，马克思的实践本体论与我们在此所主张的事件本体论又是怎样的关系呢？我们认为，事件本体论也就是一种实践本体论。如上所述，马克思并未将实践当作本体，其实践本体论是一种本体论导向，他表明本体论问题只有放到实践中，放到具体的语境下才能正确把握，而基于实践角度的本体论，必然是一种生成、动态、演化、联系的本体论。简言之，马克思的实践本体论是一种历史性的、发生学的本体论而非形而上学的本体论。本体绝不是一个自在的、永恒的抽象物，事件本体论以事件作为本体基元，恰恰突出了这种生成、动态、演化、联系的特征，这正是立足于实践的本体论。从该立场上看，正是由于社

---

① 《马克思恩格斯文集》第 8 卷，人民出版社，2009，第 5 页。

会实在论和社会唯名论分享着一个共同前提，即都割裂了人与社会的关系[①]，因此，事件本体论事实上也正是试图以"实践"恢复人与社会的连接。正是在此意义上，可以说，语境论的事件本体论是一种历史的、实践的本体论。

综上所述，在语境论根隐喻——历史事件的视角下，事件在社会本体论的构建中占据着重要的本体论地位，这也反映出事件作为一种视角和框架所隐含的普遍性，它贯穿于自然、社会、心理等各个存在领域。此外，事件本体论以事件作为知识表征的单元，更为遵循人类认识社会世界的规律，以人类实际活动的动态性来标示社会世界的变化，为求解传统社会本体论之争并克服其缺陷提供了新的解决方案。正是由此，立足于语境论的哲学观念下，社会世界并非是一个孤立封闭的世界，社会世界与自然世界、心理世界彼此交织，我们可将社会理解为事件之生成而非事物之集合，所显现出的是自然、社会、心理共同形成的一幅完整兼容的动态世界图景，这就为我们基于语境论来使社会唯名论与社会实在论二元对立走向融合提供了一种新的可能。

## 第三节　语境的社会本体论构造

在本体论层次上，语境的本质内涵通常涉及广义和狭义两个层次：广义上的语境就是普遍意义上的语境，它既存在于自然科学中，也存在于社会科学中；狭义上的语境是指社会科学研究中特有的语境。狭义语境的存在预设了语境带给社会科学的障碍，使社会科学对相同的科学问题的解答变得不可能。事实上，语境对于任何学科，不论是自然科学还是社会科学的科学语言、形式化、科学描述和说明等，都带来了一定的挑战。语境在自然科学特别是生物学中与在社会科学中具有同样的限制性和重要性。将社会科学与自然科学中语境发挥作用的方式区分开来进行讨论，在很大程度上是因为，在传统科学观下，社会现象的丰富性和复杂性，使得语境的功能可以更充分地凸显出来。立足于此，本节

① 许恒兵、徐昕：《马克思扬弃社会唯名论和社会实在论的视阈及其意义》，《南京政治学院学报》2012年第3期，第44—49页。

阐述了语境在社会事实的本体论关系构建中的历时性与共时性特征，重点探讨了语境在奠基与锚定中所发挥的功能，揭示了语境的描述性与规范性的内涵，以及语境在不同社会事实、社会系统的关系与互动中的重要作用。

## 一、语境的历时性与共时性并存

普遍认为，本体论关系是共时性的，因果关系才是历时性的。事实上，很多社会现象都是由历时性部分构成的。也就是说，任何社会事实在本体论层次上都不同程度地依赖于关于过去的事实。但是，某一事实与过去事实之间不是因果关系，后者并没有造成前者，而只是前者是其所是的一部分。因而这些社会事实具有历时性基石。语境在社会事实的本体论建立关系中的作用，体现了语境不仅存在于共时事件中，还存在于事件的历时演化中。语境的历时性和共时性与突现的历时性和共时性存在紧密关联。[①] 历时性突现是指一个事物及其新属性的出现或发展，它与过程有关，语境存在于事物及其属性的历时演化过程中；共时性突现是指一个系统的构成部分不具有某一属性，而系统本身具有这一属性，它与一个事物的属性和其构成要素的属性在某一特定时间点上的关系有关，语境存在于整体和部分的共时关系中。[②] 对于语境与突现的共时性，一个典型体现是，在社会科学实践中，规范性的存在使得描述社会现象和行为的语言通常是一种"厚"（thick）语言，在这种语言中，核心术语既具有描述性的内容，也具有评价性的内容。而语境和突现的历时性则体现为，这种"厚"语言是一个动态实体，其真理性会随时间发生变化，很多概念和名称在语言的历时演化过程中不断消失、不断出现，要理解这些新概念和名词的内涵，需要以其原始词的基本内涵为背景。[③]

诚然，科学概念应该强调这样的认知优势，如对经验事实的敏感性，对各

---

① Poe Yu-ze Wan, "Dialectics, Complexity, and the Systemic Approach: Toward a Critical Reconciliation", *Philosophy of the Social Sciences*, 2012, 43(4), 420-421.

② Alexandre Guay, Olivier Sartenaer, "A New Look at Emergence. Or When After is Different", *European Journal for Philosophy of Science*, 2016(6), pp. 297-322.

③ John Dupre, "Social Science: City Center or Leafy Suburb", *Philosophy of the Social Science*, 2016, 46(6), p. 559.

种批判的开放性，与其他业已确立的信念的异质性，简洁和优美等美学优势，等等。但是，并不是所有科学都具有这些优势。从维特根斯坦把语言比喻为房屋，我们就可以看到，语言不是一个固定的东西，而是一个过程，它对不断变化的环境不断地做出适应性回应。价值的多样性使得科学语言只能作为其中一个候选，允许对同一主题的多重研究视角和语言的并存，才能为不同方法和研究优势留下空间。传统社会科学的困境证明了，对科学方法和实践的单一认识，具体地说，努力使社会科学完全模仿自然科学方法，或者完全区别于自然科学方法，都使社会科学的发展陷入了死胡同。因此，不存在唯一准确的科学语言和唯一正确的科学研究方法，只存在一系列在不同语境中适用的不同方法，它们被用于不同的研究对象、行为和实践中。

事实上，不论是在科学世界还是在非科学世界中，都有准确的语言和相对不那么准确的语言，例如，物种和基因的概念、通货膨胀和紧缩的概念、幸福和痛苦的概念等就没有那么准确，而音猬因子和小点猫鲨、利率和汇率、美好生活指数（OECD）和国内生产总值（GDP）这些概念就非常准确。任何社会科学理论，不论专家选择使用何种技术语言，最终都必须转换为我们都理解的日常语言。因此，社会科学不光不能拒斥语境，相反，它需要语境，去把科学语言具体化、日常化。我们应时刻牢记维特根斯坦的提醒，不精确并不代表不能用。社会科学目前没有大部分自然科学那么成功，并不意味着社会科学不可能成功，而只是证明它更难成功。在这种情况下，我们更需要用哲学的平静去看待社会科学的"蜿蜒的小道和露天广场"，这也是社会科学哲学研究的基本旨趣所在。①

## 二、语境在奠基与锚定中的功能和作用

对于任何社会事实的社会本体论研究，都涉及两个不同但又密切相关的层次，一是这一社会事实的基础，二是这一社会事实得到确立的方式。用爱泼斯坦的话说就是，一类是"社会事实 F 在本体论上由事实 G1，G2，G3 等决定"；

---

① John Dupre, "Social Science: City Center or Leafy Suburb", *Philosophy of the Social Science*, 2016, 46(6), pp. 561-562.

另一类是"社会事实 F 在因果上由事实 C1，C2，C3 等决定"①。第一类是奠基的问题，奠基是把某一社会事实与其他为这一事实打下基础的事实联系起来。当然，某一社会事实通常不只有一组基础，某些基础并不是必要的，社会事实的存在有很多可能的或实际上的形而上学理由。如果我们找到了为某一社会事实打下基础的其他事实，我们就对这一社会事实给出了一种本体论解释。奠基回答了凭借什么某一社会事实得以存在的问题。与之相比，还有一类事实在确立某一社会事实的过程中发挥着一种不同的形而上学作用，即什么使得与之相关的其他事实成为某一社会事实的条件。这是锚定的问题，对这类问题的回答通常是，这些条件是协商或约定的结果。协商或约定本身不是构成某一社会事实的基础的一部分，它们是锚，它们与某一社会事实之间的关系是锚定关系。②

奠基的意义为大部分研究者所重视。奠基旨在揭示，哪些事实是某一社会事实在形而上学上的充分理由或基础。社会科学中的大多数问题都是关于社会事实的基础问题的，因此，奠基的重要性不言而喻。值得注意的是，社会事实多种多样，奠基的形式也多种多样。例如，思考一个公司是什么，可能需要涉及以下这些基础：这个公司存在，它的成员构成，包含的部门和机构，某一年的净利润，在产业链中的位置，等等。语境与这些社会事实之间的本体论所建立的关系，是客观的、可描述的，甚至在某种程度上是可分析还原的。但是，锚定关系中有很大一部分存在于我们的社会语境中，我们几乎没有注意到它们或者对它们进行概念化。有些社会事实具有相同的基础条件，但却以完全不同的方式得到锚定。例如，关于不同文化中的禁食禁忌的规定，有些是通过正式的法律、规章和制度来确立的，如犹太教在犹太圣经中对禁忌食物的规定；有些是通过实践中长期存在的规则性来设立的，如在那些没有法律体系甚至写作

---

① Brian Epstein, "A Frame Work for Social Ontology", *Philosophy of the Social Sciences*, 2016, 46(2), p. 154.

② Brian Epstein, "A Frame Work for Social Ontology", *Philosophy of the Social Sciences*, 2016, 46(2), pp. 155-158.

体系的农业社会中；有些则是通过群体成员广泛持有的信念和态度来设立的。[1] 语境在锚定中的作用更多的是约定和规范，只能用群体成员共同的价值观念和行为方式来进行理解。锚定是充分理解社会事实的必要条件，理解一个社会事实的锚定关系，有助于理解其基础条件。锚定既可以从正面帮助我们理解社会世界如何建立、社会世界的本质等哲学问题，又可以从反面为社会批判提供机会。例如，如果某一社会事实的基础条件是由一个广泛持有的错误信念所锚定的，那么揭穿其本质的方式就可以是通过批判其锚定关系。[2]

对社会事实作出本体论陈述，与对社会事实之间的本体论建立关系进行探究，是两个递进的层次，落实到语境本身的本体论存在性上，就可以区分为两类问题，一是语境是否存在，二是语境与其他社会事实之间的互动关系。当代社会本体论直接关注第二类问题，通过对语境的本体论解释和因果解释，论证语境的本体论存在性。本体论解释涉及，语境是否完全由一些关于个体人的事实所决定，语境与其他社会事实之间是否存在一种特定的本体论关系，我们是否可以描述或说明这种关系；因果解释则涉及，语境与其他社会事实之间的因果关系问题，其中包括理解和解释语境本身的原因。基于奠基和锚定的内在区分，将语境的本体论解释与因果解释区分开来，对于把握语境的本体论构成和认识论与方法论作用而言之所以重要，某种程度上还因为，对本体论解释与因果解释的混淆，带来了自 20 世纪 50 年代以来漫长的对本体论整体主义的拒斥和对方法论个体主义的支持。[3] 而方法论个体主义在社会科学和哲学研究中的支配作用，使得对语境的探讨总是停留在分析还原和不可知论这两种极端立场之间。对语境的奠基分析，可以让我们认识到，我们可以拒斥关于社会世界的整体论，而不用支持关于社会解释的个体主义。对语境的锚定分析，可以让我

---

[1] Brian Epstein, "A Frame Work for Social Ontology", *Philosophy of the Social Sciences*, 2016, 46(2), pp. 158-161.

[2] Brian Epstein, "History and the Critique of Social Concepts", *Philosophy of the Social Sciences*, 2010, 40(1), pp. 3-29.

[3] Brian Epstein, "A Frame Work for Social Ontology", *Philosophy of the Social Sciences*, 2016, 46(2), p. 151.

们认识到，我们可以以科学的方式认识和处理规范性、意向性、制度结构等在生成并影响社会现象和行为中的重要作用。

总之，奠基和锚定的实现方式多种多样。一方面，社会事实的基础是异质的，既不完全由关于个体的事实构成，也不是由任何边界清晰的事实集合构成的；另一方面，对社会事实的基础条件的锚定也是异质的，在很多情况下，是由历史符号的混合、环境的各种特征、法律颁布、群体信念和实践等所锚定的。不论是在奠基还是锚定的过程中，语境都不是不可认识的，或不能进行分析描述或移情理解的。某种单一的奠基和锚定模式并不是必需的，恰恰相反，我们用来奠基和锚定的丰富机制，对于理解社会世界及其实践而言，是十分有益的。

## 三、属性和属性描述中的语境突现

奠基和锚定既规定了语境的描述性和规范性内涵，又揭示出语境在不同社会事实及其要素之间的关系和互动中的作用。这种本体论上建立的关系既是共时性的，又是历时性的，对其准确地刻画需要借助认识论层次上的描述性话语。在不同的关系范畴中，理论之间或规律之间的关系是纯认识论的，整体和部分之间的关系是纯本体论的，都不能实现本体论与认识论之间的交互影响。只有属性关系才能实现这两个层次之间的对话，因为属性关系既可以是本体论的，即构成实在之要素的属性；也可以是认识论的，即指称构成实在的要素之属性的描述性话语。[1] 因此，在属性生成和描述关系中，语境的作用可以充分明确地确定下来。通常认为，社会现象和系统的边界可以相对于其环境被分离出来，系统状态及其相关联的属性，是系统根据动力学规律在演化过程中所生成的，因此，系统属性是可分析还原地进行描述的。然而，复杂系统特别是复杂社会系统的状态和属性通常具有多重实现方式，而且，突现意味着较高层次的属性不能还原为或者说在部分程度上不能还原为较低层次，较高层次的属性与新奇性的突现有关。因此，如何把较低层次的基本属性与较高层次的属性关联起来，

---

[1]　Robert Bishop, Harald Atmanspacher, "Contextual Emergence in the Description of Properties", *Foundations of Physics*, 2006, 36(12), p. 1756.

如何把较低层次的基本描述与较高层次的属性描述关联起来，成为把握系统状态、属性及其动力学演化的关键所在，也为把握语境在系统属性生成和描述过程中的核心作用提供了空间。

需要强调的是，偶然语境在不同描述层次上系统属性的生成过程中发挥着不同的作用，也就是说，偶然语境造成了不同程度的还原和突现，进而带来了跨层次关系的不同程度的必要条件和充分条件，基于此，可以把不同的属性和属性描述层次之间的关系分为四类①：第一类是还原，一个特定层次上的属性和属性描述为一个更高层次上的属性和属性描述提供了充分且必要条件；第二类是语境突现，一个特定层次上的属性和属性描述为一个更高层次上的属性和属性描述提供了必要但不充分条件，这就意味着，除了较低层次上的属性描述之外，还需要加入偶然语境条件，才能推导出更高层次上的属性描述；第三类是随附性（supervenience），一个特定层次上的属性和属性描述为一个更高层次上的属性和属性描述提供了充分但不必要条件，这就意味着，较低层次的属性为较高层次上的属性提供了多重实现的可能性；第四类是极端突现，一个特定层次上的属性和属性描述为一个更高层次上的属性和属性描述既没有提供必要条件也没有提供充分条件。非还原属性二元论是第四类的一个例证，故第四类对于探讨不同属性描述层次之间的关联性没有任何意义。第一类的彻底还原在各个科学研究领域都显示出了根本性缺陷。对于分析不同描述层次之间的关系而言，第二类和第三类都是可行的框架，但是，由于难以把握随附性的本体论实现关系，金在权（Jaegwon Kim）本人曾明确指出，"随附性对于获得科学中的关系而言并不恰当"②。

因此，语境突现对于描述不同层次上属性之间的关系而言，是一个有意义的框架。然而，与传统科学基于抽象而形成系统的理论框架这一主要目标相比，语境代表着偶然条件，对语境的考量越多，抽象程度越低。因此，在追求自然

①　Robert Bishop, Harald Atmanspacher, "Contextual Emergence in the Description of Properties", *Foundations of Physics*, 2006, 36(12), pp. 1757-1758.

②　Jaegwon Kim, "Making Sense of Emergence", *Philosophical Studies: An International Journal for Philosophy in the Analytic Tradition*, 1999, 95(1/2), pp. 19-22.

化和科学化的社会科学研究中，对现象和系统的属性描述要求尽可能地抽象化、形式化，而不考虑某一特定系统的具体细节及其环境，这些细节和环境被视为与研究对象和目标无关，甚至为了研究的便利性，会根据研究目的和兴趣把系统的某些特定属性当作无关的。然而，一方面，系统不能与其环境绝对分割开来，系统构成之间的作用也具有多重实现可能性，对系统构成的特定排列和系统演化的特定路径的认识，必须把系统定位在一个具体语境中；另一方面，不同属性在不同研究语境中的重要性有所不同，与一个特定语境不相关的那些属性，可能在另一个语境中是高度相关的。即使是在自然科学中，语境在属性生成和描述中的作用也是显而易见的，温度这个特征与热力学相关，但与牛顿力学或统计力学不相关；光线这个特征与几何光学相关，但与电动力学不相关；分子的不对称性这个特征与物理化学相关，但与薛定谔式的量子力学描述不相关。① 因此，我们需要通过揭示不同描述层次之间的关系，来把握高层次属性与低层次属性之间的实现关系，以此澄清语境在系统属性实现中的作用。

　　值得注意的是，探讨语境在把握不同属性和属性描述层次之间的关系中的作用，并不仅仅是为了使较低层次的属性描述为较高层次的属性提供必要且充分条件，因为这种哲学意义上的属性还原，在不论是哲学还是社会科学，乃至当代自然科学的很多研究领域中，都遇到了极大的障碍和困难。准确地说，语境在把握不同描述层次上属性之间关系中的作用，更倾向于为较低层次上一个适当参数的某些限制提供必要且充分条件，这本质上是物理学意义上的属性还原的根本内涵。也就是说，根据不同描述层次上属性对应的状态空间的拓扑，去规定不同描述层次之间的差异。然而，对于绝大部分自然科学和社会科学研究对象而言，在较低层次的基础描述所固有的拓扑中，适当参数并不是一致收敛的，并不是趋向于某一个极限，这种不连续的极限行为本身难以得到认识。物理学对这种问题的处理通常是，改变较低层次的基础描述所固有的拓扑，建立一个新拓扑，即语境拓扑。也就是，基于渐进解释，在基本描述的较低层次

---

　　① Robert Bishop, Harald Atmanspacher, "Contextual Emergence in the Description of Properties", *Foundations of Physics*, 2006, 36(12), p. 1760.

的状态空间中规定一个参考状态。[①] 热力学的热力学极限、几何光学的短波极限、物理化学的波尔—奥本海默极限，经济学中的理性经济人假定、市场均衡理论等，本质上都是这种方式的处理。

不过，语境拓扑是偶然的，它不是由基本理论的原始拓扑或任何其他要素给定的，语境拓扑中的描述允许我们定义一个较高层次描述的新的语境依赖特征——新奇属性，这些特征在原始拓扑的状态空间中是不可能得到定义的。基于较低层次描述所提供的固定参考状态，借助语境，可以分析较高层次属性的语境突现。而从原始拓扑到语境拓扑的转换过程中，对时间尺度（time scale）的分割，即根据"慢"时标去思考"快"时标上系统相对于固定参考状态的运动，并不是较低层次的属性描述所规定好了的，而是由分割的目的、研究者的兴趣等与较低层次描述无关的属性决定的。[②] 这样，通过建立一种新的语境拓扑，较高层次的描述为新奇属性留出了空间。但是，较高层次描述的任务，绝不是去接近基础理论，而是表征新的模式，在这种情况下，语境与基础理论同样重要，给定基础理论，再加上一种适当的语境拓扑，就可以使用渐进展开来推导出新奇属性。在这种新的语境拓扑中，新奇属性得到了具体化、形式化。

因此，如果引入一个新的语境拓扑的话，我们就可以这样说，较高层次的突现属性产生于较低层次的基础属性。但是，这绝不是方法论个体主义，因为这种新的语境拓扑不能得到较低层次理论的规定，突现属性的必要条件存在于较低层次，而语境所代表的充分条件并不存在于较低层次。总之，如果考虑适当的语境，较高层次的突现属性不仅可以得到完整解释，甚至可以被当作可观察量的一个新的代数学要素，得到准确预测。[③] 进而，这也将较高层次上突现出的因果力去神秘化了。突现并不代表不可知，语境突现具有与其他科学要素

---

① Robert Bishop, Harald Atmanspacher, "Contextual Emergence in the Description of Properties", *Foundations of Physics*, 2006, 36(12), pp. 1761-1773.

② Hans Primas, "Emergence in Exact Natural Sciences", *Acta Polytechnica Scandinavica*, 1998, 91, pp. 83-98.

③ Robert Bishop, Harald Atmanspacher, "Contextual Emergence in the Description of Properties", *Foundations of Physics*, 2006, 36(12), p. 1763.

同样的准确性和可描述性。对社会科学研究对象的层次划分，最常见的一个维度是个案分析和集体现象分析，在个案分析中，语境的重要性较为突出，研究结论在很大程度上依赖于语境所涉及的文化环境、社会习俗、个人偏好、生活习惯等；在集体现象分析中，我们分析现象的目的是形成具有普适性的一般理论，在这种情况下，语境所代表的偶然因素通常会被剔除掉，研究更为抽象。可见，考虑适当语境，并不是否定基础理论的作用，相反，它将较低层次或"第一原则"描述的作用更清晰地凸显了出来。

## 第四节　社会科学语境本体的合法性辩护

传统社会科学哲学研究的思路是"从论点到假设，从哲学到社会科学"①，然而，这种思维惯性使我们倾向于将"不科学"的东西直接当作是错误的，因此，在传统科学观下，语境的动态性、规范性、非决定论性、整体性以及非精确性等，使其很容易被视为错误的。要把握语境的本质内涵并澄清其认知和方法论作用，我们应该坚持从科学到哲学的分析思路，在适当的科学观的指导下，对语境的生成过程给予客观的本体论分析，进而对其方法论作用给予合理的定位。本节也正是沿着这样一种思路，从复杂性视角，通过对本体论不可还原性与认知不可还原性所作出的区分，阐述了语境在社会行为中的本体论存在性，在此基础上基于突现和突现属性等概念进一步论述了语境所具有的本体论合法性。由此，语境在本体论个体主义与方法论整体主义之间实现了两者的融合。

### 一、本体论不可还原性与认知不可还原性的内在区分

当社会科学哲学家普遍聚焦于方法论层次上个体主义与整体主义之间的争论时，他们却忽略了一个前提，那就是，方法论个体主义与方法论整体主义共

---

① Paul Miller, Tom Grimwood, "Mountains, Cones, and Dilemmas of Context: The Case of 'Ordinary Language' in Philosophy and Social Scientific Method", *Philosophy of the Social Sciences*, 2015, 45(3), p. 331.

同预设了一个不可还原的整体性概念，因为如果没有这个共同的本体论前提，我们就无法判断还原解释是否是正确的。不同的是，方法论个体主义者通常将本体论个体主义当作自明之理，这种思路最终会陷入无限循环——整体不重要，个体重要；个体不重要，构成个体的部分重要；等等。这种本体论还原论的根本错误在于，它在解释中消除了待解释项，即消除了被解释的整体。事实上，本体论个体主义与方法论个体主义之间存在区别，方法论个体主义者不加论证地将本体论个体主义纳入其理论体系中，在逻辑上是不自洽的，因为在认知不可还原性和本体论不可还原性之间存在着内在区分。[①] 一方面，当我们拒斥方法论个体主义时，并不意味着否定本体论个体主义，因为个体主体也可以从一种不可还原的集体性视角来表征社会的其他方面。例如，在讨论个体所具有的集体意向性时，约翰·塞尔和玛格丽特·吉尔伯特（Margaret Gilbert）等人认为，我们可以把一种不可还原的态度归因于个体主体，以此来理解个体所具有的集体意向性行为的"我们感"（we-ness）。[②] "我们式"（we-mode）的心理状态和行为一般是共同的状态和行为，内在地包含一个厚的"我们"。[③] 方法论个体主义者显然不能应对这种认知不可还原性。另一方面，当我们强调还原方法的作用时，我们并没有在本体论层面上否定作为整体的社会现象和行为的存在。还原指的是把一个层次上的要素部分地分解为另一个不同层次上的要素。例如，测量本身就是一种还原行为。如果没有对部分的某种切割和分析的话，科学是不可能取得进展的。但是，如果非循环解释不能成功地把作为整体的社会现象和行为分解为完全个体主义的概念，那么我们就有理由相信社会现象的整体性。因此，我们应该在认知层次上的不可还原性与本体论层次上的不可还原性之间做出本质的区分。

复杂系统范式倡导基于主体的建模，即根据个体及其之间的关系进行自下

---

① Mattia Gallotti, "A Naturalistic Argument for the Irreducibility of Collective Intentionality", *Philosophy of the Social Sciences*, 2012, 42(1), pp. 3-30.

② Margaret Gilbert, *On Social Facts*, Routledge, 1989, p. 416; John Searle, *The Construction of Social Reality*, Free Press, 1995, p. 24.

③ Raimo Tuomela, *The Philosophy of Sociality: The Shared Point of View*, Oxford University Press, 2007, p. 10.

而上的生成性解释。但是，它不是方法论个体主义，它没有消除待解释的整体，因为正是原来的整体存在，才使部分之间的关系是其所是。一个现象所具有的因果力和解释力，是整体所具有的而不是部分所具有的。而整体所具有的区别于部分的因果力，很大程度上来自语境，正是语境的差别带来了部分之间关系的差别。因此，对整体的本体论存在性的辩护，间接地维护了语境的本体论地位。当然，本体论不可还原性并不拒斥认知还原，像基于主体的建模那样，如果根据较低层次单位来解释一个更高层次现象是可能的，那么认知还原就是可行的，我们不能忽略更高层次属性对于较低层次单位的依赖性。一些局部的还原是不可避免的，且通常能取得令人满意的结果。但是，值得注意的是，完全的分析还原既是不可能实现的，在哲学上也是一种教条的转换，完整的还原是没有希望且无止尽的。总之，不论是个体解释还是整体解释，不论是还原解释还是突现解释，不论是低层次解释还是高层次解释，我们都必须保证，我们解释的是同一个对象，而要保证这一点，必须考察现象或行为在本体论层面上是否可以还原，而不能像方法论个体主义者那样，将本体论个体主义当作自明之理纳入其中。

复杂系统范式尝试以局部的认知还原，实现对本体论层面上不可还原的社会现象和行为的科学解释，集中表现为对集体意向性等问题的重新描述，以消解还原论者和非还原论者之间的截然对立，这进而为语境在社会现象和行为中的本体论存在性提供了认知途径。非还原论者认为，参与者在一个共同的活动中所经验到的那种"我们感"，只能通过某种社会性来获得；还原论者认为，对集体态度的解释可以诉诸关于个体行动和思想的事实。然而，这两个表面上对立的阵营之间隐藏着一种一致，即如何最好地解释不可还原性问题。[1] 这也就说明了，不论是还原论者还是非还原论者，他们都承认了在社会解释中，存在着某种因为社会性和规范性而带来的不可还原情况，而语境基本上存在于本体论不可还原性这个层次上。集体意向性哲学家通常不愿意放弃本体论个体主义，

---

[1]　Mattia Gallotti, "A Naturalistic Argument for the Irreducibility of Collective Intentionality", *Philosophy of the Social Sciences*, 2012, 42(1), p. 5.

他们寄希望于通过将集体意向性还原为个体意向性，来为集体意向性的"自然性"辩护。复杂系统范式在本体论不可还原性与认知不可还原性之间做出了明确区分，为以一种非循环的方式解释集体意向性行为提供了有效方式。既为我们根据个体思想和行为来理解集体行为提供了科学途径，又维护了集体意向性的完整性。而作为构成集体意向性核心的不可还原的"我们感"，既来自参与行为者之间的互动语境，也来自社会环境构成的外部语境。

总之，不论是在本体论层次上还是方法论层次上，复杂系统范式都拒斥还原论，但不反对还原方法的适当应用。因为还原论与整体论相对立，它倡导方法论个体主义，并内在地蕴含本体论个体主义。而还原方法在实施认知还原的过程中，并不必然蕴含本体还原，并没有消除待解释的整体。这种对方法论个体主义和整体主义的调和，强调了整体的本体论重要性，而语境恰恰存在于整体中，存在于整体所带来的部分之间的独特关系中。整体或者说部分之间关系的不可还原性，蕴含着语境的独特性及其本体论存在性。

## 二、理性突现与复杂系统整体论

通过对本体论不可还原性与认知不可还原性的内在区分，我们可以发现，复杂系统范式对社会实在进行本体论研究的独特方式，既肯定了社会实在作为一个整体所具有的突现因果力，又没有全然否定个体主义，没有忽视构成社会实体的任何微观基础。在调和这二者的过程中，突现概念发挥了关键作用。

突现和突现属性等概念可以追溯到 19 世纪的后 25 年，隐藏在这些术语背后的一般观念则更为久远。黑格尔的"质量互变规律"、孔德关于"社会不可还原为组成它的个体"的观念、密尔的两种因果关系学说等，都隐含着突现思想。在乔治·刘易斯(George Henry Lewes)1875 年明确提出突现概念之后，摩根(Conwy Lloyd Morgan)在刘易斯的基础上，将突现属性定义为复杂过程的不可预测的和非相加的结果。到 20 世纪 20 年代，这种突现思想受到萨缪尔·亚历山大(Samuel Alexander)和阿尔弗雷德·怀特海(Alfred Whitehead)等一批哲学家的认同，突现概念及其相关理论在英美哲学中得到确立。① 然而，随着实证主义影响力的扩张，关于实在的本质和属性的本体论讨论逐渐被边缘化。实证主义者将那些并不直接建立在经验基础上的形而上命题视为不科学的。这样，摩根、亚历山大、怀特海、麦克杜格尔（William McDougall）以及罗伊·塞拉斯（Roy Sellars）等人的本体论关注，连同突现概念一起，都被当作形而上研究而遭到忽视甚至拒斥。尽管如此，突现概念还是在社会科学的边缘生存了下来。制度经济学家托马斯·凡勃仑（Thorstein Veblen）把制度当作依赖于个体但不能还原为个体的现象来进行研究。韦斯利·米切尔（Wesley Mitchell）尝试打破个体主义基础，为宏观经济学的学科地位而努力。社会学家塔尔科特·帕森斯（Talcott Parsons）采用有机体本体论，认为突现属性是系统有机体说的一种例证。因此，在社会科学和哲学领域，突现概念虽一直处于边缘地位，但还是在各类思想流派中延续了下来。到 20 世纪 80 年代，计算机技术的发展，带来了非线性动力系统模拟的新进展，复杂系统科学将突现概念从哲学研究的边缘带到了核心，使对突现的研究获得了科学的认知地位。

同时，当代社会本体论对不同要素之间的本体论建立关系的研究，也为突现属性奠定了科学的本体论基础。当代社会本体论研究关注三个层次上的要素：第一，所研究的社会事实、实体或现象；第二，基石；第三，前两者之间的本体论建立关系，如合成、依赖、决定、随附、实现等。② 因此，社会本体论对语境的维护，不是从研究本体论陈述的视角，探讨语境是否存在，而是通过对不同实体之间的本体论建立关系的研究，来考察语境的边界和作用。一方面，语境的认知作用可能嵌入在系统内部的复杂关系、系统周围的环境、系统与环境之间的交互作用等方方面面。在社会科学研究中，语境不同，所使用的社会范畴就不同，如种族、性别、制度、群体等；所采用的研究方法也不同，如定量测量、定性比较、参与式观察等。反过来，对社会实在的构成要素及其作用

---

① Geoffrey Hodgson, "The Concept of Emergence in Social Science: Its History and Importance", *Emergence*, 2000, 2(4), pp. 65-77.

② Brian Epstein, "A Framework for Social Ontology", *Philosophy of the Social Sciences*, 2016, 46(2), p. 149.

的把握，可以借助反事实语境。社会事实是由以适当的方式相互连接起来的个体构成的，其中个体和关系会随时间发展而有所变化，语境不同，关系因而具有独特性，整体由此获得其独特身份。语境是构成整体的部分之间关系存在的一个必要条件。一个整体的部分所具有的因果力，可以通过考察这些部分在反事实情节中所具有的因果力来辨析，因为在后者中，缺少对部分的必要组织，最初的整体并不存在。通过比较这两种情况下部分的因果力，就可以判断语境在最初的整体中所发挥的作用。语境的独特性就是系统或对象的构成部分之间关系的独特性，而突现因果力在部分程度上来自于语境。语境是自然的一部分，因此，语境具有本体论合法性。

复杂系统范式倡导整体论的研究方法，一方面，它强调作为整体的社会实体所具有的因果力，以社会实体的整体性存在为前提。但是，它与非还原个体主义是兼容的，强调整体论解释并不意味着完全不考虑社会实体的任何微观基础。这种整体论并不把系统当作一个不可分解的整体，认为系统优于其部分，相反，它认可并重视理性突现，要求我们把每个系统分解为其组成部分、环境、结构、机制等，根据系统构成部分的交互作用，去解释系统的突现属性和因果力。它超越了传统整体论的神秘主义，既反对了极端还原论，又远离了蒙昧主义整体论，为语境发挥作用留下了空间。另一方面，它强调语境存在于个体之间以及个体与环境之间的交互作用中，这并不意味着社会解释必须从个体层次出发，回到社会层次。如果宏观层次仅由个体、个体的属性和关系构成，那么我们就不需要整体论解释，如果不是，整体论解释就不可或缺。这本质上是一种温和的本体论基础主义。这与近年来社会科学研究中比较流行的反本体论实用主义形成了鲜明对照。反本体论实用主义者认为，研究者的认知兴趣和实际问题应该引导解释和方法论工具的选择。他们所倡导的去本体论化倾向的社会解释方法，容易使语境走向相对主义。因此，很多时候是研究者的使用倾向带来了语境的相对化，而不是语境本身内含着某种程度的相对性。复杂系统整体论所肯定和强调的理性突现，为把握语境在社会现象的微观基础和整体属性的交互中所发挥的作用，提供了一种有效的方式。

## 三、本体论个体主义与方法论整体主义的有机融合

复杂系统范式倡导在本体论层次上的不可还原性与认知层次上的不可还原性之间做出区分，同样还明晰了本体论个体主义与方法论个体主义的内在区别。强方法论个体主义认为，对社会现象的解释只应该诉诸个体及其属性和交互作用，非个体属性不具有非衍生性解释地位；弱方法论个体主义认为，非个体属性通过其施加于个体的影响而具有一种非衍生性解释作用。在社会科学中，方法论个体主义在构造解释和预测模型的过程中带来了极强的人类中心主义。例如，谢林(Thomas Schelling)的隔离模型，根据人们更愿意住在与他们自己相似的人的周围，来描述个体人的移动，从而将种族隔离解释为个体为满足自身偏好而采取的行动；阿克塞尔罗德(Robert Axelrod)的合作博弈论模型，根据相互矛盾的个体之间的交互作用，来解释合作行为的出现；亨里奇(Joseph Henrich)使用复制动力学来根据变化的信念模拟文化演化，将文化演化解释为个体人的信念的变化；等等。这些模型都是以人类为中心进行解释和预测的，它们代表着方法论个体主义。① 然而，坚持方法论个体主义的社会科学家，在金融危机、偏好反转现象、菲利普斯曲线的预测失败等方面的表现，对社会科学中最具预测有效性的学科——经济学的预测理论和模型形成了挑战。改进社会科学理论和模型的系统性的预测力，成为社会科学家和社会科学哲学家关注的焦点之一。

值得注意的是，一方面，解释和预测是方法论层面的，在将其与本体论层面上的社会实在关联起来的过程中，同样不能忽视方法论个体主义与本体论个体主义的本质区别。方法论个体主义所预设的在预测过程中只依赖个体，有可能会遗漏隐藏在特定社会现象背后的语境特征，不能合并个体主义之外的那些可能对预测有价值的信息。而事实上，社会科学中很多个体主义的社会科学解

---

① Richard Lauer, "Predictive Success and Non-Individualist Models in Social Science", *Philosophy of the Social Sciences*, 2017, 47(2), p. 151.

释和预测模型，实际上不只量化了个体人，还假定了规则和制度结构。[1] 另一方面，解释和预测只是方法论的一个方面，即使整体社会实体不存在，社会科学解释也可以整体地处理与社会实体相关的各种要素及其相互关系，而不用采用这种整体论研究方法所暗含的本体论承诺。因此，以人类为中心的方法论个体主义在预测上的失败，并不必然意味着本体论个体主义需要为此负责。个体主义和整体主义在不同层次上是兼容的，本体论个体主义并不必然导致人类中心主义，个体主体可以从一种不可还原的视角表征构成社会的其他方面，如社会规则和制度结构。

基于主体的模型所倡导的自下而上的研究策略，就不只包含关于个体人的假定，还包含社会网络的拓扑性质、主体之间的关系属性等，基于主体的模型中有一些关键变量是关于结构的，它与方法论个体主义之间存在本质区别。首先，在基于主体的模型中，主体不一定是个体，还可以是家庭、群体、组织甚至是内心的认知过程，在后面这类主体中，结构因素具有重要的解释意义；其次，很多结构变量虽然可以根据个体主义术语来得到解释，但这并不意味着这些变量的解释相关性消失了，结构因素常常发挥着一种不可还原的解释作用；最后，诸如语境这样的变量的解释地位，并不依赖于它本身是否可以得到解释。因此，基于主体的模型借助自下而上的解释机制，生成待解释的现象，它对待解释的现象背后的可能的依赖性网络的追踪，也形成了基于机制的解释，而并没有对方法论个体主义做出任何承诺。[2]

因此，本体论个体主义并没有否定不论是个体语境还是社会语境的存在。改进社会科学理论和模型的预测力，需要拒斥方法论个体主义，但并不必然要全然否定本体论个体主义。个体的异质性、主体的多样性、主体之间关系的变动性、社会环境的丰富性等，证明了我们不需要为社会科学的预测失败寻找任

---

[1]  Harold Kincaid, *Philosophical Foundations of the Social Sciences*, Cambridge University Press, 1996, p. 161.

[2]  Caterina Marchionni, Petri Ylikoski, "Generative Explanation and Individualism in Agent-based Simulation", *Philosophy of the Social Sciences*, 2013, 43(3), p. 337.

何本体论层次上的借口，方法论上的多元化是拯救失败的有效路径，而这种多元化依赖的最关键的因素就是语境。

## 四、科学语言与形式语言的非对等性

20世纪前半叶逻辑实证主义的影响遍及整个西方知识领域。在科学哲学领域，哲学的任务被定位为消除语言的模糊性及其所带来的各种不可证实的问题。哲学命题必须以对或错的方式，使用科学语言来得到陈述，否则就不具有意义，由此，基于形式语言所构造的客观真理受到哲学家的普遍推崇。同时，这也使得科学语言和日常语言之间的对立凸显出来。这种对立的典型表现是索绪尔（Ferdinand de Saussure）对"语言"和"言语"的区分[1]：语言是同质的，是一组基础原则的抽象集合，是社会的、系统化的、可分析的，任何真实的语言都是一个独立的整体和分类原则，没有语言，言语的任何有意义的发生都是不可能的；与之相比，言语是多方面的、异质的，同时横跨好几个领域，如物理、生理和心理，它既属于个体也属于社会，我们可以把它放入任何人类事实范畴中，因为我们不能找到它的整体。简单地说，语言只研究形式，不研究实质。语言形式涉及语言本身的结构系统，是内部的；语言实质涉及语言与民族、文化、地理及历史等方面的关系，是外部的。言语的"混乱性"恰恰来自这些外部因素。通常认为，对形式研究的对象而言，日常语言太过混乱。在社会科学领域，主流社会科学在问卷调查中使用勾选框或李克特式量表，在数据统计和分析中使用柱状图或折线图等，都体现着对形式语言所代表的科学语言的重视。

然而，在自然科学领域，对于形式语言的典型代表——数学的本质，分形几何的创始人曼德尔布罗特（B. B. Mandelbrot）给出了自己的独到见解。[2] 他对欧几里得传统思维进行了批判，他认为，对数学的独特关注常常给我们一种错觉，即数学语言所代表的科学语言才是唯一准确的科学语言。事实上，数学是一门关于真实世界的科学，数学研究不能执着于那些抽象的、理想的、形式化

---

① Ferdinand de Saussure, *Course in General Linguistics*, McGraw-Hill, 1916, p. 9.

② Benoit B. Mandelbrot, *The Fractal Geometry of Nature*, W. H. Freeman and Company, 1982.

的形状。真实世界的复杂性、不规则性、不可预测性、表面的混沌性，不是我们理解周围环境的障碍，而是环境的本质特征。为了适当地理解和解释现象，我们有必要摒弃基于形式语言去准确预测现象和行为，并发现其具有绝对确定性的运行规则。进而由此得出，形式研究不是科学研究的标准，发现规则也不是科学研究的唯一绝对目标。一方面，日常语言尽管存在表面上的混乱，但并非完全没有规则；另一方面，规则时刻在变化，发现规则并没有太多实践意义，关注规则被实施的切实可行的方式才有意义。因为只有规则被实施，规则及其作用才是可见的。因此，用形式语言来规范日常语言，"就像把锥形体叠加在山上一样，并不会使山更容易看见，相反，只会使现象远离我们的研究视野"①。

曼德尔布罗特的这种观点在社会科学中的对应物之一就是加芬克尔（Harold Garfinkel）的常人方法学（ethnomethodology）。② 加芬克尔认为，社会分析的核心目标不是探寻日常社会世界中的规则，而是在人们构造日常社会世界并把意义归因于日常事件和活动的过程中，对人们所利用的共同社会技能的描述。因为规则每时每刻都会得到构造和重构，因此，规则的非恒常性本身不是问题，甚至实现、遵循乃至忽视规则的方式也都不是问题。社会生活和人们理解其日常互动的方式，只能建立在对他们的实践活动的观察、识别和描述的基础之上，这就是加芬克尔所说的语言的索引性表达。这些表达有强烈的语境依赖性，从其交流的语用学中获得其意义，是即时的交换；它不是客观性的寄生，而是日常语言本身的特征，它区别于形式语言所倡导的那种科学性表达，并具有不同的客观性内涵；一个索引性表达的内容远远多于其实际所说的，它还包含着只有在情境的上下文中才能明白的意义。传统的日常语言研究尝试使社会话语脱离索引性表达的不确定性，用更为客观的构想来代替其假定的主观性，然而，这种客观性不是现实存在的，而且难以实施。其所诟病的日常语言的"棘手的模

---

① Paul Miller, Tom Grimwood, "Mountains, Cones, and Dilemmas of Context: The Case of 'Ordinary Language' in Philosophy and Social Scientific Method", *Philosophy of the Social Sciences*, 2015, 45(3), p. 347.

② Harold Garfinkel, *Studies in Ethnomethodology*, Prentice Hall Inc., 1967.

糊性"，恰恰寄生于理想意义的预先理论化和抽象—规范性构造。[1] 因此，语言和言语之间并不存在明确的区分，日常语言并非因为太过混乱而不能生成模式和意义，否则我们就不能进行交流。相反，一个有意义的陈述是在连续的互动中创造出来的，而不是以命题的形式构造出来的。会话命题在不同的会话序列中所具有的意义，包含一些细微差别，而这些差别存在的条件正是情境的语境细节所带来的；同时，语境的限制本身也是在会话过程中构造出来的。科学语言并不能够等同于形式语言，形式语言充其量只是科学语言的一种表现形式，针对研究对象和目标的多样化，而生成的多元化的研究方法，本质上要求着同时也生成了多种表现形式的科学语言。总之，研究的科学性不能以语言的形式作为绝对标准，研究的客观性也不能以绝对的价值中立为永恒守则。

通过对本体论不可还原性与认知不可还原性的内在区分，语境在作为整体的现象和行为中的本体论地位和作用凸显出来；通过对社会事实之间的本体论建立关系的研究，揭示出现象和行为所具有的突现因果力在很大程度上来自语境；通过澄清个体表征社会规则和制度结构的具体方式，语境在本体论个体主义与方法论整体主义之间实现了融合；通过对科学语言与形式语言的本质区分，揭示对日常语言的语境依赖性的质疑，本质上来自对理想意义的理论化和规范化构造。在这些过程中，复杂系统范式所带来的新的科学观，特别是其所倡导的基于主体的建模方法，将对语境的社会本体论研究具体化、可操作化，具有重要的理论和实践意义。维特根斯坦在《蓝皮书》中曾经指出，"哲学家们尝试用科学的方式来回答问题，这种趋势是形而上学的真正来源，同时也导致了哲学家们陷入无尽的黑暗"[2]。事实上，在复杂系统范式下，维特根斯坦所说的"科学的方式"，并非真正"科学"的方式，他所描述的科学方法也许在经典力学的理论框架中是科学的，但显然与量子力学和相对论的话语存在显著不一致，更不用说生物学了，他所描述的方法自始至终与生物学方法大相径庭；同时，这种

---

[1] Paul Miller, Tom Grimwood, "Mountains, Cones, and Dilemmas of Context: The Case of 'Ordinary Language' in Philosophy and Social Scientific Method", *Philosophy of the Social Sciences*, 2015, 45(3), p. 347.

[2] Ludwig Wittgenstein, *The Blue and Brown Books*, Blackwell, 1958, p. 18.

趋势所导致的"无尽的黑暗",并不是来源于哲学家们以科学的方式来回答哲学问题,事实上,来源于哲学家们总是以错误地想象的科学的样子来进行哲学研究。生物学甚至是物理学,同样有"错综的小巷与小广场"①,科学语言和日常生活之间的差异没有维特根斯坦乃至温奇所想象的那么大。自然科学,准确地说是哲学家们想象的经典的自然科学,不应该成为社会科学的志向。②

综上所述,复杂系统范式以其区别于牛顿实证主义的实在观和科学观,修正了社会科学旨在成为精密科学的核心目标,澄清了本体论不可还原性与认知不可还原性的内在区分,将形式语言与科学语言区分开来,尝试实现本体论个体主义与方法论整体主义的有机融合,证明了在特定的研究语境和事实语境中,既要描述和刻画待解释的现存实体和依赖关系,又要考虑研究者的认知兴趣或实际问题,在多元主义的方法论指导原则下,寻找尽可能适当和匹配的研究方法和路径,并规定可能的误差范围。与此同时,社会本体论研究则有助于澄清一种假冒的多元主义,即碎片化,借助社会本体论对语境的奠基和锚定以及对语境突现的属性描述,证明了社会本体论研究有能力使社会科学领域内同一问题的不同解释框架之间实现有效对话。目前,碎片化使得社会科学的核心主题涉及一些不兼容的甚至是完全相异的概念,缺乏实质性的范式间的话语或知识整合,导致不同范式或学派所包含的子概念的内涵和外延不能达成一致,结果就是,到目前为止,社会科学领域内所有的范式整合的尝试几乎都失败了。事实上,我们并不知道社会科学的不同范式之间是否存在深刻的本体论差异,但是,对实际存在的关于社会的本体论假定进行批判性的研究,可以提供一种对社会科学碎片化的有效且公正的补救,以培养跨越范式的话语和一种富有成效的多元主义,而不是南辕北辙的谈话。这恰恰就是社会科学哲学家的工作。

---

① Ludwig Wittgenstein, *Philosophical Investigations*, Blackwell, 1953, p. 18.

② John Dupre, "Social Science: City Center or Leafy Suburb", *Philosophy of the Social Science*, 2016, 46(6), p. 548.

# 第三章
# 社会科学中语境的话语结构与特征

社会科学解释是否是真正的科学解释，一直是关乎社会科学合法性的关键问题，也是社会科学哲学的基本问题之一。而现有的科学解释模型大多源于自然科学，这些解释模型背后所体现的"主体—世界"二元关系，只适合于恒定的自然世界，无法应对变化的社会世界。那么，如何从语境本体的视角为社会科学解释模型奠定较为严谨的语境形式，这也是社会科学语境本体合法性需要进一步给予辩护的重要问题之一。本章正是在语境本体的意义上，通过引入不依赖主体性的具有话语特征的语境，来重构"主体—世界"二元关系，由此所形成的话语、语境和世界的三元关系，为社会科学解释的语境模型奠定较为严谨的形式基础。

对此，本章首先分析了现有语境论的主体性问题，并通过融合语境本体论和范戴伊克话语与语境关系理论两种观点，提出一种不依赖主体且具有话语特征的语境，进而论证了话语语境的非主体性依赖途径及其本体论意义，阐述了话语与语境的内在关系。在此基础上，本章从话语、语境和世界的三元关系框架出发，考察了科学解释中的观察和现象，论证了观察和现象的基于话语的语境本质，并论述了科学的话语语境以及话语语境同一性条件，说明了话语语境对理论不可通约性问题以及描述科学发展的重要意义。最后，从主体间性的视角，阐述了语境的主体间性在自然与社会世界客观性假定、主体认知的唯一性、社会科学解释的自反性等问题上的理论优势，同时还阐释了语境之于人类理性的意义，指出语境具有认识意义上的本体论地位。

## 第一节　对"主体—世界"关系的重构

"主体—世界"的二元关系是社会科学解释问题产生的认识论根源，而现有语境论的解决方案仍然存在主体性依赖的问题。本节主要通过引入不依赖主体且具有话语特征的语境，来重构"主体—世界"二元关系，由此形成的话语、语境和世界的三元关系即可作为构建社会科学解释语境模型的认识论基础。基于此，本节具体分析了现有语境论的主体性问题，论证了以话语为特征的语境如何体现为一种非主体性依赖，在此基础上阐述了这种特殊语境的结构特点。

### 一、语境论的主体性问题

作为一种新的世界观，语境论从本体论、认识论和方法论三个方面对实在、知识和真理等基本问题提出了新的思路[①]，也为知识论等问题提供了很好的研究视角。语境"给出了语言中内在关联的意义，使逻辑语义的意义性更加鲜明"[②]。也就是说，仅靠语义本身无法确定命题的意义，我们在语境中才能进一步解释一个命题所具有的不同语义。

我们以知识论语境论（Epistemological Contextualism）中刘易斯等人所倡导的归因者（attributor）语境[③]为例来分析语境论的主体性问题。知识论语境论者认为，对于同一个认知主体 S 和同一个命题 p 而言，"S 知道 p"和"S 不知道 p"的真值是由这两个语句的言说者以及语句所在的归因语境一起共同决定的。不同的语境有着不同的标准要求，我们会在不同语境中做出不同的知识归赋。比如，在所谓的"高"语境和"低"语境中，主体 S 对 p 可能有不同的认知状态：在低语境中，可能 S 知道 p，但是在高语境中，S 就变得不知道 p 了。蒂罗斯曾

---

① 成素梅、郭贵春：《语境论的科学观》，《学术月刊》2009 年第 5 期，第 53—59 页。
② 郭贵春：《语境的边界及其意义》，《哲学研究》2009 年第 2 期，第 94—100 页。
③ 阳建国：《步步为营的语境主义——论斯图尔特·科恩的反怀疑论方案》，《哲学动态》2008 年第 1 期，第 72—79 页。

经提到过一个周六银行开不开门的例子①：假如"我"以前曾在周六的时候去银行办理过业务，于是"我"认为银行在周六是开门的，这是"我"在以前语境下所做的断言。但是"我"的妻子提醒我说，周六银行不一定开门，那么周六"我"去的时候只是一种巧合而已。在这种语境下，"我"关于银行的认识变成了"我"不知道周六银行是否一定开门。所以，在知识论语境论者看来，在两种语境下"银行周六开门"这个判断的真值随着语境的变化而改变。

虽然语境论的解决方案令人耳目一新，但是其语境敏感性和语境标准等关键主张一直无法摆脱相对主义和主观主义的问题。我们认为，这些语境论的确为解决认识论和知识论问题提供了一种非常好的思路，但无论是归因者语境论、推论语境论还是主体语境论，之所以没有对怀疑论给予致命打击，主要问题还是在对语境概念的界定以及辩护策略上。我们将会论证，以主体为基础的语境正是语境论诸多问题的症结所在，如果将语境分析从主体言说的命题转向没有主体的话语集合，即把特定的话语集合视为一种以话语为特征的语境，就有可能化解一般语境论存在的问题。

现有语境论有一种共同的结构：预设一种语境 C，而后在这个语境 C 下去分析话语或者命题 p 的相关属性 N(p)，比如，p 的真值。这种结构存在两个问题：(1)语境 C 是需要陈述的，语境本身也是由各种陈述组成的，那么当我们在语境 C 下分析 N(p)时，如何解决 N(C)的问题？比如，当我们分析命题 p 的真值问题时，命题的言说主体又如何确定语境 C 中陈述的真值或者可靠性呢？如果语境 C 不是陈述，那么 C 到底是什么呢？(2)一般预设的语境 C 本身和 p 是相关的，如何划分或者确定二者的边界？

第一个问题涉及命题真值和语境真值。语境实质上成为附着在命题 p 上没有真假的假定，这种假定把命题 p 的真值转化为语境的保证。从语境和主体之间的关系看，在语境论中，假设"S 知道 p"或"S 不知道 p"，包含两类主体，一个是 S，另外一个是言说者。这就意味着，言说主体可以对包含相同命题的不

①　阳建国：《步步为营的语境主义——论斯图尔特·科恩的反怀疑论方案》，《哲学动态》2008 年第 1 期，第 72—79 页。

同语境进行对比，语境敏感性本质上成为言说主体感知语境的敏感性，语境已经作为影响主体认知的"环境"对象而存在，这种语境"环境"的标准决定了"知道"的真值定义，也就决定了"知道"的意义。这又导致语境论必须假定言说主体的认知是同一的，即言说主体不仅可以区分不同的语境，而且在不同语境当中的言说主体是同一的。问题在于，这种假设在实际中根本没有任何保证，一个科学家"在周末可能是一种信念，而在实验室的一周又是另外一种信念"[1]。

第二个问题涉及语境的边界。语境作为命题 p 的某种保证，必然和其存在某种联系，在很多情况下，二者的边界是动态的和模糊的。在实际当中，一些信息很可能就地转化为语境的一部分，同时，语境中预设的一部分陈述或者事实也可能被剔除。

因此，在一般语境论中，主观和客观的关系并没有被抹去，而是被颠倒了：传统的认识论中，主体是主观的，认识对象是客观的。在语境论视角下，客观对象在语境意义下变成了浮动的主观对象，而影响认知主体的语境变成了一种客观。为了确保真值本身不受怀疑论者的攻击，以认知主体同一性为基础的语境论，把原来客观世界的真，转化为特定语境下主体认知的真，认为这样就能解决怀疑论的诘难。对于主体而言，语境和真成了事实上的对等重复关系，不同的真意味着不同的语境，不同的语境也意味着不同的真。由于没有彻底解决主观和客观的关系问题，导致语境论不仅始终无法摆脱主观主义和相对主义，而且也没有给予怀疑论以真正打击。

## 二、对主体性依赖的消解

以话语为特征的语境，其出发点首先是为了摆脱语境对主体的依赖，将语境从主体中解脱出来。摆脱主体性依赖并不是彻底抛弃主体，我们的目的是避免"主体"概念一开始就介入主体与世界的分析中，因为这样可能导致"认识、理解、认知同一性"等事关主体与世界关系的核心词汇的意义已经被预置于主体概

---

[1]　Roger Trigg, *Understanding Social Science: A Philosophical Introduction to the Social Science*, Black-Well Publisher, 2001, p. 23.

念当中，从而导致循环论证。

话语（discourse）是社会实践的一种形式①，其具体形式既可以是口语和文字，也可以是有交流意义的行为动作，还包括说话者的身份等与交流相关的隐含信息等。所有的陈述或者语言都是主体交流的一种话语。无论是科学中的陈述、考古发现的简牍还是各种社会事实，这些都默认了一种述说的对象。科学陈述是在解释发生了什么以及为什么发生了事件，简牍则叙述发生了什么事件，而"所说的社会所固有的事实必须是可以交流的"②，这些都是主体之间的话语交流。我们对自然世界或者社会世界的认识本质上都是一种交流，所有这些认识都是用话语的方式展现出来的。这里需要说明的是，交流并不一定是两个主体之间的交流。主体 A 的话语 $d_1$ 和主体 B 的话语 $d_2$ 可以看作是两个主体的交流，同一主体在 t 和 t′两个不同时刻的两个话语 d(t) 和 d(t′)也是一种交流，这样可以回避不同时刻主体认知不一致的问题。比如，我们在思考一个问题时，其实在意识中都是自问自答的形式，就像单口相声一样，这也体现了一种以话语为特征的语境。

这些交流话语有的只是一个瞬间，比如人们的一次闲谈；有的则一直在持续，比如科学话语和宗教话语。交流话语的可持续性以及不同交流话语的类型，这些并不是由单一主体决定的，而是由话语以及话语之间的关系所决定。因此，在交流的过程中，话语实质上组成了一种特殊的话语集合，这种集合的结构对话语有重大影响，我们把这种话语集合定义为话语语境：

话语语境（Discourse Context，简记为 C）：话语 di 的集合，即 C＝{di}。话语 di 可以是一个命题、陈述或句子，也可以是单独一个词项等。

话语语境实际上给出了语境的显式定义，也明确了语境和话语之间的关系，即语境就是一种特殊的话语集合，话语组成了语境。在范戴伊克的语境理论中，"语境是作为群体或社区成员的参与者在交互过程中设计和更新的主观建构"③。

①　Norman Fairclough, *Discourse and Social Change*, Polity Press, p. 63.

②　〔美〕约翰·塞尔:《社会实在的建构》，李步楼译，上海人民出版社，2008，第 156—164 页。

③　Teun A. van Dijk, *Discourse and context: A socio-cognitive approach*, Cambridge University Press, 2008, p. ix.

对于话语和语境的关系，范戴伊克指出，"只有认知现象才能直接影响认知过程，所以社会情境（social situation）与话语是一种间接而非直接的关系，二者的桥梁就是语境"①，这点同样适用于由话语组成的语境。在话语语境中，话语本身并不和外在世界直接发生关系，话语本身只能影响话语所在的话语语境，而与外在世界直接发生关系的是话语语境而非话语。

事实上，话语语境真正赋予了语境一种本体论的地位。话语语境不需要直接面对主体，我们并不在意主体的精神状态或者言语目的，话语也不需要直接面对世界，我们不需要分析这些话语所处的社会情境，甚至话语本身的真值性也并不需要先于话语语境存在。无论是话语主体还是世界的相关属性，都需要在话语语境下来分析。话语语境控制了话语与世界的关系，词项的指称意义、知识以及理解都只能在话语语境中获得和存在。"语境作为一种具有本体论特征的实在，为一切意向、态度和行为的产生发展提供了基本的框架，成为知识结构和理解模式的一个不可还原的基础。"②话语语境实质上具有一种认识论意义上的本体论地位。

我们以怀疑论的缸中之脑（BIV）问题来进一步论证话语语境的本体地位。在 BIV 问题中，怀疑论者主要质疑的是，我们怎么知道自己不是在做梦，怎么知道自己不是 BIV。做梦、BIV 等这些怀疑论质疑存在一个特点：怀疑论者设定了一个时空，在这个时空内，你仍然拥有你所拥有的话语和认知能力，而你就是无法区分梦境和现实，或者 BIV 和现实。但是怀疑论的质疑也预设了，在梦境或者 BIV 中，我们仍存在话语，仍存在判断。这就意味着，不管是现实还是 BIV，两者的时空之内都存在话语语境，并且都具有同样的话语语境结构（比如都有"我是不是真实的"这样类似的问题）。实际上，怀疑论者无法在 BIV 问题中质疑话语语境，因为如果脱离话语语境，那么怀疑论者也不再可能去说话，质疑也不会存在。换言之，从话语语境的角度看，我们是不是 BIV 这个质疑并

---

① 注：范戴伊克认为社会情境包含说话者性别、种族、年龄和地位等相关要素，而语境就是对这种情境的主观定义，是参与者自己定义的与社会情境相关的东西。参见 Teun A. van Dijk, *Society and Discourse: How Social Contexts Influence Text and Talk*, Cambridge University Press, 2009, pp. 4-5。

② 殷杰：《语境主义世界观的特征》，《哲学研究》2006 年第 5 期，第 94—99 页。

不影响话语语境的存在，怀疑论者开口质疑的时刻就已经确定了话语语境的存在。因此，即便对于最尖锐的怀疑论者而言，话语语境也拥有无可置疑的本体地位。

语境的本体地位决定了，我们的分析就必须从话语语境出发，去研究理论、现象与世界以及主体的关系。我们不能单纯地去分析命题的语义，因为这样必须外加附属条件才能判断命题的真值。我们也不能单纯地分析命题或者陈述的内容(content)，而需要从触发话语产生的观察事件出发，去研究产生话语的条件。也就是说，不存在孤立的话语，当然更不存在孤立的命题，命题只是在一定规则下的话语而已。主体不再和世界直接发生关系，话语语境和世界之间才是直接关系。

我们用与西尔克(Alex Silk)相类似的例子来说明话语语境，给定话语：

p1：爱丽丝很高。

在西尔克看来，一般的语境论中，p1 的真值本身取决于所在的语境，这种语境的含义随着不同的理论而不同，西尔克将其分为实在论的不变主义(Realist Invariantism)、表达语境论(Utterance Contextualism)、评估语境论(Assessment Contextualism)、表达相对主义加非相对主义语用学(utterance relativism + non-relativist pragmatics)、评估相对主义加非相对主义语用学(assessment relativism + non-relativist pragmatics)以及相对主义语义学加语用学(relativist semantics + pragmatics)等多个类型。例如，实在论的不变主义中，p1 的语义表达了一个普通的可能的世界命题，在给定任何语境(评论或话语)的情况下，命题在那些高于爱丽丝的世界中是真实的；在表达语境论中，p1 的语义(和断言)内容取决于由表达语境确定的整体标准。[1]

话语语境则是由话语组成的，p1 作为一条话语，必然属于某个话语语境 C。比如，我们可以给出三种话语语境：

---

① Alex Silk, *Discourse Contextualism: A Framework for Contextualist Semantics and Pragmatics*, Oxford University Press, 2016, p. 224.

C1　A：爱丽丝很高。(p1)B：对，的确很高。(d1)

C2　A：为什么爱丽丝能被球队选上？(d2) B：(因为)爱丽丝很高。(p1)

C3　A：爱丽丝很高。(p1)B：对，她的身高比平均身高高 5 厘米。(d3)

在话语语境 C1 中，p1 可以视为一个观察话语，也就是主体 A 注意到了一个"爱丽丝很高"这个观察事件，而 B 认同这个观察事件，话语集合{p1, d1}形成一个话语语境。对于主体 A 而言，假设在一个新的环境中发现爱丽丝不是很高，那么 A 可能又会说："爱丽丝其实并不高。"(p1′)按照一般语境论的分析，A 的这个断言是在另外一个语境，或者说是在高语境当中做出的。话语语境与此的区别在于，p1′的确是在不同语境下的断言，而这个不同语境本身就是包含 p1′的话语语境而已，比如 C1′={p1′, d1}。

话语语境的重点不在于主体所处的环境，而是话语所形成的话语语境。话语语境 C1 和 C1′的差别本身就决定了话语的一些属性，而不是寻找话语之外的、与主体相关的一些因素。这样，话语语境就不会出现假定主体 A 的认知不变所产生的一系列问题。即便是相同表达的话语，不同的话语语境也具有不同的地位作用。假设在 C3 中，主体 A 和 B 继续交流(即话语语境在延续)：

C3　A：爱丽丝很高。(p1)B：对，她的身高比平均身高高 5 厘米。(d3)
　　A：约翰比爱丽丝低。(d4)B：约翰比爱丽丝低 3 厘米，但比平均身高
　　高 2 厘米。(d5)

此时，话语语境 C3 由{p1, d3}拓展成{p1, d3, d4, d5}，话语 d4 是在{p1, d3}基础上产生的一个话语，这个话语表明在话语语境 C3 的基础上，主体 A 观察到"约翰比爱丽丝低"(d4)这个事件，而话语 d5 对 d4 进行了回应。

首先要注意的是，d4 是哪个主体说的这点是无关紧要的，既可以是主体 A，也可以是其他主体，话语语境关心的只是话语本身。其次，d4 本身是由 C3={p1, d3}控制的，因为 d3 中说爱丽丝高的原因是比平均身高高 5 厘米，而

约翰本身比平均身高高 2 厘米，理论上约翰也应该很高。此时 d4 是作为一个与话语语境 C3＝{p1，d3}的标准相对照形成的一个话语，这个话语本身需要被解释。而 d5 则是用 C3＝{p1，d3}中的"平均身高"这个变量来对 d4 做出了回应。

因此，虽然在话语语境中需要获得回应的触发话语（比如 C3 中的 p1 和 d4）是主体具体实施的，但实际上和世界作用的是话语语境。按照话语语境控制话语产生和理解的观点，触发话语就应该是话语语境和世界之间的相互作用而产生的。比如，当我们在城市中观察到某个方向"浓烟滚滚"时，就会问："发生了什么，哪里着火了？"(d6)这个话语 d6 就是日常话语语境和世界相互作用的结果。这是因为：(1)触发话语 d6 产生的前提是，我们在城市中并不经常见到浓烟滚滚的情况，如果我们是在战时或者是一个工业区，那么"浓烟滚滚"可能就是日常话语语境中的一般状态，不会引起主体的注意，也就不一定会触发话语d6；(2)话语 d6 包含了"火灾"这个日常话语语境中的词项，这个词项的含义不是话语 d6 自身能够决定的，而是日常话语语境决定的；(3)如果是消防员看见了"浓烟滚滚"，消防员所在的话语语境产生的触发话语可能就不是 d6，而是"方位、失火建筑、过火面积、人员伤亡"等与救援相关的话语了。

## 三、话语与语境的内在关系

上述案例表明了话语与语境的四种关系与特征：

第一，话语语境是动态变化的。话语语境由话语组成，随着话语的不断产生，话语语境会不断地延展变化。从{p1，d3}到{p1，d3，d4，d5}都体现了话语语境 C3 的变化过程。因此，我们不能把话语语境简单定位为某些话语的固定集合。

第二，话语语境中的话语分为触发话语和应答话语两类。人们交流的话语之间存在触发和应答关系，相应地，话语语境中的话语也可分为触发话语和应答话语。对于话语语境 C3 而言，p1 和 d4 都是话语语境的一种触发话语，而 d3 和 d5 就是相应的应答话语。这里需要注意两点：一是话语并不只能是一个句子或者陈述，也可以是一段话或者一个文本；二是单一的话语并不能决定自身在话语语境中是触发话语还是应答话语，也就是说，触发话语和应答话语的位置并不是完全不变的(比如 C1 和 C2 中的 p1)。

第三，话语语境控制(control)话语的产生和理解。话语语境不仅是话语的集合，而且是具有"生命"的集合。范戴伊克把语境视为一种心智模型(mental model)，"它控制话语产生和理解的过程，从而控制话语结构和话语解释"[1]。话语语境并不决定某条话语的具体内容，但是产生话语的过程以及对话语的理解是受话语语境所控制的。比如在话语语境 C3 中，话语 d4 和 d5 是在{p1，d3}的基础上衍生出来的，其话语中的"爱丽丝身高"必须在原有话语语境{p1，d3}下才能获得理解。

第四，解释是话语语境演化和保持稳定的动力。解释本身是话语语境动态变化的一个推动力，话语语境只有在不断的解释过程中才能保持稳定，一旦无法完成这个解释，话语语境就面临瓦解完结的危险。解释并不是一种完全的主体行为，因为解释的对象和解释所需要的理论都是在话语语境当中，"解释只能以某种方式关联描述或概念化的事物"[2]。换句话说，我们总是解释事件或现象的特定方面，而不是解释这些事件或现象本身或整体，所以解释本身在一定话语语境下才能获得恰当的意义。

在我们构建的三种话语语境 C1、C2 和 C3 当中，话语 p1 分别扮演了不同的角色，p1 在各自话语语境中也都是真的。但是 p1 在这些话语语境中的作用是完全不一样的，对于 C1 和 C3 而言，p1 是一种话语语境的开始，是 p1 触发了话语语境，而在 C2 中，p1 是一种应答，是对 d2 的一种解释。C1 和 C3 的差别在于，C1 表明 p1 获得了确认，C3 则用"平均身高"这个可计算变量对 p1 进行了解释，而 C3 中对 p1 的解释就包含了科学解释的成分。

原有的解释理论总是通过主体的认知状态或者某个知识语境来确定是否属于解释，解释是对某个主体的解释，不同的主体需要不同的解释，解释的链条

---

[1]　Teun A. van Dijk, *Discourse and context: A socio-cognitive approach*, Cambridge University Press, 2008, p. 17.

[2]　Petri Ylikoski, Jaakko Kuorikoski, "Dissecting Explanatory Power", *Philosophical Studies*, 2010, 148(2), pp. 201-219.

总是无穷无尽，没有尽头。在话语语境中，触发话语是话语语境当中需要解释的一类话语，应答话语则是对触发话语的解释。由于这两类话语的地位不是固定的，触发话语也可能成为解释的应答话语，而应答话语也可能成为触发话语，这点充分体现了解释的话语语境特征。同时，话语语境又划定了解释活动的边界，一旦话语语境完成了解释，解释活动也就结束了，这样避免了以主体为中心的解释所带来的"无限回溯"问题。

## 第二节　语境视角下的现象与观察

在研究科学理论时，科学哲学家一直围绕"理论—现象"之间的关系来展开，认为科学理论是对世界中的各种现象进行的科学解释。在这个过程中，科学哲学家都把"理论"默认为，对科学结构和科学发展的基本范畴与研究中心的一种认识。萨普（Frederick Suppe）认为，"科学哲学就是对理论及其在科学事业中的作用进行分析"[1]，吉尔（Ronald Giere）把这些称之为"理论中心主义"，但认为理论并不就是科学哲学的全部[2]。在波普尔看来，科学的增长就是新理论取代旧理论的试错过程，而对于库恩而言，"一种理论成为范式，一定要比其他竞争对手更好"[3]。

这些以科学理论为主要对象的研究虽然取得了很大成就，但也存在着很多一直没有解决的困难。比如，科学理论之间的不可通约性问题、理论语言和观察语言的关系问题以及观察负载理论的问题等。这些问题悬而未决的一个重要因素是，科学哲学家将"理论—现象"的研究重点放在了理论本身，一直在通过修改理论的结构来调整理论和现象之间的关系，而把现象作为主体观察客观世界的一种结果，这样就造成了观察的主观性和被观察现象的客观性之间存在一道无法弥补的裂痕。即便是按照观察负载理论的观点，也只能说明理论影响了

---

① 〔英〕W. H. 牛顿-史密斯：《科学哲学指南》，成素梅、殷杰译，上海科技教育出版社，2006，第 622 页。
② 〔英〕W. H. 牛顿-史密斯：《科学哲学指南》，成素梅、殷杰译，上海科技教育出版社，2006，第 622 页。
③ 〔美〕托马斯·库恩：《科学革命的结构》（第 4 版），金吾伦、胡新和译，北京大学出版社，2016，第 14 页。

观察，并没有说明观察的本质和条件，负载着理论的观察对象仍然是客观世界中的现象，观察和现象仍然处于不同的范畴。

由于社会现象的特殊性，观察和现象之间的裂痕问题对于社会科学解释来说几乎是致命的，因此，我们需要从话语—语境—世界三元关系的框架下重新分析"理论—现象"之间的关系，特别是要重新认识观察和现象的本质，才有可能说明上述问题。对此，本节主要在话语语境角度下考察科学解释中的观察和现象，论证观察和现象的语境本质，论述科学的话语语境以及话语语境的同一性条件。通过这些内容，本节尝试来阐明话语语境对理论不可通约性问题以及对描述科学发展的重要意义。

## 一、科学理论的话语特征

库恩认为，科学家团体内是依赖共有的词汇表来进行沟通的。[1] 托伊贝特(Wolfgang Teubert)论证了科学实验报告不是描述客观实验现实的文本，而是各种已存在于话语共享现实中的相关话语客体，如方法论、实验设备、实验数据等。他说："期刊论文的作用就是创造出了一种事实上的原始言谈情景(primordial speech situation)……我们并不是真正处于原始情景中，而是科学报告给我们提供了重建它的蓝图。报告描述了数据以及仪器如何使用这些数据。报告和在言谈情景中的具体指导几乎是一样的。……这种环境下决定如何实施实验的所有数据和方法以及发现设备只不过是科学话语(scientific discourse)的延伸而已。"[2]

托伊贝特的观点表明科学实验报告具有话语属性，而科学家都是通过理论或者模型等形式来进行沟通交流。因此，科学理论或者模型就是对科学的一种"谈论方式"，我们完全可以把理论作为一种科学话语来看待。科学话语体现的是科学家之间或者科学共同体内的一种沟通方式，不受态度情绪或者环境等因

---

[1] James A. Marcum, "The Evolving Notion and Role of Kuhn's Incommensurability Thesis", In William J. Devlin, *Kuhn's Structure of Scientific Revolutions—50 Years On*, Springer International Publishing, 2015, p. 126.

[2] Wolfgang Teubert, *Meaning, Discourse and Society*, Cambridge University Press, 2010, p. 195.

素的影响，具有相对的单一性，而科学理论或者科学模型就是这种话语的主要形式。由此，科学话语的集合构成了一种科学的话语语境，科学话语主要包括各类科学理论、科学模型及其所包含的命题和变量，也包括实验报告等其他形式。科学理论说明的各类现象也属于科学的话语语境。

相比较库恩的范式等其他描述科学的理论方法，科学的话语语境有三个方面的优势特征：

第一，该定义明确了科学话语和科学话语语境之间的关系，给话语语境以一种有形基础。作为科学话语的集合，科学的话语语境代表了科学话语之间的关系，话语也只有满足一定条件才可能形成科学的话语语境，语境不再像是幽灵一般附着在陈述和命题上，陈述和命题作为科学话语的一部分也纳入到科学的话语语境当中，科学的话语语境有了科学话语这个有形基础。由此，我们分析科学的话语语境时，就不需要针对特定命题或者陈述来展开，而是通过话语和话语语境之间的关系来解释诸多问题。

第二，科学的话语语境不再限定具体的科学理论背景，可以作为科学哲学的普遍分析方法。科学的话语语境既可以作用于全部学科，也可以用于个别学科。在这个定义的基础上，我们可以讨论物理学话语语境、生物学话语语境以及社会科学的话语语境等。因为这些具体科学也是由一些科学理论或者科学模型所组成，所以这些具体科学的话语语境和科学的话语语境的含义是可以保持一致的，不需要再进行个别的重新定义，科学的话语语境得到的一般性结论也能够应用到这些具体学科的话语语境之中。同时，作为科学话语的科学理论能够在科学的话语语境这种统一框架下进行分析，科学理论不再与世界直接发生关系，而是以科学的话语语境这个科学话语的整体与世界发生关系。

第三，科学话语的较高门槛使得科学的话语语境具有很好的稳定性。一方面，科学话语是由同质性的主体（即科学研究人员）构成，而一般话语多是由异质性的主体（例如医生和患者）构成。与一般的话语分析相比，科学话语是非常简单的一种话语类型。范戴伊克的语境理论中包含各种影响话语的变量，比如时空情景、参与者的身份和行为目标等，而科学的话语语境中的变量则要少很多，所以某种意义上说科学其实是比较简单的一类话语语境。另一方面，科学话语标准条件要比一般话语高得多。一个科学理论 T 成为科学话语，意味着 T 进入了一种科学的话语语境 CS，反之，任何一个科学理论 T 也都是科学的话语语境 CS 控制下产生的。很多话语必须以科学论文或者科学专著的形式出现，而一般话语既包括文本，也包括日常的对话。基于以上两个原因，与一般意义上的语境相比，科学的话语语境是最稳定的语境之一。

## 二、观察和现象的语境本质

无论是逻辑经验主义，还是科学理论的语义模型都把可观察现象看作是观察世界变化的一部分，也就是把主体可感知的世界变化等同于可观察的现象。但是对于主体来说，一方面，随着技术的发展，主体可观察的时空范围很广，任何发生变化的对象都有可能成为观察的对象。由于不是所有的观察都能够用语言来描述，即便可以，不同主体通过语言描述获得的意义也不尽相同。另一方面，即便世界没有发生变化，但主体对世界的认知也经常发生变化。维特根斯坦的鸭—兔图是主体认知不稳定的典型例子。对此，福多(Jerry Fodor)认为一个更好的解释是，对这种显而易见图像的变化是由我们关注的变化点所触发的。[①] 但福多并没有说明关注的变化点为什么能够触发对图像变化的认知，只是把这些又归结于心理的模块化作用。换句话说，福多实际上是把意识按模块化分解之后实现了意识—世界之间的某种对应。

维特根斯坦说："我的语言的界限意味着我的世界的界限。"[②]我们只有通过语言才能描述现象，不可能用一种未知的词汇或者词汇的未知意义来描述。从话语语境的角度看来，这就意味着所有描述现象的话语必定是在一定话语语境下产生的。比如，古代农民每天都能看到太阳的日出和日落，但并没有人去试图说明为什么太阳从东边出西边落。拜勒-琼斯(Daniela M. Bailer-Jones)认为，

---

① George Couvalis, *The Philosophy of Science: Science and Objectivity*, SAGE Publications, 1997, p. 16.
② 〔英〕路德维希·维特根斯坦:《逻辑哲学论》，贺绍甲译，商务印书馆，2010，第 85 页。

"一个现象可能是通过观察得到的，然后提出一些问题"①，显然古人并没有提出问题。没有一定的话语语境，这种日常的变化无法作为一种引起人们注意的事件，而所有这种变化只有通过话语语境控制的话语来表征。鸭—兔图中，如果话语语境中完全没有"兔"这个概念，那么鸭—兔图就不会作为一个观察事件进入话语语境当中，反之，如果话语语境中还存在第三个概念，那么这个图可能出现三种概念。

实际上，观察是一种语境事件（context event），其结果就是在话语语境的控制下形成一种观察话语。这里事件的含义是，能够触发话语语境中话语的变化，以区别于一般意义下的变化，观察事件是话语语境事件中的一种。比如，人的身体中存在两种躯体神经系统和自主神经系统，两者都能感受到变化，前者使得人们能够感受外界对身体的变化并触发话语（比如，"我肚子疼"），后者则是自主运行。后者的变化对于人的意识来说就无法构成刺激，或者说无法触发话语。需要强调的是，这里并没有蕴含刺激决定话语的假设，只是为了叙述方便，和奎因的刺激理论是不同的。举一个具体的例子：在大多数国家，车辆一般右侧行驶，而英国是靠左行驶。如果一个中国人去俄罗斯驾车，车辆行驶方向就不会形成话语，因为没有人会问为什么车辆靠右行驶。但假如一个从来都不知道右侧行驶的英国人来到中国，自然会问"为什么中国的车靠右行驶？"（E1）假设我们把驾驶人员关于驾驶的话语集合看作是一个话语语境 CD，那么一个没见过车的人根本不会提出该问题。因此，这个问题 E1 本身就是在话语语境 CD 条件下才会产生的话语，而且其自身也属于 CD，由于其属于提问句式，也就意味着 E1 不仅是由 CD 产生的，而且需要在 CD 中获得解释的话语。这不仅验证了话语语境控制着话语产生的观点，也说明了话语语境控制着关于现象的话语。更为重要的是，话语 E1 自身需要解释，于是 E1 本身触发了需要语境 CD 对 E1 应答的一种语境事件。

上述论证说明，观察本身既不是纯粹的客观行为，也不只是由主体观察所

---

① Daniela M. Bailer-Jones, *Scientific Models in Philosophy of Science*, University of Pittsburgh Press, 2009, p. 160.

决定，而应该是一种由话语语境所控制的，并且能够形成触发话语的语境事件，我们把这种语境事件称之为观察事件（observable event）。由此，观察不再是简单的观察对象和观察词汇之间的关系，也不再是语言和世界之间的关系，而是作为话语语境下的观察事件而存在，观察事件是话语语境与世界相互作用的直接结果。

实际上，话语语境控制话语的产生和理解的结论同样适用于科学的话语语境。这是因为：在科学的话语语境中，可观察的现象必须能够以科学话语的形式进入科学的话语语境，不可能超越当下的科学的话语语境而描述。麦卡利斯特（James McAllister）认为，"现象的确定是基于研究人员做出的决定"[①]，而研究人员的决定某种程度上就代表了科学的话语语境。比如，"电子的路径向左偏转"，即为科学的话语语境控制下产生的一个观察事件。"把电子看作一个偏转运动的小球"这句话是由科学的话语语境所控制。反之，用"电子""小球"和"偏转"等这些词汇所描述的现象之所以会出现在科学家的话语中，是因为物理学的话语语境决定了其为一个观察事件，这点对于日常话语语境也是如此。比如，当一名去过我家的朋友说："你家的那张桌子很漂亮。"这个话语中的"桌子"已经不再是世界中的桌子，而是话语语境意义下的桌子，用托伊贝特的话说就是一个话语对象（discourse object）。客观主义者也许会说，如果压根没有这个桌子，话语中就不会出现桌子。事实上，即便这个桌子被拆解烧掉了，这个话语中的桌子作为一种话语语境存在也是有意义的。因此，话语的桌子绝对不是纯粹客观的桌子。主观主义者会说，这个话语对象就是主观建构。事实上，主观建构就意味着主体意识的建构，但是在话语语境中我们不需要假定主体意识，只需要话语的承载者。因此，当科学的话语语境 CS 下的观察事件 P 能够触发 CS 对 P 的解释程序，那么 P 就成为科学的话语语境 CS 下的一个待解释的现象，记为 P(CS)。

观察事件和现象的联系和区别在于，现象是一种通过触发科学解释进而对

---

① Daniela M. Bailer-Jones, *Scientific Models in Philosophy of Science*, University of Pittsburgh Press, 2009, p.166.

科学的话语语境产生影响的观察话语（观察事件在话语语境中的结果），而观察话语是由科学的话语语境所控制的话语，一个不是现象的观察话语意味着该观察事件没有对科学的话语语境产生影响。哈金（Ian Hacking）认为："现象是值得关注的（noteworthy）、是可辨别的（discernible）。"①在科学的话语语境中，可辨别性就是一个观察事件，而值得关注的就是由科学的话语语境所决定。比如，在今天的科学的话语语境中，太阳的东升西落就不再是一个值得关注的观察事件。

与一般的现象含义不同，在科学话语语境意义下，现象不再是一种脱离话语语境的客观存在，而是科学的话语语境与世界相互作用产生的观察事件的结果，是一种科学的话语语境所控制的一类特殊的观察话语。无论是实证主义还是建构主义，都把现象作为与科学理论相对立的一种客观存在，这种客观主要体现在现象与科学理论的变化是没有关系的。实际上，"现象通常只有在某些理论考虑进入辩论时以及何时确定了构成这些现象的某些因果因素时才能确定。……如果没有被认识到是一个现象，那么成为一个现象是不可能的"②。从科学的实际发展看，很多现象与科学发展密切相关。比如，是什么使得科学家开始注意到了"全球变暖"这个现象？虽然地球具有很长的历史，但至少在100年前科学界内是没有"全球变暖"这个"现象"存在的。托伊贝特论证道："关于全球变暖，科学家告诉我们的其实就是在他们的话语中建构和共享实在的一种解释。"③用科学的话语语境来分析，如果我们不知道地球存在温度变化周期或者我们无法计算地球的温度，全球变暖就可能不会作为一个科学话语语境下的现象来看待。由此，现象本质上是科学的话语语境所控制的现象话语，而不应该单纯地等同于客观存在。

---

① Daniela M. Bailer-Jones, *Scientific Models in Philosophy of Science*, University of Pittsburgh Press, 2009, p. 161.

② Daniela M. Bailer-Jones, *Scientific Models in Philosophy of Science*, University of Pittsburgh Press, 2009, p. 170.

③ Wolfgang Teubert, *Meaning, Discourse and Society*, Cambridge University Press, 2010, p. 195.

### 三、科学解释中语境的作用

作为现象的观察事件一旦出现，在科学的话语语境内就需要进行科学解释。一旦在话语语境内获得了解释，表明在话语语境内观察事件触发的现象获得了应答话语，现象话语和解释的应答话语都获得了话语语境的认可，触发事件结束。一旦现有的话语语境无法做出合理的科学解释，这个触发事件就无法结束。

对于科学解释，目前主要包括亨普尔的 D—N 解释模型、功能解释模型、因果解释模型等。由于这些解释中的某个类型很难完全覆盖科学解释，同时这些解释也很难将科学解释和一般解释区分开来，因而很难作为科学解释的统一定义。亨普尔的 D—N 模型中，解释就是初始条件 $C_i$ 和定律 $L_i$ 二者推得所欲解释事件 E 的陈述 $E'$[①]。由此我们可以推断，初始条件 $C_i$ 可以应用在定律 $L_i$ 的实质就是，对定律 $L_i$ 中具备可计算关系的变量进行一种赋值的过程。

这里可计算的含义并不是数学化，是科学的话语语境所包含变量之间的一种可计算关系，是科学理论和科学模型变量的必要条件。在计算机理论中，可计算性是函数的一个特性。设函数 f 的定义域是 D，如果存在一种算法，对 D 中任意给定的 x，都能计算出 $f(x)$ 的值，则称函数 f 是可计算的。因此，计算机理论中的可计算性属于方法论范畴，本书的可计算性则是同一个模型（或语境）中一个变量相对于其他变量而言的可计算性。比如，以人体为模型，腰围和体重这两个变量就存在稳定的可计算关系，而眼睛大小和体重就不存在这种可计算关系。大多数情况下我们看到的都是经过验证的、已经非常成熟的科学模型，模型的变量也是经过科学家甄别、筛选和形式化之后的变量。因此，人们几乎都很容易忽视一个关键问题，即没有考虑科学模型的变量是怎么生成的，需要满足什么条件，是不是任何对象都可以作为变量。

以物理学的单摆模型为例，物理学家假定小球位置 h、速度 v、所受拉力 F 等变量具有连续性或者可微性，这些仅仅是变量对时间函数的数学假设，并不

---

① 〔英〕W. H. 牛顿-史密斯：《科学哲学指南》，成素梅、殷杰译，上海科技教育出版社，2006，第154页。

是科学家选择变量的前提条件。在第一步选择变量时，科学家必须首先认同这些变量相对模型其他变量而言是可计算的，或者说这些变量必须在这个模型相关的话语语境中。因为变量的数学属性只能保证变量自身的绝对可计算性，而无法确保相对模型其他变量相对的可计算性，这种模型变量的可计算性与其数学属性并无直接关系。

我们可以设想一下，假如单摆处于一种无规律的风中，风本身会对单摆的球体造成一定的影响，我们可以假设造成这个影响的力为 f，因为风是无规律的，所以这个力 f 的大小和方向都是无法确定的，那么力 f 虽然可以作为一个物理上的变量，但因为这个变量无法与单摆模型中的其他变量建立一种稳定的可计算关系，所以对于单摆模型而言这种力 f 就是不可计算的，也就不能作为单摆模型变量的候选对象。反之，如果我们假设风的大小和方向在一定时间内是不变的，那么由此产生的变量 f 就可以和其他模型变量产生稳定的可计算关系，所以构成了单摆模型的一种可计算变量。需要注意的是，这种变化并不是发生在实际世界，而是在科学家意识的认同层面，也就是在模型和解释现象所构成的话语语境中。也就是说，变量的可计算性与特定的科学话语语境相关联，这种变量在话语语境中形成了稳定的可计算关系。因此，这种变量既不等同于实际测量的变量，也不等同于数据变量或形式化的数学变量，而是在模型所在的话语语境中，该变量可以和其他模型变量构成一种获得科学家认同的、稳定的可计算关系，我们把这种变量称为可计算变量（Computable Variable）。

需要注意的是，可计算变量和数据变量等一般科学中的变量并不完全相同。首先，可计算性变量并不需要现实世界中要有唯一的对应物。可计算性变量和一般变量最重要的区别就是，作为语境中的对象和科学家意识层面上的认同，不需要与实际中的任何对象相对应。比如，"效用"（utility）是经济学模型中最常用的变量之一，"效用"这个概念在现实中并不存在唯一的对应物。其次，可计算变量不同于数据变量。数据变量是指可以赋予一定数据的变量。在计算机程序中，我们可以任意设定不同类型的变量，然后赋予这些变量相应类型的值，这样变量本身就有了一定的数据"内容"，于是就形成了数据变量。科学家构建模型的时候，可计算性变量本身并不需要数据内容的支持，比如"效用"这个可计算变量本身并没有具体的数据支撑，在构建模型时，"效用"这个变量可能具体化为（reification）某种类型，这样才能赋予其具体的数据内容。反过来，数据变量也不一定就是可计算变量。比如，随着信息科技的发展，我们可以采集海量数据，但是这些数据本身并不能直接作为科学模型的一种可计算变量。其三，可计算变量不需要现实可测量性。从逻辑实证主义的观点看，科学对象一定是可观察的，对于模型变量来说，就应该是可测量的，否则不可观察的变量会导致模型本身不可验证的危险。问题在于，科学模型本身的验证可能受限于时代科技水平的发展，现在不能测量不代表将来也不能测量，变量的可测量性只需要在一定的语境中具有特定的解释意义即可。

可计算的话语重构，就是用科学的话语语境中的可计算变量所组成的话语对现象进行再次表述的过程。事实上，在科学的话语语境中，D—N 解释模型中的事件 E 必定是一个现象，也就是一个需要解释的观察事件（科学陈述本身就证明了其是可表述的）。而我们刚才已经论证了，事件 E 本身是由科学的话语语境 CS 控制的，E′本身也由科学的话语语境 CS 所控制，由于 E 和 E′本身属于科学话语，那么从话语语境的视角看，从 E 到 E′的赋值过程就是对事件 E 的一种可计算话语重构。因此，在科学的话语语境下，科学解释其实就是科学的话语语境 CS 对其控制的现象 P(CS)进行可计算话语重构的过程。

需要注意的是，可计算重构并非一定是唯一的和历时的。例如，面对全球变暖现象，当前有两种对立的观点：一种认为是人类行为导致了全球变暖，因为从不超过 200 年的短期时间来看，人类工业化行为和全球变暖在时间上存在对应关系；另外一种认为是目前地球恰好处于温度上升的周期，因为从几万年的长期时间来看，这段时期也可能恰好处于地球温度的上升周期。这两种观点其实都是对全球变暖这个现象的科学解释，只是二者可计算重构的出发点有差异，不能因为两种观点不同，就认为其中一种不是科学解释。我们不需要假定这种重构的唯一性，但是我们可以确定这种重构是在同一话语语境下进行的。

化学历史上的燃素理论是科学的话语语境控制科学话语以及可计算话语重构的例证之一。1673 年，波义耳（Robert Boyle）发现煅烧金属后灰烬的重量增加了，于是他认为：金属＋燃素＝灰烬。这其实体现了当时科学话语语境下对燃烧现象的一种可计算重构过程，燃素作为一种可计算变量进入了科学的话语语境。当时燃烧作为一种现象进入科学的话语语境当中（燃烧作为一种现象的前提是已然存在化学的话语语境，燃烧自古有之，但是没有科学的话语语境，燃烧就不能作为需要科学解释的一种现象），此时科学的话语语境还包含质量、质量守恒以及实验测量这些科学话语，在该话语语境下，为确保燃烧过程中的质量守恒，通过实验认为燃烧需要一种有质量的事物参与其中，于是提出了新的可计算变量——燃素，并在当时科学的话语语境下完成了科学解释。在后来的氧气学说中，虽然燃素变成了氧气，但是质量和质量守恒这些科学话语语境中的理论背景并没有改变，燃烧在两种科学的话语语境中都是一种需要科学解释的现象，体现了科学话语语境的演化过程。

实际上，话语语境意义下的现象和科学解释可以不需要"同构"问题中的潜在假设，原因有二：

其一，科学解释和被解释的现象同属于科学的话语语境，在话语语境中理论和现象并不存在绝对的二分关系。科学解释的现象是科学的话语语境所控制的话语，而不是外在世界中的客观现象。科学解释本身也是一种话语，是一种科学的话语语境对观察事件的本能响应，对现象的可计算重构也是在科学的话语语境中完成的。这样，理论和客观现象同构的问题就不存在了，因为理论不再直接和世界发生关系，也就不需要那个潜在的基本假设。

其二，科学的话语语境与世界不再是一种对应或者同构关系，而是处于不断地互动之中。理论和世界的关系被话语语境和世界的关系所取代，理论只是作为科学的话语语境的一部分与科学的话语语境所控制的现象发生关系。而现象是科学的话语语境和世界之间不断互动的结果，这种互动的基础是话语的承载者——主体。对于科学的话语语境，这种互动导致科学的话语语境中不断出现观察事件，一部分观察事件会成为特殊的话语—现象，使得科学的话语语境启动应答解释现象的程序，而大部分的观察事件会因为无法表达等原因而没有激活科学话语语境的解释程序。由此，话语语境和世界不再需要一种对应或者同构，而科学的话语语境和世界的这种互动关系亦无须假定世界的客观性。这个结论对社会科学尤为重要，因为社会科学研究的社会世界并不像自然世界那么客观，既然科学的话语语境和世界之间的互动不需要假定世界的客观性，这就意味着科学的话语语境既可以适用于自然科学，也可以适用于社会科学。

当存在一个科学的话语语境 CS 无法解释的现象 P(CS) 时，因为现象 P(CS) 本身是科学的话语语境 CS 中需要应答的话语事件，无法解释意味着科学的话语语境 CS 出现了无法应答的情况，我们把这种情况称之为科学话语语境的缺口。与库恩理论中常规科学的"反常"类似，缺口的存在说明科学的话语语境 CS 中存在危机，这种缺口的表现形式很多，包括科学实验与理论之间的差异或者理论之间存在的矛盾等，缺口是对话语语境稳定性的一种挑战，甚至可能导致话语语境的瓦解崩溃。比如，燃素曾经就形成一种稳定的话语语境，而一旦很多化学现象无法用燃素来解释，燃素所在的化学的话语语境就可能瓦解，此时，科学家会提出新的科学理论和模型来解决这些问题。由于科学的话语语境控制着科学话语，这些理论或者模型是原有话语语境下产生并用来弥补这些缺口的，而这就是科学的话语语境的演化过程。

科学的话语语境主要的演化途径是，通过新的理论或者模型，改变原有科学的话语语境当中变量的可计算属性、变量之间的关系等。比如，量子力学把"能量"这个变量的可计算属性由连续变为了离散，相对论则改变了牛顿理论中时间和空间这两个基本变量之间的关系，制度经济学改变了成本的计算方式，提出了交易成本概念，等等。由于在科学的话语语境当中，这些变量的地位作用差异很大，如果新理论改变的是重要的基本变量，那么就可能导致原科学的话语语境当中话语的大面积失效，或者大面积的变量或理论、模型被废弃，这与话语语境的结构也有密切关系。比如，在经济学中，成本概念的变化就属于一种重大变化，而经济总量计算的变化可能就不是。

由于演化后的科学的话语语境 $CS'$ 解释了科学的话语语境 $CS$ 的现象 $P(CS)$，这就意味着，对于科学的话语语境 $CS'$ 和 $CS$ 而言，$P(CS)$ 必须是一样的。以燃素为例，虽然最终证明燃素是不存在的，但是燃素不仅对当时化学的发展起到了作用，而且在化学的话语语境中，燃素事实上代表了"燃烧这种现象是需要条件的"，曾经长期存在的燃素理论也说明了化学的话语语境一直比较稳定。只不过当时的话语语境下，人们用燃素对燃烧这个化学现象进行了可计算话语重构，也就是用燃素对燃烧现象进行科学解释。即便后来发现燃烧与氧气相关联，但这也是对"燃烧这种现象是需要条件的"一种支撑，表现了化学话语语境的一种演化过程，新的话语语境并未放弃把燃烧作为一种化学现象。因此，我们得到了科学的话语语境的同一性条件：

科学的话语语境 $CS$ 演化为科学的话语语境 $CS'$ 的一个必要条件为 $P(CS) = P(CS')$。

话语语境同一性条件的重要性在于，它是科学的话语语境历史同一性的基础，是科学的话语语境存在的前提。一旦两种话语语境之间无法满足这个公理，那么就意味着已经存在两种完全不同的话语语境了。科学的话语语境仅仅要求演化后的语境不改变现象的表达和意义，这种不太高的约束条件也是话语语境的优势所在。事实上，科学话语语境的同一性条件和演化过程对于广泛存在的"触发—应答"关系的话语语境来说大多也是成立的。

从库恩的范式角度看，科学发展是因为理论 $T$ 被新理论 $T'$ 所取代。而在科学的话语语境看来，表面上一个不属于话语语境 $CS$ 的科学理论 $T'$ 解释了一种现象 $P$，但是现象 $P$ 也需要无法逃脱理论 $T$ 的观察词汇，那么 $T'$ 和 $T$ 的关系是什么？显然，$T$ 已然在科学的话语语境 $CS$ 之中了，$T'$ 解释了 $T$ 无法解释的现象 $P$（如果 $T$ 可以解释现象 $P$，那么就不会有 $T'$），那么 $T'$ 所蕴含的新的关系就会进入话语语境 $CS$ 当中，进而形成了新的科学话语语境 $CS'$，弥补了原有科学话语语境 $CS$ 的缺口。这种解释的关键在于，并不是 $T'$ 对应于现象 $P(CS)$，而是新的话语语境 $CS'$ 对应现象 $P(CS)$，或者说现象 $P(CS)$ 属于 $CS'$，而这点正是话语语境同一性条件的体现。因此，科学的话语语境 $CS$ 到 $CS'$ 的演化充分体现了科学发展的过程。科学的话语语境的意义主要体现在三个方面：

一是可以在一定程度上避免不可通约性问题。由于库恩的科学范畴以"理论"为基础，所以解决反常造成的危机必须以范式的彻底改变为代价，但是这又会造成不可通约性问题。在话语语境中，常规科学的反常属于科学话语语境的一类缺口，新理论或者新模型的出现就是来填补这些缺口的。但是这种填补并不是放弃旧的话语语境，建立新的话语语境，而是通过科学话语语境的演化来实现填补的。这种演化并不需要话语语境之外的力量，而是话语语境自身通过产生新的科学话语进行科学解释的"本能"。以牛顿理论和相对论来说，相对论的出现并没有使我们完全放弃牛顿理论，一方面，相对论中的"时间、空间、速度、距离、质量"等词汇的意义并没有与牛顿理论完全割裂，另一方面，我们能够假设在没有牛顿理论时直接出现相对论吗？虽然历史不能假设，但是从牛顿理论到相对论的变化之中还是保持着一种基本的逻辑时序，而话语语境的演化正是这种基本逻辑时序的表现。

二是话语语境中没有科学语言共同体的不可翻译性问题。因为我们有了话语共同体，而一旦话语能够进入话语语境，也就不存在翻译问题。话语语境同一性条件不仅是话语语境存在的前提，也为话语语境演化提供了基础，而不可翻译性也被科学的话语语境演化所取代。由此，科学发展具有了一种话语语境意义的历史，这种历史并不是在断裂和摇摆间飘忽不定，而是拥有不断自我完善和自我演化的能力。库恩的范式理论将现象世界分割成不同的世界[1]，而在科学的话语语境中，话语语境与世界的互动过程中，除了科学的话语语境的不断演化外，科学的话语语境所控制的现象话语不断累积形成的是现象拼图，每个现象是科学的话语语境控制的话语，而非不同的现象世界。

三是可以说明不同科学模型解释同一现象的问题。当科学模型能够解决一个现象时，体现了以科学模型作为科学话语的话语语境演化过程。以物理学的

---

[1]　殷杰：《论库恩的语言学转向》，《科学技术与辩证法》2006年第6期，第53—57页。

超导理论为例，BCS 模型解释的是Ⅰ类超导体，GL 模型解释的是Ⅱ类超导体。① 如果我们将超导作为一种现象 P1，那么因为这两个模型都没有完全解决这个现象 P1，所以科学的话语语境还存在缺口。但是，如果我们把Ⅰ类超导体作为现象 P2，那么 BCS 模型就是一种使得科学话语语境演化的话语，同样如果我们把Ⅱ类超导体作为现象 P3，那么 GL 模型也是一种使得科学话语语境演化的话语。也就是说，因为我们可能还会出现更多类型的超导体，在科学的话语语境中，我们并不能简单说现象 P1 是由现象 P2 和 P3 组成的，而应该说 P1、P2 和 P3 都是科学的话语语境下需要科学解释的且相对独立的待解释现象，只是 P2 和 P3 都获得了解释，而 P1 还是作为一个物理学话语语境的缺口存在。假设将来某一天出现了一个物理模型 M 能够同时解决这两种情况，那么说明物理学话语语境实现了进一步的演化。这里存在两种可能，一种是 M 的基础理论和前面两个模型的基础理论一样，另外一种是不一样。但是，只要超导现象没有变，那么物理学话语语境就能保持同一性而不会分裂。

## 第三节　社会科学中语境的主体间性

在以主体为核心线索的哲学中，威尔弗雷德·塞拉斯批判了"所予神话"，否定了基础主义知识论中声称的经验基础；对于主体间性问题，如果观察是主体所受到的刺激，会导致翻译不确定性的问题：奎因的"Gavagai"例子中，相同的视觉光线"根本无法确保土著和语言学家具有相同的理论"②。相同的刺激并不等同于相同的观察，同样的物理刺激可能会导致不同的观察事件。人们总是幻想通过剖析主体意识来说明主体和世界的关系，即便是主体间性哲学所强调

---

① 三名美国物理学家巴丁(J. Bardeen)、库珀(L. N. Cooper)和施里弗(J. R. Schrieffer)提出的一种超导理论模型，简称 BCS 模型；以金兹堡(Vitaly L. Ginzburg)和朗道(Lev Landau)命名的一种超导理论模型，简称 GL 模型，参见 Axel Gelfert, *How to Do Science with Models: A Philosophical Primer*, Springer International Publishing, 2016, pp. 45-47。

② Roger Trigg, *Understanding Social Science: A Philosophical Introduction to the Social Science*, Blackwell Publisher, 2001, p. 11。

的仍旧是主体之间的主体间性。这条认识论进路不仅难以弥合主体与世界的裂痕，似乎也使得主体间性问题走进了死胡同。

话语语境首先放弃主体性而直接从体现主体间性的话语开始，然后在话语语境与世界的规范性关系中回归到具有实践意义的主体性，通过这种"以退为进"的策略，话语语境重构了主体与世界的关系，由此我们可以窥见到一种主体间性的话语语境论。对观察话语的解释产生了新的话语并导致了话语语境的演化，此后话语语境又会产生新的待解释现象。因此，认识的过程即是话语语境下的观察和解释过程，主体的认识必定是依赖于话语语境的。话语语境表明了理解的主体间性以及与世界关联所需的规范性，不用再纠结于语言学家和土著看到的"Gavagai"是否一致的问题。

事实上，对于语言学家来说，刺激因素既包括兔子，还包括土著的反应，语言学家可以在某种话语语境下将兔子和土著的反应进行话语表达。反之，如果假设土著也有自己的话语语境，那么对于土著来说，也是其话语语境对兔子和语言学家反应的话语表达。因此，语言学家和土著之间语言的翻译，其实并不是语法和语义之间的关系，而是语境之间的关系。关于词汇 kangaroo 的来源，有一种流传的说法：kangaroo 的意思是"不知道"，当人们第一次见到袋鼠时，问澳洲土著这是什么，土著的答案是"不知道"（kangaroo），于是人们就将袋鼠叫作 kangaroo。显然，这个问题涉及语言学问题。但是，不管 kangaroo 对于土著的意义是什么，实质上人们对 kangaroo 以及土著的反应是由话语语境所控制的话语表达出来的。对 kangaroo 的命名其实是话语语境作用下的一种话语，受语言学家和土著形成的新的话语语境所控制。立足于此，本节从认识论视角探讨了语境所体现的主体间性的核心优势，从知识论视角阐释了社会科学知识的规范性特征，从方法论视角阐述了语境在社会科学解释中实现了个人主义与整体主义的融合。最后本节通过与哈贝马斯主体间性的对比，论述了语境主体间性的实践意义。

## 一、语境主体间性的理论优势

第一，话语语境为社会科学解释合法性问题提供了一种认识论层面的解决方案，同时指向了一种以话语语境为本质特征的主体间性认识论进路。人们对社会科学解释的质疑以及社会科学和自然科学关系的争论，其背后是一种认识论层面上的分歧，这种分歧并未随着自然科学和社会科学的发展而缩小，反而使人们更加疑惑我们是否只能具有认识世界的唯一方式和标准。虽然自然科学的成功奠定了自然科学的解释模式在科学认识中的至尊地位，但自然科学面对的毕竟只是客观世界，自然科学的话语语境和日常的话语语境还是有所差别的。如果自然科学的标准是唯一的标准，那么我们只需要自然科学为主的科学解释，或者只需要研究主体如何认识或者"适应"客观世界，需要解决的可能也只是寻找普遍定律来解释客观现象的问题，这种认识方式甚至可以拓展至整个认识论，就像维特根斯坦在《逻辑哲学论》中体现的那种雄心壮志一样。然而，自然科学不断威胁社会科学的同时，社会科学也不可避免地成为自然科学认识标准的潜在敌人，社会科学解释问题实际上动摇了自然科学解释所代表的认识论标准。

随着科学哲学的语言学转向，特别是科学社会学和社会科学研究的进展，人们发现自然科学与社会科学的二元选择并不是我们想要的答案。科学不是也不可能是完全客观的理论，科学是一种语言，是一定社会文化背景的产物，同时也是众多"生活形式"（form of life）的其中一种。自然科学无法解释所有事情，很多社会现象并不是通过标准的自然科学理论就能获得演绎或者归纳的解释，甚至自然世界当中还有很多无法解释的现象。社会世界中包含大量规范性的对象和行为，很多自然科学家对规范性一直采取一种含糊不清的态度，既不否认规范的存在，同时也不认为规范性是一类需要解释的现象。而在社会科学领域，经济学家对某些早已存在的规范给出了合理解释，这点也是自然科学家难以否认的。再者，人工智能（AI）的出现使得人们开始进一步思考人类本质与规范的关系问题。现在的人工智能无所不及，有时甚至很难区分人工智能和人类个体，这些问题都需要我们从多个视角对人的本质以及认知特征进行研究分析。从规则的角度我们似乎可以论证一点：人工智能算法的自主学习与人的认识还是存在一定的差别，但还需要解释为什么人类在违反规则之后还能处于稳定的状态。话语语境可以部分地解释这个问题：规则存在于话语语境之中，即便是包含违反规则的话语也预设了规则的存在和话语交流的合法性。人的认知是通过话语和话语语境展现的，话语语境的稳定存在表明了主体认知结果的合法性。换言之，从话语语境来看，人工智能是否可能具有人的意识，关键问题不是人工智能能否具有人类语言的规则，而是其能否形成具有规范性的话语语境。按照话语语境的规范性特点，人工智能只有在一定的话语语境中才可能形成自我意识并真正实现与外在世界的关联，或者说人工智能是否具有人的意识关键在于能否生成具有规范性的话语语境。

话语语境体现的主体间性认识论至少体现了三点优势：一是话语语境不再假定外在世界的客观性，也就是不再区分自然世界还是社会世界，也不再区分客观世界和主观世界。世界的不同形态也许会导致主体认识结果的差异，但是不会导致主体间性的认识差异，认识世界的方式和本质是具有主体间性特征的话语语境。二是不再假定主体认知的唯一性。虽然主体是话语语境和世界互动的载体，但不需要以主体认知的唯一性作为主体间性的有效性标准，话语语境的存在即体现了主体交流的有效性。三是社会科学解释在主体间性的话语语境中可以克服自反性问题。当社会科学家声称自己的社会科学理论是客观的那一刻，作为一个社会成员的社会科学家就已经不可避免地陷入了自反性的陷阱。如果社会学解释是知识社会学的，那么我们就会"陷入一种知识社会学的社会学"①，自反性问题已经成为社会科学解释的最大威胁之一。话语语境不仅划定了解释的边界，其非主体性依赖也使得社会科学家在某种程度上摆脱了自反性的批判。社会科学解释并不是社会科学家的主观认识，而是体现主体间性的社会科学话语语境与社会世界相互作用形成的结果，在话语语境中不会形成自反性的认识陷阱。

第二，话语语境把语境维度引入社会科学解释的研究中，弥补了语言维度在社会科学解释问题方面的不足，同时也把词语与句子之间的语境关系推向话语与话语语境的关系层面，经验在话语语境中转化为概念并获得具有实践意义

---

① 　Roger Trigg, *Understanding Social Science: A Philosophical Introduction to the Social Science*, Blackwell Publisher, 2001, p. 36.

的规范性。温奇通过维特根斯坦的语言游戏，将语言维度引入社会科学研究方法之中，而语言维度对于解释主体与世界之间关系是不够的。温奇认为，社会科学研究的对象是具有意义的人的行为，而意义只有在规则的约束下才有意义，这点温奇无疑是对的。温奇关注了语言在社会科学解释和理解中的作用，也意识到了社会交往可以比作对话中观念的交流①，但是并没有进一步以话语交流作为核心进入语境层次，而是得到了自然现象和社会现象根本不同的结论。在语境概念的界定方面，弗雷格提出了一种语境原则："绝不单独地，而要在句子语境中，探求词的意义。"②也就是说，弗雷格"语境原则的实质就是，把词语的语义（从而也就是概念）置于句子语境进而推理语境中理解"③。话语语境实际上将弗雷格的语境原则从词语与句子语境之间的关系，推向句子（话语）与语境（话语语境）之间的关系，使得话语语境能够作为话语和世界之间的中介而存在。弗雷格语境原则关注的是词的意义，旨在通过语境原则能够建立一种关于词汇意义的逻辑理论。但是语境原则既无法实现与世界的直接关联，同时也无法解释规范性的问题。我们只能解释这个句子中词汇的意义，单单一个句子无法说明句子出现的原因。这种词汇的意义只是句子语境中的意义，而不是与实践相关联的意义。

　　同时，对于如何获得主体之间的理解，也就是语言学家和土著看到的兔子图像是否一致的问题，仅仅是通过语境原则也是难以解释的。从宏观上看，主体交流的问题其实就是理解其他社会的问题，如果主体之间的交流是可能的，那么理解其他社会就成为可能。交流的基础不是语义层面的翻译问题，而是不同话语语境之间的融合问题。哈贝马斯在他的语用学意义理论（pragmatic theory of meaning）中，直接把说话（utterance）作为语言的基本意义单位。换言之，之所以通过翻译语言进行交流是有效的，根本原因不是因为语言结构的问题，而是二者所在话语语境存在融合的可能，持有不同语言的人所在的话语语境至

---

　　① 〔德〕彼得·温奇：《社会科学的观念及其与哲学的关系》，张庆熊等译，浙江大学出版社，2016，第97页。
　　② 黄敏：《知识之锚：从语境原则到语境主义知识论》，华东师范大学出版社，2014，第3页。
　　③ 黄敏：《知识之锚：从语境原则到语境主义知识论》，华东师范大学出版社，2014，第3页。

少具有同一个现象，这点充分体现了话语语境的同一性条件。如果土著的经验之中不含有跑动的兔子，那么跑动的兔子不可能作为语言学家和土著各自所在的话语语境融合以及翻译交流的基础。

第三，话语语境不仅是产生知识的场域，也是呈现知识的主要形态，展现了一种主体间性的社会科学知识论。我们对世界的认识是一个动态变化的过程，这其中主要包含三个层次的问题：第一是能不能认识的问题；第二是通过什么方式来认识或者认识的过程是什么的问题；第三，我们认识的结果是什么，有没有区分。最后一个问题即属于知识论领域。吴畏认为，社会科学哲学在当代知识论的影响下已经"从科学性问题转换到了正当性问题"①，并展现出了知识论的向度。在话语语境中，社会科学和自然科学具有同样的话语语境结构，二者都是借助话语语境的形式与外在世界发生作用。知识是关于外在世界的认识结果，自然科学所得到的知识大多是描述客观世界的知识，而社会科学所得到的是关于变化的社会世界的知识。从解释的话语语境来看，社会科学与自然科学获得知识的途径并无差别。因此，社会科学知识论的主要问题变成了在变化的社会世界中是否存在知识，或者我们是否可能在变化莫测的社会世界中获得知识。事实上，社会科学解释的话语语境已经表明，社会科学解释得到的是一种具有规范性特征的知识。

首先，社会科学知识具有话语语境的规范性特征。社会科学知识不是像自然科学知识那样以恒定不变为特征，而是以规范的合理性为特征。知识代表了人从未知到已知的认知转换，虽然人在社会中一直遵循着很多规范，但并不意味着人们"知道"这些规范。通过社会科学解释，人们才能知道这些已经存在的规范，知识是社会科学解释的结果和表现形式。

其次，知识需要在话语语境中才能存在、显现和展开。只有在话语语境中话语才能获得意义，同样，知识存储于话语语境中，只有在话语语境中知识才能显现和存在。比如，在实践中，我们为了回答某个问题会唤醒记忆中所学到

---

① 吴畏：《当代知识论与社会科学哲学》，《自然辩证法研究》2007年第11期，第25—29页。

的知识，问题和回答的知识形成了展现知识的话语语境。我们所获得的或者想到的知识必须通过问题和知识所构成的话语语境才能展现出来，当我们需要进一步的知识细节时亦是如此。同时，在不同的话语语境中，同样的知识可能不再具有应答话语的地位。比如，在受过正常教育的人的交流中，$1+1=2$ 可能就不算知识，知识论语境主义也强调了这一点。

最后，话语语境可以避免知识确证的回溯问题。如果一个信念需要另外一个信念来确证，那么这种确证可能出现无限回溯的问题：假如确证过程永远不会结束（解释也有相似的情况），结果就是与这一证实过程相关的信念无一能够得到证实。[①] 实际上，回溯问题的症结在于无法给予依赖主体性的信念确证以确定的边界。话语语境没有主体依赖性，话语语境自身就是确证回溯的边界。话语语境为确证提供了一个边界和可判别的确证终点，没有新的触发话语意味着话语语境中的确证已经完成，而无限回溯必然涉及跨语境的问题。也就是说，一定话语语境下的回溯必然是有限的，而只有在跨语境情况下才可能产生继续回溯的情况。当然，如果不同话语语境中的真是不同的，那么跨语境的回溯必然涉及无数不同的真，这就意味着，回溯的前提是真的一致性以及确证方法或者含义的一致性，而事实上后两点在实践中完全没有保证。

第四，社会科学解释的话语语境不会导致方法论个人主义，体现了个人主义和整体主义在方法论层面的融合。方法论个人主义主张必须通过展示社会现象是由个体行动产生的结果来解释社会现象。方法论整体主义则主张整体主义解释被理解为唤起社会结构的社会解释，包括文化或社会功能等而无需提及个人行为。在谈到社会科学解释中的方法论个人主义问题时，利特尔（Daniel Little）认为微观基础的价值是"本体论而不是认识论：我们希望满足于我们的社会假设在本体论上是可能的"，并且"当我们在中观或宏观层面进行因果解释时，我们必须相信微观基础的存在；除非在中观水平情况可能与我们所了解的微观

---

① 胡军：《知识论》，北京大学出版社，2006，第136页。

水平不兼容的特殊情况下，但是我们不必专门识别和叙述微观基础"①。话语语境既包含代表个体行动的可计算行动变量集，也包含代表社会结构的社会结构性要素，任何单一的要素都无法形成完整的社会科学解释。这里的结构性要素类似于塞尔提出的看不见的"社会实在的结构"，与塞尔不同的是，本书中的这种结构性要素只是话语的一部分，并不作为论证社会实在的基础。

## 二、语境主体间性的实践意义

话语语境在非主体性依赖的基础上，形成了一种具有实践意义的彻底的主体间性视角，同时也展现了人类行动介于自由与决定论之间的一种张力。哈贝马斯认为"规范是一个社会群体中共识的表现"，而"交往行为概念所涉及的是至少两个以上具有言语和行为能力的主体之间的互动，这些主体使用（口头的或者口头之外的）手段建立起一种人际关系。行为者通过行为语境寻求沟通"②。在哈贝马斯看来，不同行为的语言作用是不同的，他认为："只有交往行为模式把语言看作是一种达成全面沟通的媒介。在沟通过程中，言语者和听众同时从他们的生活世界出发，与客观世界、社会世界以及主观世界发生关联，以求进入一个共同的语境。"③哈贝马斯把语言视为主体沟通的媒介，在谈到为什么"交往行为"不是"语言交流"这个问题时，哈贝马斯认为其中的一个原因是，"在交往行为中语言发挥它全部的功能"④，同时"交往行为在通过话语进行沟通时，把话语的各方都视为参与者，而不是观察者、独白者"⑤。实质上，哈贝马斯是以主体间性为出发点，在实践领域来发掘人的理性。交往行为是一种沟通，是人们理性的表现，通过沟通使参与沟通的人的行为计划和行为协调起来。

然而，哈贝马斯的主体间性仍然假设了主体的同一性，虽然他强调了人的

---

① Jeroen Van Bouwel, "Do Mechanism Based Social Explanations Make a Case for Methodological Individualism?", *Journal for General Philosophy of Science*, 2019, 50, pp. 263-282.
② 〔德〕尤尔根·哈贝马斯：《交往行为理论》（第1卷），曹卫东译，上海人民出版社，2004，第84页。
③ 〔德〕尤尔根·哈贝马斯：《交往行为理论》（第1卷），曹卫东译，上海人民出版社，2004，第95页。
④ 张庆熊：《社会科学的哲学：实证主义、诠释学和维特根斯坦的转型》，复旦大学出版社，2010，第195页。
⑤ 张庆熊：《社会科学的哲学：实证主义、诠释学和维特根斯坦的转型》，复旦大学出版社，2010，第196页。

理性是在生活世界的交往行为中发展的，但是交往行为仍旧缺少一种理性基础。换言之，理性是需要主体同一性为基础的，否则我们又如何论证交往行为的基础一定是理性的？我们不妨把话语语境与哈贝马斯的交往理论做一简单对比：二者都强调了交往行为的重要性。区别在于，哈贝马斯认为，"解释的核心要义主要在于通过协商对共识的语境加以明确"①，而在话语语境中，语境的存在本身就表示了某种意义上的共识，话语语境不是协商的结果，而是协商共识过程和结果的统一。哈贝马斯的交往行为理论的基础没有脱离主体，只是把交往行为作为四种基本行为之一。因此，哈贝马斯的交往行为是一种已然在实践世界中的行为，是人际交往的一种表现，没有完全体现主体间性具有的本体地位和认识论的实践价值。在话语语境中，所有的行为(也就是本书中的行动)都是话语语境范围内话语沟通的结果，包含主体自身和自身之间(以自我对话的形式)的沟通。当然，哈贝马斯和社会科学解释的旨趣还是存在一定的差异。话语语境理论只包含话语、语境和世界，话语语境所关注的是主体面向的世界，而不是从社会实践中来反推主体应该具有的行为类型和语言行为规则。也就是说，以主体性为核心线索的哲学一开始就注定了将主体置于社会实践之中，然后从社会实践再返回到主体身上，笛卡尔的反思哲学是把反思作为一种最重要、最根本的社会实践。反思是主体实践中的一道理性之光，这道光照向了社会世界(主体在反思自身与世界的关系)，然后反射到主体意识之中，主体在这种理性之光中获得了理性醒悟。哈贝马斯则拒绝这种个体的反思和醒悟，他认为只有主体间性才能产生理性，这点哈贝马斯是对的。当我们思考时，实际上在我们的头脑中已经形成了一个话语语境，我们思考的过程就是自我对话的过程，没有主体间性就没有对话，也不会有反思，主体间性的意义已经从主体之间的关系转向了话语之间的关系。

主体间性的话语语境也展现了一种关于行动的介于自由和决定论之间的张力。冯·赖特认为没有行动，我们就无法获得因果观念。话语语境并不决定行

---

① 〔德〕尤尔根·哈贝马斯：《交往行为理论》(第1卷)，曹卫东译，上海人民出版社，2004，第95页。

动是否实施或者行动的因果关系，同时话语语境也不能导出存在一种没有任何约束的自由行动。如果我们没有区分行为和行动，那么必然会陷入因果性的决定论和行动自由主义的二元选择之间。也就是说，因果能够确定的，就是可决定的，而超出因果范畴的，就是非决定的。话语语境通过向社会世界输出行动的规范性，进而在社会世界中形成了一个行动规范的网络。或者说，我们在观察到行动之前，已经处于行动的话语语境之中。一旦主体产生有意识的行动，那么主体的行动必然属于某个话语语境所撒出的规范性行动网络，否则，这个行动就只是行为。因此，话语语境意义下的行动既不属于决定论，也不属于行动的自由主义，而是类似语境与话语之间的控制关系。实际上，认识也是一种行动，这个行动同样既不是完全自在的，也不是完全决定的。从主体认识与外在世界的关系看，在话语语境中，我们的认识对象不是纯粹的外在对象，也不是个体自我意识的建构，我们的认识对象是话语语境与外在世界相互作用过程的现象，这个现象既可以是话语语境变化引起的，也可能是外在世界变化引起的。如果是主体—世界的认识模式，必然会导致认识论的决定论和非决定论争论，而话语语境中，主体—世界的认识模式变成了话语—语境—世界的三元关系，话语与话语语境的关系中，话语语境并不决定话语内容，而是控制话语的产生和理解；而话语语境与世界的关系中，只是一种由二者相互作用引起的各自的变化（这个过程中，自然世界不发生变化，而社会世界发生变化）。因此，话语语境不存在决定与自由的区别，只存在话语语境的持存性和稳定性。

　　本书对社会科学解释的合法性给予一定程度的论证说明，也从话语语境视角揭开了主体间性的一些面纱，但不可否认的是，话语语境是一个崭新的理论和研究视角，也会随之带来很多新的问题，这本身也是哲学研究的特点。虽然在研究中我们尽可能清晰地阐述话语语境以及其对其他哲学论题的意义，但是还没有对话语语境与其他哲学理论进行系统深入的对比、梳理和思考。比如，话语语境论与自然主义和反自然主义的关系、与相对主义及主观主义的关系、与因果性解释的关系等。这里主要阐述四个方面的具体问题，同时也是下一步研究工作的重要方向。

第一，日常话语语境和科学话语语境的联系和区别。科学的话语语境由非常特殊和相对规整的话语所构成，同时也是众多话语语境中的一类。从某种程度上看，相比一般的日常话语语境，科学话语语境的研究反而是较为容易的。从话语语境之间的关系来说，科学的话语语境还是从日常话语语境中衍生出来的，通过相似或者隐喻等方式，日常话语语境中所包含的词项进入了科学的话语语境之中，但是如何在话语语境之中说明进入词项的有效性问题，作为不同话语语境节点的主体如何实现不同话语语境之间的转换，这种转换过程的标准是什么，这些都是需要进一步研究说明的问题。

第二，话语语境的逻辑模型问题。在科学和社会科学这样的话语语境中，理论话语和现象话语之间存在的是解释关系，在这种界定条件下，一个科学理论可以作为一个话语而存在，这点对于说明话语语境的结构以及语境与世界的关系是足够的，但同时这样也回避了理论内部结构的问题。从形式上看，理论是由一条条陈述的话语组成的，这些话语遵循的逻辑关系是什么，不同的社会科学学科中这些逻辑关系是否具有同样的结构等问题也是话语语境研究的重点。再有，虽然我们认为科学的话语语境与宗教的话语语境在结构上肯定是有区别的，但是这并不意味着二者话语之间推理的逻辑结构不一致，相反，从目前的结果看，二者很可能是相似的。因此，能否从话语语境的逻辑模型来区分各类话语语境，这是话语语境研究的又一重点问题。

第三，话语语境与社会科学解释中的因果性问题。在社会科学中，因果性是一个无法绕开的重要论题，很多哲学家也将社会科学解释归结为一种因果性的解释。在目前的研究进展中，我们认为因果性可能是话语语境中的特殊结构，这和归因理论有着相似之处。但是，在话语语境中，归因类似于话语应答，是话语语境的解释冲动，而不能视为主体意识的一种冲动，这就需要定义话语语境的这种因果结构。比如："家里有床，所以我们可以睡觉。"这个话语中的因果性如果获得了话语语境的认同，意味着床和睡觉在这个话语语境中可以建立某种因果联系。假设我们在战争后的废墟中，那么这个话语可能就是无效的，这种无效的原因并不在于床和睡觉这些词汇在语境下没有意义，而是这些词汇之间不再具有因果意义。因果关系不仅是话语语境的重要结构，同时也是话语的因果结构。话语语境中的因果结构很容易和所谓的客观世界的因果关系相混淆。实际上，如果因果是话语语境的，那么这种因果关系就不存在所谓客观因果的问题，也不存在唯一的因果关系问题。只有在话语语境下我们才能对事件进行"时空"意义上的切割，然后才能决定因果关系，即便对于休谟所说的前后相继发生的事件，也只有在话语语境下才能形成关于"事件"的含义和边界。

第四，运用话语语境说明心灵与世界关系的可能。虽然我们在话语语境理论中说明了话语语境与外在世界的规范性关联，也在话语语境框架内研究了经验、概念和规范之间的关系，但是如何从非主体性依赖的话语语境回到主体的心灵层面，话语语境到底能够在什么程度上来重新审视心灵和世界之间的关系，这仍旧是一个需要回答的重要问题。

本节最后，我们对话语语境之于哲学和人类理性的意义进行一下简短评论。

首先，从社会科学解释的话语语境中我们可以看到，话语语境预设的前提仍然是主体间性，哈贝马斯的主体间性是社会现实中的主体间性，而话语语境所体现的主体间性是介于主体和世界之间的话语所表现的主体间性，因为不依赖主体性，所以话语语境具有的主体间性是比已有的主体间性理论更加彻底的主体间性。在某种意义上，话语语境类似于海德格尔基础本体论的核心概念——世界，"因为不是主体与世界中的事物建立联系，而是世界首先建立起了一种语境，为存在者提供了一种前理解"①。话语语境是主体认识的场域，不仅表现了主体与世界的关系，同时话语语境的发展也体现了我们对世界认识过程的趋势。虽然我们经常说眼见为实，但是也会有"不识庐山真面目，只缘身在此山中"的困惑。我们所看到的变化趋势不一定就是真的变化趋势，我们原本以为的认识推动力也可能并不是真正的推动力。用以主体为核心的哲学来阐述这些趋势时，我们得到的收获与产生的矛盾问题几乎同样多。我们并不认为话语语境论是一种完美的解决方案，但是用话语语境的延展和扩张来表示科学认识世

---

① 〔德〕尤尔根·哈贝马斯：《现代性的哲学话语》，曹卫东等译，译林出版社，2004，第170页。

界的过程，这个方案至少会减少一些矛盾问题。

其次，"社会科学不能忽略哲学假设，因为哲学假设有助于管控(govern)社会科学的关注焦点"①。在社会科学的话语语境中，我们获得了科学认识社会世界的方式，自然科学以类似的方式让我们获得了认识自然世界的方式。世界的划分并不是先验的不同世界，而是不同话语语境"探照"外在世界的结果，这并不是一种观念论，没有外在世界，话语语境就没有了存在的基础，人类不存在，世界不存在，更不会有话语语境存在。在认识论层面，我们无法论证外在世界的本体，也不需要这种本体论，因为话语语境已然具有了认识意义上的本体论地位。从意识的角度看，话语语境是解构意识的一种有力方式，即便是教徒的冥想也是以话语语境的形式存在，所以意识反应的结果需要在话语语境中体现出来。人的认知是同时展开和收敛的动态过程，没有话语语境的约束，人的认知可能处于率性而为的状态，不可能在展开的同时定向聚焦，也不可能在潜意识的规范中行动。换言之，话语语境不仅是意义的展开场所，也是意义的收敛场所。在话语语境中，不存在舒茨对伐木工那样的理解困惑，意义变得稳定且可理解和可陈述。任何解释和描述也需要语言，我们仅仅在语言维度不可能得到终极真理，也无法触摸终极实在，塔斯基(A. Tarski)的不可定义的真就是例证之一。

最后，话语语境离不开语言或者言语，但是我们一直未获得突破的根源在于，我们始终试图在用问题产生的本质来解释问题(用语言解释语言，用语言理解语言)。话语语境预示了一种哲学的语境转向，问题需要在一定的话语语境中来分析解决，而哲学的目的就是分析不同话语语境结构以及与世界相互作用的方式，用哲学的话语语境考察其他话语语境。虽然这个设想可能过于宏大，但是这的确是一次语言哲学转向语境哲学的契机。社会科学解释的话语语境已经证实了话语语境在解决科学认识论问题上的意义。哲学正是把每一种生活形式放在一定话语语境中来解释、理解和领悟的过程，每一种哲学都在试图构建一

---

① Roger Trigg, *Understanding Social Science: A Philosophical Introduction to the Social Science*, Blackwell Publisher, 2001, p. 235.

种哲学的话语语境来实现这个目标。

仅对语言自身的哲学考察不能得到我们想要的答案，但这并不意味我们必须依靠终极实在和绝对真理才能证明理性的价值，相反，我们拥有一种可无限拓展心灵和意识的平台——话语语境。话语语境既不是需要绝对概念来映衬的相对主义，也不是担心认识随意性的主观主义。无论是在日常的话语语境中，还是在科学这样严肃的话语语境中，我们能够在不同的话语语境中获得不同的理性和真。话语语境不仅表现了人类认识发展的动力模式，也给我们困在身体之内的心灵提供了接触世界的窗口和平台。话语语境形成了我们认识和价值判断的稳定场域，表现了人类接触世界的独特方式，这本身就是人类理性的重要体现。

# 第四章
## 社会科学知识的语境建构

　　自从笛卡尔开启近代认识论以来，对科学知识之起源、性质、范围的讨论一直是现代哲学的重要论题。及至当代，知识论有两条不同的路径：其一，分析哲学中关于"知识是信念"的理论主要反对怀疑论，旨在为知识陈述的真理性从方法论上寻求辩护；其二，将知识论视为关于主体经验直观能力的理论，这是沿着笛卡尔到康德的传统认识论路径行进的。不过，这些知识论探讨的更多的是得到普遍公认的知识类型，比如数学、逻辑知识和经验自然科学意义上的知识。同时，这些知识图景首先就预设了主体的"在场"，主体总是从"看"的视角出发面对着某种对象或事件，"知识始于我们看到对象'就在我们面前'，然后将对象的'表征'（即解释）与实际上对于我们'在场'的对象进行比较"①，最后才发现自我观念与实在之间的关系。因此，主体的内部与外部在"看"的过程中被对立了起来，认识者与认识对象之间存在一条明确的界线，这种预设不仅造成了主体与客体的二元割裂，同时也允诺了客观的知识具有普遍性，可以独立于主观的观察者及其解释。

　　而对于社会科学的知识论来说，学界很少谈及，主要原因在于：首先，当前的社会科学知识中很少存在普遍接受和认可的概念，正如本章将要论述的，社会科学中的概念本身经常蕴含着特定社会的历史、文化、价值等因素；其次，即便针对同一个社会，不同的社会科学家经常提出各具特点甚至相互矛盾的理论，缺少一个可以进行比较的标准，甚至于对逻辑理性本身，也有学者提出质疑。比如，温奇所说的"逻辑的标准，并非是上帝直接赐予的礼物，而是源于生

---

　　① David Stewart, Gene Blocker, James Petrik, *Fundamentals of Philosophy*, Person Education, 2012, p. 235.

活形式和社会生活模式的语境，并且只有在这个语境中才能被理解"①。在这些情况下，社会科学中的理论命题比起自然科学知识就有了更多的相对主义意味。所以，关于社会科学知识的讨论，对其真假优劣的评判就成为一个相对次要的问题，人们首要关注的，是更基本的社会科学知识是否具备客观性（objectivity），或社会科学知识在多大程度上是客观的问题。对于这个问题，学界出现了两种截然相反的回答，也就是接下来将要探讨的客观主义与建构主义。

历史地看，早期的实证主义和传统的解释学，尽管在社会科学的学科定位、逻辑理路、方法路径等问题上存在严重分歧，但都认为社会科学知识可以达到类似于自然科学知识那样的理想状态。例如以孔德为代表的实证主义认为，社会科学应当尊崇自然科学、逻辑和数学的研究方法，真正的知识就像科学定律一样，可以揭示出社会现象背后的普遍规律与函数关系，罗伯特·毕夏普（Robert Bishop）指出，社会科学家所追求的知识图景具有五个特征："（1）主观和客观之间的严格二分（主体—客体本体论）；（2）真正的知识是对外部客体或者实在的准确表征（主体—客体认识论）；（3）确信理性可以把它自己从偏见和传统中解放出来；（4）相信自我反思可以超越历史语境和文化语境，以弄清楚事物的本来面目（外部人的视角）；（5）普遍方法可以为知识确立一个稳固的基础，然后依赖这一基础。"②不过，随着科学哲学的发展，特别是库恩的范式理论提出之后，人们越来越认识到，即便是自然科学知识也包含着社会、历史、心理和文化等种种主体性因素。因而，在社会科学知识论中，客观主义的知识论立场也受到普遍质疑，出现了与之对立的建构主义知识论立场。于是，社会科学知识究竟是客观的还是建构的，以及其合法性如何体现等问题，已成为当代社会科学知识论领域探讨的焦点之一。

---

① Peter Winch, *The Idea of a Social Science and Its Relation to Philosophy*, Routledge, 1990, p. 100.

② Robert Bishop, *The Philosophy of the Social Sciences: An Introduction*, Continuum Publishing, 2007, p. 362.

## 第一节　社会科学知识的语境演进

如果从社会科学知识生产和评价所涉及的语境因素角度，来审视知识论困境的话，我们不难发现，社会科学知识论中之所以出现客观主义与建构主义两种对立的立场，原因并不在于社会科学知识真的无法实现其客观主义理想，也不在于社会科学知识只具有社会历史性而缺乏客观性的品质，而在于它们在对待知识生产过程及其条件的语境因素问题上走向了相反的两个极端。因此，就知识的生产、本质和评价而言，我们必须尽可能充分地考虑其中复杂多样的语境因素，才能更准确地找到社会科学知识论困境的根源所在。

### 一、客观主义：理想认知者的去语境化

众所周知，在笛卡尔、康德这些经典认识论哲学家那里，理想的认知主体能够达到理想的知识。这种理想认知主体，并不受限于如时间、地点、背景、教育、文化或任何其他的因素。也就是说，他们为了理论的需要而设置了一个极其简化和抽象的理想语境。与现实世界语境相比，这个理想化的认知者显然是被去语境化（decontextualized）了。不可否认，在现代科学事业初兴的历史时期，经典认识论这种高度抽象、简化、静态的分析模式，在反对经院哲学统治，并为科学知识的有效性辩护方面的确起到了巨大的推动作用，但是，这种与日常语境无涉的思维模式，在为当时语境下的科学理想确立合法地位的同时，也给今天的社会科学知识论带来了不良影响。

客观主义知识论困境的根源就在于此。很显然，客观主义知识论中的实证主义立场所假定的认知主体，正是经典认识论意义上与现实语境无关的理想认知主体。实证主义发源于经验主义传统，直接来自于休谟。因而，实证主义知识论形成了这样的经验主义知识图景：认知主体与客体之间的严格二分；认知主体如同"自然之镜"一样，能够客观地反映独立于他而存在的、纷乱芜杂的外部现象世界，并对其做出准确表征；主体具有的理性能力，可以使其从各种偏

见和传统的束缚中解放出来，并且相信自我反思可以超越历史文化语境的限制，以查清事物的真相；普遍的方法则为知识确立一个牢固的基础，并依赖这一基础。① 在知识的增长方面，实证主义认为，随着人们对社会现象层面诸多事物的把握越来越多、越来越广，知识也随之线性递增和累积。由此，实证主义强调，按照这一观念，人们就能达到纯客观的知识，并获得知识库的增长。但是，这种理想化的知识图景及其知识主张，一方面，如上所述，在知识的生产和应用实践中已经遇到了巨大的困难，另一方面，这种几乎完美的标准知识态度和路径，在理论上也是极其脆弱的，难以抵挡各种后现代知识论的攻击。

此外，同样坚持客观主义知识立场的传统解释学路径，尽管反对用普遍规律的形式来解释人类的行为动机和理由，在分析社会现象所负载的不可观察的价值和意义方面，引入了较多社会、历史、文化方面的现实语境因素，但这种路径和实证主义一样也设置了一个理想化的前提，那就是所有人都具有共同的、永恒普遍的生命历史体验和理解能力，这为解释性社会科学知识的客观有效性提供了保证。但因其无法证实或证伪而受到来自实证主义的批判，同时，其价值中立准则也被认为是一种过于理想化的主张，很难在实际操作中得到真正贯彻。所以，传统解释学这种由主体的主观来检验客体的主观的知识路径，在知识论的基础方面也是不够充分和牢固的。

而在语境论看来，现实世界中的"人是有创造性的、动态的社会实体，他们努力并且有策略地应对他们的环境"②。社会科学中的认知主体，同他们的研究对象一样，也是现实社会中活生生的人，与其周围的他者和各种潜在或显在的环境背景因素发生着交互作用，并受到这些因素的深刻影响。从这个角度看，实证主义知识论预设的社会科学认知主体，就成了经验派哲学家洛克所谓的一块洁净的"白板"，等待经验的摹写。也就是说，社会科学家采取一种超越任何价值的、"不偏不倚"的公正视角，能够对"在那里"的社会客体给出完全中立的

① Robert Bishop, *The Philosophy of the Social Sciences: An Introduction*, Continuum Publishing, 2007, p. 361.

② Roger Straus, "The Theoretical Frame of Symbolic Interactions: A Contextualist Social Science", *Symbolic Interaction*, 2011, 4(2), p. 266.

说明。因而，社会科学家就具有了一种"局外人"或"旁观者"的角色，高居于社会领域之上或远离社会领域。实际上，"这种客观化视角忽视或抽离了大部分的意义、评价和目的等因素，而这些恰恰构成了我们日常生活的绝大部分经验"①。所以，客观主义知识论立场为自身设定的这种过于僵化和坚硬的理想主义语境及其认知主体，在真实生活世界变化莫测的复杂语境下，注定是无效和无意义的。

## 二、建构主义：社会因素的充分决定性

如果说客观主义的知识论立场仅仅突出了一个假设的理想认知个体因素的话，那么建构主义知识论最大的不足之处就在于，它忽略了知识生产过程中的除了社会维度之外的其他维度。根据我们对建构主义的分析可知，建构主义知识论的知识图景为：认知主体与客体之间的二分，但是，客体是由主体社会地建构的；认知主体具有创造和发明客体的能力，进而通过各种修辞手段，社会性地建构出主体间性知识；认知主体受到特定社会文化条件的限制，并受到后者的决定性影响；不存在普遍的方法，知识只是协商和约定的产物，不同知识理论之间不存在比较标准。换句话说，建构主义带有社会决定论的色彩，社会因素决定了知识的生产、成果和评价的方方面面，所以，离开认知者所属的社会因素谈论知识是不充分、不合理的。

首先应当指出的是，建构主义知识论的合理之处是毋庸置疑的。比起客观主义知识论所主张的，将知识仅仅交给理想化的认知主体，由其根据这种知识论所预设的、不受主体"污染"的客观社会存在来裁定和制造，建构主义知识论则正确地认识到了这个过程实际上并非如此之简单。"个人发展知识时，不可能独立于社会之外，因为唯有在社会中个人才能学会思考与行动。"②显然，在现实社会的语境中，这些主体要受到他生活于其间的内外因素的影响，诸如教育

---

① Robert Bishop, *The Philosophy of the Social Sciences: An Introduction*, Continuum Publishing, 2007, p. 48.

② Andrew Sayer, *Method in Social Science: A Realist Approach*, Routledge, 1992, p. 14.

训练、历史传统、文化背景、政治地位等复杂因素，从而在知识的生产过程中，亦难免会使用劝说、修辞、谈判甚至权力地位等手段，去与其他认知主体达成共识、制定规则、形成约定，来塑造知识的内容和形式。"科学共同体本身就构成了一个嵌入大社会之中（外部视角）的社会（内部视角）。因为内在与外在的因素影响着研究者表征他们的研究主题的方式，所以，不仅辩护的语境，还有发现的语境，对于理解我们为什么获得我们所得之知识来说，都是非常重要的。"①

但是，如果由此就怀疑一切反映了科学知识之本质特征的经验证据和逻辑理性的合理方面，并宣告其全部无效的话，就如同客观主义知识论一样犯了片面化和极端化的错误。毕竟，一切科学知识来源于主体与客体之间的相互作用，故而知识在本质上既带有主体的创造性痕迹，也必然有对客体的反映。"真的东西并不是与世界相对的人类建构品。因此，不能说知识仅仅是或全部是人类建构的。"②所以，如果不从涵盖了主客体因素的整体语境角度去看待知识的生产过程，就必然会陷入要么知识完全来自对客体的反映和摹写，要么完全来自主体（社会化的认知个体）的任意创造这种偏执一端的思维模式之中，都无法获知与知识相关的语境全貌，也就必然得出偏颇的结论。

总的来说，客观主义知识论仍然属于一种个体主义的知识论，其缺陷在于设定了一个高度理想化的知识图景或知识语境，特别是将认知主体设定为一个"理想型"的全能认知者，从而无法适用于现实的社会科学语境，但其所蕴含的社会科学知识应当具有客观性的一面，这一点无疑符合现实语境，是具有可行性的。而建构主义知识论的错误在于，尽管它合理之处在于着眼于现实的、整体的社会语境来审视知识问题，但因其仅仅强调或太过突出真实社会科学知识的语境中的社会性因素，甚至将之视为知识的决定性因素，这无疑是非常片面的。

①　Lars Mjøset, "The Contextualist Approach to Social Science Methodology", In Byrne D, Ragin C C, SAGE Handbook of Case-Based Methods, SAGE Publications Ltd., 2013, p. 49.

②　Alvin Goldman, Knowledge in a Social World, Oxford University Press, 1999, p. 21.

### 三、演进趋向：语境作为知识的主客观条件

在从关于语境因素的整体性视角分析了客观主义知识论和建构主义知识论各自的缺陷与合理性之后，我们认为，一个适当的社会科学知识论必须能够全面地看待特定语境下知识的生产和评价方面各种语境因素的影响，仅仅突出其中任何一两个因素的作用，并将之视为决定性因素，都是不可取的；必须将知识的整个语境视为决定性因素，只有"当与语境相关的标准得到满足时，知识才是可能的"[①]。所以，要使社会科学知识论的两极对立问题得到解决，就应将二者忽略的现实语境因素全部纳入考虑，并为社会科学知识问题的评价确定适当的标准。对此，我们认为，语境论的知识论提供了一个可行的求解方案。

正如前文所述，知识的生成需要有三个要素：认知主体、认知客体和认知的条件。从语境论的普遍性的、整体性的立场来看，任何的人类活动，包括社会科学的研究活动，都是现实中的主体出于不同目的而参与其中的语境中的行动(act in context)[②]，行动主体不可避免地要与各种各样的语境因素发生联系。所以，在知识的生产活动中，认知主体不仅与认知客体发生相互作用，也与构成认知条件的内外在因素发生作用。

事实上，20世纪以来，随着知识论和知识社会学对认知活动内外在条件的研究日益繁增，学界主要从四个角度来剖析知识或认知的社会文化条件。其一，以交流的符号学为视角的进路。以后期维特根斯坦的语言游戏论和伽达默尔的新解释学为主。他们侧重于从语言维度来考察社会性与文化。其二，文化人类学进路。主要实践者有美国社会学家米德(George Herbert Mead)、舒茨、格尔茨(Clifford Geertz)和加芬克尔等。他们强调非语言交流的重要性，以及隐藏在社会性背后的默会预设。其三，社会学进路。著名的有科学社会学家默顿(Robert King Merton)、卢曼(Niklas Luhmann)和强纲领提出者布鲁尔(David

---

① Evelyn Brister, "Feminist Epistemology, Contextualism, and Philosophical Skepticism", *Metaphilosophy*, 2009(5), p. 679.

② Stephen Pepper, *World Hypotheses: A Study in Evidence*, University of California Press, 1942, p. 232.

Bloor）。他们将知识看作是社会的一个子系统，知识的内容反映了社会的主要参数。其四，自然主义的认知模型进路。主要代表有罗蒂（Richard Rorty）、范戴伊克等，主要基于神经生物学来描述认知过程中对社会性和文化参数的处理。[①] 这些对知识条件的分析，从不同侧面突出了语境在包括社会科学研究的认知活动中的作用，既澄清了认知条件对主体认识活动的影响，也阐述了主体在认知活动中的建构性。

一方面，语境因素能够成为知识的客观条件。从逻辑上说，语境因素首先是作为认知活动的客观条件出现的。在社会科学知识的生产中，语境作为一个随着有目的的主体出现而在场的、关系性的实在，构成了社会科学认知活动的前提条件。只有"在这些条件下，意义才能被归因于语言的延伸，和实际上这些条件如何赋予语言以意义"[②]。一般认为，这些作为客观存在而出现的语境因素，包括语言语境和非语言语境。前者包括书面或口头的语言上下文，其意涵随着主体的活动和言语行为而变化，可以分为相对稳定的语义语境和相对动态的语用语境。后者包括社会的和物理的语境、活动和交流的语境、文化语境和情境语境等。其中物理语境因素是客观的物品构成的物质环境，是有形的、可观察的、可测量的部分，包括自然的和人工的，如书籍、电脑、图书馆、路标、标语等；社会语境包括法律、国家、时代、民族、制度等；活动和交流的语境包括行动者的身体和行为方式，如手势、姿势、表情、着装等；情境语境则是由与主体目的活动相关的当下、当地的所有可能因素构成，使得主体能够从上述因素中进行就近选择，同时又随着活动的进行而变化；文化语境包括背景知识，共享的生活方式、仪式、习俗、约定、传统等。

凡此种种，共同构成了所有认知活动之所以能够进行的前提和基本条件，不论是有形的还是无形的、当下的或未来的、潜在的或显在的、宏观的或是微观的，在它们处于认知主体之外、之前的意义上，都属于认知活动的客观因素。

---

① Ilya Kasavin, "To What Extent Could Social Epistemology Accept the Naturalistic Motto?", *Social Epistemology*, 2012(3-4), p. 356.

② Roy Dilley, "The Problem of Context in Social and Cultural Anthropology", *Language & Communication*, 2002, 22, p. 442.

这种客观性意味着主体是被动进入这个语境中，不受主体意志支配和控制。就社会科学而言，进行实证研究的认知主体可能会更多地关注可观察的、可测量的社会物理语境因素，并采用语义相对静止的语言语境因素，而舍弃了其他因素；解释学的研究者可能更加注意社会语境、文化语境、语用语境因素；而建构主义者则把注意力主要放在了社会历史语境因素方面。无论如何，这些在主体之前、之外的语境，就构成了社会科学知识生产和评价中的客观条件，使社会科学知识成为可能，并具有了客观性的面相。同时，这些客观的语境因素也为理解主体所关注的焦点事件提供了意义框架，因为"单个断言只有在一个更宽广的理性框架内才是有意义的"①。相比之下，在客观主义知识论中，作为认知条件的客观语境因素在很大程度上被忽略了，或者说，构成认知条件的事物，被作为在整个认知历史进程中的不同时间点去加以认识的客体而出现了或将要出现，因此，其知识图景就是一幅狭隘且单一的、个人化的主对客场景。而在建构主义的知识论那里，认知条件——特别是由社会性的历史文化等语境因素构成的认知条件——的作用，又被过度地甚至无限地放大了，以至于能够充分决定所有认知主体对客体的认知及其成果。所以，从语境论的现实视角看待认知条件在社会科学知识中的角色和作用，显然是更为合理的，也能够充分证明社会科学知识具有不容置疑的客观性品质。

另一方面，语境认知能够作为知识的主观基础。如果说上面论述的、作为知识之客观条件的语境因素，似乎范围太大，很可能会导致认知主体面对无限范围的语境因素，不知道应该选择哪些因素来入手进行分析的话，那么，认知主体是否的确具有一定的建构能力，并且有看相当程度的创造性和规范性，可以用来合理地指导社会科学认知活动呢？实际上，在前面已经阐述了的建构主义哲学源头中，康德哲学的开创性贡献已经告诉我们，人类认知主体所具有的认知结构先天地拥有使世界秩序化的知识建构能力。尽管这种传统认识论观点在今天看来已经过时，但是，随着认知心理学、认知语言学、认知社会学等学

---

① Tom Rockmore, *On Constructivist Epistemology*, Rowman & Littlefield Publishers, Inc., 2005, p. 91.

科的不断发展，人们逐步认识到了作为认知主体的人，确实有着非凡的创造力和建构能力。这一点，无疑使我们能够更加深刻地认识到，知识作为主体与客体相互作用的产物，有着不可剥离的主体印记。所以，在明确语境因素是知识之客观条件的基础上，探讨语境的认知功能，可以使我们进一步了解它在社会科学知识生产中的作用和意义。

在这方面，荷兰学者范戴伊克的研究成果颇具启发价值。他从社会语言学和社会心理学的认知视角，来集中研究交流中的话语语境对理解和解释的影响。针对传统语境研究中涉及的漫无边际、无穷无尽、令人望而却步的语境因素，以及将语境视为一个客观的、静止的存在这些问题，范戴伊克将语境定义为："语境并不是某种客观条件或者直接原因，而是（内在的）主观建构（subjective constructs），是在作为群体和共同体之成员的参与者们的相互作用中，被设定并不断更新的。"[1]其中，"语境是参与者的主观构建"这一核心假设，解释了每一个文本或谈话（或者它的部分、片段）的唯一性，也解释了参与者们正在参与交流时，所界定的语境中之共有的基础和共享的社会表征，从而阐明了社会文化等因素对主体认知的间接性作用机制，我们将在下文中分析其观点。总之，在认知活动中，语境因素作为知识之客观条件，使得知识具有了客观性的一面，同时，认知主体的经由语境建构的认知机制也揭示了知识中必然带有主体建构的一面，因而，语境论的知识论主张有助于我们全面地分析和理解社会科学知识的形成过程中主客观因素各自的影响。

## 第二节　社会科学知识的语境图景

在以上论述中，我们认为知识是在主客语境的互动与融合过程中动态地生成的，知识的有效性也体现在其具体的语境中，反对传统认识论设定的主客互不影响的对立关系，也不存在实证主义主张的永恒的、在任何语境下都为真的

---

[1]　Teun A. van Dijk, *Discourse and Context: A Socio-cognitive Approach*, Cambridge University Press, 2008, p. ix.

社会普遍真理，也反对取消知识的客观性。而是，我们要充分完整地认识和理解社会事件，就必须将之置入特定语境中进行考察和分析，对于社会科学知识的检验和评价同样如此。这样，语境论的社会科学知识论就在反驳后现代思潮中那种取消知识确定性的荒谬主张，和解决客观主义与建构主义二元对立所导致的社会科学知识合法性缺失这两个方面，具有了其他知识论立场不可比拟的优势和意义。

## 一、语境图景及其主要特征

在具有普遍性的哲学路径中，"语境论是作为对非历史的、标准的哲学路径的一个替代选择而出现的"①。语境论认为，任何非理想的知识理论都必须着眼于现实中的人类，也就是说，开始于一种关于行动者的理论。真实的认知主体，既非笛卡尔式的旁观者，亦非康德式的统觉的先验统一体，也不是胡塞尔式的先验自我，而是一个个体，或者由个体组成的群体。在获得知识的过程中，这些认知主体不仅相互影响，也和他们周围的事物形成互动。由此，在社会科学知识的生产和评价中，语境论的知识论也有其相应的知识图景。

第一，在主客体关系方面，认知主体与认知客体之间是一种相互影响、相互建构的关系。语境论的社会科学知识论承认，任何科学认知活动都应当开始于将主体与客体区分开来，但是，在主客关系上，语境论反对将其视为一种绝对对立的二元论关系，也不允许一方完全压倒另一方形成绝对的一元论关系。在语境论看来，自然科学知识预设的主客体关系是无法在社会科学中应用的，社会科学中的研究客体，不论是个体行为、意义、情感，还是社会事实、社会结构等，都是在特定的事件语境中体现其客观实在性的。也就是说，这些概念的所指及其实在性都是语境依赖的，但这种语境依赖"并不意味着只是一个更复杂的决定论形式。它意味着在语境、行动、解释之间是一种开放的、偶然的关

---

① Tom Rockmore, *On Constructivist Epistemology*, Rowman & Littlefield Publishers, Inc., 2005, p. 79.

系"①。这使得语境论的知识论可以更开放地融合多元化的视野，使研究客体可以在不同的语境中具有不同的含义和实在性。此外，认知主体本身也嵌入社会之中，在主体和客体之间，通过社会科学的理论解释和客体的日常解释之间的相互作用，发生着一种吉登斯所谓的"双重诠释学"的作用机制。② 据此，社会科学家提出的理论概念与观点能够影响社会行动者的日常意义解释，反过来，社会行动者又在此基础上提出新的意义解释，并反馈到社会科学家那里，再产生新的解释，如此循环往复。所以，认知主体和认知客体在持续不断地互相影响，从而在一定程度上产生主客之间互相建构的效果。

第二，在知识来源方面，认知主体既有对客体的反映，也有主动的建构，并且在与客体的交流中，获得动态的更新。语境论的社会科学知识论不赞同客观主义知识论所主张的那种单向度的客观反映论，也不认可知识全部来自主体的社会性约定和建构。如上所述，认知主体各种先天后天的背景条件决定了他不可能像扎根理论人类学方法论那样，带着空白的大脑进入研究之中，也不可能对经验证据做出绝对中立的观察和描述。但是，认知主体必定是在与客体发生互动之后才能提出解释和说明，这意味着知识必然是具有客观性的；同样，基于个人语境认知机制的独特建构和来自科学共同体的社会约定、默会惯例的影响，在知识语境中也是必不可少的。因而，社会科学知识既有客体因素的影响，也有主体的建构，使得客观性和建构性并存，不可能仅有其中一种特性。

更为重要的是，不论是反映还是建构，都是语境论根隐喻意义上的行为事件，都是在主体和客体之间的对话活动或符号交流中进行的。所以，社会科学研究活动，作为一种"社会行动的语境化过程，或许可以被看作是行动者和解释者之间的协商语境"③。这就意味着，作为对话的成员，我们要真诚地倾听他人

---

① Bent Flyvbjerg, *Making Social Science Matter: Why Social Inquiry Fails and How It Can Succeed Again*, Cambridge University Press, 2001, p. 43.

② Donatella Della, Micheal Keating, "How Many Approaches in the Social Sciences? An Epistemological Introduction", In Donatella Della, Micheal Keating, *Approaches and Methodologies in the Social Sciences: A Pluralist Perspective*, Cambridge University Press, 2008, p. 25.

③ Boicho Kokinov et al., *Modeling and Using Context: 6th International and Interdisciplinary Conference*, Springer, 2007, p. 532.

的思想，并接受他们的观点中显露出来的具有真实性的一面。同时，我们对我们的视角采取某种形式的临界距离，这样就可以进入并严格采纳其他的竞争性视角。如此，我们可以公平公正地对待自己和其他人的视角。但是，这些都不意味着价值中立只能是客观主义视角的核心。而是说，要实现真正的客观性，就必须尽我们最大努力对我们自己的和其他人的视角采取一种真诚的和批判的立场。这样我们就能学到更多关于各种视角的东西，以及多种承诺的东西。

此外，这种交流也是主体自身的语境和客体的语境融合的过程，这一过程会随着交流的持续推进而发生研究视角、维度、焦点的变化，不断地使知识再语境化（re-contextualizing），进而产生新的意义。由此，语境论认为，社会科学知识具有动态性和历史性，不可能一次性完成；语境的转换就构成了知识进步的动力学机制。从而，随着我们改变我们的解释和意义，重塑我们的价值、理想和愿望，感知和观察事物的方式发生变化，我们就会改变我们的行为，改变甚至抛弃社会领域中既有的模式。所以，当下时空语境中可能视为正确的东西，并不能保证在未来的时空语境中依然如此。

第三，在知识的有效性和适用性方面，语境论的知识论认为知识只能在特定语境内被视为是有效的，不具备客观主义知识论意义上的永恒普遍的有效性。也就是说，知识适用性和有效性都是有条件的、有范围限制的。因为任何一种具体的、作为主体在一定条件下进行的认知过程的结果而存在的知识，都是在特定语境中形成的，都与范围有限和确定的认知对象领域相对应，从而通过一定的具体形式表现出来。因此，它们都是由一定的社会认知主体（个体或群体）在一定的社会维度影响下，针对特定时空的客观认知对象而形成的。所以，无论知识所隐含的立场、方法、结论如何，以及采取何种形式，都有一定限度和效度。

但是，这并不意味着语境论的社会科学知识论必然会走向相对主义。因为在这种语境化的知识生产过程中，尽管"我们不得不在我们自己的语境内操作，但是语境论与冷漠的相对主义仍然有着极大的差别，语境论根据合理性来看待他人在其语境内的作为"①。而这种保证不同知识立场之间可以互相交流和比较的合理性，本质上讲是一种实践的理性，这也是注重现实、着眼实际的语境论所倡导的核心所在。从这个意义上说，评判知识有效性和适用性的标准，就是作为语境论之思想基础的、实用主义哲学所主张的实践效用，或者说，是亚里士多德意义上的实践智慧（*phronesis*）。② 而这种实践智慧，正是为社会科学知识重塑合法性的关键所在。

　　总之，语境论的社会科学知识论的目的就在于，通过把社会科学知识的生产和评价过程置于社会科学家共同体之心理的、历史的、社会的和文化的语境中，将客观主义知识论过高的理想化标准拉回到现实语境中，并使之服务于现实社会，也把建构主义知识论忽略了的个体的、逻辑的、经验的这些彰显科学理性的语境因素挖掘出来，在承认知识具有建构性的同时，恢复社会科学知识的客观有效性和科学合法性，从而在这两种对立的立场之间建立一座连接的桥梁。"这座桥梁既承认知识断言总是来自偶然发生的知识实践和规则，这原则上可能在不同的群体或语境中存在差异；也承认社会科学家本身就是忠实于某种知识规范的行动者。"③这样，就将客观的知识规范和相对的知识建构，统一到人类共同的生活形式语境内，消弭这两种知识论立场之间的分歧和隔阂，促进持续的对话与融合，从而推动社会科学的进步。

## 二、在语言游戏中建立知识的确定性

　　如前所述，实证主义社会科学知识论在现实语境中遭遇的困境，使知识确定性的理想难以实现。而以建构主义知识论为主要代表的后经验主义知识论的兴起，所导致的这种"历史的、语言的、文化的以及社会的思想观念的转变，不

---

　　① Nicholas Rescher, *Epistemology: An Introduction to the Theory of Knowledge*, State University of New York Press, 2003, p. 169.

　　② Bent Flyvbjerg, *Making Social Science Matter: Why Social Inquiry Fails and How It Can Succeed Again*, Cambridge University Press, 2001, p. 2.

　　③ Jesús Zamora-Bonilla, "Rationality in the Social Science, In Ian Jarvie", Jesús Zamora-Bonilla, *The SAGE Handbook of the Philosophy of Social Sciences*, SAGE Publications Ltd. , 2011, pp. 735-736.

是把知识建立在特定的基础上，而是认为知识包含着自主性和自反性的观念"①，也从根本上背离了寻求统一性、普遍性、确定性的标准科学知识观。从知识论根源上说，一方面是主体本身对知识的建构导致的相对主义，另一方面是社会现象的复杂和不可控，使得实证主义方法无法真正捕捉到它所追求的恒常规律。在这个问题上，很多社会科学知识中的规律性陈述，为自身设定了高度理想化的成立条件（比如经济学模型中常见的 *ceteris paribus* 设定，即其他条件不变），以便能够达到逻辑的融贯。② 但代价是与实际相去甚远，解释不了任何现实现象，从而，这种理想化的确定性无法得到其他社会科学共同体乃至公众的认可。相对来说，尽管自然科学知识在理论命题层面也设定了很严格的条件，但是在技术运用和改善人类生活福祉方面取得了巨大成功，而社会科学在这方面是失败的。所以，对社会科学知识来说，客观主义知识论意义上严格的、理想的、普遍的、绝对的确定性标准是不可能实现的。

对此，我们认为，尽管有上述种种似乎无法克服的困难，但社会科学知识的确定性依然可以在语境中获得。首先，如果一切社会科学知识都如建构主义所说的那样是相对主义的，那么，我们的社会将无法正常运转下去。因为按照相对主义的观点，从个体到集体的人与人之间、群体与群体之间、文化与文化之间，都只会有相对于自身才成立和确定的知识，且这些知识之间不可通约，那么，一切交流和对话都将无法进行，甚至于操着相同语言的人之间都无法沟通，而只能引起对立、矛盾和冲突。事实上，虽然这些冲突在现实中的确并不鲜见，但是，毕竟人类社会总体上是在各种各样的语言的、符号的、行为的交流中有序运行的。在这个问题上，如同它无法解释我们知识的客观基础来自哪里一样，建构主义同样无法给出使人满意的回答。

相比之下，"语境论和实用主义一样，也是知识论的存在主义（existentialism）路径：它重视实践的首要性、社会的辩护、融贯性、偶然性和语言与概念框架的重要性；它拒绝传统知识论的基础主义（foundationalism）和融贯主

---

① 殷杰：《当代西方的社会科学哲学研究现状、趋势和意义》，《中国社会科学》2006 年第 3 期，第 32 页。

② Scott Gordon, *The History and Philosophy of Social Science*, Routledge, 1991, p. 207.

义(coherentism)"①。知识论的语境论者认为，所有的知识都是相关于一个特定的基础语境(fundamental context)的。在维特根斯坦那里，这个基础语境就是语言游戏。我们可以把所有的人类活动都看作是语言游戏，它们之间只有相似性，而没有共同的本质，所以，在语境论看来，客观主义知识论为社会科学知识寻找终极基础的基础主义必然是失败的，其抽象的、理想化的确定性的主张，在实践中已经遭遇失败，在理论上也站不住脚。但是，"因为语言游戏不是被辩护的，我们的高阶信念(我们推理得到的信念)只是被有条件地支持的。它们之为真，当且仅当知识论上在先的支持信念为真，但是我们不可能确切地说，在先的信念为真"②。也就是说，语言游戏不是我们自主选择而来的，如同本章论述语境因素的客观性时所言，它在我们之前和之先就已经存在。正是在这个意义上，语言游戏使得我们的知识具有"被迫的"客观性，这样的前提也决定了我们"不能用任意的方式来理解意义"③。

进而，通过后天的学习和训练，我们加入到语言游戏当中并使之正常进行，这就意味着我们学会了其中稳定的、相对不变的游戏规则，从而掌握了语言游戏语境中确定性的知识。而这种确定性的知识又不会总是建构主义意义上那种相对主义的知识，因为，人类社会的运行恰好构成了一个共同的语言游戏。尽管规则是人类在实践中建构的，但是这种实践并非全部来自人类的建构。维特根斯坦曾经说："我们据以解释陌生语言的参考系统是人类共同的行为。"④我们认为，维特根斯坦所说的人类共同行为方式，就构成了一个大的社会语境，也就是一个宏大的"语言游戏"，这个语言游戏足以构成社会科学知识之确定性的新基础，从而能够使不同的个人和群体乃至不同文化之间的理解成为可能。如今，在这个语境中，这个经济全球化的语言游戏中，人类社会已经实现了有序

---

① Joseph Long, "Who's a Pragmatist: Distinguishing Epistemic Pragmatism and Contextualism", *The Journal of Speculative Philosophy*, 2002(1), p. 43.

② Joseph Long, "Who's a Pragmatist: Distinguishing Epistemic Pragmatism and Contextualism", *The Journal of Speculative Philosophy*, 2002(1), p. 44.

③ Hans-Georg Gadamer, *Truth and Method*, Continuum, 2006, p. 271.

④ Ludwig Wittgenstein, *Philosophical Investigations*, Basil Blackwell, 1953, p. 206.

的人员交流沟通和贸易往来，特别是席卷全球的工业化和信息化潮流所带来的很多言语行为、生活方式和社会问题的趋同。这就为社会科学知识奠定了一个最适当的基础，为知识之确定性的建立提供了可能。

因此，我们认为，宣传能够实现知识之永恒、普遍、确定的客观主义知识论和彻底否定知识之客观性和确定性的建构主义知识论，都应当放弃其理想化的或者激进的立场，进入人类经济全球化的交往、沟通、对话之中，正如弗林夫伯格（Bent Flyvbjerg）所言："作为对动态的社会生活的研究，当我们放弃传统的客观性和真理观念，放弃事实—价值的二分时，就能最好地实践对话式的社会研究。与传统的观点相反，我们应该强调语境的真理观，它是多元的和从属于文化的，因而进一步驱使我们和我们的研究对象打成一片。"①进而，在承认并理解他人独特的文化和生活方式之合理性的前提下，努力建立基于人性共同的生活形式语境的确定性知识。当然，从长期来看，这种确定性会随着语境的发展而变化，但这并不妨碍我们基于人类现实的整体实践语境来追求这种确定的知识。

## 三、在实践语境中确立知识的合法性

我们知道，客观主义知识论的破产和建构主义知识论走向相对主义，也使尚在为社会科学知识获得合法性地位而奋斗的社会科学家处于一种极其尴尬的境况之中。一方面，客观主义知识论的问题使得它所追求的知识远离了现实的社会世界，也就是脱离了现实的、具体的、充满各种意义建构和价值诉求的生活世界语境；另一方面，建构主义知识论把知识的决定权交给科学研究所嵌入其中的社会性因素裁决，既不能解决客观主义知识论的问题，也无法给社会科学知识提供一种规范性的框架来获得普遍的认可，从而走向或虚无缥缈、或"怎么都行（anything goes）"的境地。因此，我们认为，应当从现实语境入手，将社会科学知识的合法性地位建立在人类共享的实践智慧的基础之上。

---

① Bent Flyvbjerg, Todd Landman, Sanford Schram, *Real Social Science: Applied Phronesis*, Cambridge University Press，2012，p. 19.

首先，我们已经论述了为社会科学知识建立确定性基础的依据和途径，我们认为，这种新的确定性基础将会为社会科学知识的合法性提供第一层的保证。哈贝马斯曾经把知识分成两类：其一是作为保证人类生存的工具性知识，即把科学技术直接理解为人类生存策略的一种手段。其二是从先天性出发的有关"解放"的知识，涉及"理想的交往共同体"。只有在后者为前者预设了"解放"的目的时，前者才是合法的。① 尽管我们不认同他所设定的理想化目标——经由基础论辩的人类解放，但是，如上所述，就社会科学知识而言，的确需要在对话和交往的过程中，在互相承认差异的基础上，寻找基于人类社会共同体和生活形式的确定性知识。这样的确定性知识是语境敏感的，相关于我们当下所处的经济全球化过程中的人类命运共同体这个大的语境。也就是说，这个层面的社会科学知识首先还是认知的知识，要求社会科学研究者与研究对象在逐步加深程度和拓展范围的对话中，达成彼此语境的融合，进而相互解释与建构。我们不为这种知识设定任何理想化的、脱离现实语境的宏大目标，其合法性的体现之一，就在于它能够促成主体与客体的平等协商与交往，达到一种新的主体间性。由此也能够对一个多世纪以来已有的社会科学知识进行一种理性的评估与重建。

其次，社会科学知识的合法性还在于，它必须能够在人类实践语境中，通过其解决具体问题的效用和功能而得到保证。我们知道，已有的社会科学知识之所以不被认可，除了无法获得实证的确证之外，更重要的是因为它无法像自然科学那样在工具价值的意义上改善人类社会状况。事实上，创立现代社会科学的众多先贤，其初衷除了用科学的手段来研究社会领域之外，还有着使人类社会减少混乱、重建秩序的理想情怀。而社会科学本身除了其单纯的认知取向，更与社会政策的实践取向有着不可分割的紧密联系。因此，社会科学知识合法性的诉求除了在人类整体认知语境中获得其确定性的第一保证之外，更重要的是在人类社会实践语境中获得公众对其有用性的认可。这就需要社会科学知识应当具备一种实践的智慧，在将其应用到社会政策制定和社会管理时，能够体

---

① 盛晓明：《话语规则与知识基础：语用学维度》，学林出版社，2000，第263页。

现出实际的效用。具体来说，社会科学的认知主体在发展知识时，应将其发展成一门实践的社会科学。"在实践的社会科学中，'被应用（applied）'意味着，关于实践和行动的思想的出发点，不是自上而下的、去语境化的理论和规律，而是'自下而上'的、语境的、行动导向的知识，这些知识是从所研究的语境和行动中梳理出来的。"①在这方面，过去建立的社会科学知识往往是基于专家的（expert-based）、社会工程计划的产物。在社会科学史上，这种知识就是基于客观主义取向的社会科学知识论发展而来的。与此相反，实践的社会科学更多地依赖于公众协商和公共领域（public sphere），这并不是因为这些程序是完美的，而是说对于群体的决策制定来说，它们是最好的选择。这种实践的社会科学知识，其目的在于推动社会的改善和进入公共的话语和实践，所以在方法论上，要求社会科学家更多地采取一种案例研究的策略，来介入研究的客体领域，融入对方的语境中，以解决具体问题为导向，关注和分析现实语境因素的效果，寻求对社会整体的改进，而不是寻找抽象的普遍规律。由此，社会科学知识的合法性才能得以重新建立。

总之，社会科学知识合法性的确立只能且必须在人类的生活形式语境内得以实现。一方面，通过扩大的认知主客体之间的沟通与交往，建立平等的对话关系，在寻求共识中实现社会科学知识的确定性；另一方面，在积极应对人类社会实践中的各种问题的过程中，通过参与到公共领域中的协商，社会科学家和公众可以携手共同去建立在特定语境中有效用和效度的社会科学知识，改善社会状况，进而使社会科学知识在实践维度上也能够获得多数人的认可。马克思曾经说，哲学家只是以不同的方式来解释世界，而问题在于改变世界。这个观点同样适用于将语境论作为哲学理论指导来为社会科学知识取得合法性而奋斗的社会科学家。最后，我们将客观主义、建构主义与语境论的知识论立场进行了比较，参见表 4-1。

---

① Bent Flyvbjerg, Todd Landman, Sanford Schram, *Real Social Science: Applied Phronesis*, Cambridge University Press, 2012, p. 286.

表 4-1　三种社会科学知识论立场的比较

| | 客观主义知识论（个体维度） | 建构主义知识论（社会维度） | 语境论的知识论（语境维度） |
|---|---|---|---|
| 主客关系 | 主体反映客体 | 主体建构客体 | 主客互相影响 |
| 知识路径 | 观察或理解 | 社会建构 | 对话与融合 |
| 知识性质 | 实证主义：静态的普遍因果规律；传统解释学：对社会行为动机的客观解释 | 社会历史文化等因素决定知识的形式和内容，无客观性，具有相对主义特征 | 主客体语境融合的结果，客观性与建构性并存，具有动态性和历史性 |

## 第三节　社会科学知识的话语语境建构

在上文中，我们从普遍性的语境角度，论述了作为社会科学知识之客观条件的语境因素，以及作为社会科学知识之主观基础的语境认知机制，表明了社会科学知识兼具客观性与建构性特征，而不是非此即彼，进而构建出社会科学知识的语境图景，并且基于实践的理性来建立社会科学知识的确定性和合法性。在这些工作的基础之上，我们还需要为知识的语境图景提供一种具有操作性的、较为恰当的刻画方式，而聚焦于语言、知识与实践的话语就成为一种可能的方案。

话语最初指的是长于单个词语或句子的语言，它包括说话或文本，是一种侧重于从结构层面上分类的语言类型。而广义上的话语，指的是一种动词性的言说(verbal utterances)，它强调对语言的实践运用，是一种对话、写作，可以通过口头的、书面的形式表现出来。费尔克拉夫(Norman Fairclough)认为，话语不仅仅是把语言分析限定为句子或更小的语法单位，而是侧重于对话或书面文本的更高层次的组织属性，并且强调说话者和受话者或作者与读者之间的相互作用，因此也强调说话和写作的生产与解释过程，以及语言使用的情景语境。① 它突出强调具体情境下说话或文本的即时性、日常性与动态性，而区别于诸如命题、公理、学术著作等形式化的语言。

作为一种研究方法的话语进路，主要来源于 20 世纪 70 年代发展起来的话语分析（Discourse Analysis）研究，尽管不同学者对于话语分析的切入视角、关注焦点与研究偏好各有不同，但他们共同的研究旨趣在于从话语这种独特的语言形式出发，通过语言学、历史学、人类学、社会学、心理学等不同的理论视角来分析谈话和文本的内容，进而揭示话语背后更深层次的因果关系。因此，我们尝试结合话语理论，特别是结合范戴伊克话语语境理论，按照知识在话语实践中体现出的核心特征，来进一步对社会科学知识加以考察。

## 一、范戴伊克的话语语境理论

20 世纪 90 年代以来，在社会科学的很多著作和论文中，当提及一些核心事件或现象的不同类型的条件时，语境已成为一个核心概念。特别是在话语、社会语言学、社会心理学、民族志、形式语言学和人工智能的研究中，大多数当代哲学家将语境和语境化作为关键性概念来使用。而且，在一些其他的学科诸如哲学、历史和自然科学的研究中，也能够发现各种形式的语境论的影响。因此，人们注意到，语境概念在许多学科中得到了广泛的使用，但是，在使用过程中并非是研究语境本身，而是将之视为理所当然的概念来使用。范戴伊克正是立足于这一认识，试图为社会科学提供一种新的、跨学科的语境论，从而使得语境论能够应用于语言、话语、认知、社会、政治和文化理论当中。具体而言，范戴伊克的话语语境理论具有以下主要特征：

1. 语境认知模型是社会话语中介性的实在

范戴伊克从认知角度分析了语境作为社会交际情境的中介，在控制话语产生与理解过程中起到的关键作用。融合语言学、社会语言学及认知心理学等相关学科知识后，范戴伊克提出了语境模型概念，即社会认知因素对语境研究具

---

① Norman Fairclough, *Discourse and Social Change*, Polity Press, 1993, p. 3.

有重要作用，语境是会话参与者根据社会的、互动的或交际情境的相关特点所建构的特殊心理模型或主观解释。语境是思维模型，而话语是语境的一部分，语境要通过心理模型影响话语。理论上讲，参与者话语的主观结构可以从一种特殊的心理模型角度即语境模型去解释。这些模型代表了参与者片段（自传）记忆中的沟通环境及其不断控制话语产生和理解过程的相关特性。[①] 由此可以看出，语境不仅仅是一种客观环境，更是主体间的建构，是会话参与者对交际情境的主观解释，因此，语境控制话语的产生和理解（内涵）。范戴伊克反对把语境概念化为社会的、政治的或文化的客观属性，而认为语境是参与者主观互动或沟通的独特动态建构。

参与者主观定义交际场合——语境就是独特的结构，突出特色，参与者对于正在进行的交际情况不断做出表达观念、知识、观点、意见和情绪的经历，因此独特的语境就是语言使用者独特的方式，也就是说，独特的语境体现为一种特定的动态经验模型。范戴伊克认为，话语结构不是由社会情境直接决定的，而是在事件模型与话语形成之间存在一种语境模型，包括哪些变量可以作为指标确定谈话结构和语境结构，通过会话参与者对社会环境进行主观解释、控制话语产生与理解，从而使话语最大限度地适应于交际环境。语境模型是动态的、不断更新的，不同的会话参与者针对即时场景会产生不同的模型，可能会导致话语误解与交际冲突。"语境模型"所包含的主要观点有：语境是个体独有的经验模型，控制话语的产生与理解；语境以社会为基础，是动态的，并具有产生得体话语的语用功能；语境以认知为中介，是社会认知与个体独有的心理模型相结合的产物等。[②] 因此，语境就是人们分析和交流日常生活情境和环境的思维模型，这些动态模型控制人们交际活动中的感知和互动，我们可以称之为"经验模型"，而且，人们在现实生活中解决意识的复杂问题就是运用了这样的经验模型。

---

① Dan Sperber, Deirdre Wilson, *Relevance: Communication and Cognition*, Harvard University Press, 1986, pp. 160-161.

② 王梅：《〈话语与语境：从社会认知入手〉介绍》，《当代语言学》2012 年第 3 期，第 317—319 页。

## 2. 语境模型的多重功能及社会基础

从上文中可以看出，范戴伊克把语境理论建立在坚实的认知基础上，即心理模型。也就是说，作为对交际情境的主观解释，语境被定义为语境模型。语境不是某种客观条件或直接原因，而是话语参与者主观的结构组织和更新互动。因为如果语境仅仅是客观社会条件或某种约束，那么，所有在相同社会情境下的人就会以同样的方式说话。所以，语境理论必须同时避免实证主义、实在论和决定论：语境即是参与者的建构，这也是把语境理论假设为一种社会认知的主要原因。语境是主观参与者的特定建构也解释了文本和谈话的唯一性，因为可以实现：（1）控制参与者如何产生和理解话语；（2）能够让参与者调整话语和交际情境解释，关系到互动或沟通的任何时刻；（3）在事件谈论的心理模型和话语实际形成的方式之间提供了重要的缺失环节；（4）定义恰当话语的条件，因此也是语用学理论的基础；（5）语体、语旨、语域理论的基础，一般来说也是所有话语变体的基础；（6）弥补了话语和社会、个人和社会、机构和结构之间的缺失环节，确认微观和宏观问题，至少确定语言和沟通的基本范围；（7）对于语言学和形式语法，语境模型可以被部分地形式化，超越了指示词的指示语义和形式化语义；（8）语境模型允许社会语言学继续明确超越与社会变量关系的研究，同时，更注重社会对话语结构的影响。①

虽然语境可以控制话语参与者的文本和谈话，但都无法观测。但是，语境模型可以根据已有基础更新或更改信息：回顾前语境，并且通过观察和分析当前社会交际情境，计划产生一个临时语境。同时，语境模型具有计划性，作为思维模型，语境包括共同计划、文化基础上的传统类别，而且可以迅速解读正在进行的交际活动。但这并不意味着社会结构没有客观性质（例如，时间和空间）或者说它们没有被社会成员"真实"地经历过。毕竟语境是以社会为基础的，虽然语境是交际情境的自我主观定义，但结构和条件显然有社会基础，例如，从话语社区的共同社会认知条件来说，知识、态度、思想、语法、规范和价值

---

① Teun A. van Dijk, *Society and Discourse: How Social Contexts Influence Text and Talk*, Cambridge University Press, 2009, pp. 156-158.

都对语境建构有影响，对于可以定义语境结构的概要性范畴也一样。这意味着语境作为主体间建构，在互动和沟通过程中起到决定作用。①

范戴伊克强调，社会情境只有通过参与者相互之间的主观解释影响话语。他认为，交际情境是一般社会结构的观点是一个特例，而且也只有这样才能够影响人类行为。根据每个参与者不同的属性特点，对相同语境的主观定义，因他们的知识、意见和情绪而相异，但同时也必须时刻对首先表达意义的互动表现出最低限度的不同。而最关键的是，在被定义为思维模型的语境控制话语产生和理解的过程中，也产生了话语结构和话语诠释。语境的认知基础也说明了传统上被称为社会对文本或谈话的解释，而且这个过程保证了语言使用者能根据沟通情况的相关特性恰当调整话语。

3. 语境分析是可以包容科学学科的一种研究方法

语境分析不仅限于人文学科和社会科学，而是一种具有横断性的研究方法。在许多学科中，语境不只是一个概念或范畴，它在每一门学科中都有不同的意义和含义。范戴伊克更愿意把语境说成是动态的观点或某种理论，在每门学科中和非语境、抽象、静态结构、形式主义、自主、隔离的"内省"研究方式形成鲜明对比。② 因此，在许多学科中，语境研究意味着必须和情境或环境知识相联系，然而，语境并不表示全部社交情境，这些属性只有按计划才具有持续的相关性。换句话说，语境模型理论也是个体参与者解读场景互动关联性的理论。

语境主义认识论把更现实和普遍的知识点概念化。范戴伊克认为对社会语言文化研究要考虑到交际事件不同程度的复杂性、多模式性变化，并强调复杂交际环境决定语境结构可能随社会文化变化而变化，所以定义不同恰当性以适应不同社会话语。虽然有一些语境范畴可能（或必须）具有普遍性，对演讲者和不同类型的受众也一样，包括知识和其他文化变量，比如参与者的特定社会属性。一般语境理论可以解释语境中文化的共性和差异性。因此范戴伊克特别强

---

① Teun A. van Dijk, *Discourse and Context: A Socio-cognitive Approach*, Cambridge University Press, 2008, p. 201.

② Teun A. van Dijk, *Communicating Ideologies: Multidisciplinary Perspectives on Language, Discourse and Social Practice*, Peter Lang, 2004, pp. 51-53.

调真理的信仰会根据社会情况的不同而不同，在一种语境下对一些人来说是正确的可能在另一种语境下就不对了，知识也一样随语境而变。①

具体到学科语境结构，语境模式可以表示社交场合不同层次的共性和个性。微观层面模式表示定位、瞬间、持续、面对面互动；宏观层面模式表示整体社会或历史情况、社会结构。情境定义模式理论方法也可以解决社会学里宏观与微观链接的老问题。以历史研究为例，在定义上重点关注话语的历史语境。社会科学其他几个学科也一样，比如政治科学和教育，语境研究的大部分就是各种形式的文本和谈话。事实上，历史也被描述为"团体"语境话语。"口述历史"研究已经成为历史、叙事学和话语研究领域中的一个重要方法和途径，并且在解释社会事件和社会成员角度的个人解读之间的关系中具有特别作用。语境作为独立变量影响沟通信息，其次是信息对人产生的影响（例如媒体劝说）。

总之，范戴伊克的语境论思想强调把话语和知识放在现实的社会、文化、历史等多元环境中来理解，把知识真理看成是依赖于语境的产物，有助于把多种学科的观点联系起来，成为系统，甚至形成独立学科，从而架起各门科学沟通的桥梁。范戴伊克对话语与语境的研究，不满足于语言的自足系统，而是要求具有更大的开放性，更多地从社会文化多角度、多层面地考察研究及其运用。所以，范戴伊克对语境模型的分析，基本上是具有学科横断性的，包括语言学、诗学、符号学、语用学、心理学、社会学、人类学、历史和交际研究。范戴伊克从法国结构主义开始，到现代语言学，接着集中研究认知心理学，后来到社会科学，正是他这种跨学科、多领域的纵深研究，使得他的语境论思想为不同学科理论的对话提供了平台。

然而，理论上的建构还远远不够，尤其因为社会本身不能影响文本或谈话，我们需要两者之间的某种接口——语境，而且必须是认知的：它是人们理解或解释构成话语和社会活动的语境的社会环境的方式。语境整合认知，社会和文化共享因素在特定社会条件下，用一种复杂与细微的方式提供了语篇类型、语

---

① Teun A. van Dijk, *Communicating Racism: Ethnic Prejudice in Thought and Talk*, Sage Publications Inc., 1987, pp. 109-110.

体概念和理论基础，以及直接、间接或隐性的语言使用。范戴伊克把语境定义为一种特定的思维模型，也就是作为主观参与者对交际情境的表述，而不仅仅是交际情境本身。这种思维衔接主观地表达了交际情境的相关方面，同时，也是一种能够监控话语产生和理解的认知结构。大多数心理学研究的方向都开始趋向于语境论，语境论似乎演变为心理学普遍观点的方法论解释。根据对社会情境和社会结构影响文本的深入研究，认知心理科学普遍认可关于事件或场景的主观解释方式，即心理模型。这就是为什么我们指出应该依据片段记忆中的特殊心理模型来确定语境模型的深层原因。① 这些语境模型（或简称语境）控制着话语创作和理解的各个层次和各个方面，如语体、语场、语旨、语篇类型以及如何调整话语以适应交际场景。因此，解释语言使用和话语社会影响的理论，比如社会语言学或批评话语研究方法，如果没有与认知科学的关键结合就是不完整的。这也是为什么社会语言学变量研究倾向于表面肤浅的相关性研究，因为如果没有上述结合，就无法解释社会和话语之间产生和解释的细节联系。而语境论恰好为社会科学理论的逻辑连贯性提供了保障。

范戴伊克的语境理论重视语言的社会功能和文化差异，强调在动态中联系使用语言的人及具体语境来研究语言。一方面，语境把话语意义与世界知识结合在一起，另一方面，语境衔接个人主体和社会集体之间的语言使用和语言沟通。作为心理模型既可以斡旋个人经验、背景差异和社会知识，也可以解释语言使用者如何灵活适应不同交际情境。因此，语境思想就是语义分析方法的综合化或整体化，即充分展示语义分析方法的意义分析；更重要的是，语境论的核心在于整合语形、语义和语用分析，把语境分析方法作为一种横断的科学方法论全面引入社会科学研究，其语境模型解释了许多社会语言学研究中产生矛盾因果关系的社会变量，并决定社会环境影响参与者主观建构模型，和复杂交际语场模型的社会属性。② 以思维模型定义语境并不意味着我们降低了社会对思想的影响。与其他心理模型一样，语境模型也包括背景、参与者和行动，以

---

① 郭贵春：《语境论的魅力及其历史意义》，《科学技术哲学研究》2011年第1期，第56页。
② 殷杰：《语境分析方法的起源》，《科学技术与辩证法》2005年第4期，第13—15页。

及时间、地点、身份、角色、目标和知识等构成要素，而这些都是语境敏感和语境依赖的。这种简单的图式结构可以让语言使用者迅速分析并确定正在进行的交际情境，并以此控制话语，使之成为适合当前交际情境的恰当模型。由于语境模型具有主观性，这也意味着不同参与者对当前情境有不同的解释模型。因此，基于认知的语境理论本质上应被理解为一种以动态结构展示科学解释语义分析方法的意义分析。在这个意义上讲，语境论方法是意义理论的拓展与进步。

当然，同时我们也要看到语境论的分析方法在语言以及社会科学研究中不是唯一的，也不具有任何特权。但是，范戴伊克的研究相当有力地揭示出，对当前众多语言社会问题求解时，语境论是目前为止最优、最有前途的方法论之一。在早期语言学和社会语言批评分析（尤其是在系统性语言学）中，语境理论专注于一般论点和社会认知理论模型，但随着社会心理学、社会学和人类学以及相关多学科理论关于语境模型的介入，我们看到了社会心理学建议分析社会要素和自然环境如何影响语境模型建构，包括知识和意识形态。我们应当看到大多数人文社会学科，甚至包括一些自然学科，已经将目光聚焦在戴尔·海姆斯（Dell Hymes）开创性的语境反射影响性质分析。因此，范戴伊克语境论思想（特别是其语境模型思想）的未来发展，必然能够适应日益复杂多元化的学科发展。这也提示我们，必须全面把握语境原则才能真正地理解语境的魅力及其在社会科学研究中的本质意义。

## 二、话语语境中的知识生成

范戴伊克在他的话语语境认知理论中指出，社会文化知识是话语生产和理解至关重要的条件。许多当代认知心理学和人工智能学，都把话语处理过程中话语和知识的关系视为各自研究的核心。对此，范戴伊克强调，知识在交际中扮演着重要角色，并且在语境模型中有着中心功能，所以，知识将会比语境模型的其他认知部分更为重要。① 正是在此观念下，范戴伊克指出，我们需要关注话语中知识的角色，也就是说，语言使用者需要了解倾听者的信仰或知识。因此，如果会话者要表征交际情境的相关性质，他们不仅需要模拟他们自己和其他参与者的社会性质，也需要模拟其他人所知道的内容。如果说话者没有任何假定，没有一个运转着的关于倾听者在任何时刻所知之内容的"知识模型"，他们也许只能不断地重复他们所想交流的同一件事情，或者他们只能谈论着倾听者所不能理解的事情，因为他们预设了倾听者所不具有的知识。

所以，范戴伊克认为，在语境模型中有一种特殊的知识装置：K-装置（K-device），其意指的是，在话语交流的每个时刻，K-装置输入说话者的现有知识，并"计算"这个知识在多大程度上被倾听者所理解，此处的"现有知识"通常指关于事件的表征，以及更一般的、关于世界的社会共享知识等。由此，范戴伊克提出了由语境模型控制话语形成的假设。语境模型不停地激活、构建、更新心理模型，使交际动态适应变化的社会环境，即 K-装置控制着话语产生与理解。语境模型的一部分即经验模型，在交际开始时就已经存在。当会话参与者要用话语去做事时，语境模型作为一种特殊的经验模型开始启动——K-装置开始产生。一旦参与者外在属性特点与语境模型中的相应条件形成互动，会话参与者便能够在语境模型的控制下构建语篇或言谈的结构。这个过程可以在几个层面上同时进行，如词语选择、句子结构、语义、修辞与言语行为等，从大到小的范畴发展，从说什么到如何说。事件模型影响语境模型及具体话语，话语内容又会改变随后的语境模型，从而影响人与社会的关系。因此在哲学，特别是认知领域，语境理论打破了过去把知识定义为非语境的合理正确信仰的绝对真理理论。需要指出的是，K-装置对知识、话语的产生与理解具有关键性的作用，特别是在会话交流中知识的生成方面起着重要的作用。具体来看，主要表现在以下三个方面②：

①　Teun A. van Dijk, *Discourse and Context: A Socio-cognitive Approach*, Cambridge University Press, 2008, p. 83.

②　Teun A. van Dijk, *Discourse and Context: A Socio-cognitive Approach*, Cambridge University Press, 2008, pp. 84-90.

第一，知识的话语相关性。范戴伊克指出，知识在语境模型中所起的重要作用，以及它对于知识装置的重要性，使得它与话语产生和理解的各个层面都有着根本性的联系。对此，范戴伊克强调，知识的管理控制了言论行为的结果，与此相类似，"已知"的句子或话语片段可以是预先假设的，并且可以以特殊方式发出信号，例如通过调整句子顺序，把 that 从句放在句子前面。此外，会话者所共有的知识，是通过提示这类知识的问题而浮现，或者是在之前的交谈活动中表达出来的。这种知识策略被运用于对代词、指示词、定义、含糊不清的语义等语言现象的产生和理解中。总而言之，文本和交谈的许多方面就是这样被参与者在相互的表征和处理知识的过程中所塑造的。

第二，知识与语境的关系。范戴伊克在知识与语境的关系上强调，在哲学中，语境分析方法与知识具有内在的相关性，特别是在许多认识论和知识论的理论研究框架下，知识总是依赖于语境的。也就是说，知识的语境解释，在语义上并不依赖不同的含义之所指，而是需要与语言使用者、语言共同体及其知识和认识标准相关联。对知识的语境化解释，在范戴伊克那里不仅仅是具有知识依赖性的话语，事实上包括了所有的话语。在这个意义上，语境论在语言学、话语研究和心理学中，就是对传统形式主义方法的批判，后者在认识论上往往是抽象的形式主义。同时，这也表明，如果我们理解和生成知识的过程脱离了语境的话，那么诸如"知道""相信""真实"等的例证就毫无意义，因为它们只有在自然话语的语境中才具有存在的正当依据。

实质上，范戴伊克在此所强调的知识与语境的相关性，恰恰表明了话语是在心智语境模型的控制下得以产生和解释的。也就是说，知识装置是这些模型的必要组成部分，它控制着话语交流中的个体或社会所共有之知识的管理方式，从而产生适当的话语或解释。在进行这种管理时，最关键的策略是要依靠对同一知识共同体的大多数对话者所共享的知识。然而，会话参与者可能来自不同的知识共同体，每个人都有自己的标准来允许其成员将某些信仰视为知识。因此，对一个知识共同体来说，他们所认为的正确的知识，可能是一种错误的信念，或者会被另一个共同体的成员轻易忽略。这也意味着，知识不需要明确地自我归因，因为这种知识在同一共同体的成员之间是以预设的方式做出断言的。总之，语境适用于所有的语言运用过程，因为会话参与者的知识是语境模型中的关键因素。此外，语境模型理论也为交流中所产生的冲突（包括那些基于知识的交流冲突）提供了一种可行的解释方案。因此，如果一个说话者在话语中对共享知识的预设不被接收者所认知，恰恰是因为，不同的知识共同体使用了不同的知识集或不同的信念作为知识的标准。

第三，语境模型的构成。实质上，范戴伊克将语境模型视为由一系列连续经验模型整合而成的特殊形式。也就是说，在一个交往事件开始之时，大部分的语境模型就已经以经验模型的方式形成了。这个经验模型包括以下一些范畴：背景（当下的时间和地点）、当下的参与者、他们的社会地位和知识见闻、他们的一系列社会行为等。这些范畴又可以分为处在局部层面的和在全局层面的。这样，在经验模型的连续运行中，作为个体会话的参与者可能了解、相信、执行其他参与者在这样的情形下所了解、相信、执行的事情，这种情况是由话语交流而不是其他一些交流方式引起的。正是基于这一点，我们可以把语境模型作为经验模型的一种特殊案例。需要指出的是，正是以语境模型这样一种方式和中介，把参与者分为了表达者、接受者以及其他人，他们都是通过言语的方式来计划和控制连续的交流活动的。

因此，在范戴伊克那里，语境并不是某种客观的社会或交际情境，而是会话参与者对这些客观外在的情境因素进行主观的加工、建构或"定义"出来的东西。这些建构被定义为特定的心智模型、情景模型、情景记忆等。事实上，语言交流渗透着语境，语境控制着语言交流，也就是说，对我们如何理解语言产生影响。而语言语境必须被更好地理解，以发展出关于语言和语言学习的实用理论。不过，需要特别强调的是，语境模型控制话语的方式是通过控制其可能的变化而实现的。也就是说，考虑到事件的主观模型、社会文化知识或群体态度和意识形态，语境模型揭示和体现了会话参与者是如何在各个话语层次上预设了特定的或普遍的信念的。此外，语境模型也具有"认知"功能，反映了社会群体或社群的参与者在知识形成中的核心作用。

## 三、话语语境中的信念特征与知识辩护

毫无疑问，范戴伊克的话语语境建构和认知理论，对社会科学中知识的理解、学习具有重要的意义和作用。通过对范戴伊克话语语境理论的论述，我们可以进一步将这种观念贯彻和拓展到关于社会科学知识的考察当中。为此，我们将分析社会科学知识在话语语境中所体现出的信念特征与辩护模式。具体来看：

首先，话语中的信念主体具有互动性。话语是由两个主体共同参与和完成的动态活动，我们将输出的一方记为 α，将接收的一方记为 β。α 可以是说话者（address），如演讲者、写作者，而 β 可以是受话者（addressee），如听众、读者等。在一项完整的话语沟通中，缺少接收方或是向接收方传达了无效信息，都不能构成有意义的动态交流过程，例如自言自语、没有人读过的日记，或是对婴儿长篇大论、与原始部落探讨卫星发射等；而传达了具有有效信息的言语行为，也同样可以将其视为话语，如谈话中特定的手势、姿态等。在日常交流中，α 和 β 之间的角色是灵活的，接收方在理解了输出方的语言后，可能立刻变为输出的一方；而在演讲或读书时，α 和 β 的角色则相对稳定。作为参与话语的抽象主体，α 和 β 不仅能表征单独个体，也可以表征一个或多个群体、机构或国家，例如一家公司给法院提交的起诉书（群体对群体），教务处向张三下达的挂课通知（群体对个体），等等。

其次，话语中的信念分布具有非对称性。对于同一个体而言，非对称性表现为信念的历时差异，旧信念储存于个体的记忆系统之中，并且会在接受新信念时与之产生反应，将新信念变为旧信念。由于记忆系统的限制，主体只能储存部分信念，个体信念的逐渐累积和迭代会塑造个体独特的信念体系，最终形成了信念在个体间分布的非对称性。在此基础上，专业训练的分化进一步扩大了个体差异，例如生物医学领域的专家对于基因芯片的知识就远胜于一位哲学家，而本身就由社会建构起来的学校、婚姻等信念，其差异就更为明显。对于同一群体而言，信念的历时差异造成了不同时期的群体信念，从而产生代际差

异，例如唐朝关于"美"的信念就与当今大相径庭。而在群体内累积、迭代的信念体系，逐渐塑造出不同群体间各异的背景信念、惯例习俗乃至文化差异，最终形成了信念在群体间分布的非对称性。个体、群体及其互相之间的非对称信念使得信念总体在时空坐标上是非均质的，这种特征既成为个体与群体在接受信念时的预设，又会影响信念的传播与理解。

最后，话语中的信念分布具有公共性。尽管信念是表征于个体心灵和大脑之中的心理状态，个体可以通过知觉经验与先验推论来直接产生信念，但同样不可忽视的是，信念也是由书籍、文章、媒体等不同话语体裁的传播来间接获取的，信念的分布、指称也都根植于整个群体的规范性使用之中。并且一旦将私人的个体信念置于公共的交际空间时，信念就脱离出主体而具备了可交流的性质，如果这些信念进一步得到了群体的认可、接受和传播，就可以成为群体共享的公共信念。斯托纳克(Robert Stalnaker)将这种公共信念称为话语参与双方的共同基础(Common Ground)，即双方共同拥有的知识、信念和预设的总和①，而范戴伊克将拥有这种共同基础的群体称为认识共同体(Epistemic Community)。② 在一个认识共同体中，个体不仅需要共享相同的语言，而且需要共享大量的信念，以使文本和谈话沟通成为可能，也使理解他人的行动和意图成为可能，进而使协调合作等行动成为可能。因此，群体信念既是个体信念产生的前提，也是不同个体信念沟通互动所造成的结果。

总的来说，信念主体的互动性是话语语境的根本预设，表明主体总是处于对话实践中的双方，信念本质上是双方互动产生的，而非个体所拥有的。在互动的基础上，双方的信念既存在非对称的差异性，也存在群体共享的公共性，正是这种矛盾的信念特征成为社会科学知识的基础。不过，话语作为一种交谈实践，其不仅仅是关涉语义和语用的一种语言现象，更为重要的是，它还关乎谈话双方背后的社会因素与谈话主体内部的心理意图，"将话语置于研究的中

---

① Robert Stalnaker, *Context*, Oxford University Press, 2014, p. 3.

② Teun A. van Dijk, *Discourse and Knowledge: A Socio-cognitive Approach*, Cambridge University Press, 2008, p. 27.

心，其最大的优势在于将心理学的关注与社会分析结合起来"①。由此，话语对社会科学知识合理性的辩护，既要上溯到知识产生和传播的社会条件，也要下溯到知识理解和转化的认知过程，还要考虑到知识表述和使用的语言因素。所以，话语与知识在社会、语言和认知三个层面上的契合，为社会科学知识辩护提供了有益的分析层次与理论基点。

1. 知识在话语互动中的社会辩护

根据上文所述，话语总是由两个主体构成的动态博弈关系，且信念在两个主体间的分布具有不对称的特征。因而，在两个主体的互动中，话语作为中介载体扮演着功能性的角色，不对称的信念就成为一种资源，从策略层面控制着对话的主动权，进而控制着知识的辩护权。从社会层面来看，这种不对称必然会导致两种结果：一是以主动方对被动方进行绝对控制而获得权力的零和博弈；二是以双方合作沟通而得到共赢的非零和博弈。正如布迪厄所言，社会就是"语言交换的经济"，经济的隐喻体现出语言作为"货币"的中介作用，以及交换背后主体所隐含的策略技巧、权力压迫、合作共赢等复杂的社会关系，这种社会关系进一步成为知识辩护的权力关系，具体而言：

一方面，零和博弈所预设的主体目的，是满足欲望而进行斗争和控制。据此，参与话语的双方都是为了夺取权力，从根本上而言不可能达成一致。社会科学知识的辩护只不过是对话语实践的形塑，来为权力的不平等提供合法辩护，进而为意识形态进行辩护。例如，"各国政府或中央银行可按官价用美元向美国兑换黄金"这一命题，其辩护要依赖于美国主导的《布雷顿森林协议》。对于一个群体而言也同样如此，群体对某种知识的辩护并非是群体所有成员或大多数成员都对其有了充分的理由，而是部分成员主导了对知识辩护的话语权，以形成知识的权威，其余成员则是基于权威来接受这些知识，从而形成了整个群体的共同知识。② 福柯（Michel Foucault）就认为，关于司法、监狱和精神病院知识的辩护，都依赖于对意识形态的倾向。

---

① 费多益：《心身关系问题研究》，商务印书馆，2018，第366页。
② Iikka Niiniluoto, "Social Aspects of Scientific Knowledge", *Synthese*, 2020, 197(1), pp. 447-468.

另一方面，非零和博弈所预设的主体目的，则是要取得共识而进行沟通与协作。由此，信念的不对称性恰恰说明需要规范性的介入与道德原则的干涉，以寻求公共的话语和合作的基本原则。社会科学知识的辩护不是依靠某一方的知识垄断，而是要在平等、开放的对话与沟通中得到推动和澄清。哈贝马斯认为，公共、理性的话语是主体间进行沟通行动的根本基础，只有这样才能达到人与人之间的相互协调和共同行动。例如，"领海是基线以外 12 海里的水域"这一命题，其辩护就依赖于许多国家于 1982 年共同签署的《联合国海洋法公约》。按照这种思路，一个群体的知识就是群体中大多数成员所沟通、接纳和传承的知识。

2. 知识在话语使用中的语言辩护

从篇章结构而言，话语是一套动态的、连贯的陈述整体，除了涉及单个概念与命题以外，还涉及这些概念与命题的编排结构和组织策略。不同的标题、论证的先后顺序，都会产生不同的话题、议程和主旨，进而影响对同一知识的不同确信程度。例如，百度百科的"种族主义"词条由"主义由来、基本定义、基本内容、纳粹德国"4 个部分组成，而维基百科的"Racism"词条包含"词源定义和用法，国际法和种族歧视，相关词条，参考文献与注释，进一步阅读建议"等14 个部分。显然对于同一知识而言，后者的组织编排更为详尽，可供读者相信（或反驳）的理由也更多。而在局部语句上，语句的时间序列、因果序列或行为序列，以及语句的描述层次、详细程度、精确程度、修辞等方式也都会影响对事实的阐述。例如百度百科的表述是"种族主义通常指基于种族的偏见……"而维基百科则是"它也可能意味着偏见……"后者的措辞显然较为温和。

从话语功能而言，由于话语不仅有事实性的、语言指称所表达的意义，也包含说话者的意向，以及双方交流中所隐含的其他意义，所以话语可以用于以言表意的行为，以言行事的行为或以言取效的行为。反之，如果对参与话语任意一方的言语行为进行干涉，都会影响知识传递的有效性，进而产生认识上的不公正。① 当生物学家在学术会议上作关于"种族主义"的报告时，也许只是在

---

① Wesley Buckwalter, "Epistemic Injustice in Social Cognition", *Australasian Journal of Philosophy*, 2019, 97(2), pp. 294-308.

刻画不同人种之间的确具有差异性这一事实，也即传达这个词语本身的意义（以言表意）；当希特勒在国会发表"种族主义"的演说时，就可能带有歧视与对抗的意味，将种族的差异性扭曲为优越性，为听话者施加思想、行动和感情上的作用，从而为战争寻找合理借口（以言取效）；当被告在法庭上激动地指责原告说"小心这名种族主义者的虚假陈词！"时，实际上是通过话语的形式完成指控这一行为，来让法官与陪审团相信他本身是无罪的（以言行事）。在上述例子中，第一种情况是语境无涉的，它只是在生物学意义上论述某个命题的真或假；第二种情况是语境敏感的，这种陈述为话语赋予了意识形态与价值色彩；而第三种情况则无关乎"种族主义"本身，被告的指控仅仅为了完成一种行为，而不涉及命题的真假。所以，这三种情况虽然都涉及"种族主义"这一知识，但对该知识的理解及其辩护方式却是各不相同的。

3. 知识在话语理解中的认知辩护

当代认知心理学的研究表明，人类能够通过知觉、注意等方式将外部信息临时储存于短时记忆（Short-Term Memory）中，同时也能从长时记忆（Long-Term Memory）中提取先前储存的信息，从而通过心理模型对信息进行处理。对于知识在话语中的交流而言，受话过程就是知识自外而内地输入到短时记忆，再经过心理模型的加工，部分储存到长时记忆以形成一般性知识；说话过程则是一般性知识自内而外地从长时记忆调用到心理模型中，再经过心理模型转化为话语输出，工作记忆是处理信息的平台，心理模型则是该平台中具体的"操作模块"。在该过程中，心理模型必须满足简单性，以适应人类大脑有限的运算速度和记忆容量，选择性地接受和处理视觉、听觉、触觉等外部刺激；也要满足动态性，以适应实际沟通中不断发生变化的环境、参与者、事件、行动、目标等参数，并根据外部情况及时作出调整；还要满足迭代性，根据旧信息处理新信息，基于新信息修改旧信息，并在新旧信息的交替处理中更新模型。

这些特征意味着，长时记忆中的一般性知识是双方进行沟通的各自背景和预设，知识交流本质上是将一般知识与当前话语中的知识进行加工处理的互动过程。所以，在涉及具体情境的沟通时，主体对知识的处理不仅仅是对客观实在的纯粹复制或简单反映：注意力资源分配到哪些知识上，调取记忆中的哪些知识，用何种方式进行表述，都是一种认知建构与话语再建构的双重模式。因此，对知识的辩护就必须考虑到认知层面的理由。

可以说，话语对当前情境的表征构成了话语的情境模型，而心理对当前话语的表征构成了心理的语境模型，心理语境模型是对话语情境模型的再建构。那么，问题是心理语境模型又是如何在知识建构中发挥作用的？我们在上文提到了范戴伊克的"知识装置（K-device）"，这种心理模型可以对话语和互动中的知识进行管理，从而动态地控制谈话双方的互动。[①] 说话者能够在谈话前就预先假设了双方的共同基础，以及受话者可能具备的或是想要了解的知识，并使其话语的类型、主题、词汇、信息结构等尽可能满足这种预先假设。同时，说话者还要对其传达的知识进行追踪，以获得受话者的实时反馈，从而调整话语策略与表述方式。因此，在实际的谈话中，知识需要的不是被完全地表达和陈述，也可以仅仅是预设或索引，"知识装置"就是这样一种可以持续计算、更新参与双方共同基础的机制。

总之，话语语境的实质在于，通过其求真向度、信念特征和辩护模式所展现出的知识特征，揭示出社会科学知识是一种主体间性的、地方性的、语境性的知识。而这具有重要的认识论意义，具体而言：

第一，话语语境突出了社会科学知识的主体间性。在日常世界的交往中，话语和主体是密不可分的两个要素，主体是正在谈话的主体，话语是被主体言说的话语，话语语境则是对谈话中的主体及其自然语句所进行的质性分析。知识的传统分析是将话语与主体剥离开来，通过将自然语句抽象化和形式化为命题，以分离出其所在的语境，进而将对命题的含义和指称进行分析。然而，对于社会科学知识而言，这种方式也不得不把知识从认识主体及其所处的社会环境中抽象出来，只留下空洞的客观与中立的事实，这既违背了知识这一根本上

---

① Teun A. van Dijk, "Contextual Knowledge Management in Discourse Production: A CDA Perspective", Ruth Wodak, Paul Chilton, *A New Agenda in (Critical) Discourse Analysis*, John Benjamins Publishing Company, 2005, p. 73.

是"人"的活动，又忽略了社会科学知识作为一种"主体间"沟通的存在。但需要指出的是，对主体间性的强调不可避免地会为知识注入伦理的、价值的、规范的因素，正如当代女性主义认识论指出，应当把女性不同于男性的直观经验、具身感受纳入对知识的考量当中，甚至还应当考虑不同民族、社会阶层、年龄等因素；再如德性认识论（Virtue Epistemology）把知识辩护与人格品质关联起来，将符合认知的德性当作获得知识的充分理由之一。如此一来，将所有与知识相关的因素都置于同一层次来进行分析的话，难免会受制于庞大复杂的信息而寸步难行。话语语境的优势在于，以谈话的双方为核心，以正在进行的谈话为媒介，逐层拨开主体背后的目的、意向与行动，进而揭示当下语境中话语关联的诸多因素。这样，知识就回归到了主体之间，寻找到了平衡知识的描述性与规范性的切入点。

第二，话语语境体现了社会科学知识的地方性。在社会科学知识普遍性的意义上，诸如伦理规范、社会结构、法律制度的知识在任何时空下都是适用的；而在地方性的意义上，知识不仅仅取决于其所依赖的具体语境，还取决于认识共同体的标准。一方面，话语作为一种意识形态，其地方性体现在对现代主义的批判上。17 世纪以来，西方主导的自然科学的发展带来了价值中立的"神话"，自然科学知识的有效性在资本主义意识形态的乔装下渗透到了人文社会领域，社会科学知识也借机披上了普适性的外衣，在"西方话语"叙事模式的影响下，全球化和现代化妄图将其价值逻辑铺设到世界的每一个角落。正是基于这种背景，知识的辩护成为话语的争夺，"西方的"代表了"科学的"，而"地方的"则成为意见、迷信和愚昧。批判话语分析（Critical Discourse Analysis）就是这样一种观点，其将话语视为一种传递意识形态的社会实践，并且试图通过话语分析来揭示出话语背后隐藏的社会秩序、权力与利益冲突。另一方面，话语作为一种群体共识，其地方性体现为知识辩护标准的相对化。话语的研究根植于人类学，主张的是民族志式的个案研究、田野调查、参与式的观察与访谈，通过"深描"或"扎根"等方式，将不同民族的知识放置于当地的话语中进行解释和理解，在持续进行的话语流动中透视其背后的独特意义。因此，知识不再具有统一的衡量标准与绝对的普遍性，而是一个共同体在话语实践中得到共享、接受和预设的信念，知识的可靠性依赖于认识共同体在语境上、历史上、文化上不同的辩护标准，所以不同的共同体所共享、接受和预设的知识是不同的，同一共同体在不同时期也是不同的。

第三，话语语境重申了社会科学知识的语境本质。传统哲学对知识的分析主要集中在对语义的分析上，对一个命题的真值判断就是对其指称和意义的澄清，这种方式所预设的命题语义是语境无涉的。然而，当面对"你、我、这、那、过去、现在"等索引词语(indexical expressions)的指称模糊，以及在实际会话情境中认知偏差所引起的意义模糊时，仅仅依赖语义是无力对自然语言中的知识进行彻底分析的，因而还需要在实际情景和语用层面进行综合考察。在特定的时空坐标与具体的话语实践中，情境从语义层面确定了话语的意义，而语境则从语用层面规范了话语的恰当性，只有在情境和语境的双重保证下，知识才成为可能。同样地，一个自然语句在连贯的说话中除了具有真值属性的含义(sense)部分之外，还包括说话人在具体语境下的意图、行为和效用，也即语力(force)。达米特(Michael Dummett)认为，语言既可以作为交流工具而传达语义上的知识，也可以作为思想载体来传达隐含的知识，说话者在说话时已经拥有了能够说出这些话的背景知识，而这些预设甚至连其自己都无法解释，"在了解一种语言时，说话者所知道的是如何使用这种语言去说事情，即产生各种语言行为。我们因此可以要求，他对与整个句子有关的意义理论定理所具有的内隐知识，可以解释为他能够以特定方式使用这些句子，即理论是分子的"①。所以，话语语境更关注于实际的话轮(turn)、会话序列(conversation sequence)与话语场(discourse field)，深入分析话语及其发生的语境，进而揭示出自然语句中的含义与语力，以及语义知识与隐含知识。

---

① Michael Dummett, *The Sea of Language*, Clarendon Press, 1996, p. 38.

# 第五章
# 话语语境与社会科学的规范性问题

社会科学知识的特殊性意味着，我们无法在社会科学中找到像自然科学、逻辑或数学中那样具有普遍必然性的知识。对社会科学知识的追求，应当从对纯粹客观性的追求，转变为对认知主体、主客关系，以及知识产生过程进行的评价，也就是说，应当在实践和规范中寻求社会科学知识的恰当性与确定性。那么，规范性问题自然就成了社会科学知识，特别是社会科学语境模型需要处理的一个重要问题。

在日常语言中，规范的意思是明文的规定或者是约定俗成的标准，是对人们各种行为的一种限定，具有一定的约束性。我们虽然在实践中每时每刻都能感受到规范性的存在，但是何为规范性、规范性的来源以及规范性应包含的内容和效力在哲学领域却一直都存在极大争论。自然主义者认为，规范性是以因果解释为主的"自然化解释"的现象[1]；规范实在论者认为存在规范事实，并且这些事实可以影响人的行动，反规范实在论者则否认存在规范性事实[2]；而在规范性的解释问题上，麦克道尔（J. McDowell）等人主张规范性"不可还原也无需还原"[3]，布兰顿（R. Brandom）认为我们必须在实践中来寻找规范性。总之，规范性问题始终是西方哲学和社会科学哲学的核心主题之一。对此，本章主要在前面第三、四章话语语境理论基础上进一步研究了话语语境的规范性特征，从话语语境的视角探讨了经验、概念和规范性之间的关系，揭示了话语语境与外在世界之间规范性关系的作用过程，论述了社会科学解释包含的科学规范特

---

① 徐竹：《因果知识的规范性理论：塞拉斯先天综合》，《中国人民大学学报》2018年第5期，第9—15页。
② 刘松青：《存在"规范性事实"吗?》，《中国人民大学学报》2018年第5期，第16—24页。
③ 郭贵春、赵晓聃：《规范性问题的语义转向与语用进路》，《中国社会科学》2014年第8期，第68—90页。

征和社会规范特征；此外，还探讨了社会科学解释力的问题，论证了话语语境向社会世界的规范性输出是社会科学解释力的重要来源。

## 第一节　话语语境的规范性特征

在社会科学哲学领域，规范性问题包含了以下几个具体问题：第一，社会世界中的制度规范是否属于事实范畴，或者说是否存在需要解释的规范性事实？第二，社会科学解释得到的是一种规范还是只是一种必然性的事实？第三，具有规范性的社会科学解释如何避免无限回溯的问题？从上述这些复杂的规范性问题中我们能够梳理出规范性和社会科学相关的一些线索。制度属于一种社会世界中的规范，大多数人也不否认制度规范的存在，问题在于，这种制度存在是否属于一种事实。塞尔区分了制度事实（Institutional facts）和原初事实（Brute facts），并论证了这个世界上存在一些由我们同意和相信的事实，比如货币和婚姻之类的就属于这类事实。对于社会科学而言，无论是制度事实还是原初事实，这些事实实际上都可以作为社会科学的解释对象。即便不赞成存在规范事实的人，也无法否定作为社会现象中确实存在的各类规范性。一些反规范实在论者认为，在实践中规范语言体现的只是主体在不同环境中关于行动的一种心理承诺[①]，且不说我们是否能够注意到这种心理上的承诺，承诺本身也属于一种意识的自我规范，类似于塞尔所说的社会概念的"自指性"。换句话说，规范的特有属性并不影响其作为待解释的社会现象的资格。

因此，社会科学规范性问题的关键在于，如果社会科学得到的是一种与社会相关的规范，那么是否意味着社会科学解释就不属于科学解释？我们可以换一种方式来表述这个问题：自然科学的解释中是否也包含或者需要类似社会科学解释相关的规范？这个问题需要我们回到认识论层次，在话语语境和外在世界的关系上来分析规范性。也就是说，我们从话语语境与外在世界的关系来说

---

① 刘松青：《存在"规范事实"吗?》，《中国人民大学学报》2018 年第 5 期，第 16—24 页。

明话语语境中的概念和规范。

## 一、话语语境与外在世界规范性关联的论证

虽然话语语境和世界互动的介质是主体，但是话语语境并不假设这个主体的认知是不变的，也不假设世界是恒定不变的，话语本身并不和外在世界直接发生关系，话语本身只影响其所在的话语语境，这是话语语境的一个优势所在。触发话语是话语语境和世界相互作用产生的，这种相互作用既包含了世界对话语语境的作用，也包含了话语语境对世界的反应。下面我们在前面话语语境概念基础上，通过话语语境来阐述经验、概念和规范之间的关系，并论证话语语境与外在世界的作用方式。

虽然话语语境不再依赖主体，但是在话语语境和世界相互作用过程中，主体既是话语的承载者，也是话语语境和世界相互作用的界面（interface）。话语语境当中的主体不再是主导地位，而是话语语境和社会世界的界面和直接作用的物质载体，是"通过规范性而获得自由的行动者"[①]。主体只能在接受具有规范性特征的话语条件下才能形成有效的行动。同时，世界进入话语语境的方式仍然是主体的经验，只不过这种经验不是直接所予的经验，而是话语语境"探照"外在世界的结果。[②]

我们以儿童模仿的例子来说明。模仿是儿童早期习得的主要方式之一，这种模仿包含了分辨行为主体的对象和行为自身。我们把被模仿者的动作视为话语 d（即儿童和被模仿者之间的交流），儿童模仿的动作视为话语 d′，这两个话语组成了话语语境 $Cd=\{d, d'\}$。由于话语语境没有主体性依赖，所以 Cd 中的 d′实际上就是 d，$\{d, d'\}$ 和 $\{d, d\}$ 其实是同一个话语语境，两个相同的话语形成了一个最简单的话语语境 Cd。由于两个话语是完全相同的，因而这个话语语境是静态的、非演化的。这个话语语境证明了儿童知觉到了动作 d，不能证明

---

①    韩东晖：《人是规范性的动物——一种规范性哲学的说明》，《中国人民大学学报》2018 年第 5 期，第 2—8 页。

②    注：这个观点并不否认主体的能动性，主体并不是话语语境的傀儡。相反，所有的话语语境都是主体创造的，话语和话语语境都是主体能动性的体现。

d′（即 d）就是对 d 的重复，更不能证明儿童"理解"了动作 d。

当儿童把自身的模仿投射回被模仿对象，比如，儿童"要求"被模仿者再做类似的动作时，我们把对 d 的重复要求视为话语 r(d)，d 和 r(d) 构成了话语语境 Cr(d)＝{d, r(d)}。与 Cd 不同，d 为话语语境 Cr(d) 当中的触发话语，r(d) 是对 d 的应答话语，d 和 r(d) 两个话语形成了"实质推理"关系：Cr(d) 形成了关于动作 d 的一种"重复"规范，作为话语 d 和 r(d) 之间的关联，d 构成了话语语境中的一个概念。话语语境 Cr(d) 表明，儿童不仅可以知觉到 d，而且可以"认知"到重复的 d，概念"d"和"重复"规范在话语语境中得以表达。这里并不要求主体（比如被模仿者）事先能够理解 d 和"重复"。假设一个机器人做了一个动作后停止，儿童看到后要求机器人重复动作 d，对于儿童而言，d 和 r(d) 都是一种话语，同样形成了话语语境 Cr(d)。Cd 则是一个不包含规范性的话语语境，此时的 d 处于非概念的状态，也无法以此说明人与机器或动物的区别。

话语语境 Cr(d) 具备了关联世界的规范性，正是 Cr(d) 把作为概念的"d"以及"重复"规范通过主体实践注入到世界当中，被模仿者和儿童都可以接受"重复"d 这个规范性要求。规范性不仅体现在话语之间的特定关系，也体现在 Cr(d) 向社会世界输出了"重复"d 这个规范性要求，诸如"S 在重复 d"等断言在此话语语境下才获得了意义。换言之，仅仅是概念 d 无法作用于外在世界，只有通过话语语境所赋予的某种规范性要求，才能被主体所接受并直接作用于外在世界。反过来，主体在 Cr(d) 下观察世界是否存在重复的 d，甚至对于主体能够经验的其他动作，主体也可以观察其是否存在重复的规范。这些观察不仅仅是主体的经验报告，同时也是 Cr(d) "探照"世界的过程。

维特根斯坦认为，概念形成之后会起到某种规范性作用。[①] 在话语语境中，规范性本身并不具备特定的内容，而是话语语境中的概念作用于外在世界的一种前提和要求，是概念进入外在世界并获得实践意义的"通行证"，概念需要通过一种规范形式来影响外在世界。同时，经验既不是主体被动接受的，也不是

---

① 张庆熊：《社会科学的哲学：实证主义、诠释学和维特根斯坦的转型》，复旦大学出版社，2010，第 146 页。

主体自发性的随意发挥，经验实质上是话语语境对外在世界"探照"的结果，探照的对象正是主体经验的世界。需要注意的是，经验直接所予的 d 和 Cd 中的 d 是有区别的。在没有 Cd 时，d 只是主体经验世界的直接所予的一部分，但是这部分无法从主体的经验中剥离，也无法显现主体经验的内容。在话语语境 Cd 下，d 是"可见的"，在话语语境对外在世界的直接"探照"下，经验显现出了内容。

布兰顿认为，一种推理表达，是把不是概念的隐含的经验，转换为（通过话语推论的形式）明确的概念（具有客观性的概念）。[1] 话语语境 Cd 显现了经验 d，话语语境 Cr(d) 则不仅表达了概念 d，而且由 d 和 r(d) 之间的触发——应答关系所形成的"重复"规范把概念 d 作用于世界，这本身就体现了话语语境中话语之间的实质推理和实践关系。不同的地方在于，布兰顿从主体出发，依靠规范概念"承诺"和"权力"所建构的推理论趋向于一种意义整体论，存在破坏语言交流的可能性。[2] 话语语境则直接形成了话语交流和推理的空间，成为意义和推理的一个基本范畴，话语语境的稳定性以及向外在世界输出的规范性即可作为一种关于话语实践的评价标准，一个非合理性的规范会对话语语境产生负面作用，并可能导致话语语境的解体和湮灭。不同的话语语境包含了不同的意义和推理模式，话语语境之间的接口正是共同的观察话语和现象话语，话语语境蕴含了主体认识世界的新范式。

## 二、话语语境的科学规范特征

社会科学的话语语境中，构成理论话语和现象话语的可计算变量体现了社会科学的科学规范维度。我们在前面已经说明，构成自然科学理论和模型的基础是可计算变量，而社会科学理论和现象也是由可计算变量构成的。由于社会科学是同一话语语境内理论对现象的重构，所以作为社会科学理论和社会现象基本构成的可计算变量直接关系到两个问题：（1）社会现象能否进入社会科学的

---

① 刘钢：《真理的话语理论基础：从达米特、布兰顿到哈贝马斯》，人民出版社，2014，第 221 页。
② 武庆荣、何向东：《布兰顿推理论的整体论取向及其问题》，《哲学研究》2013 年第 3 期，第 116—122 页。

话语语境；(2)理论话语能否对社会现象进行有效回应。

对于第一个问题，我们已经论述过观察话语和现象话语之间的表征关系，由于观察话语不具有话语语境的可计算变量集(即由语境中的计算变量构成的集合)以及观察话语的地方性特征，这些观察话语并不全部具备可解释的资质。通过话语语境下的科学表征，这些观察话语中的一部分才能成为真正的待解释的社会现象。话语语境构成了科学话语交流的"许可"空间，科学表征实质上是对观察话语的一种规范化，它在话语语境中将观察话语转化为符合科学解释规范的现象话语，为理论对现象的解释重构提供了可计算变量。因此，观察话语通过可计算变量表征为现象话语是社会科学中科学规范的重要体现。

对于第二个问题，实际上是话语语境能否"理解"社会现象的问题。虽然话语语境并不涉及主体，有人还是会质疑，用理论话语来回应社会现象的前提是产生话语的主体能够理解社会现象。理解是一个主体认知状态的问题，我们可能无法直接"观察"理解，或者说无法直接确证一个主体是否理解。我们举一个具体的例了：假如要教一个小学三年级学生关于平方根的数学知识，虽然这个知识属于初中学习的内容，但如果在不涉及无理数的情况下，这个知识只是涉及了乘法的一些规则。在实践中，学生很快掌握平方根符号的意义，并能形式化写出$\sqrt{25}=5$，甚至可以写出$\sqrt{a^2}=|a|$。这里的问题是，学生能够正确地完成符号计算，是否代表了这名小学生理解了平方根？如果理解的标准是做对所有的题目，是不是一直到这位同学做错为止我们才可能发现他没有理解？

这个问题类似于维特根斯坦语言游戏中的归纳困境。比如，要求我们按照观察到的数字1，3，5……写出后来的数字，那么它既可能是7，也可能是通过集合定义的任意数字，而这些后来的数字，都不可能仅仅通过观察前面的几个数字，从而严格证明给出的结果是最终的答案。按照维特根斯坦的说法，这只是代表了"对理解的应用"[①]，而理解是由这种应用产生的状态。

当然，这种科学规范并不是简单的形式化表达。在社会科学中，很多时候

---

① 〔英〕路德维希·维特根斯坦：《哲学研究》，李步楼译，商务印书馆，2010，第87页。

需要复杂的模型来实现。在金融学的资本资产定价模型中，风险被表征为贝塔系数，"资本资产定价模型中的贝塔系数似乎提供了一种简单的方法来总结不同股票的相对风险……贝塔系数成为一个永恒的特征，即老练的从业者如何谈论金融市场"[1]。资本资产定价模型使得风险成为金融学话语语境的可计算变量，同时也成为金融实践中的一种规范。

因此，可计算变量并不代表主体对其有没有理解，而是这个社会现象能否在社会科学话语语境中获得回应，或者说社会科学话语语境只能形成特定的现象并对这些现象进行回应。如果没有这种规范，我们的社会现象可能会包含一些类似"为什么我不幸福"之类的话语，而社会科学理论并不能对这些话语进行有效回应。因此，社会科学具有科学规范的特征，是社会科学话语语境所要求的一种形式规范、表征规范和推理规范。

## 三、话语语境的社会规范特征

如果是两个不同的社会，那么其结构性要素可能会有很大差异。在一个社会看来是属于结构性要素的，在另外一个社会并不一定获得认可。换句话说，观察话语的前提就是结构性要素已经在话语语境中，或者与话语语境的其他概念有很重要的联系。社会科学中的结构性要素并不是社会世界在系统意义上的结构，而是社会科学话语实践中各个概念背后蕴含的结构性要素，是社会科学话语之间关系的基础。以"大学生就业率有所上升"这个观察话语为例，如果没有结构性要素或者是不同的结构性要素，"大学生"与"就业"在观察话语中就失去了它们的意义。观察话语必然具备和社会科学话语语境相同的结构性要素，体现了社会科学话语语境的规范性，只有满足这种规范性的话语才能进入社会科学的话语语境。

关于社会科学的社会规范特征，人们质疑的不是社会规范的存在性，而是话语语境已然具备了结构性要素这种规范，意味着社会现象也存在规范性（否则

---

[1] Donald MacKenzie, *An Engine, Not a Camera: How Financial Models Shape Markets*, The MIT Press, 2006, p. 271.

就不是社会现象），如果说科学规范只是理论和现象的一种形式和推理要求，那么如何解释理论和社会现象都具有的规范性，显然这其中是存在逻辑矛盾的。再有，为什么这个社会规范必须是结构性要素而非其他？对这些问题的回答包含三个方面：

第一，理论中的规范和社会现象中的规范有所区别。社会现象包含了社会规范，但这些规范不仅包含显在的规范，也包含了一种隐规范。如果显在规范已经能够解释社会现象，那么这个社会现象就不具备解释价值。卡伊德索亚（Tuukka Kaidesoja）指出：“社会认知中的语境诱发现象（phenomenon of contextual priming）（即某些事件和人们的存在会自动激活我们的内部知识并对其产生影响的一种认知过程，这些知识与应对情况有关）以及无意识的模仿陌生人的行为很可能是解释某些社会现象的重要因素。这种认知过程属于个体层次是一种误导，因为它们发生在认知过程的潜意识层次上。”①卡伊德索亚提到的语境诱发现象说明了，这种潜意识层次正是社会现象潜在规范性在个体认知层面的表现，同时也是话语语境控制现象话语的具体表现。因此，社会科学理论直接解释的不是规范，而是带有隐规范的社会现象。这种隐规范具有的结构性要素和话语语境的结构性要素是相同的。这是因为，社会科学的话语语境控制话语的产生和理解，社会现象实际上是具有特定结构性要素下的话语语境对社会世界“探照”的结果。

第二，规范不是一个概念，按照话语语境体现的概念和规范关系，规范并不是对某物或者某种行为的指称，而是一种规范关系，在这种关系中，概念获得了实践意义。比如，当我们说“某人应该遵守规范 N”，这句话的意思是，这个人可能会产生的行动 A 的规范 N(A) 要与已经要求的规范 N 相同。在社会科学话语中，表达这种关系的基础是结构。我们并不是用规范来描述或者指称行为，而是通过社会规范对行为进行判断和约束。

第三，结构性要素是关于社会话语表达和有效推理的基础。社会科学话语

---

① Tuukka Kaidesoja, "Response to Little", *Understanding Society*(*the Academic Blog by Daniel Little*), 2013, https://undsoc.org/2013/09/19/response-to-little-by-tuukka-kaidesoja/.

语境中，社会科学话语的集合构成了话语语境。这些话语之所以成为一个特殊的话语集合，其原因并不是话语之间的时间顺序，而是话语之间存在一些特殊的联系。为了更好地解释这一点，我们用吉登斯的"结构"概念来做一下对比。在吉登斯的社会理论中，"结构指的是使社会系统中的时空束集（binding）在一起的那些结构化特性，使得千差万别的时空跨度中存在着相当类似的实践，并赋予它们以'系统性'的形式"①。从这个定义我们可以看出，结构是一种描述社会实践的特征，没有这些结构，无数的社会实践将是不可比较的，甚至社会本身也会失去历史同一性。类似的，结构性要素也体现了社会科学话语语境中话语之间的一种联系，这种联系不仅仅是话语之间的可理解性，也决定着话语语境中的结构含义。

吉登斯认为，社会实践本身并不具有什么"结构"，而是体现着"结构性特性"，"作为时空在场的结构只是具体落实于这类实践，并作为记忆痕迹，引导着具有认知能力的人类行动者的行为"②。在话语语境中，结构不再需要依赖主体记忆，而是话语语境的持存性确保了结构的可理解性。

综上所述，社会结构性要素代表了社会科学的社会规范因素，可计算变量集则代表了社会科学的科学规范因素，两类因素确保了观察话语、现象话语到理论话语始终处于同一规范性的话语语境空间中，社会现象由此获得了社会科学的"资格"。可计算行动变量集体现了在特定话语语境下行动的规范性，社会科学是在话语语境中重建了主体可计算行动变量集与可计算变量之间的关系，同时也就建立了规范性和描述性之间的关系。我们无法脱离规范性来描述社会现象，社会现象是社会科学话语语境规范性的条件反射，体现的是一种潜在的规范性。社会科学揭示了造成社会现象规范性的来源，社会科学理论对社会现象的解释，或者说社会现象对社会科学理论的确证实质上是一种包含规范性特征的确证。

---

① 〔英〕安东尼·吉登斯：《社会的构成：结构化理论纲要》，李康、李猛译，中国人民大学出版社，2016，第21页。

② 〔英〕安东尼·吉登斯：《社会的构成：结构化理论纲要》，李康、李猛译，中国人民大学出版社，2016，第16页。

　　这里的结构性要素规范是社会科学话语语境中的规范，而非社会世界的规范，这种规范来源于社会世界，但又不同于社会世界的具体规范，是对社会现象的一种可计算重构。这里包含两个方面：一个是对规范的表达，第二个是对规范的可计算重构。

　　第一，制度性规范的本质是一种行动规范。现实世界中，制度规范是对人的行动的一种约束，制度限定了人的行动。制度本身就体现了一种话语语境，人们在这个制度的话语语境中可以得到"我应该如何行动"的答案。但是我们这里需要区分作为理论解释的规范和作为现象的规范。已经存在的制度规范属于现象规范的范畴，其来源于社会世界，存在于日常的话语语境之中，同时也存在于社会科学话语语境之中。换言之，社会科学解释的是由社会世界已存在的显在规范和隐规范所形成的社会现象，目的是用一种统一的规范来解释社会现象。

　　第二，社会现象的显在规范是由结构性要素和可计算变量来表达的。无论是制度规范还是约定俗成的规范，这些存在的规范必然已经获得了人们的理解。这种理解不是对规范意义的理解，而是对规范限定行动的理解。比如，道路交通规则包含了红灯等结构性要素，同时也包含了驾驶速度、违法扣分规则等具体的可计算变量。一个驾驶人只需要理解交通规则所规定的行动，不必理解每条交通规则设定的理由和含义。

　　第三，社会科学对规范的重构是以新的结构性要素或者包含行动的可计算变量来代替原有规范的结构性要素和可计算变量。在物理科学中，物理学家用物理模型来重构观察到的现象，可计算变量不仅是模型的组成，可计算变量之间的关系也同时构成了模型的结构，这种结构就是可计算变量之间的计算法则，通过这些法则重现了物理现象。在社会科学中，可计算变量和结构性要素决定了人的行动规范，这种规范也是社会科学理论中可计算变量的"计算法则"。这些计算法则并不需要像自然科学一样必须体现精确性，而是通过重构出的社会现象而获得一种行动规范的合理性。

　　由此，社会科学中的可计算行动变量集包含了其所在话语语境的规范性，解释的结果就是用行动规范再现了社会现象的形成过程，同时也获得了对社会世界的一种理解，行动的意义、解释和理解都被包含在社会科学的解释过程中。

## 第二节　规范性与社会科学的解释力

关于理论和模型的解释力，伊利科斯基（Petri Ylikoski）和库奥里科斯基（Jaakko Kuorikoski）建议用五个维度作为评价理论和模型解释力的标准，这些维度包括：非敏感性（non-sensitivity）、精确性（precision）、事实准确性（factual accuracy）、整合度（degree of integration）和认知显著性（cognitive salience）。[①] 这些维度不是完全独立的，也存在一些冲突。由于这五个维度主要解决的是"当两种解释都成立时，是什么使一种解释比另一种解释更好"的问题，而不是说明解释力的来源。因此，这些标准可以作为评价具体社会科学解释好坏的一种备选方案，但是不能作为社会科学解释力的来源，我们还需要从社会科学解释的规范性方面来研究社会科学解释力的来源问题。

### 一、概念与行动规范的生成

在话语语境与外在世界的规范性关联中，话语语境的概念和规范总是在一起出现的，同时只有通过规范性，概念才可能输出到外在世界，其原因在于作为界面的主体只能接受具有规范性的概念。话语语境规范性的作用机制同样可以拓展到社会科学解释领域。我们选择经济学中的重要概念"交易成本"作为分析的实例对象，通过对交易成本概念的历史考察来说明社会科学的话语语境如何通过解释来形成概念和规范。

交易成本是现代经济学中的重要概念，这个概念的含义甚至在亚里士多德和大卫·休谟的著作中已经有所表现。[②] 在上世纪 30 年代，美国经济学家康芒

---

　　① Petri Ylikoski, Jaakko Kuorikoski, "Dissecting Explanatory Power", *Philosophical Studies*, 2010, 148(2), pp. 201-219.

　　② 张旭昆、张连成：《"交易成本"概念的历史》，《浙江工商大学学报》2011 年第 5 期，第 68—77 页。

斯(J. R. Commons)把交易作为经济分析的基本范畴，他认为交易可以涵盖人与人之间交往的所有类型。亚当·斯密(Adam Smith)在《国富论》中所阐述的成本主要是指生产环节产生的耗费成本，他也注意到了在非货币的物物交换过程中有很多不方便的地方，但是并未将这种交易中出现的"摩擦"纳入到成本的概念中。经济学家希克斯(J. R. Hicks)认为，交易中的"摩擦"属于成本，应该纳入一般成本概念中，但是希克斯讨论的主要是金融市场交易中所需的支出，并不是一般市场交易包含的成本。

科斯(R. Coase)提出了一个似乎略显"愚钝"又十分关键的问题：按照市场经济理论，既然自由市场是最有效率的机制，那么为什么还存在公司这种形式？换句话说，在当时的经济学话语语境下，公司就不应该存在，市场上存在的公司在科斯眼中成了需要解释的经济现象。科斯在1937年发表的著名论文《公司的性质》中解释了这个现象，虽然文中没有提出交易成本的概念，只是通过交易成本的思想来说明一个非常重要的事实：公司或者组织的存在也需要成本。后来，科斯在1960年发表的《社会成本问题》论文中，将交易成本与产权概念联系在一起，开创了现代产权经济学。阿罗(K. J. Arrow)、阿尔奇安(A. A. Alchian)、张五常和威廉姆森(O. Williamson)等人在科斯的基础上进一步完善了交易成本的理论体系，不仅使得交易成本成为组织分析的基本概念，进一步扩展交易的范畴，而且交易成本已成为一种有力的经济分析工具。

如果说交易成本在1937年还处于理论问题阶段，那么在引入产权之后，尤其是新制度经济学大行其道后，交易成本已经从一个概念成为一种范式[①]，进而形成了关于交易和产权的规范，不仅将法律等制度规范引入了经济学分析，同时也向社会实践输出了产权制度等相关规范。通过经济学中交易成本的概念，我们能够窥见社会科学话语语境中的概念和规范生成的方法路径。

第一，社会现象是由特定的社会科学话语语境所控制的。公司是社会世界中的一种广泛存在的实体，人们在公司中按照特定的行为规范来行动。在市场

---

① 安超：《交易成本：从概念到范式》，《经济研究导刊》2014年第19期，第87—89页。

经济理论的话语语境下，经济学家发现，市场的有效性无法推出公司存在的必要性。公司背后体现的是一种人们行动的规范，公司中的人们按照公司的相关规范来行动，公司制度对人们来说是一种显规范，而科斯提出的其实是为什么社会世界中存在公司这种规范的问题，按照已有的成本概念，办公司是不划算的。从话语语境的观察视角看，公司是一种包含社会规范的且尚无法获得解释的社会现象。因此，当时的经济学话语语境控制了公司存在这个社会现象的产生以及对这个现象的理解，社会现象包含了待解释的规范。

第二，概念的产生源于对社会现象问题的解释。在经济学的话语语境中，已有的概念和规范无法解释公司的存在。交易成本尚未形成一个概念之前，是作为经济学话语语境与外在世界相互作用所形成的经验。在科斯提出这个问题之前，经济学家已经有了交易"摩擦"的说法，这种隐喻式的表达在话语语境中只是作为一种经验而存在。我们在这里不是讨论摩擦是否是一个概念，而是强调对于经济学的话语语境而言，摩擦本质上只是一种经验性的描述，不是专门性的概念。当公司作为一种现象出现时，这些经验无法作为一种显式的概念和可计算变量来对现象进行重构。科斯在提出公司存在的理由这个问题时，就已经具有了交易成本概念的思想，成本概念的内涵从生产的耗费成本延伸到了交易领域。

第三，概念起初的作用仅仅是在理论层面，只有在规范的指引下才能形成实践力。从 1937 年科斯开始注意到交易成本，直到 1991 年他才获得了诺贝尔经济学奖，这个漫长过程类似于很多诺贝尔物理学奖得主的情况。物理学家经常会在成果出现很多年后才获得诺贝尔奖，是因为物理学理论验证需要时间，而经济学理论不仅是验证，更重要的是看其理论对经济社会发展实践的影响。交易成本的概念刚刚出现时，如何观察和度量交易成本是一个难题。直到威廉姆森和诺斯(D. C. North)等人把制度作为内生变量引入到经济学研究中，并把交易成本进一步分为各种可度量的部分，经过这些发展变化，交易成本的概念才从理论层面真正走向实践层面。

这其中关键的部分在于，威廉姆森和诺斯等人的研究实际上是在经济学的话语语境中赋予了交易成本一种规范化，形成了指导主体行动实践的新的规范。在这些规范下，交易成本的概念具备了经济学的可计算变量属性。比如，科斯在后来就提出过，可以通过计算公司组织的交易成本来确定公司的规模。在法律规范领域，交易成本成了法经济学的理论起点，法律等制度规范已经成为和市场一样能够影响资源配置的要素①，标志着交易成本已然成为社会实践的一种显在规范。

第四，新的概念同时也会产生新的现象，进而引发社会科学话语语境的演化。交易成本成为经济学话语语境中的新概念之后，话语语境也就相应地进行了更新。诺斯运用交易成本的概念对经济制度变迁的现象进行了系统研究，表明形成的新概念会引起话语语境不断地延展变化。话语语境的变化同样会导致新的解释方法和产生新的社会现象，由此形成的新制度经济学产生了新的文化指向。② 比如，科斯的交易成本概念改变了人们对市场和法律的理解③，产权成为经济领域和法律领域的重要因素，不仅改变了人们的行动规范，同时也相应产生了大量新的关于交易成本和产权关系的社会现象，形成了新的经济秩序甚至社会秩序。

## 二、社会科学解释力的规范性来源

社会科学解释力的来源问题是社会科学解释的核心论题，从某种意义上说，任何的解释模型如果无法说明其解释力的来源，那么这个解释模型几乎就是失败的。以往的社会科学解释总是诉诸自然科学的解释模型，因为其总是试图从成功的自然科学案例中获取解释力的启示。不管是涉及因果关系、定律关系，还是功能关系的各类解释模型，甚至类似理性选择模型这样包含社会科学解释中常用的合理性关系，都是在试图实质性地给出这个来源。在这个过程中，这些模型既需要在某种程度上承诺"世界的不变性"，同时又需要假定人的某种能

---

① 魏建：《交易成本理论：法经济学的理论基础》，《学术月刊》1998年第9期，第64—67页。
② 张宗庆、张寅：《交易成本、历史和文化：新制度经济学的三种分析指向》，《江海学刊》2009年第5期，第79—85页。
③ 张维迎：《科斯的历史贡献》，《经济观察》2013年第10期，第24—25页。

力或者人类本性（human nature）。比如，理性选择需要假定人是理性的；而在功能模型中，作为新功能主义的代表卢曼认为，系统的功能就在于减少它们所嵌入环境的复杂性。[①] 新功能主义的解释来源于卢曼的哲学人类学观点，即人类先天不足，而社会系统的功能就是通过制度化的过程来弥补人类的内在不足。

功能模型和理性选择模型的假设其实反映了很多社会科学理论解释的一个特征：这些解释理论必须假设个体和社会之间存在某种类似"世界不变性"的均衡关系，如果个体是先天不足的，那么社会就可以弥补这种不足。换句话说，人们可以把社会作为一个最大化效用的函数，这个函数的最大化取决于函数的结构和函数变量的范围，于是就像物理学存在的不变量一样，在变量和结构之间总需要这种平衡，才能在某种意义上形成类似于自然科学的解释力。

更进一步，伯格（P. L. Berger）和卢克曼（T. Luckmann）认为，"制度世界也需要正当化（legitimation），即它需要被解释和被证明"[②]。对于社会科学，解释力的意义就是塑造它的规范性价值，社会科学解释力是对包含规范的社会现象的解释力，而不是对非社会现象的解释力，社会科学的解释模型最终还是要提供某些认识论和方法论上的规范性内涵。换句话说，社会科学解释力的来源不只是方法论的有效性，它还是一个涉及规范性的社会科学哲学问题，我们不能把社会科学中采用的自然科学方法直接定位为社会科学解释力的来源。

关于话语语境体现的社会科学解释力尚存两个可能受质疑的问题：

第一，话语语境是一个不断重构展开的过程，可计算变量集和结构性要素可能只是一些外在的标准，很容易被看作只是形式上有效的公理，而难以在实践上辨别哪些是有真正解释力的理论模型。这个问题我们在上文中已经进行了说明，即二者体现了社会科学解释的科学规范特征和社会规范特征，这些特征表明了社会科学解释具有规范性，其获得的解释结果也是具有规范性的合理结果，而这点确保了社会科学解释不仅促进了话语语境的变化，同时也能够通过

---

① 〔美〕帕特里克·贝尔特、〔葡〕菲利佩·卡雷拉·达·席尔瓦：《二十世纪以来的社会理论》，瞿铁鹏译，商务印书馆，2014，第98页。

② 〔美〕彼得·伯格、托马斯·卢克曼：《现实的社会建构》，吴肃然译，北京大学出版社，2019，第3页。

主体介入到社会实践当中。

第二，解释规范性（explanatory normativity）要求解释能够区分真正（genuine）的解释和虚假的解释（pseudo-explanations）。[①] 人们很容易设想，虚假的或没有解释力的话语也可以自发地构建满足上述条件的话语语境，那么按照社会科学语境模型的形式标准，它也提供了对某些社会现象的解释，或者使其成为"具备解释资质的"社会现象，而这样的结论显然是空洞的。关于这个问题的回应如下：

解释力不等同于真假问题。一个假的话语同样可能具有解释力。比如，当一个人怀疑自己得了绝症（假设事实上的确如此），那么一个医生为了确保这个人精神不至于崩溃，是完全能够解释为什么他不是绝症，这种虚假的话语是有解释力的。再有，宗教教义中的话语有很多也具有解释力，当有人问自己为什么会这么倒霉时，有人会解释，你的运气本来是比这更差的，是上帝的眷顾才使你如此"幸运"。如果将解释力等同于自然科学的解释力，我们就回到了用自然科学解释模型论证社会科学解释模型的老路。

用话语语境的观点来看，解释是一个话语语境稳定和演化的动力，一个所谓的虚假解释，虽然可以获得暂时的解释力（自然科学中的燃素、医生对患者的谎言），但是终究会因无法解释新的现象而不得不促使话语语境不断演化或者崩溃湮灭。这对于科学亦是如此，我们很多理论只是暂时性地获得了解释力，后来因为新的无法解释的现象又失去解释力，只不过与自然科学不同，社会科学遇到的场景更多，更为复杂，更新的速度可能更快。质疑一个自然科学理论可能需要几年甚至几个世纪，但是质疑社会科学理论，可能只需要很短的瞬间。质疑发生的时间周期短，并不等于它没有真理性。因此，并不是只有真的话语才能对世界产生实践作用，虚假的话语具有的暂时解释力，恰恰是话语语境对外在世界作用的一种体现，但话语语境是动态演化的，这些虚假的话语必定会被淘汰。

当然，虚假话语在不同话语语境中的作用还是不一样的。医生的善意谎言

---

[①]　Franz-Peter Griesmaier, "Causality, Explanatoriness, and Understanding as Modeling", *Journal for General Philosophy of Science*, 2006, 37(1), pp. 41-59.

构成的话语语境不会存在太久，而具有暂时科学解释力的科学理论则能促进科学的话语语境的演化，二者还是有所区别的。因此，我们特别强调真和话语语境的关系，不同的话语语境以及不同演化阶段的话语语境都可能存在各种真。如果我们能够说明社会科学和自然科学各自话语语境的异同并不影响社会科学解释和自然科学解释的本质差异，那么我们实际上就构建了一个平台，这个平台上站着自然科学和社会科学，二者一荣俱荣、一损俱损。

解释是对导致现象的根本因素（underlying factors）的充分描述①，社会现象背后的根本因素是人的规范性，理论解释现象的结果是在话语语境中获得主体对社会现象背后规范性的理解，同时也是对理论所包含的行动规范性的认同，使得话语语境对社会世界的规范性输出成为可能。这种规范性是人的行动指导，也是话语语境对社会世界的直接作用。社会科学解释会生成新的概念，这些概念不仅能够表达新的规范，也成为不同话语之间可能推理的桥梁，从而增加了话语语境的解释空间。

话语语境模型直接把主体以及主体形成的语言共同体转化成了话语语境以及作为话语语境和世界界面的主体之间的关系，背后预示了规范性先于主体认知存在。现象是话语语境和世界相互作用的结果，而社会科学话语语境的规范性输出则是话语语境通过主体介入社会世界的方式。社会科学解释不仅重构了包含规范性的社会现象，同时也获得了一种具有合理性的行动规范。

因此，社会科学的解释力来源于对社会世界输出的行动规范性，话语语境中的社会现象表明了主体对社会世界规范的认同和质疑，认同的是构成社会现象的结构和可计算变量，质疑的是这些变量和规范所形成的问题，解释社会现象的同时也就在话语语境中理解了社会现象。这个理解也是对社会科学理论所包含的行动规范性的认同，使得社会科学的话语语境对社会世界的规范性输出成为可能。与宗教的话语语境不同，社会科学的话语语境对社会现象完成的是可计算的话语重构，是具有科学规范的可计算变量和具有社会规范的结构性要

---

① Nathalie Bulle, "Under What Conditions Can Formal Models of Social Action Claim Explanatory Power", *International Studies in the Philosophy of Science*, 2009, 1(23), pp. 47-64.

素二者的结合。而宗教语境并不是对现象的可计算重构，甚至都不属于重构的范畴，应该属于一种对个体心灵的语言影响，这其中包含了逻辑、理由甚至是理性。当我们作为一个社会现象来看待这种影响时，宗教话语才能作为社会现象进入到社会科学的话语语境当中。我们这里需要注意区分宗教的话语语境与作为社会现象的宗教话语，前者是自成体系的话语语境，后者是把宗教作为一种社会现象的话语来看待。主体社会实践的规范性来源于话语语境的规范性，话语语境和社会世界以主体具有规范性的行动实现了关联。这点在自然科学领域同样适用。自然科学家介入世界的主要方式是实验，在进行实验时，科学家严格遵守实验中的一些规范，这些规范来源于自然科学的话语语境，自然科学理论不仅是对世界的一种描述，同时也是指导主体介入世界的规范。比如，物理实验中，保持摩擦力在一定范围是一种规范性要求。而社会科学解释把科学规范性与社会规范性相结合，不仅对理论事实进行确证，同时也通过解释将理论概念绑定在"规范性之船"之上，向社会世界输出了规范性，这点正是社会科学解释力的来源所在。

## 三、规范的普遍性与合理性

自然科学的成功不仅体现在理论成功预测现象上，也体现在对现象的精确重现。对于一个自然科学理论而言，其解释力首先体现在解释现象的普遍性上，当一个理论比另外一个理论能解释更多的现象时，那么这个理论就更具有解释力。这背后体现的是规律的普遍性，但是这个标准并不适用于所有理论。比如，在评判超导模型中，两个模型都只能解释某一类特殊的超导现象，按照普遍性标准就很难比较二者的解释力。再比如，在天体物理学中，暗物质理论虽然很受欢迎，似乎能够解释很多天文现象，但是目前仍然没有可靠证据显示的确存在暗物质。换句话说，暗物质理论只是在理论层面具有尚未证实的、暂时的解释力，不能排除可能会出现其他能够更具解释力的理论。

规范先于理论，这点是社会科学解释与自然科学解释的重要区别。市场规范在经济学出现之前已经存在，而科学规范只能在科学解释之后存在。比如，我们不可能在量子力学出现之前去观察具有量子规范的微观现象，我们所观察到的只能是牛顿话语语境下的现象。因此，科学解释包含了两个部分：给出规范并论证其普遍性，而社会科学很多情况下论证的是规范的合理性。

源于自然科学的各类社会科学解释模型，经常会把焦点放在寻找一种普遍规律上，即便是机制模型，本质上仍然是弱化版的规律。仅仅以这些规律的适用性为标准不仅会降低社会科学解释的范围以及合理性，而且将主体行动的意义排除在了解释空间之外。实际上，自然科学的这种标准只能体现理论和现象之间的一种科学规范，没有体现二者之间所蕴含的社会规范。物理学定律描述了自然世界的运行规则，这些规则是主体行动的一种因果证据，而不是主体行动的规范，"真正迫使我们去做某事的并不是法则，而是我们对法则的承认"[①]。社会科学解释建立的是概念到行动规范的联系。

社会世界的组成是人，社会世界的运行是基于人的具有规范性的行动的总体。指导主体行动的不是规律，而是话语语境所形成的规范性，只有通过规范性，主体才能获得行动所需的概念并将其转化为社会实践。社会科学解释形成的是具有合理性的行动规范，这种规范性不是一种强制性的规则，而是一种获得理解的规范。

比如，经济学不仅解释了市场具备资源配置效率，而且向社会世界输出了诸如交易成本和市场效率等新的概念和市场规范，成本概念从生产环节扩张到交易环节，人们不仅理解了市场规范，也获得了新的关于市场行动的规范，这些概念和规范也可应用于其他时空和领域。诺贝尔经济学奖得主贝克将经济学理论和规范运用于分析政治、法律、犯罪、婚姻、家庭和社会生物学等其他社会领域的一系列问题，取得了丰硕成果。这些不仅是方法论的延伸，同时也说明了通过社会科学解释获得的规范性可以延伸到其他领域。

我们可以通过物理学掌握星球的运行规律，也可以通过生物学掌握我们人体生命的奥妙所在，这些规律描述的仅仅是自然世界的运行规则，我们只能把这些规则作为介入自然世界的实践规范，而不是指导我们人的行动的规范。换

---

① 刘钢：《真理的话语理论基础：从达米特、布兰顿到哈贝马斯》，人民出版社，2014，第252页。

言之，对于自然科学而言，单纯的规律只能向社会世界输出自然科学的规范，即描述自然世界的规则，从这些规则无法导出关于人的规范性。对于社会科学解释，我们不应该只纠结于其是否提供了一般意义上的规律或者机制，而应该考察规律或者机制背后规范性的合理性。

由此，一个具有好的解释力的社会科学解释不仅要满足科学规范，更重要的是向社会世界输出有效的规范，为人的行动提供一种可理解性。社会科学解释的地方性特征并不能作为否定其科学解释地位的问题，关键是看这些地方性的解释是否蕴含了一般意义上的规范。即便一些社会科学解释只适用于部分特定时空的社会，但是这些解释恰恰证明了其中所蕴含规范的合理性。换言之，规范的普遍性不能证明规范的合理性，否则规范的普遍性要求会导致规范意义的无限扩大和规范类型的减少，社会科学将像物理学一样追求一种单一的终极理论并由此面临终结的危险。社会科学解释并不是像对自然现象的确证一样寻找关于规范性的最大范围的普遍性，而是确证这种规范性的存在性和合理性。

因此，社会科学解释涉及的是社会科学话语语境和社会世界的双向联系，理论对社会现象的解释确证了现象背后规范性的合理性，体现了社会世界对话语语境的规范性作用，完成解释的话语语境则将新的行动规范输出到社会世界，体现了话语语境对社会世界的规范性作用。与自然科学通过发现的规律来解释自然现象不同，社会科学解释力的本质体现在解释社会现象的同时向社会世界输出了合理的规范性。

# 第六章
## 社会科学的语境分析方法

自笛卡尔以来，方法论的自觉成为现代科学的显著标志，社会科学亦复如是。19世纪以降，效仿当时已然成熟的自然科学学科，社会科学在追求实证和确定性的时代风貌下，成为新兴的科学分支。然而，这种具有鲜明实证主义色彩的科学方法论也导致了社会科学在研究路径上呈现出一种冲突性张力，即传统的解释学方法与实证主义的对立，两种立场各自的排他性，使得二者长期陷入对唯一合法性地位的争夺，这种争夺既掩盖了二者本身固有的缺陷，同时，也导致方法和方法论的辨明成为社会科学哲学亟待解决的关键问题。

那么，如何能够不囿于哲学思辨，回归到社会科学实践，从多元的社会科学分支中透视其方法路径，进而以维特根斯坦式的家族相似性和社会科学共同体内部公认的研究模式，重新审视社会科学的方法模式，最终在一种高层次的统一性中涵盖丰富的多样性，似乎已经成为研究者更为青睐的分析路径。在这方面，由社会科学研究对象的语境特征和社会科学认识的语境敏感性所决定，一种以语境分析为基本特征的方法论出现在诸多的社会科学分支学科中，而社会科学语境本身的层级性和动态生成性，也使得聚焦于语境能够更好地刻画各种社会科学具体方法本身的共同旨归。同时，正是由于当代社会科学方法论已经跳出了逻辑实证主义以来的概念—语义分析所主导的静态的逻辑分析，而转向了更具语境敏感性的语用—语境分析模式，社会科学对于案例研究的核心关切，才在这种语用—语境转向中，突出地呈现了出来。

基于这种认识上的转变，本章首先通过回溯20世纪哲学"语言学转向"的时代特征，对语境分析方法形成的背景进行了元理论考察，进一步指出，从对语形的经验语义分析到对语用的语境分析，正是经由语境才使蕴含于言语形式中的各种意义和功能得以表现出来，由此揭示出社会科学中语境分析方法论的内在必然性。其次，通过剖析社会科学方法论层面实证主义与解释学方法论立场的二元对立，以及由各自内在缺陷所导致的对真实社会世界的背离，明确提出，从具体的方法路径来看，社会科学语境分析方法主要倡导一种案例研究式的操作方法和应用模式。这种方法论能够吸收并综合各种方法论立场的优势，克服它们的不足，进而可以在很大程度上消解社会科学方法论中的二元对立矛盾，为社会科学方法论的进步打开新的空间。

## 第一节　语境分析方法的元理论

纵观 20 世纪哲学的风云变幻，从关注于"认识如何可能"到"语言表达的如何可能"这一哲学基础的根本变化，哲学进入了一个不同于以往形态的"分析时代"，使得整个 20 世纪西方哲学的发展深深地铭刻着"语言"的烙印。这样一种哲学范式的转变具有非常显著的时代特征和哲学意义。而定向于语言分析方法和语境的研究，则为理解和把握科学哲学和语言哲学这一演变的历史进程、趋势定位和理性重建的模型及其各种特征提供了最清晰的脉络。其基本特征就是哲学的语言学化和语言的哲学化。一方面，哲学的后形而上学发展要求在语言中寻求它的具体应用层面，引入语言分析手段以丰富自身的方法论特征；另一方面，语言在摆脱了单纯的工具媒介特质后趋向于抽象和理性，试图在哲学基础上奠立自身的实在或本体地位。语言分析，特别是语用学的认识论和方法论以及"语用学转向"以来形成的语用思维，成为哲学研究的新的出发点和生长点，而语用思维归根结底是对于语境的敏感认知，当代科学和哲学中对于社会、历史、语言和心理等层面的各种语境因素的整体性认识，正是在语用语境的聚焦点上得以凸显为一种横断性的思维平台，为我们求解社会科学中的哲学问题提供了基本的哲学元理论资源。

本节正是立足于 20 世纪语言哲学发展的这一趋势，从语言分析方法的演变着手，试图揭示"语用学转向"的内在动因，总结科学语用思维的本质特征，以及体现于其中的哲学意义。这对于理解和把握哲学的发展路径，从语言哲学层面把握语境观念的谱系，具有重要的理论价值。

## 一、哲学"三大转向"与"语境"的凸显

语用学的形成和发展很大程度上应归功于哲学家对语言的研究和关注。1938 年，美国哲学家莫里斯(Charles William Morris)在《符号理论基础》一书中明确提出"语用学"(pragmatics)这个术语，并指出语用学的研究对象和范围。其后，经由巴-希勒尔(Bar-Hillel)、奥斯汀、格赖斯(Herbert Paul Grice)和塞尔对指示词理论、言语行为理论和会话蕴含理论的发展，作为一种符号的和哲学的语用学的基本涵义和域面愈发清晰明确。另一方面，随着 1977 年《语用学杂志》在荷兰正式出版发行，并在创刊号中由哈勃兰德(Hartmut Haberland)和梅(Jacob L. Mey)共同署名发表社论《语言学和语用学》，提出"语言语用学"的观念，语用学逐渐形成了自己的学科规范，并很快受到哲学、语言学、逻辑学、认知科学和计算机科学的普遍关注。

但是，促成哲学思维领域中发生的"对行为中的言语和言语中的行为，以及社会中的交流进行研究的'语用学转向'"的真正形成[1]，从历史发展的角度看，具有哲学发展的内在根源和必然。

20 世纪初发生的"语言学转向"(linguistic turn)，作为哲学领域中的一次根本性转向，语言取代认识论成为哲学的中心课题，人们不再全力关注知识的起源、认识的能力和限度等问题，转而探究语言的意义和本质、理解和交流等，把语言本身的一种理性知识提升到哲学基本问题的地位，哲学关注的主要对象由主客体关系转向语言与世界的关系。

从总体上看，"语言转向的最根本原因在于现代逻辑的产生"[2]。现代逻辑技术的出现，使人类能够通过对语言的分析，在形式语言的基础上进行逻辑演算，

---

[1]　Brigitte Nerlich, David Clarke, *Language, Action, And Context: The Early History of Pragmatics in Europe and American 1780-1930*, John Benjamins Publishing Company, 1996, p. 6.

[2]　王路：《论"语言学转向"的性质和意义》，《哲学研究》1996 年第 10 期，第 58 页。

为整体、系统地处理哲学问题提供可行的先在前提。(1)相对论及量子力学的出现，使科学理论越来越远离经验。实在既显示于抽象的形式化体系，又表现于远离经验的微观世界中。科学理论构成了关于存在的真正主张。(2)哲学本质问题的争论，归根结底存在一个语言的表述和解释问题。所以科学语言的内在结构及运动，从形式上制约着科学理论的进步和深化，构成了科学理论发展的动力学因素。这样，科学语言作为一个关键性因素凸显出来。(3)逻辑和语言与经验的统一性，要求对所有知识领域进行符号化和量化的推广与演绎，以保证逻辑发展的普遍性、自洽性和一致性。因为"最有意义的不是直接观察到的东西的精确性质，而是对被观察到的理论事实给出解释性的表述，因为正是这些理论事实的集合构成了科学知识的基础"[1]。(4)社会语言学向逻辑语言学的发展，要求寻找它的应用层面。逻辑和语言的结合不仅是科学发展的必然结果，更是自然语言的歧义性和模糊性，在描述科学理论和进行科学解释时，造成意义混乱，必须寻求精确语言的内在要求。

从本质上讲，"语言学转向"所带来的语义分析方法具有统一整个科学知识和哲学理性的功能，使得本体论与认识论、现实世界与可能世界、直观经验与模型重建、指称概念与实在意义，在语义分析的过程中内在地联成一体，形成了把握科学世界观和方法论的新视角。因此，"语言学转向"带给 20 世纪哲学研究的影响是根本性的、启迪性的和创造性的，是一次划时代的哲学实践。

但是，"语言学转向"以来形成的形式理性与科学主义的观念，导致了某些"不能令人容忍的极端倾向"[2]。首先，它把问题上升到语言的语形和语义层面的策略，客观上避开了某些说不清楚或一时不能说清楚的问题，尤其是本体论地位方面的麻烦。但它把人类认识的本质归结为对知识中逻辑关系的发现，把哲学的任务归结为对科学语言进行逻辑分析，企图用"科学的逻辑"来取代哲学，这一点带有极大的片面性。其次，它采用的逻辑分析方法，是共时性的而非历

---

[1] 郭贵春：《当代科学实在论》，科学出版社，1991，第 205 页。

[2] David Hiley, James Bohman, Richard Shusterman, *The Interpretive Turn: Philosophy, Science, Culture*, Cornell University Press, 1991, p. 1.

时性的，是分析的而非综合的，这就使得在对科学理论进行逻辑分析时，静态地考察科学的逻辑结构，脱离科学发展的历史、社会结构与文化背景，忽视了心理因素对科学的影响。再次，这种狭隘理性主义以逻辑理性为标准，要求所有自然科学和社会科学的分支，沿着物理主义的途径作彻底还原，导向了极端的科学中心主义。当然，"语言学转向"之于"语用学转向"的启迪意义也正在这里。正是由于语言的语形和语义方法在求解哲学问题上的缺陷，才使得哲学家们开始寻求其他的途径，发现了通常为人所忽视的语用分析方法，并普遍地认识到，"作为人们如何使用语言符号的理论的语用学，而不是语义学，应当成为语言理论的核心"①。

　　20 世纪语言哲学和分析哲学富有生命力的发展，表现在哲学理性的一系列"转向"上，这就是以"语言学转向""解释学转向"和"修辞学转向"为背景，对科学实在论和科学哲学的生成和发展进行了新的理解和构建，"三大转向"为理解和把握科学实在论和科学哲学演变的历史进程、趋势定位和理性重建的模型及其各种特征提供了最清晰、最本质的脉络。通过对"三大转向"基本理论和特征的分析，以及在求解具体的科学实在论和科学哲学难题上的应用，接下来的问题就是，如何将凸显于 20 世纪哲学演变中的各种语言分析手段和方法统一起来，或者说，如何集 20 世纪哲学发展中的"语言学转向""解释学转向"和"修辞学转向"的合理成就，创立一个系统的、完备的语言分析方法的理论体系？在此方面，"语境"的方法论立场逐渐凸显出来，以语境作为研究的视角审视 20 世纪哲学发展中语言分析的方法论特征，目的就是要将语境构建为哲学或科学哲学理论未来发展的基点和生长点。因为，"当我们面向 21 世纪的发展去回顾 20 世纪语言哲学、分析哲学和科学哲学的历程时就会感到，它们在本世纪哲学运动的语言学转向、解释学转向及修辞学转向的过程中，提出、解决和涉及的一系列理论难题，都在一定意义上与语境问题本质地相关。因此，我们提出语境实在论的概念，试图从语形、语义与语用的统一上去阐释重构语境概念的必然性、

---

① Jaroslav Peregrin, "The Pragmatization of Semantics", In Ken Turner, *The Semantics/Pragmatics Interface from Different Point of View*, Elsevier, 1999, p. 425.

语境的本体论性和动态的结构规定性，说明语境的实在论的本质意义"①。这就是说，"从语言学转向、解释转向和修辞转向的本质一致性上，从语形、语义和语用的结合上，去探讨面向 21 世纪的哲学研究，将是一个重要的发展趋势。但问题在于，以什么样的形式、什么样的方法、什么样的基底或核心去统一它们，去推进这一趋势呢？这正是我们要研究的问题，但有一点我们认为是明确的，那就是把语境作为语形、语义和语用结合的基础，从而在语境的基底上去透视、扩张和构建整个语言哲学的大厦，将是一个不容否认的趋向"②。因为理论实体的意义是在特定的语境中实现的，不同的本体论态度是与不同的语境观相关联的，"人们在不同的语境中确立自身对象的本体论性，语境不同，定义实体的意义就不同；反之，实体的意义不同，其本体论性就可能不同。语境在自然而又生动的人类语言活动中有着不可磨灭的本体论性"③。这意味着，将语境本体论化，其目的就是要克服逻辑语形和逻辑语义分析的片面性，从而合理地处理语言使用当中所涉及的心理意向、命题态度、心理表征等非逻辑的或语用的问题，进而把外在的指称和内在的意向关联起来，扩展语言分析的界域。可以说，作为一种具有本体论性的语境实在的提出，不仅为语言的语形、语义和语用分析方法的融合提供了可能，而且为整个语言哲学和科学哲学的发展提供了一个十分经济的基础。

对"语境"观念的这一认识也是我们近年来强烈地关注于"科学修辞学"理论研究的直接动因之一。当我们用"语境"思想来整理 20 世纪科学哲学发展历程的时候，不难发现，"逻辑实证主义侧重于符号化系统的形式语境，历史主义强调整体解释的社会语境，而具有后现代趋向的后历史主义则注重修辞语境"④。从语言分析的角度讲，"形式语境必然要与语义相关，没有语义分析的形式语境是空洞的；而语义分析必然要涉及社会语境，否则，它是狭隘的和不可通约的。

---

① 郭贵春：《论语境》，《哲学研究》1997 年第 4 期，第 46 页。
② 郭贵春：《论语境》，《哲学研究》1997 年第 4 期，第 46 页。
③ 郭贵春：《论语境》，《哲学研究》1997 年第 4 期，第 48 页。
④ 郭贵春：《科学修辞学的本质特征》，《哲学研究》2000 年第 7 期，第 24 页。

社会语境的目的不能不是促进科学的发明与创造，而这一目的的实现必然要通过修辞语境的具体化来得以完成和展开，所以没有修辞语境的现实化，社会语境是盲目的。修辞语境在很大程度上是语用分析的情景化、具体化和现实化，它是以特定的语形语境的背景和社会语境的背景为基础的，否则，它就不可能真正地生成。所以，没有形式语境就没有科学的表征，没有社会语境就没有科学的评价，而没有修辞语境就没有科学的发明。所以，对于科学修辞学的研究，不能是孤立的，它必然是语形、语义和语用的统一，是形式语境、社会语境与修辞语境的结合"①。正是在这个意义上，科学修辞学的研究在科学哲学中获得了自身特殊的价值，因为从修辞学的角度上可以映射出整个科学哲学研究的核心本质、特征和意义，把复杂的科学哲学的宏观问题微观化，使科学哲学的论题更集中、更突出和更鲜明，进而削弱单纯本体论立场的片面决定性和独断性，从科学发明的创造性实践的界面去展示科学认识论的价值，从而进一步推进科学主义和人文主义之间的融合和渗透。②

　　这也正如当代美国著名哲学家罗蒂讲的，修辞学转向是人类理智运动的第三次转向，构成了社会科学与科学哲学重新建构探索的最新运动。但问题是，随着从语境角度对科学修辞学研究的深入，人们越来越清晰地认识到，"语言语用学可能是解决修辞学难题的最有前途的方式"③。因为在任何一个科学的语境中，语言学语境强调的是语形和语义，诠释学语境突出的是叙述和解读，而修辞学语境侧重的是劝导和发明，这就需要在具体的语言使用的语境中，通过对话和交流，超越科学家的语词的文字意义去理解信念意义，超越科学文本的意义去把握语用的推论，所以，修辞学和语用学具有共同的理论基础和实践特征，修辞学的认识论重建需要语用学发展的支持，并且只有通过语用分析方法的扩张，才能使修辞学的理论完备起来，并在科学的实践中获得自身目标的实现。用语言语用学来解决修辞学难题，成为最有前途的方式和科学修辞学研究的最

---

① 郭贵春：《科学修辞学的本质特征》，《哲学研究》2000年第7期，第24页。
② 郭贵春：《后现代科学实在论》，知识出版社，1995，第43页。
③ Herbert Simons, *The Rhetorical Turn*, University of Chicago Press, 1990, p. 298.

新趋势。

## 二、语言的整体论和语境的作用

语言哲学和分析哲学在其基本理论观念、核心研究内容和主要使用手段上，所发生的从语义学到语用学的转变，实际上提供了一个理解和把握 20 世纪哲学发展路径的基本思路，特别是对于探究哲学方法论的演变和哲学思维的演进均具有重要的认识论意义。

长期以来，对语义学和语用学的对象域的研究形成了各种对立的观念，并因此产生对两者各自研究界域的不同认识，它们是[①]：其一，语言的（约定）意义和用法。前者把语义学限制于语词的字面意义，具有形式的、不变的特征，后者则认为辨明语词之语义归属的唯一方式是给出它们是如何被使用的，因而只有语用学的研究才能真正澄清语词的意义，所以"语义学为语言提供了一种语句意义的完全解释，语用学则为语句如何在言说中被使用来传达语境中的信息而提供了一种解释"[②]，从而，"语义学和语用学之间的区别就是约定地或字面地与语词，由此而与整个句子相关涉的意义和通过更普遍原则，使用语境信息得出的进一步的意义之间的区别"[③]。其二，真值条件的意义和非真值条件的意义。这就是说，语义学研究命题，通过说明语言句子的真值条件来研究句子和表达它的命题的搭配规则，语用学则探究不能由直接指向句子表达的真值条件来说明的言说意义，所以，"语用学＝意义—真值条件"[④]，它研究那些在语义学中所不能把握的各类层面的意义。其三，独立于语境和依赖于语境。语境在语义学和语用学的研究中具有重要的地位，通常被用于去解释语用学如何补充语义学，语境填充了言说意义和语言意义之间的断裂，因此，语义学对语言意义的理解独立于语境，而"语用学则研究语言在语境中的使用，以及语言解释的

---

① Kent Bach, "The Semantics-pragmatics Distinction: What It is and Why It Matters", In Ken Turner, *The Semantics/Pragmatics Interface from Different Point of View*, Elsevier, 1999, p. 70.

② Frederick Newmeyer, *Linguistics: The Cambridge Survey*, Cambridge University Press, 1988, p. 139.

③ Nicholas Bunnin, Tsui-James, *The Blackwell Companion to Philosophy*, Blackwell, 1995, p. 124.

④ Gerald Gazdar, *Pragmatics: Implicature, Presupposition, and Logical Form*, Academic Press, 1979, p. 2.

各个依赖语境的方面"①。事实上，正是这些对立观念的澄明促进了语言哲学的进一步发展。

后分析哲学家们普遍认识到，自然语言并不像逻辑经验主义认为的那样一无是处；哲学问题也并不完全是由于自然语言的模糊性和歧义性所造成的。把哲学的任务当作总是根据特定意义和句法规则，去翻译、解译或解释任意符号的思想，完全是一种形式主义和理想化了的语言学理解的图景。它并不具有覆盖所有哲学认识的能力；既不是自明的，也不是必然的。语言的主要功能在于实践，是人类的公共交往形式，也就是说，对语言而言，使用才是最根本的。在这方面，自然语言是先天的、自然的。因此，只有把语言理解与解释经验、语言分析与语言使用相互渗透和融合，才能真正地发挥语言在哲学认识中的功用，片面地强调任一方面，只能走向极端。

如果说自然语言并无过错，且是促使由理想语言走向日常语言的因素之一的话，那么形式语言自身的两个致命缺陷则更加重了这一过程的转化。这两个来自逻辑完美语言的思想的缺陷，一是盒子思维（Box-thinking），由语言语形学的约束而产生；一是语境盲（Context-blindness），即不依赖于命题被做出时的语境，是语义学的一种后果。② 这种语义学所标榜的表达式的意义可以"独立于语境"，即与它们被言说的语境或环境的改变毫不相干的思想，在自然语言中显然无法实现。在自然语言中，有许多类型的语词反对"语境独立"，离开了具体的言说语境，它们的意义便无法给予。首先的一类便是"我""这里""现在"等指示词。它们的意义类似于功能，只是在用于语境时才产生一个指谓。因此，作为某种语境的依赖者，为了使它们产生语义上的相关值，不得不通过语境来得到满足。另外的类型是如"他""谁"等代名词，它们对语境的依赖更为特殊，不仅要求理解语境的依赖者，而且需认识到语境的生产者。看来，对于自然语言来说，要抛弃掉语境概念和语境依赖是不可行的，没有它们的帮助，特别是意义在被解释时没有考虑到言说是如何通过语境来相互作用的话，不能充分理解

---

① Robert Audi, *The Cambridge Dictionary of Philosophy*, Cambridge University Press, 1995, p. 588.
② Craig Dilworth, "The Linguistic Turn: Shortcut or Detour?", *Dialectica*, 1992, 46, pp. 207-208.

的语义现象的范围太大了。所以，事实上，"一个对象应当在不同的条件或不同的语境中表现出差异或展示出其未预料的属性"①。所有的经验知识均是相对于各种对象、条件、历史或文化的语境，并且随着语境的变化而改变。我们不可能也无需求助于人工语言来消除语词的歧义，丰富的语境本身已经为语词设定了灵活、生动、可变换的可能世界。所以，只有在具体的语境中，才能获得其有效的意义。

这样就进入了奎因和戴维森（Donald Davidson）关于语言的核心观点：语言的整体论。在他们看来，语言是一种共同合作才得以运行、发挥作用的事情，并且它们的运行不能被解释为独立词条相互间各自运行的结果。指派意义就是澄清其在一个共同合作中的作用或可能的作用；就是去陈述一个表达式如何能够对于我们使用语言的目的是有用的。由此，给语词指派意义并不是在发现影响此词的事物，而是此词从特定运行角度看，由其具有的价值所决定的。对于一个讲话者而言，他言说了一个陈述，表明他具有一个信念，并且此信念构成了该陈述的意义。在这里，讲话者的信念并不是能够通过打开他的大脑所发现的东西，其意义也不是能够通过考察讲话者与世界的联结可以发现的，信念和意义都是从讲话者的言语行为这一可观察事实出发，进而把这些事实分解为讲话者所相信的理论和他的语词所意谓的理论而获得的。由此，对该陈述之意义的理解，本质上就是对该陈述在特定的语言游戏中被使用的方式的理解。

作为后分析哲学思维核心的整体论，是在批判传统理性和经验认识论的线性决定论原则意义上建立起来的。语言整体论不仅体现了对整体语境的要求，强调当一个语词改变了它的意义，或取代了其他语词和短语的作用，或有新的语词被发现时，必然会反映在理论的整体语境之上，而且预设了语言本质上是一种工具或人类行为的一个方面，不可能从行为之网中走出。

通过对自然语言的新的理解以及语言整体论的认识，特别是通过对自然语言在整体的语言语境中具体用法、变化和特征的考察，戴维森认识到："实际的

---

① Richard Schlagel, *Contextual Realism: A Meta-physical Framework for Modern Science*, Paragon House Publishers, 1986, p. xx.

语言实践仅仅宽泛地与那些完全而明确地被澄明的语言相关联，这些语言具有语音学、语义学和语形学的特征。"①因此，他把更多的注意力放在各种"用法的怪癖"上，诸如误用文字、绰号、口误等。因为他看到，"误用文字引入了并不被先在的学习所包括的那些表达式，或者并不能通过至此所讨论过的任何能力来解释那些熟悉的表达式，误用文字进入了一个不同的范畴，它可能包括这些事情，诸如当实际的言说被不完全地或语法地曲解时，我们去考察一个形式很好的句子的能力，我们去解释我们以前从未听说过的词的能力，去改正口误，或者处理新的个人语言方式，这些现象威胁到了语言能力的标准描述"②。戴维森由此得出结论说："我们必须放弃这种思想，即认为语言使用者能够获得语言的清晰的共同结构，并进而将之运用于特定的情景中，并且我们应当再次强调指出'约定'是如何在那些极为重要的意义中被包含到语言中的；或者，正如我认为的，我们将放弃试图去通过诉诸'约定'来澄清我们是如何进行交流的。"③依照戴维森的理论，像误用文字那样的现象，它预示了我们应该认识到，人类理解彼此言语的能力，并不能够整个地在预先的交流的具体情景中学到，并不存在我们首先同意并把它应用于具体的情况中的共同规则，也不存在预先约定并包括和确定了词的所有的有意义的用法。在这里，戴维森事实上放弃了自然语言作为一种具有被澄明的结构的语言观念，而是主张在日常用法和交流中，涉及了语言的真正的创造性的和不可预见的成分。因为在许多真实生活交流的形式中，创造和想象起一个核心的作用。

　　现在，戴维森描述了一个新的可选择的交流和语言使用的图景，即在一开始，他认为，在某种意义上，讲话者实际装备了系统的意义理论，以使他们能够产出并进而理解语言言说。他所反对的是这样的观念，即所有讲话者能够共有一个他们得以应用于具体语境中的静态语言理论。的确，戴维森相信，每个讲话者都具有一个整体的理论集合，这些理论集合没有一个是与其他人所共有

①　Brian McGuinness, Gianluigi Oliveri, *The Philosophy of Michael Dummett*, Kluwer, 1994, p. 2.

②　Brian McGuinness, Gianluigi Oliveri, *The Philosophy of Michael Dummett*, Kluwer, 1994, p. 162.

③　Brian McGuinness, Gianluigi Oliveri, *The Philosophy of Michael Dummett*, Kluwer, 1994, p. 174.

和共同的。但这些理论并不是静态的和不可改变的；相反，经常发生的情况是，我们往往总是在具体的语言语境中，在作出当下的言说时才决定语言的语法的和使用的规则。

戴维森认为，在成功的交流中，对语言的理解、解释和交流是这样来进行的："解释者进入了具体的一个言说情景中，该言说情景提供了讲话者的任一言说所蕴含的意义。讲话者进而说出了具有此意向的某种事态，这一事态在一种特定方式中得到解释，并且它本身具有要求得到如此解释的期望。事实上，这种解释和理解方式并不是由被解释者的理论来提供的。但在此，讲话者仍然能够得到理解，是因为解释者根据实际情形，调整他的理论，以便使该言说产生出讲话者所蕴含的解释。"①按照戴维森的这个模式，如果我听到一个并不适合于我偶然使用的过去理论的言说，我需要做的仅仅是去修改该理论，直至它产生正确的解释。

应当看到，在戴维森本人的论述中并未更多地涉及或注意到语义学和语用学的概念，而且他经常在"给予一种对语言和语言能力的系统的、科学的可接受的解释和给予对语言可靠的并作为对于在真正对话中的参与者所使用的事情的描述"之间动摇，甚至希望两者都具有，而这是维特根斯坦和奎因认为必须果断做出选择，而不能有丝毫妥协的。②但无论如何，戴维森对自然语言的处理和对语言整体的强调，使得"语用语境"成为一切语言建构的出发点和生长点，特别是在把对语用的理解推向语义学的外部，关注于其起作用的方式和实践意义的过程，语言本质上成为一组声音和符号，成为人们用以协调自己活动的方式。它的目的不在于去用形式化的体系，来规范各类哲学陈述或阐明言词与世界的"符合"关系，而只是在于清晰地去展示出，拥有不同词汇的人在对理论的选择、接受、运用的社会实践中所表现出的信仰和价值取向。这样，强调"语用性"所体现出来的就是一种与认识主体的直接当下的背景信念、价值取向、时空情景

---

① Richard Grandy, Richard Warner, *Philosophical Grounds of Rationality: Intention, Categories, Ends*, Oxford University Press, 1986, p. 166.

② Martin Gustafsson, "Systematic Meaning and Linguistic Diversity: The Place of Meaning-Theories in Davidsons Later Philosophy", *Inquiry*, 1998, 41, p. 451.

相关的对话认识论。毋庸置疑，在这样一种没有"形而上学"强制的对话中，主体之间平等的内在对话是自由的、有创造性和易于统一的，这标志着分析哲学传统在认识方向上的一次根本性的转折，更喻示着维特根斯坦之后语言哲学在新的方法论手段刺激下的又一次崛起。从这个意义上讲，走向语用对话的后分析哲学突破了传统分析哲学的语义层面，而在语用层面上构建了新的世界，使得哲学问题在所有方面都有了突破并发展到了一个新的阶段。

## 三、语用学的语境性内涵

语用学的内涵界定问题始终是探索语用学意义的基本问题，对这一问题的不同求解，不仅表明了不同的语用认识论和方法论态度，而且也涉及语用学自身的学科定位和论域。事实上，现代语言学和哲学中对语用学认识上形成的差异，很大程度上源于对语用学自身内涵界定上的分歧，甄别不同的使用语境有助于澄清语用学内涵。

英美语言学和哲学的方向，在非常狭隘的意义上来探讨语用学的基本内涵，即仅限于从哲学、语言学和符号学的交汇层次上，来对语用学做出基本界定。在这一方向上，出现了大量的对语用学处理的不同方式，显示了语用学研究的具体性和丰富性。美国语言学家列文森（Stephen Levinson）在其著名的语用学教科书《语用学》中，对此做了系统的总结和评述，他指出，历史上出现的对语用学进行界定的观点主要有①：

第一，从语言使用的不规则性上，语用学是"对解释为什么某一组句子是不规则的或者某些言说是不可能的那些规则的研究"。这一定义通过对具体的非规则语句的分析，指出如果没有适当语境的话，很难对句子进行完全的理解和解释。这一定义较好地说明了与语用学相关的原则，但它很难成为语用学的明确的定义。这些语用上的不规则性是预先决定的而不是解释性的，因此它不具有概念特征，而只是一种对语用学特征的描述。

①　Stephen Levinson, *Pragmatics*, Cambridge University Press, 1993, pp. 5-35.

第二，从功能的视角上，语用学是"试图通过涉及非语言的强制和原因来解释语言结构的某些方面来对语言进行研究"。这一定义的特点是突出了语用学的非语言功能，但可以通过它把语言的语用学从关注语言功能的其他学科，如心理语言学和社会语言学中区别出来。

第三，从语言使用和语言能力区别的角度上，"语用学应当仅仅与语言使用的原则相关，而不涉及语言结构的描述。或者，借助于乔姆斯基（Avram Noam Chomsky）对能力和运用的区别，语用学只跟语言运用原则相关"。因为语法（包括音位学、句法学和语义学）是与对语言形式的意义的无语境化指派相关，是关于语句类型结构的理论，而语用学则是与在一个语境中这些形式更进一步的解释相关，它不说明语言结构或语法属性和关系的结构，而是在具有命题的语句记号的语境中，分析讲话者和听者的推理的相互关系，在这个意义上，语用学理论是行为论的一部分。

这一定义得到许多赞同和支持，但问题在于，有时候我们能够直接把语境的特征编码到语言结构的某些方面当中。这样一来，就不能明确划分独立于语境的语法（语言能力）和依赖于语境的解释（语言运用）之间的界限。因为对于语句的解释来说，没有诸如零语境或无效的语境之类的事物存在，仅仅在假定了此语句可以适当地言说语境的一系列背景，我们才能够理解这些语句的意义。

第四，从语用的语境性上，语用学"既包括语言结构的语境依赖的各个方面，也包含跟语言结构没有关系或很少有关系的语言的运用和理解的各项原则"。由于语用学对语言结构和语言使用的原则的相互关系特别感兴趣，所以，这个定义可以进一步表述为，语用学"是对在一种语言的结构中被语法化或被编码的那些语言和语境之间的关系的研究"，或"语用学是对语言和语法的书面形式相关的语境之间的关系的研究"。这个定义的优势在于，它并不要求给予语境观念以一种先在的特性。但语法化或语言编码观念却易于引起争议，需要区别语言形式和把语境意义融入相关的语言形式的语境之间的相互关系，为此，对于一个语言可被编码的语境的特征而言：（1）它必须意向地被交流；（2）它必须约定地与语言形式相关；（3）这种编码形式必须是对照集的一个成员，其他成员则编码不同的特征；（4）语言形式必须服从于规则的语法过程。可以说，该定义将语用学的研究领域严格限定为纯粹语言的问题，从语言的适当性上保证了语用学不会像莫里斯和卡尔纳普（Rudolf Carnap）的定义那样具有很强的扩张性。

第五，从与语义学的关系上看，语用学"是对未被纳入语义理论的所有那些意义方面的研究"，或者说，假定语义学被限定为真值条件的陈述的话，语用学的主题就在于，研究那些不能通过直接指向语句表达的真值条件，来获得解释的言说的意义，即"语用学＝意义—真值条件"。因此，语用学研究的是意义的那些不在语义学范围内的方面，这种观念具有很强的说服力。尽管语用学的范围由此就在很大程度上依照语义学而改变，特别是一旦将语义学界定为建基于"真值条件"之上的话，就把大量的"意义"留给了语用学，但这可以通过在语句意义和言说意义间作出区别来克服，即把语义学对语句意义的研究和语用学对言说意义的研究视为相等。因为语句和言说间的区别对于语义学和语用学区别的重要性是基本的，从本质上讲，一个语句是在语法理论中被定义的抽象理论实体，而一个言说则是在一个实际语境中的语句，语义学应当与语境之外的意义，或不依赖于语境的意义相关联，而语用学与意义的关联则是在语境中。

第六，从语言的理解上看，语用学"研究语言和对于语言理解的解释是基本的语境间的关系"。这个定义承认语用学在本质上是跟推理相关的，理解一个言说涉及一系列推理的做出，它将与所谈到的共有的假定或以前被说到的东西相关。对于语境中的一个所予的语言形式，听者要想准确地理解它，一种语用理论就必须对预设、蕴含、语力等做出推理。它并不依据编码或不编码来对语义学和语用学做出区别。它包括了语言使用的大部分，对于语言使用的每一个约束的系统集，都有一个对应的推理程序集，可以被用于语言理解。

但它的弱点是，使语用学包含了语言知识和全部参与者关于世界的知识间相互作用的研究。这个定义需要语境概念的精确特征。在语用学被限定为是语境的编码方面的定义中，语境的相关方面不应当被预先指明，而应通过对世界的语言的调查来发现。在这里，除了主张语境是产生推理的任何东西之外，有关语境的一些方面还应当被指出，需要知道实际的情景以及与言说的结果和解释相关的那些语言和文化的特征。除了逻辑和语言使用的普遍原则之外，还有：(1)作用和地位的知识。作用包括在言说事件中的作用，如讲话者和听者，以及社会作用。(2)空间和时间位置的知识。(3)形式层次的知识。(4)媒介的知识。(5)相应主体的知识。(6)相关范围的知识。语境的范围并不是容易定义的，必须考虑到，语言使用者在任何所予时间中，实施特定行为所处的社会和心理的世界。它最小限度地包括：语言使用者对时间、空间和社会情景的信任和假设；先在的、正进行的和未来的言语的或非言语的行为；以及在社会相互作用中，正在实施行为的那些参与者的背景、知识及关注程度。语境不能离开语言特征来理解。

第七，从语言使用者的能力上看，语用学是"对语言的使用者把句子与使句子合适的语境相匹配的能力的研究"。如果语用学被视为是在乔姆斯基含义上的语言能力的一个方面的话，那么像其他方面一样，它必须由一些抽象的认知能力组成，它提供了一种与语义学很好的比较，因为正像语义理论是与把真值条件递归地指派给形式好的表达一样，语用理论是把适当性条件递归地指派给具有它们的语义解释的句子的相同集合。换言之，一种语用理论应当原则上为语言中每一个形式好的句子预测到对它将是适当的那些语境集。但这一定义也受到许多问题的困扰。因为它与社会语言学的解释在某些部分上重叠。另外，它要求在文化上同质的基本理想化的言语共同体。一种语言的讲话者使用语言的能力并不总是与受欢迎的交流方式一致，也可能说些与语境不合的言语。

第八，从语用的外延性上看，语用学"是对指示语词、蕴含、预设、言语行为和会话结构的某些方面的研究"。这个定义提供了语用理论必须解释的一系列现象。但它只是揭示出语用学应当研究的一些主题，而没有给出有机的和系统的本质阐述。

列文森认为，在所列的这些语用学的定义中，最有前途的是把语用学视为"意义—真值条件"的定义，特别是它把语境的因素引入进来，弥补了语义学的不足。尽管它尚有很多缺点，但从语言哲学的发展看，从对语形的经验语义分析到对语用的语境分析，是一个重要的转变，可以说，正是通过语境才使蕴含于言语形式中的各种意义和功能得以表现出来，所以，在"语境的基础上去谈论语用学的意义及其方法论趋向，是一种语用研究的本质要求"①。

## 第二节　语用学视阈中语境的锚定

历史地讲，对语用的洞察自古希腊起就已经存在于人类的思维当中。亚里士多德在《修辞学》中第一个发展了一种交流的语用模式。在他看来，"每一个句子都具有意义，但并非每个句子都是做出了陈述的句子，仅仅那些可为真或为假的句子才是陈述句。……恳求是一种句子，但既不真也不假。……对它们的思考属于修辞学或诗学的研究"②。自此开始，语用思维的发展与哲学的演进历史地结合在一起，一方面，语用思维在哲学研究中的出现满足了解决哲学难题的需求，语用分析方法成为哲学家可以有效使用的语言分析方法之一；另一方面，哲学家对语用分析方法的借鉴也内在地促进了语用思维的发展，导致了现代语用学的诞生。本节就是在追溯语用语境之历时性生成的基础上，聚焦于本体层面语用学对象的语境性和认识维度真理观的"语境化"趋向，进一步锚定了语境分析方法的语用学基础。

### 一、语用语境思维的历史发展

在德国哲学传统中，这种语用思维肇始于康德的"语言学转向"。康德在知识建构中的图式论和符号观念，把语言的因素引入理性的建构中，"包括这些普遍的和必然的法则的科学（逻辑），简单地讲就是一种思想形式的科学。并且我们能够形成这门科学的可能性的概念，就像仅仅包含语言形式而没有其他东西的普遍语法一样，它属于语言的事情"③。为了探询经验可能性的结构或思想的

---

① 郭贵春：《语用分析方法的意义》，《哲学研究》1999 年第 5 期，第 73 页。
② 转引自 Barry Smith, "Materials towards a History of Speech Act Theory", In Achim Eschbach, *Karl Bühler's Theory of Language*, John Benjamins Publishing Company, 1988, p. 147。
③ 转引自 Brigitte Nerlich, David Clarke, *Language, Action, And Context: The Early History of Pragmatics in Europe and American 1780-1930*, John Benjamins Publishing Company, 1996, p. 15。

形式，用先天法则来建构对象，实际上就成了一种语法的研究。

英国哲学传统中的语用思维以洛克的符号行为哲学为开端。洛克指出，"所有能够位于人类理智中的东西是，第一，事物的本质，事物间的关系及其运行方式；第二，人类自己为了各种目标的实现而理性和自愿进行的行动；第三，获得和交流这些知识的方法和手段"①。这里的第三个领域就是"符号学或符号的学说，是语词通常存在的地方"②。后来的奥斯汀从行为角度阐释人类语言交流活动，提出了"言语行为理论"，认为"讲话就是在做事，就是施行了某种行为"③。

法国哲学传统中的语用思维更多地关注于语言在实际使用和理解中的驱动力，认识到语言并不仅仅是分析思想的工具，也是交流的手段。讲话是心灵的行为，需要发现的是语言的理智规则，即语言的语义和语用规则，因为并不存在"自然规则"，而只有"人类行为的规则"。因此，语言具有双重本质，它是思想表征的工具和行为的工具，一个句子的言说不仅具有一种符号功能，而且具有一种社会的或实践的功能。④

美国哲学传统中的语用思维，滥觞于皮尔士开创的实用主义哲学和普遍符号学，他把实用主义视为符号学的一部分，更使语用思维有了体系性和建设性的发展。其后，莫里斯创立了行为主义语用学理论，认为逻辑实证主义、经验主义和实用主义各自强调符号的语形、语义和语用方面，具有片面性，事实上，符号具有三种类型的关系，包括符号与符号、符号与对象以及符号与使用者之间的关系，他把解决这三种符号关系的理论分别称为语形学、语义学和语用学。⑤

---

① 转引自 Peter Nidditch, *The Clarendon Edition of the Works of John Locke: An Essay Concerning Human Understanding*, Oxford University Press, 1975, p. 5。

② Peter Nidditch, *The Clarendon Edition of the Works of John Locke: An Essay Concerning Human Understanding*, Oxford University Press, 1975, p. 5.

③ Marina Sbisa, "Analytical Philosophy", In Jef Verschueren, *Handbooks of Pragmatics: Manual*, John Benjamins Publishing Company, 1995, p. 28.

④ Brigitte Nerlich, David Clarke, *Language, Action, And Context: The Early History of Pragmatics in Europe and American 1780-1930*, John Benjamins Publishing Company, 1996, pp. 64-88.

⑤ Charles Morris, *Foundation of the Theory of Signs*, Chicago University Press, 1938, pp. 108-110.

在德国、英国、法国和美国哲学传统中各自发展出的这些语用观念共同促进了一门新的独立学科形式——语用学的诞生。可以说,现代语用学自身正是由这四个独立成分构成的混合体,即源于英国的言语行为理论、源于法国的对话理论、源于德国的普遍语用学和源于美国的符号学。①

这样,一方面,随着语用学的兴起并逐渐成为显学,关于语言和符号的研究开始摆脱先前纯逻辑的束缚,语用推理、语用语境、语用过程、语用规则和语用逻辑的研究一度成为哲学家、语言学家、逻辑学家和符号学家们所关注的中心。这使得从语言学和符号学进行的"经验主义语用学"研究,作为语言分析的技术工具日趋成熟,它们为"语用学转向"提供了必要的基础和技术上的可能。另一方面,"语言学转向"以来,特别是以逻辑经验主义为核心的分析哲学,在进行"语言学改造哲学"的现实实践中,试图通过对语言形式的句法结构和语义结构的逻辑分析,来把握隐含在语词背后的经验意义。尽管在哲学的改造过程中遭遇到了不可克服的逻辑困难,但其依赖于语言的初衷并没有改变,只是开始寻求新的语言维度。由此,语言的语用维度就凸显出来,它们为"语用学转向"提供了出发点和契机。正是语言哲学发展的内在必然和外在驱动,形成了20世纪后半叶思维领域中的这场"语用学转向"。所以,"语用学转向"作为语言哲学发展演变的必然趋向,内在地显示了"现今的哲学无不带有语用"这一哲学基本特征,可以说,"在分析哲学的发展进程中,科学哲学的兴趣逐渐从句法学转移到语义学,进而转移到语用学。这已经不是什么秘密"②。

## 二、语用学对象的语境性

由于语用学的内涵很难得到明确界定,我们通常采取从外延的角度,通过研究语用学所涉及的基本域面或必须解释的基本主题,在与语境的相互关联、互动的基础上,来洞察语用学的本质。以《语用学》一书中的详尽论述为例,列

---

① Brigitte Nerlich, David Clarke, *Language, Action, And Context: The Early History of Pragmatics in Europe and American 1780-1930*, John Benjamins Publishing Company, 1996, p. 12.

② 〔德〕卡尔-奥托·阿佩尔:《哲学的改造》,孙周兴、陆兴华译,上海译文出版社,1997,第108页。

文森认为语用学主要关涉的论题有①：

1. 指示词

这是语用学最早选定的研究对象，因为在语言自身中，反映语言和语境之间的关系，最为明显的方式就是通过指示现象。指示（deixis）这个术语源于希腊语，原意为"指出或指明"，指示词就是表示指示信息的词语。语言哲学家巴-希勒尔于1954年发表的《指示表达式》中，认为指示表达式是语用学研究的对象，是在不知其使用语境时就无法确定其所指对象的词或句子，即它是不能用语义学的真值条件来衡量的词语，它们的意义只有依赖于语境才能得到准确的理解。从语言学的角度看，这些词包括人称代词（I，you）、指示代词（this，that）、定冠词（the）、时间副词（now，today，yesterday，tomorrow）、地点副词（here，there）等。指示与言说或言语事件的语境的解码或语法化特征相关，并由此也与依赖于那种言说语境的分析的言说解释相关。指示信息对于解释言说的重要性，最好通过当这种信息是缺乏时的情况来说明。因为它直接地与语言的结构和它们被使用时所处的语境之间的关系相关，所以指示包含在语用学中。

指示的主题，就是哲学家讲的"指示表达式或指示词"，在指示词、第一和第二人称代词等依赖于语境属性的表达式中，存在有很重要的哲学旨趣。皮尔士首先将这种表达式称为"指示符号"，并认为，它们通过符号和指称物之间的一种存在关系而决定指称物。哲学对指示的关注主要源于：（1）是否全部指示表达式均能还原为单一的基本的表达式；（2）这个最终的语用残余物是否因此可被转换为某种永恒的独立于语境的人工语言。比如，罗素认为，在（1）中的还原是可能的，通过把所有的指示词（"自我特指"）转换为包括"this"的表达式就可以实现。在其中，后者指称一种主观的经验，代词"I"由此就翻译为"经历这个的人"。赖欣巴哈也认为，所有的指示词都包含一种"符号的自反性"的成分，即指称自己。这就是说，如果把一个命题看作是从可能世界到真值的功能，那么在语境中通过句子所表达的命题，就是一种从可能世界和那种语境到真值的功能，

① Stephen Levinson, *Pragmatics*, Cambridge University Press, 1993, pp. 54-283.

这样就能够提供语境的相关性，即语境在此，将是包括讲话者、听者、言说时间、言说地点、所指对象以及其他所需要的语用指标或参数，句子因此能够在不同的用法情况下表达不同的命题。

既然言说的意义是一种从语境（指标的集合）到命题的功能，和从可能世界到真值的功能，那么，语用学就是关于如何在语境中来说明言说的句子的一种研究。正是在具体言说的情景中，对句子表达何种命题的澄清中，语境发挥自己的作用。由此，语义学就不是直接地与自然语言相关，而是仅仅与抽象的实体命题相关，即句子和语境共同地挑选出的命题。因此语用学在逻辑上先于语义学，就是说，理论的语用成分的输出就是语义成分的输入。

进言之，可以从人称、时间、地点、话语和社会方面来分类指示词。人称指示与在言语被说出的言语事件中参与者的角色的编码相关，第一人称是讲话者对自身指称的语法化，第二人称是讲话者对一个或多个听者的指称的编码，第三人称是对既非言说中的讲话者又非听者的人或实体的指称的编码；地点指示与在言语事件中相关于参与者的空间定位相关；时间指示与相对于一个言说被说出的时间的编码相关。话语指示则处理的是在言说中所展开的那些话语部分的指称的编码。社会指示与社会差异相关，它相对于参与者角色，关注的是讲话者和听者的社会关系的方面。这样一来，如果把指示视为是交流事件中依靠于一定指示中心的话，那么，（1）中心人物是讲话者；（2）中心时间是讲话者发出言说的时间；（3）中心地点是言说时间时讲话者的位置；（4）话语中心是讲话者当前正言说的部分；（5）社会中心是讲话者的社会地位和级别，与听者的社会地位和级别相对而言。

2. 会话含义

会话含义由美国语言哲学家格赖斯在发表于 1967 年的《逻辑与会话》中首先提出。通过对会话当中对话者应当遵循的"合作原则"以及量、质、关联性和方式准则的分析，格赖斯指出，人们会出于各种原因故意去违背这些会话规则，从而就迫使听者超越言说的表面意义，去设法理解讲话者所说话语的隐含意义。这种隐含意义就是语用含义，即会话含义，它本质上是一种关于人们如何运用语言的理论，故不是从语言系统内部，如语音、语法和语义上去研究语言本身所表达的意义，而是依据语境来研究言说的真正含义，解释言说的言外之意。因此，会话含义关注的不是讲话者说了些什么，而是讲话者说这句话时可能意味着什么。可见，会话含义的观点是语用学中最重要的思想之一。首先，它代表了语用解释的本质及其力量的典范，特别是作为一种特殊的语用推理，它的语用源泉需在语言结构之外，作为相互作用的关联加以阐述。它为语言事实提供了有意义的功能说明。其次，会话含义提供了它如何能够具有比实际"说出"更多意谓的清晰解释，即比对话文字地表达的意思更多的意义。再次，会话含义导致了语义描述的结构和内容上的很大的简单性。它容许人们去主张，自然语言表达式倾向于具有简单的、稳定的和单一的含义。最后，会话含义具有非常普遍的解释力，它可为明显地不相关的语境事实提供关联解释。

　　自然语言的一种纯粹的约定或基于规则的解释从来不能完成，并且所被交流的总是要超过通过语言的约定和它的使用所提供的交流力。同时含义不能够从尚未解释的表层结构来获得，因为存在有许多的言说，它们在表层结构上不同但具有相同的含义。所以，"含义"不是语义的推论，不是产生于它们的句子的语言结构上，而是建基于所被说的以及关于日常字词相互作用的合作本质的假设之上的推论。这样，就保留着对并非建基于约定意义的交流观念的基本需要。会话含义的基本特点是：（1）可取消性（cancellability）。它是会话含义的最重要的特征。如果在原初的某一言说上附加某些前提，某种会话含义就会被取消，并能够在特定的语言或非语言语境中被排除出去，所以不能够根据语义的关联直接地模型化，但演绎或逻辑推理则不是这样。（2）不可分离性（non-detachability）。由于会话含义依附于所言说的语义内容，而不是语言形式，所以，不可能通过同义词的替换把会话含义从言说中分离出去。这也是使会话含义有别于其他的诸如预设和约定含义之类的语用推理的本质所在。（3）可推导性（calculability）。对于每一个假定的含义，它既可以展示字词意义和言说意义，也可以展示合作原则和准则，使听者做出相应的推理以保护相互合作的假设。（4）非约定性（non-conventionality）。因为只有在知道言说的字面意义之后，才能在语境中推导出它的含义，所以会话含义不是言说的约定意义部分。同时，言说命题的真假不会影响到含义的真假，反之亦然。可见，会话含义是随着语境的变化来变化，而不是随着命题的真假来变化的。(5)不确定性(indeterminacy)。具有单一意义的表达式，在不同的语境场合中，可以给出不同的含义，并且在任一语境场合，相关的含义集合都不是可精确地确定的。

3. 预设

在语用学中，预设的论题产生于关于"指称"(reference)和"指涉表达式"(refering expression)的哲学争论。此问题位于逻辑理论的核心，并且源于对自然语言中，指涉表达式应如何转换为严格的逻辑语言的思考。第一个探讨这个问题的哲学家是弗雷格。他早在1892年写的《意义和指称》中，就使用预设来解释一些语义中的逻辑现象。他看到，在任何命题中总有一个明显的预设，即所使用的简单或复合专名都具有一定的指称对象。因此，如果断言"开普勒死得很惨"，那么就预设了名称"开普勒"具有相应的指称，即开普勒这个人的存在性。名称"开普勒"有指称既是"开普勒死得很惨"的预设，也是其否定命题"开普勒并非死得很惨"的预设。弗雷格的预设理论包括：(1)指称短语和时间从句预设它们在实际指称上的结果；(2)一个句子及其相应的否定物共同具有同一组预设；(3)一个断言或句子或真或假，其预设必定成真或能够得到满足。

可见，弗雷格的预设理论本质上是坚持名称和指称之间的符合论观念，即一个名称必定有相应的对象存在。这一思想后来在1905年受到罗素的强烈反对。罗素认为，应该把实际存在的东西和不存在的东西区别开。因为，比如在"法兰西国王是英明的"这个句子中，如果按照弗雷格的理论，虽然都知道没有"法兰西国王"所对应的个体的存在，但由于整个句子有意义，所以作为谈论对象的"法兰西国王"就具有了某种意义上的存在性。罗素正确地看到了这一点，认为它错在把"法兰西国王"这个语法主词当成句子的逻辑主词，从而把句子当成具有主谓词的结构。为此他提出"摹状词理论"，其目的就是要揭示句子的真实的逻辑结构。在此，他认为"法兰西国王"并不是名称，而是对人或物作出特征性描述的短语，即摹状词，它本身并没有意义。这样，"法兰西国王是英明的"就可以分解为三个断定：

存在一些实体 X，以至于

(a)X 具有属性 F；

(b)并不存在另外的实体 Y，它既不同于 X，又具有属性 F；

(c)X 具有属性 G。

由此"法兰西国王是英明的"的逻辑形式为：∃x(国王(x)＆～∃y((y≠x)＆国王(y))＆英明的(x))，换言之，即"存在一个法兰西国王，并且不存在其他的法兰西国王，并且该国王是英明的"。

罗素的这一理论在此后的 45 年里一直支配着对于预设的研究，直到 1950 年斯特劳森提出新的理论。斯特劳森看到罗素的理论中有一个前提，即句子的主词是真正的逻辑专名，因此它必定具有所指物。他认为应当区别句子和句子的使用，句子没有真假，只有句子做出的陈述才有真假。比如"法兰西国王是英明的"这个句子，很可能在 1670 年是真的，在 1770 年是假的，而在 1970 年则既非真又非假。因为 1970 年不存在一个法兰西国王，不会产生真假问题。但当说"现在有一位法兰西国王"时，它就成了去推断"法兰西国王是英明的"为真或为假的一个先在条件。他认为两者间的这种关系就是预设，预设是一种特殊的语用推理，它跟逻辑含义或蕴含不同，它是从指涉表达式的使用规约得出的一种推理。

一般地讲，自然语言有两类不同性质的预设，即语义预设和语用预设。语义预设是一种真值条件的预设，它是逻辑的、理性的、一贯的和真理性的。由于预设总是随着语境的变化而存在或消失，所以，语义预设理论通常在解释具体现象时总是失败，不能够达到预期目标，所以不得不求助于语用预设。语用预设描述的是讲话者和语境中句子的适当性之间的关系，它所涉及的核心概念是：适当性(或适切性)和相互知识(或普遍背景、共同假设)。在此，语义预设的真值性问题与语用预设的适当性问题有着根本的区别。语用预设是情景的、心理的、流变的和劝导性的。这种意义上的语用预设可以表述为：一个言说 A 语用地预设了命题 B，当且仅当 A 是适当的，且 B 是对话参与者所共同认定的命题。就是说，如果所陈述的命题被假设为真的话，句子的使用就存在着语用的约束，仅仅能够适当地使用。这样，去言说一个句子，如果它的预设为假，则只是产生一个不适当的言说，而与对该句子的真假断定无关。

4. 言语行为

真和假的论题在整个指示词、预设、含义理论和言语行为理论中具有核心作用。早在 20 世纪 30 年代的逻辑实证主义学说，其核心信条就是，除非一个句子在原则上能被证实（即验证其真假），否则就是无意义的。当然，由此而来的是，大部分道德的、美学的和文学的话语都被归结为无意义的。这一结论被逻辑实证主义的支持者视为是绝对正确的。后期维特根斯坦在其《哲学研究》中提出"意义就是使用"，对这一学说进行了攻击，并主张言说仅仅在与活动或语言游戏相关时才是可解释的。

同一时期，即当可证实性和对日常语言的不精确性和不信任达到高峰时，奥斯汀提出了他的言语行为理论。后期维特根斯坦对语言使用和语言游戏的强调，与奥斯汀主张的在全部言语情景中，所有的语言行为就是我们最终需要去阐明的唯一实际现象，两者之间从理论上讲，具有一种相似的主张。

在其以《如何以词做事》为名的讲演集中，奥斯汀着手去推翻把真值条件视为语言理解核心的语言观。他注意到，一些日常语言文字如宣称句，与逻辑实证主义的假设相反，显然不可被用于作出真或假陈述的任何意向中，它们自身就形成一个特殊种类的句子形态。因为它们通常并不被用于去说出某事，即描述事态，而是要求通过讲出它们来引发积极的做事情的行为。比如当某人宣布战争时，已经相应地发生了战争，它们没有真或假，只有适当与否的问题。奥斯汀把这些特殊的句子以及通过它们所实现的言说，称为施行句，把与它们相对的陈述、断言和言说，则称为叙述句。尽管不像叙述句，施行句没有真或假，但它们有对或错，即适当性的问题。为此，奥斯汀给出了"适当性条件"（happiness conditions，felicity conditions）：

（1）必须存在一种具有一定约定结果的约定程序；正如在程序中所阐明的，环境和人必须是适当的。

（2）此程序必须正确地和完全地实施。

（3）正如在程序中所阐明的，参与者必须具有必要的思想、感情和意向，以及如果后继的行为被阐明的话，那么相关的整个参与者都必须这样做。

奥斯汀进而提出了言语行为三分说的新言语行为理论。他把言语行为分为三类：（1）叙事行为，具有确定的含义和指称的句子的言说；（2）施事行为，在言说一个句子中，借助于与此句子相关的约定语力作出的承诺、命令等；（3）成事行为，通过言说句子在听者中产生特定的效果。在此，对于奥斯汀来说，核心的是施事行为，它是通过约定的语力所直接地获得的，这种语力在与约定程序相一致中，与特定种类的言说的发出相关，并因而是可确定的；相反，成事行为对于言说环境来说则是特殊的，并不能由发出那种具体的言说通过约定来获得，它包括了所有的意指的或非意指的效果，因而经常是不确定的。

奥斯汀的言语行为理论后来被塞尔进一步系统化。两人在基本论题上没有较大的差异，只是塞尔对言语行为进行了新的分类并试图把言语行为逻辑化和规则化。

通过上面对语用学基本研究对象的分析，列文森认为，当前对语用学研究的广泛关注以及研究兴趣，从语言学的发展角度讲，其原因主要有[①]：

其一，语用学是对乔姆斯基把语言作为一种抽象设计或精神能力，反对使用、使用者和语言功能的一种反应或抵抗，充分展示了语言使用对于理解语言本质的重要性。特别是随着各种语言的语法学、音位学和语义学知识的增长，存在一些特殊的现象，它们仅能通过求助于语境的概念，才能获得本质的描述。只有在涉及语用条件时，各种语法规则才能得到强制执行。

其二，语用学存在着使语义学获得根本简化的可能性。语言使用的语用原则可以通过系统的和语境的分析，展示出远比约定的和文字的意义更多的言语的意义。特别是这种语用分析方法的引入，使得对于理解交流中之言说的真实内涵具有了更大的可能，更为明确和简洁。

---

① Stephen Levinson, *Pragmatics*, Cambridge University Press, 1993, pp. 35-47.

其三，语用学可以填补语言学理论和语言交流的解释之间存在的现实鸿沟。这就是说，语用学的研究将成为语义学、语形学和语音学与语言交流的可行理论间的桥梁。因为语言结构并不能够独立于它的使用，有可能通过对语用原则的引入而给予语言现象以功能主义的解释，从而在语言结构的基础上建立语言使用的效果。

无论如何，对人类语言使用进行研究的语用学必然地涉及三个层面：（1）语境层面。这里的语境包括整个人类的语境，是一种生理的、社会的、文化的融合体，只有在语用语境的基底上才能对语言的认识论难题进行有效的求解。（2）交流层面。交流的目标构成了语言使用的基点，只有在交流中，对语言的本质、功能和结构才能获得真正的理解。（3）认知层面。语用学的主题本质上是一种特定的人类能力和特定的人类行为，通过认知层面，语用学获得了自身在实践中的应用价值。

语境、交流和认知层面在语用学中的融合，促进了语用学的认识论和方法论特征的形成，并有机地与社会语言学、心理语言学和认知科学结合在一起，共同构成了对人类知识进行探求的新的思维平台。可以说，语用学思维必将逐渐地渗透到整个自然科学和社会科学各个学科的研究中，并对人类的认识产生深远的影响。

## 三、"语境化"真理观的建构

随着语用学转向的发展和语用思维以及语用分析方法在哲学研究中的应用，真理观念在摆脱传统符合论的基础上，通过对语用对话的建构，形成了语境化的真理观。当回顾 20 世纪哲学的发展历程时，我们会自然地发现，一方面，真理问题在现代科学和人文背景之下，仍具有常新的意义，依然是各哲学流派所争论并困惑不已的问题；另一方面，随着 20 世纪初的"语言学转向"和世纪后期的"语用学转向"的影响，它逐渐改变了自己的原有形式，脱离了传统意义上的本体论论争，开始了"朝向语言而生长"的语用化走向。这一走向不仅显示出语言哲学在指称理论语用化演变中的趋势，重要的是在"语境化"真理观的构建中，更透示出语言哲学，甚至整个人类思维所面对的某种发展倾向。因此，正是在这个意义上，我们认为，通过揭示真理观在语言哲学的层面上所经历的发展脉络，阐明其特征和意义，最终展示真理走向"语境化"的必然性，将是颇为重要的一项工作。

"语境"概念突破了传统静态地指示相关语词关系的狭隘层面，引入了整体论观念，将语形、语义和语用的因素内在地结合起来，进而突出强调了主体意向性在语境中的不可或缺地位。这种语境概念表明，一方面，语境实在成为自然而然的观念，而且这一观念的建立在很大程度上决定了真理"语境化"的进程；另一方面，"语境化"的实质意义就体现在，我们是按主体的再现规约而不是按照自然本身的再现规约来对知识进行成功地再现。因此，本质上"语境"是主体所构造的，为达到人类交流的现实目的而自然存在的一种认知方式或认知结构。正是在这个意义上，"语境化"真理观的建构不仅是可能的，而且是必然的。其特征表现在如下方面：

（1）语境成为本体论性的实在基底。从具有工具主义低调的实用主义观念向完全后现代观念的转变，使得"语境"已作为一种带有本体论性的整体实在和行为集合出现了。在这种带有很强后现代性的语境构造中，语言不再是一种反映或表达思想的媒介，而是思想本身，是确定的客观实体，是一种不断进化的"实在"；而真理又是语言实体的特性或句子的属性。这便使得语境能够在"观念世界"和"对象世界"的两极对立中，寻找到自己的合理存在地位，摒弃导致真理符合的途径并使其载体脱离与外在世界的僵化关联。在这里，语境本身已展示了其作为人类认识基底的合理性，我们可以在语境结构自身之中去建构任何语言的合理对话，去探索一切适当的真理理论。①

（2）语境构成了公共实践的具体形式。在语用学视角上把真理"语境化"，不仅为其提供了一个十分"经济的"基础，而且使得语用对话真正地建构在牢固的公共生活实践之上。语境所展示的作为人类对话要素结构的特性，内在地规定

---

① 关于语境的实在性问题请参见郭贵春：《论语境》，《哲学研究》1997年第4期，第46—52页。

了对话的公共性、实践性和历史趋向性，使得人类思想的各种信念、欲望、语句态度、对象都被"语境化"了，没有超人类权威的"上帝之眼"来选择真值，一切均取决于在当下情景状态中所进行的平等对话。信念的每一次变动，真值的任一重新取舍，都只是语境的再造或公共实践具体形式的变易，都是在公共实践具体的、多样化的关联之网内所进行的信念的重新编织。这就是说，人们是根据语境关联的整体性、公共实践的具体性、对话要素的结构性而不是严格的逻辑推演来进行哲学的对话。

（3）语境成为展示价值趋向的认知方式。语用对话理论，无疑使得主体的偶时意向在真值的选择中起着规定性的作用。相对于具体语境而言的主体意向性，由于它所具有的深厚的历史的、文化的、社会的背景约束，并不会因为它的偶发性而陷于"本体的任意选择"和"心理主义的幽灵"当中。因为，作为心理表征的过程，主体对于真假的信仰选择、价值倾向和命题态度，在语境的本体论性意义上，不仅是内在地具有着实在的特性，而且现实地存在意向特性与相关行为之间的因果关联。这样一种主体的意向性，一方面具有语义的性质，它规定着用于表征符号、语词和命题中所涵蕴对象的指向；另一方面它仍然是语用的，只有在当下的、符号使用和语词指称的情景下，它才具有完全的现实意义。所以在特定的语境中，对于相关的语形结构及其表达来说，心理意向在本质上构成了语义和语用的统一。也正是这种统一，内在地决定了语境的整体性和系统性，规定了真理的建构性和趋向性。

（4）语境满足了整体论的方法论要求。在基础主义认识论的死亡和逻辑经验主义的衰落中，整体论的出现显示了思维方式的某种关节性的变革。这种整体论观念告诉我们，传统的那种赋予真值的"堆积木方法"的缺陷，在于试图通过定义语词的方式达到表征真理的目的。而事实上，任一语句的真实性都与该语句的结构和语素相关。因此，我们强调符号和思想与语境的相关性和感受性，本质上就在于把语言的形式和结构及其内在意义看作是整体思维中的结合物。在这当中，诸多语句被证实或被正确地判定，并不仅仅在于其相关经验的存在，而是因为它们处于与其他已被证明为真的语句的推理关系之中，也就是说，处于证明或正确判定它的整体语境之中。

由此不难看出，"语境化"真理观作为语用学转向的必然结果，内在地显示了"语境"作为一种具有本体论性的实在，不需要在形式上再做抽象的语言哲学的本体论还原的合理存在性。并且它消除了强加于存在之上的任何先验或超验的范畴或本质，强调存在的意义就在于相互关联性，因而"关系可以解释一切"。因此，不是真理具有任何独立于语境的意义，而是只有在动态的语境中才能展示真理的存在。我们现实地关注的只能是"语境化"了的真理，那种绝对抽象的形而上学真理只能被"悬置"一旁。

当然，真理的"语境化"，只是真理发展的一种"趋向"或"态势"，并不要求赋予它以描述世界或人类自身的语言特权地位，更不是在寻找人类普遍的知识标准。"语境化"仅意味着，它不对知识做任何本体论的简单"还原"，仅只是进行具体的、结构性的"显示"。这一特性使得真理无法独立于人类的心理意向而外在地存在。事实上，在"语境化"的意义上，真理已不再被视作哲学旨趣的终极主题，"真"这一术语也不再是分析的结果，"真理的本质"已不再是类同形而上学的"人的本质"和"上帝的本质"那样的无意义的话题，它展现了具体的、结构的、语用的、有意义的人类认识的趋向。因此我们所应努力的，便是在"语境"的既非还原论也非扩展论的意义上，现实地展示出真理发展的未来走向。

无论如何，"语境化"真理观的构建冲破了传统真理符合论的桎梏，内在地体现了语用学转向的迫切要求。在这个意义上，"语境化"真理观既是整体语义论、语用对话论的历史继续，发展和开拓，更是从语言哲学角度探讨真理问题在语境基底下的圆融。尽管这一理论本身尚需要不断地自我完善、充实和进步，但它作为一种语用学的思维视角无疑将渗入语言哲学方方面面的研究之中，确是不容置疑的。

## 第三节 案例研究式的语境分析方法

从逻辑实证主义所提倡的静态的逻辑分析方法，转向更具语境敏感性的语用—语境分析模式，使得对语境的独特关注不仅呈现在语言哲学和分析哲学中，同时也在具体的社会科学实践层面凸显出来。与实证主义方法论和解释学方法论立场一样，语境论的社会科学方法论也有自己独特的研究逻辑和分析方法，但并非完全不同于前者的观察和统计分析以及后者的理解方法，而是将这些方法都适当地配置在一个以问题为中心的语境内灵活综合应用，以获取和分析经验数据。由此，本节的目的就是要考察一种更具实践应用性的案例研究式语境论社会科学方法论，即在社会科学研究中，研究者首先要提出明确而又具体的研究目标或问题，将研究对象放在其当下的或历史的语境中来考察，也就是通过使对象语境化，来多方位地分析历史的、社会的、文化的、心理的等主客观语境因素对研究对象的影响，找到诸因素之间的因果机制，以达到合理和恰当的说明，这个说明也就是对初始问题的解答。

## 一、语境化研究的典型方法

社会科学方法论争论的双方往往是以自身优势来凸显和攻击对方的劣势，而在实际的社会科学研究中，实证的因果分析和对行为动机的理解都是不可或缺的。那么，如果能将二者的优势互补与整合，无疑将是破解实证主义与解释学立场之二元困局的最佳途径。语境论世界观的出现就为这种方案的实施提供了极具可行性的思路。

语境论的真理标准是成功的工作(successful working)。这是因为，在语境中并不存在单个的、真实的分析单位，事件的当下和历史语境可以包括时空中的全部要素，但这对于分析来说是不切实际的，所以就要用是否能够成功地完成分析这一标准，来判定哪些要素和特征应当被引入分析中。也就是说，如果一个分析能够导致有效的行动或实现某个目标，那么它就是真的或有效的。由上可见，语境论从行动的主体视角看待和分析世界，是一种以主体从事着的事件为核心而囊括了一切主客体的非实体性的世界观。

进一步讲，语境论所展示的这种基于主体行动的、互动关联的实在图景，使其具有了本体论的特征，体现在：其一，语境的实在性是在诸多语境因素及其相互关联中实现的。因此，语境构成了科学理解的最"经济的"基础，能够消除不必要的假设，也就不需要对对象进行抽象的本体论还原。在语境中理解对象，强调理解的当下性与相对性，不把对对象的科学表征作为终极真理来看待，避免了镜像式真理观的狭隘性。其二，语境是一个具有复杂内在结构性的系统整体。语境从时间和空间的统一上整合了一切主体与对象、理论与经验、显在与潜在的要素，并通过它们有序的结构决定了语境的整体意义。其三，语境普遍存在于一切人类行为和思维活动中，它不仅把一切因素语境化，而且体现了科学认识的动态性。进而，语境分析也就具有了作为方法论的横断性。对所有特定经验证据的评判，只有在以语境为视角的方法论中展开，才能获得更广阔的意义和功用。因此，语境所具有的实在性、系统性、普遍性，使语境论成为可用来考察全部科学活动的一套充满深刻洞察力的元理论视角。

以此重审社会科学，在本体论方面，就完全没有必要对研究对象的属性及存在层次预设诸如上述世界观视阈中那些先验的假定，以致将之永久地、静态地固定或隔离在某种状态，而是将科学研究中的主体与客体都视为在行动事件中互相作用、互相关联起来的存在；在方法论方面，可以依据研究的目的和研究对象的特性来建构适当的语境，引入被以往方法论所抽离或忽略的语境因素，不必拘泥于某种严格的经验或逻辑标准，将现象的与意向的、规律的与机制的等各种说明与解释都整合到一个语境框架中，从而能够融合各种方法论的优势。

实际上，20 世纪以来，在很多典型的社会科学学科如社会学、人类学、心理学、政治学、历史学等学科中，已经逐渐兴起了用语境分析方法来研究社会现象的潮流，广泛地涵盖了语言、社会、文化、历史等多个层次的语境因素。而且，在最典型的社会科学学科——社会学领域中，有学者已经明确使用"语境论范式"（contextualist paradigm）来概括芝加哥学派的情境研究方法，以对抗社会学主流中的"变量范式"（variables paradigm）。[①] 由此可见，社会科学领域的研究者们逐步认识到："通过考察特定事件的语境和历史来识别导致它的原因因

---

① Andrew Abbott, "Of Time and Space: The Contemporary Relevance of the Chicago School", *Social Forces*, 1997, 4, p. 1149.

素，就是合理的。"①因而，我们完全可以说，语境论的社会科学方法论，作为继以自然科学为范本的方法论立场、以人文哲学为基础的方法论立场之后的第三种社会科学方法论立场②，已成为社会科学方法论学者及社会科学研究者的必然选择。

## 二、语境分析方法的步骤

在语境论世界观视阈下，社会科学研究对象都是以人所从事的特定事件形式呈现的，它们依赖于语境，同时也受限于语境。而语境论的社会科学方法论的精髓，就集中体现在研究过程中对研究对象进行的"语境化"操作上面，也就是将这些事件放在其当下的或历史的语境中来考察，从而使研究者能够多方位地分析各种主客观语境因素的影响。在研究实践中，研究者通常把这些事件纳入特定的案例（case）中，着重关注"案例的具体情况，而非任何一般性的特征"③，分析其中焦点事件的情境及其作用。因而，语境论的社会科学研究方法就典型地体现为一种案例研究（case study）式的操作，主要有以下步骤。

首先，确定一个案例及其焦点事件。在语境论视阈下的社会科学研究中，一个特定案例是适时展开的事件流过程中一个或多个有着特定结果的事件。比如某个经典历史文本、某个人群的特定文化习俗、某个地区的经济发展趋势、某个历史事件中的重大决策等，只要是处在特定时空条件下的特定事件，都在语境论社会科学的研究对象范围内，都可以作为一个案例来研究。研究者会根据与他所研究的问题的相关性，对这些经验事件的顺序进行隔离、限定以选择其中若干事件来构成一个案例，并选择对象事件之过程或结果作为研究的焦点。在这个步骤里，对案例及其焦点的选择和确定都相关于研究者自身的某些因素，

---

① Daniel Little, *Microfoundations*, *Method*, *and Causation: On the Philosophy of the Social Sciences*, Transaction Publishers, 1998, p. 211.

② Lars Mjøset, "The Contextualist Approach to Social Science Methodology", In David Byrne, Charles C. Ragin, *The SAGE Handbook of Case-Based Methods*, SAGE Publications, 2009, p. 41.

③ Lars Mjøset, "The Contextualist Approach to Social Science Methodology", In David Byrne, Charles C. Ragin, *The SAGE Handbook of Case-Based Methods*, SAGE Publications, 2009, p. 46.

诸如其个人的动机、所属的文化背景、价值观等，而这些因素恰恰是研究者之语境中主观因素中必不可少的一部分。

其次，构建案例语境。研究者依据分析的目标，对焦点现象与各种因素之间进行连接(connections)与断离(disconnections)的操作[1]，来界定案例语境的涵盖范围，并确定其中所有可能的相关因素。这样就给出了研究者所选择的那个过程的环境与背景。这个步骤涉及两个关键点：其一，正如语境论世界观中的真理标准所揭示的，研究者并不会也不可能把所有可能的主客观时空因素都列入案例的语境中，而应该是，他通过连接相关因素与断离不相关因素的操作所构建的案例语境，必须能够有助于其分析目标的完成。研究者的语境构建策略是否合理，要看最终形成的说明是否有效回答了他所研究的问题。当然，这不是一个一次性就能达到最佳结果的过程。其二，即便针对相同的案例，不同的研究者也可能会选择不同的因素，进而构建出各异的案例语境。对此，语境论的社会科学方法论认为，研究者要通过与同类型案例分析的比较，以及与其他研究类似案例的研究者的论辩、沟通、交流来引入更多视角和改进语境的构建策略和思路，最终形成比较稳定的语境构建方案。

最后，分析案例语境并形成说明。在这个步骤，研究者的任务是分析焦点现象与其语境因素之间的相互作用。也就是，对所选过程的特定环节进行追踪，找到引起结果的因果机制。在此基础上，最终形成一种实质性的说明(substantive explanation)。而研究者要达到这样一种说明，就必须对语境化研究过程中收集的数据进行类型学分析(typological analysis)，并通过过程追踪(process tracing)法来找到其中的因果机制。[2] 具体来看，类型学分析实际上是对语境因素数据的概念化和理论化，大致遵循这样的一个图式结构：问题(Question)→类别(Category)→属性(Properties)→维度(Dimensions)。其中，类别是研究者在确定了案例边界的基础上，对收集到的经验数据做详细考察之后得出的，他

---

[1]　Roy Dilley, *The Problem of Context*, Berghahn Books, 1999, p. 2.

[2]　Lars Mjøset, "The Contextualist Approach to Social Science Methodology", In David Byrne, Charles C. Ragin, *The SAGE Handbook of Case-Based Methods*, SAGE Publications, 2009, p. 57.

们以此概念来表征案例中的焦点现象。属性与维度是对核心类别的语境化。属性表征类别的某些性质，因此，研究者应当尽可能全面地列出核心类别的各种属性；维度则是属性指标的量化范围或程度。在涉及比较复杂的研究对象的案例分析中，属性还可以派生出亚属性(sub-properties)从而为分析增加更多维度，或者作为新的类别来推进网状分析。形成最终说明所需要的因果机制，表现为在生成案例整体结果的数个属性维度上发生的社会互动模式，而过程追踪法在整个语境分析中所发挥的重要作用，就在于追踪这些机制[1]，同时排除无关的机制，而后将相关的机制附属性地连接到核心类别的属性上面。应当强调的是，这个步骤中，对类别、属性、维度的甄选，要用到定性的分析方法，而定量方法主要体现在某些维度范围内的量化分析中；对因果机制的判断，则因其涉及客体的主观因素，会更多地使用理解的方法。

此外，在应用这套研究方法时，社会科学研究对象复杂的时空属性，使研究者会有不同的侧重点和应对策略：针对已发生的事件，需要依据过去的情形将其语境和过程加以重建；针对进行中的事件，则需要对其过程加以介入。这样，语境论的研究逻辑和分析方法，就被应用在以下模式中[2]。

其一，案例重建(case reconstruction)模式。在这种模式中，研究者重建了朝向一个确定结果的过程。通过追溯、重建和分析先哲著书时的历史、社会、文化以及修辞语境，来发掘其文本的多重含义。比如，以昆汀·斯金纳为代表的剑桥语境学派就是采用这种模式来解读政治思想史上的经典文本的：旨在通过重建案例的历史语境，来考察导致其结果的原因。[3] 使用这种方法对当代社会发展中已发生的、有重大影响的宏观事件(如美国的 911 事件)进行语境重建，有助于一个共同体的自我理解，显示出对于当代问题的指导或借鉴意义。从这个意义上说，重建过去的案例语境也属于一种间接的介入。当然，语境的重建

① John Gerring, "Social Science Methodology: A Unified Framework", Cambridge University Press, 2012, p. 306.

② Lars Mjøset, "The Contextualist Approach to Social Science Methodology", In David Byrne, Charles C. Ragin, *The SAGE Handbook of Case-Based Methods*, SAGE Publications, 2009, p. 47.

③ Lars Mjøset, "The Contextualist Approach to Social Science Methodology", In David Byrne, Charles C. Ragin, *The SAGE Handbook of Case-Based Methods*, SAGE Publications, 2009, p. 47.

并不是对历史或现实事件的真实情境以及事件参与者的主观意向和动机进行完整地或客观地"复原"，实际上这是不可能做到的。但是，比起实证主义的形式化路径中那种孤立的、静态的、抽象的研究模式，这种模式无疑有助于研究者更加似真地接近实际情况，并提出更合理的说明。

其二，过程介入（process intervention）模式。这是一种对动态过程进行参与式研究的模式。使用这种模式，研究者试图通过参与事件过程来对案例的结果施加影响。他们根据其研究的问题，通过结构式访谈、田野调查、问卷调查、长期的参与式观察等手段，与研究对象发生互动，融入其生活世界。这种模式比较多地被应用在民族志方法学、常人方法学、社会心理学中。应当指出，在很多此类案例研究中，有的研究者试图扮演中立或被动的旁观者角色，以便探知在无介入情况下的案例运行过程。但是，如同案例重建模式那样，这种"旁观"实际上也不可避免会使研究者间接地介入了案例语境，从而可能在一定程度上臆造研究对象的行为动机。所以，在这种模式中，研究者要保持高度的语境敏感性，也就是应注意主体语境与对象语境之间的相互作用程度。

概言之，语境论的社会科学方法路径倡导的案例研究操作模式，是根据研究的问题、针对特定的事件而展开的，将事件置于其语境中，借助语境化分析的操作程序来审视和考察，达到经由因果机制的实质说明。比起实证主义路径中那种孤立的、静态的、主客绝对分离的研究方法，语境论的社会科学方法路径有助于研究者更加全面地接近社会世界的实际情况，提出更合理的说明。这种通过调用语境来研究社会现象的操作，用荷兰学者范戴伊克的话说，"不仅仅是在描述，而且也是在根据其语境来说明焦点现象的发生或属性"[①]，这个观点最恰当地道出了语境论的方法路径的本质。

---

① Teun A. van Dijk, *Discourse and Context: A Socio-cognitive Approach*, Cambridge University Press, 2008, p. 4.

## 三、案例式语境分析方法的特征

语境论是在实用主义哲学基础上产生的[①]，因此，语境论的社会科学方法论在科学研究的目标、定位、手段、理论诉求等方面，都有其独特的设定和要求，强调研究的实际效果和实用性。这标示出语境论的社会科学方法论的以下几个特征。

第一，以求解具体的问题为研究目标。一般来说，任何科学研究活动都是从提出一个问题开始的。因为"只有当我们能确定所讨论的研究想要达成什么时，才能处理方法论问题"[②]。但是，前面所考察了的语境论方法研究逻辑已经清楚地表明：研究者所提出的问题关注的是在"语境中的行动"或"历史事件"根隐喻意义上的具体的经验事件，而最终的说明是对初始问题的实质性解答。也就是说，这种方法论寻求的是对一个具体问题的具体解答。这也是案例研究的显著特征。案例研究总是针对具体的、特殊的社会现象，其焦点事件可以位于从微观的个体行动到宏观的制度中任何一个层次，但绝不是这个层次上的所有事件。在这方面，语境论立场与解释学立场非常接近，韦伯对资本主义何以在西方社会产生的分析就是一个典型的例子，他为此做了详尽的语境化以及多视角的类型学分析。与之相反，不论是机械论模式之个体主义，还是有机论模式之整体主义下的实证主义方法论，都主张社会科学研究的目标是找到时空无涉的普遍规律。以这种方法论指导的社会科学研究，可能会提出如"人的行为遵循何种普遍规律"或"导致国家间冲突的普遍原因是什么"这样非常抽象的问题，因而就可能会有如"人类行为是由趋利避害的倾向所支配"或"利益的冲突引起国家之间的战争"这些同样很抽象的回答。从语境论的社会科学方法论的角度看，脱离具体语境的问题和解答都是没有意义的。因为现实生活世界中的事件原因往往非常复杂，难以用一两条普遍的形式规律予以说明，所以，任何所谓的普遍

---

[①] Eric Fox, "Contextualistic Perspectives", In Jonathan Spector et al. , *Handbook of Research on Educational Communications and Technology*, Routledge, 2008, p. 57.

[②] Patrick Baert, *Philosophy of the Social Sciences: Towards Pragmatism*, Polity Press, 2005, p. 45.

规律只有置于特定语境中，并能够解释特定的问题才有说明效力。

第二，经由问题构建的整体性定位。语境论的社会科学方法论的立场致力于总体性分析，但只是一个关于案例的总体。通过考察语境论的社会科学方法论的研究逻辑可知，语境化研究步骤是从基于问题而确定的案例整体开始的，在之后的分析中，又会构建一个以焦点现象为核心的语境整体。但是，这个语境整体并不涵盖社会世界一切显在或潜在的因素，而是一个根据相关性程度来排列或架构的矩阵或网络。换言之，事件的整体"语境标明了分析的层次和分析的实质焦点"[1]。如此，研究者的注意力就可以集中在说明焦点现象与其语境因素之间的作用。从另一个角度看，研究者通过连接与断离的方式来构造语境整体"纯粹是为了实用"[2]，也即着眼于解决所研究的问题。所以，语境论的社会科学方法论并不在本体论上假定一个超验的社会整体的存在，也就在根本上不同于有机论实证主义中那种以社会实在论为基础的整体主义。更进一步讲，从语境论的社会科学方法论的角度看，如果说在社会微观个体和宏观的社会实体之间存在很多层次的话，这也是根据研究的问题而做的方便的区分。因为，在说明策略中引入语境化来作为一个独立成分，由宏观向微观还原的问题就不会出现了。正如美国学者斯科特·戈登（Scott Gordon）所言："方法论的个体主义者和整体主义者之间的争议，似乎暗示出社会现象的规律本质上定位于特定的组织层面。这在我看来似乎是不正确的。……至于我们应该审视哪个层面和应该使用什么规律的问题，只能依据我们想要研究的问题来回答。"[3]

第三，对研究对象之语境的介入，是语境论的社会科学方法论最显著的特征。通过上述对语境论的社会科学方法论两种研究模式的考察可知，不论是案例语境的重建还是过程的介入，实质上都是以"介入"为手段的，只是程度不同。因为，即便是研究者对过去事件的语境重建，其切入点和问题焦点也必然会相

---

①　Roy Dilley, "The Problem of Context in Social and Cultural Anthropology", *Language & Communication*, 2002, 22（4）, p. 438.

②　Elizabeth Gifford, Steven Hayes, "Functional Contextualism: A Pragmatic Philosophy for Behavioral Science", In William O'Donohue, Richard Kitchener, *Handbook of Behaviorism*, Academic Press, 1999, p. 294.

③　Scott Gordon, *The History and Philosophy of Social Science*, Routledge, 1991, p. 49.

关于研究者自身的知识背景、价值立场、研究视角以及对于当代相关问题的看法，无法做到客观主义意义上的镜像复原，尽管研究者可能并没有完全意识到这些问题。而在过程介入的语境研究模式中，研究者更是以多种方式直接参与到研究对象的互动中。用后期维特根斯坦的观点看，语境论的社会科学方法论中这种主动的介入实际上相当于研究者参与到了各种各样的"语言游戏"中，通过这种参与来达到掌握异质文化人群的行为或社会规则的目的。从而，研究者要达到体现为实质性说明的对社会现象的知识表征，特别是对于需要直面活生生的人的情况下，必然要经过一个学习的过程，同时也要使用理解的方法，故而在这点上也更近于解释学方法论。众所周知，信奉实证主义方法论的研究者通常会采用类似自然科学的方法去研究社会现象，试图以旁观者的姿态进行中立的观察和测量。但是，如前所述，他们通常只能采取抽象或类比的分析方法来构造研究对象。比如，在机械论社会科学传统中，政治学和经济学家使用抽象的思想实验方法提出了"经济人"假设，进而发展出了理性选择理论，有机论的社会学则借用生物学的概念来先验地建构社会有机体理论来开展经验研究；而目前比较主流的路径，则是在大数据集合中的诸多变量间进行回归分析，寻找共变性以建立因果规律。如此展开研究，其好处是使研究方法得以便于操作，而且形式上似乎接近自然科学的方法。但是，这种研究路径"在我们对多种多样的人群的研究中，为了达到测量的可靠性而忽视了主体和语境多样性的潜在的重要方面，从而在关于这些人群的知识主张方面产生了错误的效果"[①]。相比之下，语境论的社会科学方法论的介入式研究方法更重视主客间的互动，通过融入客体的语境来了解包括不可观察方面的所有客体状况，提倡在实际的研究中综合运用说明与理解的方法来全面地考虑语境因素的作用。

第四，以建立中层理论（middle range theory）为诉求。语境论的社会科学方法论所追求的是用实质性说明来回答初始提出的问题。所谓实质性的说明，是

---

① Edmund Gordon, Production of Knowledge and Pursuit of Understanding, In C. Camp Yeakey, *Edmund W. Gordon: Producing Knowledge, Pursuing Understanding (Advances in Education in Diverse Communities, Vol. 1)*, Emerald Group Publishing Limited, 2002, p. 304.

相对于纯形式的说明而言的，就是说它包含有特定的经验内容，涉及对经验数据的使用和对特定问题的解决，同时又以理论的形式表述出来。与此相对照，实证主义社会科学方法论追求的是以普遍规律为基础的形式理论的说明，而解释学的社会科学方法论则是通过对人的行为所负载的价值与意义的理解来构建描述性的因果说明。从某种意义上说，语境论的研究路径在涉及对主观因素的说明方面，接近于解释学的方法论立场，但同时，语境论的社会科学方法论又以其实用主义的、问题导向式的特征，并不完全拒绝在案例分析中使用一些形式的普遍规律，而是将普遍规律放在具体语境中，使之产生真正的说明力。比如，在一个案例研究中，会结合语境来同时使用定量研究和定性研究方法，前者能够发现变量之间的共变规律，后者可以找到规律背后的作用机制，两者相结合必定会比仅使用其中一种方法要优越；或者在说明一个历史事件的过程中，会综合使用经济学或社会学中的一些规律，因为这些形式理论作为说明的"组分"是有用的。也就是说，语境论的社会科学方法论所主张的理论说明"是实质的经验断言，不应受到纯粹形式的和概念的约束"①。如果以达到纯形式的普遍规律性知识为较高层次的理论诉求，以纯粹描述的叙事为较低层次的话，那么语境论的社会科学方法论的理论诉求就会位于一个中间的层次。借用美国社会学家默顿的话说，语境论的社会科学方法论的理论诉求"介于社会系统的一般理论和对细节的详尽描述之间"②，从而可以为实证主义方法论和解释学方法论搭建一个互补与融合的平台。

综上所述，语境论的社会科学方法论并不是要取消进而取代实证主义方法论或解释学方法论各自立场所主张的具体研究方法，而是主张这些方法论从各自立场进行适当的倒退，抛弃各自僵硬和过度越位的主张，回到对话和互相借鉴的轨道上；通过构建一个以特定案例为核心的整体语境框架，直接或间接地介入到研究对象的语境中来探求和分析问题，用求解具体问题并予以实质性回

①　Harold Kincaid, "Contextualism, Explanation and the Social Sciences", *Philosophical Explorations: An International Journal for the Philosophy of Mind and Action*, 2004, 7(3), p. 201.

②　Robert Merton, *Social Theory and Social Structure*, Free Press, 1968, p. 39.

答的方式，来融合实证主义立场下以普遍规律为特征的形式理论与解释性立场下对经验事件的解释性说明两种路径的优势，达到理论与经验二者之间的平衡，从而为消解实证主义方法论和解释学方法论之间的对立铺设一条有希望的出路。

当然，本节主要还是从认知角度来论述语境论的社会科学方法论的哲学基础、方法路径与特征，并未涉及社会科学中批判性的立场和取向；同时，在语境论的社会科学方法论立场所蕴含的认知视角与研究操作中，亦少不了研究者对语境的创造性建构，这就难以避免使所得之知识具有一定程度的主观性和相对性，而这正是今后语境论的社会科学哲学研究所要解决的问题。

# 第七章
## 语境分析方法的模型化

随着语境转向在哲学领域的渗透，语境论的世界观和分析模式，为我们重新思考社会科学的哲学基础提供了可能，同时，语用语境的凸显使得人们能够超越语言学转向所划定的问题域范围，从语用分析的视角，重新理解语境概念的丰富内涵，进而在不囿于逻辑分析的哲学方法论视野下，批判省思具体社会科学实践中呈现的方法论问题，从语境分析的横断性方法论平台出发，为社会科学构建统一的方法论模式，即一种案例研究式的语境化，进而成为社会科学中处理普遍概括和特殊情境之间关系的统合路径。进一步来看，这种方法论模式的特征，能否在一种科学模型的形式化系统中加以刻画，如何通过重塑社会科学理论结构来实现语境分析方法的模型化，这些问题的解决能够为社会科学的语境分析方法在模型化的高度上辩护自身合法性基础提供可能。

以科学理论和科学模型的关系为例，物理学中理论和模型的关系较为清晰，理论主要包括以牛顿力学、量子力学和相对论为基础的理论，而模型则是在理论基础上进一步解释各类自然现象的一类模型。由此，玛格丽特·莫丽森（Margaret Morrison）等人提出了模型是理论和现象之间调停者的观点。[①] 而在社会科学中，理论和模型并没有如此清晰的区分，显然该观点并不适合社会科学。因此，在分析社会科学问题时，我们不能简单地将解决自然科学问题的观点方法迁移到社会科学领域。为此，以社会现象的语境本质为切入点，本章延续前面的思路，将社会科学理论和社会现象都作为一种话语模式纳入社会科学语境中，从而把社会现象和社会世界分离开来，社会科学理论不再和社会世界

---

① Mary Morgan, Margarget Morrison, *Models as Mediators*, Cambridge University Press, 1999, pp. 10-37.

直接发生关系，而是将包含理论话语和现象话语的社会科学语境与社会世界发生关系，进而构建了形式化的社会科学的语境分析模型。

## 第一节　社会科学话语的语境结构特征

具有话语特征的语境并不假定主体认知的稳定性，也没有假定外在世界的不变性，这些优势恰好可以作为分析社会科学解释的理想基质。按照话语的定义，我们可以把社会科学理论和待解释的社会现象视为社会科学话语，这些话语的集合就构成了社会科学的话语语境（简称为社会科学语境）。按照具有话语特征的语境的定义和社会科学的学科分类，我们可以进一步定义具体社会科学学科的话语，比如社会学话语、经济学话语和政治学话语等。

### 一、理论话语与现象话语

按照具有话语特征的语境的定义和结构，我们把社会科学话语中的触发话语称为观察话语，应答话语是各种社会科学理论，而观察话语并不都具备可进行解释的形式和资质，我们把观察话语中可以进行解释的一类观察话语称为现象话语，而对现象话语进行解释的应答话语称为理论话语。在这个框架下，社会现象就是现象话语，社会科学理论就是理论话语。

需要说明的是，社会科学话语中的现象话语和理论话语并不是观察词项和理论词项的翻版，也不是观察负载理论的简单诠释。现象话语和理论话语都是社会科学的语境控制的话语，二者的地位是相对的。同时，根据观察的话语本质，在社会科学话语中，观察不再负载着理论，观察和理论都是作为一种语境下的话语而存在的。在社会科学的话语中，观察同样是受具有本体地位的语境所控制。

按照话语的特征，社会科学的话语与外在世界的互动，会产生大量由社会科学的话语所控制的观察事件，这些事件形成了观察话语。所不同的是，这些观察话语并不像自然科学现象一样，能够轻易转化为需要进行解释的社会现象。

在不同的制度、文化和国家等这些与社会密切相关的因素影响下，有些观察话语可以转化为社会现象，而很多观察话语并不能转化为社会现象。比如，在印度社会，种姓制度也许不会被视为一种需要解释的社会现象，但在西方社会，种姓制度则是社会科学研究中非常重要的社会现象。需要说明的是，从这方面虽然可以看出不同社会文化包含了不同的语境，但是并不能证明这些不同社会文化是不可能相通的，印度的文化也有向西方文化转化的可能，转化后的印度社会也许会把原先存在的种姓制度作为一个社会现象来研究。但是这点并不与我们的论点相矛盾，因为即使作为转化后的语境也与原来的语境有所不同。

在社会科学的话语当中，当这些观察事件能够触发社会科学话语的解释程序，意味着观察事件转化为了社会现象。这其中包含了一个基本条件：观察事件能够在语境中获得认同和表征。我们以观察话语"为什么近几年大学生就业率有所上升"为例，该话语包含了三个层次：

第一个层次是对社会结构性要素的认同。话语中的"大学生"和"就业"就包含了社会制度中的大学、学历、教育、工作、就业等一些社会性结构要素。作为社会科学语境当中的观察话语，必须认同这些社会结构性要素。

第二个层次是对人的同质性要素的认同。话语中的"大学生"构成了一种同质性集合，这个集合本身中的"大学生"都是一样的，并不进一步按照其他诸如身高、爱好等因素来区别"大学生"，"大学生"本身就是这种同质性集合的基本要素。

第三个层次是对可计算变量的认同。"就业率有所上升"包含了大学生的就业数量和未就业数量，这些都作为一种可计算变量纳入到话语当中。在实践中，我们通过信息采集或者数据分析的方法可以获得大学生就业率的数据，但是我们还需要在表征观察话语过程中进一步确定其边界。比如，大学生就业含义的时空边界——包括大学生就业的时间段和区域，概念边界——包括对就业率的界定。特别是在实践中，有时确定计算边界是非常困难的。经济学家在计算大学生就业率时，需要区分大学生就业情况是临时工、长期合同或者刚就业又失业等十分复杂的情况。

由于并不是所有观察事件都能表征为现象，观察事件必须包含相应的可计算变量集，才可能获得表征。很多观察事件实际上是无法表征的，比如，虽然关于幸福的社会学话语能够获得认同，但是到目前为止，幸福还是无法完全表征的，我们无法确定幸福的时空边界以及概念边界。因此，严格意义上看，幸福可以作为社会科学的语境的观察话语，但是无法构成待解释的社会现象（这里主要指的是关于以幸福为主题的现象，而不是涉及幸福的所有现象）。

因此，观察话语和现象话语具有同样的结构性要素，同时现象话语还包含了可计算变量集。我们将论证，结构性要素和可计算变量集可以使得社会现象摆脱观察视角和不可重复性等问题。

## 二、社会现象与观察视角

社会现象本质上是社会科学语境下的一种话语，社会现象最初来源于社会科学的语境和世界相互作用产生的观察话语。社会科学语境预设了"社会"这个概念，当人们没有"社会"这个概念时，就不存在社会科学语境，也就不存在社会现象。需要说明的是，语境论关于"社会"概念的定义既不同于社会唯名论，也与社会唯实论有所区别。在社会科学语境中，"社会"并不是某种名称，也不只是对集体或者集体行为的简单描述。由于语境并不需要假定外在世界的恒定，所以"社会"也并不是对某种社会实体的预设，与社会唯实论有所差别。"社会"概念体现的是社会科学话语中结构性要素等确保话语之间有效关系的前提条件。

其一，对于观察视角的问题。首先，语境限定了观察的可能范围。由于观察事件是社会科学的语境所控制的话语，无论视角如何，其观察事件的可能范围被限制在语境当中。无论什么视角，无论是否观察到就业率上升这个变化，观察事件所在的语境必须认同社会结构性要素。否则，这个观察事件就不是社会科学的语境当中的话语。其次，语境能够形成描述视角的一致性词项。比如，在需要多人协同的体育竞技运动中，教练或参赛双方的每个成员都有自己的视角，但是通过使用语境中形成的一些"战术"词项，使得每个参与者都能够按语境中的"战术"话语来执行特定的战术。最后，语境的存在决定了观察事件和观察话语的合法性。语境本身并不需要假设主体的同一性，自然也包括主体认知的同一性。语境关注的重点是话语，是主体之间的一种交流，语境的存在就决定了这种交流的合法性，从而决定了观察事件和观察话语的存在。孤立的观察事件会在语境的变化中湮灭，保留下的观察事件，其视角本身就体现了语境控制的观察方向。

其二，关于情境（situation）无法再现的问题，其根本是社会现象的不可重复性问题。社会现象的不可重复性其实是在自然科学标准下的不可重复性。自然科学的观察既包括对象的位置、形态或者颜色等与人类感知直接相关的要素，还包括一些通过设备仪器所测量的对象相关属性的变化。如果简单地将这种观察等同于社会现象的观察，那么在这个意义上社会现象必然是不可观察的。实际上，从语境视角看，自然现象和社会现象的重复性之间存在某种联系。自然现象的可重复性基础是自然科学语境中现象话语的稳定性，在不同时间和空间下，实验操作是在同一语境中话语的指引下进行的，反过来，实验过程和结果也是用同样的话语来表达。同样，社会科学语境中以结构性要素和可计算变量的形式来表征社会现象，表明社会科学语境中存在稳定的现象话语，也是社会科学解释合法性的基本条件之一。比如，在社会科学语境中，社会现象的本质是一种话语，其存在方式是社会科学语境下需要解释的现象话语。正如在进行多人协同时，包含"战术"词项的社会现象在语境意义上是可重复的，有时甚至可以通过协同的成功率等具体数据指标来表示这种社会现象。

当观察话语得以表征，即存在可计算变量集合使得观察话语能转化表征为现象话语时，因为结构性要素和可计算变量是从语境中获得的，所以结构性要素和可计算变量确保了社会现象在社会科学的语境中的稳定，这种稳定不受个体记忆和人员更迭的影响。比如，体育界经常会说两支球队有几十年的恩怨冲突，无论是球员还是管理层都在不停变动，甚至包括球队的拥有者也在不停地变化，那么这种恩怨是如何存在并延续下来的？从语境的角度看，这种恩怨以一种话语的方式存在，即存在于足球比赛相关参与者（包括球迷）所构成的语境当中。只要这个语境存在，那么关于这种恩怨的话语就会保存在语境当中。社会现象也是以类似的方式存在于稳定的社会科学语境当中的。

换句话说，我们在考察社会科学解释的合法性时，不再以自然科学的可重复性为唯一标准，而应该是以语境中的话语稳定性为主要依据。稳定的话语是语境存在的前提，不稳定的话语所组成的语境也是不稳定的，自然也就不存在合法的解释。最典型的就是很多迷信解释，其中包含的解释话语和现象话语经常发生变化，其语境难以稳定持存。相反，如果社会科学中各学科的解释模型具备这种稳定性，也就具备了科学解释合法性的基础。

## 第二节　社会科学语境模型的案例分析

本节主要关注社会科学语境的模型化问题，这里涉及的科学模型和语境模型中的"模型"虽然在语用层次上有所差别，但在语义上的区别不大。因此，从科学模型问题引出的可计算变量既是这些具体模型的基本组成，也可作为哲学意义上的解释模型和语境模型的基本组成。

我们选择金融学作为社会科学语境案例分析的背景学科，原因有三：（1）金融学是社会科学的一个分支，"金融学在根本上与物理学不同，后者有永恒不变的自然规律；金融学更像诸如人类学或心理学这样的社会科学"[1]；（2）金融世界的变化速度非常快，比一般的社会世界变化更快更激烈，更能体现社会世界的变化特征；（3）金融学自身的演化速度也很快。"在相对较小的金融领域，进化发展如此之快，一个原因是，自由市场受利润驱动的选择速度，比自然界中达尔文选择速度要快得多。"[2]如此迅速的演化速度让我们得以窥见金融学和金融世界的发展变化过程，而不至于断章取义。

---

[1] 〔美〕佩里·梅林：《费希尔·布莱克与革命性金融思想》，白当伟译，机械工业出版社，2014，第15页。

[2] 〔美〕佩里·梅林：《费希尔·布莱克与革命性金融思想》，白当伟译，机械工业出版社，2014，第15页。

## 一、布莱克—斯科尔斯金融模型

美国芝加哥大学的布莱克(F. Black)和斯科尔斯(M. Scholes)在 1973 年提出了一个用于确定欧式股票期权价格的重要理论模型：布莱克—斯科尔斯模型(Black-Scholes Model，简称 B-S 模型)，后来莫顿(R. C. Merton)独立提出了一个更为一般化的模型，因此 B-S 模型也被称为布莱克—斯科尔斯—莫顿模型(Black-Scholes-Merton Model，BSM 模型)，这个理论模型现在已经是现代金融学中的基本理论之一。在 1997 年，斯科尔斯和莫顿因为对理论模型的重要贡献而获得了诺贝尔经济学奖，布莱克则非常遗憾地因为早逝而未能获奖。

把 B-S 模型作为分析社会科学语境变化的理论话语，主要基于以下四点考虑：第一，B-S 模型是典型的社会科学理论，该模型属于金融领域，也属于社会科学领域。第二，B-S 模型不仅仅是单纯的理论模型，它一出现马上就在金融实践中获得了广泛应用，按照麦肯齐(D. MacKenzie)的说法，该模型获得了足够的经验充分性(empirical adequacy)。[①] 罗斯(S. Ross)认为，该模型"不仅是金融学领域最成功的理论，也是所有经济学领域最成功的"[②]。更为重要的是，该模型在实践中既取得了很大成功，也出现了失败的情况，而这种实践意义上的失败并不完全是模型理念的失败，很大原因是使用该模型的人过于贪婪。虽然人们后来修改了模型，但该模型仍旧是金融学理论和实践的基础，这非常有助于我们从理论和实践两个层面进行全方位的考察。第三，关于该模型的历史有比较充足的文献，可以帮助我们理清模型的构建和作用历史。第四，由于该模型本身处理的是社会世界中的不确定性，而这点恰好是社会现象和社会科学解释复杂性的关键，模型本身所蕴含的思想对社会科学哲学来说也是非常有价值的。

期权是最基本的金融衍生品之一，金融学的核心就是对资产进行定价，而

---

① Axel Gelfert, *How to Do Science with Models: A Philosophical Primer*, Springer International Publishing, 2016, p. 41.

② Donald MacKenzie, *An Engine, Not a Camera: How Financial Models Shape Markets*, The MIT Press, 2006, p. 177.

影响定价的核心因素是风险，"在一切投资决策中，最大的风险因素是时间"[①]。B-S 模型主要解决的就是期权的定价问题。在 B-S 模型出现以前，因为人们需要处理风险报酬，而其中又包含了投资者对风险的态度，这点在实际中是不可能观察到的。[②] 所以，人们一直很难对期权进行定价。B-S 模型则证明了，在进行期权定价时，可以不需要处理任何风险报酬。

B-S 模型的假设如下：

(1)股票价格遵循几何布朗运动(从数学上看，这个假设是模型推导的核心假设)；

(2)允许卖空标的证券；

(3)没有交易费用和税收，所有证券都是完全可分的；

(4)衍生证券有效期内标的证券没有现金收益支付；

(5)存在无风险套利机会；

(6)证券交易是连续的，价格变动也是连续的。在这个假设基础上，我们可以得到该模型的数学形式：

$$\frac{\partial f}{\partial t} + rS\frac{\partial f}{\partial S} + \frac{1}{2}\sigma^2 S^2 \frac{\partial^2 f}{\partial S^2} = rf$$

其中模型变量的含义为：$S$ 表示证券价格，$r$ 表示无风险利率，$f$ 表示依赖于 $S$ 的衍生证券的价格，$\sigma$ 表示每年股票价格的波动率。

根据这个微分方程，布莱克和斯科尔斯得到了风险中性条件下欧式看涨期权的价格：

$$c = SN(d_1) - Xe^{-r(T-t)}N(d_2)$$

从 B-S 定价模型的结果看，模型给出了关于欧式期权定价的解析形式(即可以直接输入变量计算的显形式)。在以上的数学形式中，B-S 模型包含了 S、f、r、t、$\sigma$ 共 5 个可计算变量，只要确定这五个变量，使用 B-S 模型就可以计算出

---

① 〔美〕佩里·梅林：《费希尔·布莱克与革命性金融思想》，白当伟译，机械工业出版社，2014，第 14 页。

② 孙竹：《布莱克—斯科尔斯模型与金融衍生市场风险管理》，《经济学动态》1998 年第 2 期，第 57—59 页。

欧式看涨(看跌)期权的理论价格。

B-S 模型是由可计算变量集{ S，f，r，t，σ}构成的理论模型，模型中除了变量波动率 σ 之外，其他四个变量 S、f、r、t 都是可直接观察到的。在这些可计算变量中，最核心的变量是波动率 σ。B-S 模型的重要意义就在于，波动率 σ 比以前马科维茨(H. M. Markowitz)、威廉·夏普(W. Sharpe)和莫迪利亚尼-米勒理论(Modigliani and Miller's theory)的核心变量"均值或预期收益率"更加容易处理①，或者说，除了波动率之外，投资者可以利用 B-S 模型和从市场上观测到的一些参数对期权进行定价。

虽然 B-S 模型的假设很多与实际市场不符，但可以让大家在一个基准的"框架"下进行交易，模型于是成了期权这类衍生品大规模交易的基础。1973 年 4 月，就在 B-S 模型诞生之前的一个月，芝加哥股票交易所开始引入期权交易，1975 年交易者开始引用该模型进行期权交易②，从此期权及其金融衍生品开始大规模展开。"按照社会科学的标准，'真理'真的出现了，BSM 模型和 1976—1978 芝加哥期权价格之间非常匹配。"③

与自然科学的各类理论和模型能够精确预测不同，社会科学理论经常出现"厚尾"效应，B-S 模型也不例外。在 1987 年 10 月 19 日，美国华尔街股市崩溃，很多人认为罪魁祸首就是 B-S 模型。在此之后，人们开始修改 B-S 模型并提出很多新的模型。

## 二、金融学语境的演化

按照社会科学语境的话语结构，我们可以构建一个包含 B-S 模型的局部的金融学语境。我们把 B-S 模型之前的金融学中有关理论话语和现象话语的集合视为语境 F，B-S 模型之后的金融学语境为 Fbs。由于只有在语境 F 中才能产生

---

① 〔美〕默顿·米勒:《现代金融学的历史———位目击者的叙述》，刘云鹏译，《经济导刊》2000 年第 2 期，第 32—38 页。

② 孙竹:《布莱克—斯科尔斯模型与金融衍生市场风险管理》，《经济学动态》1998 年第 2 期，第 57—59 页。

③ Donald MacKenzie, *An Engine, Not a Camera: How Financial Models Shape Markets*, The MIT Press, 2006, p. 45.

和理解欧式期权及其合理定价问题，因此，F 中就包含了现象话语：如何对证券市场中的欧式期权进行合理定价？B-S 模型则为语境 Fbs 中的理论话语，这点符合语境控制话语的论点。需要说明的是，B-S 模型中的可计算变量集为 $\{S, f, r, t, \sigma\}$，因为 S 等变量涉及了证券市场、欧式期权等要素，因而结构性要素被包含在了 S 等变量之中。

定价问题既是语境 F 中的待解释现象，同时也是语境 Fbs 中的待解释现象，这是语境同一性条件在金融学语境中的体现。

按照语境的演化过程，现象话语定价问题和理论话语 B-S 模型构成的话语集合与原有的语境 F 合并演化为新的语境 Fbs。对 F 和 Fbs 而言，对期权如何定价是一个共享的金融现象。B-S 模型对现象定价问题的解释，标志着波动率 $\sigma$ 成了金融学语境中的一个可计算性要素，而 B-S 模型作为话语使得语境 F 演化为 Fbs。

在 B-S 模型之前，金融学中之前还有其他几个重要的经典理论，包括马科维茨的均值—方差模型、夏普等人的资本资产定价模型（CAMP 模型）、关于资本机构的莫迪利亚尼—米勒定理（MM 定理）等，这些理论之间很多都具有相关性。比如，"马科维茨为夏普提供了他的基本模型；莫迪利亚尼和米勒启发了特雷诺；夏普和特雷诺给布莱克和斯科尔斯至关重要的知识资源；莫顿在新基础上重建了布莱克和斯科尔斯的模型；考克斯、罗斯、鲁宾斯坦、哈里森和克雷普斯的研究是建立在布莱克、斯科尔斯和莫顿的研究基础之上的"[1]，麦肯齐把这种关系称之为金融理论的"级联性（cascade）特征"[2]。"华尔街'金融工程师'把学者所做的工作翻译成了更适合实践需要的形式……进而使得这些理论走进了交易所"[3]。因此，这些具有级联性特征的金融学理论恰恰表明了金融学语境 F 的存在。

---

[1] Donald MacKenzie, *An Engine, Not a Camera: How Financial Models Shape Markets*, The MIT Press, 2006, p. 243.

[2] Donald MacKenzie, *An Engine, Not a Camera: How Financial Models Shape Markets*, The MIT Press, 2006, p. 243.

[3] Donald MacKenzie, *An Engine, Not a Camera: How Financial Models Shape Markets*, The MIT Press, 2006, p. 243.

在 F 形成的过程中，各种金融学理论思想不断交织，从经济学中慢慢分化出来，渐渐形成了稳定的金融学语境。以最开始的 CAMP 模型为例，加州大学洛杉矶分校的夏普 1964 年第一个发表了 CAMP 思想，1965 年哈佛大学约翰·林特纳(J. Lintner)提出 CAMP 思想，但是二者并未认识到他们本质上说的是一件事，直到 1968 年尤金·法玛(E. Fama)才解释了他们研究的其实是同一个问题[①]，这个统一认识基本上代表了金融学语境 F 的形成。量子力学建立过程中也有类似现象，薛定谔和海森堡分别建立了波动力学和矩阵力学，二者最终被证明是等效的。

随着金融学语境的不断演化，特别是多次经济危机之后，B-S 模型最后不再是以一个完整的、具有经验充分性的科学理论与世界发生作用，人们的确不再使用 B-S 模型来对期权进行定价。但是，B-S 模型所蕴含的核心思想却留在了金融学语境 Fbs 当中，"期权市场参与者可能不再执行布莱克—斯科尔斯定价，但他们不断地援引'隐含波动率'，这一概念在布莱克、斯科尔斯和默顿的工作之前并不存在，这表明他们的文化受到了永久性的影响"[②]。至此，波动率成为各类金融话语中常用的一个可计算性要素。因此，B-S 模型的本质就是金融学语境 Fbs 中的一种理论话语，这个话语在解释现象的同时也生成了包括期权交易规则在内的新的语境结构性要素，使得金融学语境 Fbs 不断演化。

正如物理学构建了一个遵循规律的客观世界，可以让我们去"述说"这个不变的世界一样，金融学面对的是自由市场所形成的不稳定世界。"金融理论被纳入金融市场基础设施的第二种方法是语言学。这一理论提供了一种谈论市场的方法，尤其是那些复杂程度可能令人困惑的市场。"[③]

金融世界属于社会世界的一部分，金融世界的变化无常充分体现了社会世界变化的特征。从语境的角度出发，这种世界体现出的变化无常就是金融学语

---

[①]〔美〕佩里·梅林:《费希尔·布莱克与革命性金融思想》，白当伟译，机械工业出版社，2014，第77页。

[②] Donald MacKenzie, *An Engine, Not a Camera: How Financial Models Shape Markets*, The MIT Press, 2006, p. 251.

[③] Donald MacKenzie, *An Engine, Not a Camera: How Financial Models Shape Markets*, The MIT Press, 2006, p. 250.

境所控制的现象。金融学处理的是风险评估，以及在此基础上对资产的定价。比如，金融学中关于公司债务的莫迪利亚尼—米勒定理，即便其过于理想化的假设以至于人们几乎无法去检验，但是"自从该成果在 1958 年发表以来，人们对公司债务的态度还是发生了变化"①。社会科学中的理论模型不再仅仅是外在世界的一种复制，而是作为一种话语，通过语境改变和塑造了社会世界。

面对变化迅速的金融世界，B-S 模型提供了一种评估世界的方法，也就给我们的语境中增加了"述说"无常世界的方法。B-S 模型和其对金融学语境演化的作用不仅论证了社会科学语境的合理性，同时也体现了社会科学自身区别于自然科学的特点，从中我们至少可以得到三点启示：

第一，社会科学理论并不仅仅是对社会世界的描述。社会世界与自然世界不同，自然世界的恒定性是我们能够通过自然科学理论对自然世界描述的前提，而社会世界总是处于变动之中，其中一些变化非常缓慢，甚至于我们都无法察觉，而另外一些变化像金融市场一样非常激烈。这就决定了社会科学和自然科学在方法论上必定是存在差异的。我们通过语言维度来描绘我们身边的世界，但这种描绘并不全都是和画画一样是对世界的复写。比如，金融学理论就是我们面对风险世界的一种应对方法。

第二，社会科学理论虽然不拥有自然科学理论特别是物理学理论那样的预测精确性，但却体现出一种主动介入世界的特点。面对变化的社会世界，社会科学理论提供了一种应对不同于自然科学的描绘方法。社会科学理论在描绘世界的过程中也会深度介入到世界的变化之中，这种介入的本质特征决定了社会科学方法的核心目标并不是精确，而是介入和变化。换言之，自然科学如果没有精确性，就无法获得有效的预测，也就无法介入到自然世界。对于社会科学而言，作为社会世界的一部分，我们首先要进入世界、参与到世界变化之中，需要在描绘的同时去主动地推动社会世界的变化，只有这种推动才能证明理论的合理性，体现社会科学理论的价值。正如麦肯齐在评价 B-S 模型时所说："如

---

① Donald MacKenzie, *An Engine, Not a Camera: How Financial Models Shape Markets*, The MIT Press, 2006, p. 267.

果看到一个改变了世界的理论(正如 B-S 模型所做的那样)不如一个仅仅报道(reported)世界的理论,那将是一种奇怪的偏见。相反,我们可以确定这个理论是创新的,而不仅仅是经验的观察;模型和市场的关系并非总是被动的,有时模型的作用是积极主动的;模型的作用也并非总是描述性的,有时是操演的,甚至是具有非常强力的巴尼斯操演性(Barnesian Performativity)①。(因此这个模型是)发动机(engine),不是照相机。"②

第三,在语境的结构和演化方式上,社会科学语境和自然科学语境是相似的。社会科学和自然科学一样都代表了我们人与世界的一种关系,所谓的科学理论的合法性本质上也是人如何认识世界的一种标准和价值。在语境论看来,自然科学的话语构成了自然科学的语境。无论是社会科学的语境还是自然科学的语境,都存在"理论话语—现象话语"的解释结构,区别只是在于各自语境中不同话语之间的作用关系以及与世界的关联方式上。这种结构的相似性表明,社会科学和自然科学在认识论上具有相同的合法性,我们不能依据其中一个标准来判定另外一个标准是否合法。

## 第三节 社会科学解释模式的语境模型化

### 一、语境化行动与社会科学解释

社会科学是关于人的科学,社会科学解释的对象,是由人的行为或行动所形成的各种现象,行动是社会科学解释构成的关键。韦伯认为社会学的主要目的就是理解人的行动的意义,在方法论上韦伯把理解等同于"深入或重新理

---

① 注:股票市场中,当用一种模型论证了某只股票会上涨,当人们获得这个信息时,都会争先恐后去买这只股票,导致该股票真的上涨了。如果这种操演性是正向的,就像股票上涨这样进一步强化了模型或者理论的结果,麦肯齐称之为"巴尼斯操演性"。参见 Donald MacKenzie, *An Engine, Not a Camera: How Financial Models Shape Markets*, The MIT Press, 2006, p. 19。

② Donald MacKenzie, *An Engine, Not a Camera: How Financial Models Shape Markets*, The MIT Press, 2006, p. 259.

解"①，仅仅是这种理解无法获得一种科学性，于是韦伯提出了他的"理想类型"，也就是能够对行动进行因果解释的一种逻辑标准。温奇批判了社会科学家总是参照自然科学研究方法的做法，他认为，"我们理解人类行为的原因时，我们才能获得知识"②的假定，其困难不在于人类的行为很难被量化，或者是对其的概括还无法达到自然科学的标准，而是社会科学"缺乏对有意义行为的性质的理解"③，大多数解释行为的理由并不等同于解释行为的原因。因此，我们首先要明确关于行动的三种关系。

一是行为（behavior）和行动（action）的区别。行为是人的一种物理意义上的变化，人们的各种行为造成了人的世界不断变化。但是"人类行动不仅仅是行为。他们行动，并且他们的行动会在一个更为广阔的社会语境下，随着对其重要性的理解而出现。人类行动被赋予了意义，并且除非人们能够获得这种意义，否则人们可能无法恰当理解它"④。也就是说，人的行动在社会的语境中才能具备一种社会意义。舒茨在意识和意义的层面区分了"行为"和"行动"，他认为，行为是具有意义的意识经验，行动则是行为的一种，意指为了执行某种计划的行为。⑤

二是个体行动和社会行动的问题。关于行动，韦伯主张的是个体行动，而迪尔凯姆主张的是社会行动。从社会科学解释的层面看，如果没有社会，个体行动的意义将变成私人的意义，个体意义上的行动就是不存在的，无法作为解释的要素。但是社会的行动已经预设了"社会"的概念，作为一种解释理论就存在循环论证的问题，并且我们在讨论社会行动的意义时，又可能抹去个体的色彩。社会行动只属于待解释的现象范畴，而不能作为解释的理论范畴。也就是

①　〔德〕马克斯·韦伯：《社会科学方法论》，韩水法译，商务印书馆，2013，第 xvi 页。
②　〔德〕彼得·温奇：《社会科学的观念及其与哲学的关系》，张庆熊等译，浙江大学出版社，2016，导言第 5 页。
③　〔德〕彼得·温奇：《社会科学的观念及其与哲学的关系》，张庆熊等译，浙江大学出版社，2016，导言第 5 页。
④　Roger Trigg, *Understanding Social Science: A Philosophical Introduction to the Social Science*, Blackwell Publisher, 2001, p. 47.
⑤　Richard J. Bernstein, *The Restructuring of Social and Political Theory*, University of Pennsylvania Press, 1978, p. 143.

说，即便是把社会行动作为一种解释基础，也需要蕴含一种个体行动的意义。

三是行动与解释的关系。如果对行动的解释是一种移情作用，那么这种解释就属于心理学的范畴，同时也说明行动属于一种外在现象对个体内在意识的影响，在这个意义上，理解就等同于解释，但是解释也就失去了延展性，个体基于移情的行动解释只能限于个体，而无法与其他个体相比较。如果对行动的解释是一种类似韦伯"理想类型"的因果解释，那就表明我们可以对行动进行外部观察，而这又导致主观意义和客观意义的分裂。

对于社会科学解释而言，由于存在上述这些问题，这些关于行动和社会科学关系的研究没有给出行动、行动意义以及社会科学中解释和理解的真正区别，我们首先要弄清楚与社会科学解释相关的行动的意义。

伯恩斯坦（R. J. Bernstein）认为，"我们不仅解释自己的行动，而且也解释那些与我们交互的人的行动"[①]。从语境和世界的关系看，人的行为属于外在于语境的世界，行动是具有意义的行为，在没有语境时，人的行为无法形成具有意义的行动。正是语境的存在，确保了行动的意义和可理解性，无论行动的具体意义是什么，必须以语境和话语的形式才能表现出来。

行为只是社会世界存在和运行的基本条件，只有行动才能构成社会世界的变化。行为可以分为两种，一种是非自主性行为，比如人的呼吸；另外一种是自主行为，比如吃饭。吃饭的行为是人生存的基本条件，也就是保证社会世界存在的条件，但是仅仅是日常的吃饭行为并不构成社会世界的变化。这里还需要说明行为和行动的两个问题。

第一个问题，无意识的行为导致的集体行动是否属于行动。首先，强调个体意识的理论会涉及身心的二元关系，"心灵和身体被认为是有区别的，心灵给予身体行为以意义"[②]，但是这样又导致了如何进入一个人的意识的老问题。其次，无意识行为中的"无意识"指的是人们并没有意识到人们的行为会造成某种

① Richard J. Bernstein, *The Restructuring of Social and Political Theory*, University of Pennsylvania Press, 1978, p. 145.

② Roger Trigg, *Understanding Social Science: A Philosophical Introduction to the Social Science*, Blackwell Publisher, 2001, p. 49.

预料到的后果。换句话说，如果按照人们是否意识到来区分行为和行动，那么这就回到了个体行动的层面去了，而无论是有意识还是无意识，实际上都是一种人们的选择，最终体现的还是行动。最后，无意识行为所导致的现象属于社会科学研究的重要现象之一，社会科学家甚至自然科学家都在研究这背后是否存在某种机制，而一旦搞清楚这种机制，必然会影响到人们的选择，这种"理性预期"效应也在某种程度上说明造成无意识后果的社会现象属于行动的范畴，而非行为的范畴。

第二个问题，自然中非人为力量导致的社会世界的变化是否说明存在非行动因素造成社会世界变化的问题。人们也许会质疑，如果行动是引起社会变化的原因，那么我们所在的地球上，地形地貌和气候的改变也会导致社会世界发生巨大的变化。这个问题其实是混淆了行动和引起行动的原因。自然变化是引起人们行动的原因，社会科学解释关心的是人的行动，在这种情况下，自然变化作为行动的原因之一，被纳入社会科学解释的范畴之中。这就像是谋杀案和意外之间的区别，警察只有认为造成结果的原因是有凶手（也就是人的行动）的参与，才会进行立案调查。换言之，只有行动的变化才会导致社会世界的变化，只有行动导致的社会现象才需要社会科学解释。

行动不仅构成了社会世界变化的基本条件，同时这种变化又引起了特定语境下的观察和现象。比如，当我们面对街上行走的人时，"正常行走"这种行为本身无法触发我们日常的语境，但是如果一个人在人群中突然逆向奔跑，这种行为就会很容易形成"这个人为什么要逆向奔跑"这个语境下的触发话语，此时，相对于日常的语境而言，"逆向奔跑"这个行为就变成了语境下的行动，这个行动引起了语境下的一个观察事件。反过来，语境也会通过规范性关系形成进入世界的行动。

因此，人的行动是依赖于语境的，是一种语境化的行动。社会现象必定是包含语境化行动的话语，而不是包含行为的话语。行为的集合只代表了外在世界，并不代表社会世界。在语境中，我们可以区分物理意义上的身体行为与具有意义的行动，物理意义的身体行为不在语境之中，行动只有在语境下才能获得意义，一定语境下的行为才是行动。

也就是说，个体组成社会并不等于个体行为的集合构成了社会，而是个体在一定语境下的行动集合构成这个语境中关于"社会"的相关话语。个体组成社会的陈述只有在一定语境下才有意义。反之，社会也会影响个体的行动，而不是行为，这种影响也是以语境为中介实现的。

实际上，语境限定了所有可能的行动。比如，金融学语境包含所有交易者的行动，交易者如果不在这个语境体系中，就不可能进行交易者的相关行动，而 B-S 模型在改变金融学语境的同时，也改变了交易者的行动。由此，实践中的人以及人的所有行为被拆解并折射为各种语境下的行动集，只有在语境中，人的行为才能成为行动并获得相应的意义。也就是说，人的一种行为，在不同的语境下会被理解为不同的行动，这点与行为人的目的无关。

行为和行动的区分也有助于说明社会科学的理解问题。为了说明"理解某种人类活动"，舒茨举了一个伐木工的例子[①]：面对一个伐木工人正在伐木，理解伐木过程有两种可能：一种是理解只是一个"外部事件"，主体并不关心是人还是机器在伐木，伐木的意义是由观察者赋予这个外部事件的，舒茨认为这种理解只是观察者自身体验的说明；另外一种是伐木工的身体变化引起了注意，把伐木工作为一个行动者而存在行动，理解伐木过程意味着是对伐木工自身体验的理解。

上述理解的困境在于，第一种理解只能限于观察主体自身的意识之中，而第二种理解会遇到理解他者意识的难题。在语境中，伐木必须在一定的语境下才能展现出作为一个行动的意义，第一种理解其实是主体自身形成的"自我"对话的语境，理解也是自我语境之中的理解。当我们和伐木工交流时或者当我们转向第二种理解时，理解的语境发生了变化，动机目的在交流的语境中获得了意义，这种意义是主体间性的意义，而前面的意义也是主体间性的，不过是自己对自己的意义而已。

---

① 〔奥〕阿尔弗雷德·许茨：《社会世界的意义建构：理解的社会学引论》，霍桂桓译，北京师范大学出版社，2017，第 164—165 页。

通过区分行为和行动，我们还可以说明社会科学解释和自然科学解释的区别，以一个简单的物理模型为例：

物理学中有一个非常简单的并联电路模型，其电阻关系为 $I_1R_1 = I_2R_2$，物理学家是根据欧姆定律 $U = IR$ 证明的。那么，如果对此进行一种社会科学解释，则需要从个体的选择（即行动）开始。下面就对这个并联电路模型给出一个社会科学式的解释。

我们先把这个并联电路模型表征为一个社会科学模型。假设两个电阻 $R_1$ 和 $R_2$ 是从甲地到乙地两条并联高速公路的收费站（R），单位时间内通过收费站的车流为 I。假设这两条路的长度是一致的（即 U 相等），一个收费站通过能力高（即 R 小），另外一个弱（即 R 大）。这个社会科学模型中，人的行动集合为 $\{走 R_1，走 R_2\}$，通过能力强的必然吸引更大的车流（I），也会造成这条路拥堵。因此，车流过于大时，人们就会选择通过能力较弱的，这样就形成了均衡。事实上，在此基础上经过简单计算就能证实均衡状态下 $I_1R_1 = I_2R_2$，也就是两条道路的通过车辆最终形成一个稳定的均衡。之所以这个解释是社会科学解释，是因为这个解释中包含了人的行动，而自然科学解释并不包含人的行动。

一个社会科学解释不仅要包含人的语境化行动，而且还确定了代表语境化行动的变量集合，我们把这种变量集合称为社会科学语境下的可计算行动变量集。于是，社会科学的理论话语就包含了结构性要素集合、可计算变量集和可计算行动变量集。正如并联模型的社会科学解释中所展现的，社会科学解释和自然科学解释的区别就在于是否包含了可计算行动变量集。也就是说，在社会科学解释的语境中，行为是不可计算的，而行动是可计算的。

在 B-S 模型案例中，模型的可计算变量集为 $\{S，f，r，t，\sigma\}$，而在 B-S 模型的具体推导过程中，会假设投资者能够通过设定一个特定的投资组合，从而获得无风险收益。这其中，B-S 模型也包含了可计算行动变量集，行动主体为投资者，而行动就是这个无风险收益组合。对于语境 Fbs 而言，人们根据 B-S 模型可以得到期权的定价，这个定价本身也就作为行动的一部分进入到实际的金融世界。

再比如，博弈论中假设的策略集合也属于可计算行动变量集；在布莱克的一般均衡理论中，关于风险偏好造成的选择也是一种可计算行动变量集；而在马尔萨斯人口模型中就不存在这种行动变量，只能属于自然科学解释的范畴。需要说明的是，虽然社会科学的理论话语必须包含行动的可计算变量集，但是这并不意味着所有社会科学都把社会现象还原为个体，而是将包含可计算变量集的社会现象用理论话语进行了重构，这其中理论话语不仅包含了可计算行动变量集，而且也同时包含了结构性话语要素，二者在语境意义下是一种共生关系。

## 二、语境模型

在前面论述的基础上，我们可以构建一个社会科学解释的语境模型，其要点如下：

（1）社会科学理论和社会现象（包含观察话语）构成了社会科学的语境，二者都是该语境中的话语；

（2）同语境中触发话语和应答话语关系一样，社会科学解释是理论话语对社会现象的"应答"；

（3）表征后的观察话语才能成为具备解释资质的现象话语；

（4）社会科学理论包含可计算行动变量集；

（5）社会科学解释的过程是，社会科学理论以社会结构性要素、可计算变量集和可计算行动变量集三个变量作为输入，对社会现象进行可计算重构，确立社会结构性要素和可计算行动变量集之间的逻辑关系，同时也说明了可计算行动变量在该语境下的合理性；

（6）理论和社会现象作为话语进入到社会科学的语境中，社会结构性要素和可计算变量集进行更新，语境完成演化。

在社会科学解释的语境模型中，理论话语对现象话语的解释体现了结构性要素和可计算行动变量集的一种合理性关系。可计算行动变量集作为一种合理化的行动进入到语境当中，且可计算行动变量集可能对原有的结构性要素产生影响，进而形成新的结构性要素。通过社会科学解释，面对变化的人的世界，社会科学语境拥有了更多解释的可能，社会科学语境通过解释和演化增加了本身的稳定性。

比如，大量的博弈论模型让人们认识到社会现象背后更多的博弈结构，进而改变了人们分析和解决问题的行动策略。人们应用著名的囚徒困境模型来解决垄断问题。1993 年美国司法部通过了一项政策，对于还未展开调查的垄断组织卡特尔，这些组织中第一个举报者将不再处罚，第二个举报者也可以减免等等，每个参与者都会考虑卡特尔组织中可能总会有人举报，长期看会减少形成卡特尔的动力，经济学家后来也证实了，这个政策执行之后的确产生了实际的效果。[①]

政治学中也有类似的例子。在政治学理论当中，阎学通提出一个著名的国际关系理论：道义现实主义理论。[②] 该理论引入了两个变量：政治领导和战略信誉。其中，"政治领导"是战略选择以及崛起成败的核心变量。该理论把国家实力分为"主导国、崛起国、地区大国和小国"四个类型，而把政治领导分为"无为、守成、进取和争斗"四个类型，并在此基础上解释了"崛起国是如何取代现行世界主导国地位的"这个政治现象。

从理论的构成看，国家实力的分类属于政治现象中的一种可计算变量集，而政治领导的分类则是可计算变量"政治领导"蕴含的可计算变量集，同时也是该理论中人的语境化行动集。政治领导的四种分类分别对应政治领导的四种行动，虽然在该理论中，其强调的是政治领导人的固有政治性格，但同时也是国家层面上的四种行动类型，表现了人的一种行动，所以其本质上是道义现实主义中人的行动集。因此，这个理论属于社会科学解释的范畴。

另外，社会科学解释虽然是从观察话语到现象话语再到理论话语的过程，但也存在从理论到现象的过程，即我们通常所说的预测，这实际上是语境自身

---

① Nathan H. Miller, "Strategic Leniency and Cartel Enforcement", *American Economic Review*, 2009, 5, 99(3), pp. 750-768.

② 阎学通：《道义现实主义的国际关系理论》，《国际问题研究》2014 年第 5 期，第 102—128 页。

变化而产生现象话语的过程。预测的现象并不属于外在世界，其本质还是语境中的现象话语，是语境变化后由理论所得到一种已经获得解释的现象，只不过这种现象话语不是由观察事件转化而来，而是通过现象话语去寻找符合现象的观察事件。正如布兰顿在谈到"冥王星"的发现时所说："我们以某种方式发现的东西可以变为我们以其他方式发现的东西。"①

同时，预测的现象并不是人的行为的结果的，而是人的语境化行动的结果。一个社会科学理论定义了人的语境化行动，在此基础上得到的是行动的结果，我们也是在同一语境下来观察这些结果。或者说，这些结果本身必须在一定语境下才能去检验。一般的语境化行动与行为并不是等同的，如果我们把社会世界中人的行为结果作为对社会科学理论预测的一种检验，其本身就是错误的。

综上所述，社会科学和自然科学都是一种语境，社会科学话语的语境结构以及演化过程和自然科学是相似的，社会科学语境在与人的世界交互过程中也保持了很大的稳定性，这是社会科学解释和自然科学解释的相同之处。不同的是，二者面对的是不同语境下的不同现象，社会现象具有一种社会科学语境意义下的可重复性，社会科学理论对社会现象的解释必须包含语境化行动的可计算变量集，这些都是社会科学解释合法性的具体体现。

## 第四节　语境模型对社会科学方法论的意义

本章主要从语境模型视角来重新审视社会科学哲学的一些重要问题。因为社会科学内部有很多无法平息的争论，所以人们常常通过比较社会实在和自然实在来说明社会科学的合法性，又或者通过强调社会科学和自然科学同样都是人类理性的表现来赋予社会科学价值地位，这些比较始终走不出自然科学范式的阴影。语境模型从模型化形式条件和社会科学解释力来源两个方面论证了社会科学解释的合法性，为研究社会科学哲学中的一些重要问题提供了新的视角。

---

① 〔美〕罗伯特·布兰顿:《在理由空间之内: 推论主义、规范实用主义和元语言表达主义》，孙宁译，上海人民出版社，2019，第78页。

## 一、社会实在论与反实在论之争

实在论主张知识是外部世界的映像①，但是金融学的 B-S 模型既不是某个世界的映像，也不是对已存世界的描述。物理理论通过描绘一个理想的物理世界来解释恒定的自然世界，而 B-S 模型通过描绘一个理想的金融世界来解释变化的风险世界。在 B-S 模型的生成和演进过程中，模型所在的语境和模型所面对的社会世界都在不断地变化之中。如果按照反实在论所认为的不可观察的物体不能认为是实在的，那么，在 B-S 模型中唯一不可观察的变量——波动率，以及模型所估计的期权价格是实在的还是非实在的？实际上，波动率虽然观察不到，但是其的确存在，虽然我们无法估计未来的波动率，但我们可以"向后"计算任一段时间内股票价格的波动率。很多人甚至可以根据期权定价反推可能的波动率。在金融学的语境中，不可观察需要一定条件，股票价格的均值或者波动率在事后总是可以观察和计算的，其结果也是交易者共同交易行动的一种结果。在这种意义上，我们不能简单地用不可观察来否定实在。

实际上，即便像实在论那样认为电子也是实在的，那么我们所认为的"电子是实在的"和我们把电子作为一个刚性小球的区别在哪里？如果我们认为看到的小球是实在的，那么意味着电子和小球都是在同一个实在范畴内。而实际的认识逻辑是，我们不得不把电子"想象"为一个小球，因为电子本身已经超出了日常观测的尺度极限，当我们把电子作为小球来看待时，不是因为小球本身是实在的，而是因为我们日常语境中的小球可以为电子提供一个合适的可计算变量集，在这个集合属性下我们可以获得可验证的结论。在这个意义上，"小球和电子是不是相同的实在"这个问题已经消解了，因为按照小球的观测标准来确定实在，我们根本不可能去观测电子。由此，不可观察的事物是通过假设其有相同的可计算变量集合来确定所谓的实在，这种可计算变量集合的确定是由语境决定的。比如，小球本身有速度、重量，甚至密度等各种可计算变量，在物理学

---

① 张之沧：《科学实在论与反科学实在论之争》，《自然辩证法研究》1992 年第 12 期，第 44—51 页。

语境下，就会选择部分可计算变量作为电子的可计算变量集。也就是说，"电子"在物理学语境下的本质是具备特定可计算变量集的小球，是包含可计算变量集的理论实体，物理学家则用这些理论实体来重构一些物理现象，理论实体的合法性来源于物理学的语境。

再者，在社会科学中，金融学所解释的金融市场是否属于一种社会实在？显然，市场行动受到金融学理论非常深的影响，很多金融学理论实际上改变和塑造了金融市场参与者的行动，同时也使得市场规则不断演化。在这个过程中，我们所指的社会实在，是自由市场中不变的部分还是某些特殊的变化过程？科学实在论和反实在论对此并没有特别明晰的解释。上述这些问题表明，目前的一些实在和反实在理论并不能很好地解释社会实在问题。

从社会实在与社会科学的关系看，社会实在的问题包含了两个基本问题：第一个是社会实在是否真的存在，如果存在，社会实在的形态是什么；第二个是社会科学如何认识社会实在，社会实在是否和自然实在一样是独立于人的心灵的一种客观存在或者实体。支持者认为，作为人类构成的一个整体，社会必然包含了独立于人的心灵的事物。反对者则认为，社会实在的观念会出现一种将社会物化的趋势，如果社会实在是独立于心灵的，那么社会实在就不应该是人类心灵的产物，但是这点与人的本质是相悖的。当然，支持者会说，压根就不存在人的本质，而应该是社会的本质。但是，即便是支持社会优先论的人也承认，社会源于人的心灵，是人的心灵的一种产物。

无论是社会实在论还是反实在论，都必须承认的一个前提是：存在社会与人的关系。伯格和卢克曼知识社会学的主题即为从人的心灵如何能够建构出社会实在。有趣的地方在于，伯格和卢克曼是把日常世界中两人的互动场景作为理论构建的开始，在这个简单的互动场景中，两个人通过不断地相互观察和理解，渐渐形成了一个稳定的互动模式，伯格和卢克曼认为这就是"制度"出现的萌芽。伯格和卢克曼认为，在这个基础上，通过主观过程的客体化(Objectivation），"主体间的常识世界才得以建构而成"①。伯格和卢克曼描绘了社会世界是如何产生的，同时形成了社会与人关系的一种辩证法，即"社会是人的产物，社会是一种客观现实（reality），人是社会的产物"②。伯格和卢克曼把社会作为一种特殊的实在来看待，这种社会实在是由人建构产生的，这个社会实在会反过来成为孕育人的平台。对于社会实在如何影响人，伯格和卢克曼认为，语言有潜力"成为一个客观世界的仓库，用以堆放丰富的意义和体验"③。

伯格和卢克曼的知识社会学关注的是社会中所有的"知识"，并不关心这些知识的可靠性问题，而是社会如何产生、分配知识。从理论旨趣的角度来说，伯格和卢克曼的理论已经达到了他们所期待的目标，知识作为社会客体化的结果，以一种社会实在的形式来决定人的存在。但是如果我们放弃了知识的可靠性，也就无法说明科学知识和一般知识的区别。换言之，伯格和卢克曼的客观现实不能证明社会实在和自然实在的关系，而与社会科学解释问题相关的是和自然科学知识类似的社会科学知识，而非一般的日常知识。因此，伯格和卢克曼的社会实在不能完全作为论证社会科学解释合法性的依据。

伯格和卢克曼的社会建构过程与语境的延展变化，在结构上有几分相似之处。与伯格和卢克曼的理论旨趣不同，语境关心的恰恰是伯格和卢克曼在研究一开始就忽略的：如何确定两个主体之间互动的有效性。如果不能很好地说明这个问题，那么伯格和卢克曼所得到的社会实在也只能说明知识的社会性。

语境是主体之间互动的基本形式和话语交流的基本形态。在社会科学语境中，我们通过社会科学解释得到的是关于社会世界的现象拼图。比如，我们不能把变化的金融世界作为一种实在，因为这既不符合实在论也不符合反实在论。我们所能把握的就是金融学语境及其所包含的各种理论和所解释的现象，只有在金融学语境中，期权和期权价格、波动率等这些才有意义，离开了金融学语境，这些词项都没有任何指称意义。反过来，金融学语境不断地通过人的意识

---

① 〔美〕彼得·伯格、托马斯·卢克曼：《现实的社会建构》，吴肃然译，北京大学出版社，2019，第28页。
② 〔美〕彼得·伯格、托马斯·卢克曼：《现实的社会建构》，吴肃然译，北京大学出版社，2019，第283页。
③ 〔美〕彼得·伯格、托马斯·卢克曼：《现实的社会建构》，吴肃然译，北京大学出版社，2019，第49页。

来对金融世界产生影响，这种影响可以看作是语境对金融世界的一种塑造。

在社会科学解释的语境模型中，真正不变的是其随着语境演化所不断产生的各种社会现象，这些被语境所解释的现象集合构成了语境意义下体现社会世界的拼图。"对于社会科学来说，任何一种直接经验到的社会实在都不是预先给定的"①，我们必须在一定的语境下才能去讨论有关"社会实在"的问题。塞尔认为，"当我们试图进行交流而达到对这些话语的正常理解时，我们必须预设外部实在论为前提"，并且"一种公共语言预设了一个公共世界"，于是"谈论货币的话语和谈论山峰的话语的正常理解都需要外部实在论"②，只不过前者是社会建构，需要预设表征为前提。

实际上，正常理解话语需要的只是稳定的语境，公共语言预设的也不是一个公共世界，而是关于世界的语境。如果我们把存在和唯一性作为实在的标准，那么变化的社会世界就是可能唯一的社会实在。如果不同语境所对应的是不同的实在，那么社会世界就不能等同于社会实在，社会实在将不再是唯一的，而是多元的。换句话说，实在的形态并不影响话语的正常理解，但是话语的产生需要语境和外在世界的互动，互动的结果产生了语境意义下关于世界的唯一拼图，如果唯一性是实在的特征，那么这个拼图就是一种实在。

事实上，如果把这些社会现象构成的拼图作为一种实在与自然实在进行对比，我们可以发现，自然科学的实在也是自然科学语境所产生的自然现象的拼图。这意味着，在语境中，社会实在和自然实在具有同样的地位，这就决定了语境下的社会实在可以作为论证社会科学的合法性依据。我们可以把二者看作是具有两个不同形态的实在。二者的差别仅仅在于形态上的差异，社会实在和自然实在并不存在根本性的矛盾。比如，社会实在是像水一样的液体，而自然实在是像固体那样强硬的东西。或者说，人们可以改变社会实在的形态，而无法改变自然实在的形态，并且二者可能还存在相互融合的可能。比如，在生态

---

① 〔奥〕阿尔弗雷德·许茨：《社会世界的意义建构：理解的社会学引论》，霍桂桓译，北京师范大学出版社，2017，第334页。

② 〔美〕约翰·塞尔：《社会实在的建构》，李步楼译，上海世纪出版集团，2008，第156—164页。

危机问题上，自然的客观性也在逐渐减弱，甚至"人类与自然之间的实质性差别已经消失"[①]。

## 二、社会与个体关系之争

社会与个体的关系是社会科学哲学问题的核心争论之一。经济学的理性选择解释模型是个体优先的代表，而迪尔凯姆等人的社会学解释则是社会优先的代表。这个争论其实是古老的整体论和还原论争论的社会科学哲学版本。在分析社会与个体关系的问题之前，我们需要考察一下复杂性科学对科学整体论和还原论的影响。

新出现的复杂性理论似乎是对整体论的强有力支持。复杂性理论真正在科学意义上诠释了整体大于部分的观点，有力挑战了还原论。在复杂性理论中，个体行为之间的关系的确是出现混沌和涌现（emergence）的基础，而这种关系发生的结果却无法实现逆转，这说明整体论意义上对系统的指称并不是一种简单称谓，个体的行为导致由个体行为组成的群体产生了真正具有整体性意义的行为。按照整体论的观点，不仅复杂系统无法还原为个体，而且复杂性本身无法脱离整体而存在。也就是说，整体赋予了个体原先不具有的意义。

但是基于复杂性的整体论并不是无懈可击。事实上，复杂性在哲学上至少存在三个方面的困境。首先是本体论困境。还原论不仅承诺了一种可理解的本体实在，并且几乎贯穿各个学科。比如，牛顿物理学中的刚体、化学中的原子论、量子力学中的夸克等。而在整体论范畴内，还未能给出一种令人非常信服的整体论意义下的本体论承诺。复杂性理论的出发点仍然是个体和个体行为之间的关系，复杂性理论蕴含的不可还原性并不能消解个体存在的意义，也不能将个体仅仅作为一种暂时性的中间变量。其次是方法论困境。以复杂网络理论为例，复杂网络主要是研究互联网等大型复杂网络的演化和涌现等复杂性特征，

---

① 〔英〕吉尔德·德兰逖：《社会科学：超越建构论和实在论》，张茂元译，吉林人民出版社，2005，第6页。

无标度复杂网络模型（BA 模型）解释了幂律机制①，代表了复杂性理论的新突破。从方法论上看，复杂网络的本质是通过个体行为的模式构建整个复杂网络，虽然结果表现的是一种网络整体属性，但是分析方法的出发点是一种个体或者部分的行为模式。比如，无标度网络模型的假设只有两点：一是网络节点的增加，二是网络节点之间的优先连接机制。实际上，虽然复杂性理论的观察是基于整体性的观察，但是分析只能从个体行为开始。目前，还未见到典型的以整体论为出发点的复杂网络演化方法。最后是层次困境。涌现是复杂性理论最重要的发现之一，人们兴奋地认为涌现可以解决我们存在的许多难题，包括不同科学之间的层次问题。比如，人们认为，化学也许是物理行为的一种涌现，生物也许是化学行为的一种涌现，这样就有可能建立起这些不同层次之间的联系。遗憾的是，至今我们还未发现能够实现不同学科之间还原的涌现过程和机制，我们只是知道涌现是系统从无序向有序的一种特殊过程，一旦超过一定的阈值，系统就会发生一种质的改变，一种新的秩序就会出现。假如我们认为像物理、化学和生物等层次间的行为是不可还原的，那么意味着整体只是作为一个层次整体，而不是不同层次形成的一个大整体。这种整体论就属于典型的部分整体论，即通过承认　定条件下的整体论来否定还原论。不可否认的是，复杂性理论的介入使得整体论和还原论之间的争论更加激烈了。

在社会科学中，社会整体论表现为社会有机论和社会系统论等不同形式，而功能主义与系统论密切相关，社会的功能其实是社会系统的功能，这种功能只有社会作为一个整体系统时才有意义。顺着这条逻辑，社会整体论可以进一步明确个体的功能，个体在系统这个整体的意义中获得了功能意义。但是，社会毕竟是人的意识的产物，我们对整体和部分的划分本身也是一种意识产生的结果，因此问题的关键在于，我们关于整体和部分问题的认识论来源是什么。事实上，在我们认识世界的过程中存在一种意向性外延的现象。比如，当我们把人体看作无数个细胞组成的整体时，因为细胞和人的生命演化存在一定的相

---

① Albert-László Barabási, Réka Albert, "Emergence of Scaling in Random Networks", *Science*, 1999, 286, pp. 509-512.

似性，所以当我们问"细胞这么变化的目的是什么，或者不同细胞的功能是什么"等类似问题时，我们已经假定了每个细胞具备和我们同样的意向性。但是细胞并不存在意向性，我们实际上是在同一种体现整体论的功能的语境中来发问的。

换言之，功能主义预设了一个"功能"的含义，无论我们是从整体的功能开始，还是从个体的功能开始，在同一个语境中，"功能"在整体和个体的意义上都是相同的，否则就无法形成关于"功能"的语境。无论是整体的功能还是部分的功能，整体和部分都是在功能语境下的一种认识分割模式。在功能的语境中，功能成为主语，整体或者部分仅仅是功能的修饰词。比如，当我们说"整体和部分的运行"或者"整体和部分的功能"时，二者中的整体和部分已经在"运行"和"功能"的两种语境中进行了重新的定义。整体是运行的整体，部分是运行的部分，脱离了运行去谈整体和部分是没有意义的，因为"运行"的语境已经遭到了破坏。一旦我们承认语境的状态，那么整体和部分就不再是对立的。

类似的，我们在分析社会与个体的关系时，也需要一定的语境，而不能孤立地讨论它们之间的关系。比如，当我们从制度的角度说明社会与个体关系时，制度存在就是前提，社会是制度存在的载体，个体也是制度存在的载体。个体是关于制度语境的参与者，机构或者团体也是关于制度语境的参与者，二者在制度的语境下具有同等地位。也就是说，语境分析的关键是话语的结构和话语的地位，而非谁是本质的问题。在社会世界中，个体并不是像自然科学中的物体一样只是一个行为个体，社会中的个体不仅具有行为，而且可以实施具有意义的行动。自然科学中，整休指称的意义在于个体行为的涌现，但是由社会个体形成的集体行动是否也能视为系统意义上的涌现仍旧是一个值得讨论的问题。比如，个体构成集体的基础是行为吗？当每个人都在大街上正常行走时，行走这个行为是不是一定形成了集体行动？显然，作为有意识的个体并不是以个体行为的标准作为个体形成社会的基础的。

社会与个体的关系还涉及另外一个问题：关于多元社会的问题。在现代国家中，很多社会是由不同种族和不同信仰的公民所组成的，那么这样一个社会是一个社会还是一种多元社会？如果社会是一个整体，那么就不存在多元社会。"用维特根斯坦的语言说，他们属于不同的生活形式，他们的生活基于不同的一致性判断以及拥有不同概念的基础之上。"①这些问题产生的一个重要原因是主体同一性假设，或者是个体同一性假设，根本的矛盾是个体同一性和社会同一性之间的矛盾。当我们说英国是一个社会还是多个社会时，首先我们就预设了"社会"可以用"一个"或者"多个"进行修饰，无论是一个还是多个，社会总是存在一种同一性基础。加之社会与个体关系问题中，个体同一性的假设意味着不同个体话语中的"社会"具有同一个意义。事实上，不同话语中的"社会"意义差异很大，我们必须从语境的角度去界定社会，我们回答多元社会问题的前提是必须形成一个关于"社会"的语境。

在语境中，意义本身来源于语境，语境是意义存在的前提。语境并不能决定意义的内容，但意义只有在语境中才能获得和表达。个体并不存在纯粹的私有意义，个体所指向的意义只有在语境中才可能表达。我们这里的语境本身只是话语的集合，并没有假定某种公共属性为基础，这样就可能为解释意义是私有的还是共有的提供了一种新的思路。社会世界本身只能与语境发生关系，人只有以语境的形式才能去触碰社会世界，社会世界也只有通过语境才能影响话语和人的意识。因此，对于社会塑造个体还是个体形成社会这个社会科学哲学重要争论，因为与社会世界直接发生关系的是语境而不是个体，社会世界能否还原为个体这个问题本质上也就不再是一个问题了。

## 三、社会科学与自然科学关系之争

社会科学与自然科学之间的争论主要包含两个方面，一方面是社会科学是否具有类似自然科学的合法性；另外一方面是自然科学是否只是一种社会现象而不具有绝对的客观性。前者主要是从自然科学的视角来看待社会科学，后者主要是从社会学视角来看待科学（主要是自然科学）。我们主要论述第一个问题，

---

① Roger Trigg, *Understanding Social Science: A Philosophical Introduction to the Social Science*, Blackwell Publisher, 2001, p. 69.

从语境的视角分别从解释结构、理论地位和理论预测以及科学的真理论三个方面来分析社会科学和自然科学之间的联系和区别。

（一）从社会科学和自然科学的解释结构看，二者本质上都是一种稳定的科学语境，各自的科学解释结构也具有相似性，即便二者介入外在世界的方式存在不同，但都是主体通过语境认识世界的科学结果。

自然科学规律的前提是自然世界的客观性或者不变性，我们不会怀疑现在的世界和伽利略在 300 多年前看到的世界有所差别，即便在拥有相对论和量子力学的今天，伽利略的自由落体定律在现实世界也是成立的。但是我们不会相信伽利略看到的社会和我们是一样的，甚至二者能否比较都是一个问题。这是因为，在不同的语境下，伽利略的社会和我们的社会都会被折射为不同的样子，只有在同一种语境的折射下，伽利略的社会和我们现在的"社会"才是可比较的。社会科学和自然科学一样，都是一种语境面对外在世界时折射出不同的话语体系，本质上都是属于一种科学语境。不同的是，自然科学面对的自然现象是恒常不变的，新的自然现象源于自然科学语境的进化，也就是自然科学家在研究中新发现的自然现象，这些新现象一般并不会和原有现象产生冲突，自然现象保持了统一性。在物理学中，无论是牛顿理论还是相对论、量子力学，这些新旧理论所解释的现象并不存在矛盾和冲突，人们对物理现象的认知是一致的。这实际上体现了语境的同一性条件，这些保持一致的物理现象是物理学语境同一性的基础。当然，如果我们把量子力学解释的现象仅限于宏观现象，那么量子力学和普通的物理理论构成了物理学的语境，但是如果我们把量子力学中与日常尺度不同的量子行为作为现象，那么由于普通物理学和量子力学在现象方面的差异，按照语境条件，物理学语境就已经分裂为两个不同的语境。换言之，量子力学中的量子及其行为是一种科学解释需要的理论实体还是一种具有现象意义的实在本体，这种区分决定了其形成的语境与物理学语境之间的关系，这也是为什么量子力学与众不同的原因之一。

自然科学的第二个特点是，一个新的自然科学理论不仅要能解释新的自然现象，而且还要求能够覆盖已有的现象，自然现象的统一性要求自然科学理论也应具有统一性，否则就不是一个成功的自然科学理论。如果在物理学中，不同理论只能解释不同的现象，那么这本身就成了语境的一个待解释问题，否则物理学语境就面临分裂的危险。比如，不同的超导理论只能解释不同的超导现象，相对论和量子力学也是同样的问题，这些问题就是物理学语境存在的一种待解释现象，解释这些现象是物理学家追求的目标之一。换言之，这种现象是理论话语之间的关系导致的，而不是由外在世界的变化产生的。数学也部分属于这种情况。从个体认知发展规律看，人们是在掌握了简单的计算之后才可能开始系统研究数学，但是至少从纯数学领域看，似乎很多数学问题的产生并不是来源于外部世界的变化，而是数学自身发展演进的结果。比如，数学语境自身的演化表现为 $1+1=2$ 之后不断产生的数学问题（比如抽象代数），也就是由数学语境自身变化产生的现象话语。这点似乎也验证了，语境自身的变化是语境和世界相互作用的方式之一。

在社会科学中，有的经济学家试图通过经济学公理构建一种理论体系完整的经济学。比如，经济学家张五常主张经济学只需要需求定律、成本概念和竞争这三条公理。但是从目前的结果看，社会科学理论的公理化还是很难实现的。金融学展示的社会世界变化说明我们很难在社会科学中构建一种类似物理学那样的理论体系。社会现象是人的行动的结果，理论解释现象的同时也会引起社会世界的变化。特别是随着社会进程的发展，社会世界的变化速度越来越快，这种结果不能要求也并不要求社会科学理论具有统一性。

虽然社会科学和自然科学存在上述这些差异，但是从话语角度来看，社会科学语境的结构以及演化过程和自然科学是相似的，都是语境下理论话语对现象话语的应答。不仅如此，从介入观点看，社会科学和自然科学一样都是通过语境来实现对外在世界的介入。自然科学理论解释现象的同时也就具备了介入自然世界的能力，自然科学家在实验室通过精密的实验或者技术来干预世界，这些干预是基于自然科学理论规范的干预。换言之，自然科学理论不仅提供了描述自然世界运行的规则，同时也给科学家介入自然世界提供了一种规范，这点与社会科学也是相似的。在社会科学的语境中，理论解释现象时包含的合理性行动正是社会科学介入社会世界的必备条件。社会科学解释提供了规范性的行动集合，它并不决定我们必须采取什么样的行动，而是通过社会科学解释告诉我们可以行动的范围以及行动对应的实践结果，这即是社会科学介入世界的过程。因此，虽然社会科学与自然科学介入世界的方式不同，但社会科学同样是我们科学认识社会世界的方式和结果。

（二）从理论地位与理论预测的关系看，预测本身并不能让社会科学理论达到类似自然科学理论的优先地位，社会科学理论之间的连续和对偶能够更好地使社会科学保持解释张力。

预测是决定自然科学理论解释地位的黄金标准之一，而社会科学理论很少能达到像自然科学那样精确的预测能力。在物理学中，牛顿理论的预测精度也是非常高的，即便是相对论和量子力学出现之后，很多现实的预测还是基于牛顿理论。在化学中，燃素作为一个化学理论一直存在了很多年。事实上，精确预测的前提是外在世界的恒定性，由于自然世界不会主动破坏自然科学语境，如果自然科学理论预测成功，那么这个理论在语境中也具有了解释现象的优先地位。当预测成功的新理论和原有的科学理论存在矛盾时，这对于理论所在的语境而言就是一个新问题，同时在自然科学的语境中形成一个需要解释的新现象。预测其实不是基于时间线的预测或者预知未来的预测，而是主体从不知道到知道的转换，人们总是强调自然科学理论能够预测我们不知道或者不确定的事情。于是，在主体看来，预测不仅预设了我们能够"知道"，而且决定了我们将要知道的内容。理论预测似乎导致了一种认识上的决定论，特别是将预测的事件作为原有理论所含因果链条之上的事件时，理论就决定了我们未知的事物。这点显然对强调人类自由的社会科学构成了威胁。

正如我们在社会科学解释的语境模型中所论证的，在语境解释模型框架下，预测也是一种语境下的事件，我们从语境中推得的预测结果也是语境中的话语。预测并不等同于自然世界的变化，而是语境自身结构变化的直接结果。由此，预测在语境中最终体现的还是语境控制话语的观点，而非一种决定论的观点，这点并未对社会科学中的人类自由构成威胁。

在社会科学中，由于人的能动性，社会世界并不像自然世界那样恒定，社会科学理论要对社会世界给出精准预言还是很困难的。更为重要的是，已有关于社会世界的解释结果或者知识不仅无法完全决定未来的世界，而且社会科学理论成功解释过去并不代表也能成功解释和预测未来。即便社会科学理论成功预测了某种现象，也并不意味着这个理论就一直正确或者就具有了解释的优先地位，B-S模型只是在某个阶段是正确的，并不能确保对于其他现象也是有效的。很多经济学理论似乎只是在解释已发生的现象，比如，经济学家一直在争论1922年到1933年经济大萧条的原因。凯恩斯认为这是自由市场经济的结果，而货币主义的代表米尔顿·弗里德曼则认为导致这场危机的恰恰是美国政府在面对危机时采取过度干预市场的错误政策，而非私有经济和自由市场的过错。虽然社会科学解释很多时候属于一种历史解释，但是这些理论之间并不是历史承接的关系，像马克思、韦伯等伟大理论家所建立的范式至今仍然具有同等的作用。[1] 哈贝马斯指出："社会科学家不会因为喜欢一个理论而放弃另一个理论，因为这些理论是一种平等竞争关系。"[2]比如，凯恩斯和弗里德曼都在用各自的经济理论来构建大萧条发生的条件和过程进而重建大萧条这一事件的因果关系，这些理论之间的确存在竞争关系，同时这也是为什么有人把社会科学归属于历史学范畴的一个重要原因。关于社会科学理论的精确性问题，哈贝马斯曾经引用伯克（P. Burk）的比喻来论证："画像既不是像地图一样来临摹，可以用精确不精确来衡量，也不像命题一样的事态再现，能够用真假来判断。"[3]如果理论是对恒定世界的临摹，那么理论就不存在真假而只是精确与否，反之，如果理论反映了变化的世界，那么这个理论具备了真假而不一定具备精确。由此，精确与否并不是决定理论价值的唯一标准，至少对于合理性和规范性来说，精确并不是一个很好的修饰词汇。

需要强调的是，社会科学的语境并不是处于任意发展的状态，话语中的理

---

①　〔德〕尤尔根·哈贝马斯：《交往行为理论》（第1卷），曹卫东译，上海世纪出版集团，2014，第139页。
②　James Gordon Finlayson, *Habermas: A Very Short Introduction*, Oxford University Press, 2005, p. 19.
③　〔德〕尤尔根·哈贝马斯：《交往行为理论》（第1卷），曹卫东译，上海世纪出版集团，2014，第58页。

论虽然可以出现冲突和竞争，但是理论之间仍然会表现出连续性和对偶性，甚至可以说社会科学理论之间竞争关系的基础是对偶关系。所以，社会科学理论解释世界的方式与自然科学还是存在一定差异的，自然科学理论具有解释的独断性，而社会科学理论之间看似冲突，其实很多时候都具有一种互补的特征。

（三）从真理论看，面对非恒定的社会世界，真理符合论和真理融贯论都无法涵盖社会科学理论的真，语境是真的前提，能够促进社会话语科学语境演化和稳定的理论都应该具有真理属性。

对于真理符合论而言，"如果说 B-S 模型是对的，那么 1987 年以后的市场就是错的，如果 B-S 模型是错的，那么 1987 年以前的市场就是错的"①。特别是在 1976 年至 1978 年，B-S 模型就是金融市场的"真理"，而在 1987 年，B-S 模型则变成了一切错误的根源。显然，我们不能简单地用符合论来界定 B-S 模型的对错问题。实际上，如果世界是恒定不变的，那么我们可以构造一个与世界相符的理论，但是这仍旧逃脱不了"同构"问题。

对于真理融贯论而言，之所以对类似物理学这样的自然科学而言，理论之间的矛盾是一个根本问题，原因在于所有的物理现象都是在同一个恒定的物理世界之中。但真理融贯论本身只是反映了自然科学尤其是物理学语境中的一种要求，并不能涵盖社会科学。社会科学解释的是变化的社会世界和语境相互作用产生的现象，不同理论可以解释同一个社会现象，理论之间的矛盾并不是社会科学语境的根本问题。作为一个金融学命题，B-S 模型只是众多理论中的一个，金融学家通过不断修改这些理论以适应快速变化的金融世界。由于 B-S 模型促进了金融学语境的演化和稳定，该模型在语境中具备了真理属性。而从社会科学解释与规范性的关系看，社会科学理论的真与规范性密切相关，社会科学解释向社会世界输出的规范性就是对社会科学理论的一种肯定，也是社会科学理论为真的必要条件。

---

① Donald MacKenzie, *An Engine, Not a Camera: How Financial Models Shape Markets*, The MIT Press, 2006, p. 271.

## 四、社会科学的"价值无涉"之争

价值问题不仅事关社会科学的本质，同时也是人们质疑社会科学合法性的主要理由之一。从休谟"是"和"应该"不能混淆的禁令到现代哲学中科学发展范式中理论选择的价值问题，事实和价值的区分一直是科学哲学争论的重要主题。在经验主义和实证主义看来，事实和价值是两个完全不同的领域，科学处理的只是事实问题。价值则体现了人们的选择自由，我们无法从价值推出事实。对事实和价值的区分实际上隐含了一种反身性的问题。一旦我们可以区分事实和价值，那么必须保证我们这种区分本身是价值无涉的，否则立即会陷入一种反身性陷阱：我们是在用一种特定的价值观来看待事实和价值的区别。

韦伯区分了价值判断和价值关系，前者是个体的主观判断，后者则是"选择和组织客观科学的手段"①。社会科学解释中体现的普遍有效性和"科学的对象的选择和加工都取决于观察者所提出的问题"②之间存在着一种类似的矛盾。这个问题其实预设了观察者的外部特征，而语境不再预设观察者的外部特征，也不再承认存在一个独立的观察者，观察是语境和外在世界相互作用的结果。因此，社会科学包含的价值判断不是主观判断，而是类似于韦伯的价值关系范畴的判断。

如果精准预测是自然科学理论的唯一标准和价值，那么价值问题对自然科学并不构成威胁。社会科学在面对价值问题时则略显尴尬。一方面，社会科学一直想寻求自然科学那样的合法性，其发展也与自然科学的方法紧密相关，但是自然科学家认为像物理学这样的自然科学与价值完全没有关系，物理学描述的是客观现象而非涉及价值的现象。由此，人们似乎又从自然科学的标准中得到了一个普遍性的科学标准，那就是科学必定是价值无涉的。然而社会科学处理的几乎都是与价值相关的问题，无论是经济学、社会学还是政治学，每一门社会科学学科都充满了各种价值。另一方面，社会科学包含的价值也缺乏统一

---

① 〔法〕雷蒙·阿隆：《社会学主要思潮》，葛智强、胡秉诚、王沪宁译，上海译文出版社，2005，第408页。
② 〔法〕雷蒙·阿隆：《社会学主要思潮》，葛智强、胡秉诚、王沪宁译，上海译文出版社，2005，第411页。

性。即便是对于同一个社会学科，不同理论的基本假设都包含了不同的价值。比如，在经济学中，推崇市场力量的经济学理论突出的是以个人为主的价值观；而认为政府调节和社会协同优先的经济学理论，突出的是一种集体价值观。上述这些问题无疑加重了价值对社会科学的影响。

当然，自然科学的价值无涉观点并不是无懈可击的。首先，观察负载着理论，决定了观察并不是价值无涉的，每一个观察背后都体现了理论的价值；其次，理论的选择发展过程中也充满了价值。在库恩的范式理论中，选择不同的理论也体现了人们对理论的一种价值观；最后，自然科学并不是用一种无关价值的语言来描述的。人们逐渐意识到，从我们知觉世界开始，已经有语言参与其中，这不仅意味着观察负载理论，而且所有理论都已经预设了某种价值。因此，事实和价值的完全区分已经不可能，事实不可能摆脱价值，价值也不可能离开事实。

在社会科学哲学领域，与价值有关的问题主要有以下三个方面：

（1）社会科学理论所包含的价值是否影响其合法性，或者从社会科学解释的角度看，社会科学理论和现象所蕴含的价值是否影响解释效力。这个问题又包含一些具体的问题：社会现象是否包含价值，或者社会科学理论在解释社会现象的时候是否需要具有同样的价值预设；如果价值是现象的一部分，那么解释价值的标准是什么；自然科学解释中，精准的预测是理论价值的一个黄金标准，那么社会科学理论是否存在这样的黄金标准？

（2）社会科学解释是否形成了新的价值。这个问题其实和规范性问题有点类似，如果说社会科学解释形成了新的规范，那么在价值领域，社会科学是否会形成新的价值观？这些价值观是如何形成的，是否在实践中具有决定性的意义？

（3）价值是否会影响社会科学的发展方向。如果说前面的问题是基于社会科学内部的理论价值问题，那么这个问题就属于社会科学理论的外部问题。和自然科学理论类似，社会科学家在选择不同的社会科学理论时所体现的价值是什么？

我们无意去全面阐述这些问题，只是透过语境模型对社会科学的价值问题进行一些初步的思考。

首先，我们需要对价值的含义进行初步的分析界定。价值是人的主观判断，是一种体现主体性的基本要素。一个人可能爱吃中餐，另外一个人可能爱吃西餐，这其中可能就体现了不同的价值。再有，同一个人可能今天喜欢吃中餐，明天喜欢吃西餐，这是价值的又一种特点。虽然价值是主体性的体现，但是我们以主体性为基础描述①价值时，价值的含义变得飘忽不定。这直接导致人们很难给出价值的判断标准。一般情况下，我们无法断言哪种价值是真的、好的，哪种价值是假的、不好的，其中一个重要缘由是我们很难把价值等同于一种固定的命题模式。

比如，"A 喜欢吃中餐"这句话是在描述一个事实，但如果我们换一种说法，把"A 喜欢吃中餐"这句话改为"A 认为中餐好吃"，这就包含了一种主观的价值判断。作为事实的语句，在某种程度上可以根据 A 的承诺来确定，但是作为包含价值判断的句子"A 认为中餐好吃"，我们能够唯一确定的是，主体 A 确实做了一个价值判断，而无法确证这种价值判断的真假。或者说，描述事实的"A 喜欢吃中餐"存在一个判断空间，A 的承诺或者行为构成了这个描述性事实的判断空间。在这个判断空间中，言说主体和 A 构成了主体间性的关系，言说主体能够通过对 A 的承诺和行为形成关于"A 喜欢吃中餐"的一种真信念。而对于像"A 认为中餐好吃"这样含有价值判断的句子，我们无法建构一种关于包含价值语句的判断空间。这是因为，句子中含有主体 A 自己的判断，这个判断包含了"好吃、不好吃"两种状态，而这些状态无法以主体的承诺和行为作为判断的证据。也就是说，在"A 认为中餐好吃"这个句子中，有两个导致无法进行断言的地方，第一个是"认为"是 A 的一种主观判断，很难作为判断标准；第二个是"好吃、不好吃"也属于一种主观认识的状态。

在语境中，由于我们消解了主体性，因此上述两个句子中的 A 都不是作为一个具有主观意义的主体而存在，"A 喜欢吃中餐"只有在和其他的话语一起构

---

① 注：在这里用"描述"一词并不准确，我们可以描述事实，但是价值不一定就用描述了，但是我们现在又找不到太合适的词汇来修饰"价值"一词。

成的语境中才有意义。我们可以设想一个场景：

　　某人想请 A 吃饭，他会问和 A 熟知的某个人"A 喜欢吃什么"，然后得到回答"A 喜欢吃中餐"。在这个语境中，"A 喜欢吃中餐"是一个应答话语。而这个话语在语境中具有稳定的状态：首先，触发话语"A 喜欢吃什么"和应答话语"A 喜欢吃中餐"形成了语境，代表 A 在某个特定的场景中存在一定的吃饭偏好，否则就无法形成这个语境。也就是说，语境的存在决定了 A 存在这个行动偏好，并且这个行动偏好是在实践中可以进行判断或推理的。

　　话语"A 认为中餐好吃"则不同，我们可以设想一下，如果用这个话语替换话语"A 喜欢吃中餐"，那么话语"A 认为中餐好吃"并不能作为话语"A 喜欢吃什么"的回应。实际上，话语"A 认为中餐好吃"其实可以直接延展成主体 A 自言自语的语境：〈中餐好吃吗，我喜欢吃中餐〉。也就是说，包含"认为"这个谓词的句子实际上是一个封闭的语境，这个语境反映了主体的一个意识状态，对其中价值的有效判断只能在这个语境中，无法向世界输出有效的价值判断。这是因为，如果我们能够对这类话语进行判断，那么等同于我们能够进入到主体的意识之中。因此，话语"A 认为中餐好吃"所包含的价值判断是主体 A 意识层面的价值判断，当我们要对话语"A 认为中餐好吃"进行价值判断时，其实就是对价值的二阶价值判断。对话语"A 认为中餐好吃"中"认为"的价值判断只能在 A 自己的语境中，而我们对该话语的价值判断是在另一个价值空间中，不同价值在不同的语境之中是无法比较和判断的。

　　换句话说，"A 喜欢吃中餐"和"A 认为中餐好吃"两者都既可以是事实也可以是一个价值，仅仅从话语层面来区分事实和价值没有太大意义，但是当我们要对这个话语进行判断时，每个话语的价值都蕴含了一个关于价值的判断空间。如果言说者是价值判断的主体，那么价值判断的话语中就不能再含有不同的价值判断。因此，存在很多二阶甚至三阶价值判断是价值判断不稳定的重要原因，这些不同层次的判断都在不同的判断推理空间之内。

　　由此，对于社会科学的价值问题来说，社会科学解释不能包含对价值的二阶价值判断。社会科学解释的语境模型中，社会科学解释确定了可计算的行动变量集，这个集合是行动者在特定语境中可选择的行动集合，社会科学解释赋予了行动选择的意义和价值。而且，这些体现价值的行动在社会科学的解释空间内是可计算和可比较的。由于这个解释空间只包含了主体的行动而不包含与主体性相关的意识，因此也就不存在二阶价值判断的问题。

其次，对于社会现象而言，话语控制着观察的方向和焦点，社会科学的语境所包含的价值也同时会投射进社会现象之中。比如，当英国的社会科学家研究印度的种姓制度时，这其中就体现了英国社会科学家的价值判断。而质疑社会科学价值问题的人提出的主要问题是，如果英国社会和印度社会具有两种根本不同的价值观，二者就不可能存在交流的基础。实际上，不同社会文化的主要表现形式是每个社会都拥有不同的语境，社会之间的交流问题其实是一种过于宽泛的问题，这些问题归根到底是不同语境交流融合的可能性问题。

最后，社会科学家的价值偏见问题。这种观点是社会决定论在社会科学价值问题的自然延伸。由于社会科学研究的对象是人组成的社会世界，社会科学家也是社会世界中的一员，那么社会科学理论就无法摆脱社会科学家自身所处社会环境的偏见。针对这个问题，我们要问的是，偏见本身是否预设了存在一种无偏见的陈述？如何证明这是无偏见的？或者说，我们如何证明社会科学理论中存在偏见？如果偏见本身是可观察的或者是可交流的，那是不是意味着我们可以纠正这种偏见？第二个重要问题是，社会科学家的偏见是体现在研究方向的选择上还是能够注入到理论之中，如果说存在偏见，那么语境就是偏见作用和影响的边界。或者说，是否真的存在偏见仍旧是一个需要讨论的问题。无论是自然科学还是社会科学，二者的发展进步本身就体现了人类社会的一种价值观。在科学事业中，科学家追求价值无涉的科学不也是科学家价值的一种体现吗？所以，对社会科学家价值偏见的质疑其实也是对包括自然科学家在内所有科学家的质疑，这种质疑最终也将指向质疑者本身。

事实上，社会科学是包含价值的理论，价值不仅是构成社会现象的重要因素，也是社会科学语境演化的动力，不同的价值赋予了社会科学理论话语更多的解释力。同时，对价值本身的考察应属于哲学范畴，我们需要区别价值在社会科学解释和哲学领域的不同地位。包含二阶价值判断的话语无法作为社会科学语境中的现象，社会科学并不能决定价值的判断空间，价值是作为社会科学理论和现象的一个要素而非直接的解释对象。对价值自身的考察是一个哲学问题而非社会科学解释问题。在社会科学解释的语境模型中，价值只是体现为一种行动选择的规范集合，并不涉及对错问题。

价值是个体对事物的主观评价，个体的观察必然包含了价值，社会科学面对的待解释现象就是价值浸入社会科学语境的结果，而这并未直接影响理论解释现象的合法性。理论所包含的是人的行动的合理性，并不等同于人的价值，这种合理性受到特定语境的约束，并且能够对特定的社会现象进行解释。自由市场经济理论和凯恩斯理论包含了不同的价值观，这并不影响二者在社会科学语境中的解释效力。相反，价值恰恰是形成社会现象的一个重要因素，没有价值驱动，语境和社会世界就无法互动，一个无神论者一定不会去讨论上帝的价值。因此，价值是语境演化的一个动力，通过浸入社会现象来影响社会科学发展的方向。

# 第八章
## 经济学的隐喻语境分析方法

  作为一种全面渗透于社会科学诸多分支领域的方法论模式，语境分析方法的普遍性自不待言。由于语境自身具有动态性、生成性和复杂性，不同的社会科学分支学科中对于语境因素的强调各有侧重，这就导致了语境分析在不同学科间展现出了多样性和变异性，这种由研究对象的差异所导致的方法论分殊，反而更能契合语境论对于研究实践和案例式语境化的强调。从本章开始，我们将以两个专题章节分别探讨主流社会科学学科中语境分析方法的具体应用，以期承接上文中元理论的讨论，从具体学科的实践操作中，透视语境分析作为一种横断研究的方法论平台所具备的普遍适用性，同时，也为模型化的语境分析增添具体的实例。

  众所周知，由语言学转向和语用语境所共同塑造，语境分析本身蕴含了修辞学的维度，而经济学方法论所内蕴的隐喻语境正是这种修辞语境的具体呈现。经济学作为一门相对成熟的社会科学学科，它的创立以及随后方法论上的发展一直受到自然主义认识论的影响。经济学各子学科在不断的自然科学化的进程中，运用了大量的应用物理学概念以及数学理论、形式化表达和逻辑推演。到了马歇尔（Alfred Marshall）《经济学原理》的出版，经济学中又大量出现了用生物学中的模拟、模型和术语来说明经济社会现象，其后的经济学研究中进化思维几乎随处可见。简单来说，一部经济史就是一部经济学家证明经济学合法性的历史，而核心特征就是自然主义倾向贯穿其中。经济学隐喻作为认知方式长期活跃在经济学实践和理论建构当中，而语境的本体论性不仅制约着隐喻的产生和创设，而且直接影响到隐喻的作用范围和理解路径，因此，隐喻和语境从源头上就密不可分，经济学的隐喻分析呈现为一种隐喻语境分析模式。

基于此，本章旨在回答经济学实证研究的局限性和方法论的多元性如何通过转向隐喻语境分析来寻求出路，在探讨经济学隐喻作为一种新的经济学方法论的基础上，运用科学隐喻的说明优势，同时借助于语境论的研究成果，展开隐喻经济学方法论运行机制和经济学隐喻实在性的有关论述，这无疑是对自然主义经济学研究方法的重要补充，也为经济学研究和经济学方法论的发展提供了一个可靠的实在性基础。

## 第一节　隐喻语境分析与当代经济学方法论的发展

规定性研究曾长期影响着经济学方法论的发展。把科学哲学的研究成果，尤其是把波普尔的理论用于解决经济学知识如何构成及其获取方法的问题，是20世纪七八十年代经济学方法论者的兴趣所在。他们把考察科学知识的理论当作评价不同经济学理论优缺点的标准，然后依据这些标准制定支配经济学研究的规则。事实上，预设知识是什么，并把该预设作为标准来衡量经济学理论，这种做法本身就缺乏合理性，甚至是有害的。

近十几年来，多元化的经济学方法论研究态势逐渐形成，经济学方法论者从多个维度涉入经济学的研究方法当中。他们大多主张从经济学学科内部设定考察标准，把方法的适用性放在了核心位置，而隐喻（metaphor）作为一种方法已经长期活跃在经济学当中，但隐喻的方法论属性并未引起经济学研究者的重视。从隐喻角度探讨方法论的优势在于，隐喻可以使经济学方法论远离如何评价经济学理论和如何认识这些理论的认知地位问题。在这个进程中，麦克洛斯基（Deirdre McCloskey）1983 年出版了她的《经济学修辞学》，书中强调隐喻对经济学的重要作用，甚至认为"经济学就是漂浮在隐喻之上的"[①]。在此之后，经济学批判实在论者也强调了经济学隐喻中指称和模型等方面的研究。经济学修辞学和经济学批判实在论都关注到了隐喻方法对经济学理论研究的重要作用，

---

① 　Deirdre McCloskey, "The Rhetoric of Economics", *Journal of Economic Literature*, 1983, 21（2），pp. 481-517.

尤其是有关类比、模型、寓言以及语用上的语境转换带给隐喻意义方面的探讨，这给予经济学方法论研究以强烈的"指引"意味。所以，本节从多元化视角出发探讨隐喻方法在经济学理论中所能够发挥的功能和作用，进而将隐喻视为更新经济学方法论研究的可行方案之一，并在经济学方法论发展的趋势上考察隐喻作为经济学理论研究的"工具"意义。

## 一、经济学方法论为何需要隐喻分析

### (一)规定性经济学方法论的困境

1938 年，哈奇森(Terence. W. Hutchison)首先在其《经济理论的意义和基本原理》一书中，批判了经济学方法论的先验分析模式，并在此基础上引入了波普尔的"科学划界"观点，进而针对当时经济学方法论中流行的过分公理化和预设基础上的演绎进行了正面反驳。20 世纪 70 年代前后，波普尔的可谬论和"批判旨趣"持续在科学哲学发展过程中发挥影响，与科学哲学的关注点一样，经济学方法论者在这个时期也把关注点置于对问题性质的探讨上面，这种研究路径与同时期科学哲学的定义域在很大程度上是相吻合的。简单来说，经济学方法论在这个时期主要关注的是经济学理论命题的地位问题，也就是经济学理论的确证、证伪以及逻辑结构等有关经济学知识如何构成及其获取方法的认识论问题。

将波普尔理论用于经济学方法论的构成和评价，其局限主要有两点。其一，基于波普尔理论所形成的经济学方法论，不能合理地解释那些实践经济学家所从事的研究。其二，波普尔理论的信奉者过于专注认识论问题，这在很大程度上忽略了经济学理论的本体论意义，换言之就是忽略了社会经济现实本质的预设。① 为了摆脱知识论哲学家们对经济学方法论的束缚，在后来的经济学方法论的探讨过程中大致形成了两种研究路径，一种是倾向于探查经济学家实践活动，而不是专注于科学哲学"教义"的经济学修辞学，其代表人物是麦克洛斯基。另一种是旨在修正波普尔理论对经济学理论中本体预设的忽略问题，也就是经

---

① 　Paul Lewis, "Recent Developments in Economic Methodology: The Rhetorical and Ontological Turns", *Foundations of Science*, 2003, 8(1), pp. 51-68.

济学批判实在论，代表人物是劳森（Tony Lawson）。两种研究进路分别用到了社会科学哲学中的实用主义和实在论的发展成果。值得注意的是，他们都关注隐喻方法对经济学理论的解释和构造功能。由此可见，经济学方法论研究中"隐喻"的功能和作用，对于克服科学哲学的"教义"，乃至对经济学方法论的发展都具有重要意义。

### （二）隐喻作为经济学方法论的语用学基础

语言的意义及其理解成为经济活动中贯穿始终的主题。经济学的语言属性使得语言理论的任何进展都可能对经济学理论和实践产生影响。比如，借助语义分析方法，经济学家可以对经济学领域中的基本概念进行明确的界定和细致的研究，这有助于经济学理论中基本概念的澄清，为经济学理论之间的争论提供解决的前提。然而，这种语义分析方法也容易使经济学局限于单纯的知识传递过程，忽视关于经济学理论的认知效果以及经济学理论间争论的合理性成分。众所周知，经济学还是一门需要从自然科学和社会科学中大量借鉴"经验"的学科。经济学理论中使用的语言通常是描述性、事实性和解释性的，而脱离隐喻的使用这一切都难以实现。因此，我们要在语言哲学上对经济学语言的普遍特征进行重建，特别是对经济学中隐喻的使用进行描述和分析。

从语用学的视角看，人们在言语交际中，听话者都力图付出最小努力而获取最大的认知效果。听话者将注意力集中在最"相关"的信息上以获得最佳关联点，听话者主动改变其认知语境，可以用最少的"加工"得出说话者的交际意图。实际上隐喻在语用学中表现出的是一种"言此义彼"的意义表达特征，隐喻的意义不仅由语句的特定情境决定，也由使用语句的规则所构成的一般情境的规范性质所决定。在这种隐喻的语用学动态发展过程中，隐喻方法发挥着整合语言资源和认知交际目标的独特作用。因此，我们要对经济学中隐喻方法做语用学上的澄清，这样就可以避免造成经济学概念使用的混乱和不必要的争议，进而揭示经济学隐喻（economic metaphor/metaphor in economics）表达的实质。

### （三）隐喻作为经济学方法论的认识论基础

当我们试图描述经济世界规律的时候，往往会遇到局限条件，同时我们用复杂的经济学理论去解释复杂的经济世界也经常困难重重，经济学家正是通过隐喻的一般性认识原则来解决此类难题。在语言的起源，几乎每一个字都是一个比喻，而每个短语都是一个隐喻①，这种特征在经济学理论发展中表现得尤其明显。如何认识经济学隐喻或者说经济学话语中的隐喻是什么，这是经济学方法论首要面临的核心问题之一。一方面，从经济学本质上来说，隐喻不仅仅是一种语言现象，更是人类认知主观结构的基本表现形式。准确地说，隐喻是人类将其某一领域的经验用来说明或理解另一类领域经验的一种认知活动。②这样看来，隐喻不仅在修辞学上有意义，在认识论上的意义更加突出。另一方面，从经济学的真理观出发，经济学语境来源于个体的认知背景，而隐喻陈述真假的判断依赖于个体的和文化的语境及其认知。具体来说，隐喻只有在语境限定和规约下才可以陈述主体和世界的符合关系，在经济学理论的解释过程中，经济学语境中生成的隐喻只能在经济学中展现其真理性的存在。

质言之，隐喻的认知功能构成了经济学隐喻的核心内容。经济学隐喻创造事物的认知功能可以把"不可能"变成"可能"，同时经济学隐喻机制还生成了"本体"的"新奇"意义。隐喻是语言现象，更是实现经济学认知的工具，其方法论意义就在丁此。

## 二、隐喻语境分析的运行机制

从经济史的发展历程来看，经济学研究领域中的客观实在往往超越所有可能的经验观察，这让经济学语言在表征某些特殊概念方面常常陷入某种困境。经济学的目的是描述资源稀缺前提下人与人、人与客观实在的对应关系，从而一种能够描述这些客观经济实在的话语就变得愈加重要了。因此，隐喻分析机制的独特功能便在这一过程中逐步进入经济学方法论者的研究视野当中。值得关注的是，隐喻方法在分析经济学理论方面也体现出巨大效用，因此，立足于语言哲学的视角，并深入到具体的研究路径中来探查经济学方法论中隐喻机制

---

① 〔法〕孔多塞：《人类精神进步史表纲要》，何兆武等译，江苏教育出版社，2006，第22页。
② 束定芳：《论隐喻的本质及语义特征》，《外国语》1998年第6期，第10页。

的作用模式，从而归纳隐喻在经济学实践领域中所凸显出的工具价值就显得尤为必要。

### (一)经济学隐喻的发生机制

亚里士多德认为隐喻追求的是语句陈述过程中的新理解，其隐喻的机制体现为一个概念代替了另一个概念。到了近代，学者们也大都倾向把隐喻的发生是以发现相似性，进而制造相似性这一机制为前提的。由于本体和喻体存在语义上的相似性，按照隐喻的对比论观点(comparison view of metaphor)，隐喻的相似性机制将喻体或意象的某些特征传送或归属于本体，这种机制在经济学的隐喻中体现得尤其明显。在"市场是看不见的手"的解释中，看不见的手与市场机制存在相似性，具体体现在"手"与市场机制的自发调节特征的相似，喻体"看不见的手"描述了本体——"市场的自发调节机制"，这种自发调节机制可以被视为一种模型框架，特别是在市场调节机制中具体表现为，其由看不见的机制中各种属性所构成。该模型框架实质上就是以隐喻为方式，为喻体解释本体提供背景信息和指引，因此，对隐喻本体的理解只能按照这一特定的模式来进行。通过比较本体和喻体的语义特征来发现它们之间存在的相似性，进而建立二者的隐喻关系，这就是经济学中对比论隐喻发生机制的基本结构。

另一种普遍性看法是将隐喻视为一种"语义偏离现象"或是"语义选择限制"中的异常情况，具体来看，经济学中的隐喻严格说来并不是意义的替代，而是对词项的语义内容进行改变。从经济学隐喻创生机制上来说，经济学隐喻通常会涉及类比过程，对经济学中隐喻的认知功能进行解读，对类比过程旁效意义的创生现象是我们必须加以关注的。实质上，旁效意义是一种意义的自涌，也就是意义的突现，它通过摧毁先前机制而建立一种意义的新机制，经济学隐喻作为认知经济学的一种手段，是依赖于旁效意义的。从另一个角度来讲，由于隐喻的语义生成依赖于语境的设定和变迁，因而，我们理解经济学话语就是求得认知效果，从方法论角度探讨隐喻也就应该把语境作为出发点。正因为隐喻这种强烈的语境依赖性，就使得我们要更加关注经济学隐喻的意义与语境的动态关联。

众所周知，隐喻大量作用在科学表征过程中，经济学家通常把隐喻的本体和喻体纳入相似的语境并进行解释，进而实现对本体的科学表征。这样一来，理解句子意义的关键就落在了获取它的真值条件上面。而在经济学隐喻中语句意义的确定，是由一组假定为真的经济学理论背景的真值条件所决定的。因为语句的意义由真值条件来决定，语句意义的存在说明语句已经具备真值条件。而在戴维森看来，这种所谓的真值条件不是脱离语境的绝对的真，是依赖文化和人的日常经验的表征。因此，在经济学共同体内部运用隐喻的交流过程中，隐喻的语词和意义是在经济学这一局域性的框架下发生的。也就是说，一旦确定了这个隐喻语句意义的真值条件，在同一语境内甚至同一文化背景下的经济学家都可以有效地理解该经济学隐喻的意义。

**(二)经济学隐喻的应用机制**

在经济学隐喻分析的实践中，经济学家主要采用由上而下"纵向"的方法，其关注的是隐喻对经济学理论的建构作用。而应用语言学家通常采用"横向"的语料库方法，关注隐喻所在的话语和交际语境，强调的是一种量化研究。所谓"他山之石，可以攻玉"，也就是从隐喻的应用机制角度来看经济学的隐喻分析，尽管"纵向"的方法往往建立在充分的观察和精确的逻辑构造的前提卜，但止是这种"横向"的语料库隐喻应用机制，使得我们对分析对象形成了数据上的直观把握。

在经济学理论的跨语言和跨文化传播这一语境下，针对不同语言背景的受众，把隐喻机制介入到术语使用的分析中，可以发现，隐喻对于术语(专业术语和半专业术语)的使用发挥着重要的认知作用。举例来说，在给以英语为第二语言的学生讲授主流经济学的过程中，隐喻的使用可以加速他们对经济学这门课程的理解。进一步说，在这种"二语习得"过程中，把经济学教科书和经济类新闻报道作为文本并纳入隐喻语料库的情况下，经济学隐喻应用机制的价值便在具体的分析中显现出来。首先，语料库的隐喻研究者要定义分析单元、在真实数据中确定隐喻，以及为给定语境中隐喻的解释和理解建立理论框架。尽管通过收集真实的例子来展开隐喻分析时，语料库的选择以及所选例子的数量对于概括得出的结论有制约作用，但是，通过这种方法依然可以使我们对分析对象形成数据上的把握。① 其次，将主流经济学教科书和经济类新闻报道（如《经济学人》）纳入应用分析，也就是从语料库的机制分析角度来看专业术语（Technical language）和半专业术语（Semi-technical language），两种术语中的隐喻都可以增强对经济学教学过程的可控度。最后，两种术语存在"家族相似性"，这有助于对主流经济学形成全面甚至创造性的认识。在《经济学人》的"经济学焦点"专栏中，"弹球似的经济"（the economy as bouncing ball）这种半专业术语的隐喻，在主流经济学的有关探讨中也频繁使用。因为这一隐喻可以与覆盖广泛而本质上又非常简单的概念隐喻联系到一起。由此，研究者就能够确认文献中存在的一些大致判断，并且能够把它们推广到其他领域。②

作为专业术语的经济学词汇，它的意义取决于它的定义。虽然定义本身不能避免隐喻的使用，但是定义通常与半专业术语"相伴相生"，至少在一定程度上影响了专业术语的隐喻意义。③ 我们可以把基本供需分析中的"均衡"这一专业术语放在主流经济学语料库的机制分析过程中进行考察，随后我们发现，"均衡"事实上定义的是函数或图表中的一个点，然而它的隐喻意义却很具体、很明确。从知识传播的角度来看，把《经济学人》当作真实语料（authentic language）的一个来源，体现出了半专业术语代表的《经济学人》与主流经济学教科书中的专业术语存在着定义上的"家族相似性"。这有利于提高以英语作为第二语言的学生的综合语言能力，进而提升他们对主流经济学的理解，在这一进程中隐喻机制的应用体现出了重要的实践意义。

把《经济学人》作为文本的情况下，隐喻的作用体现在了对主流经济学理论"家族相似性"的追求上。而在主流经济学的文本中，隐喻的作用主要体现在依赖语境对定义或概念的厘清。在经济学理论中，隐喻是普遍存在的，有着多种

① Lynne Cameron, Graham Low, *Metaphor (Survey Article)*, *Language Teaching*, 1999, 32(2), pp. 77-96.

② Willie Henderson, "Metaphor, Economics and ESP: Some Comments", *English for Specific Purposes*, 2000, 19(2), pp. 167-173.

③ Willie Henderson, "Metaphor, Economics and ESP: Some Comments", *English for Specific Purposes*, 2000, 19(2), pp. 167-173.

不同的形式和功能，并且对于语言的"表现"和语言学习至关重要。① 通过对《经济学人》及主流经济学进行语料库隐喻的机制分析，可以发现，半专业和专业术语都是理论负荷的。此外，使用语料库方法进行隐喻分析，由于其机制内在的约束属性，使得我们减少了研究中认识的主观性和片面性，增强了方法的客观性和科学性，这正是语料库的隐喻分析方法作为经济学方法论的应用价值所在。

## 三、隐喻语境分析的方法论意义

在经济学的理论建构以及解释和说明中，隐喻起着"领路人"和"催化剂"的作用。也就是说，决定大多数哲学以及经济信念的，是图像而不是命题，是隐喻而不是陈述。② 在经济学理论的研究中，隐喻具备了世界观、保持经济学理论"开放"和理论建构等功能属性，同时也具备了经济学实践上的操作特征。经济学隐喻在功能上的重要作用，对经济学理论来说具有重要的方法论意义。

### (一)隐喻如何保证经济学理论的开放性

隐喻的运用是经济学形成语用的重要途径，这种认知不间断地持续在对经济学理论的构成和解读过程中，使经济学理论稳定地保持着"开放"状态。经济学认知的重要隐喻蕴含一种品质，即总有一个侧面或其他侧面会通过成功的科学理论得到印证，从而显示出某种未知的含义而令我们惊奇。③ 在经济学中，一个重要隐喻的文字转换永远不会完成。换言之，我们需要对经济学隐喻时刻保持清醒和关注。

一方面，保持经济学语言与经济学概念的适应关系至关重要。经济学家无法对经济学对象做出完全真实的描述，也不能通过外在的和约定的定义就将经济学语言与社会经济的结构简单地绑定在一起，而作为方法的隐喻却能够轻易做到。另一方面，经济学理论术语的生成依赖隐喻。因为经济学理论术语必须

①　Willie Henderson, "Metaphor, Economics and ESP: Some Comments", *English for Specific Purposes*, 2000, 19(2), pp. 167-173.

②　Richard Rorty, *Philosophy and the Mirror of Nature*, Princeton University Press, 1979, p. 12.

③　Deirdre McCloskey, *The Rhetoric of Economics*, University of Wisconsin Press, 1985, p. 42.

建立在语义网络中才能让理论具有意义，正因如此，经济学理论研究才得以展开。也就是说，由于经济学理论是灵活的和多样化的，隐喻可以使经济学术语指称那些本质特征尚未被了解的研究对象，并且能够促成经济学语言的描述与人们一知半解的经济社会特征相适应，为了保持这种适应性，经济学理论的内涵也不应该被严格的定义。所以，我们在经济学理论研究过程中，要追问理论如何可能，就要对理论与世界的衔接点始终保持好奇。此外，由于隐喻是开放性的，由隐喻开启的新的或者并不完善的研究恰好是隐喻功能性的"兴趣点"。正因如此，隐喻成了经济学理论与"世界"的"粘合剂"，同时它也辅佐着我们在经济学领域中拓展理论的疆界，踏破未知的虚空。

**(二)隐喻如何实现经济学理论的建构**

隐喻通常被当作发现新知识的工具来使用。隐喻在经济学理论中所发挥的建构功能，是隐喻方法论核心价值的一种体现。从这一功能运用的结果来看，隐喻对经济学研究方法形成具体的和创造性的引导，同时也发挥着经济学理论的"生产"功能。其一，带有隐喻特质的联系定义了经济学理论，隐喻的功能就是将我们的关注点从承载者(基体)转移到了隐喻本身。隐喻中的"联系"定义了知识，持续性"联系"的变化，造成了不同的结构、组织、技术或者其他有关经济学的认知。由此我们可以看出，理解一个隐喻与创造一个隐喻是同根的，都需要我们大量的创造性的努力。[1] 其二，隐喻方法对于经济学理论未确定的解释和证实对象，构成了一种微妙的"指引"，为确定的解释和证实对象提供了明确的借鉴。具体到经济学语境中，由于经济学理论和经济学隐喻的语句意义都由命题语词的真值条件决定，而这种真值条件的存在又依附于对同一背景下人类文化的理解，这就使得二者具备了语义生成过程的同源性。可以看出，这种背景构成的真值条件决定了经济学隐喻语句意义的确定，进而把经济学隐喻命题语句的真值"导入"经济学理论，使得经济学理论中未充分解释和证实对象的语义，被经济学隐喻喻体的原义所取代。随着经济学理论语义规则的改变，并

---

[1] Josef Stern, *Metaphor in Context*, The MIT Press, 2000, p. 10.

把新的语义概念投之于语形，经济学理论获得了新的语句意义，新经济学理论就此得以生成。因此，隐喻方法成为帮助经济学家摆脱理论语义规则束缚的有效工具，进而在经济学新理论的建构中发挥着其特有的"指引"功能。

隐喻理论覆盖了所有其他相关的比喻，这是隐喻对经济学理论建构功能的另一个体现。通过描述众所周知的事物来实现经济学理论的建构和解释，从而把已掌握的某种对事物的洞察力和语词，作为新的(已转变的)经济学理论语境中的工具。经济学家通过观察不断扩大的经济学应用范围后得出，"情况 x 就好比情况 y"。例如，征兵就像对劳动力征税；婚姻是零和博弈；地方政府的开支是对家庭收益征税；等等。[①]

**(三)隐喻如何体现其适用性**

本质上讲，隐喻的适用性体现在其塑造的"世界观"这一功能中。隐喻的"世界观"功能最早来源于佩珀的根隐喻理论。该理论的核心是确认了四种经受了时间检验的根隐喻分类：其中，形式论根隐喻强调与对象的相似性；机械论根隐喻重在强调分析对象的内在机理；有机论根隐喻在具体的生物学和生理学意义上，将根隐喻分析对象的认知着重置于该意义的生成过程中；语境论根隐喻实质上强调的是，在历史当下的事件中获得对对象系统的、动态的认知。根隐喻由常识证据支持并存在于日常生活和常识语言中。将这些基本隐喻进行"提炼"，生成了关于对象的世界假设，世界假设源自日常生活语言的根隐喻。世界观是世界假设的存在形式，根隐喻是诸多归纳了的、假设的深层隐喻。它通过一种特殊的世界观用独特的哲学范畴为描述世界的实践提供基础。譬如，一台简单的机器经过一段时间运行后可以形成机械论的世界观，把世界看成能让人们思考和做事的机器。[②] 经济学理论研究中也是如此，比如"经济人""看不见的手""边际效应""理性预期"等，这些经济学隐喻在形成的初始阶段，能够使对应的经济学理论得到有效的解读，在不断的语境化和再语境化过程中，隐喻语词的意义从语义上升到形式化的语形层面，这样，隐喻超越了目标域的简单逻辑机

---

①　Roger Backhouse, *New Directions in Economic Methodology*, Routledge, 1994, p. 347.

②　胡壮麟：《认知隐喻学》，北京大学出版社，2004，第109页。

制，重建了隐喻使用者的知识和认知方式，隐喻理论对象的意义因此得到了提高和升华。同时，随着隐喻在重复使用过程中逐渐消失，隐喻的语词意义就内化在了该隐喻所在的经济学理论中，实现了喻体语词意义对本体语词意义的替代，形成了对理论新的解释，经济学家也从而获得了相应的世界观。尽管这样的理解与形而上学假设相似，但这确实为我们认识经济学理论，走近经济学知识形成了便利。因此可以说，经济学中每一次隐喻的运用都构造了对象世界的表象。

概言之，隐喻方法不但丰富了我们对经济学理论和实践的认识，同时也使得隐喻不再是经济学叙事中的一种不恰当的表征。隐喻能够作为事实的、逻辑的、类比的和模型的工具参与到经济事件，并"制造"出新的经济学知识和研究方法。通过对"联系"与"转换"功能运用的考察，可以发现，隐喻为经济学理论、经济学实践乃至整体社会经济领域与历史的、社会的、文化的语境之间的对话构建了一个有效的"对话平台"，甚至类似于哈贝马斯式的"理想交往"。因此，把隐喻当作经济学方法概念的基底，就构成了一种经济学方法的元理论。

综上所述，隐喻作为经济学方法论为我们提供了可供理解的概念框架，进而实现经济学理论的建构和发展。具体来看：

从理论意义上来说，如果主流经济学中的概念隐喻生成了一整套相关术语或者句型搭配，那么"具体的"语言隐喻与概念隐喻或者根隐喻之间的联系就将不再是问题。[①] 特别是在主流经济学的供需分析中，"影响"（impact）概念更为凸显了隐喻之于经济学方法论的功能与作用。"影响"这一术语具有某种物理属性，通常它与"市场的力量"来进行对照理解。比如"原材料价格上涨的影响""税收的影响"等。再比如，动词"出价"（bid），在微观经济学语境中也是与"市场的力量"来对照理解的。人们可以使用其他词汇，但是使用出价或者竞价就是对拍卖会（auction metaphor）隐喻的直接指称。"影响"和"出价"都来源于隐喻，但它在具体语境中又有一个准确的含义，我们可以根据它的用法来进行含义的选取。

---

① Willie Henderson, "Metaphor, Economics and ESP: Some Comments", *English for Specific Purposes*, 2000, 19(2), pp. 167-173.

隐喻作为经济学方法论对经济学文本的解读具有重要意义，尤其是持续性的解读。从实践意义上来说，寓言作为"冗长的隐喻"在理论建构和解读过程中，其作用是不可取代的。寓言本质上是一种广泛和持续地使用特殊隐喻和类比的写作体裁。寓言是充分展开的隐喻，而所有的隐喻也是寓言。[①] 作为现代自由主义经济学及经济伦理的基础性隐喻，曼德维尔（Bernard Mandeville）的《蜜蜂的寓言》一书主张"私人恶德即是公共利益"。亚当·斯密反对曼德维尔"私人的恶之花会结出公共利益的善果"，以及把私利与贪婪等同看待的观点。需要指出的是，凯恩斯在《就业、利息和货币通论》中两次用到了曼德维尔《蜜蜂的寓言》中的观点，并将"寓言"用在了第 23 章的写作当中。[②] 尽管凯恩斯并不情愿这样做，但是在《就业、利息和货币通论》的语境下，对《蜜蜂的寓言》中的理论主张又给予一个新的解释框架。那就是强调国家应该更多地采用财政政策干预就业，以推进收入均等化来增加消费需求，进而认定奢侈和挥霍对一个国家的经济发展有利。

总之，隐喻不仅"栖息"于经济学中，同时也存在于经济学方法的"工具箱"内。无论是经济史中出现何种争论，还是经济学理论处于当下的何种境况，隐喻都深深扎根于经济学的各种探讨之中，其功能也不仅仅停留在对经济学的认知，以及使经济学理论所保持的开放性上，而且在其理论的建构当中，隐喻的意义尤为体现在经济学研究的各类语境中。不过，隐喻的方法论意义是随着解释框架的变化而变化的，因此，每一个经济学概念和术语的意义都需要依赖语境来加以理解。从这个意义上讲，隐喻的经济学方法论意义亦是语境依赖的，也就是说，经济学语境决定着隐喻的方法论意义。

语言的使用过程是在不同的语境条件下话语的选择过程，由于语境是动态的，隐喻也就为构成经济解释基础的方法提供了语言语境，使得经济学家能够从中获致一种基于语境视角新的方法，并可以描述这一方法。换言之，隐喻不

---

① Deirdre McCloskey, *The Rhetoric of Economics*, University of Wisconsin Press, 1985, p. 44.

② Roge Backhouse, *New Directions in Economic Methodology*, Routledge, 1994, pp. 349-350.

仅是一种文字策略，也是不同思想间的互动，更是一种语境的"交易"。① 隐喻为经济学共同体提供了新的假想对象以及认知机制，从而指引着经济学方法论者用新的思路展开研究。由此我们可以说，经济学隐喻发挥着"世界观"、保持经济学理论开放以及经济学理论的建构等功能。在这一过程中，隐喻的方法论特征在经济学理论建构中的作用也愈加明显，并对经济学实践和理论的研究产生了重要的指导意义。当今，包括经济学在内的各学科都处于多元化发展时期，学科间相互渗透、交叉发展已是常态。那么，将包括语用视角下的隐喻在内的多学科发展成果用于对经济学方法论的研究，已成为一个经济学方法论发展的新趋势。

## 第二节　经济学隐喻语境的认识论本质

在追求"确定性世界"的问题上，无论是自然科学家还是社会科学家都表现出了浓厚的兴趣。经济学作为与自然科学最为接近的社会科学，由于在研究社会问题时使用了数学工具，在研究方法上显得更为形式化和"确切"，因而一度被认为是"社会科学的皇后"。作为一门相对成熟的社会科学学科，经济学的创立以及随后研究方法的发展长期受到演绎主义认识论的影响。纵观经济史，经济学的主要用场是解释（explain）世事。② 在面对这种不确定性挑战的问题上，经济学家为我们提供了两个典型的解决方案。其一，凯恩斯断定经济世界中的不确定性会导致投资波动，进而引起生产和就业波动，并且，他还将这种不确定性视为外生变量来加以对待。显然，这个方案并未触及经济世界的内在本质。其二，穆思（John F. Muth）在经济主体的信念和经济系统的实际随机行动之间建立了联系，并在此基础上提出了理性预期理论。穆思把数学工具当作"钥匙"，将预期线性的内生变量纳入到模型中。不过，穆思仍将这种预期的不确定性视为"外生"的干扰因素。在经济学方法论的近期研究中，有学者针对不确定性问

---

① Deirdre McCloskey, *The Rhetoric of Economics*, University of Wisconsin Press, 1985, p. 42.
② 张五常：《经济解释》，中信出版社，2015，第39页。

题提出了两种截然不同的解决思路：一种是强调"在共同体间对话或赢得辩论"的经济学修辞学，其主张否定规范性，将知识的标准置于实用主义框架下。① 另一种是"寻找经济学本体并加以实在性分析"的经济学批判实在论，其反对演绎的必然性和封闭性，主张经济学研究方法要与研究对象的本质相适应。② 无论是经济学家还是经济学方法论者，都在说明经济世界的不确定性和在经济世界本质善变的问题上付出过艰苦的努力，但成果仍不能令人满意。如今，不确定性问题依然没有得到妥善解决，并且挑战着以往为知识设定的种种标准，甚至对不确定性本身的认识也一直困扰着经济学共同体。

伴随着当代哲学的三大转向，隐喻作为特殊的修辞手法，也超越了其传统定位而凸显在哲学元理论的各个维度。在不确定性问题的认识论讨论中，经济学修辞学强调理想层面的"交往"，而经济学批判实在论则强调了运用隐喻方法在揭示经济社会实在本质的过程中具有的独特说明优势。受此启发，我们发现经济学知识的创造和澄清"依赖"着隐喻认知开放原则、隐喻指称、隐喻的意向性表达所发挥的作用。由于经济学研究对象的不确定性和模糊性，很难由准确、清晰的科学话语来表达。因此，经济学研究者在探究这一问题过程中，采用隐喻认知启示、认知建构和认知表征等认识论策略，并使它们成为正确面对不确定问题，甚至是化解经济学中不确定性问题的具有合理性和可操作性的解决方案。

## 一、经济学隐喻语境的认识论特征

语言的基本禀赋之一就是用有限的话语去表达无限的、不确定的世界。在经济学研究中，经济学家的认知通常会受到社会存在的制约，比如预期、供需、数据、指标等，关于它们的隐喻性概念在不同经济主体中均具有普遍性，而再现这些隐喻性概念的语言又都依赖于特定语境中发生在本体和喻体之间不间断

---

① Paul Lewis, "Recent Developments in Economic Methodology: The Rhetorical and Ontological Turns", *Foundations of Science*, 2003, 8(1), p. 56.

② Paul Lewis, "Recent Developments in Economic Methodology: The Rhetorical and Ontological Turns", *Foundations of Science*, 2003, 8(1), p. 63.

的联系。隐喻在经济学领域中的存在，不仅是经济学家用作认知世界的一种语言工具，更体现出经济主体认识社会世界和经济世界的一种普遍的认识论特征。准确地说，经济学隐喻是一种使经济学认知增量变得可探究的工具。

首先，经济学隐喻具有认知开放性特征。众所周知，经济学是建立在假设基础上的学科，因为在追逐经济学知识客观性的诉求上，所谓的干扰因素总是使得规定性的认知方式无所适从。因为干扰因素的种类多样，变化趋势也无规律可言，甚至一个变量的变动会直接导致研究结论的反转，这一特征在经济学理论演化中表现得尤为明显。经济学家往往会借助于函数、模型、图表、寓言等隐喻方式介入对经济学对象的认识过程中，通过隐喻的一般性认识原则来解决研究中所遇到的问题。

其次，经济学隐喻的指称特征。"指称"是一种人类的实践，通过指称，经济学家使用任何可行的方式将我们的注意力吸引到与其共有的公共空间中的某个事物上面，根据巴斯卡的区分，他将指称分为会话指称（conversational refer-ring）和实践指称（practical referring）。在经济学会话指称中，指称表达是一个指称术语，用于挑选某个假设的经济实体（economic entity）和机制等，以引起相关语言共同体的注意。实践指称是指固定一个术语的外延需要在一个可修改的描述（会话指称）的引导下使用一种物质实践（material practices）（如实验操作、知觉和测量），这样才能在这个术语与某个经济实体、机制或类似事物之间建立一种物理联系。因为意义在指称过程中是非常重要的，但又不能完全定义指称，所以隐喻在描述现实时是非常有用的。[1] 本质上说，由经济学隐喻构成的理论术语是通过动态而辩证的方式来完成指称的。术语的意义能够为经济学研究者指出指称所特有的认识论路径，通过这种方式，术语的意义使得指称成为可能，但并不能因此决定指称。同时我们还要注意到，并不是言语（words）在指称，而是在特定语境中使用词汇的说话人在指称。[2] 在谈到"盲目""萎缩""萧条"以及与之类似的词汇时，经济学家依据的是这些词汇在描述宏观经济时被赋予的意

---

① Paul Lewis, "Metaphor and Critical Realism", *Review of Social Economy*, 1996, 54(4), p. 489.

② Paul Lewis, "Metaphor and Critical Realism", *Review of Social Economy*, 1996, 54(4), p. 489.

义，从而使得这些词汇可以被识别，同时话语的语境非常清楚地表明经济学家并不是在谈论某个人或景观，而是在谈论宏观经济不健康、不景气的运行态势。所以，隐喻指称一旦实现，就会带来意义的改变，例如在既有语境中，我们可以发现萎缩并不是一个具体物理现象。再比如，均衡价格（equilibrium price）指称某商品供给曲线与需求曲线相交状态下的价格，也就是商品市场供给量与市场需求量动态相等基础上的价格，并不是"市场活动"的一个属性，这反映出语言适应世界的因果结构是一个辩证的过程，体现了认识论上的成功，并据此，隐喻指称具备了认识路径和指称连续性的特点。

最后，经济学隐喻的意向性特征。经济学隐喻中存在着大量的意向性表达，实质上隐喻的意向性指的是施喻主体所具有的意向性，隐喻的发生是认知主体运用意向的指向性和创造性，将人类的意识与认知对象结合在了意义关联中，由此建构了心灵通往经济实体的可能路径。具体来看，一方面，隐喻是以一个概念结构去构造另一个概念的认知世界的方式，意在于概念与不同范畴之间建立联系并获得新的分类。特别是在经济学语言系统中，经济学研究者的意识活动总是指向某个经济学对象，并不存在脱离社会世界和经济世界的空的和封闭的意识。而意识总是积极地将经济学家的心理实体综合为同一的经验并加以释义，经济学隐喻言说者的意向决定着构成相关经济学隐喻的"边界"，隐喻在经济学中的成功运用是原初意向性的一种动态的扩散和聚焦。另一方面，经济学隐喻通过意向性达成对"是"（sein 或 to be）的理解。由此可见，经济学隐喻的意向性指的是经济学隐喻创造者或言说主体的意向性，并不是指经济学隐喻语言形式本身所包含的某种字面上所蕴含的意向性。比如，对经济学中不确定性隐喻的理解是隐喻创造主体的意向性所赋予的，这时经济学隐喻的指向与意向性是同一的，而不是字面所反映句子主词在语义学意义上的意向性。因此，我们必须把作为隐喻发明者的人类内在具有的意向性同形式上的语词、句子、图画、图表和图形本身表现出的意向性区别开来，后者的意向性是从前者引申出来，或者说后者的意向性仅仅具有语义学的含义，在实际上是不存在的。①  综上所述，在某种意义上，释义必须接近言说者所意味的内容。在任何情况下，当且仅当与用于释义语句相对应的断言为真，言说者的隐喻断言才可能真。②  这也就是说，对经济学隐喻的解释要与隐喻言说者所描述意向内容相一致，这实质上是要对作为"是"的存在者也就是经济学研究对象、语言、经济学研究主体的意向性三者关系进行梳理。

由上文可知，对经济学隐喻的释义都是在对原有意向性进行合理的还原，但是对释义完善的还原也替代不了原有的经济学隐喻。在面对经济学不确定问题时，经济学隐喻的意向性所包含的因素往往超出其自身的真值条件，考察经济学隐喻的意向性仍要采用提出经济学隐喻的经济学家的视角，因为经济学家掌握着该隐喻的语用语境、共享信念以及经济学理论的背景知识，从而可以在经济学共同体交往有效性角度来考察经济学主体的意向性。简言之，意向性表现为隐喻形式，意向性可能与否要在经济学共同体的交流中来认识其解释力和可接受性。更进一步说，要在经济学实践中认识经济学隐喻特征的全貌。于是，对经济学隐喻功能性的认识便成了我们要面对的另一问题。

## 二、经济学隐喻语境的认识论功能

由于经济世界充满了不确定性和模糊性，运用经验的方式甚至数学的方式来说明经济主体的偏好行为经常困难重重。举例来说，任何试图统一不同的商品子集的总超额需求函数的论断都必须对个人偏好进行严格的界定，即使是在简单的总和方法中(诸如收益率、统计学甚至投票选举)，都存在着惊人的复杂矛盾。也就是说，经济学的不确定性源于无数种可能的个人偏好；这些个人偏好会构成一个足够大的值域，当这些个人偏好叠加则会产生我们能想象得到的

---

① 〔美〕约翰·塞尔：《心灵、语言和社会》，李步楼译，上海译文出版社，2001，第88页。

② John Searle, "Metaphor", In Aloysius P. Martinich, *The Philosophy of Language*, Oxford University Press, 1985, p. 419.

所有的病态行为。[①] 同时，经济学家必然要面对复杂、多面的社会世界，个人偏好、非理性选择等不确定性因素对经济学的发展也起到了某种程度的推动作用。正因如此，我们在对经济学研究对象进行认识论考察时，所涉及的经济学术语或概念往往不是"单纯的"，而是多元的"混合体"，而经济学隐喻的认知启示、认知建构、指称等功能为不同经济学理论提供了概念上的意义映射和认识论意义上的启发和链接，为我们"体系化"认识经济学提供了可能。

首先，经济学隐喻的认知启示功能。隐喻是语言现象，更是实现经济学认知的工具，经济学隐喻启示受众运用其已有的知识框架和信念来达成对新经济学知识和经济现象的认知。但是，经济学家的认知也会受社会存在的制约，经济学家使用的语言也不可避免地受到自然语言、文学修辞、政治立场甚至受到艺术审美及宗教信仰的渗透。经济学隐喻对于经济学研究者来说无疑是具有启发性的，而经济学隐喻在理论建构和实践中还创造性地把"不可能"认识变成了"可能"认识，同时又为经济学研究者揭示了新知识的认知机制，启示研究者去认识与经济学新"现象"有关本体（相对于喻体）上的"新奇"意义。由此可以看出，在经济学的演化进程中，一个重要隐喻的文字转换永远不会完成，进一步说，我们要对经济学隐喻保持足够的清醒和关注。

其次，经济学隐喻的认知建构功能。与传统上将隐喻视为修辞手法不同，隐喻还是人类将其某一领域的已有经验用来说明或理解另一领域经验的一种认知活动[②]，同时它也是研究者认知主观结构的基本表现形式。经济学隐喻通过隐喻连接词"是"来实现其认知构造功能，"是"在一般性经验的意识中只负责连接主词和宾语，从而构成某种创造性判断甚至断言。关于经济学隐喻"是"的认识论功能通常隐含地遮蔽在了普遍性的隐喻思维习惯以及语言表达当中，并与自然化和实证化的思维方式形成了鲜明对照。具体来说，经济学隐喻中的"是"集中地体现了判断性链接的意向性和指向性，以及与一般述谓连接词的明显差

---

① Donald Saari, "Mathematical Complexity of Simple Economics", *Notices of the American Mathematical Society*, 1995, 42（2），p. 229.

② 束定芳：《论隐喻的本质及语义特征》，《外国语》1998 年第 6 期，第 10 页。

异。该状况甚至超越了科学语言边界，但是，这为经济学研究者提供了创造性活动的力量和可能性，并建立了经济学语言与其他语言系统结构上的关联。"是"的特殊意义在福柯看来是一种"广义的根本性的肯定力量"，类似话语权的权力将事物和行动与世界进行连接。事实上，虽然隐喻并不能为经济学提供一个逻辑上严密的推理基础，但是经济学家可以借助于想象通过隐喻建构起相似性的连接，或将两个相似的事物置于发生机制中加以解释，从而达成对新事物的表征并获得新知识。从另一个角度来说，哲学的任务就是对蒙蔽我们真知的伪装加以批判，经济学在祛蔽的过程中，隐喻的运用为我们接近真知开辟了道路。如果从经济学真理观出发，我们所要强调的意义即是对经济学语言的意义以及歧义所导致的混乱加以澄清，使得我们了解经济学文本话语的意义。进一步来说，经济学话语来源于研究者个体的认知背景，而关于隐喻陈述话语"是"的真假判断依赖于个体的和文化的语境及其认知状况。本质上看，隐喻只有在语境规约和限定的前提下才可以陈述研究者个体和经济世界的符合关系。在经济学理论的说明过程中，经济学语境中生成的隐喻只能在经济学中展现其真理性的存在。

最后，经济学隐喻的表征功能。对经济学隐喻的表征做认识论考察需要回答两个问题：其一，因为表征是被当作认知对象的替代物而存在的，作为表征载体的经济学隐喻该如何表征。其二，一个经济学隐喻系统具备什么条件才可以担当表征任务。通常来说，表征性的经济学隐喻通过比较进而关涉到了意义的更新与扩展，经济学隐喻通过表征表达出研究主体之于对象的某种"相似"甚至"模仿"的意味。表征性经济学隐喻的成功依赖于辨别、发现和把握跨领域、跨学科语言所指之间的相似性特征。一方面，传统意义上的知识表征是以静态化、内在化为特征，依赖于认知主体的个体直觉、推理和回忆来实现对知识的认识，而且认识过程中不考虑社会性因素的存在。而事实上，表征的发生是在主体面临现象时所产生的反映作用[1]，在表征经济学知识时，隐喻表征会受到

---

[1] 陈大刚：《表征：认识论及审美》，《兰州学刊》2007年第11期，第1页。

来自经济学共同体的宗教信仰、政治倾向、价值判断、审美能力、知识背景等诸多社会因素的影响。另外，从科学隐喻的角度看来，隐喻被视为对具体科学对象、实体或事件的术语表征。由于在经济学语境中，某些隐喻（比如生物学隐喻）表征往往比其他表征会具有更强的解释性和可接受性，这就从语言学的层面给出了经济学隐喻的表征域。举例来说，法国经济学家科尔贝（Jean-Baptiste Colbert）在解释国家税收时曾使用过这样一个隐喻：税收这种技术，就是拔最多的鹅毛，听最少的鹅叫。另一个隐喻是，由于投资人依托于非理性的判断而做出的决策，如炒股、炒房等，这两个隐喻所表征的知识都是从经济社会语境中建构地得出的，同时，这两个隐喻所表征的相似性也只有在社会语境和文化语境中才能够被理解。另一方面，隐喻作为经济学理论模型的基础，它既是特定经济学模型相关隐喻的表征，同时又是相关理论模型得以建构的重要来源，也就是说，经济学隐喻构成了自身系统"再隐喻化"的基础。再隐喻化的反身性对我们提出了不断改进甚至更新理论模型的要求，启示着我们更新与经济学对象的互动方式以及调试我们认识经济世界的视角。这种相似性是语境的相似性，经济学隐喻将被认知的对象置于我们原有的概念框架所支撑的语境中进行解释和表征。换言之，经济学隐喻正是为不断调整我们对经济世界的表征而起作用，并在这一过程中为我们提供关于经济世界的新信息。

## 三、经济学隐喻语境的认识论意义

### （一）隐喻为经济学研究提供了跨领域"借鉴"

如前文所述，隐喻是人类将其某一领域的经验用来说明或理解另一类领域经验的一种认知活动，而经济学隐喻的意义发生并存在于经济学研究者的认知实践中。一方面，经济学隐喻的认识论功能要依托于广义隐喻的角度，即科学隐喻作为概念化与再概念化过程的角度加以理解。也就是说，经济学隐喻认知是将认知对象的部分特征从概念一般性运用的来源域投射到目标对象异常应用的目标域，由此两个概念域之间发生了意义（meaning）的互动，这样就在认知上形成了一种新的交叉，进而我们就可以对目标对象进行描述或者评价了。另一方面，对经济学隐喻进行认识论探讨，并不是对经济学隐喻进行一种简单的"专题化"解读，也不是意在停留于批判者的视角对经济学隐喻的特征和功能进行"对象化"的分析，而是试图寻找其他研究领域的启发来解释经济学隐喻这一现象"背后"的存在是什么，以及如何存在。本质上说，经济学隐喻是从心理实体意向性的基础上来认识我们与经济世界打交道的一种恰当的方式。例如，术语"组织创新"一词在引入时就具备了"传递所获特征的机制"这一含义。不过，虽然术语含义（会话指称）可以指导实际研究（实践指称），但是术语的含义并不决定术语在实践中究竟指称什么。随着研究的深入和理论的发展，术语的最初含义可能会改变（例如，可以使用"遗传的"来代替"所获的"），或者它可能会失去原有的指称含义。术语含义的重要性并不是要把术语固化为对指称对象所做的即刻的、不变的和穷尽的描述，而是在于为指称对象提供认识论路径。

此外，由于我们无法对世界做出完全真实的描述，我们因而也不能通过外在的和约定的定义就将经济学语言与真实的世界的因果结构简单地绑定在一起，我们还要注意到，确定指称时遵循非定义程序（non-definitional procedures）对于协调科学语言和概念与世界因果特征的适应关系是至关重要的。① 进一步来说，理论术语必须建立在语义网络中，因为只有这样理论术语才有意义，并以此为前提，明白无误而又程序清晰的研究才能得以展开。然而重要的一点是，经济学理论是一个开放的、灵活的、不断演化的理论体系，经济学术语既可以指称那些本质特征尚未被了解的实体，更可以使经济学中的语言学范畴与那些我们不确定的、一知半解的经济世界的特征相适应。因此，经济学理论术语的含义不应该被严格地定义，隐喻的跨领域指称的意义也就此凸显出来。

**（二）经济学隐喻为不确定性知识提供了动态解释**

语言是经济学家认识经济世界所具有的可能规律和意义的承载者。在认识论问题上，语言的隐喻描述也显示了人类认知能力的巨大进步。受到理性的驱动，人们总是倾向于在认识上形成某种确定性的把握。为克服理性的独断与僭

---

① Paul Lewis, Metaphor and Critical Realism, *Review of Social Economy*, 1996, 54(4), pp. 492-493.

妄，如康德所说，理论理性作为一种认识论根据是有一定限度的，它只能应用于经验和现象领域，即由经验自身所给予的概念之可能性认识只能存在于经验领域。[①] 我们都知道，社会世界是一个被建构的世界，同时，社会世界也是处于不断变化中的世界，试图捕捉社会世界善变本质并对其问题和挑战进行探讨的理论也在不断地变化。[②] 面对这种非经验性的、建构的研究对象，研究者对如此纷繁复杂的因素和进程做出客观评价，是建立理论和实践二者平衡关系所需条件框架的必要组成部分。因此，一种好的经济学认识论对于完成这一任务有着巨大的辅助作用，它可以提供一套动态的概念和方法论工具，使我们能够捕捉本体论的复杂性，并与日新月异的社会变化保持同步。[③] 由于经济学以及其他的社会科学并不是"完备的科学"，在经济学的发展进程中，通过隐喻的动态的、多角度的、祛蔽的描述，使每一步的当下研究都被赋予了意义。

熊彼特（J. A. Schumpeter）的一个经典经济学认识论命题是：确定性尚未揭示出来的唯一原因在于人类理解力的贫乏，但是我们并不应以此为理由，毫无根据地沉湎于对确定性的盲信。[④] 熊彼特甚至给出了他断言的理由："客观而言，确定性即使肯定存在，也必须承认不确定性。"[⑤]因为，人们越来越清楚地认识到，如果不存在不确定性，所有这些问题都将无从解释。有鉴于此，主流经济学家便陷入了这样一个困境。一方面，追求研究范式的自然科学化和经济学知识的确定性；另一方面，他们在不确定性面前所表现出来的苍白无力，使其不得不反过来检视这种科学研究范式和确定性知识自身的合法性问题。受到后现代哲学和库恩哲学真理观的影响，有关事实问题的认识在不同的范式中会以不同的方式呈现或变成事实，并没有一个整体上与认识相脱离的事实世界。所有的认识都发生在一定的框架中，正如尼采（F. W. Nietzsche）所说，"没有事实，只有解释"，经济学隐喻这种动态解释属性，恰好与合理性关系是知识内部

---

① 〔德〕伊曼努尔·康德：《纯粹理性批判》，邓晓芒译，人民出版社，2004，第197—202页。
② 〔英〕埃莉奥诺拉·蒙图斯基：《社会科学的对象》，祁大为译，科学出版社，2018，第 iii 页。
③ 〔英〕埃莉奥诺拉·蒙图斯基：《社会科学的对象》，祁大为译，科学出版社，2018，第 iv 页。
④ 〔美〕约瑟夫·熊彼特：《发展》，南京大学出版社，2005，第24页。
⑤ Frank Knight, *Risk, Uncertainty, and Profit*, University of Chicago Press, 1971, p. 3.

结构之间以及不同要素之间的互相证明和互相支撑的关系相一致。

### (三)经济学隐喻的认识论意义是一个过程

对确定性知识的追求导致了经济学家用他们自己的观念代替了现实的经济人(主体)以及经济进程。经济学研究在对客观性诉求日益增强的状态下,实在的经济人所实际解决的问题却被经济学家的想象和分析取代了。

事实上,随着人类对科学的认识不断深化,隐喻已经被视为科学中语言生成、概念构造及其相互关联的重要的、不可或缺的手段。[①] 在经济学理论的发展中,隐喻自身的语言结构也总是决定着经济学的发展状况。因为隐喻作为一种认知工具是与"修辞学转向"本质地关联在一起的,所以当代科学哲学中的"修辞学转向"为隐喻认知路径提供了更为广阔的理解空间。正因如此,所谓"经济学隐喻"的意义就发生在了将隐喻一般性认识原则应用到经济学理论的具体解释和说明中,并由此形成一种经济学解释和说明的认识论思想。那么我们如何理解经济学隐喻的认识论意义呢? 著名语言哲学家马克·约翰逊(Mark Johnson)告诉我们,对隐喻的审视是经由基本逻辑的、认识论的和本体论的问题,进而深入对人类经验的任何哲学理解上最有成效的方式之一。[②]

而戴维森认为,隐喻并不是命题,因为隐喻不存在真值。事实上,对隐喻的理解不能停留在言说或字面,而是应该来到语境,如格赖斯(H. P. Grice)所说,意义要在特定语境下才能够被人认识。与此同时,"经济学现代主义"[③]已经受到人们的谴责。人们可以举出大量经济学研究成果与事实相悖的例子。有人甚至嘲讽道:"一名经济学家通常是这样一位专家,他将在明天知道今天为什么没有发生他昨天预测的事情。"[④]客观地说,经济学家们不必怀疑经济学学科自身的基础,但经济学家也应该清醒地认识到,再精巧的模型也穷尽不了客观经济世界的变量,因此模型也不能总是被视为精确的预测工具。也就是说,工具的精巧不等于结论的精确。通过抽象展开的论证无论多么有说服力,也无论

---

① Hanna Pualaczewska, *Aspects of Metaphor in Physic*, Max Niemsyer Verlag Gmblt, 1999, p. 1.

② Josef Stern, *Metaphor in Context*, The MIT Press, 2000, p. ii.

③ 麦克洛斯基将经济学家在研究中所秉持的科学至上主义的观念称为"现代主义"。

④ Eleonora Montuschi, *The Objects of Social Science*, Continuum, 2003, p. 83.

逻辑多么严密，最终只是证明了"抽象"，并没有说明不确定的客观经济世界。由此看来，隐喻的意义在于将隐喻一般性认识原则应用到经济学理论的具体解释和说明中，从理论建构和实践分析的操作上，具体的、局部的、连续性地运用隐喻的说明力，来达成对不确定性客观经济世界的说明，这也是经济学研究者借助于隐喻解释的逼真度在真理展开过程中所从事的一种对隐喻所包含的内容具有历史性的认识活动。再回到隐喻认知实践与客观性的关系上，客观性远不是一个不可改变的理想，相反，实践中的客观性绝不能对语境、语境的解释以及人类的判断视而不见。如果客观性在研究中有一定的作用，那么针对依赖于研究对象所处领域中具有干扰作用的偶发因素，客观性应该在它们之间建立一种平衡，并把客观性看作是一个实践的成果。①

经济学的演绎主义在面对复杂动态的客观世界时，执着于目的导向的解决方案，这与多元化的视角和解决方案相比，在认识论的操作上是有明显劣势的，因为，对文化现象的充分理解应该既是说明性的，又是解释性的。② 经济学隐喻发生并存在于对经济学研究对象的认知过程中，这一过程凸显了认识论的进化特点。我们可以将隐喻视为一种尝试，也可以将其视为一种实践，针对经济学目前尚未能恰当表达的不确定性难题，隐喻言说出了其他认知工具不可能言说的不确定性自身的哲学意义，以及化解不确定性问题的方式方法。也许这就是经济学隐喻内在的"精神"，这也让经济学研究者在认识研究对象的过程中反向认识了自己和自己所使用的认识工具。因为经济学研究对象本质上是经济学家通过建构才出现在经济学家研究视阈之内的，此外，鉴于经济学研究对象的独特存在方式（不同于自然科学，经济学的研究对象由社会现象构成），经济学隐喻就成了经济学家与经济学话语以及概念之间的"翻译官"和"黏合剂"，这既让经济学研究者对经济学研究对象的不确定性本质形成了可靠认识，同时也揭示了经济学知识内在的合理性构成。

---

① 〔英〕埃莉奥诺拉·蒙图斯基：《社会科学的对象》，祁大为译，科学出版社，2018，第 iii 页。
② Eleonora Montuschi, *The Objects of Social Science*, Continuum, 2003, p. 128.

### 第三节　经济学隐喻的语境实在性

由于经济学的主流研究不能提供对事件的具体预测，也不能说明人们生活的这个世界①，这让经济学在对现实生活的事件进行预测及为政策制定提供辅助支持的过程中遇到了很多困难。同时，按照其自身的诉求，经济学的表现也处于一种不健康状态。究其原因，经济学家认为方法论的探讨是哲学家的工作，经济学实践不需要方法论。而经济学哲学家认为这种困境是因为经济学家忽视方法论造成的，即便用到方法论，经济学家也相当支持实证主义准则。② 这种方法论和研究方法分离的现状让经济学的科学性饱受质疑。

事实上，有关经济学知识如何构成及其在获取方法上方法论的探讨，直接关系到这门学科的认知地位和知识的合法性问题。尽管在经济学方法论的近期研究中，经济学修辞学和经济学批判实在论的研究在化解上述困境方面有所贡献，然而也形成了新的矛盾。经济学修辞学的代表麦克洛斯基认为，因为波普尔传统在科学哲学中根深蒂固，所以由其所形成的方法论不能合理地解释那些实践经济学家所做的研究，她主张回到"实践"，尤其是要关注经济学家的实践带给方法论的启示。经济学批判实在论的代表人物是劳森，他认为，方法论者专注于认识论问题时，在很大程度上忽略了经济学理论的本体论意义，即这些理论忽视了关于社会经济现实本质的预设。③ 劳森主张要找寻经济学理论的本体论前提，并对经济实在的本质进行概念化，也就是要对经济学研究中的本体论构成加以探讨。

随着经济学方法论多元化研究态势的形成，在面对经济学方法论是"理论导向"还是"实践导向"这一问题上，科学隐喻作为一种说明框架逐渐引起了经济学家和经济学方法论者的关注。此外，"模型"作为经济学研究的重要辅助工具，

---

① Tony Lawson, *Economics and Reality*, Routledge, 1997, p. 14.

② Eleonora Montuschi, *The Objects of Social Science*, Continuum, 2003, p. 83.

③ Paul Lewis, "Recent Developments in Economic Methodology: The Rhetorical and Ontological Turns", *Foundations of Science*, 2003, 8(1), p. 52.

在经济学理论建构和实践中有着频繁的运用。本质上说，经济学隐喻和经济学模型在实在性上有着很多的共同点，甚至一致性。因此，针对上述两个"导向"的争论，本节跳出传统方法论的规范性和非规范性争论的态度，在探讨模型这一经济学研究对象本质的基础上，采用隐喻话语分析的方法来化解经济学的困境和方法论的分歧，进而说明隐喻分析方法不仅是更新经济学方法论的可行方案，而且还深深"扎根"于"实在性"之中。

## 一、作为理论建构和实践工具的经济学隐喻

在当代哲学的语言学、解释学和修辞学三大转向过程中，传统上作为修辞手法的隐喻进入到哲学、自然科学和社会科学相关研究者的视野之中。此后，隐喻在哲学上的价值也逐渐体现在了认知的内在性、本质性的本体论层面，认知功能实现的认识论层面，以及跨学科、跨视阈的方法论研究层面。与此同时，经济学方法论也发生了两个研究路径上的转向，分别是以仔细探查经济学家实践活动而不是专注科学哲学"教义"的经济学修辞学，以及旨在修正波普尔理论对经济学理论影响下对本体预设忽略的经济学批判实在论。① 两个理论分别在经济学研究者的话语实践，以及经济学假设的、未被观察到的经济实体（economic entities）和机制进行概念化的研究对象进行认识的过程中都着重强调了隐喻分析方法。传统上仅作为修辞手法的隐喻，由此进入了哲学基础的阐发以及寻找其本体论意义的活动中，这对于经济学理论建构和实践的实在性分析，乃至经济学方法论的发展提供了坚实的基础。

首先，语用学为经济学隐喻分析提供了基础。孔多塞在《人类精神进步史表纲要》中写道：在语言起源时，几乎每一个字都是一个比喻，每个短语都是一个隐喻。② 而经济学的特征主要体现在，以语言为媒介并辅以假设、图示以及数学符号等的系统表征。传统上作为"手段"的经济学隐喻，其"目的性"也在经济

---

① Paul Lewis, "Recent Developments in Economic Methodology: The Rhetorical and Ontological Turns", *Foundations of Science*, 2003, 8(1), p. 51.

② 〔法〕孔多塞：《人类精神进步史表纲要》，何兆武等译，江苏教育出版社，2006，第 22 页。

学理论和实践的研究中越发凸显。

　　20 世纪 80 年代初期，语义学主要研究句子字面的含义。受此启发，经济学家开始运用语义分析方法对经济学领域中的基本概念进行界定和澄清，这也为经济学理论间的争论提供了解决的前提。根据格赖斯标准二分法，在我们得到语义含义（semantic meaning）后，通过"语用推理"（pragmatic inference）推导出语义的语用含义。在这一过程中，其一，语用学强调在语法和语言意义研究过程中语境因素的作用，通过设定语用学讨论语言交往过程的普遍性前提，事实上是构造言语可能理解的先决条件，以反思该设定的有效性，进而对言语行为的规则提出质疑或展开辩护。其二，要让指称词所指有意义也须借助语用学的语境理论。在经济学的理论建构和实践过程中，隐喻与指称相互作用确保了意义的必然性，由此，"所言"进入到了"所含"，经济学隐喻就此到达了语用层面。

　　我们都知道，语用学研究的是语境对话语解释的影响①，经济学则研究人类针对价值交换和彼此相互作用过程中对某种规律性进行解释的尝试，语言的运用为这一切提供了交流机制。另外，经济学试图将社会制度解释为某些函数的最优化过程中所衍生的常规性②，隐喻的使用无疑会使这种尝试成为可能，并且有效。

　　其次，经济学隐喻是经济学理论建构的可行方式。从经济学的发展历程来看，经济学研究对象客观实在的样态往往超出所有可能的经验观察范围，这使得经济学语言在指称或表征一些特殊概念方面常常陷入某种困境。有鉴于此，隐喻的理论建构功能越来越被经济学方法论者所重视。

　　隐喻作为一种思维方式和认知工具，长期活跃在经济学理论和方法的构建及使用过程中。其一，隐喻被视为发现新知识的工具，为经济学理论赋予意义。隐喻的解释力涵盖了所有其他相关的比喻，通过对众所周知事物的描述，把已知事物的现有洞察和语词用作新的、已转变的经济学语境中的理论描述，进而

---

① 〔以〕鲁宾斯坦：《经济学与语言》，钱勇、周翼译，上海财经大学出版社，2004，第 51 页。
② 〔以〕鲁宾斯坦：《经济学与语言》，钱勇、周翼译，上海财经大学出版社，2004，第 6 页。

形成了对新理论的建构。其二，隐喻深深扎根于经济学理论的描述和评价过程。在经济学理论建构过程中，具备隐喻特质的联系定义了经济学概念。与此同时，隐喻将我们的关注点从承载者（基体）转移到了隐喻本身，经济学隐喻中的"联系"定义了知识，由于持续性"联系"的变化，达成了不同的结构、组织、技术或者其他有关经济学的认知，新理论由此形成。

最后，经济学隐喻具有重要的实践价值。"实践"指的是经济学家的研究领域，通常由经济学家在研究和分析过程中使用的观点、理论、研究策略、测量技巧、说明假设和对象描述等组成。[①] 上述的每一种实践方式都与隐喻密不可分，甚至还需要借助于假设和隐喻建模来展开相应的说明。实际上，隐喻不仅仅是一种语言现象，也是人类借助于一事物对另一事物进行诠释或理解的方法。在自然科学和社会科学发展进程中，隐喻的存在方式已不局限于修辞手法或语言游戏，事实上隐喻已经成为人的思维方式和话语实践的有效方法，甚至已经成为经济学语言来描述经济实在"赖以生存的基本方式"。

经济学隐喻的实践价值具体体现为：其一，隐喻为经济学实践提供了话语媒介。由于实践经济学家无法做出对经济学对象的全称判断，也不可能做出经济世界与经济语言完全一致的描述，通常经济学家采用的策略是将经济世界和与之相应的语言置于约定的定义之下，运用隐喻的"连接"功能，将二者的相似点和一致性设置成为衔接点，并在实践中不断加以修正，使经济学话语的逼真度逐渐接近经济世界的本质。其二，隐喻化解了经济学实践与理论间的冲突。理论化并非经济学本质，理论之外的实践也并非缺少意义。经济学实践和经济学理论的关系是相互依存的，即便是搁置了理论优位视角，在实践过程中也常常发现经济学理论系统内以及实践与理论间存在着相互作用乃至冲突。那么，如何理解这种相互作用呢？用黑格尔的话来说："相互作用"已经达到了具体概念的"门口"，但它还属于"本质"论中的"反思范畴"，尚未达到对立统一的认识——"概念"（"具体概念"）[②]。这也就是说，在试图找寻经济学实践与理论谁

① Eleonora Montuschi, *The Objects of Social Science*, Continuum, 2003, p. 96.
② 张世英：《黑格尔〈小逻辑〉译注》，吉林人民出版社，1982，第397页。

决定谁这一问题的答案时我们发现，经济学所用的概念往往存在问题。要么是概念过于抽象不明确，要么是它们在经验中的适用范围缺乏明确界定。隐喻允许我们依据一个经验领域去理解另一个经验领域，这表明理解是依据经验的整个领域，而不是孤立的概念①，而概念化经验的方式正是隐喻功能的实践价值所在。

通过审视经济学实践与理论的相互作用我们发现，概念作为经济学实践与理论的本质性存在，其精神内涵是借助于隐喻来实现其具体表征的，从某种意义上说，隐喻本身就是经济学概念的"精神"。另一方面，从实在性角度来讲，隐喻作为科学解释的重要方式，其为经济学理论和实践之间提供了意义转换的媒介，同时，隐喻还是由科学共同体约定的一种对客观世界特征具有洞察力的描述，以及对社会世界实在性的结构表征，而科学思考的特征是模型的使用。②事实上，模型可以利用隐喻，均衡就是一个例子，但是如果把模型应用于理解社会实在，模型本身也就成了隐喻。③ 因为，模型在本质上是要排除干扰因素，把变量用可衡量的值隐喻地表达出来，并依据隐喻的非定义性固化指称模式（non-definitional mode of reference-fixing）来构造模型变量变动本质的可捕捉的前提，在经济学模型建构过程中这种隐喻的使用尤其凸显了其实在属性的重要性。

## 二、经济学模型的隐喻实在性

经济学研究者对建模这一主题的兴趣可谓历久弥新。作为经济学隐喻的重要组成部分，经济学模型一直是经济学家与经济世界重要的交往方式之一，对于经济学模型实在性的探讨也关系到其自身合理性存在的前提。最初经济学研究者对模型的探讨是以实践为导向，但同时也受到了研究者自身科学推理兴趣

---

① 〔美〕乔治·莱考夫、马克·约翰逊：《我们赖以生存的隐喻》，何文忠译，浙江大学出版社，2015，第109页。

② Paul Lewis, "Metaphor and Critical Realism", *Review of Social Economy*, 1996, 54(4), p. 497.

③ Robert Skidelsky, Christian Wigström, *The Economic Crisis and the State of Economics*, Springer, 2010, p. 103.

的指引。通常来讲，经济学家仅仅把模型视为诸如启发式的工具、理论的解释或预测的方式。近期有关经济学模型实在性方面的讨论也逐渐增多，在经济学模型事实和虚构的对立关系方面，其讨论的实在性指向日益明显。

对于经济学理论和实践的研究来讲，模型的运用早已司空见惯。尽管经济学家和经济学方法论者对各类模型的评价不尽相同，但模型与建模作为经济学中具有主导地位的认知方式，却是 20 世纪后半叶的事。① 在通常情况下，经济学建模做的工作就是从一个截然不同的学科或建模传统中选择一些新的隐喻元素，将它们做一系列改进并应用在经济学家现有的理论框架上。因为，一个足够好的经济学模型能够做出准确的进程简化，还可以通过使用少量的因果性箭头而获得大量的知识。② 由于模型的工具属性早已被经济学共同体认同，因此，针对经济学模型的有效性进行解释，进而对经济学模型展开基于隐喻实在性的说明，这对于澄清经济学隐喻和模型的关系，揭示经济学模型的实在本质就具有重要的本体论意义。

**(一)经济学模型的实在性**

经济学刻画的是人与经济社会的关系，及其对这种关系内在结构实在性的表征。而经济学模型的本质属性就是为描述人与经济社会的关系以及为描述这种关系的内在结构提供一种途径、一种可能。那么，一个恰当的经济学模型就应该具有描述真实与虚构联系的可信性、本体论承诺下的信念、表征抽象的经济要素等特征。本质上讲，任何事物都可以作为其他事物的模型。经济学模型成立的核心问题体现在，建构所获得的经济实在多大程度上与含有虚构成分的模型相一致，也就是模型实在性的说明问题。

首先，经济学模型描述的是某些事件的可信的状态。经济学模型的可信性来自模型中假设之间以及模型与真实世界因果结构之间的指称一致性。③ 因为，

---

① Uskali Mäki, *Handbook of the Philosophy of Science: Philosophy of Economics*, Elsevier, 2012, p. 49.

② Uskali Mäki, *Fact and Fiction in Economics: Models, Realism and Social Construction*, Cambridge University Press, 2002, p. 11.

③ Uskali Mäki, *Fact and Fiction in Economics: Models, Realism and Social Construction*, Cambridge University Press, 2002, p. 12.

经济学模型是一种与真实世界并行不悖的抽象概念，而且模型世界要比真实世界单纯得多。模型世界的建构过程是从真实世界出发，去除干扰因素，并指称真实世界与之对应的指称物的这样一个过程。尽管模型描述的是与事实有出入，但却是可以置信的世界。这种可信性使得我们的研究从模型世界归纳推论进而来到了真实世界。

其次，经济学模型的本体论信念（ontological convictions）具有实在性。在一个社会中，一个信念只有属于某个社会团体或社会群体（social party or group），它才有存在的前提①，在经济学共同体内也是如此。在经济学领域，熊彼特最早使用了"洞察力"一词来描述经济主体的信念实在性，这是经济学中本体论信念的早期形式。众所周知，经济人这一概念有着长期的、变化的历史。在历史上经济人被赋予了各种各样的目的、认知或更多其他的能力，以及对他人采取的态度等②，信念的实在性伴随着"经济人"这一术语发展的整个过程。因此，本体论信念作为经济行动者（economic actors）的本质属性就成了经济学建模的可能基础。本体论信念通常表现为有关本体的世界观，举例来讲，在模型建构的过程中，假如我相信决策是经济人做出的，那么我们就可以把效用最大化的理性原则作为建模的基本信念。假如模型中存在消费者偏好、市场失灵等不确定性的变量，那么我就会采用与之不同的建模策略。最后，模型是经济实在结构抽象的表征。抽象，意思是用单方面或片面的方式看待某一事物，这种方式在经济学中是不可或缺的。其目的是使一个具体实体某个部分或方面的特点更加鲜明，从而更好地理解该实体。在建模过程中，当抽象被巧妙地运用时，它能够让我们接近或理解一个结构化的、动态的、整体的实在。③ 劳森认为，关注一个经济学对象的某些特征而忽略其他特征是一个典型的抽象化过程。当然，选择一个关注点会带来各种问题，这些问题涉及分析观点、概括水平，

① Paul Lewis, "Recent Developments in Economic Methodology: The Rhetorical and Ontological Turns", *Foundations of Science*, 2003, 8(1), p. 3.

② Uskali Mäki, *Fact and Fiction in Economics: Models, Realism and Social Construction*, Cambridge University Press, 2002, p. 19.

③ Tony Lawson, *Economics and Reality*, Routledge, 1997, p. 231.

以及与二者都有联系的时空延展问题等。

在经济世界中，虽然模型具有实在性，而且还可能帮助我们把研究对象看得更加通透，但是，它们仍然会留下一些盲点，因此，我们不应只靠一套模型来理解未可知的未来。那么我们如何来克服这个问题呢？经济学隐喻中的新隐喻向我们暗示了理解实在的一个新的概念框架，可以使我们摆脱看待隐喻和模型问题的惯有思路。[①]

**(二)经济学隐喻与模型的同构实在性**

随着经济学方法论的发展，实证主义经济学方法论所强调的模型的清晰化、精确性、客观性和形式化等特征受到了越来越多的质疑，而恰当的经济学模型应该依据事实来进行建构，把分离出现实中关键的因果联系作为目的。由于科学思考的特征是使用模型[②]，还因为经济世界不仅是由经验中直接给出的事件构成的，还包括尚未被观察到的或者也许是无法被观察到的实体、结构和机制等，基于此两点，经济学隐喻的本体实在性在经济学建模过程中就被日益清晰地阐发出来。

按照罗姆·哈瑞(Rom Harré)的思路，我们可以用两个特征来描述一个模型：模型主体(model subject)，即模型表征了什么；原型领域(model source)，即这个模型的基础(basis)。模型来源于主体之间的关系，可被用于区分两种类型的模型：拥有相同主体和来源的模型为同胚模型(homeomorphic models)，而主体和来源不同的模型为变形模型(paramorphic models)。批判实在论认为变形模型对于科学具有根本性的作用。[③] 科学通常使用的是变形模型，因为理论构建的任务通常是更好地说明我们尚未充分理解的事物，而不是为那些我们已经熟知的实体或事态构造模型。

回到经济学领域，变形模型利用我们对于模型来源的理解来启发人们做出存在的假设，去思考那些可能解释主体行为的各种推定实体(putative entities)、

---

①　Robert Skidelsky, Christian Wigström, *The Economic Crisis and The State of Economics*, Springer, 2010, p. 106.

②　Mary Hesse, *Models and Analogies in Science*, University of Notre Dame Press, 1966, p. 158.

③　Paul Lewis, "Metaphor and Critical Realism", *Review of Social Economy*, 1996, 54(4), p. 497.

关系和因果机制。也就是说，变形模型提供了尚未被人们观察到的推定实体、联系和机制，并把它们作为存在的候选答案，这激励着经济学研究者从复杂的研究中确定那些假设的实体是否存在。通过这种方式，变形模型为经济学提供了一种因果框架，还提供了进行说明所需的理论术语和假设实体。

经济学隐喻在这种变形模型的发展过程中发挥了根本性的作用。其一，关于经济学模型的说明离不开隐喻。如果从一个经济学对象或事态与其他对象或事态的相似程度来看待这个对象或事态，不管是真实的还是假设的，那么它就是一个经济学模型。经济学隐喻与模型的这种密切的联系在于隐喻的说明需要建立在底层模型（underlying model）之上；当我们在隐喻的基础上讨论事物时，我们就有了一个经济学模型，因为隐喻意味着受众会用其他事物来理解当下谈论的经济学领域中的事物。也就是说，经济学隐喻暗示了一个模型，而经济学家可以通过这个模型尝试说明他们的研究对象。换句话说，当我们在模型基础上说话时，我们就是在用隐喻的方式说话，因为我们使用了体现经济学模型来源的术语来谈论模型主体。其二，模型的反身性依赖于经济学隐喻的运用。个体的经济学知识会反馈到他们的经济行为中，而经济学家的经济学知识也会反馈到经济政策的建议中，这就使得经济学具备了反身性特征，这种特征是自然科学所不具备的。最近的文献关注的就是这种反身性特点带给经济学的各种操演（performativity），特别是在金融模型的语境中。[①] 经济学的各种基于模型的研究策略虽然与自然科学研究策略颇为相似，但同时经济学也与其他社会科学在解释学特征方面有着一致性。由于经济学部分上是基于日常概念的，而作为经济学研究主体的我们却或多或少地对于各种经济学现象先在地有着某种程度的理解。另一方面，经济学隐喻提供了一个模型，经济学家可以利用这个模型理解和建构他的研究主体。隐喻在经济学建模中的任务就是确定我们观察到的行为中那些未知的实体和机制，这时，隐喻的作用在于它并未去重新命名模型中通过其他的常规方式可以确认的部分，而是通过提出新的解释性范畴和假设

---

① Uskali Mäki, *Handbook of the Philosophy of Science: Philosophy of Economics*, Elsevier, 2012, p. 50.

新的实体和机制等来促进经济学家对模型的研究。由此，我们对模型的认识就成了对隐喻的认识，反之亦然。

科学思考是通过模型来进行论证的，模型的应用借助于一种外部事实和一种想象事件或一个尚待解答的问题。从模型与世界关系的角度来看，隐喻就是典型的科学思考方式，经济学家用经济学模型来理解或说明经济世界的事实，隐喻描述在有关事实的展开过程中通常使用的是故事的呈现方式，这正是典型的隐喻实在性存在的一种体现。因为故事既不"仅仅是启发式的"，也不"恰好是修辞的"，而是把模型贴上标签在使用过程中来发现模型本身的基本组成部分，隐喻"故事"式的呈现方式让理论经济学研究者把研究聚焦在具有描述性的模型上。这种描述方式使得模型在某种意义上是对真实经济世界的描述，而非"理想的"模型。① 这是隐喻实在性存在的一个典型。

## 三、经济学隐喻实在性的本质

经济学修辞学和经济学批判实在论，都将隐喻视为分析经济学研究对象的重要方法，并分别从各自的视角探讨了经济学隐喻的本质，经济学修辞学认为：经济学是漂浮在隐喻之上的②，经济学批判实在论则主张"类比和隐喻的逻辑"③。那么，从探讨经济学方法论的合理性角度来讲，好的方法论应该能使我们用明确的方式来确定经济学研究对象的本质。该本质应尽可能地独立于经济学理论对各种研究对象想当然的表征，从而被当作社会实在的一部分来看待。④ 因为，在社会实在这个问题上，人类主体成了核心概念，而我们需要的是一种更具层次性的本体论图景⑤，在经济学方法论多元化发展趋势下，将经济学隐喻进行实在性分析，对经济学本身乃至经济学哲学无疑具有重要的本体论意义。

---

① Uskali Mäki, *Fact and Fiction in Economics: Models, Realism and Social Construction*, Cambridge University Press, 2002, p. 178.

② Deirdre McCloskey, "The Rhetoric of Economics", *Journal of Economic Literature*, 1983, 21(2), p. 481.

③ Paul Lewis, "Metaphor and Critical Realism", *Review of Social Economy*, 1996, 54(4), p. 487.

④ Tony Lawson, *Economics and Reality*, Routledge, 1997, p. 45.

⑤ Eleonora Montuschi, *The Objects of Social Science*, Continuum, 2003, p. 92.

### (一)经济学隐喻的指称实在性

语言与世界的一致性关系是社会实在研究的主流方向，并且研究通常聚焦在符合论真理观基础上的语言与存在实体相对应的指称问题。经济学批判实在论在主张类比和隐喻逻辑的同时也强调了这种指称的趋同性，由此，隐喻的指称问题就成为有关经济学隐喻实在性问题探讨的核心部分之一。

首先，"指称"是一种经济学研究者的实践。通过隐喻指称，包括经济学家在内的任何人都可以使用任何可行的方式，将另一个人的注意力吸引到他们共同熟悉的某个事物上面。同时，指称也要受到特定语境中说出一个话语的说话者的影响，而不是受到个别的词汇术语（词根）本身的影响。① 经济学术语同样包括"涵义"（sense）和"外延"（denotation）。一个词根的"涵义"就是它的字典定义。"外延"指的是词根与它在经济世界中所指谓的事物，也就是指谓实体与事态之间的关系。因此，在货币银行学的语境中，词根"流通"指谓的是货币流通。

其次，指称是经济学隐喻获得意义的途径。根据术语学对隐喻本质的描述，由隐喻构成的理论术语用来指称研究路线、重要意义、操作规程（protocols）等。术语的意义能够为经济学家指出指称所特有的认知路径，由此，隐喻指称就成了术语获得意义的可靠方式。例如，"机会成本"是相较于传统"会计成本"而提出的决策分析术语。"会计成本"指称的仅是可还原为单位货币的计算，而机会成本则指称作出某一决策而放弃其他若干可能收益中最大的那一个，同时还指称了"机会成本"成立的前提，即资源稀缺、资源的多用途、资源已得到充分利用以及资源可自由流动。显然，"机会成本"的指称涵义与经济世界的本质对应得更合理。这样的例子还有"挤出效应""边际效应""木桶原理"等。这些例子反映出隐喻在指称上能够适应经济世界的因果结构这样一个互动、辩证的过程，也体现了隐喻对指称物指称上的成功。另外，我们发现了隐喻在经济学术语的使用中具有了指称连续性的特点，这是经济学隐喻指称意义更进一步的说明。

最后，指称是经济学隐喻分析的前提。在经济学家尚未对理论的指称物形

---

① Paul Lewis, "Metaphor and Critical Realism", *Review of Social Economy*, 1996, 54(4), p. 488.

成最终描述的时候，隐喻此时作为一种非定义性固化指称的模式在发挥着作用。进一步来说，一个指称表达可能与实际情况有出入，但是这并不妨碍受众去挑选出指称表达所指称的指称物。在经济学共同体认为指称与指称物发生了较大的偏离（无论正负），也就是对经济学研究对象的观念发生重大变化时，隐喻指称所提供的认知路径以及指称仍然能够得以维系，这就是指称实在性的本质特征。例如，对"资本"一词的理解离不开"资本增值"这一语境。如果我们要说明资本是否有增值属性是一个开放的问题，那么，现在假设资本持有者通过使用"血液流动"这个由隐喻构成的理论术语而试图去获得资本运行机制的指称路径，这里"血液流动"指称的就是类似于资本在流动过程中实现增值的一种假想的机制。我们隐喻地获得了这样一种指称实在性的观点，并可以解释资本持有者投入资本保值和增值的经济活动当中，于是经济学家就会得出下面的结论：资本流动就是血液流动。"流动"这个术语的意义是在人体血液循环这个语境中得到的，它促使经济学家尝试去用这个词来指称资本运行中的一个假想的部分或方面，并使我们对指称物实在本质的理解得到了强化。

**（二）经济学隐喻的结构实在性**

无论是在自然科学中还是在社会科学中，隐喻的价值已获得了广泛的认可。根据结构实在论的主张，隐喻原则将文化内在的深层结构转换为一种浅层结构，而日常生活中的语言恰恰是通过这一方式来实现的。而从本体论出发，如果知识是可能的，那么科学家的语言和概念结构必须与世界的因果结构相适应。[①]在经济学领域，隐喻在结构化非经验对象，也就是说在解释不能被还原为经验事件的经济学对象的过程中，隐喻不仅是一种语言修辞，更体现为一种人们对经济学对象进行认知与思维的本质性的实在结构。

首先，经济学隐喻是认知结构上的极简表达。由于经济学的研究对象有着多样性和异质性等丰富的特点，人们有限的认知能力无法对经济世界全部知识进行有效的描述，因此，根据"如无必要，勿增实体"的准则，隐喻呈现出一种

---

① Paul Lewis, "Metaphor and Critical Realism", *Review of Social Economy*, 1996, 54(4), p. 491.

类似于"奥卡姆剃刀"的本质属性，其一般句法形式是"S 是 P"的主谓结构。例如"市场是看不见的手""效率就是金钱"就是典型的经济学隐喻陈述句。无限多样的经济世界由此通过意义映射的连接，使经济学概念成为可认识的和具有可操作性的结构。其次，经济学隐喻结构的"能指"本质。"能指"是语言符号单位"音响形象"指称的替代，"能指"并不代表"音响形象"发出的实质性的声音，也不是一个纯粹物理的东西，而是声音在我们意识里形成的一种心理印迹。[1] 在经济学研究中，经济学家心理印迹的形成依赖意识中的联想关系，通过联想关系，经济学语言展示了其社会性这一内在特征。因为经济学语言离不开社会现实，经济学语言与社会现实的联系同样离不开主体意识和主体意向性，隐喻在经济学语言与社会实在之间架起了桥梁，其内在结构的张力在经济学语言与社会实在之间反复作用，意识中的这种心理印迹所表征的内容因此就与经济事实无限接近了。再次，经济学隐喻塑造了"因果"机制视阈外的可描述性结构。实证主义经济学提倡用符合根本性的因果力或机制的方式对经济学现象进行描述和分类，而经济学的研究主体和研究对象均是动态和变化的，那么，"在世界的连接处断开世界"这种实证主义认知策略便不可能实现经济学的可靠描述。由于隐喻非定义性（non-definitional）结构的存在，在面对经济学研究中诸如理论的重大变革或重构，以及面对实践中新观察或者新现象出现的情况下，运用对指称物的指称，经济学描述依然可以实现，并且能够使经济学理论和实践中术语的指称涵义得到改善。最后，经济学隐喻的语言结构与施喻者和受众的语境同构。任何科学研究都需要在特定的语境（社会的、文化的和历史的语境）中展开，并且科学研究的结论也需要在语境限定的范围内进行理解。[2] 在经济学中，隐喻的表达与接受必须基于特定的共同语境，施喻者在语境中表达某一隐喻，受众在这种语境结构中调整语词的内涵，选择描述对象某一属性的相关度，从而在描述对象内涵的选择与遗弃中建构认知背景，以理解此隐喻。脱离了这种语境，也无法理解经济学隐喻所指为何。由此来看，经济学隐喻不仅仅是一种词汇的

---

① 〔瑞士〕索绪尔：《普通语言学教程》，刘丽译，九州出版社，2007，第 151 页。

② Eleonora Montuschi, *The Objects of Social Science*, Continuum, 2003, p. 3.

替代，即一个词取代另一个词，还是"一种相互的借用和思想的互动，语境之间的交换"①。

　　综上所述，在考察经济学隐喻的本质结构时，采取实在性视角可以帮助经济学研究者准确把握杂多的现象，远离孤立的、暂时的事件，进而打破经济学领域中对隐喻已有认识的局限。例如，对溢出效应理解的本身就是对个人或者厂商行为所带来外部性的一种描述，也是决策附带积极或消极后果的一个说明。我们对溢出效应的理解通常是借助于寓言或者故事来辅助的，其内在结构也是在这种隐喻的展开过程中逐渐显现出来的，这种结构就是可表达性、可理解性以及隐喻自身的逼真度等的各自呈现。从隐喻结构的实在性角度来讲，经济学隐喻的结构就是其自身内在逻辑的再现和展开。

　　隐喻在很多方面对于化解经济学研究中的困境具有十分重要的意义。一方面，隐喻为构成经济学说明基础的模型提供了语言语境，使经济学研究者有可能从中得到新的模型，并描述这些模型。另一方面，隐喻在经济学中的关键作用在于它透视了理论和实践相脱节的原因，以及使我们关注到深层存在的、结构性的实在，特别是作为一种非定义固化指称模式的生成性隐喻，这为研究隐喻在经济学中的作用理论提供了基础。实在论对丁经济学研究的说明是本质性的，充分理解经济学隐喻的实在性对于经济学理论的发展也是不可或缺的。

---

　　①　Paul Lewis, "Metaphor and Critical Realism", *Review of Social Economy*, 1996, 54(4), p. 495.

# 第九章
# 政治学中的语境分析方法

与经济学中倾向于用修辞性的隐喻语境来把握抽象的研究对象不同，政治学这种更加注重定性分析的传统社会科学分支，将多元且复杂多变的语境要素，全部纳入其实践层面的方法论规范性建构当中，这种对语境分析的深度依赖正是源于政治学诞生伊始就存在的方法论之争。从实证主义方法论和规范性方法论之间的论战所衍生的两种研究进路——经验性进路和规范性进路入手，我们将政治学方法论的分野归因于实证主义方法论和解释学方法论的二元对立。

语境论作为替代性解决方案，有着调和二元对立、实现有效对话的巨大优势。尤其是政治哲学中的语境论围绕着正义理论的建构、抽象原则的解读、政治理论与社会实践的互动关系等问题展开，吸收并综合各方的优势，克服它们的不足，进而在很大程度上调和了普遍主义和特殊主义的二元对立，疏解事实性和有效性之间的张力，为政治哲学研究提供了一种具有多元性、动态性和整体性的研究方法。在此基础上，以经验、规范和实践为导向的政治学语境分析方法逐渐形成，其主要倡导一种问题驱动的案例研究方法，以及过程介入操作方式，从历史和当下两个向度对政治语言、政治概念、历史文本以及著名人物的思想等进行解读。事实上，语境论的政治学方法吸收并综合各方的优势，调和了二元对立，为经验性进路和规范性进路建立起一个对话平台，从而推动政治学方法不断地向前发展。

循着这种理路，本章聚焦于"政治学的方法论分野如何内蕴了一种语境论的分析模式"这一具体问题，通过分别论述政治学方法论存在的经验性进路和规范性进路分野及其各自的缺陷，明确揭示出当代政治学方法论中语境分析方法的突出地位，系统阐释了其理论特征和实践应用，进而肯定了其为政治学研究所提供的新思路。进而，在经验性和规范性的语境论融合中，阐述了语境分析方法的整体关联性视角的定位。

## 第一节　政治学方法论的语境凸显

当代政治学研究存在着经验性和规范性两条研究进路，从方法论的角度看，两条进路实质上是实证主义方法论和解释学方法论的二元对立。而政治事件呈现出多元性和复杂性的特质，其产生的原因和结果需要从数据分析、经验描述和价值判断等多个角度进行分析，双方都坚持自身立场的唯一合法性以及固有的内在缺陷，使得政治学研究不可避免地陷入了困境。语境论的政治学方法论认为，"在政治性评价、批判中，在讨论行为、法律、政策、制度、实践时要考虑语境这一重要因素"①。具体地说，政治学研究需要将人们的目的、意图等内在语境要素，以及历史、文化、宗教、种族等外在的社会语境要素纳入分析的范畴，使其能够对人们政治活动中的思维和实践方式有所评价和指导，对与人们实现个人价值相关的一切行动有所矫正和规范。本节的目的在于，从哲学的角度揭示实证主义和解释学方法论的理论内容及缺陷，并指出语境论的政治学方法论的必然性，由此阐明语境论之于当代政治学研究的优势所在。

### 一、近代政治学研究进路的分野及缺陷

回顾 20 世纪政治学方法论的发展历程，主要经历了两个阶段：第一，政治科学(political science)，这种立场认为对社会活动和政治实践的解释要保持价值中立，并以数据分析和经验描述的方法来揭示政治现象的动因和规律。第二，政治哲学(political philosophy)，这种立场认为需要对政治价值进行批判和评价、对政治话语中的概念加以澄清和提炼，其采用的是归纳和演绎的方法。基于此，当代政治学研究形成了经验性进路与规范性进路。经验性进路尝试为政

---

① Sune Lægaard, "Normative Interpretations of Diversity", *Ethnicities*, 2009, 9(3), pp. 314-333.

治研究提供一种能够以经验数据为依据的中性、可靠的方法，其方法路径体现为对政治事件的定量分析。规范性进路关注规定性和规范性的问题，例如收益如何分配、什么样的制度是正义的等，因而其方法论路径体现为对政治概念、政治价值、政治信仰的定性分析。

### (一)政治学研究的经验性进路及缺陷

20世纪初，社会科学中实证主义方法论的兴起促进了政治科学的发展。政治分析使用自然科学的方法就是要通过明确的区分事实与价值，寻求揭示客观、可靠的知识。进一步说，实证主义认为，传统政治学研究的规范性概念和理论是形而上的，并不探究外在的可测量性问题，其研究方法存在诸多缺陷：一是静态的分析方法无法适应政治行为的即时性；二是注重对政治价值的讨论而忽视了对社会现实的研究；三是因果关系的描述和演绎推理无法排除先验论成分和主观价值的作用。因此，以定量分析和经验性描述为主的研究方法成为主流，并形成了政治学研究的经验性进路，具体包括以下几个方面。

其一，20世纪50年代，受"行为主义革命"以及行为主义心理学影响，政治学的行为主义进路得以形成。其研究对象是无意向性的个体行为，它各种学派林立，没有统一的范式，如结构功能主义、决策理论、政治沟通理论等。但就其方法论本质而言都是对可观察的政治数据进行定量分析，强调定量化、科学化方法与技术的使用，通过研究调查，收集量化数据，进行系统分析，建构具有预测力的理论。[1] 然而，行为主义政治学也遭受了各方面的批判：第一，它限制了政治分析的范围，使得政治分析无法跳出可直接观测行为的范围；第二，它揭出的经验性假设无法得到数据的全面验证，使得其客观性、可靠性和精确性受到质疑；第三，人类行为往往受到心理、社会、文化和历史等一系列变量影响，使得其可预测性受到批判。

其二，20世纪70年代，受经济学中理性选择方法的影响，政治学的理性选择进路得以形成。它旨在运用经济学的研究方法来建立政治学的解释模型，

---

[1] Joan P. P. I. Font, *Chaos and Political Science: How Floods and Butterflies Have Proved to Be Relevant to Move Tables Closer*, Springer, 2014, p. 125.

从而使政治分析更加准确和严密，实质上是一种典型的方法论个体主义。与行为主义不同，理性选择关注的是有意向性的个体行为，借助相对少的公理和命题来揭示政治实在。① 假定政治事件中的行为个体总是选择最有效的手段，在既有利益冲突又有利益一致性的决策过程中其采用博弈的方法来实现各种目标，主要形式有博弈论、公共选择理论和社会选择理论。然而，理性选择理论的出发点是理性的政治人假设，其把复杂的政治事件还原为政治人之个体行动，而突出个体的政治人的自利性，因而在个体与集体利益冲突时该理论往往会受到批判，最典型的例子就是"囚徒困境"。可见，理性选择理论过高地估计了人类理性，并通过抽象的个人模型展开，而没有注意到社会和历史因素，尤其是没意识到人类自利性可能是社会限定的而不是天生的，且具有保守主义的价值偏见。②

其三，20 世纪 80 年代，受社会科学中制度主义复兴的影响，政治学的新制度主义进路得以形成。它从理解和改善政治体系的观点出发，将新制度经济学的"制度、选择、经济和社会结果"的分析方法运用到政治学中，通过对正式的和非正式制度的描述和分析来反思政治制度。其主要形式有理性选择制度主义(rational choice institutionalists)和社会学制度主义(sociological institutionalists)，二者的不同之处在于它们对制度与行为主体之间关系的理解。理性选择制度主义认为制度是行为主体间保持合作关系的行为规范，人们遵守制度的动机是通过合作可以获得最大化的个人利益；社会学制度主义认为重要制度就是那些支配日常生活和社会互动的社会规范，人们既不是自私自利的，也不是理性的，而是习惯性地遵守一种令其满意的制度。这意味着，人们遵循规则并非是为了追求个人利益的最大化，而只是遵循最恰当的行为准则。然而，新制度主义也存在着诸多缺陷③：一是内容过分混乱和复杂，如何在正式的和非正式

---

① Gabriel A. Almond, "Political Science: The History of the Discipline", In Robert Goodin, Hans-Dieter Klingemann, *A New Handbook of Political Science*, Oxford University Press, 1996, p. 86.

② 〔英〕安德鲁·海伍德：《政治的密码》，吴勇译，中国人民大学出版社，2016，第 100 页。

③ 〔美〕詹姆斯·马奇、约翰·奥尔森：《新制度主义详述》，允和译，《国外理论动态》2010 年第 7 期，第 41—49 页。

的制度之间寻求平衡是一个两难的选择。二是诸如政治制度如何能够被概念化，在何种程度上具有独立和持久的意义，所能影响的政治现象的种类，以及各种制度是如何出现、维持和发生改变的等问题并未得到解答。

**(二)政治学研究的规范性进路及缺陷**

20 世纪 70 年代以罗尔斯(John Rawls)发表《正义论》为标志，政治哲学得以复兴，并逐渐形成了规范性的进路。规范性的进路秉持的传统政治哲学的研究方法，旨在回答政治对与错、好与坏等价值准则。这次复兴产生于两大推力[①]：其一，是人们对两次世界大战的反思，政治学研究不仅需要政治的合法性，更需要政治的合理性，如希特勒是通过民选上台的，具有政治的合法性，但其法西斯行为却不具有政治的合理性；其二，是对西方世界的民权运动、女权运动和各式各样的民主运动的反思，迫使学界反思价值中立的缺陷。在随后的 20 年中，围绕着"正义"这一主题，自由主义和社群主义两大学派展开了激烈争论，从方法论的角度看其争论的实质是普遍主义(universalism)方法和特殊主义(particularism)方法的二元对立。

一方面，普遍主义方法是一种理想主义方法(idealist approach)，从而政治学的主要任务就变为确定一套完善的正义原则，以此原则为基础来构建一套完美的社会制度，并通过该原则评估、批判非理想的社会制度。[②] 换言之，普遍主义的方法论步骤：首先在基本的政治理念和原则上达成明确的政治共识，从而确立基本的正义原则，然后通过显性的政治元素达成共识，将一切"非政治的"元素排除在外，从而构建社会的基本制度体系。因此，必须在不同的正义原则与不同形态原初状态之间进行反思平衡(reflective equilibrium)，从而建构具有普遍性的政治理论。反思平衡的基点是"无知之幕"(veil of ignorance)的假设，其理想化的前提假设受到了特殊主义方法的强烈批判：其一，无知之幕的假设是一种理想条件，正义原则的哲学辩护性大为削弱，其结论的确定性受到质疑；

---

① 周穗明：《当代西方政治哲学：定义、概况与意义》，《国外社会科学》2015 年第 2 期，第 37—44 页。

② Stephen Daskal, "A Contextual Approach to Political Philosophy", *Spectra: the Social, Political, Ethical, and Cultural Theory Archives*, 2012, 2(1), pp. 1-9.

其二，多元化的人类社会本身是一个复杂的体系，包括显性的和隐性的政治元素，而普遍主义方法忽视了隐性的政治元素作用；其三，从方法论上说，其建构的抽象概念方法往往会造成政治理论与社会实践的偏离。

另一方面，特殊主义建构正义理论的方法是通过对诸如医疗福利、选举权、受教育权等不同的善的社会意义（social meanings of the goods）进行解释。"不同的社会的善应该有不同的主体、依照不同的程序、出于不同的理由来加以分配……而社会意义本身则是历史特殊主义和文化特殊主义的必然产物。"①可见，正义原则不是单一的，而是与其所处语境密切相关的，不同的时间、不同的人们对善的理解是不同的，从而正义原则是相对于社会意义的特殊语境而言的。基于此，特殊主义的方法论步骤是：首先，确定某些不同时间、地域中善的内涵及其意义，这意味着它是与某种社会文化或某种社会关系有关；其次，在不同的社会成员间寻找共同的善，当我们理解了共同的善之涵义，就可以构建一套具有历史性和文化特殊性的正义理论。然而，特殊主义这种分布式（distributive）的理论特征往往被指责为相对主义，因而对其自身普遍性的辩护就成了主要任务。

我们通过对比分析经验性进路和规范性进路的优势及缺陷，可以看出，二者是获取政治知识的两种不同路径，区别在于它们的理论旨趣和研究方法。然而，在当今经济全球化的背景下，政治事件呈现出多元性和复杂性的趋势，并与其固有的偶然性和即时性的特质结合，使得经验性的方法和规范性的方法不可避免地陷入了困境：一方面，我们的生活世界不断扩展，政治学的理论视阈也随之扩展，探讨将跨越传统国家边界，开始关注经济全球化视阈中的政治问题；另一方面，当代政治学面对的问题是伦理、文化、经济、法律、政治等有关人类生活的多元的、复杂的问题集合。这就要求政治学研究既要有对经验数据的定量分析，也要有对价值规范的定性分析。由此，能否找到一个融合各方的优点的研究方法，使政治学研究方法适应多元化的需求，就成为一个亟待解

---

① Michael Walzer, *Spheres of Justice*, Basic Books Inc., 1983, p. 6.

决的问题。

## 二、当代政治学研究方法的语境演进及其语境化特征

20 世纪 90 年代以来，为了适应政治事件多元性和复杂性的趋势，学者们对经验性进路和规范性进路的研究方法进行了修正。具体地说，新制度主义进路开始关注历史传统和处于特定文化中的社会规范；自由主义将其理论限定在政治的范畴内；多元文化主义则关注民族文化、宗教信仰对政策制定的影响。可以说，学者们对政治事件的看法"不断由简单抽象向复杂具体发展"[①]，这促进了政治学方法的发展。然而，这仍然是沿着经验性进路和规范性进路的演变，每种进路都强调自身的唯一合法性和普适性，而忽视其内在缺陷的问题依然存在。近年来，语境论的政治学方法旨在调和这种二元对立，主张的以具体问题为驱动的案例研究方法，融合了各方的优势，保证了政治学研究中分析标准的统一。

### (一)当代政治学方法的演变

其一，历史制度主义（historical institutionalists）。有别于理性选择制度主义和社会学制度主义，历史制度主义更关注历史传统、文化的特定规范和世界观等语境要素，这种制度主义转向会使之对语境变化更为敏感。[②] 其认为人们的行为不是机械地遵守某些规则，也不是利用制度来最大化个人利益，而是受个体（individual）、语境和规则（rules）三个要素共同影响。这里的语境是指人们行为发生时所处的特定历史时期内的政治环境、社会文化、宗教信仰等要素，关注历史语境是因为[③]：首先，政治事件发生在历史背景下，对决策或事件有直接影响；其次，不同时间、地点和社会背景中的人类行为本质上不同，通过对历史的探索可为制度提供更精确的解释。正如史坦莫（Sven Steinmo）所说，

---

[①] 殷杰、樊小军：《社会科学范式及其哲学基础》，《山西大学学报》2010 年第 1 期，第 8 页。

[②] Rainer Bauböck, "Normative Political Theory and Empirical Research", In Della Porta, Michael Keating, *Approaches and Methodologies in the Social Sciences: A Pluralist Perspective*, Cambridge University Press, 2008, p. 42.

[③] Seven Steinmo, "Historical Institutionalists", In Della Porta, Michael Keating, *Approaches and Methodologies in the Social Sciences: A Pluralist Perspective*, Cambridge University Press, 2008, p. 127.

政治科学尝试对政治事件中可量化的要素进行分析，而将不可量化的历史和制度等要素排除在外，其得出的结论必然是一种伪科学。[1] 基于此，历史制度主义试图通过研究历史来揭示政治事件的原因和结果，并尝试分析语境要素与政治制度之间的关系，为政治学研究提供了一种新的思路。

其二，政治自由主义（political liberalism）。在普遍主义方法和特殊主义方法的论战中，罗尔斯逐渐认识到尝试建构普遍性理论的方法已被学者们抛弃，转而尝试使用一种以问题导向（problem-oriented）的方法来建构政治理论。并且，他发现当代社会存在着三个基本事实[2]：一是，当代民主社会里存在着多样的、统合性的宗教学说、道德学说和哲学学说，而这种文化多元性是民主社会的长久特性；二是，只有通过国家权力强制力，才能使民众认同某种宗教学说、哲学学说和道德学说；三是，民主社会长治久安的前提是，必须要获得绝大多数公民的实质性支持。这意味着，在这种文化多元性的背景下，公民不可能获得普遍性的共识，而只能在某些政治问题上取得共识，因而他提出了重叠共识（overlapping consensus）观念。可以看出，罗尔斯意识到普遍主义方法存在的问题，要获得全人类的理想共识是困难的，因而他后期的理论诉求降低为尝试在基本政治问题上达成共识。正义理论的建构就是让具有不同信念的人们都做出让步，在基础的政治问题上取得共识从而实现社会稳定。从方法论的角度看，这种以针对具体的政治问题、兼具普遍性与特殊性的方法，是一种超越普遍主义方法和特殊主义方法二元对立的新思路。

其三，多元文化主义（multiculturalism）。20 世纪 90 年代以来，沃尔泽（Michael Walzer）试图将其特殊主义方法用以解决现实的社会问题，从而其理论视阈扩展到了多元文化主义。多元文化主义讨论的核心就是主流文化社群应该如何处理弱势文化群体的关系问题。具体地说，在当今经济全球化的背景下，一个国家存在着各种各样的文化社群，其中由该国家的原住民组成的是主流文

---

[1] Seven Steinmo, "Historical Institutionalists", In Della Porta, Michael Keating, *Approaches and Methodologies in the Social Sciences: A Pluralist Perspective*, Cambridge University Press, 2008, p. 136.

[2] John Rawls, *Political Liberalism*, Columbia University Press, 1996, p. 36.

化社群，而诸如移民社群、难民社群或世界公民等组成的是弱势文化社群，那么各个社群如何实现和谐共处就成了一个主要的社会问题。多元文化主义认为国家应该支持这些弱势文化社群，把更多的资源转移给它们。但问题在于，这种支持与自由主义国家公平和平等的价值相冲突，体现出了普遍主义和特殊主义之间的张力。为此，支持多元文化主义的学者，尝试用语境论的方法来解决这一问题。① 语境论的方法认为，应该以具体的问题为研究对象，针对特定政治制度展开，在评价一个政治制度、分析处于多元文化背景中的政治事件时，需要充分考虑不同文化社群中的语境要素的作用。这不仅仅维护了主流群体的共同利益，还能针对性地保障弱势、少数群体的基本诉求，其兼具普遍性与特殊性的方法论本质，为解决当下的社会问题提供了新思路。

**(二)语境论的政治学方法**

近 10 年来，诸如米勒（David Miller）、卡伦斯（Joseph Carens）、莫多德（Tariq Modood）等学者们关注于政治理论构建中语境要素发挥的作用，旨在说明"政治进程是何以运作的，哪些结论依赖于其所处语境"②，并在各自领域中形成了丰硕的成果。具体地说，卡伦斯把实际政治实践表征为案例，认为语境论是一种案例研究导向理论性的方法论（a case-study-led theoretical methodology）③，旨在将抽象的政治理论具体化从而便于理解，或把政治事件转化为具体且实质的问题从而便于分析。具体来看有以下三个步骤：

第一步，以问题驱动确定研究对象的语境。语境论的目标是解释具体且实质的实践问题，将理论发展看作是对政治问题及其语境进行反思的结果，"我们只需要考虑在语境中提出的观点，并使之具有可理解性"④。研究者依据具体的

---

① Sune Lægaard, "Multiculturalism and Contextualism: How is Context Relevant for Political Theory?", *European Journal of Political Theory*, 2015, 14, pp. 259-276.

② Don Herzog, *Without Foundations: Justification in Political Theory*, Cornell University Press, 1985, p. 4.

③ Sune Lægaard, "Multiculturalism and Contextualism: How is Context Relevant for Political Theory?", *European Journal of Political Theory*, 2015, 14, pp. 259-276.

④ Don Herzog, *Without Foundations: Justification in Political Theory*, Cornell University Press, 1985, p. 231.

问题，在诸多语境因素中进行选择，从而确定该事件特殊的历史和社会背景。需要指出的是：一方面，一套政治理论不可能用以解释所有的社会实践，以问题驱动能够明确政治理论应用的领域；另一方面，研究者通过详细阐述相关联的语境特征并剥离不相关的因素，标明了分析的层次和分析的实质焦点①，政治理论由此获得清晰的理论边界。概言之，以问题导向并充分阐述语境特征对政治理论起到了锚定的作用。

第二步，以实际案例定位抽象原则。建立在人们道德直觉之上的抽象原则创造了一个封闭的、脱离现实的语言世界，当被用来揭示政治事件的因果机制时，这些看似中立的道德标准所内在的不确定性，往往会造成理论与实践之间的冲突。这是由政治语言的特质及研究者的语用要素共同造成的：其一，政治语言常被忽视的一个作用是它的煽动性，其目的不仅仅是准确地描述社会现实，更在于塑造我们对言说者的看法和态度，比如发表演说、竞选的口号等；其二，不同社会文化语境中的研究者基于自身目的和意图对抽象原则的解释各异，比如自由民主可以用来标榜正义，也可以是入侵别国的借口。"真实案例更丰富、更复杂、更具启发性"②，为抽象原则附以案例可以更有效地呈现出研究者之间的分歧之所在，有助于我们理解原则的真实含义。换言之，通过案例将抽象原则定位于实践问题，"可以使我们改变想法或修改理论"③。

第三步，对比不同问题的语境确认政治理论的需求。如上所述，语境和原则的对应关系，不能用一套政治理论解释所有的社会问题，当出现新的社会问题时需要对理论进行细化和修正。政治事件具有动态性的和偶然性的特质，即使在一个稳定的社会内部、不同的历史时空中，人们对理论的理解也存在差异。比如中国古代社会的税制存在着向土地征税和向人头征税两种形式，在王朝建立初期，由于人口凋零，向土地征税是保证税赋切实有效的方法，在王朝后期，

① Roy Dilley. "The Problem of Context in Social and Cultural Anthropology", *Language & Communication*, 2002, 22(4), pp. 437-456.

② Joseph Carens, "A Contextual Approach to Political Theory", *Ethical Theory and Moral Practice*, 2004, 7(2), pp. 117-132.

③ Joseph Carens, "A Contextual Approach to Political Theory", *Ethical Theory and Moral Practice*, 2004, 7(2), pp. 117-132.

由于土地兼并和人口增长，向人头征税是提升赋税收入的可行方式。语境与理论的构成是密切相关的，通过对比和评价不同问题中的语境要素，可以获得"细化和修改原则的依据"①。

概言之，语境论以具体问题驱动，通过实际案例和特殊语境的关联与互动，建立起抽象原则与社会实践的对话平台，综合使用实证主义和解释学的多种代表性方法，最后达到经由因果机制的实质说明。

## 三、语境论政治学方法的实现路径

语境论的政治学方法旨在解决目前在政治生活领域面临的具体且实质的问题，这些问题存在着"历史"和"当下"两个向度：一方面，历史向度包含对政治语言、政治概念、历史文本、著名人物思想等的解释和解读，涉及政治行为主体的意图、目的、期望、预设等语言环境及特定历史时空中的社会基本环境等语境要素；另一方面，当下向度包含对政治活动、政治制度的批判性评价，涉及民族文化、宗教信仰、社会结构等行为环境和文化语境。马林诺夫斯基将语境分析方法扩展到了非言语之语境，主张将社会和文化现象置于语境中。由此，语境概念具备了两种含义：其一，指话语、语句或语词的上下文或前后关系，即语言语境；其二，指话语或语句的意义所反映的外部世界的特征，可扩展为一定的社会、历史、政治、经济、文化、科学、技术等诸多要素之间的相互作用和相互联系，即情景语境②，这使得语境论对政治语言的解释和社会情景的分析成为可能。

那么，研究者会选择哪些语境要素作为分析的条件呢？需要指出的是，研究者不能把所有的语境要素都列入分析的范畴中，而是需要选择相关的要素并剥离不相关的要素，从而构建针对具体社会问题的案例语境。具体地说，对语

---

① Tariq Modood, Simon Thompson, "Revisiting Contextualism in Political Theory: Putting Principles into Context", *Res Publica*, 2016, pp. 1-19.

② 本刊记者：《语境论的科学哲学研究纲领——访郭贵春教授与成素梅教授》，《哲学动态》2008 年第 5 期，第 5—10 页。

境要素的选择与剥离是基于五个语境维度的①：一是基本环境（setting），政治活动所处的特定社会和时空的范围和框架；二是行为环境（behavioral environment），包括政治活动者在行动与交流过程中使用的身体和行为的方式；三是文化语境，包括历史文化、宗教信仰、社会阶级等背景知识；四是情境语境，包括与行动相关的地方性的决定因素，直接的、即时的社会条件；五是语言语境，包括语形和语义因素、交谈或文本的上下文。由此，语境论的政治学方法在以下四个维度得以实现。

（1）使用语境分析方法理解政治语言的真实涵义。其方法论本质是对政治语言进行语境化。"仅仅分析政治语言的意义是不准确的或严重不完整的，除非把语境考虑进去。"②语境化的步骤就是试图把政治语言建构于实践的基础之上，突破语义分析的静态层面，更关注对言说者的文化宗教背景、政治立场、目的意图等要素的语用分析，从而理解其政治语言的真实涵义。正如贝维尔（Mark Bevir）所说，在任何给定的时间里，作者所能获得的意义取决于他们所能理解的思考、写作和说话的方式。③

具体地说，政治是一种通过语言媒介进行的社会活动。实际上，政治语言不仅反映了我们周围的社会现实，是我们表明立场、塑造对言说者的看法和态度的工具，还是我们参与社会活动的一种有效方式。政治语言的被动作用是准确地反映社会现实，比如在书中、小册子、标语牌和墙壁上的宣言；而它的主动作用在于激发情感，比如在会议上发言、在示威游行中高呼等，目的是塑造我们对言说者的看法和态度。可见，政治语言不仅仅是一种交流手段，还是实现政治意图的工具。问题在于，试图为政治设计一组中立和科学的词汇是无望的，这就需要清楚我们所使用的词语以及我们赋予它们的意义。④ 基于此，政

---

① Ilya Kasavin, "To What Extent Could Social Epistemology Accept the Naturalistic Motto?", *Social Epistemology*, 2012, 26(3-4), pp. 351-364.

② Stephanie Lawson, "Political Studies and the Contextual Turn: A Methodological/Normative Critique", *Political Studies*, 2008, 56(3), pp. 584-603.

③ Beate Jahn, *The Cultural Construction of International Relations: The Invention of the State of Nature*, Palgrave, 2000, pp. 2-3.

④ 〔英〕安德鲁·海伍德：《政治学导论》，王浦劬编，中国人民大学出版社，2011，第6页。

治语言的内涵不仅仅是语言本身的意义，还包含着使用者的思想、立场和价值观等语境要素，这些要素本身是高度复杂的或是相互冲突的。比如，对一国的侵略可表述为推行自由民主或对其人民的解放；平民的伤亡可视为战争不可避免的代价，也可成为入侵别国的借口；有核国家为自己的核威慑辩护，却谴责他国拥有大规模杀伤性武器。如何解读诸如此类的政治语言取决于使用者的政治意图和立场。换言之，语言的价值总是有限的。无论使用多么仔细的词语，无论它们的含义有多么严格，语言都趋向于简化和歪曲真实世界的无限复杂性。

(2)使用语境重建和案例分析方法揭示政治概念的内涵。政治概念是我们思考、批评、论证、解释和分析的工具，是我们辨识和区分政治事件特征的价值标准。政治概念是由一个词语及其包含的特殊属性构成的，它表征的是一种普遍的观念(idea)，例如，总统的概念并不是特指某位政客，而是指一套行政制度的理论。因此，政治概念的建构不仅仅是对社会生活的观察和描述，还是对其蕴含的价值观的抽象和概括。这就造成在运用政治概念解释政治事件时，需要面对两个基本问题：其一，政治事件具有复杂性和即时性的特征，而在不同时空语境中政治价值的含义也不同，这就要求我们赋予具有普遍性的政治概念以实质的内容，即对政治概念的语境化；其二，政治概念本身是学术和意识形态的核心论题，政治在某种程度上就是围绕术语和概念定义权的论战，因而形成政治概念的道德和政治立场是多样性的，政治概念只有在其产生和被使用的语境中才是有效的。

理解政治概念的真实含义不仅需要对概念产生的背景进行考察，还需要对政治概念与社会实践之间的联系进行分析。语境论的政治学方法论对解释概念有两个向度：面向过去，需要对政治概念产生时的社会背景、特定的政治语言以及人们在制定某一概念时的政治立场和目的意图等语境要素进行语境重建，有助于我们理解概念形成的原因和动机。面向正在发生的政治事件，对于政治概念的实践应用，需要引用不同的案例，不同的时间、地域中发生的政治事件具有偶发性和不可重复性，政治概念的使用首先需要明确其适用的社会语境，通过这一语境化的过程，为具有概括性和抽象性的政治概念建立起与社会实践的关系。

(3)使用语境还原的方法解读历史文本和重要人物思想。政治思想史的研究需要对文本产生的特定语境进行还原,"将研究对象置于特定思想语境及言语框架中,这样便于我们考察作者写作时的行为及其意图"①。特定语境包括诸如文化背景、社会制度等社会语境,也包括作者言说中所使用的语言修辞、当时固有的政治词语等语言语境。语境论的政治学方法论步骤就是:首先要求调查的事项置于他们自己特定的时间设定范围内,其次对文本产生的语境进行还原,最后在不考虑概念连续性的情况下分析文本与特定语境的关系,这是我们理解作者真实意图的基础,也是我们解读历史的基点。

近年来,政治正确(political correctness)运动的目的在于建立无歧视的政治术语,使政治争论能够在非歧视的语言中进行。问题在于,一方面,追求语言使用的绝对中立,使语言失去了描述能力。政治语言包含着言说者的意图、立场等,建立一套中立的政治语言是空谈,仅仅是将负面的术语和形象替换为看似积极的术语。另一方面,追求历史人物的政治立场绝对中立,往往会造成矫枉过正。历史人物与研究者所处的社会语境是不可通约的,因而例如马基雅维利(Machiavelli)试图团结意人利的各城邦等不能被解读为"民族主义",因为民族主义是一个现代的观念。可见,通过对历史文本的语境重建,我们可以获得文本作者的写作意图或历史人物的政治立场。换言之,使用这种方法对当代社会发展中已发生的、有重要意义的政治事件进行语境重建,有助于在我们研究当代的问题时,从历史的研究中获得具有指导性和借鉴性的意见。

(4)使用过程介入和问题导向的方法构建一套对政治制度的客观评价标准。政治制度基于既有的规则、程序来约束个人或群体的行为准则。它既包括诸如宪法、选举制度等正式的形式,也包括道德基础、风俗习惯等非正式的形式。传统的政治分析方法如制度主义,通过研究正式形式的政治制度的原因和结果来解读政治现实,而如何考察非正式形式的政治制度就成了待解决的问题。进

---

① Quentin Skinner, *Visions of Politics (Volume 1: Regarding Method)*, Cambridge University Press, 2002, p. 8.

一步说，政治制度的评价标准是一个关于"正义"的命题，一个正义的政治制度需要符合法律的要求，即它的形成过程和价值标准要符合基本的法律规范，同时它还需要获得人们广泛的认可。换言之，它需要获得各个社会群体的普遍认同和遵守。如何确定正义的评价标准，语境论给出了两种方法路径。

一方面，要明确政治制度的内涵，就需要研究者深入到具体的语境中，通过参与政治制度的形成、制定和实践的过程，来对其结果和影响进行评价。[①]也就是，研究者融入该政治制度的现实世界、主动参与到社会生活中，根据该政治制度面对的社会现实，通过结构式访谈、问卷调查、长期的参与式观察等，就其合法性和合理性作出批判性评价。

另一方面，要以具体问题为导向，针对处于不同时间、地域的政治事件，确定适用于具体语境的正义原则。例如，能够使社会的善得到合理分配的政治制度是正义的；在法律的框架内，人们通过对话、协商、交流的过程所达成的共识性的政治制度是正义的；能够保障一定社会范围内，各个群体之间的关系和谐的政治制度是正义的。

可见，语境分析已经深入政治学的各领域，在整个政治分析过程中应该充分考虑语境要素的作用，通过引入语境要素明确了政治理论的适用范围，同时语境要素本身也是政治分析的对象，因而需要参照哪些语境要素就成为政治分析的前提条件，其方法路径的优势和重要作用得以凸显。

## 四、语境论政治学方法的意义

通过上文对语境论的政治学方法的方法步骤和实现路径的论述，我们不难看出语境论对于政治学研究所具有的重要优势。可以说，它将研究聚焦于以问题驱动的案例研究方法上，把可感知的历史、社会因素与参与者的主体意向结合起来，既满足了政治学家揭示特定于语境中的普遍规律的向往，也允许学者们探究人们政治行为深层次的、不可观察的动机因素，从而对于上述政治学研

---

① 殷杰、樊小军：《语境论的社会科学方法论探析》，《自然辩证法研究》2018年第4期，第8—13页。

究方法诸多困境的解决具有重大意义。

一方面，语境论调和了经验性进路和规范性进路的二元对立。目前的政治学研究中大体存在两种截然不同的研究进路，经验性进路和规范性进路。[①] 经验性进路以实证主义和经验主义为哲学基础，关注于对政治事件自身合理性和有效性的描述和分析。规范性进路则关注于最基本的政治原则和政治概念，并尝试为它们提供一种普遍化的和终极性的哲学证成。事实上，它们的关系不是非此即彼，而是一种相互补充。正如格林（John Gerring）所说，"如果没有对经验性的考量，规范性的研究将没有意义；如果规范性的理论模糊不清，经验性的研究也会被误导"[②]。例如，发现最佳的政府形式是一种规范性目标，为了实现这一目标，我们需要经验性进路的比较分析方法。可见，经验性的研究可以接受规范性理论的指导，而规范性理论也可由经验性研究验证。我们通过对历史制度主义、政治自由主义和多元文化主义中语境论思想的梳理，可以看出，政治学的各分支均出现了对文化和历史知识等语境要素考察的趋势，并通过对这些语境要素的分析拉近了经验性进路和规范性进路的距离。换言之，语境要素对构建政治理论的重要性逐渐引起学者们的重视，学者们尝试通过语境分析来构建起经验性进路和规范性进路的桥梁[③]，为政治学研究向着多元性、综合性方向发展的现状，提供了一种对话平台。

另一方面，语境论扩大了政治学研究的理论视阈，使其能够深入对法律、制度等实质内容的探讨。抽象的理论语言创造了一个脱离现实的世界，其看似合理的结论背后隐藏着不确定性，不同文化背景的人出于不同的意图对抽象的政治理论进行解读，其结论往往千差万别。政治学研究方法多元并存的现实提醒我们，"不要固执于一个科学眼光，而要持开放的态度，对于不同的方法论立

①　杨伟清：《政治哲学的进路》，《中国人民大学学报》2012 年第 5 期，第 37—44 页。

②　John Gerring, Joshua Yesnowitz, "A Normative Turn in Political Science", *Polity*, 2006, 38（1）, pp. 101-133.

③　Rainer Bauböck, "Normative Political Theory and Empirical Research", In Della Porta, Michael Keating, *Approaches and Methodologies in the Social Sciences: A Pluralist Perspective*, Cambridge University Press, 2008, p. 47.

场、理论目标、角色定位以及研究方法等，要持开放的态度"①。语境论主张，各方应当放弃坚持自身唯一合法性的立场，回到交流与对话的轨道上，相互融合和借鉴各种立场的优势。也就是，以求解具体问题为驱动，以特定案例为中心，综合运用实证的与解释的方法，直接地参与到研究对象的语境中来分析政治实践，对社会问题予以实质性回答。换言之，语境论把诸如文化、宗教信仰、道德标准等人们的内在语境要素与诸如公民身份、阶级、意识形态等社会实践中外在语境要素相互关联，在社会实践的进程中，依据语境的内部视角和外部视角不断地修改和细化政治理论，使得政治理论展现出实质且丰富的内容。

　　综上所述，在规范的政治哲学中，语境论进路的地位已逐步彰显。首先，政治是一种以语言为媒介的社会活动，政治语言的目的不仅仅是描述或说明某些社会现象，还是传达政治家的目的和意图，而语境分析的优势在于其充分考虑了言说者的语用要素。其次，对于已经发生的政治事件需要还原其当时的语言语境和社会语境，对于正在发生的政治事件进行分析需要参与其中，而不是置身其外。最后，政治制度的评价标准并非一成不变，在不同的时间、地域、社会中人们对其的理解也不同，语境分析方法以具体问题为导向，为政治制度之于特定的政治事件提供了一种细化、修正的参考标准。因此，政治学中的说明与解释、经验与概念、数据与理论之间相互对立的现状，能够在回答具体问题的过程中得到消解，从而能够形成合力推进政治学方法不断地向前发展。

## 第二节　正义理论建构的语境化趋势

　　自《正义论》发表以来，政治事件的伦理判断和道德评价进入了政治哲学的视野，使正义理论的普遍主义建构成为主流。普遍主义旨在建构一套抽象的、完备的、适用于所有正义问题的道德学说。然而在经济全球化的背景下，政治事件呈现出多元性和复杂性的趋势，往往会造成抽象的正义理论与政治现实的

---

① Jürgen Harbermas, *Between Facts and Norms*, The MIT Press, 1996, p. 7.

偏离①，使得政治哲学研究陷入一个似乎无解的困境。由此，语境之于政治哲学的作用引起了学者们的重视，试图通过分析语境要素与正义原则的互动关系来解决这一难题。本节的目的在于，从哲学方法论的角度分析普遍主义的困境及趋势，并阐述语境论建构正义理论的方法路径，揭示出语境论作为一个整体关联性的方法论之正义理论研究的意义所在。

## 一、政治自由主义的语境论蕴含

普遍主义主张正义原则应该建立在人们的道德直觉之上，并适用于每种出现正义问题的情形。它不受人们的主观意向性、社会历史语境等要素的影响，本质上是一种理想的、抽象的、脱离社会实践的正义理论，从而受到了各方的强烈质疑。在回应各种质疑的进程中，罗尔斯意识到普遍主义的问题所在，转而尝试建立一套"政治化"的正义理论。可以说，罗尔斯将普遍的正义理论限制在政治的范围内，是一种语境论思想的体现。

普遍主义是罗尔斯在批判功利主义和重建契约论的过程中逐渐形成的。他认为，"正义作为政治哲学主题，这意味着正义关注的问题是社会制度的基本结构"②，而自由平等的人能够自主地选择一种好的正义理论。基于此，普遍主义建构正义理论的方法有两个显著特征：首先，应该在基本的政治理念和原则上达成明确的政治共识，面对多样的正义原则人们要做的就是选择。契约论的作用就是为人们的选择建构一个理想的环境，如"原初状态"和"无知之幕"的假设。其次，建构的本质是一种选择的过程，正义理论的建构来自对不同政治价值深思熟虑后的判断，即"反思平衡"。契约论的作用在于让实践理性按照理想的方式来选择正义理论。质言之，普遍主义建构的正义原则是一种"程序正义"（procedural justice），即在"原初状态"假设的条件下，人们只遵从同一的基本原则，需要考虑自由、平等、公平等显性的政治价值，并将语言、文化、宗教、阶级

---

① Sune Lægaard, "Contextualism in Normative Political Theory", *Oxford Research Encyclopedia of Politics*, 2016, p. 1, https: //doi. org/10. 1093/acrefore/9780190228637. 013. 87

② John Rawls, *A Theory of Justice*, Harvard University Press, 1999, p. 5.

等隐性的排除在外，同时也排除了政治实践中的偶然性和特殊性。也就是，对正义最好的证明就是人们在基本的正义问题上达成一致，这种最基本正义理论受到多方面的质疑。

其一，普遍主义建构的正义理论无法对特殊社群的规范和实践产生效力。"原初状态"假设目的在于为人们选择"基本善"建立理想的条件，正义理论仅仅需要人们就基本的政治价值达成一致。然而，现实的政治生活中，语言、种族、文化、宗教、阶级、教育等要素会影响人们对政治问题的看法，例如，伊拉克战争可以被解释为消灭大规模杀伤性武器或是对他国主权的践踏。无知之幕消除了道德的因素，人们追求自己特殊善的过程中，善观念的内涵是不同的。[①] 这意味着，将抽象的、基本的正义理论用于具体的政治实践时，往往会造成理论与实践的偏离。

其二，无法用一种理论统摄多元化的正义理论。契约论证明的实质上是程序正义的观念，人们在这种程序中做出的任何选择，其结果都是正义的。政治哲学家对政治价值的不同侧重，造成了正义原则多样化的现状。普遍性的正义理论则是独立于事实、独立于语境的，是柏拉图式理解的典范[②]，在实践中需要处理的问题多种多样，抽象的原则是无法处理的。当涉及具体的政治问题时，人们通常会根据特殊的情况应用不同的原则。例如，接受基础教育的权力需要平等地分配，而高等教育的机会并非如此。这意味着，哪些原则是适用于当前政治实践的，普遍主义无法给出可行的步骤。

罗尔斯在与特殊主义的论战中，清醒地意识到现代社会长期存在着多元的、互不融合的完备性学说：首先，社会文化、价值、宗教信仰等方面的多元化是现代民主社会的持久性特征，即"理性多元化事实"；其次，只有通过国家权力强制力，才能使民众认同某一学说，即"压迫性事实"；再次，人们对不同学说的承诺会使他们的理性观念产生分歧，这种分歧必然会带来社会理性观念的分裂。这意味着，人们就正义理论的内容达成共识，是保证社会长治久安的前提。

---

① Thomas Nagel, "Rawls on Justice", *Philosophical Review*, 1973, 82(2), pp. 7-10.

② Gerald A. Cohen. *Rescuing Justice and Equality*, Harvard University Press, 2008, p. 429.

在确保人们自由权利的同时，还需要确保社会观念的多元宽容。换言之，他认识到普遍性的正义理论回答的是人们政治理想的问题，多元化的现代社会何以实现稳定，是政治的正义理论需要回答的问题。

为了回答稳定性问题，罗尔斯在《政治自由主义》中"明确地采用了语境论的方法，为的是迎合还未成型的直觉，这些直觉有关自由、平等和正义，并且他提供了一个模型来控制这些未成形的直觉"①。具体地说，罗尔斯提出了"重叠共识""权利优先于善"和"公共理性"的概念，通过对这些新概念的解释，他找到了解释上述问题的新途径。第一，重叠共识是政治正义的构成条件，它发生在某种政治文化传统内部，是达成共识的内在语境。第二，权利优先于善是政治正义的基本价值观，当政治价值同各种形而上的道德信念冲突时，政治价值高于一切。第三，公共理性是政治正义的普遍性基础，它是各种统合性宗教学说、道德学说和哲学学说就基本政治观念达成的共识，这是获得公民文化认同的基础。质言之，政治的正义理论就是要求持有不同信念的人们都做出让步，在基础的政治问题上取得共识从而确保社会稳定。

罗尔斯将普遍性的道德正义限制在政治正义的范围内，这种深入政治问题的思路，是普遍主义向语境论的妥协②，实质上是一种语境论思想的体现。首先，"重叠共识"描述的是一种问题情景，而不是一种特殊的解决方案，这属于语境论的研究范畴。③ 其次，"重叠共识"的达成是一个由特殊的基本要求到普遍的要求逐步深入之过程，是一个由"宪政共识"到"重叠共识"的过程。再次，"重叠"的中心不是人们之间的妥协，而是建立特殊的、范围不断变化的政治正义观念。最后，正如罗尔斯所说，政治的正义观念范围限制越严，共识就越具体，参与的因素越全面，讨论就越充分，正义原则也就越可信。④

---

① Alan Thomas, *Value and Context: The Nature of Moral and Political Knowledge*, Oxford University Press, 2006, p. 284.

② Alan Thomas, *Value and Context: The Nature of Moral and Political Knowledge*, Oxford University Press, 2006, p. 280.

③ Alan Thomas, *Value and Context: The Nature of Moral and Political Knowledge*, Oxford University Press, 2006, p. 282.

④ John Rawls, *Political Liberalism*, Columbia University Press, 1996, pp. 164-166.

概言之，普遍主义的正义理论建构在一种理想的契约处境上，它太厚重以至于不可能达成真正的契约①，而从理想回到实践，正义理论的可行性就成为主要问题。基于此，罗尔斯将普遍的道德正义修正为特殊的政治正义，即从《正义论》到《政治自由主义》的理论转变，这是因为"对于平等的诉求，我们更倾向于从形式转向实质，后者更充分地阐述了有利条件的范围"②。由此，罗尔斯找到了合理解释现代民主社会中，文化价值的理性多元与社会秩序的稳定统一之间矛盾的新途径。

## 二、语境论正义理论的方法特征

政治哲学的终极目标是对政治生活有所反思，对政治活动中的思维和实践方式有所评价和批判，对实现个人价值的政治行为有所矫正和规范。正义理论用来处理实际的政治问题，最重要的是经济关系，突出地表现为分配正义（distributive justice）。关于分配正义，普遍主义的方法是在平等和公平之间寻求平衡，给出的答案是"平等原则"和"差异原则"。有别于普遍主义的宏大建构，语境论从具体的社会实践出发，关注的是广义上的分配正义，诸如资源、利益、权利、机会、财产、收入等要素的分配方式。

在语境论看来，第一，分配的内容不只是基本善还包括与政治相关的善，诸如生活物品、医疗福利等有形之物，以及选举权、受教育权等无形之物。第二，分配的方式不只是市场机制，每一种特殊的善都应有其特定的分配方式。第三，分配的机构不只是政府的再分配，还应包括现实生活中存在的各机构，如黑市、家族网络、宗教组织等。第四，分配的标准不只是平等，还包括按劳分配、应得分配、按需分配等。这体现出了普遍主义与语境论"一"与"多"的矛盾。具体地说，普遍主义寻求在一种理想环境下选择正义原则，正义原则基于一种标准通过政府机构以一种方式来分配。语境论认为，现实社会是多样的，

---

① Michael Sandel, *Liberalism and the Limits of Justice*, Cambridge university Press, 1982, pp. 27-28.

② Alan Thomas, *Value and Context: The Nature of Moral and Political Knowledge*, Oxford University Press, 2006, p. 284.

正义原则、分配内容、方式、机构和标准等是多元的，从而形成了对正义理论不同视角的阐述。本节关注的是以哈贝马斯和弗斯特（Ranier Forst）为代表的法兰克福学派的"政治伦理转向"，以及英美哲学中米勒的语境论思想。

20世纪80年代以来，哈贝马斯尝试将"规范语用学"（formal pragmatics）用于政治理论的研究。他认为，正义的（好的）政治和法律制度需得到人们的一致认可，是人们在对话、协商、交流的过程中达成的共识，而达成某种共识的对话程序必须具有合法性。现代社会存在着复杂、多元的矛盾，消解这些矛盾的前提条件是"生活世界"（life world），它为我们的语言和行动提供了确定性。① 生活世界的概念有两重含义：一是，语言、符号或文化的形式语用学世界，是人们交往的前提；二是，日常生活的世界，是交往行动发生的场所。哈贝马斯在涉及理解共识时使用的是前者，而涉及政治理论时使用的是后者，从而规范语用学的方法由语言学领域进入政治哲学领域。进一步说，现代道德存在认知的不确定性、动机的不稳定性和义务的不可归属性等内在限制②，需要通过法律的功能加以弥补。而法律的事实性和有效性构成了其内在张力，前者指法律凭借强制力必须得到遵守，后者指此法律必须被尊重。调和上述张力的方法是民主的政治程序，它由两部分组成：一是法律商谈理论（discourse theory of law），它为公民舆论和意志的形成提供了规范性的程序；二是社会交往理论（communication theory of society），根植于生活世界中的正式的公共领域（国家机构）和非正式的公共领域（民间团体）共同发挥社会整合作用。概言之，正义的民主协商程序是实现分配正义的制度保障。

弗斯特在《正义的语境》中指出，自由主义和社群主义争论的核心是"权利"（rights）与"善"（goods）的优先性问题。他认为，罗尔斯"无拘自我（unencumbered self）"是剥离了主体利益和依附的存在，忽视了"人是被嵌入在社会共同体中的"③这一事实，而社群主义沉迷于对"善"的解释又走向了另一个极端。

---

① Jürgen Harbermas, *Between Facts and Norms*, The MIT Press, 1996, pp. 21-22.

② Jürgen Harbermas, *Between Facts and Norms*, The MIT Press, 1996, p. 108.

③ 〔加〕威尔·金里卡:《当代政治哲学》，刘莘译，生活·读书·新知三联书店，2004，第405页。

事实上，主体在不同的语境中具有"不同的有效性标准"①，从而"权利"是否优先于"善"取决于具体的语境。人在不同的社群（community）中具有不同的身份，如家庭中的身份是丈夫、工作中是医生同时又是某党派的成员等。正是这些身份对规范性的不同要求，使得"正义规范既是内在于语境的，又是超越语境的"②。受哈贝马斯影响，弗斯特将人和社群的概念划分为"伦理（ethical）、法律（legal）、政治（political）、道德（moral）"③四种规范性语境。具体地说，伦理的社群包含了人们基本的约定和义务；法律的社群保证了人们自由平等的权力；政治的社群中人们既是法律的制定者又是守法的公民；全人类的道德社群保证了道德个体被尊重的权利。由此，可以确定特定问题所对应的规范性语境，从而明确了个体语境所适用的标准，以及这些语境间的互动关系，揭示出人们理解正义的分歧所在。

米勒认为"社会成员之间的关系"这一语境要素决定了分配适用的正义原则。他认为，正义原则是特定于语境的，就是说我们需要回答分配什么、分配给谁、分配的依据等语境敏感的问题。这些问题是随语境而变化的：一方面，在封闭的社会内，社会成员间存在着团结的社群、工具性联合体以及公民身份等基本的关系模式④，团结的社群要求正义原则遵循按需分配，工具性联合体的最佳方式是应得分配，公民身份要求成员能平等地享有各种政治权利。另一方面，在全球正义视阈中，不同宗教和文化背景的社会成员对所分配的善、分配机制及分配依据的原则理解存在差异⑤，正义的首要任务是保障基本人权，而关于受教育权、医疗权、政治权等分配原则需要深入语境的比较。可见，社会成员

---

① Rainer Forst, *Contexts of Justice: Political Philosophy Beyond Liberalism and Communitarianism*, University of California Press, 2002, p. 28.

② Rainer Forst, *Contexts of Justice: Political Philosophy Beyond Liberalism and Communitarianism*, University of California Press, 2002, p. 5.

③ Rainer Forst, *Contexts of Justice: Political Philosophy Beyond Liberalism and Communitarianism*, University of California Press, 2002, p. 4.

④ David Miller, *Justice for Earthlings: Essays in Political Philosophy*, Cambridge University Press, 2013, p. 37.

⑤ David Miller, "National Self-determination and Global Justice", *Citizenship and National Identity*, 2000, p. 171.

之间产生联系的方式多种多样，如家庭、政党、宗教团体等，没有一种正义理论能够适用于所有的社会关系，在每组社会关系中分配的正义与否取决于成员间关系的类型。

可以看出，语境论独特的研究逻辑和分析方法不同于普遍主义的研究方法，倡导在确定可行的正义原则时不是去寻求抽象的道德标准，而是"采取某种方式解释作出决策的语境"[①]，从而具有更强的针对性和实践效用。例如，肾脏移植手术时，在先到先得和按需分配的原则之间做出选择的依据是肾脏和受体之间的生物匹配度。概言之，社会中存在着 $P_1 \cdots P_n$ 等抽象的正义原则，在具体的应用层面由特殊的问题、一种政治协商机制或一组社会关系构成了分配的语境 $C_1 \cdots C_n$。语境论主张在一组分配语境 $C_1$ 中可以确认一种最适合的原则 $P_1$，即 $C_1$ 和 $P_1$，$C_2$ 和 $P_2 \cdots C_n$ 和 $P_n$ 的对应形式。[②] 这样，语境论建构正义理论的方法就需要"充分地阐述 $C_1$ 的特征，明确地解释 $P_1$ 的内涵，并通过 $C_1$ 与其他相关联的语境进行比较以确认正义的需求"[③]。概言之，语境论以具体问题驱动，通过实际案例和特殊诺境的关联与互动，建立起抽象原则与社会实践的对话平台，为正义理论的研究指出了一条多元融合的方法路径。

## 三、语境论正义理论的定位与意义

语境论支持普遍主义的"反思平衡"方法，正义理论的建构源于对诸多原则深思后的判断，从而发现、修正或抛弃理论本身相冲突的部分。进一步说，语境论认为反思的对象"还要包括一系列陌生的、真实的问题和案例"[④]，从而避免对正义原则的直觉判断。语境论在原则与案例之间的反思目的：一是制定一

---

[①] David Miller, *Justice for Earthlings: Essays in Political Philosophy*, Cambridge University Press, 2013, p. 48.

[②] David Miller, *Justice for Earthlings: Essays in Political Philosophy*, Cambridge University Press, 2013, p. 41.

[③] David Miller, *Justice for Earthlings: Essays in Political Philosophy*, Cambridge University Press, 2013, p. 48.

[④] Joseph Carens, "A Contextual Approach to Political Theory", *Ethical Theory and Moral Practice*, 2004, 7(2), p. 127.

种特殊视角的正义理论，这就要求我们必须深入到日常生活中去寻找判断的标识；二是制定一种具有实践效力的理论，从而人们的政治生活能以此为依据。可见，语境论独特的思维逻辑和理论旨趣兼具普遍主义和特殊主义特征，这就需要语境论二者之间进行再定位，回答这一问题是对语境论作为一种政治哲学研究方法的丰富和完善。概言之，语境论是一个整体关联的视角，融合了各方的优势，为自由主义和社群主义提供了一个对话的平台。

首先，语境论扩大了正义理论的论域，使其能深入探讨法律、制度等实质内容。"人们总是会证据不足地说明一种生活方式，并且证据不足地去确定美德的优先顺序，从而证据不足地去确定支持某种生活方式的道德禁例和禁令"①，这揭示了普遍主义的内在缺陷：其一，正义理论不可能脱离社会实践中具体的政治问题，单纯在纯理论层面上对原则和观念进行辩论，其理解只能建立在一些理性化的、并不可靠的直觉知识上；其二，从语义学的角度看，抽象原则的应用中可能并没有达到它们所假设的理性条件，原则和概念的语义内容取决于它们在实践中的涵义。语境论的策略是：其一，将"文化"纳入解释的范畴，文化被视为影响人们理性行为的复杂性因素，它塑造了理性行为的外在条件，解释了制度的运作，并在不同的时间内维持社会实践。需要注意的是，应该避免"将文化视为一种全能的工具，试图去成功解释一切"②，这样会使语境论陷入泛语境化的泥潭。其二，将人们的种族、阶级、教育等形而下要素纳入解释范畴，不同的社会地位和利益关系直接影响人们对政治问题的看法，突出了主体的内在心理意向性的作用。其三，强调宗教、哲学、道德等形而上信念对人们解释政治价值的影响，揭示出真理的获得会不可避免地受到社会、历史、文化等因素的影响，突出了社会语境和非理性因素的作用。换言之，语境论将人的心理意向性和社会语境结合起来，将抽象原则情境化和现实化，将社会实践与具体问题相关联，从而使正义理论获得了实质的内容和可行的方法，也被称为

---

① Stuart Hampshire, *Morality and Conflict*, Harvard University Press, 1983, p. 155.
② Michael Keating, "Culture and Social Science", In Della Porta, Michael Keating, *Approaches and Methodologies in the Social Sciences: A Pluralist Perspective*, Cambridge University Press, 2008, p. 115.

"实质的语境主义"(substantive contextualism)。①

其次，语境论"将普遍的正义理论作为基石，批判性地和有选择性地得出日常信仰"②，终极目标是通过知识的积累获得具有普遍性的正义理论。在分配正义的论题中，语境论主张实现正义的基础是人与人之间的共识，标识出一种特殊主义的视角。事实上，语境论的普遍主义策略只在特定语境内进行普遍化③，在研究问题不断扩展和深入的过程中体现出普遍性。换言之，一个问题构成一组语境和原则，随着对更深层次的、更复杂的问题的解释，局部语境和原则是在知识层次上不断地累积和丰富中趋于普遍的。普遍主义和语境论的分野，体现的是实在论和建构论之间的张力。沃尔泽在《正义诸领域》中对比了普遍主义哲学家的思想，发现他们的观点都反映出了强烈的实在论观念，依据这种观点，正义理论的目的在于论证其自身的正当性。语境论则是一种关于正义所表征内容的描述，深入到了理论的本质内容。那么究竟什么才是政治理论？既不能说正义理论是关于正当理由的某种虚构的说明结构，也不能说正义理论就是关于实际政治事件中存在的各种观点和原则。也就是说，政治理论既不是单纯的关于实在政治观点的规范性现实的反映，也不是完全虚构的反实在的建构。应该如语境论揭示的，是一种兼有实在和建构特质的"尝试描绘出已经融入人类生活中有关对错(是非)的规范和理解的观念"④，在事实的基础上尝试"明确表达那些已经融入特定传统和生活方式的现有规范和价值标准的理论"⑤，从而弥合了上述二者之间关于理论本质的争论。

最后，语境论是一个整体关联性的视角，其核心要义最终还是在于方法论问题。一方面，语境论认为正义原则和政治价值不是一种静态的结构，而是放

①　Sune Lægaard, "Contextualism in Normative Political Theory", *Oxford Research Encyclopedia of Politics*, 2016, p. 6, https: //doi. org/10. 1093/acrefore/9780190228637. 013. 87

②　〔英〕布莱恩·巴利：《作为公道的正义》，曹海军、允春喜译，江苏人民出版社，2008，第12页。

③　Lars Mjøset, "A Case Study of a Case Study: Strategies of Generalization and Specification in the Study of Israel as a Single Case", *International Sociology*, 2006, 21(5), p. 742.

④　Sune Lægaard, "Contextualism in Normative Political Theory", *Oxford Research Encyclopedia of Politics*, 2016, p. 7, https: //doi. org/10. 1093/acrefore/9780190228637. 013. 87

⑤　Sune Lægaard, "Contextualism in Normative Political Theory", *Oxford Research Encyclopedia of Politics*, 2016, p. 8, https: //doi. org/10. 1093/acrefore/9780190228637. 013. 87

在社会实践中整体考虑的，把它们与历史语境、社会语境等因素之间的互动作为一个整体来处理，关注其后讨论、解释和评价理论的一种动态方式。政治理论家可以在原则和语境之间进行分析和取舍，通过深入语境，对各种事实进行直观判断，并就语境对特定事实的影响，做出批判性的评估。另一方面，语境的隐含意义非常广泛，其中蕴含着大量可分析的信息。语境论把诸如文化、宗教信仰、道德标准等人们的内在语境要素与诸如公民身份、阶级、意识形态等社会实践的外在语境要素相关联和互动。在社会实践的进程中，依据语境的内部视角和外部视角不断地修改和细化原则，使得正义理论展现出实质且丰富的内容。正如科恩(Joshua Cohen)所说，"对于平等的条件，我们更倾向于从形式转向实质，因为后者更充分地阐释了有利条件的范围"①。概言之，语境论以一种动态的结构，从社会实践的内部视角和外部视角进行分析，本质上是一种整体论的研究视角，而这种多元化的研究视角和方法，为正义理论的多样化研究提供了一个新的平台。

综上所述，语境论以问题导向、案例研究的方法建立了语境要素与正义理论的互动关系，并尝试从多种角度阐释正义理论的实质内容，在政治哲学中产生了一定影响。首先，语境论以问题驱动的逻辑和分析方法，揭示研究者的内在语境和社会的外在语境要素的互动关系，其兼具普遍性和特殊性的方法论特征，在解决正义问题时具有明显的优势。其次，语境论以一种案例研究的方法对具有动态性、偶发性的政治事件进行分析，使得正义理论具有了实质的内容。再次，抽象的正义原则和社会实践通过语境相关联，使得正义理论可以对社会实践提出指导性意见。当然，正如弗斯特所说，语境论的正义理论并不意味着所有冲突的价值之间都能达成共识，如何在冲突中保持宽容，认识和承认各方的优势，在协商、讨论和相互理解的过程中达成共识，这是今后语境论的政治哲学研究所要努力的方向。②

---

① Joshua Cohen, "Moral Pluralism and Political Consensus", In David Copp, John Roemer, Jean Hampton, *The Idea of Democracy*, Cambridge University Press, 1993, p. 288.

② Rainer Forst, *Toleration in Conflict: Past and Present*, Cambridge University Press, 2013, pp. 1-3.

## 第三节　作为政治哲学方法论的语境分析何以可能

自当代西方政治哲学的研究主题转向规范性以来，一直存在着自由主义(liberalism)和社群主义(communitarianism)的争论，其实质是普遍主义和特殊主义的二元对立。当今政治事件呈现出多元性和复杂性的特征，政治理论所涉及的领域也不断扩展，各种立场固有的内在缺陷使得政治哲学不可避免地陷入了困境。这个困境体现在：一方面，研究的视野从地方性政治生活转变为与政治相关的公共领域，开始关注全球视阈中的政治事件；另一方面，研究的问题转变为伦理、文化、经济、法律、政治等有关人类生活的多元的、复杂的问题集合。如何找到一个各方均能接受的研究方法，使规范性政治理论适应多元化需求，就成为一个待解决的问题。为此，政治哲学家们越来越认识到语境之于规范性政治理论的作用，诸如卡伦斯、帕雷克(Bhikhu Parekh)、杜利(James Tully)和莫多德等多元文化主义的学者，都将其理论描述为语境论。[①] 本节立足于政治哲学发展的这一趋势，试图揭示语境论进路的形式特征，由此阐明语境论之于当代政治哲学研究的意义所在。

### 一、政治分析需要语境要素的介入

政治理论中规范始终是与善、机构和社会关系等要素密切相关的，这些要素涉及的语境是指与政治论证对象有关的某些事实，而这些事实可以通过语境分析进行解读。由此，一个语境就表征了一组规范性实践，那么规范就不再是"任意的思想网络要素(elements of free-floating networks of ideas)、一种抽象的理论"[②]，而是始终与特定时间、历史和文化密切相关的。换言之，政治理论把对语境要素的分析作为研究的起点，语境本身就成了新的问题域。在面对具

---

① Sune Lægaard, "Multiculturalism and Contextualism: How is Context Relevant for Political Theory?", *European Journal of Political Theory*, 2015, 14, p. 1.

② Sune Lægaard, "Multiculturalism and Contextualism: How is Context Relevant for Political Theory?", *European Journal of Political Theory*, 2015, 14, p. 2.

体的社会实践时，有必要首先确定政治理论的前提条件和适用范围。

其一，语境是政治理论的问题来源。政治理论是问题导向的（problem-ori-ented），也是受问题驱动的（problem-driven）。因此，政治理论首先会尝试分析出现在特定政治和社会语境中的问题。换言之，政治理论的语境分析方法并不是首先构建完整的正义理论，然后将其代入任何出现的问题中，而是将理论发展看作是对政治问题及其语境进行反思的结果。"我们只需要考虑在语境中提出的观点，并使之具有可理解性。"① 例如，抽象的公平分配原则本身是语境无涉的，而使用这条原则对 WTO 的公平性进行评判，就构成了它的一个特定语境。政治理论要面对的一个问题是原则和现实的偏离，那么语境论的应对策略就是对存在于特定语境中的普遍性概念进行重新思考。例如，公民义务是一个语境无涉的概念，而移民对于特定历史中国家移民制度的预期，就构成其特定语境。更深一层，问题的本身也依赖语境，对问题的解答不仅是一种描述，当存在某种紧张、困境或其他方面的问题时，那么一组语境事实就会构成一个问题。语境论缩小了描述性理论和规范性理论两者之间的距离，使规范性理论成为显著的问题导向型理论。② 所以，对政治理论的研究，首先应当分析其所处的特殊语境，这是将语境作为政治理论之问题来源的首要条件。

其二，语境是理解政治理论的前提。我们理解普遍原则和概念之前，首先要对其所应用的语境进行限定。政治原则和概念只有相对于某个特定语境才有意义，同一个抽象的原则和概念在不同的语境中就会有不同的含义。政治理论是相当抽象的，比如罗尔斯主义的某些部分，并且它们是在理想条件下对政治原则和概念进行辩论，而与现实情况无涉。语境论认同抽象的政治理论的本质内容，但也对其抽象性进行批判：一方面，政治理论关注于抽象概念的解释，使其脱离人们面临的具体政治问题；另一方面，将政治论点建立在哲学家的直

---

① Don Herzog, *Without Foundations: Justification in Political Theory*, Cornell University Press, 1985, p. 231.

② Rainer Bauböck, "Normative Political Theory and Empirical Research", In Della Porta, Michael Keating, *Approaches and Methodologies in the Social Sciences: A Pluralist Perspective*, Cambridge University Press, 2008, p. 52.

觉之上是不可靠的，因为与实际案例相比，基于直觉做出的前提假设脱离了现实生活。比如，"无知之幕"的假设在现实中是不存在的。从语境论的角度看，脱离具体语境的问题和解答都是没有意义的。现实生活中的政治事件具有复杂性和丰富性，难以用一两条普遍原则予以说明，我们无法真正明白普遍原则和理论构想的含义，除非将它们放在各种特殊语境下进行解读和应用。[①] 因此，理解抽象理论的前提是首先对抽象理论所应用的语境进行必要的解读。

其三，语境是规范性实践的约束条件。语境对规范性实践的约束在于，确定特殊语境中最重要的规范和解释方法。语境没有为任何政治论证提供规范性的论据和结论，它的作用只是限制了规范性实践的适用范围。特定语境中不会只存在一个相关规范，且对相关规范的解释也不是唯一的，例如英格兰和威尔士的仇恨言论法律案例中，最重要的规范是平等，而实际上公共秩序和反歧视规范也同样出现在这种法律体系中。因此，我们在考察某个特定语境时需要确定哪种规范对该语境是最重要的，进而确定解释该规范的方式。需要注意的是，对规范的解释需要遵守两个准则：[②] 第一，所选的规范必须是对涉及语境的可行性论述的一个要素；第二，在契合语境的众多解释中，理论家必须选择一种能更好地支持该政治理论的解释。政治事件具有动态的和即时性的特质，对其分析的结果必然是一种渐进式的。在确定正义原则时，语境通过以下两个方面来发挥作用：第一，在现实条件下，通过不断探索和评价得出一些普遍的原则，并进一步在实践中修改和细化；第二，在不预设绝对规范标准的前提下，赋予具体语境中发现的规范以重要权重。[③] 基于此，语境分析的目标不是为研究政治问题找到绝对的正义原则，而是通过对正义原则不断地修正和细化，为寻找出趋于完善的制度和政策而努力。

综上所述，政治理论专注于为政治判断提供系统性论据，其适用的范围以

① Joseph Carens, *Culture, Citizenship and Community: A Contextual Exploration of Justice as Evenhandedness*, Oxford University Press, 2000, p. 3.

② Ronald Dworkin, "Natural Law Revisited", *University of Florida Law Review*, 1982, 34(2), p. 171.

③ Tariq Modood, Simon Thompson, "Revisiting Contextualism in Political Theory: Putting Principles into Context", *Res Publica*, 2016, p. 1.

及语境对其影响都是需要首先讨论的，那么语境事实就是该政治论证的前提。首先，语境论进路将普遍原则应用到特定语境中，那么有关语境的事实就成为了该论据的经验性的前提，从而语境就成为政治理论的问题来源。其次，语境分析不仅仅是作为对特定案例下探求普遍原则的必要先决条件，还能划定其适用范围。再次，语境事实被调用来限制和指导结论，在选择特定语境时，也就选定了该语境下的局部规范，特定的语境会强烈预设特定的规范。最终，在对语境充分讨论的基础上建构的政治理论能更好地解释具有不同文化背景社群的行为模式、思考方式和价值决断标准。因此，政治哲学研究引入语境的优势和重要作用凸显，通过语境分析使规范性政治理论向着多元性、综合性的方向发展。

## 二、语境分析的应用域面

20 世纪 80 年代以来，学者们关注规范性政治理论中语境要素发挥的作用，旨在说明"政治进程是何以运作的，哪些结论是依赖于其所处语境"①，并在各自领域中形成了丰硕的成果。具体地说，主要有三个向度：一是关于语境与政治理论实质内容的关联性，主要是正义理论的语境论建构；二是关于语境对政治理论的解释作用，主要是一种语境论的案例研究方法；三是关于政治理论和法律政策的有效性阐释，主要是一种语境论的政策研究方法。这三个向度涵盖了从政治理论的建构，到政治理论解释方法，再到政策的制定与修改，语境论事实上成为一种更普遍的政治理论研究视角②，从而形成了一种政治哲学的语境论进路。

### (一)正义理论的语境论建构

"何谓正义"是政治哲学的核心问题，涉及对诸如社会的善、制度的合法性与合理性等抽象的政治价值进行一种评价性的论述。语境论并不关注对政治理

---

① Don Herzog, *Without Foundations: Justification in Political Theory*, Cornell University Press, 1985, p. 4.

② Sune Lægaard, "Contextualism in Normative Political Theory", *Oxford Research Encyclopedia of Politics*, 2016, p. 1, https://doi.org/10.1093/acrefore/9780190228637.013.87

论的正当性辩护，而是关注政治价值和规范性问题的评判标准。也就是说，正义理论的语境论建构是"尝试明确表述那些已经融入特定传统和生活方式的现有规范和价值标准之集合的理论"①。诸如沃尔泽、哈贝马斯和米勒等人主张，正义原则不是恒定不变的，而是与具体语境关联的，它植根于特定的社会语境中，并与人类不断变化的生活实践相关。正义理论不仅需要考虑其语言的意义，还需要考虑其使用者的政治立场和目的意图。学者们对政治价值的不同侧重，其建构正义理论的视角也不同。

其一，语境论思想盖源于沃尔泽"分配正义"的论述，他对善的社会意义的解释是一种语义的语境论（sematic contextualism）。② 正义理论的建构是从解释善的含义开始的，这是因为"不同的社会的善有不同的主体、依照不同的程序、出于不同的理由加以分配；实现正义的途径在于对不同善的社会意义的解释，而社会意义本身则是历史特殊主义和文化特殊主义的必然产物"③。人们对正义的认知是随着历史和文化的发展而不断变化的：一方面，特殊的历史时空决定了人们对正义的认知，如奴隶制在古希腊时代是正义的政治制度，而对现代社会来说并非如此；另一方面，不同的文化社群对正义的认知亦各异，如在西方人眼中印度的种姓制度是非正义的。由此，实现正义的路径是"社会的善"（social goods）得到合理分配，通过达成对特殊善的共识来确定不同的正义领域，并且每个正义领域都有自己的分配原则。质言之，正义理论是文化共同体中的成员间就如何分配"善"达成的共识，这种共识具有语境性和特殊性的特征。

其二，哈贝马斯认为实现正义的路径是对法律制度和（政治）协商机制合法性的辩护，即一种"程序正义"。他创造性地将"规范语用学"用以阐述正义理论。法律具有事实性和有效性，两者构成了法律的内在张力。事实性指人们行为的合法（legality），有效性是指法律本身的合法性（legitimacy），法律凭借强制

① Sune Lægaard, "Contextualism in Normative Political Theory", *Oxford Research Encyclopedia of Politics*, 2016, p. 7, https: //doi. org/10. 1093/acrefore/9780190228637. 013. 87

② Tariq Modood, Simon Thompson, "Revisiting Contextualism in Political Theory: Putting Principles into Context", *Res Publica*, 2016, p. 6.

③ Michael Walzer, *Spheres of Justice*, Basic Books Inc. , 1983, p. 6.

力必须得到遵守。① 这种强制力一方面通过参与政治活动得以体现，如参与政党活动、参与大选、参与议会的决策等；另一方面，通过主体之交往行动得以体现，国家的行政权力和公民的意愿通过各种理性的商议和决策联系起来。基于此，法律制度化的人民主权与非制度化的人民主权的普遍结合和互为中介②，是程序正义的关键。

其三，"关系正义"（relational justice）模式。这种模式通过分析社会成员的关系来确定正义需求。一组社会成员可以表征为一种语境，通过分析成员间的关系可以确认诸如按需分配、应得分配或平均分配等适用分配原则。并且分配原则必须满足三个要素：第一，具有确定的成员从而形成一个特定的分配领域；第二，具有合理的制度框架，从而通过制度的调整使正义原则发挥效用；第三，可依据正义原则改变制度结构。③ 为此，在解释一些语境敏感的正义原则时，简单地认同在任何特定情况下都适用的关系，其自身的合法性会受到质疑，只有当成员关系和特定语境相对应时才能得到适用的正义原则。④

### (二)语境论的案例研究方法

语境论的案例研究方法旨在将抽象的政治理论或政治事件置于特定语境中，目的是把抽象的政治理论具体化从而便于理解，或把政治事件转化为具体且实质的问题从而便于分析。卡伦斯把实际的社会和政治实践表征为案例，认为语境论是一种案例研究导向理论性的方法论，以解决具体问题为目标，针对特定的案例展开，其所关心的是"单个案例的具体情况，而非任何普遍性的特征"⑤。

进一步讲，在语境论的视角下，政治理论应该在抽象的理论和实践的具体语境之间摆动，其思想就是要进行一种持续的辩证，通过实践来不断地验证、

---

① Jürgen Harbermas, *Between Facts and Norms*, The MIT Press, 1996, pp. 28-31.

② Jürgen Harbermas, *Between Facts and Norms*, The MIT Press, 1996, p. 442.

③ 〔英〕戴维·米勒：《社会正义原则》，应奇译，江苏人民出版社，2001，第14—16页。

④ David Miller, *Justice for Earthlings: Essays in Political Philosophy*, Cambridge University Press, 2013, pp. 49-50.

⑤ David Byrne, Charles Ragin, *The SAGE Handbook of Case-Based Methods*, SAGE Publications, 2013, p. 46.

挑战和修改理论。[1] 需要指出的是，实践往往包含着内在的智慧，根植于社会和历史文化传统，并且能够不断地自我修正[2]，为实践赋予一个特定语境要素形成一个具体的案例，通过对该案例的分析可以证实或批判原始理论。语境论通过引入具体案例以对抽象的政治理论之语境进行重建，或对政治事件之语境进行还原，并就语境对政治事件的影响进行解读，从而具有更强的适用性和可操作性，形成了迥异于其他方法论的特征。

其一，对政治理论的语境重建。普遍主义的方法建构的政治理论是概念化的、抽象的，使用者依据不同的文化背景和政治意图对其进行解读，其结论往往带有明显的阶级立场，这就会造成理论与实践的偏离。方法论的语境论主张使用具体的案例来验证、解释抽象理论，实质上是对政治理论的语境化过程。政治理论的解读不仅需要对其概念进行语义分析，还需要对理论产生之社会背景以及使用者的政治意图进行语用分析，这在两个方面提出了构建、挑战和修改理论的可能性[3]：一方面，思考案例可以使我们定位出理论探求所需解决的实际问题，这可以为我们的理论工作设定计划，或者指出现有理论中存在的偏差；另一方面，思考实际问题可以使我们意识到理论和实践之间的冲突，从而促使我们改变实践方式或修改原始理论。

其二，对政治事件的情景还原。政治事件通常隐含着大量的价值预设，如意识形态、民族文化、种族立场等方面。人们在对某个政治事件进行判断时，经常会在未加反思的情况下直接做出判断和评价。例如，在美国发生的白人警察枪击黑人事件，人们会在对事件本身毫无了解的情形下就断定为是种族歧视。这种标签化的思维方式确实简化了人们的思考和决策过程，但是却容易造成对事实的曲解。因此，案例分析要求把政治事件置于语境中，对某一特定时间点

---

[1]　Joseph Carens, *Culture, Citizenship and Community: A Contextual Exploration of Justice as Evenhandedness*, Oxford University Press, 2000, p. 122.

[2]　Joseph Carens, *Culture, Citizenship and Community: A Contextual Exploration of Justice as Evenhandedness*, Oxford University Press, 2000, p. 121.

[3]　Joseph Carens, *Culture, Citizenship and Community: A Contextual Exploration of Justice as Evenhandedness*, Oxford University Press, 2000, p. 122.

所获得的特征和意义进行具体地、客观地分析，而不是抽象地、主观地分析。因此把普遍原则应用于特定案例时，要求原则和案例的语境事实相结合。这个过程不是直接的和演绎的，而是必须经过语境的调和(contextually mediated)。[①]

**(三)语境论的政策研究方法**

语境论的政策研究方法旨在分析法律政策与语境的关系，从而为社会实践寻找有效的政策和法律支撑。社会实践的对象是政治事件，而政治事件是现实的、动态的、正在进行的和处于特定语境的，这里的特定语境是指民族、国家、国际组织等社会语境。由此，法律政策需要针对特定语境进行修正和细化以匹配实践的需求。综合应用语境分析方法来阐述法律政策、社会实践和特定语境三者的关系，解决实践提出的具体问题是政治哲学的必然趋势。例如，近年来，难民潮是欧洲社会主要社会问题之一。具体地说，其形成的文化社群与主流社会有两方面的矛盾：其一，宗教文化的封闭性与主流社群要求文化融合之间的矛盾；其二，要求平等的社会权利与社会资源的稀缺性之间的矛盾。支持多元文化主义的学者们主张采用语境论来调和上述矛盾。

其一，社会实践和政策法律是"$C_n$ 和 $P_n$"的对应关系，社会实践的问题集合表述为语境 $C_n$，政策和法律的集合表述为原则 $P_n$，制定政策和法律的道德基础表述为价值观 V。针对具体的社会问题，通过对不同语境要素的考察来确认实践的需求，作为细化和修订原则的理论依据，基于此修正的原则可以获得成员更广泛的认可，具有更强的可操作性。这种把语境和原则之间的摆动的方法称为"迭代性语境论"(iterative contextualism)。[②] 例如，制定未成年人保护法，其立法的初衷表述为价值观 V，法律条款表述为原则 $P_1$，法律制定时的各种社会因素表述为语境 $C_1$；社会发展产生了新语境 $C_2$，法律条款随之修正为 $P_2$，而其价值观 V 保持不变，因而语境的迭代性得以体现。

其二，弱势社群对诸如文化认同、社会福利、受教育权等方面的诉求，涉

---

① Bhikhu Parekh, *Rethinking Multiculturalism: Cultural Diversity and Political Theory*, Harvard University Press, 2006, pp. 256-257.

② Tariq Modood, Simon Thompson, "Revisiting Contextualism in Political Theory: Putting Principles into Context", *Res Publica*, 2016, p. 1.

及其公民权利和公共权力的协调，即主流社群采取包容的态度分享社会资源，弱势社群同样需要出让部分公民权利。语境论的视角下，在法律的框架内，不同社群通过沟通、协商来达成新的社会共识。这种沟通、协商可以是正式的政治活动如演讲、议会等，也可以是非正式的政治活动如民间文化交流等。基于法律框架内的新社会共识为法律和政策的细化及修正提供了依据。可以说，基于充分地沟通、协商的社会共识所建构的政治理论，是实现上述资源公平分配的分配正义、协商机制合理合法的程序正义、文化融合与社会和谐的关系正义的最好途径。

综上所述，政治哲学的语境论进路的核心，就是解决目前公共领域面临的具体且实质的问题。学者们尝试使用语义分析和语用分析的方法来解释抽象的政治价值，从而找出建构正义理论的方式；将政治理论或政治事件置于特定语境，并为其附以真实的案例，使人们更容易理解抽象的理论；将语境分析方法应用于对法律、政策的合法性与合理性证成，从而架构起了社会实践、正义原则和语境之间的桥梁。事实上，语境分析的方法已融入政治哲学研究的方方面面，其方法论特质对现实的、动态的、正在进行中的政治事件优势明显。

## 三、语境分析方法在求解政治学具体问题中的作用

政治哲学的研究对象具有历史性、现实性、动态性、复杂性等特点。普遍主义和特殊主义的研究方法，无法对当前的政治实践做出全面的、合理化的解释；而事实性和有效性之间的张力，容易造成政治理论与政治实践的偏离。上述两种二元对立提醒我们"对于不同的方法论立场、理论目标、角色定位以及研究方法等，要持开放的态度"①。语境论进路通过对历史、文化、种族、制度等语境要素的解读，将政治哲学研究置于一个综合性的研究框架中，体现了重要的方法论意义。

其一，建构政治理论时引入对语境要素的分析，可以调和普遍主义和特殊

① Jürgen Harbermas, *Between Facts and Norms*, The MIT Press, 1996, p. 7.

主义的矛盾。如上所述，建构政治理论存在两种截然相反的方法：普遍主义和特殊主义。普遍主义秉承传统政治哲学的思维方式，追求统一的价值目标，试图建立普遍的正义理论。从方法论的角度看，其主张首先确立正义的基本原则和普遍标准，然后通过分析诸如法律、经济制度、政策法规等显性的政治元素寻求达成一种政治共识，基于此构建社会的基本制度体系。问题在于，普遍主义建构的抽象的政治理论往往会造成与实践的偏离。特殊主义认为推动政治实践的原因不同，其结果往往也存在着差异，从而无法服从单一的法则。正如沃尔泽所说，"道德创造从其产生说是复数的，从其结果说是差别化的"①。为此，其建构政治理论的方法是，通过分析诸如文化、民族风俗、宗教信仰、伦理道德等隐性的政治元素来确定不同政治社群的正义需求，从而建构具有历史和文化特殊性的政治理论。问题在于，特殊主义往往被指责为相对主义。语境论以一种多元论的视角，从两个方面对上述问题进行辩护，融合了各方的优势，因而具有更强的可操作性。

一方面，语境论以理解为目的，通过研究具体案例对普遍主义进行辩护。诉诸具体的案例目的是明确理论所对应的社会实践，例如最高法院做出的司法解释，从而使具有普遍性的理论具有实践意义。进一步讲，案例需要具有五个相关联的要素②：第一，它需要使用案例来阐述理论构成；第二，它需要对体现了理论之基本关切的实际案例进行规范化探索；第三，它引导理论家关注其理论构成是否真正符合他们就特定问题提出的规范立场；第四，它需要找到异于理论家自身理论立场的特殊案例；第五，它提倡考虑各种各样的案例，特别是要找到那些他们不熟悉且具有启发性的案例。

另一方面，语境论限定了普遍主义理论的适用范围，从而对特殊主义进行辩护。语境论承认诸如自由、平等、民主、自主、自决和正义等普遍主义的价值，但是应该给予这些价值以特殊的解释。诉诸词语意义的研究是不完整的，

①  Michael Walzer, Nation and Universe, In David Miller, Michael Walzer, *Thinking Politically: Essays in Political Theory*, Yale University Press, 2007, p. 199.

②  Joseph Carens, "A Contextual Approach to Political Theory", *Ethical Theory and Moral Practice*, 2004, 7(2), p. 118.

还应该考虑其使用的范围，例如，自主（autonomy）这一个重要的价值，对于个人代表的是决定自己怎样生活的权利，而把主体由个人替换为国家，那么其含义变成了国家拥有自决或自治的权利。进一步讲，语境论将普遍主义替换为"重复性的普遍主义"（reiterative universalism），其目的在于突出特殊主义的视角以及多元论的趋势。[①] 需要说明的是，重复不是特殊的而是具有普遍性的[②]：一方面，重复的理由是普遍的。一个道德主体能够创造道德世界，能够决定其生活方式，那么他必须承认他人具有同样的能力。另一方面，重复的时机是普遍的。我们可以塑造我们的道德，但是我们必须有所依据，而不能随意地塑造它们。

其二，评价政治制度时通过对语境要素的考察，能够疏解事实性和有效性之间的张力。事实性与有效性之间的张力是指事实与价值之间存在着一种逻辑上的断裂，即事实判断不能推断出价值判断。哈贝马斯把出于理论研究目的之语言交往扩展到社会实践中主体间以理解为取向的语言使用，上述内在于语言之中的张力就扩展到了社会事实的世界之中，从而为理解现代政治制度提供了可能。政治制度作为一种社会行为规范无疑具有事实性，但其如何具备有效性就成了论证的主题。政治制度自身正当性、合法性的证成，"不仅需要技术合理性的支撑，而且需要目的性价值的支撑"[③]。可见，事实性与有效性之间是相互渗透、彼此交融的，政治制度若不具备有效性基础，则无法在主体间获得普遍承认。

进一步讲，事实性以陈述为目的，意在描述社会实践需遵守行为准则；有效性以理解为目的，意在解释社会实践该如何进行。事实性是语义分析能够研究的，而有效性是以理解为取向的语用分析的任务。[④] 由此，语境论调和这种张力的策略是从内在和外在两个向度对有效性的证成：一方面，内在的向度指政治制度之本身的合法性，涉及在证立和论证诸如法律、政策时需考虑社会的

---

[①] Michael Walzer, "Nation and Universe", In David Miller, Michael Walzer, *Thinking Politically: Essays in Political Theory*, Yale University Press, 2007, p. 186.

[②] Michael Walzer, "Nation and Universe", In David Miller, Michael Walzer, *Thinking Politically: Essays in Political Theory*, Yale University Press, 2007, pp. 195-196.

[③] 万俊人：《政治如何进入哲学》，《中国社会科学》2008年第2期，第16页。

[④] Jürgen Harbermas, *Between Facts and Norms*, The MIT Press, 1996, p. 17.

语境要素；另一方面，外在的向度是指政治制度与社会实践之间的合理性，涉及在特定语境下政治理论如何指导社会实践的问题。换言之，这就要求政治制度既要获得普遍认同，又要被有效地执行。

综上所述，语境论进路已经在规范的政治哲学中产生了一定影响，这绝非偶然。首先，和普遍主义相比，语境论在解决正义问题时具有明显的优势，并且语境论能够得到持多元论的政治哲学家的认可。其次，语境论的进路以一种案例研究的方法对现实的、动态的、正在进行的和处于特定语境中的政治事件的分析具有方法论优势。再次，政治哲学的研究目的是对我们的实践提出指导性意见，语境论是连接规范、原则和实践的桥梁。当然，我们也应该看到语境论仍然会受到相对主义和约定主义等方面的批判。语境论要成为政治哲学的研究方法必须能够得出合乎语境的原则；为了带有批判性，这些原则不能仅仅重复某个体制或社会自由的原则；为了能够指导行动，批判不能仅仅存在于对矛盾的确认中，而是要提出解决办法。① 而这正是今后政治哲学的语境论进路研究所要解决的问题。

---

① Sune Lægaard, "Contextualism in Normative Political Theory", *Oxford Research Encyclopedia of Politics*, 2016, p. 16, https: //doi. org/10. 1093/acrefore/9780190228637. 013. 87

# 第十章
## 人的历史性生成

随着语境因素在社会科学知识领域中的广泛渗透，语境的本体论性和动态性特征使得语境分析成为社会科学各分支学科中不可忽视的方法论基底，这种由研究对象的语境性所刻画的规范性特征，成为我们重塑社会科学哲学观念的理论出发点。同时，语境因素和语境特征的分析，也为我们融通社会科学理论的事实系统、因果系统和价值系统，提供了更具横断性和理论适用性的哲学话语平台。在充分考察社会科学中语境论的思想渊源的基础上，我们已经对社会科学哲学的语境论模式及其理论空间进行了全方位的梳理和勾勒，在接下来的章节中，我们按照当代社会科学中语境论的原理和实践，尝试在社会科学的各系统、人的各种科学维度之间的复杂互动中，全面分析并建构社会科学的语境论研究纲领。

众所周知，社会科学作为"科学"母体的重要分支体系，其研究基础也必然是丰富且庞杂的经验事实，而事实作为一个动态、历史的概念，其描述性特征又是在历时性的维度中建构起来的，由此，社会科学作为从各种人的、社会的经验事实中推导出来的知识体系和学科系统，也应该以事实性、描述性和历史性作为其理论底色。20世纪以来，叙事心理学和历史解释理论揭示出事实的话语空间是以叙事形式为特征来展现的，语境论的描述功能正是从这种历史性和事实性的逻辑融合中获得其合法性基础。从历史维度出发来建构自身生存境况的人类共同体，也是在历史性生成的事实性空间中，萌发对科学地把握相关经验事实的原初渴望，而社会科学正是在这种事实性和历史性的合力下，建构起其描述性语境的大量实践。

基于上述观察，本章对叙事心理学中具体理论形态和方法论特征进行了求解，揭示出人类心理的叙事性和历史性本质，以这种根植于人性的历史性为基础，将社会科学的经验—描述性基础奠立于历史事实的生成语境当中，指出事实作为一个动态、历史的概念，其描述性特征是在历时性的维度中建构起来的，而历史事实是由历史解释的规范性过程所确定，社会科学正是在这种事实性和历史性的合力下，建构起其描述性语境的大量实践；最后，从人的历史性出发，在语境的本体论性基础上，通过对历史学的方法论核心"历史解释"的规范性基础进行语境重构，从而将社会科学中事实系统的结构充分揭示出来。在此基础上，以剑桥思想史学派的历史语境论理论为考察对象，在政治思想史的范式转换中透视语境论模式之于学科规范和问题求解的重要意义。

## 第一节　从心理叙事性到历史性的语境生成

机械论世界观在西方文明中长期占有主导地位，在心理学中表现为行为主义，将人同机器类比，主张实验、定量的研究方法，忽略了人心理和行为的复杂性和整体性。西奥多·R.萨宾的语境论心理学思想坚持语境论的世界观，以整体的视角，充分融合各种语境因素来理解和解读人类心理和行为，主张定性的研究方法，并将这一思想应用于包括催眠现象研究和心理咨询在内的心理学实践领域。

萨宾的心理学研究涉及催眠现象、犯罪心理等具体问题，其心理学理论由角色理论，在此基础上发展的叙事原则，包括叙事的语言和叙事的功能，以及对影响人类心理、行为的时间、地点等具体语境因素的论述组成。萨宾的心理学思想，借鉴和体现了语境论世界观，将人类心理、行为置于整体语境中考察，通过叙事充分融合各种语境因素对人的影响，理解人类心理现象和行为，并将之应用于心理学实践领域。本节通过考察萨宾语境论的心理学思想的产生和发展渊源，阐明其语境论世界观下的心理学思想内容，此外，本节还通过这种叙事性的心理结构模式所蕴含的历史性原则，在事实建构模式中打通了历史性与描述性的通路。

## 一、叙事建构与人类心理的描述性基础

长期以来，以机器为根隐喻的"机械论世界观在西方文明中占有统治地位"①。包括心理学在内的现代科学将这种世界观看作形而上学的基础。机械论世界观及其产生的心理学研究模型追求直接原因。"行为主义……是机械论世界观在心理学学科内的典型方法。"②

萨宾最初正是这样一名坚持机械论世界观的传统行为主义者。他从机械论向语境论世界观的转向经历了漫长的过程，大致分为两个阶段：首先，由其自身在教学和心理咨询的经验以及其导师坎特(J. R. Kantor)影响下，萨宾发觉机械论心理学研究方法的局限性，迫切想要寻找一种适合心理学特点的世界观方法；其次，在诺曼·卡梅隆(Norman Cameron)、米德、布鲁纳(Jerome Bruner)思想的启发下发展角色理论、叙事理论，并在最终接触佩珀的世界假设理论后，将其原本的心理学理论同语境论世界观相结合，完成"从机械论形而上学到语境论的转变"③，提出自己语境论的心理学思想。

最初，在萨宾尚未取得博士学位的时候，遵循教科书的指导，他是一名传统的行为主义者。但他的导师坎特主张范围广泛的行为主义。研究对象的广泛性和研究方法的相对多样化，使得萨宾逐渐看到心理主义的贫乏，并逐渐相信符号语言研究的中心性。加之作为一线教学人员和心理咨询师，萨宾在工作过程中深感机械论指导下的研究方法和治疗方法在研究人类心理、行为过程中的局限性。行为主义以行为为研究对象，将人体原理与机器类比，认为行为不过是生物体肌肉收缩和腺体分泌的产物。然而人类毕竟不是机器，心理学也不是纯粹无偏见的理想过程。机械论引导下的实验、假设演绎的传统方法，忽略了

---

① Theodore R. Sarbin, "The Narrative as a Root Metaphor for Psychology", In Theodore R. Sarbin, *Narrative Psychology*, Praeger Press, p. 6.

② Theodore R. Sarbin, "The Narrative as a Root Metaphor for Psychology", In Theodore R. Sarbin, *Narrative Psychology*, Praeger Press, p. 6.

③ Theodore R. Sarbin, "The Narrative as the Root Metaphor for Contextualism", In Steven C. Hayes, Llinda J. Hayes, Hayne Reese, Theodore R. Sarbin, *Varieties of Scientific Contextualism*, Context Press, 1993, p. 54.

行为是行为个体身体状况、心理状态、社会环境、时代背景等多种复杂因素交织而成的结果，而不仅仅是生物体收缩和腺体分泌的产物。使用简单的"刺激—反应"模型，用这种力图只包含关键因素的方法来实现排除偶然环境因素而得到的实验结果，无法合理有效解释人类行为，更难以在心理学应用中发挥引导、治愈的作用。

上述发现为萨宾摆脱机械论而逐渐选择语境论提供了必要前提。后来，由于工作原因，萨宾遭遇了卡梅隆在探讨偏执狂这种心理问题时提出的"不适当的角色承担"(inept role taking)理论以及米德的"角色承担"(role taking)理论。这两种理论的共同点在于，认为人在行为过程中承担着某种角色。这个观点使萨宾深受启发，开始思考和关注影响人心理和行为的外部因素，特别是社会、文化因素。借助"角色承担"及其扩展概念，以及莎士比亚的名言"世界是舞台，而所有的男人和女人仅仅是表演者"①这个比喻，萨宾提出了角色理论(role theory)。

之后，布鲁纳对传统心理学研究方法与叙事心理学方法的区分，使得萨宾进一步思考人在扮演角色的过程中涉及的语境因素。传统的心理学研究方法总是根据实验数据中的多数而得出结论。例如在条件 R 下，当数据显示有 56％的主体表现为 A 行为，44％的主体表现为其他类型行为，结论为：在 R 条件下，主体会做出 A 行为。这是传统实验追求恒定性而导致的必然结果——忽略其他高达 44％其他主体的表现。但叙事的研究方法则不然，它追求逼真性，关注每个行为主体的特殊性，这就使得研究者必须充分考虑影响其行为的各种语境因素。萨宾认同布鲁纳的观点，并结合角色理论，即在戏剧中，表演者的表现、特定场景、时间和空间、观众的及时反馈、剧本、道具等因素共同构成了一出戏剧，而戏剧只是众多叙事形式的一种。藉此萨宾完善并扩展了角色理论，提出自己的叙事心理学理论。

但是，尽管有了具体的研究方法，萨宾的思想始终缺乏世界观根基。佩珀对根隐喻方法的论述以及在此基础上四种世界假设的区分和描述，让萨宾意识

---

① Vincent W. Hevern, "Narrative, Believed-In Imaginings, and Psychology's Methods: An Interview with Theodore R. Sarbin", *Teaching of Psychology*, 1999, 26(4), p. 301.

到"自己一直以来都是个语境论者而不自知"①。因为在萨宾看来，叙事同语境论的根隐喻同根同源，可以相互取代，而"角色理论是心理学方法体现语境论世界观的典范"②。

　　为了证明"叙事"能够完全代表语境论的根隐喻"历史性的行为"，萨宾考察了二者的语义结构。形容词"历史性"的含义被包含在其名词"历史"中。而"历史"并不仅仅是搜集过去和当下事件的材料、数据，而是历史学家们通过时间顺序对原始材料的叙事重构。这种工作的实质同小说家并无差别，小说家是在现实世界的背景语境下书写关于主人公的故事，而历史学家则通过想象对推测的人物、事件进行重构。由于史料通常都是残缺不完整的，小说家与历史学家的工作都需要借助"事实"和"虚构"。"'叙事'完全能够代表'历史性的行为'"③，因此，语境论的根隐喻是叙事（narrative）。

　　为了强化将"历史性的行为"重新定义为"叙事"，萨宾参考了格根（Kenneth J. Gergen）《作为历史的社会心理学》一文。该文提到，社会行为的理论其实就是对当代历史的反射。一旦研究结果被发布，人们就会对结果做出反应。人们作为能动的主体，会做出反对、肯定或者忽略该研究结果的表现，也就是说，社会心理学是历史。因此，同机械论相比，将历史性的行为作为根隐喻的语境论，将会引导心理学家对人类处境做出更加深刻的理解。

　　把"社会心理学是历史"作为大前提，"历史是叙事"作为小前提，我们不难得到"社会心理学是叙事"的结论。结合上述"语境论的根隐喻是叙事"，萨宾就此将"角色理论、叙事和语境论结合在一起"④，提出了语境论的心理学思想，

———————

① Vincent W. Hevern, "Narrative, Believed-In Imaginings, and Psychology's Methods: An Interview with Theodore R. Sarbin", *Teaching of Psychology*, 1999, 26(4), p. 303.

② Theodore R. Sarbin, "The Narrative as a Root Metaphor for Psychology", In Theodore R. Sarbin, *Narrative Psychology*, Praeger Press, p. 6.

③ Vincent W. Hevern, "Narrative, Believed-In Imaginings, and Psychology's Methods: An Interview with Theodore R. Sarbin", *Teaching of Psychology*, 1999, 26(4), p. 303.

④ Vincent W. Hevern, "Narrative, Believed-In Imaginings, and Psychology's Methods: An Interview with Theodore R. Sarbin", *Teaching of Psychology*, 1999, 26(4), p. 303.

并"从那时起，成了一名坚定的语境论者"①。

## 二、心理叙事与语境要素的结构化过程

人类作为单独个体在社会中的生存涉及自己同其他个体的社会关系，以及由时间、地点、传统、文化等多种因素交织而成的社会背景，并不是孤独的存在。确定"自我身份(self-identity)"是个体生存面临的首要任务。不确定自我身份，就丧失了生活在社会中的一切社会关系与个体身份的内涵。不知道自己来自哪里，经历过什么，肩负怎样的责任与使命，就不知道自己将要去向何方，该做什么。简言之，不知道自己的过去，便难以过好现在，定位未来。萨宾的语境论心理学思想从自我身份的认定出发，讨论了影响人心理和行为的时间(temporality)、空间(place)、情节(plot)三类语境因素。

首先，个体身份的确定涉及"我是什么"与"我是谁"两个方面。在涉及这两个问题的心理学调查中，对第一个问题的回答全部关于人类的基本生理特征，诸如"我是哺乳动物""我是有四肢的人类"等。而第二个问题的答案则纷繁多样，涉及答题者与时间、地点、他人的关系等，诸如"我是 80 后""我是中国人""我是山西大学的学生""我是妈妈的女儿"等。这些答案说明，"我是什么"可以通过生物学研究得出确定答案，而"我是谁"则"总是依赖语境"②的。回答这个问题需要确定问题所处的具体语境，如果提问者是想要获取国籍信息的海关工作人员，那么回答可能涉及回答者的国籍；如果提问者需要获知回答者与另外一人的关系，那么答案也必将与之相关。因此，正是这些涉及众多具体语境因素的答案规定着个体身份的内涵。

其次，个体身份确定的过程说明：个体生活在社会中，自我身份的形成与行为的发生受到多种语境因素的影响并与之产生互动。每个人都只是自身所处语境的一部分。你在桥上看风景，看风景的人也在楼上看你。人们的行为不只

---

① Vincent W. Hevern, "Narrative, Believed-In Imaginings, and Psychology's Methods: An Interview with Theodore R. Sarbin", *Teaching of Psychology*, 1999, 26(4), p. 303.

② Theodore R. Sarbin, "The Poetics of Identify", *Theory Psychology*, 1997, 7, p. 67.

关乎自己,自身的行为方式受到所处时间、地点的影响,以及记忆中储存情节的引导。

具体来看这三类语境要素:

(1)地点具有功能性和象征性两个特征,对个体的影响表现在制约观念、行为和定位身份两个方面。"建筑环境引导人们建构各种形式的人类戏剧。人类戏剧会被某些特定地点的功能性特征和象征性特征影响。"[1]

每个空间都有其特定功能。功能即物品的使用价值,一件物品理应按照其本来的功能发挥作用,这是人们潜意识里接受的约定俗成的道理。因此,如果已知某物品的功能,人们期待它发挥本来的作用,或者配合其发生。空间亦是如此,厨房是处理与烹饪相关的空间,餐厅用来吃饭。如此,身处某特定空间的人的身份与行为方式通常与该地点的功能特征匹配。

此外,比功能性更深层次的是地点的象征意义。每个地点因其功能和历史的差异,常被赋予各样的意义。一旦地点被赋予某种象征意义,这种意义就会潜移默化地影响人们的观念与行为。例如,"研究表明,大多数孩子使用一些富含情感的词汇,诸如'舒服''安逸''安全'等词汇来描述'住宅'"[2],由此孩子在家里总是显得顽皮淘气,无法无天。古时家乡在陕西的男子,离家多年,途经黄河时激动地涕泗横流。因为奔腾不息的黄河勾起了他内心关于家乡的记忆,而这些记忆在他的心里代表着多年未见的亲人和儿时伙伴,于是情难自已。上述两个事例证明了地点的象征意义对个体行为的作用显著。

(2)时间是影响个体的另一个重要语境因素,它不仅仅为行为的先后顺序提供排列方式,更为行为、事件之所以有意义提供线索。过去发生过的与当下正在发生的,决定了未来行为的走向与整个行为的意义。当我提笔在纸上写下"句号应当被放在……"尽管句子尚未结束,"句末"两个字虽然尚未被书写,但其意

---

[1] Theodore R. Sarbin, "If These Walls Could Talk: Places as Stages for Human Drama", *Journal of Constructivist Psychology*, 2005, 18, p. 206.

[2] Theodore R. Sarbin, "If These Walls Could Talk: Places as Stages for Human Drama", *Journal of Constructivist Psychology*, 2005, 18, p. 206.

义已经被传达了。① 这个例子说明，时间不是分离的、相互无涉的点状存在，而是前后意义密切相关的线性存在，是不可分割的整体。

更深入地说，过去的回忆是通过影响现在行为的表现方式与个体对未来的预期来影响行为的发展与意义的。大卫·卡尔（David Carr）说："当我们遇到它们，即使是在我们最为被动的时候，事件也充满我们的回忆在通往过去与预期通向未来中得到的意义……我们明确参阅过去的经验，想象未来，并且把现在当作两者间的过渡。我们在经验中遭遇到的任何东西都对我们的计划、期待和希望发挥促进或者阻碍的作用。"② 个体身处某种际遇的时候，会不自觉地获得它同过去的关联意义，从而对未来的走向或即将到来的后果产生期待。

因此，语境论心理学中的时间，不再是单纯排列先后顺序的数字概念，它的每个时间点都充满意义，这些意义在行为、经验或事件的负载下扑面而来，对人类的行为或对未来的预期发生影响。当下仅仅是连接过去与未来的一个环节，无法孤立存在，也不能被孤立研究，身处其中的行为与事件亦如此。

（3）影响人们心理现象、行为的除地点、时间这样直接的语境因素外，还包含影响和引导心理现象、行为的深层次原因，即情节。人是有思想的动物，其行为不会总是对所处时间、地点的直接反应，多数行为特别是持续时间较长的行为通常都是被某种原因驱使，遵循某种线索。这种原因或线索就是情节。情节以叙事的方式呈现，所使用的语言需要具备时间维度和伦理意义两个特征，包括神话、童话、民间传说等形式。情节或者说叙事，通过两种方式引导行为，其一是通过将人们曾经的经验通过叙事的方式整理、存储在记忆中，对人们发生引导作用，另一种则是通过文学作品或耳闻的故事，其故事情节潜移默化地影响人们的思想，从而引导行为。这便涉及了叙事的两个功能：

其一，通过将经验情节化。人们在生活中总是遭遇着各种各样的事件，这些事件并不是以一帧帧画面的形式存储于我们的大脑中，而是被转化成了叙事

---

① Stephen C. Pepper, *World Hypotheses*, University of California Press, 1970, p. 239.

② Theodore R. Sarbin, "The Narrative Quality of Action", *Theoretical & Philosophical Psychology*, 1990, 2, p. 61.

的语言，因为叙事结构为建构意义提供框架，我们天然有这样的本事，将自己或别人的经验用讲故事的方式说明、记忆。海德尔（Fritz Heider）和齐美尔（Marianne Simmel）的实验说明了这点：当他们让一群被观察者观看一幅由一个大三角形、一个小三角形、一个小圆、部分时而开合的长方形组成的动图时，在未被告知任何信息的情况下，被测试的观察者无一例外地使用叙事的语言呈现了自己所见，有些甚至采用了主线情节和支线情节，构造了三角恋情冲突的情节。面对冷冰冰的实验图像尚且如此，我们的日常经验、白日梦更是被故事化的，同故事一样，拥有开头、过渡和结尾，在适当的时候，被想起和使用，对我们的心理和行为产生作用。经验的重要作用是通过叙事实现的。一朝被蛇咬，十年怕井绳。曾经社会上出现老人当街摔倒，行人络绎不绝却无人上前救助的现象，该现象正是之前媒体披露老年人讹诈救助人事件的结果。这些具有负面意义的情节被存储在人们的记忆中，阻止了某些人救助老年人的行为。

其二，通过曾经阅读或听说的故事。即"堂吉诃德原则"（Quixotic principle），该原则最初被文学家哈利·莱文（Harry Levin）提出，被用来表示小说等文学作品形式中，主人公的身份发展、经历等深刻影响读者的诸多实例，由于西班牙文学作品《堂吉诃德》是这类实例中的典范，因此而命名。在萨宾的语境论思想中，堂吉诃德原则指某个特定故事的情节作为引导人们行为的中心环节。18 世纪欧洲青少年自杀率的显著升高佐证了这一原则。1774 年歌德的小说《少年维特之烦恼》在欧洲出版，故事讲述一个多愁善感的少年单恋而后自杀的故事。之后，整个欧洲青少年自杀率大幅上升。社会学家认为，歌德为少年维特被拒绝后的挣扎与其最终自杀的行为赋予了高贵和英雄主义的色彩，引得很多青年人仿效。"整个欧洲，大量自杀的青年手中握着或者口袋里装着这本书。"[1]

同时，历史学家的研究也提供了有力证明：曾经亚美尼亚国内恐怖主义盛行，政治动机和精神动力不足以解释亚美尼亚少数族裔制造恐怖事件的原因，历史学家说，其动机基础早在 15 世纪之前就已经由神话铺就。公元 5 世纪，波

---

① Theodore R. Sarbin, "The Narrative Quality of Action", *Theoretical & Philosophical Psychology*, 1990, 2, p. 55.

斯人试图把亚美尼亚人的宗教信仰从基督教转变为拜火教。亚美尼亚首领瓦尔坦(Vartan)拒绝放弃自身的文化认同，与超过一千名追随者为此战死沙场。自此，基督教亚美尼亚文化中充满了关于瓦尔坦牺牲精神的各种叙事，包括诗歌、民间传说、儿童故事等。这些文学形式赞颂瓦尔坦的牺牲，赋予他荣誉和尊敬。此外，在其文化中"牺牲"及其同义词，以及"被俘后的死亡是不道德的"等观念被频繁提及。这样的文化熏陶塑造了通过牺牲生命来解决问题的社会氛围，传达了对暴死情节的支持与赞同。因此，对暴死不加怀疑地接受成为该文化熏陶下成员观念的一个本质特征。历史学家得出结论："在亚美尼亚这样的文化中，恐怖主义不是个人异化的产物，而是使某人成为社会眼中的讽刺中心的愿望的显现。"①正是这种通过牺牲、暴死来实现个人目标的文化氛围，推动了或者说煽动了其国内的恐怖主义事件的产生。这个例子表明，叙事情节的作用不仅仅在于引导个人行为，其影响的范围之广泛使之成为某种涉及道德法则的力量，传达着意识形态和道德准则，提供集体行为和信念的合理性。

## 三、语境论叙事建构的心理学功能

萨宾的语境论心理学思想坚持语境论世界观，明确提出理解人类最好的方法是去理解他的故事，通过叙事充分融合各种语境因素，而非通过传统实验的方法。其思想建立在米德、布鲁纳、佩珀等人理论的基础上，并将之延伸、发展，具有重要的意义和价值。

首先，萨宾的语境论心理学思想顺应了心理学内部后现代思潮的兴起，促进了心理学研究方法的多样化。不同于传统的心理学所采用法则式的、图标的、还原的、定量的分析方法，语境论心理学思想认为心理现象和行为是不能孤立存在的，与其所处语境是统一整体，要求通过充分融合具体心理现象、行为发生的地点、时间等物理语境因素，其象征意义所组成的社会语境因素和由情节产生的文化语境因素，将行为与主体置于完整的语境环境中理解，倡导一种系

---

① Khachig Tololyan, "Narrative Culture and the Motivation of the Terrorist", In John Shotter, Kenneth Gergen, *Texts of Identity*, Sage Publications, 1989, p. 111.

统的、整体的视角和定性的研究方法。这种特性要求语境论心理学的研究更加注重对意义的追求,整体描述的策略和情境敏感性。随着心理学研究中定量研究方法困境的加深,语境论心理学思想引起的定性研究方法的螺旋式回归促进了心理学研究方法的多样化。

其次,萨宾的语境论心理学思想在催眠、心理咨询等心理学实践领域具有重要价值。

萨宾从语境论者的角度重新解读了催眠现象。长期以来,心理学认为被催眠是人的一种特殊心理状态,在这种心理学状态下,被催眠的人会做出一些反常行为。这一观点难以解释为什么有的人可以轻易被催眠,但有的人却几乎不能拥有这样一种特殊的心理状态。从语境论心理学思想的角度出发,萨宾认为,催眠产生的反常行为是人们充分相信某个情节而沉浸其中,跟随情节的指引表现出的行为。这些行为虽然看似反常,却跟被催眠者相信的情节中的自然、社会、文化环境相符,因此只要了解被催眠者所相信的情节以及相关语境因素,这些看似反常的行为就十分合理了。[①] 但是,由于每个人想象力不同,对某些经验、传闻和故事中情节的相信程度不同,那些想象力特别丰富或者对某个故事特别沉迷的人更容易被催眠。萨宾的理论较好地解释了催眠现象的原理,开启了心理学研究催眠现象的新篇章。

此外,语境论心理学思想还在精神分析和心理咨询领域为人们解决实际问题。利用语境论心理学理论看待人类心理现象、行为,谢弗(R. Schafer)、斯宾塞(D. P. Spence)、怀亚特(F. Wyatt)在精神分析实践中推广并得出共同结论,即通过为病人提供一个更加令人满意的自我身份的认定,或者为病人一直耿耿于怀的事件提供一个较合理的叙事情节,病人就能够放弃那些曾经困扰自己的前后矛盾、难以令人信服的版本。换言之,通过具体方法替换病人一直相信的叙事情节,心理咨询取得了良好效果。

最后,萨宾对语境论心理学合理性的论述为其他学科接纳语境论世界观提

---

① William C. Coe, "Theodore R. Sarbin, Hypnosis from The Standpoint of a Contextualist", *Annals of New York Academy of Sciences*, 1977, 296, pp. 2-13.

供了基础。萨宾认为，"一切人文学者都应当是语境论者，因为只有这样他们才能恰当理解并进行研究"①。语境论在考古学和人类学中也早有应用。

但是，一直以来，自然科学研究被认为是纯粹的、客观的、无偏见的理想过程。事实上，科学实验的整个过程都由人操作，科研人员作为科学研究过程不可或缺的重要组成部分，如果其心理、行为受到地点、时间、情节等语境因素的影响，那么这些因素则通过科学家间接渗透了整个科研过程，包括科研成果呈现的方式。即，单从心理学角度来说，由于语境因素深刻影响着主导科学研究的工作人员，在现实条件的制约下，也深刻影响了科学研究的方式和走向。因此，要正确看待科研成果，就不得不考虑科学研究过程中，包括科研人员在内所涉及的诸多语境因素。

综上，萨宾以更好地理解，解读人类心理、行为，进行心理学研究为出发点，逐渐摸索和发展了语境论心理学思想。该思想坚持语境论世界观，以叙事为具体研究方法，综合了时间、地点、情节等各类语境因素，认为人的内涵和互动在社会语境和互动中被规定和形成。该思想被应用于催眠、心理咨询等心理学实践领域，取得良好效果，并扩展至人类学、考古学等人文学科。萨宾对语境论心理学思想的详细论述，开阔了心理学家看待人类心理、行为的视角，挑战了机械论传统世界观引导下的行为主义研究方法，在心理学内部引起了视角和具体问题研究方法上的范式革新。

但与此同时，萨宾的语境论心理学思想过分夸大了叙事的作用。萨宾的语境论心理学思想强调叙事的研究方法和原则及其在人类生活中的重要性。萨宾认为，叙事就是讲故事，没有故事，人类的生活和行为就不能被解释，失去了发生的动机和原因，甚至于，流传的故事和神话传说能够塑型整个社会环境和民族氛围，据此，萨宾认为故事具有"本体状态"（ontological state）②。然而，萨宾对故事的"本体状态"既没有作哲学上的详细论述，也没有作本体论层面上的全面阐释。

---

① Vincent W. Hevern, "Narrative, Believed-In Imaginings, and Psychology's Methods: An Interview with Theodore R. Sarbin", *Teaching of Psychology*, 1999, 26(4), p. 303.

② Vincent W. Hevern, "Narrative, Believed-In Imaginings, and Psychology's Methods: An Interview with Theodore R. Sarbin", *Teaching of Psychology*, 1999, 26(4), p. 305.

一方面，如果萨宾故事的"本体状态"不是本体论假设，那么从萨宾的论述中不难发现，萨宾认为正是流传的各种叙事形式塑造了社会氛围，进而形成了历史，换言之，正是叙事塑造了人类生活的社会环境，包括伦理道德、民族性格等。笔者认为，这点过分夸大了叙事的作用，或者说，过分削弱了人类生存的物理语境因素（physical context）以及主体间性的作用，破坏了人类心理、行为的整体语境。另一方面，如果萨宾意在将故事提升至本体论层面，认为叙事通过情节的灌输潜在或直接决定人类思维方式和群体意识的形成，进而决定群体意识，则与语境论世界观不符。语境论由于不对世界的构成和本源作任何假定，而只关注事件和行为在其语境中的意义，因而是非本体论的世界假设。

不论是哪种情况，萨宾都过分夸大了叙事的作用。语境论世界观主张的是整体看待。萨宾对叙事的特别强调事实上是从整体语境中剥离出了这个特别的因素，并不断强化其对任何观念、行为的作用，甚至于上升至本体论层面。萨宾对叙事的过分偏爱可能使其心理学思想面临偏离心理学研究领域的危险。

## 第二节　事实系统与历史解释的语境转向

尽管叙事性与历史性是同一硬币的正反两面，然而，无论从人类心理还是行为层面，叙事结构都只能刻画行动的生成模式，而事实建构所必须的认识（epistemic）层面的原理性把握，需要从历史解释理论空间中加以延伸，由此，对历史解释语境化特征的揭示成为我们深度理解事实系统之历史性生成的必由之路。

如果我们坚持自亨普尔以来的历史解释（historical explanation）[①]研究思路，

---

① 何谓历史解释？从内涵上讲，历史解释是追溯历史事件（现象）的原因和条件，从而回答某一历史事件为何（why）发生和如何（how）发生的方法与实践。在当代西方哲学的语境下，历史解释是广义科学解释的一个分支。按照《牛津哲学词典》的界定，历史解释的核心问题是解释形式之争，即历史学与自然科学中的解释在形式和内容上是否一致。参见〔英〕西蒙·布莱克本（Simon Blackburn）：《牛津哲学词典》，上海外语教育出版社，2000，第173—174页。而《布莱克维尔西方哲学辞典》则直接把历史解释划分为两种类型：一是采用自然科学解释范式，尤其是覆盖律模型或演绎—律则模型的历史解释；另一是采取人文理解和重演模式，尤其是合理性解释模型的历史解释。参见 Nicholas Bunnin, Yu Jiyuan, *The Blackwell Dictionary of Western Philosophy*, Oxford, Blackwell Publishing Ltd, 2004, p. 305。这两种历史解释路径基本上涵盖了分析派历史哲学家的基本理论旨趣。但是，后现代历史哲学已经取代了分析的历史哲学，并赋予历史解释以新的理论内涵，我们也需要在新的历史语境下全面地考察历史解释问题。

将科学解释的理论模型直接移植到历史研究中去，就会面临历史学与自然科学之间研究对象的异质性，意义的解释或阐释（interpretation）与理解同因果解释或说明（explanation）不可调和，人文科学相对于自然科学的方法论独立性等诸多基于二元对立思维的解释性鸿沟。这种由科学解释模型跨界应用所引发的适用性难题，表征了更深层面的方法论争论，揭示出历史解释所触及的规范性悖论：一方面，历史学是一门经验学科，这一点毫无疑问；另一方面，历史学无法锚定在自 19 世纪实证主义运动以来人们所熟知的"科学"概念之上。事实上，当代科学哲学中的后实证主义转向已经表明，科学并非只有单一模式，科学统一的观念源于一种形而上学预设，科学方法的多元性反而能够更好地辩护科学的经验性。由此，历史解释的研究模式在后实证主义的理论范式下得以重塑。本节之目的在于，通过对实证主义和后实证主义历史解释模式的批判性考察，揭示出语境复杂性对历史解释过程的深刻影响，尝试引入一种语境论模式，为历史解释研究提供新的哲学视角。

## 一、历史事实解释的实证主义困境

从发展历程来看，自 20 世纪 40 年代以来，历史解释研究经历了两个阶段。从亨普尔 1942 年发表《普遍规律在历史中的作用》一文，将科学解释模型应用至历史学领域，导致历史解释的争论开始，一直到 1973 年海登·怀特（Hayden White）的《元史学》一书出版，这是第一阶段。第二阶段从《元史学》出版至今，其特征是整个历史学发生了"语言学转向"，历史解释问题跳出了逻辑经验主义的窠臼，充分借鉴了语言学、解释学、修辞学方法，将历史叙述作为新的研究焦点加以探讨。

事实上，这两个阶段分别对应于分析历史哲学和叙述主义历史哲学的发展，是由这两种历史哲学范型所主导的。在第一阶段，历史解释的核心问题是模型和解释逻辑之争。以亨普尔为首的实证主义者坚持统一科学的立场，将自然科学中的覆盖律模型及其各种变体推广到历史事件的解释中去，主张历史学中的解释也要诉诸普遍规律（或统计规律）和逻辑演绎。与此相反，以 R.G. 柯林武德(R. G. Collingwood)和威廉·德雷为首的人文主义者强调历史事件中的偶然性和历史主体的信念、愿望、动机或意图等思想因素对解释的影响，主张历史学家应该以重演和移情等手段，理解行为背后的理由和目的。总体上看，实证主义的历史解释过分强调规律和逻辑的必然性和普遍性，忽略了历史中的偶然性因素，导致其模型与历史实践相脱节；人文主义的历史解释诉诸个体心理、直觉等非理性过程，缺少对于社会和制度变化的关注，在实践层面缺乏可操作性。因此，在第二阶段，历史解释研究回归到了史学实践，其核心论题变成历史编纂和历史写作中叙述与解释的关系问题。以亚瑟·丹图(Arthur C. Danto)为代表的叙述主义者最早揭示出历史解释与叙述的同一性。丹图认为，历史解释本身就是叙述，叙述是历史解释的一种表达方式；叙述解释并不排斥普遍规律和因果推理，但历史解释需要借助于叙述的情节化过程而得以完善。一些激进的叙述主义者，如海登·怀特和安克斯密特(F. R. Ankersmit)则将历史叙述凌驾于解释之上，把解释视为情节结构的一部分，弱化为一种话语表征形式，从而颠覆了传统史学所遵循的历史事实决定历史解释的思路，代之以主张历史解释支配历史事实，历史事实本身就蕴含着解释，事实与解释都不再具有客观性。总之，叙述主义将历史解释视为历史书写和历史叙述的一种话语模式，注重以语言和修辞分析来揭示历史实践中解释的运思方式，但却消解了历史解释中最为重要的客观性和实在性品质，导致多元主义和相对主义滋生。

覆盖律模型代表了 20 世纪中叶逻辑实证主义在科学解释问题上的基本立场。历史学界对于该模型的批评聚焦于两个层面：一是模型自身的问题，如相关性、对称性、认知歧义性、概括和规律的有效性等，这些一般性问题与科学哲学中的讨论同步；二是该模型在历史研究中的适用性问题，这触及了以历史学为核心的人文学科的本质，尤其是对研究对象异质性(heterogeneity)和人文学科独立性的强调，是适用性问题的症结所在，也是实践的历史学家对亨普尔主义所代表的科学模型坚决拒斥的根源，给历史解释的性质划定了界限。

与人文主义者构筑学科壁垒的思路相悖，亨普尔的野心在于，用覆盖律模型彰显的解释逻辑为"统一科学"的哲学理想扫除障碍，其实质是以逻辑实证主义的"科学世界观"来改造历史学，从而使自然科学的方法论在历史研究中同样得到确立。然而，覆盖律模型自身存在诸多问题，导致其在历史研究中备受诟病。这一模型追求精确性和形式化，以初始条件和普遍规律为前提进行"演绎论证"，从而以逻辑结构来产出"必然联系"①，被解释项语句是解释项组合语句（由描述涉及的条件性事实的语句与类规律性语句共同构成）的逻辑后承，其逻辑结构完全基于一阶谓词逻辑。② 这种逻辑主义的思维模式为解释问题的科学理性建构提供了简洁的路径，从而避免导向形而上学必然性，而只需诉诸逻辑的必然性。但同时，这也为模型的实践应用设置了无形的障碍，导致这一经典解释理论最终难以自洽。研究者们从科学研究和日常经验的角度，对亨普尔诉诸的逻辑必然和解释相关提出大量反例，这些反例从真前提（true premises）出发，也都符合覆盖律模型的形式要求，但在此基础上进行的演绎推理却完全无效。③ 由此，在相关性、对称性和概括的有效性等焦点问题的质疑声中，亨普尔模型因为自身难以排除的逻辑问题而遭到批判和扬弃。

　　20 世纪 50 年代，奎因对经验主义两个教条的深刻批判，使得科学哲学研究者从实证主义的迷梦中惊醒。紧随其后，库恩《科学革命的结构》于 1962 年出版，一种新的、动态—历史的科学观呼之欲出，逻辑实证主义自此衰落，代之而起的逻辑实用主义、历史主义、新历史主义等流派和理论，重新构筑了一种后实证主义科学观。这种新的科学观在扬弃逻辑实证主义的分析—综合二分和还原论教条的基础上，对于传统的科学与非科学、观察与理论、辩护的语境与发现的语境、事实与规范等截然二分提出根本质疑，同时以观察负载理论、非充分决定性论题和不可通约性等特征来重新描绘科学的蓝图。④这对于打破实证

---

① William A. Gorton, *Karl Popper and the Social Sciences*, State University of New York Press, 2006, p. 42.

② Stathis Psillos, "Past and Contemporary Perspectives on Explanation", In Theo A. F. Kuipers, *General Philosophy of Science: Focal Issues (Handbook of the Philosophy of Science)*, Elsevier, 2007, p. 124.

③ 由于我们主要是从逻辑实证主义对分析性的理解来审视解释模型的认识论预设，此处不再赘述覆盖律模型的各种反例的具体论点，相关反例可参见 Wesley C. Salmon, *Four Decades of Scientific Explanation*, University of Pittsburgh Press, 2006, pp. 46-50。

④ John H. Zammito, *A Nice Derangement of Epistemes: Post-Positivism in the Study of Science from Quine to Latour*, University of Chicago Press, 2004, pp. 6-14, 271-276.

主义的科学幻象极为有益，但对于历史解释这种由亨普尔主义所激发的史学认识论和方法论反思却产生了正反两面的影响。

一方面，后实证主义对于传统科学观的解构，为后现代主义历史哲学对实证主义史学的消解提供了论据，进而为后现代主义抵制所谓"科学主义"的跨学科"殖民"提供了依据。后现代主义作为对实证主义和现代主义经验主义（modernist empiricism）①的反叛，通常将后实证主义对科学观的改造放大成为一种科学与人文的对立，把历史视为一种文本与话语的语言游戏，并且与自然科学不可通约。在他们看来，历史解释与科学客观性等概念一样，需要被超越。以文本的不透明性以及意识形态等话语的普遍渗透为理路，后现代史学摒弃了史学客观性、真理性和规范性的认识论基础，其对于历史事实的把握是以阐释而非解释的步骤来进行，历史解释在这种文本主义的术语体系中被遗忘了。

另一方面，后实证主义对于逻辑主义的扬弃，为历史解释研究超越基础主义和还原论的理论模式，进而以一种更加整体论的方式从实践和经验层面考察历史事件提供了启迪。后现代主义和叙述主义者指责那些争论历史解释问题的人们未能把握历史写作的真正本质，对于历史语言只有朴素的认知而缺乏对于历史叙述的复杂本质的认识。这种批判虽然有很多偏颇，但确实为历史解释研究指明了困境，覆盖律模型的辩护者们倾向于逻辑主义的静态观察，缺乏对解释项和被解释项之间如何联结的一种动态的、生成的认识，而行动解释尽管看到了历史主体在历史解释中的重要地位，但却将历史研究视为一些散乱的、缺乏互动的个人行动的考察，而没有一种对于历史事件、过程的整体把握。后实证主义者接受了从奎因、库恩那里继承而来的整体论思维模式，能够在一种"信念之网""共同体"中把握历史事件，从而为历史解释与史学实践的契合提供了路径。

此外，后实证主义对于经验主义教条的批判，将传统分析哲学所预设的分

---

① Mark Bevir, "Contextualism: From Modernist Method to Post-analytic Historicism", *Journal of the Philosophy of History*, 2009, 3, p. 213.

析真理的形而上学必然性消解了①，这使得历史主义的回归得以可能。分析哲学的兴起，在一定程度上源自现代主义者对历史主义的反叛，这种现代主义随着后分析哲学的兴起而被批判和拒斥。② 尽管在后现代主义之后（post-postmodernism）的理论视阈中，学界对于究竟在哪种意义上复兴历史主义尚未达成一致意见。③ 但是，"对语言和知识的整体论研究方法，对行为意向本质的研究，以及对叙述的兴趣，都为历史主义的主题打开了分析哲学的大门"④。随着后实证主义科学哲学将科学的历史性和科学观念的形成过程视为理解科学的关键所在，历史主义对于历史性的强调已经成为我们理解世界必不可少的视角，历史解释研究也应该适应这一点。

## 二、后实证主义的历史解释模式重构

20 世纪 70 年代以降，历史哲学中叙述主义的兴起，导致了历史解释研究的断裂，覆盖律模型的适用性难题所导致的历史解释性质之争，似乎已经无疾而终。随着争论的深入，历史解释的问题域已经变得萎缩，调和覆盖律模型和合理性行动解释之间差异的努力使得争论本身被弱化了，而丹图等人将叙述与历史解释相结合的讨论也并没有为该问题适应叙述主义的范式转换产生实质性影响，有些研究者直言，历史解释的主题已经被耗尽了。⑤ 然而，这一问题并没有解决，也不会随同哲学兴趣的转移而消解，相反这一问题的停滞源于一种

---

① Cory Juhl, Eric Loomis, *Analyticity*, Routledge, 2010, pp. 179-187.

② Mark Bevir, Naomi Choi, "Anglophone Historicisms", *Journal of the Philosophy of History*, 2015, 9(3), pp. 327-346.

③ 例如，扎米托(John H. Zammito)从后实证主义和自然主义的立场出发，以诠释学的学科共同体之内在规范为基础，寻求构建一种温和的、高度稳健的历史主义(J. H. Zammito, Post-positivist Realism: Regrounding Representation, In N. Partner, S. Foot, *The Sage Handbook of Historical Theory*, Sage Publications, 2013, p. 405)。安克斯密特将兰克和洪堡的历史主义(认为事物本质是在其历史中呈现的)与他本人的历史表现和历史经验理论结合起来，将历史主义视为对语言与世界关系的一种解答(Frank Ankersmit, *Meaning, Truth and Reference in Historical Representation*, Leuven University Press, 2012, pp. 1-28)。

④ Mark Bevir, Naomi Choi, "Anglophone Historicisms", *Journal of the Philosophy of History*, 2015, 9(3), p. 329.

⑤ Herman Paul, "Why Did Analytical Philosophy of History Disappear? Three Narratives of Decline", In Krzysztof Brzechczyn, *Towards a Revival of Analytical Philosophy of History: Around Paul A. Roth's Vision of Historical Sciences*, Brill/Rodopi, 2018, p. 28.

研究思路的局限和对问题本身的教条化理解。就此而言，逻辑实证主义的衰落反而为历史解释研究开启了新的方向。在这一部分，我们从后实证主义历史解释的几种代表性路径来展开，进而表明，从被解释项的描述性和语境性特征入手，我们能够为历史解释问题的解决提供新的可能性。

综上所述，在后现代主义的语境下，历史解释问题的总体趋势是对语言分析和史学实践的回归。当前，历史解释研究亟待解决的难题是如何用一种横断性研究范式整合叙述与解释问题。而史学理论与实践层面的研究已经表明，以话语和语境分析方法重构历史解释，在语境论研究纲领的基础上建构新的历史解释模型，将会成为我们反思历史解释的新思路。

1. 代表性路径

后实证主义历史解释模式突破了亨普尔经典解释模型的窠臼，以"语言学转向"和历史主义原则为新的理论生长点，注重从历史研究的实践和学术共同体的规范入手，构建新的解释理论。我们简要考察其中两种理论形态。

(1)信念和行动的弱意向论解释

在批评剑桥学派的语境论思想史解释模式的基础上，贝维尔对观念史的逻辑进行重新定位，提出了一种弱意向论的信念解释模式，将其扩展至行动解释。[①] 与剑桥学派主要关注历史文本的语义意义（semantic meaning）和语言意义（linguistic meaning）不同，贝维尔从诠释意义（hermeneutic meaning）与前两种意义的区别之处来重新考察我们对于文本的阐释。[②] 语义意义和语言意义来自句子和语言本身，诠释意义则来源于作者个人在特定时空中表达的意向，这种意向论不同于昆廷·斯金纳的强意向论，并不强调作者意向能够直接决定文本意义，意向的时机性（occasionality）和特殊性决定了我们对文本和信念的研究只能采取弱意向论。[③] 进而，信念解释应该将与信念相关的其他信念作为"一致性网络"加以重构。这种观点与奎因知识的信念之网相似，主张将信念本身置于

---

① Mark Bevir, *The Logic of the History of Ideas*, Cambridge University Press, 2004, pp. 316-317.

② Mark Bevir, *The Logic of the History of Ideas*, Cambridge University Press, 2004, pp. 32-53.

③ Mark Bevir, *The Logic of the History of Ideas*, Cambridge University Press, 2004, pp. 62-75.

该信念网络中才能获得相关解释。而信念之网又可以置于相关的传统中来获得解释，旧的信念之网由于遭遇困境（dilemmas）也会转变为新的信念网络。这种信念解释从弱意向开始，并不预设先验的语境，不会导致发现的逻辑，从而超越了斯金纳式的历史语境论。①

同理，贝维尔在他对于扭曲信念（distorted beliefs）的解释中，将弱意向论扩展为一种行动解释的图式。这种图式将非理性和理性的信念一并视为由支持性态度（pro-attitudes）所激发，而信念和支持性态度通过条件与意志联结（conditional and volitional connections）影响了行动。由于条件和意志联结不同于因果必然或逻辑必然的联结，因此，弱意向论为常识心理学（folk psychology）式的行动解释提供了新的辩护模式。②

（2）基于证据和信息因果链传递的历史解释

塔克尔（Aviezer Tucker）的历史解释建立在历史证据的基础之上，在他看来，历史解释只是关于事件描述的解释，而"事件描述的最佳解释是作为证据的最佳解释而确定的"③。柯林武德曾经将历史学描述为一种特殊的科学，研究既往的、已经无法观察到的事件，所以，要依靠"另外某种为我们的观察所及的事物来论证它们，而这某种事物，历史学家称之为他所感兴趣的那些事件的'证据'"④。塔克尔依据贝叶斯概率理论和德雷斯克（Fred Dretske）的认识论信息理论（information-theory of epistemology），明确指出科学的历史编纂学就是要从证据出发，通过推断出联结事件的原因和结果的"信息因果链"而得出关于原因的信息，这种信息的准确性和可信度都可以在概率上得到分析，贝叶斯主义是对于历史学家实践的最佳阐释。⑤

---

①　Mark Bevir, "The Role of Contexts in Understanding and Explanation", *Human Studies*, 2000, 23（4）, pp. 400-408.

②　Mark Bevir, *The Logic of the History of Ideas*, Cambridge University Press, 2004, pp. 298-308.

③　Aviezer Tucker, *Our Knowledge of the Past: A Philosophy of Historiography*, Cambridge University Press, 2004, p. 197.

④　〔英〕柯林武德：《历史的观念（增补版）》，何兆武等译，北京大学出版社，2010，第249页。

⑤　Aviezer Tucker, *Our Knowledge of the Past: A Philosophy of Historiography*, Cambridge University Press, 2004, pp. 92-140.

塔克尔认为覆盖律模型在历史编纂学中不成立，事件描述的解释是一些原子解释(atomic explanation)，它们是对于一系列证据的最佳解释，只与信息、证据相关，而不需要进一步诉诸普遍规律，因此，这种解释排斥亨普尔主义。塔克尔将历史编纂学拆分为证据、假设和关于信息从事件到证据传递的理论，事件描述的解释不同于事件的解释，它只解释证据，而传统解释理论所强调的解释项与被解释项之间的关联，并不属于这种解释的考察范围。接受这种解释，意味着不再进行所谓的事件解释，只考虑证据和事件描述，同时，也无须再考虑联结解释项和被解释项的规则究竟是什么，这就把事件解释的核心论题也消解了。塔克尔将这种解释研究模式视为"哲学上的格式塔转换"[①]，一方面，它解决了亨普尔主义的解释等同于预测这一对称性难题，因为被预测的东西只是证据和信息的传递而非被解释项；另一方面，它也解决了单一因果解释的问题，由于事件描述的解释取决于对事实证据的解释，单一因果解释可以被证据确证，原因和结果之间的联结不需要再求助于问题百出的覆盖律理论。此外，这种事件描述的解释理论，还有助于将解释性历史编纂学命题与描述性命题在认识论上的二分消解，因为事件描述的原子解释的特性取决于外部语境，同一命题随着语境的切换，可能充当描述性和解释性的不同角色。但这种语用考虑并不影响解释的辩护，解释的合法性只依赖于证据和背景信息理论。

2. 特征分析

由上述两种截然不同的历史解释模式，可以看出，首先，后实证主义的历史解释模式延续了合理性、覆盖律等第一阶段的争论，并且对这些论题做出完全不同的回应。贝维尔的历史解释主要围绕信念如何经由"信念网络""传统"和"困境"来解释，而在行动解释方面践行了常识心理学的解释原则，以支持性态度与行动之间的条件联结和意志联结这种更为松散的关系，取代了强调"理由即原因"的强因果联系。塔克尔的主张更具颠覆性，他将对于证据和背景信息的强调用于解释属性的刻画上，不同于事件解释所预设的解释项到被解释项的推理

① Aviezer Tucker, *Our Knowledge of the Past: A Philosophy of Historiography*, Cambridge University Press, 2004, p. 191.

结构，事件描述的原子解释只是对于证据的解释，并不涉及事件，证据所提供的信息因果链才是原子解释的核心，这是一种新的因果关系，颠覆了亨普尔覆盖律模型对于单一因果联系的依赖。

其次，后实证主义的历史解释明确反对基础主义以及后现代主义，倾向于从后库恩主义的科学观出发，以语义整体论原则重构解释的论域。贝维尔明确将自己的反基础主义立场定位于后分析而非后现代传统中。在对于剑桥学派历史语境论的批判方面，贝维尔指责这种研究将"研究话语的语言语境"扩展到了认识论层面，导致思想史中语言语境的研究成为理解的前提条件，也是历史知识确证的一个先决条件。① 贝维尔拒斥发现的逻辑，反对将语境研究作为政治思想史中信念解释的先验理论。他明确接受一种后分析哲学的理论立场，在拒斥任何"所予"观念和自明真理的基础上，观念史的逻辑"不存在给定的真理，没有可靠的基础，不存在纯粹的观察或经验真理，知识是一个单独的整体"②。塔克尔将观察渗透理论和非充分决定性论题的讨论引入到历史研究中，认为历史事件的描述与科学理论中对于电子、黑洞等的描述一样，是具有相关理论渗透的；历史研究中证据的不充分所导致的非充分决定性问题，并不会导致一种不确定性，相反，证据能够排除掉大多数错误假设，这样就把对于不确定性所导致的相对主义拒斥了。塔克尔以证据与史学之间的密切关联性，提出事件描述的原子解释只依赖证据所呈现的信息因果链，而不需要任何进一步的解释规则，这就把解释的研究只是限定在事件描述和证据的经验层面。

再次，后实证主义的历史解释模式把解释的规范性锚定在学科实践之上，对于历史研究和历史编纂学实践的强调，为历史解释理论提供了一种自反性的考虑。在历史解释第一阶段的争论中，亨普尔主义从科学的统一来建构解释模型，认为历史解释只有采取覆盖律模型的形式才能获得规范性基础。塔克尔完全拒斥这种解释研究思路，从历史编纂学的实际出发，将证据作为解释的基础，

---

① Mark Bevir, "The Role of Contexts in Understanding and Explanation", *Human Studies*, 2000, 23(4), pp. 398-400.

② Admir Skodo, "Post-analytic Philosophy of History", *Journal of the Philosophy of History*, 2009, 3, p. 314.

不再寻求任何外在于证据的规范性来源。而贝维尔从观念史研究中的常识心理学视角出发，将信念和行动解释与支持性态度之间的联系，定位于一种更为松散的模式，意志联结和条件联结都不具有的因果决定性。这些解释研究都来源于史学实践，也都可以在实际的解释活动中加以检验和修正，这明显不同于以逻辑形式为核心建构的解释类型。

## 三、语境复杂性与事实的语境突现

后实证主义的历史解释模式并没有真正解决历史解释的"科学地位和逻辑形式"[①]问题，毋宁说，这些模型从历史研究的实践中截取了某些特征，如证据、社会因果关系或常识心理学，进而将历史解释建构为与自然科学解释并列、自身具有规范性的解释类型。塔克尔基于贝叶斯主义和信息因果链理论，对于历史研究中考察的因果关系进行了改造，这种改造让解释与证据关联，而非依赖于普遍规律。但这种基于证据的历史解释与基于普遍规律的历史解释，仍然有许多相似之处。前者只是将证据的规则视为解释的逻辑形式，同时，将解释严格限定在考察证据的工作中，这种限定使我们远离对于事件性质的争论，而只是在证据的辨析中澄清事件的描述性部分，但这并不能使我们回答事件究竟为什么发生。证据确实能对事件描述的真伪做出判断，这是解释的基础，但不是解释本身。贝维尔从常识心理学的术语出发，将历史解释限定于信念和行动同支持性态度之间如何联结，通过赋予各种类型的信念以一种规范性的解释策略，为信念解释构造了完整的心理图景。尽管这种更为精致的行动解释刻画能为我们提供更有说服力的行动图式，但是思想与行动的关联并不足以刻画历史事件，历史事件是非常复杂的行动集合，当涉及像法国大革命、中国辛亥革命这些更为宏大的事件时，解释不能单从心理层面来呈现。要言之，限于其研究视角，这些具有代表性的后实证主义历史解释理论，各自延续或改造了历史解释中因果性与意向性两大传统，为历史解释的科学性和规范性建构提出了不同的方案，

① Paul Roth, "Analytic Philosophy of History: Origins, Eclipse", and Revival, *Graduate Faculty Philosophy Journal*, 2016, 37(2), p. 369.

但它们都只是考察到历史事件某一方面的经验内容，事件作为整体，应该按照历史主义的原则，置于其历史语境的整体过程中加以考察。

事实上，当代科学哲学中因果语境论(Causal Contextualism)对于因果关系多元决定(causal overdetermination)难题的克服[1]，以及心灵哲学中合理性语境论(Rational Contextualism)对于行动合理性判断标准的改造[2]，都启示我们将历史解释的两种传统方法论——因果性或合理性，置于语境论的框架下重新审视，而语境因素的重要性也在历史解释研究中愈发凸显。因果语境论主张，"一个单一的因果声明可以根据不同的语境而具有不同的真值"[3]，因果声明的真实性随我们的评估语境而改变，它的语境敏感性是相对于事件描述的差异而非因果场景(causal scenario)的差异而产生，语境可以被理解为一种认知可能性集合，这种可能性帮助我们理解差异性和冲突性因果关系说明的共同基础，对于各种因果关系理论的正确运用都需要基于语境评估。合理性语境论则认为，"关于某一特定行动合理性的判断……是根据各种相关的规范性标准、行动者的目标和信念体系、行动者在特定环境中实现这些目标的资源和能力来评估行动者的语境化判断"[4]，行动者的行动是基于主观和客观两个层面的合理性来综合考察的，这种评估过程依赖于从环境到人类心智内部组织等各方面的语境因素。

由此可见，历史解释实践中因果关系和合理性原则的使用和评估是语境敏感的，后实证主义历史解释理论由于对解释的语境敏感性缺乏认识，使得这些解释理论容易陷入教条主义的思维定势。语境因素在历史解释中的作用，不仅仅是提供各种背景信息，而且会影响解释的整个过程。对于语境的充分考察，有助于我们在各种相关因素的关系网络中，呈现历史事件的特殊位置，这是后

---

[1] Esteban Céspedes, *Causal Overdetermination and Contextualism*, Springer International Publishing, 2016, pp. 12-15.

[2] Karsten R. Stueber, *Rediscovering Empathy: Agency, Folk Psychology, and the Human Sciences*, The MIT Press, 2006, pp. 80-97.

[3] Esteban Céspedes, *Causal Overdetermination and Contextualism*, Springer International Publishing, 2016, p. 13.

[4] Karsten R. Stueber, *Rediscovering Empathy: Agency, Folk Psychology, and the Human Sciences*, The MIT Press, 2006, p. 83.

实证主义哲学中"整体论"与语境论之间的契合之处。此外，从史学实践来看，文本与语境、行动与语境以及解释与语境的关系问题，已经构成了一种"语境复杂性"（contextual complexity）①的解释难题，这种复杂性始终是历史解释所要解决的核心问题。

## 第三节　人的历史性与历史解释的语境重构

后实证主义的兴起，为历史解释难题的解决提供了新的方法论路径，研究者们从历史编纂学和历史写作的实际过程出发，改造解释模型，以反基础主义、整体论、实用主义为特征，为因果性或合理性的解释内核注入了新的能量。然而，从史学实践来看，历史现象的理解与解释都需要在一种语境化的历史主义程序中进行，语境敏感性贯穿于建构和评估事件描述的全过程。20世纪下半叶，历史学研究发生了"语境转向"，语境论历史解释的讨论随之兴起。沃尔什、怀特等历史哲学家将语境论视为历史解释的形式范式，初步勾勒出了这种解释模式的方法论本质和哲学意蕴。斯金纳、波考克和贝维尔等历史学家以思想史中语境论解释模式的具体机制为争论焦点，对语境论思想史解释的理论基底和方法路径进行了辩护。从历史事实的建构性和语境性切入，语境论历史解释在认知的基础上将语言语境和非语言语境加以融合，以语境分析取代了较为狭隘的语义逻辑和泛化的语用分析，进而从元理论和学科实践的双重维度，为当代历史解释研究超越传统的解释二元论提供了一种新的理论视角。

## 一、语境融合与历史事件的语境论重构

伴随着语境观念在人类思维领域中的广泛渗透和语境论世界观的凸显②，20世纪后半段，在历史学、历史哲学和史学理论等学科中，以语境分析介入历

---

① Esther Eidinow, "Approaches to Historical Explanations", *Religion Brain & Behavior*, 2018, p. 17.
② Lewis E. Hahn, *A Contextualistic Worldview: Essays by Lewis E. Hahn*, Southern Illinois University Press, 2001, pp. ix-x.

史研究的理论路径逐渐引起学者们的重视。在笔者从谷歌 Ngram 生成的 1900 年至 2008 年"语境与历史"(context and history)研究趋势图中(见图 10-1),我们看到,在 1960 至 2008 年之间,除去一些微小的波动,相关论著的发展速度骤增。总体上看,在后现代主义和"语言学转向"的影响下,语境问题在历史研究中已经变得不容忽视,有些历史学家,如彼得·伯克(Peter Burke)甚至明确提出,20 世纪下半叶,历史学发展呈现"语境转向"(contextual turn)①。

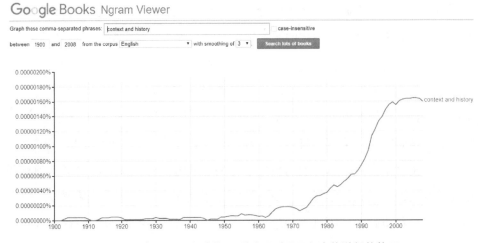

图 10-1  谷歌 Ngram 生成的"语境与历史"研究论著增长趋势图

语境转向为我们求解历史理论和实践的难题开辟了新的方法论路径。作为 20 世纪史学理论和历史哲学的核心论题,历史解释性质的追问深深触及了历史学科的科学性、合法性、规范性等本质问题。然而,囿于该问题的复杂性和分析哲学解释理论的局限性,职业历史学家、史学理论家和历史哲学家,在历史解释及其模型的理论界定方面缺乏一致意见,甚至于在后现代主义兴起以后,

---

① Peter Burke, "Context in Context", *Common Knowledge*, 2002, 19(1), p. 164.

该问题在主流学术语境中已经被搁置，这一处境与史学规范性的诉求背道而驰。① 本节尝试以语境转向后，历史编纂学哲学（philosophy of historiography）和史学理论中有关语境论解释（contexualist explanation）②模式的讨论入手，为历史解释性质的重新定位提供规范性辩护。

事实上，语境和语境论在历史解释研究中有着深厚的理论积淀。在"语言学转向"之前，语境论解释模式在传统史学的实践层面已经逐渐凸显，"将其置于语境中"亦成为历史研究的金科玉律。③ 后现代主义者在突出历史研究的文本性特征的同时，将历史文本、历史事件、主体行动等研究对象与相应语境之间的关系问题，以一种怀疑主义的方式揭示出来。由此，历史研究的"语言学转向"实际上为语境论解释模式在历史学中的突现提供了理论前提。下文中我们首先来分析语境论解释模式在历史编纂学中的形态。

1. 世界假设与四种历史解释模型

在历史研究和写作中，历史学家通常需要对研究对象（包括事件、结构或者过程等）进行"形式的、外显的或推论的论证性解释"④。然而，历史学家对于历史解释的具体类型及其形式，始终未达成公认的约定。对于历史编纂学中解释范式的区分，我们可以按照解释运作的方向是追求"分散"（dispersive）还是"整合"（integrative），解释运作结束后被解释的现象所呈现出的一般局面，这两条

---

① 关于 20 世纪历史解释问题的理论流派及其争论的讨论，可参见 Paul A. Roth, "Varieties and Vagaries of Historical Explanation", *Journal of the Philosophy of History*, 2008, 2, pp. 214-226. 和 C. Behan McCullagh, "Theories of Historical Explanation: Philosophical Aspects", In James D. Wright, *International Encyclopedia of the Social & Behavioral Sciences*, Elsevier Ltd, 2015, pp. 10-16。国内相关研究，可参见韩震、董立河的《历史学研究的语言学转向——西方后现代历史哲学研究》（2008）一书第一章"分析的历史哲学的兴衰"（韩震等：《历史学研究的语言学转向：西方后现代历史哲学研究》，北京师范大学出版社，2008，第 7—47 页）和周建漳的《历史哲学》（2015）一书的第五章"历史解释及其他"（周建漳：《历史哲学》，北京大学出版社，2015，第 160—191 页）。

② Martin Jay, "Historical Explanation and the Event: Reflections on the Limits of Contextualization", *New Literary History*, 2011, 42(4), p. 561.

③ Takashi Shogimen, "On the Elusiveness of Context", *History and Theory*, 2016, 55(2), pp. 233-252.

④ Hayden White, *Metahistory: The Historical Imagination in Nineteenth-Century Europe*, The Johns Hopkins University Press, 1973, p. 11.

标准来进行。① 怀特就是沿着这种分类标准，在借鉴哲学家斯蒂芬·佩珀的"世界假设"和根隐喻理论的基础上，明确提出历史解释的四种形式范式：形式论、有机论、机械论和语境论。② 具体来看：

其一，有机论与机械论历史解释。这两种历史解释模型都强调对历史现象的"整合"。有机论者（Organicist）秉承一种"宏观—微观"关系范式的形而上承诺，持这种理论倾向的史学家往往在历史研究中采取"综合"（synthesis）的办法，把存在于历史记录中的各种细节和语境整合到一般历史整体中，将历史进程中的不同时期或历史研究的单个实体描述成整体结构中的某一组分，在整体与部分的关系中把握分散的事件，历史过程的综合实体是历史研究的终点。这种研究路数的代表是黑格尔和兰克，他们的研究旨趣在于描绘整个历史过程的终极意义和模式。机械论者（Mechanist）分析策略的特点是更倾向于还原，而非有机论式的综合。相应地，持这种解释立场的历史学家将历史领域中的各种要素视为部分与部分间的因果联系，而非整体与部分的关系。机械论历史解释尤其强调对于支配历史进程的因果规律的研究，历史领域中部分与部分间的相互作用是由这些规律所支配。历史学家的任务就是识别作为"原因"（causes）或"结果"（effects）的部分，在此基础上，为历史进程中特定时空的因果联系组合提供必要条件和充分条件的解释。概言之，机械论历史解释的要旨在于对支配着历史现象的规律的发掘，对他们而言，只有建立在因果规律基础上的解释才是真正的解释，托克维尔和马克思是这种解释理论的典范。

其二，形式论与语境论历史解释。这两种历史解释策略更强调对历史事件

---

① Hayden White, "Interpretation in History", In Hayden White, *Tropics of Discourse: Essays in Cultural Criticism*, The Johns Hopkins University Press, 1978, p. 64.

② 参见 Hayden White, *Metahistory: the Historical Imagination in Nineteenth-century Europe*, The Johns Hopkins University Press, 1973, pp. 11-21. 需要指出的是，怀特最初以个殊论（idiography）一词取代佩珀的形式论（formism），认为这一源自威廉·文德尔班（Wilhelm Windelband）的术语能把形式论世界假设在历史编纂学中所体现的内容，更为不证自明地揭示出来（参见 Hayden White, Interpretation in History, "In Hayden White", *Tropics of Discourse: Essays in Cultural Criticism*, The Johns Hopkins University Press, 1978, pp. 64-66, 79）。但是在怀特的大多数作品中，他仍然延用形式论（formism），以便与语境论（contextualism）一词相对应（参见 Hayden White, "Formalist and Contextualist Strategies in Historical Explanation", In Hayden White, *Figural Realism: Studies in the Mimesis Effect*, The Johns Hopkins University Press, 1999, pp. 43-65）。

进行"分散性"研究。形式论者(Formist)以识别历史领域内客体的唯一性和独特性为要务，他们热衷于在相似性中发掘多样性。形式论者的解释工作就像放大镜，将看似模糊的历史事件领域识别为各种历史实体，把这些实体的细节和轮廓描绘清晰，从而把一组特定的研究客体之类别和特质鉴别清楚。这种解释理论以单个历史实体或现象的细致描述为特征，其刻画的历史事件是一些分散的实体，其概括性和精确性都较低。形式论历史解释的代表是法国历史学家朱尔·米什莱(Jules Michelet)。语境论者(Contextualist)反对形式论极端分散的倾向，其目标是追求适度的整合。语境论历史解释既排斥有机论式的综合，也不同于机械论式的还原，代之以主张历史领域中某一历史事件与其他事件之间的功能性相互关系，这种关系的确定为我们考察所研究现象在相应语境中的位置提供了线索。语境论的这种折中立场，使得这种解释策略更倾向于从历史进程中截取"时期""趋势""时代"或"倾向"等相互分离的结构或片段，以波浪式运动的图式对它们进行共时性表征。语境论解释原则在雅各布·布克哈特(Jacob Burckhardt)的历史著作中尤为突出。

上述四种模型代表了历史解释形式论证光谱上，从分散到整合的两极之间可选择的不同方案。自19世纪实证主义运动兴起以来，形式论和语境论解释模式，由于其突出经验研究，成为专业历史学通常采用的论证模式，而有机论和机械论过度整合的倾向在学术共同体中备受质疑，经常被斥为形而上学。

2. 综合的语境论解释模式

语境观念和语境化策略作为历史性的体现，在历史研究中是不言而喻的。然而，在历史编纂学哲学和史学理论中，有关语境本身的深入讨论却鲜少出现，这与语境观念在史学实践中的地位极其不符。事实上，作为一种将历史事件的意义与具体语境联系起来的方法论路径，语境论的理论基础是历史主义的原则，即"所发生的事情要依据它发生的时间和与它同时或在它之后发生的事情而加以描述，从而加以解释和阐释，这取决于我们所强调的是共识性还是历时性"①，

---

① Robert F. Berkhofer, *Beyond the Great Story: History as Text and Discourse*, Harvard University Press, 1995, pp. 31-32.

语境论的方法论预设可以追溯到维柯、赫尔德、狄尔泰和伽达默尔等。[①] 此外，格尔茨从文化人类学的"深描"理论出发，建议历史学家应该在它们所处关系的视阈中着手弄清楚曾经是孤立的事实、事件、行动和思想，语境越饱满，描述越深厚，越富有解释力。[②] 概言之，史学论证的语境论解释模式依赖于将被解释的现象置于其社会背景中，大多数历史学家都把语境论视为编制历史事实之基本的和唯一的方式，也是历史理解的主要形式。

　　怀特将历史学家沃尔什（William H. Walsh）的综合（colligation）概念视为最接近于语境论解释模式的论证，这种概念是指将事物"整合在一起"。历史学家在实践中经常将某些行为和事件描绘为某一模式的一部分，从而获得对于事件和行为的清晰图景。[③] 这种解释模式类似于小威廉·休厄尔（William Sewell Jr.）在时间异质性基础上强调的历史解释的逻辑，"时间异质性也意味着理解或解释社会实践需要历史语境化。如果不了解语义、技术、约定（简言之，逻辑），这些逻辑塑造着行动在其中发生的世界，我们就无法知道行为或言语意味着什么，它的后果可能是什么。历史学家倾向于不把事物归类于一个普遍规律或'覆盖'律，而是把它们与它们的语境联系起来"[④]。综合的语境论（colligatory contextualism）强调事件之间以及事件与作为整体背景的语境之间的功能性关系，这种关系严格意义上并非整体与部分之间的关系，而是弱化的、相对整合的关系，这种关系被限定在特定的时空中，是对多元特殊性的相对整合，被研究的现象正是作为所处历史时期或时代整体趋势的一部分而被理解，而这种理解和解释则呈现出整体关系网络的共同特征。此外，这种关系网络的另一作用体现为，当我们将关系网络本身视为研究的现象时，它又称为整体社会文化的个体性表征，从而被再语境化，不同关系网络间的特殊性由此得到揭示，由于语境

---

① Stephanie Lawson, *Culture and Context in World Politics*, Palgrave Macmillan, 2006, p. 14.

② Martin Jay, "Historical Explanation and the Event: Reflections on the Limits of Contextualization", *New Literary History*, 2011, 42(4), p. 558.

③ William H. Walsh, *Philosophy of History: An Introduction*, Happer Torchbooks, 1960, pp. 59-64.

④ William H. Sewell, *The Logics of History: Social Theory and Social Transformation*, University of Chicago Press, 2005, p. 10.

的边界性，这种再语境化不会一直持续下去，当它将关系网络抽象至社会文化层面时，各种社会和文化特殊性和异质性就得以呈现。①

3. 文本主义与语境论历史解释

史学理论层面对于语境论历史解释问题的研究，首先归功于新历史主义的旗手——海登·怀特。自德里达以"文本以外别无他物"的强文本主义立场（strong textualism）对传统史学进行解构以来，后现代历史哲学中关于文本与语境关系的讨论就持续不断。传统史学对于文本产生的社会、政治、文化等语境因素的重视，实际上是一种强语境主义，与之相应的历史解释理论也偏重于宏大叙事（grand narrative）和普遍规律，而忽视历史书写的文本维度和主观因素。叙述主义对历史学和历史解释的贡献在于从叙述结构及其包含的语言文本问题的角度重新审视历史，其历史解释理论强调将文本意义建构与语境分析相结合，在文本与语境的互动和张力间重新理解历史事实，这样一种语境论历史解释真正把历史研究置于话语和语言的考察之下，成为史学"语言学转向"的必然选择。

20世纪70年代以来，随着后结构主义对于人类经验文本性的强调，尤其是罗蒂、德里达和福柯的强文本主义（strong textualism）立场提出以来，传统史学中文本与语境的关系问题被强力解构，后现代主义所揭示的语言的不透明性和历史的文本性，对历史编纂学中的语境论解释模型提出了挑战。② 首先，文本主义者重新界定了语境概念。文本主义者反对传统史学所秉持的历史实体、史料和表征的实在论立场，也拒斥强语境论者对于实际语境、民族语境（ethno-context）和阐释性语境的透明性与可把握性的预设，他们区分出三种层次的语境：内文本性语境（intratextual context），将语境还原为文本中的语词或符号的结构或者系统；文本间性语境（intertextual context），一个文本的语境来自其他文本，抑或由其他文本构造而成；超文本性语境（extratextual context），语境要到文本之外去寻找，这似乎与传统史学的语境如出一辙，其实不然，这种语

---

① Robert F. Berkhofer, *Beyond the Great Story: History as Text and Discourse*, Harvard University Press, 1995, pp. 31-36.

② Saul Cornell, "Splitting the Difference: Textualism, Contextualism, and Post-Modern History", *American Studies*, 1995, 36(1), pp. 57-80.

境是建立在将人类社会本身及其现象全部文本化的基础上的，社会成为文本性的建构，由它们产生的语境化也只能是文本建构。这三种语境都源于后现代主义对语言的过分强调，因而三者构成了一种语言和文本的封闭的概念王国，完全在文本的世界中兜圈子。[①]

由文本主义的语境概念所引申出的历史解释模型，也完全陷入了文本性的循环论证中，丧失了语境论原先的经验立场。举例来看，怀特在其后期著作中就明确提出，历史研究中的语境观念和作为历史解释方法的语境化理论都源自于文本分析的实践。[②] 在《历史解释中的形式主义与语境主义策略》一文中，怀特对其早期论证过的语境论历史解释模型进行了改造，将他本人一直强调的语言学的转义理论加以扩展。语境论解释原先是通过解释现象之间功能性相互关系而获得解释效果，如今却需要完全求助于语言工具，从最初关于现象的描述，到解释过程中对事件的语境化分析，都依赖于将实体和语境"作为潜在分析对象而最早进行描述时所用的那种语言之功能"[③]。这实质上是在一种纯粹文本中谈历史解释，将强调一种互文性（intertextuality），最终消解了形式与内容、语境和被解释项之间的区分，陷入相对主义泥潭。

事实上，正如林恩·亨特（Lynn Hunt）所说，后现代主义者给历史事实蒙上了一层神秘面纱，历史学家只能书写并解释文本，而无法触及历史真相。怀特等人以文本性的限制来宣扬一种对于历史本体的怀疑主义和相对主义立场，并将此引向历史解释问题，这导致了怀特在用语境分析方法解释历史时，虽然将历史事实及其语境都进行了文本化，并在语言和修辞层面对历史事实进行了语境分析，但却悬置了历史实体及其蕴含的意义。然而，历史实体在时间上成为过去，无法直接触碰，并不能成为相对主义历史解释的论据，在史学实践中，历史真相始终通过史料考据和历史证据，制约着历史学家对历史事实的理解与

---

① Robert F. Berkhofer, *Beyond the Great Story: History as Text and Discourse*, Harvard University Press, 1995, pp. 19-24.

② Hayden White, "Contextualism and Historical Understanding", *Taiwan Journal of East Asian Studies*, 2010, 7(1), pp. 2-4.

③ Hayden White, "Formalist and Contextualist Strategies in Historical Explanation", In Hayden White, *Figural Realism: Studies in the Mimesis Effect*, The Johns Hopkins University Press, 1999, pp. 43-65.

解释。历史解释的语境分析虽然依赖于文本，但历史事件的语境却不止于文本。语境论在解释历史时应该充分考虑到事件和文本的复杂性，将各种语境因素考虑在内，坚持语境实在论的立场，把各种主客观语境及其相互关系置于实践中加以考察，从而理出历史事件及其文本表征的内在逻辑，把握事件生成和演变的过程，建构出合理、客观的解释图景。

总之，历史编纂学中的语境论历史解释，主要呈现为一种形式论证范式，它是历史写作中对研究对象的一种特殊处理方式。这种解释模式以对历史事件之关系网络的揭示为特色，但这种关系网络在文本主义者那里沦为一种互文性，以至于丧失了其经验研究的特质。这种抽象的方法论模式如何能够在具体学科的解释实践中得到应用和扩展？如何将语境论的世界观与历史解释中寻求的具体语境及其变体相统一？这些问题显然是本节内容的逻辑后承，需要我们从当前蔚为大观的语境论思想史研究实践入手，加以系统考察。

## 二、历史性与作为历史解释模式的语境论

维特根斯坦有句名言"全部哲学都是语言批判"，这是对于哲学语言学转向的精准概括。但是，语言学研究范式是不断演变的，不能一概而论。在 20 世纪，语言哲学经历了"语形—语义—语用"三个研究阶段，自 70 年代以来，分析哲学和语言哲学已经发生"语用学转向"（the Pragmatic Turn），对语言和文本之意义的探求也转向了实践层面的交流和使用的研究。然而，怀特等叙述主义者虽然标榜自己是从史学实践来切入文本研究的，却在实际的历史解释中将文本性置于首位，以至于颠覆了历史事实与文本叙述之间的关系，导致其叙述和解释理论脱离了社会、文化语境而完全在文本语境中"兜圈子"。因此，从历史学家的实践来重新考察"语境论历史解释何以可能"，成为极为迫切的问题。

在亨普尔主义的研究路径中，解释的逻辑形式作为一种规范性的考虑被强加于历史解释过程，解释项与被解释项以何种方式相关联是解释的核心所在。但是，这种完全形式化、理想化的模型忽略了历史解释对象的特殊性。无论我们将历史解释的对象设定为过去的人类行动抑或事件，这些解释对象都已经在

时间上结束，不可重复，也无法被观察，而只是存在于一系列的遗迹和文献的记载中。也就是说，解释的对象并非一个简单的术语"被解释项"能够指代清楚的，它是在描述的基础上建构起来的。因此，"对一个现象的解释必须与对此现象的描述关联起来"，"除非我们明确地给出描述，或者除非它的预期描述是从语境中隐含的，否则任何解释指定的现象的要求都毫无意义"①。从解释对象的描述性和语境性而非解释的逻辑形式入手，能够澄清历史解释中"我们究竟能解释什么"的问题。

过去的事件是经由描述来呈现的，我们对于战争、革命、制度变迁和皇权更替等各种历史现象的分类、描绘和识别，是对于事件及其过程进行把握的基础。在描述性建构的过程中，历史学家往往需要将自己采用的事件描述与共同体内研究者公认的事件"原型"进行比较，但由于历史学语言不同于自然科学的语言，其描述在很大程度上依赖于日常语言的模糊性表达，而"原型"本身又在很大程度上依赖于共同体的约定或既往经典文本中被接受的图景，这就导致了描述通常与原型不符。海登·怀特指出，历史研究中，解决这一困难的办法是还原事件描述的语境，"'语境'的概念可以有效地用于减轻历史指称对象的难以捉摸可能会导致的怀疑主义倾向"②。可见，事件描述及其评估是强烈依赖于语境的，通过这种影响，语境又可以影响和限制对于这些事件的解释。这种观点也反驳了塔克尔对于证据与事件描述之间的关系的看法，塔克尔似乎认为，充分的证据考察和比较就能让人们建立起对于事件描述的解释，但他对于描述的语境敏感性缺乏认识，忽略了研究者从同样的证据得出不同描述所反映出的认知状态（cognitive status）的复杂性。

此外，事件描述所依赖的语境不只是史料、证据和遗迹等物质性存在，同时也包括业已形成的共同体内关于事件的具体细节和过程的识别，这些语境本身是生成的、动态的，事件描述与语境之间的关系也是生成的、变化的。由此，"一种适当的描述，无论是关于只能借由档案、纪念碑、残骸等方式予以辨认的

---

① Arthur C. Danto, *Narration and Knowledge*, Columbia University Press, 1985, p. 218.
② Hayden White, *The Practical Past*, Northwestern University Press, 2014, p. 66.

某一发生于过去的事情，抑或关于此事与语境之间的关系的描述，这些描述常会采用被假定存在于事物——正在发生变化，且其所处的语境本身也在持续变化中——之间的所有关系形式"①，对事件描述的建构性和语境性的分析，需要把握这种关系形式的可能性变化。因此，语境论通过强调语境敏感性贯穿于建构和评估事件描述的全过程，且语境只有相对的确定性，避免了传统史学从纯粹的描述出发去建构历史事实，再对事实展开解释的基础主义理想。

再者，由于历史事件的描述是在语境的基础上得以建构和评估，而历史事件和行动都是在认知语境（cognitive contexts）所整合的各种语境参数下得以说明，相应地，历史解释的过程表征为一种语境分析程序。逻辑主义的历史解释模型过于强调推理过程的形式规范性，忽视了历史事件和行动的描述在解释过程中的基础地位。将描述性与解释性命题在认知（epistemic）上加以区分，本来就是经验科学知识建构的前提，这一点与强调观察渗透理论的后实证主义并不冲突，但强调纯粹客观、中立、无偏见的描述，在历史研究甚至在大多数经验科学中很难实现，也正是由于这一点，语境敏感性成了评估描述性历史文本的关键。此外，由于历史主体的行动以及在此基础上构成的各种层次的历史事件，其产生过程和影响因素都充满了语境复杂性，背景性的情境语境、主体能动性的心理语境、关系网络中的互动语境都需要在一种更为整体性、开放性的、生成的社会认知模式下，才能突现为一种认知语境，进而对行动本身产生直接的作用和影响，因此，行动和事件的描述内在地依赖于对各种层次语境的把握。要言之，历史解释对象的描述，本身就是一种揭示各种关系性语境如何塑造认知语境进而影响事件进程的活动，在此基础上形成的历史解释，将描述性的文本解读与认知语境的行动解释都综合在一起，其核心是基于认知过程的语境分析，而且由于突出了对语境敏感性的考虑，这种解释本身具有一种自反性特质。与强调逻辑—语义分析的静态解释不同，语境论历史解释的结构是随着语境的层次性和动态性而不断调整的，因而体现为一种动态的、关系性结构。

---

① Hayden White, "Contextualism and Historical Understanding", *Taiwan Journal of East Asian Studies*, 2010, 7(1), pp. 2-3.

　　总体来看，自库恩以来，科学哲学研究中历史主义的兴起，导致了科学概念和科学实践需要在社会历史的语境中建构与把握，静态的、分析的科学观被动态的、语境的科学观所取代。此外，统一科学的理想也伴随着单一科学观的崩溃而覆灭，科学社会学和科学知识社会学将科学概念的建构性特征揭示出来，这表明，科学并非只有单一模式，逻辑实证主义统一科学的观念，其实源于一种科学主义所衍生出的形而上学预设。科学研究和科学实践的本质决定了科学是具体的、经验的，因而是语境相关的。由此，当代历史研究能够从后实证主义中引出一种新的历史主义，以这种历史主义为基础，历史解释只能从历史学家的实践中加以透视，而这种实践是语境论的。对于复杂而多元的语境要素进行分析，需要将行动解释的语境和文本解读的语境，都整合在事件分析的语境之中，这种整体论的语境分析过程能够为历史解释提供新的视角。

## 三、语境论事件解释的思想史应用

　　当代历史解释研究已经超出了传统的行动解释的论域，进入到对解释的语言、文本和叙述维度的考量，历史解释本身已经文本化了，而历史事实也变成罗兰·巴特（Roland Barthes）所谓的"语言学上的存在"。怀特的语境论历史解释虽然揭示出历史编纂过程中语言语境与文本之间的紧密联系，但并没有真正将史学实践中对于事实和证据的依赖考虑进去。而奥斯汀等人所揭示的言语行为的以言行事功能却为我们考察文本之中蕴含的行动意向提供了思路，斯金纳的历史语境论就是在这种语用学维度下建构历史解释的一种有益尝试，这与历史解释的实践诉求不谋而合。在史学实践中，文本与行动、话语与语境都是密切关联的，我们很难忽略其中任何要素来片面地谈解释。此外，作为历史编纂和史学理论的核心论题，历史解释的根本目的是对历史现象进行意义建构，而意义的生成和建构都是在文本、行动与语境的互动中实现的，因此，语境论作为一种横断性、整体性的研究纲领，能为历史解释问题的求解提供一种新的理论范式和平台。在思想史研究中，自1969年"剑桥学派"代表人物昆廷·斯金纳发表纲领性论文《观念史中的意义与理解》以来，历史语境论的解释策略逐渐成为该领域的核心范式，有些学者甚至将这一研究实践称为思想史中"斯金纳式的革命"（Skinnerian Revolution）。

斯金纳对传统思想史研究中以文本为中心的方法进行了反思，并在前人思想基础上对"历史语境论"展开研究。他采用历史的方法，对文本产生的具体语境进行复原，视具体的、变化着的"概念"为其研究对象，从语言行动视角对概念在不同语境下的内涵进行考察，从而达到对文本意涵及作者意图的正确解读。此外，斯金纳用"历史语境论"方法修正了"国家"和"自由"的概念史，作为一种解读文本的方法，它为政治思想史甚至哲学史开辟了新的研究路径。

1. 语境论思想史解释的提出背景

昆廷·斯金纳，当代著名思想史家和思想家，曾任剑桥大学近代史讲座教授，现任伦敦大学玛丽女王学院讲座教授。其1978年出版的两卷本专著《近代政治思想的基础》及2002年出版的《政治的视界》，被认为是思想史研究的经典巨著。他提出的"历史语境论"改变了传统思想史研究方式，开创了政治思想史研究中的新视角。我们认为，这是一种将语境分析方法运用于历史解释的新思维，在科学"语境论"的发展中具有典型的实践意义。这部分通过对其理论来源的梳理，总结了思想史中语境论解释的三个特征转向，并对其理论价值及存在问题进行了分析，从而揭示了斯金纳的语境论思想史解释的重要思想内涵。

概括来讲，斯金纳的"历史语境论"就是用"历史的"方法对特定语境进行复原从而解读思想的一种跨文本的研究方法。它将文本置于其产生的思想语境及话语框架之中，视文本语言为一种行动，通过探讨作者说话时的行为来确定其言说意图，力求用思想家们自己的思维方式来解读他们。在此之前，传统思想史研究却将文本视作唯一考察对象，斯金纳的"历史语境论"正是对这种将文本与语境相分离的研究方法的挑战。

第一，对"文本中心主义"研究方法的批判。

斯金纳之前，思想家往往将注意力集中于经典文本中关于"永久性智慧"(dateless wisdom)①的探讨，比如"观念史"学科奠基者阿瑟·洛夫乔伊(Arthur Lovejoy，1873—1962)和政治思想史巨擘列奥·施特劳斯(Leo Strauss，1899—1973)。斯金纳对这种传统"观念史"的研究方法提出了质疑，并分析了它容易造成的三种神话形式。

作为"观念史"学科的代表人物，洛夫乔伊认为各个学说都是由不同"观念单元"(unit-ideas)组合而成的，作为基础元素的"观念单元"，其本质及数量是固定不变的，但是通过不同的排列次序它们可以组合成各种新的思想理论。他强调这些"观念单元"虽然是在不同的历史背景下成长壮大起来的，但是其自身的纯粹性决定了它们富有独立性，与特定的社会文化背景没有必然关系。由此，"观念史"学科脱离了具体的语言环境，它考察的并非思想家在具体环境中所面临的问题及其解答，它关注的是这些基本的"观念单元"的本质，即其永恒性是否在思想家那里得到应有的发展与完善。与此类似的是列奥·施特劳斯，他视文本为唯一可靠的研究对象，坚信只要对其中那些"基本概念"②进行掌握就能从经典文本中获得永恒不变的真理。按照他的理解，史学家们考察的是经典文本中的"基本概念"，并将不同思想家的理论进行对比筛选，找出其中具有相似性的观点，进而对其规范化整合出最终的态度看法，这就是所谓的"永久性智慧"。显然他们二者的研究方式都是非历史的，忽略了各个思想家由于所处时代、政治文化背景的不同，导致他们探讨的或许不是同一层次的理论，单纯依靠对其相似性的归纳只会形成一种单一且零散的思想史。

斯金纳对这种将文本视作主要考察对象的研究方法进行了激烈的抨击，在《观念史中的意涵与理解》一书中，他总结了这种研究方式可能造成的三种神话：首先是"学说性神话"(mythology of doctrines)，这种谬误导致史学家们会为了总结出某个观念，进而将思想家偶然间提到的只言片语转述为这一"观念"，看似合理实则是对作者意图的妄加揣度，最终导致了时代的误置。③ 第二种是"一

---

① George E. G. Catlin, *A History of Philosophy*, London, 1950, p. x.

② Charles N. R. McCoy, *The Structure of Political Thought*, Routledge, 1963, p. 7.

③ 〔英〕昆廷·斯金纳：《观念史中的意涵与理解》，任军锋译，见丁耘、陈新：《思想史研究》第1卷，广西师范大学出版社，2005，第43页。

致性神话"（mythology of coherence），史学家们认为经典文本中不会出现前后矛盾的现象，即使出现他们也会尽力去化解矛盾。施特劳斯对此解释道，某些具有影响力的思想家迫于外界压力，会将某些不大正统的思想隐匿于文本中，如此，即使经典文本中出现了前后不一致，史学家们也会自欺欺人地认为这是作者故意为之，为的是让那些聪明的读者领会其中隐喻。① 最后是"预见性神话"（mythology of prolepsis），表现为史学家们比起作者本意更在意文本是否与他们自己的观点相符，因此在解读过程中不免将自己预设的观点强加于作者身上，最终导致对文本的误读和对历史的曲解。

综上所述，斯金纳认为"观念史"学科将寻求经典文本中的"永久性智慧"作为根本任务是极其不合理甚至是幼稚的。他坚信任何话语都是对特定背景下特定问题的专属解答，同时也是作者某一行动意图的表现，因此任何脱离这一语言环境的研究方法都必定会造成对作者原意的误读，仅靠关注文本自身意涵而忽略作者意图的研究方法也就无法帮助我们正确地理解思想史。

第二，"历史语境论"的思想渊源。

斯金纳及其剑桥学者认为这种传统的研究方法是非历史性的，不能为我们提供真正的历史。② 正是在这样一种背景下，斯金纳提出了"历史语境论"研究方法。当代著名历史学家和政治理论家凯瑞·帕罗内（Kari Palonen）称其为"政治思想史领域的斯金纳式的革命"③。"历史语境论"与每一个新理论一样，它的出现并非是突然的，同样伴随着萌芽、变化和成熟的过程，斯金纳的这一理论正是基于前人的发现和不断探索而孕育成的。

首先，斯金纳受柯林武德"问答逻辑"的影响："任何一个答案都是针对固定问题所做的解释，思想史研究的不是对一个问题的不同解答，而是随着时间流逝而不断变化着的问题及其回答。"④斯金纳同样认为思想家不具有预知未来

---

① 〔英〕昆廷·斯金纳：《观念史中的意涵与理解》，任军锋译，见丁耘、陈新：《思想史研究》第1卷，广西师范大学出版社，2005，第58页。

② Quentin Skinner, *The Foundations of Modern Political Thought*, Cambridge University Press, 1978, p. xi.

③ Kari Palonen, Quentin Skinner, *History, Politics, Rhetoric*, Polity Press, 2003, p. 175.

④ 〔英〕柯林武德：《柯林武德自传》，陈静译，北京大学出版社，2005，第62页。

的能力，经典文本中的那些所谓的真理也不可能跨越时代局限来解决我们当下的问题，我们只能尽力去寻找他们思想中那些相似的点来指导当下，而不是盲目将他们的答案置于新问题上来。[①] 柯林武德这种将历史与哲学相结合的方法促使斯金纳将研究视角转向文本产生的具体语境，为政治思想史的研究开辟了新的方向。

其次，使斯金纳改变了研究对象的是他在剑桥的老师彼得·拉斯莱特(Peter Laslett)，拉斯莱特对洛克的《政府论两篇》进行了新的解读，在此过程中他将自己定位成一位历史学家，通过恢复作者写作时的历史语境来考察文本内涵，用这种方法他对《政府论》作了不同以往的定义，开创了洛克研究的一个新起点。拉斯莱特强调只有历史学家才能修正过往的错误，恢复历史本来面貌，而不仅仅是对已知的重建。他的这种方法使斯金纳将对文本的历史语境分析贯彻到其他研究对象上，并由此开始了对意图的关注。

同为剑桥学者的波考克认为，历史地理解政治思想史就要考察它的理论与当时实际情况是否相符，政治思想针对的是某一特定的社会行为，是人们对生活中某一规范性制度的反应，并以此来表达他们的想法和意图，波考克将它称为"智识化系统"[②]。他认为政治思想中的话语就是政治行为活动在文本中的体现，它的出现是为解决特定社会背景下的某一问题，具有一定的目的性，也就是说在"以言行事"。这一理论使斯金纳在他的"历史语境论"中对语言行动进行了考察，并成为他用来分析概念变化的基本方法。

至此，斯金纳已经有了一个相对完整的理论基础，更重要的是他开启了政治思想史研究中的一个新范式——"历史语境论"。

2. 语境论思想史解释的特征

与传统思想史研究方法相比，历史语境论的特点主要体现在以下三个转向。

第一，研究视角的转变：历史语境的复原。

---

① Quentin Skinner, *Visions of Politics (Volume 1: Regarding Method)*, Cambridge University Press, 2002, p. 88.

② 〔芬兰〕凯瑞·帕罗内:《昆廷·斯金纳思想研究》，李宏图、胡传胜译，华东师范大学出版社，2005，第185页。

作为一种研究方法，"历史语境论"强调了历史维度在文本解读中的必要性，否认了单纯诉诸经典文本的解读方式。它提倡把研究对象复原到其最初出现的历史事实中，分析它产生的特定语境：不仅包括当时的社会语境，如文化政治背景、作者社会交际圈，也包括语言语境，比如作者言说中所使用的语言修辞、当时固有的政治词语等，这些都是思想家发表言论所依赖的基础，也是我们解读历史的出发点。

我们可以将"历史语境"看作是一个以文本为中心、由各种相互关联的点交织而成的立体性网络，这些点正代表了影响文本的各个因素。作为一个交融性的整体，其中的任何一点发生变化必定会引起其他点的改变，比如言说时所使用的概念会随着语境的不同而被赋予不同的含义，因为作者在特定语境下提出的言论必然是对他所处的政治环境的一种反应和看法，这就要求我们尽可能站在作者的思维角度上去解读他们。我们只有复原与文本直接相关的背景，找出当初产生文本的网络综合体，才能对藏匿于文字之下作者的真实意图有所了解。

斯金纳还指出这种研究方法的步骤应该是，首先找出作者的论题，其次是对文本产生语境进行还原，最后分析这一文本与其产生语境时的其他文本有何关联，借此我们可以判断作者是在认同或是否定别人的观点，以及他是以何种方式去批判其他进而发展自己的见解。用斯金纳的话说就是："我坚信有这样一个途径可以用历史的方法去解读观念史，那就是我们要将研究对象置于特定思想语境及言语框架中，这样便于我们考察作者写作时的行为及其意图。当然，想要完全复原思想家的思想是很难做到的，因此需要用历史的研究方法去分析他们的不同，并尽力复原他们的信仰，以求用他们自己的思维方式解读他们。"[①]斯金纳坚持认为，通过对文本产生的特定语境的复原来考察作者的意图，是我们研究思想史必不可少的环节。

第二，研究对象的转变："观念"到"概念"。

斯金纳在对传统研究方法进行反思的过程中提出了自己的理论，他将研究

---

① Quentin Skinner, *Visions of Politics (Volume 1: Regarding Method)*, Cambridge University Press, 2002, p. 8.

对象由抽象的"观念"（idea）转向对具体"概念"（concept）的考察。他视"概念"为独立个体，虽然"概念"自身在历史演进中被保存了下来，但它却随着时代变迁被赋予不同的含义。这与传统思想史中将"观念"视作普遍永恒的非历史的研究方法不同，它强调的是"概念"在整个思想史更替过程中的变化性和断裂性。

由此，斯金纳用"概念史"取代了传统"观念史"的研究方法。他强调，"思想史中并不存在思想家都共同认可的固定观念，存在的只是思想家对各自不同看法的不同表达，同样也不存在观念史，只有对观念的不同解释和运用"[①]。"概念"具有历史性，我们需要做的就是探讨它在历史变革中的发展与灭亡，以及导致它成为主导或是退出历史舞台的原因是什么。通过这一途径，可以避免我们在不考虑"概念"出现的前因后果前就盲目评价它的理论，也有助于我们对"概念"做出新的理解和阐释，这也正是思想史研究的意义之所在。斯金纳说："对概念'意义'的探讨并不是我关注的重点，其宗旨是通过概念的变化来探讨它与政治生活及其他事物间的相互关系。"[②]

既然"概念"提供给我们的是变化着的东西，那么我们就需要用历史的方法去研究它，像他自己说的那样："概念有它自己的历史，我更多关心的是概念的突然转换。"[③]史学家的工作就是通过分析概念的不同定义来确立历史事实，以便我们在以古鉴今的时候可以做到客观合理。在对"概念"变迁的研究中，斯金纳发现"概念"的真实内涵与表达它的语言风格有密切联系，我们表达感情方式的多样化使得同一个概念可能被不同的人用完全相反的两种感情色彩表达出来，有时即使是相同的语言也有可能表示不同的含义，而这种多样化正是取决于语言修辞的使用。由此，斯金纳从"概念史"转向了对"修辞学"的研究。

第三，研究方式的转变：语言修辞学的引入。

修辞不仅影响着概念内涵的变迁，它同时也是一种社会行为的表现方式，

---

① Quentin Skinner, *Visions of Politics (Volume 1: Regarding Method)*, Cambridge University Press, 2002, p. 85.

② Quentin Skinner, *Visions of Politics (Volume 1: Regarding Method)*, Cambridge University Press, 2002, p. 4.

③ Quentin Skinner, *Visions of Politics (Volume 1: Regarding Method)*, Cambridge University Press, 2002, p. 180.

语言作为我们相互沟通的桥梁，它有助于我们表明立场，激发言说者的情绪，为我们融入或是摆脱其他创造界限，是我们参与社会活动的一种有效方式。斯金纳认为我们不仅要注重修辞在文本中的作用，还要将它与作者的行动目的结合在一起考虑，探讨作者发表这一言说时所能涉及的最大行动维度，他的这种观点受到维特根斯坦"语言游戏论"（language-game）及奥斯汀"言语行为理论"（theory of speech-acts）的影响。

其中，维特根斯坦否认实在论者将事物与表达它的词语孤立起来考察的观点，他认为我们应视语言为现实活动的参与者，将它放入特定的语言游戏也就是它产生的具体社会环境中去理解其含义。正如他所说："一个词的意义就是它在语言中的使用。"[①]意思是说将语言视作行动的一部分，通过考察不同语境下概念的变迁来解读文本。为达到这一目的，斯金纳引入了奥斯汀的"言语行为理论"。奥斯汀主张对作者言说过程中的行为进行复原，从作者做了什么来考察他言说的意图，斯金纳在此基础上明确区分了以言行事效应与以言行事行为，前者指的是作者言说在特定语境下产生的后果，也就是被大家所理解的东西，而后者指的是作者希望通过言说达到何种目的，它受制于作者言说的意图。斯金纳认为只有真正理解了以言行事效应与以言行事行为才能对作者意欲传达的真实目的有所了解，"言语行为理论"表明，我们要了解某个思想，就要把它看作一个动态的表达行为，而不仅仅是一句话，通过对它行为语境的复原探讨作者的写作意图。

"语言游戏论"告诉我们词语需要放入特定的语言环境去理解其内涵，而"言语行为理论"则教会我们要对言说过程中作者的行为目的进行考察，无论是维特根斯坦还是奥斯汀，他们的方法都促使斯金纳用一种超越文本束缚的视角去解读文本及作者思想，并为他的修辞学转向提供了理论依据。

综上所述，历史解释就超出了文本的界限，而将文本与行动之间的张力凸显出来。从本质上讲，斯金纳的解释策略十分强调对文本的语言学语境的把握，

---

① 〔芬兰〕凯瑞·帕罗内：《昆廷·斯金纳思想研究》，李宏图、胡传胜译，华东师范大学出版社，2005，第135页。

这一点与叙述主义解释并无二致；但是通过斯金纳式的努力，我们能够揭示出文本中的意图和行动隐喻，从而融合文本性和语境性，构建出一种语境论的解释理论模型。

3. 语境论思想史解释的意义

斯金纳的"历史语境论"研究方法在政治思想史甚至哲学史研究中都占据重要地位，无论我们赞同或是批判，其价值及意义都不容忽视。

首先，斯金纳运用"历史语境论"的研究方法重新界定了"国家"和"自由"的概念史。

在斯金纳出版的《基础》一书中，他就已经将语言行动的观点与"国家"概念化的历史相结合，并用这种全新的视角对近代"国家"形成的概念史进行了分析。也正是由于这本书使斯金纳"从历史学转向了历史语义学——从国家的观念转向了对'国家'这个词"①的研究，其中对'国家'这一词汇在历史进程中的跟踪研究使得我们对国家的概念有了新的解读。因此，我们可以将此书看作是斯金纳对概念史做的第一次有效实践。

为了更好地理解 20 世纪政治学中对"自由"展开的辩论，斯金纳沿着这一路径对"自由"的概念史进行了研究，并发表了《自由主义之前的自由》一书。此书抱着修正历史的初衷，着重考察了文艺复兴时期、马基雅维利以及 17 世纪英国内战期间霍布斯与新罗马理论家对"自由"概念的理解；在此期间，斯金纳从语言修辞学视角考察了霍布斯的公民哲学思想，并出版了《霍布斯哲学思想中的理性和修辞》，至此，斯金纳已将他的语言分析理论运用得淋漓尽致；接着，斯金纳又出版了《国家和公民自由》一书，用同样的方法对国家的历史以及公民权利与自由等做了更为细致的讨论。斯金纳的这些著作不仅展现了他作为历史学家、思想史家所具有的丰富学识，也是他对当代政治思想史所做贡献的重要体现。

其次，"历史语境论"作为一种文本解读方法，不仅对政治思想史的研究具有重大意义，对理解其他哲学思想或是文学作品的解读都有着促进作用。

---

① Quentin Skinner, *The Foundations of Modern Political Thought*, Cambridge University Press, 1978, p. x.

　　将"历史语境论"用作对政治思想史的考察是有依据的：首先，每个政治家提出的政治观点和他们的判断都与当时的社会文化、语言环境有着密切联系，政治如果脱离了其赖以存在的历史环境就没任何真实性可言；其次，政治家的言论就是对当时某种政治问题的辩解，是带有现实目的性的行为，因此，斯金纳视语言行动为构成政治权力的方式之一，认为政治家所言即代表他的某种政治立场；最后，政治家在表达自己观点的时候，会不自觉地使用一些语言修辞手法来为他们的理论据理力争，以便获得大众的认可，斯金纳通过对不同修辞方法的探讨，帮我们找到了更好理解政治动机的途径，对我们研究政治思想史中理论、规则等的变迁有着推动作用。

　　斯金纳的"言语行动"视角不仅对思想史的考察有研究价值，在其他一些领域同样具有可行性，比如文学、哲学等的研究都要求我们对其内涵、作者意图有确切的了解，在这一点上它们的宗旨是相通的。我们要学习斯金纳将政治、历史、哲学结合起来考察的跨学科研究方法，用一种综合性的视角去对其他学科进行分析。我们要认识到，"历史语境论"不仅为我们提供了研究过去文本的方法，它对我们如何正视当下的社会争论也极具指导价值。

　　斯金纳这种带有批判性的解读方法，不仅有助于我们在考察文本思想时树立一种公平公正的立场，还能防止我们在处理当下社会争论时被错误的历史观所误导。研究历史并不是要让它给予我们解决问题的现成方案，而是要学习先人们的思考模式，"从而有助于我们对政治生活中的概念进行解读，帮助我们在当下的社会树立正确的价值观"[1]。掌握正确认识历史的方法，把它与当下用比较的方式来看待而非当作历史的延续，有助于我们避免被假定的思维模式所束缚，甚至获得重新定义思想的方式。这种研究方法的意义就在于，"通过探讨历史上那些互相对立的理论，从而找到解决当下争论的有效方法"[2]。所以，斯金纳提倡通过语境复原的方法去解读历史，号召我们用过去的视角来看待当下的

①　〔英〕昆廷·斯金纳：《自由主义之前的自由》，李宏图译，上海三联书店，2003，第82页。
②　Quentin Skinner, *Visions of Politics (Volume 1: Regarding Method)*, Cambridge University Press, 2002, p. 6.

事情，这样可以避免现实语境的影响，对历史必然与主观意图做出客观的分辨，进而在历史与现实的比较中，从根本上认识自我、认识世界。

当然，我们应该看到，斯金纳这种跨文本的语境论研究方法所具有的优势毋庸置疑，但不可否认其仍存在一些问题与不足。他忽略了经典文本具有超越历史束缚的同一性和连续性，仅仅靠对特定语境的复原是不足以将文本的所有内涵完全展现出来的，过于关注不同思想家在不同语境下概念的差异性，而无视其共性，很容易走上唯名论道路。

此外，美国康奈尔大学著名思想家多米尼克·拉卡普拉（Dominick LaCapra）拒绝将意图的重建看作文本分析的唯一方式，否认文本意涵直接受制于作者意图。[①] 他将这种方法看作是建立在对作者与文本之间存在着一种独有联系的假设上，但是意图并不具有完全贯穿整个文本的能力，代表不了作者写作当下的"原初"意愿。这一观点与文学理论中的"新批评"学派提出的"意图谬见"不谋而合，它批评的是将主观意图和文本客观意义相混淆而导致的错误，该学派视对作者本身意图的探讨为一种谬误，作者的意图和打算对于指引我们还原某个文学作品的意义而言，既不可得又不可取。这无疑是对斯金纳以"言语行动"来探讨作者意图的巨大冲击。

但是，即使"历史语境论"仍旧存在很多不足，我们也无法否认它的重要意义。"历史语境论"对我们解读文本仍具有重大价值，只要在引入语境的标准、复原范围及力度上有正确的掌握，我们依然可以有针对性地将它的理论运用到合适的文本中。关于经典文本中是否存在永恒的问题及答案，语境对解读文本是否具有指导价值，我们认为，这取决于我们的研究对象及其观察视角。只有将它的历史性与传统哲学性相结合，才能防止走上唯名论和历史经验主义道路。斯金纳也曾说过："思想史研究之最高层莫过于哲学分析与历史证据的融合。"[②]

---

① 〔美〕多米尼克·拉卡普拉：《对思想史的重新思考与文本阅读》，赵协真译，见丁耘、陈新：《思想史研究》第1卷，广西师范大学出版社，2005，第92~93页。

② Quentin Skinner, *Visions of Politics (Volume 1: Regarding Method)*, Cambridge University Press, 2002, p. 87.

# 第十一章
# 人的社会性结构

如果说历史性能够从历时的、生成的维度将人类心理和行动全部置于事实系统的统摄范围内，从而以描述性视角将社会事实的脉络呈现出来，那么，这些由人类历史所生成的数量庞大且相互交织的事实又是如何呈现为大量有意义的事件，进而为社会科学所把握的呢？正如所有的人类社会都展现出高度组织性、层级化、结构化的系统特征，人与人之间的互动也是在社会所设置的框架中展开，个体之间的相互理解以及由此所导致的行为选择，成为我们理解社会所依赖的微观基础。由个体的互动所生成的社会事实也绝非杂乱无章，而是有迹可循，我们在社会系统的层级下所把握到的结构性与个体能动性之间微妙且生动的相互作用，亟待对个体行为者能动性结构的认知科学理解来打开黑箱，进而社会事实以及在此基础上所呈现的事件，都能够以个体间相互作用的复杂因果概率来加以刻画。质言之，人的社会性决定了我们既需要从社会认知的理论化视角理解个体行为者的互动，同时，也需要借助科学模型深度考察社会互动中蕴含的因果关系和因果力，在概率的科学分析中驯服偶然，把握社会因果系统的本质特征。

循着上述观察，本章尝试回答"个体行动者的主观性和具有明显结构特征的社会性之间的张力，如何能够在因果系统的线索中经由语境论而得以调和"这一问题。我们通过考察社会认知层面人们如何理解他人的问题，将社会世界的因果层级问题凸显出来，通过语境论对读心论与互动论的调和，进一步探讨了社会科学中主体的价值偏好、意识形态等主观内容，对知识归赋和理论解释的影响方式，尝试在语境论框架内，构建社会科学解释的概率因果模型，以此来说明社会科学作为对社会性知识的把握所内蕴的语境敏感性，以因果系统与社会性维度的融通来展现语境论对社会性结构的表征方式。

## 第一节　社会认知与理解他人问题

他心问题是认识论中的一个经典难题，以推理主义与感知主义为核心的两种主张构成了该问题的主要解决方案，不过这些方案都来自一些自明的前提与自明的逻辑推理程序，因而长期困顿于形而上学的阴霾里莫衷一是。20 世纪 70年代之后，特别是奎因提出了将认识论自然化的主张以来，认识论被认为应该是神经生理学和心理学的一章，进而成为自然科学的一章。在这种观点的影响下，认知科学、神经科学、心理学、生物学等领域逐渐成为研究他心问题的新阵地，认识论的论证方式转化为：在只给定感觉证据的条件下，实际地说明我们是如何构造出关于世界的理论的。认识论的问题也从规范性的研究转向了描述性的研究，从"他心"问题变成"理解他人"问题重新回到了人们的视野，后者的措辞明显多了一些自然主义意味，少了一些形而上学色彩。在对"理解他人"问题的求解中，"读心论"继承了推理主义的间接推理主张，并聚焦于主体心智的物理符号表征、神经网络模型或内部发生机制；"互动论"则发展了感知主义的直接感知观点，且尝试通过生成的、具身的、情境的认知观念来尝试建立起生命、心智与社会的连续性。本节尝试对两种进路的主要观点及其存在的问题进行分析，指出推理与感知不是对立的，读心论与互动论也不是充分的，因而作为中间道路的语境论或许能通过问题导向的立场和态度，成为解决理解他人问题的一种有效途径。

## 一、理解他人的读心论及其问题

读心论（Mindreading），也被称为"心智理论"（Theory of Mind）或"心智化(Mentalizing)"，顾名思义指的是"阅读（read）"他人"心智（mind）"的能力，"阅读"一词形象地体现出该理论的核心观点，即理解他人本质上是一种思索揣测、辨识推论的过程。在该过程中，根据不同的推理方式，读心论又可分为理论论(Theory Theory)与模拟论(Simulate Theory)，具体来看：

理论论认为，理解他人是理论建构式的推理。推理规则的建构和解释与科学理论的建构和解释是类似的，科学理论源于经验归纳、提出假设、进行预测，再用新的证据对理论或辅助性假设进行修正；而理解他人也是如此：面对他人所做出的某些行为时，需要主体进行反复理解、逐渐修改，最终形成一套成熟的推理规则，以解释和预测他人行为。例如，一些科学理论诉诸覆盖律解释，同样地，当人们经验到"张三吃了一个苹果"这个现象时，为了理解张三的行为，也要寻求朴素的心理学规则"人们相信吃苹果会健康"，最终得出解释："张三希望得到健康，所以张三吃了一个苹果。"在亚人层面，理论论将推理规则的实现归结于心理模块或认知系统，它们可以表征与加工推理所需要的各种信息。

模拟论认为，理解他人是假设模式式的推理。尽管不同主体在心理上具有差异，但其在认知过程、神经机能等方面具有同构性，同构的认知机制可以产生相似的心理状态。因此，当观察到他人行为时，可通过想象、模拟、假设的方式激活与他人行为相似的认知机制，将自己投射到他人所处的情境之中来进行理解。这种推理规则将理解他人视为一种认知功能的实践性应用，我们日常所说的"换位思考"或"设身处地"(putting ourselves in others' shoes)同样指这种模拟的理解能力。一个常用的例子是，当我们理解"玛丽相信西红柿是红色的"时，我们虽然没有关于西红柿的视觉经验，也不需要对玛丽的心理状态进行复杂推理，但是仍能够通过对玛丽视觉经验的心理模拟来想象她所看到的东西。模拟论将镜像神经元作为其神经生理学论据，以此来证明这种自动发生的、由刺激驱动的神经信号传递是我们理解他人的基本认知机制。

实质上，无论是理论建构还是假设模拟，读心论的核心主要依赖于三条假设[①]：主体 X 进行读心，仅当：

(1)X 可以从概念上表征心理状态；

(2)X 所表征的心理状态具有意向性内容，即心理状态总是"关涉"或"指向"

---

[①] Daniel Hutto, Mitchell Herschbach, Victoria Southgate, "Editorial: Social Cognition: Mindreading and Alternatives", *Review of Philosophy and Psychology*, 2011, 2(3), p. 376.

某些东西；

（3）X能够通过某种方式来理解心理、行为及环境之间的关系，这种理解使其可以预测和解释他人行为。

假设（1）表明，对他人的理解首先要求主体具有表征他人心理状态的能力，这种能力可以定位到亚人层次的大脑神经元、心理模块或认知系统所承担的认知功能，从而使得主体可以从概念上对他人心理状态形成表征，并转译成主体能够识别的意义单元，例如"相信""愿望"等心理状态。豪维（Jakob Hohwy）认为，这种对他人心理状态进行表征的能力还可以通过一个类比得到解释，即我们可以对非社会语境中的客体形成心理表征，类似地，我们也可以对社会语境中的他人形成心理表征。①

假设（2）表明，如果为这些心理状态赋值命题内容，那么就形成了具有命题性质的心理状态，这些命题态度是主体理解他人的最小语义单位，例如，在命题"他相信苹果是甜的"中，"苹果是甜的"就是心理状态"相信"所指向的内容。

假设（3）表明，如果"通过某种方式"，将不同的命题态度分配到不同的因果序列中，或者将命题态度与其他命题相结合而进行推理、判断，那么就可以对心理、行为和环境之间的关系产生理解，从而预测和解释他人行为。这种对命题态度的常识理解与朴素归因，构成了对他人行为与心理之间因果关系的推理规则，即常识心理学。然而在实际生活中，他人所表现出的行为并非对刺激的直接反应，而是经由刺激形成信念，依据信念采取行动。如果一个人P1能够根据另一个人P2的行动推断出P2的信念，并且能够对P2的信念进行归因，那么就可以认为P1理解了P2。维莫（Heinz Wimmer）和佩尔奈（Josef Perner）据此设计出错误信念测试（false-belief task）来检验不同年龄儿童的反应情况，该实验表明，多数4～6岁的儿童能够通过测试，可能已经形成了理解他人的能力。

---

① Jakob Hohwy, Colin Palmer, "Social Cognition as Causal Inference: Implications for Common Knowledge and Autism", In Mattia Gallotti, John Michael, *Perspectives on Social Ontology and Social Cognition*, Springer, 2014, pp. 167-189.

不可否认，读心这种认知方式确实广泛地存在于日常生活之中，下棋、谈判等博弈情境都离不开对双方心理状态的揣测，这种策略通过第三人称视角来观察、解释和预测"他（她）"的行为，理解他人的问题随即转换为我对"他（她）"心理状态的理解问题。但是，这种方式使得主体必须将观察到的行为信息转译至心理内部进行"离线"（off-line）处理，这就类似于"笛卡尔剧场"中的"小人"在观察我们与他人互动的间隙，按下了时间暂停的按钮，再对他人的心理进行推理。显然，这种处理方式将会面临无穷倒退的问题，即"小人"的头脑中将有更多的"剧场"和"小人"。

进一步而言，在笛卡尔的认识论图景中，自我的心理状态是自明的，我们拥有通达自己心理的特权通道，可以直接地把握这种状态；而他人的心理状态则是不可见的，只能通过其行为和语言来间接地推测，也就是说，自我与他人之间存在着无法逾越的鸿沟。这种身体与心灵、自我与他人的二分成了读心论的逻辑起点，在此基础上通过信念与行动的因果推理来解释他人心理状态。如果信念与行动之间的因果关系是一一对应的，那么完全有理由得出关于他人心理状态的可靠推论，然而"真正的行为与心理状态之间的关系不是一对一的，而是多对多的"①：当我伪装或撒谎时，可能有许多种心理状态同时存在；当"我相信天要下雨"时，也并非是"我要打伞"的充分条件。可见，这种信念与行动之间的因果推理并不能为理解他人带来可靠的保证。

总体来说，作为20世纪晚期认知科学潮流下的经验性进路，读心论对推理性理解进行的常识性建构与心理学考察，在一定程度上解释了理解他人时的心理机制，形成了一套较为完整的理论框架。但是以内在表征为基本预设，以常识心理学为认识基础，以预测和解释他人行为作为最终目标的根本特征也为读心论埋下了深深的隐患。随着对新生婴儿甚至灵长类动物认知研究的逐渐深入，以及非语言版本的错误信念测试的出现，读心论的解释力逐渐变弱，以感知性理解为核心的互动主义则为理解他人问题提供了可能的替代方案。

---

① 费多益：《他心感知如何可能》，《哲学研究》2015年第1期，第121页。

## 二、理解他人的互动论及其问题

与"阅读"对自我认知过程的强调相比，"互动"一词则将聚焦点从一个单位转向了两个单位，理解他人的问题就不单单是自我如何理解的问题，而是互动双方以及互动过程中产生的联系如何使互相理解成为可能的问题。具体来看，互动论主要从以下三个方面阐述了理解他人的观点。

第一，生成的、耦合的认知定义。互动论首先重新定义了"主体"与"认知"的概念："主体"是与周边环境耦合的有机体，它并非被动地从环境中接收信息，而是主动地、动态地调节与外部世界的关系来维系其生存；"认知"是主体与环境在持续互动过程中的意义生成（sense-making）活动，大脑、神经与心脏或肾脏一样，都只不过是有机体的器官，并不能单独地拥有心智，而是作为有机体的整体具有认知功能，因此生命和心智形成了统一的、连续的整体。如果将主体视为有机体，将认知视为一种意义生成活动，那么双方的互相认知就是两个有机体共同参与的意义生成互动，亚赫尔（De Jaegher）认为，这种社会互动本身就构成了社会认知。他将社会互动定义为："至少两个自治（autonomous）主体之间的调节耦合（regulated coupling），其中'调节'可以针对耦合本身的诸方面，以使耦合能在相关的动力学领域中构成由此而涌现出的自治单位，并且该过程不会破坏其自治性。"①这意味着，主体之间相互参与彼此的认知活动，形成动态的耦合关系，双方既能在耦合中调节自身状态，又能保持其独立性，因而这种互动的社会性与生命、心智也都是连续的。可见，互动主义尝试从基本定义上对生命、心智与社会进行连续性建构，从而消解身体与心灵、主体与主体之间的对立，为主体之间的直接感知创造可能。

第二，具身的、主体间的直接感知。梅尔佐夫（Andrew Meltzoff）的一项心理学实验表明，刚出生12天到21天的婴儿就拥有简单的面部与手势的模仿能力，这是因为婴儿先天就拥有一种感知他人的能力，在他人行为与自我状态之

---

① Hanne De Jaegher, Ezequiel Di Paolo, "Participatory Sense-making", *Phenomenology and the Cognitive Sciences*, 2007, 6(4), p. 493.

间形成固有的关联。并且，婴儿能够通过姿势动作、面部表情、眼睛动态与他人产生本能的感觉运动（sensory-motor）互动，这种原初的主体间性（primary intersubjectivity）不仅成为婴儿时期学习理解他人意向的前提，而且也构成了成年人在日常互动中所作出即时、快速与直接理解的基础。

随着感知互动能力的发展，一岁左右的婴儿逐渐能够通过视线、言语与动作等实践，掌握二级主体间性（secondary intersubjectivity），即可以将其他对象纳入与他人共同注意（joint attention）的语境之中，并且还会与他人互动以确认是否达到了正确的目标。这种"互动—校准"的方式使儿童能够比较自己和他人的认知差异，逐渐形成自己的主体视角。托马塞洛（Michael Tomasello）将这种互动方式称为婴儿、他人与客体之间戴维森式的三角关联（triangulation）①，三角式的整体性关系也成了与他人沟通理解的先决条件。就此而言，对他人错误信念的判断是基于以下三点而得出的：（1）自我对客体情境的表征；（2）他人对客体情境的表征；（3）自我与他人互动过程中对表征的比较。这样，对错误信念的理解就不再是离线地对他人心理状态进行推理或模拟，而是在主体、主体间与客体的关联中，通过视线跟随、言语互动与事物指称等实践性互动得到的理解，直至婴儿习得语言后才从联合注意转向心理内容，这种理论也为非语言版本的错误信念测试提供了很好的解释。

第三，情境的、叙事的规范理解。儿童在学习语言时可以通过与故事讲述者的沟通来参与到叙事之中，来理解文本和话语的叙事内容，掌握叙事的规范性用法，从而在叙事的框架中理解他人行为。一方面，叙事为互相理解提供了基础。叙事内容为互动提供了意义承载，为理解他人提供了合理性依据，特别是对于儿童来说，叙事为其提供了理解他人行为理由的训练集，以促进他们对常识心理学形式的理解。② 而叙事结构隐含了人类行为的基本逻辑：故事世界中的因果关系、时空关系、话语方式，故事主角的行为、理由、心理状态，都

①　Michael Tomasello, "How Children Come to Understand False Beliefs: A Shared Intentionality Account", *Proceedings of the National Academy of Sciences*, 2018, 115(34), p. 8494.

②　Daniel Hutto, "The Narrative Practice Hypothesis: Origins and Applications of Folk Psychology", In Daniel Hutto, *Narrative and Understanding Persons*, Cambridge University Press, 2007, p. 53.

为理解他人提供了背景素材与推断框架。另一方面，叙事是主体间进行互动的规范。在关于常识心理学的叙事中，故事主角的信念、愿望等心理术语会使儿童逐渐理解这些术语的意义和用法。通过足够的训练，儿童会对他人行动的理由获得充分理解，从而学会如何在实践中规范地使用常识心理学。因此，理解他人并非"知道是什么或为什么"（knowing that）的理论性知识，而是实践互动中发展起来的一种"知道如何做"（knowing how）的技能。例如，我们都可以通过"翻白眼"来表达轻蔑或不屑的态度，但并不必深究为何如此。就此而言，社会文化的规范和主体间的互动在逻辑上先于个体心理的认知机制，认知只是行动的一种功能，而行动是一种直接的互动。

互动论拒绝了笛卡尔的二元逻辑起点，认为人的主体性一开始就是具身的主体间性，人们不可能将自己从世界之中分离出来，在自我心理中寻求对他人信念的辩护，而是"早已置身和牵连到物理和社会的世界之中"①，换言之，自我觉知是经由他人的觉知，理解他人是比照自我的理解，自我与他人的同一性相辅相成，使得主体间理解成为可能。同时，社会互动的双方也会在交往中产生一些相互联系的性质或状态，并且这些性质或状态不能简单地还原为任意一方头脑内的活动，所以社会互动本身才是被解释项，理解他人问题应集中于真实情境中彼此的反应情况上，用第二人称的视角来进行参与式的考察。例如，按照读心论的构想，观察"他（她）"的微笑时（第三人称）我们会忖度其心，推理其用意和目的，但真实的情况是，"你"（第二人称）向我微笑，我立即回以微笑——双方彼此微笑的互动本身及其所蕴含之意才是互动论的关切所在。在这个意义上讲，互动论"抛弃了观看式的预设，即我们实际上是他人行为的旁观者或观察者，我们对他人的日常立场不是第三人称的、分离的观察，而是第二人称的互动"②。

但需要指出的是，互动论对基础概念的重新定义必然导致这些概念的含混

---

① Maurice Merleau-Ponty, *Phenomenology of Perception*, translated by Colin Smith, Routledge Classics, 2003, p. 419.

② Shaun Gallagher, "Inference or Interaction: Social Cognition without Precursors", *Philosophical Explorations*, 2008, 11(3), p. 164.

与论证的不足，需要对其进一步地澄清。例如，"耦合""意义生成""主体间性"等概念在实际研究与应用中到底意味着什么。特别是，该理论的一个核心论证是将主体间的"直接感知"作为理解他人的基础，然而这种"直接"是何种意义却模棱两可。如果这种"直接"是非认识论上的感知，即非推论的知觉关联或直接的经验投射，那么对他人的感知就像对石头、树木的感知一样，原则上可以通过还原到亚人层面的神经机制得到解释。这样，理解他人仍可以在读心论的框架下进行研究。而如果这种"直接"是一种认识论上的感知，即在概念性认知的意义上也是直接的，那么对他人的心理表征、意向目标、情绪感受都可以是直接通达的，这种方式不仅彻底放弃了表征概念，被质疑走向行为主义，而且也无法解释欺骗、无意识动作等身心不一致的行为。

综上所述，互动主义突出强调互动本身对于理解他人的根本性作用，通过重新定义主体和认知的概念，将主体视为具有认知功能的整体，将互动视为无法还原的耦合过程，为主体间的直接通达创造了可能；通过研究婴儿认知发展过程当中表现出的行为特征，论述了理解他人本质上来源于直接感知性的理解；通过引入"叙事"的概念，表明了在感知理解的基础上，可以用规范性的沟通方式解释较为复杂的社会互动。因此，感知是互动的条件和途径，互动是感知的目的和规范。

## 三、语境论的社会认知模式

人类的认知活动本身就是多种语境综合作用下的结果，语境论或许能成为一种推理与感知、读心论与互动论之间的中间道路，为理解他人问题提供一些思路，下面对语境论在解决理解他人问题中的适用性进行具体分析。

1. 语境的必要性：推理与感知的相容性论题

对于如何看待推理和感知两者的关系，需要从几个直觉上的假设开始：

假设 1：他人的心理状态具有私人性。

假设 2：他人的心理状态具有直观性。

对于假设 1，无论是对心理状态予以计算表征解释，还是生成认知解释、具身认知解释，都无法忽视这样一个事实，即他人并非彻底地向我们敞开，主体之间不可能是无杂质般透明的。对于假设2，日常经验告诉我们，直观地"感受"到他人的情绪、动机、态度是完全可能的，面对一个悲惨的人因为悲惨的事情而悲惨地痛哭时，我们大可以放下推理性理解，直观地感受到那种悲惨。另外一个考虑在于，如果完全拒斥心理状态的直观性，我们又会陷入极端怀疑论的泥潭之中。但是他人的心理状态何以既是私人的，又是直观的？因而我们需要增加一条假设：

假设3：他人的某些心理状态具有私人性，某些心理状态具有直观性。

根据上文论述以及三条假设，我们可以得出推论1：对于私人心理状态，可以使用间接推理的理解，对于直观心理状态，可以使用直接感知的理解。对于推论1的一个类比是，由于视觉的二维特征，杯子对于观察者既有不可见的一面（如杯子的背面），又有可见的一面；类似地，由于人类认知的某种特征，他人的心理状态对于我们也同样具有不可见的一面和可见的一面。事实上，这种可见性与不可见性是作为事物本质与我们认知特征的相互作用，而"共同呈现（Co-Presentation）"给我们的。①

假设4：心理状态与行为之间必然存在某种联系。

对于假设4，无论心理状态与行为之间是构成性关系、耦合性关系，还是因果性关系，他们绝不可能是两个孤立的实体，因而必然存在某种联系。根据推论1和假设4，我们可以得出推论2：当可见的心理状态和行为以可见的形式向我们呈现时，不可见的心理和行为也以不可见的形式同时向我们呈现。这也意味着，推理性理解和感知性理解不仅是相容的，而且两者都是必要的。毋庸置疑，可见的心理状态和行为当然可以直接感知，不可见的心理状态和行为当然需要间接推理，但问题在于，在实际的社会沟通中，我们如何知道哪些是可感知的，哪些是需推理的，而哪些是可感知而误推理的，哪些是需推理却误感知的？本节认为，一旦承认推理和感知相容，必然需要通过某种规范性的方式

① Luke Roelofs, "Seeing the Invisible: How to Perceive, Imagine, and Infer the Minds of Others", *Erkeen*, 2018, 83, pp. 205-229.

来从中协调，而语境作为主体之间共同接受的"共同基础"（Common Ground），可以通过言语的方式和非言语的方式，为我们对话、沟通和理解提供可能的方案。①

2. 语境的重要性：读心论与互动论的不充分论题

事实上，无论是读心过程还是互动过程，脱离了语境因素就不可能达到有效的理解，不同层次语境中的不同因素对于主体在认知中提取何种信息，以及产生何种结果都发挥着重要作用，因而理解他人的过程是高度语境依赖的。

一方面，语境因素是理解他人的必要条件。首先，历史传统、地域风俗等时空差异构成了理解他人的时空语境。当不同地域的社会群体谈论"关节炎"或"Gavagai"时，对其信念的归因取决于该群体对"关节炎"或"Gavagai"意义的确定，如果不理解该群体的语境中这两个词语的确切含义，就很难真正理解他们的意图或行为。其次，年龄、性别、种族等社会信息、社会规范等因素构成了读心的社会语境。由于日常生活中外部世界的信息量巨大且复杂，大脑无法迅速处理并作出响应，所以社会语境就为主体提供了一种基于框架的（frame-based）信息结构，能够帮助大脑快速且相对准确地处理信息。例如，我们能够与服务员、屠夫、司机顺利地交流，并非要对他们的心理状态进行逐一推理，而是依据他们所具有的身份进行归因。② 最后，言语行为、句法声调、面部表情、身体姿态等因素构成了即时的互动语境。当电影中的小罗伯特·唐尼（Robert Downey Jr.）在召开新闻发布会和面临牺牲的情况下说出"I am Iron Man"的时候，我们会对他的心理状态产生完全不同的理解。

另一方面，语境缺失会造成理解他人能力的缺失。一个经典的例证是关于自闭症（Autism Spectrum Disorder）的病理解释。根据读心论的观点，认知能力可以定位于某些内在的心理模块或功能，理解他人就是基于这些模块对心理状态的操作，也即读心能力。在这种观点的影响下，自闭症的病理就被解释为一

---

① Mitchell Green, "Conversation and Common Ground", *Philosophical Studies*, 2017, 174, pp. 1587-1604.

② José Luis Bermúdez, "The Domain of Folk Psychology", In Anthony O'Hear, *Minds and Persons*, Cambridge University Press, 2003, p. 43.

种部分认知障碍或认知能力受损。而根据互动论的观点，自闭症的成因可以解释为先天的、主体间性的缺失，或者后天的、对情感表达或社会规则理解的缺失。然而，一些研究表明，"自闭症的特点是较弱的中心连贯性，并且无法整合来自经验的全域语境信息，从而形成更高层次的意义。自闭症患者对事物的感知与认识倾向于脱离该事物的语境背景，这会破坏中心连贯性，妨碍他们把握整体意义的能力"①。

3. 语境的有效性：问题导向的多元视角

理解他人是一个高度复杂的过程，在策略性的博弈中或许更偏向于推理的理解，在即时快速的互动中或许更偏向于感知的理解，而在绝大多数的日常沟通中需要两者的同时使用。除此以外，当代已经有许多学者开始脱离这两种理论框架，根据情境图式、社会分类、刻板印象、社会偏见、性格特征、事实性与非事实性陈述等因素对理解他人问题进行具体的分析。例如，多元主义认为，理解他人过程本身的多元性决定了研究方法的多元性，不应该寻求某种特定的认知策略或统一的理论框架，而是应该根据真实社会中的人际关系、语境特征、情绪感知等多种因素来确定可使用的研究方法。②

事实上，离开扶手椅式的思辨，以多元学科、多元视角的方式来审视理解他人问题，已经形成了当代自然主义的潮流。尽管新思路、新维度、新结论喷涌而出，但是这种研究方式也一直都饱受诟病，"研究者们不仅对目前的数据能表明什么不能达成共识，他们还经常用不同的术语来定义'认知'……哲学的、方法论的和经验的分歧在这里尴尬地交织在一起，甚至与认知相关的最基本特征都有待商榷"③。除了"认知"木身就具有十分复杂的特征以外，跨学科研究也同时带来了旨趣各异的理论范式与话语体系，以及含混不清的概念界定与实验

① Shaun Gallagher, Anika Fiebich, "Being Pluralist about Understanding Others: Contexts and Communicative Practices", In Anita Avramides, Matthew Parrott, *Knowing Other Minds*, Oxford University Press, 2019, p. 67.

② Anika Fiebich, "In Defense of Pluralist Theory", *Synthese (Published Online)*, (2019-12-02) https: //doi. org/10. 1007/s11229-019-02490-5.

③ Cameron Buckner, Ellen Fridland, "What is Cognition? Angsty Monism, Permissive Pluralism(s), and the Future of Cognitive Science", *Synthese*, 2017, 194, p. 4192.

解释。如果在严格分析的意义上来看，用复杂的概念将认知论述为"自创生的有机结构"与用计算机式的隐喻将认知视为"信息处理机制"并不具有对等的可比性，而只有将这些观点视为不可通约的"范式"，似乎才容易使人接受。

面对此问题，"以求解具体问题为研究目标、经由问题构建的整体性定位、以介入手段融入研究对象之语境、以建立中层理论为诉求"[①]的方法论语境论，无疑为理解他人问题提供了一种新的立场和态度。根据语境论，我们应当对身心一元论与二元论的本体论分歧与对普适规律的寻求保持沉默，转而以问题为导向、以案例为焦点、以语境为框架的整体性分析，融入研究对象的真实语境，澄清诸概念的使用规范，以此来为不同领域提供对话交流的平台，推动该问题在哲学和科学上的进展。因此，本节认为语境论的必要性、重要性与有效性，都表明了在理解他人问题中语境论的适用性，但如何界定语境的范围与恰当的理论标准，以及如何将语境论应用到具体的问题研究之中，为错误信念测试、动物的社会认知提供信服的实验解释，仍有待进一步的研究。

## 第二节　社会因果系统的贝叶斯概率解释模型

当代社会科学研究，总体上是在自然主义与反自然主义二元对立框架下进行的，这种对立的主要方面就是社会科学的方法论问题。自然主义者认为社会科学应该仿效自然科学的实证方法，寻求社会科学潜在的普遍规律，强调"解释"（explanation）是对研究对象本质、属性和规律的揭示，研究者应尽可能避免解释的主观性。他们认为，"不仅在物质世界有如此的自然规律，在人类社会的发展中，也应该有类似的规律。只要掌握了社会发展的规律，人们就可以掌握自己的命运"[②]。反自然主义者则试图从社会行为的角度来理解社会科学中的一切现象，主张使用"理解"的方法，而不是绝对关注事物间的因果关系。反自然主义者坚持人文科学的方法诠释学才是社会科学的研究方法，即在"理解"的基

---

① 殷杰、樊小军：《语境论的社会科学方法论探析》，《自然辩证法研究》2018 年第 4 期，第 11—12 页。
② 吴国盛：《科学的历程》，北京大学出版社，2007，第 226 页。

础上探求研究对象的意义、价值。他们认为寻找普遍规律对于理解人性、情感、意志以及人的行动是没有意义的，社会科学研究的社会世界是由有意识的人的行动构成的，是有意义的，人根据意义去观察、理解和体验自己的世界。

如果说自然主义的社会科学研究模式的特点较多偏向于客观性的话，那么，反自然主义的社会科学研究模式则更多地趋势于主观性。自然主义研究模式将客观和主观割裂开来，反自然主义的研究模式则将客观主观化。但"社会科学具有两方面的特征：一方面，社会科学是社会的，它所研究的现象是意向性现象，故必须根据它们的意义来识别；另一方面，社会科学是科学的，它试图发展系统的理论去解释隐含于不同现象之间的因果关系。自然主义和反自然主义分别只强调了其中的一面"①。

自然主义与反自然主义的社会科学由于研究方法的差异，形成了实证主义的社会科学、解释主义的社会科学等流派，各流派在寻求社会科学学科制度化、研究对象客观化等方面，一直面临复杂社会现象由于研究主体主观性的介入而无法客观化的方法论难题。"自然科学在人类社会生活领域占据主导地位以后，社会科学的学科制度化受到了自然科学的强烈影响，并以自然科学为楷模来构造自己的学科体系和研究方法"②，本节正是在这一背景下，通过阐述贝叶斯概率理论来构建一种基于主观概率视阈下的贝叶斯概率解释模型。这一模型在语境的基底上，一方面将主观语境因素引入到科学解释要素当中，重新确立了社会科学解释中解释主体的认识论地位，另一方面有效消除了由于解释语境的不同，解释主体给出的不同解释差异，这一模型的建构为社会科学研究提供一种新视角、新途径，使得社会科学客观性的凸显成为一种可能，对提升社会科学的学科地位具有重要的方法论意义，同时也为自然主义和反自然主义提供了一个新的对话平台。

---

① 袁继红：《社会科学解释研究》，中国社会科学出版社，2009，第7页。
② 殷杰：《当代西方的社会科学哲学研究现状、趋势和意义》，《中国社会科学》2006年第3期，第26—38页。

## 一、归纳—概率解释模型的困境及其根源

社会科学中的大多数社会现象缺乏充分的可观察性和可验证性，再加上现实世界的复杂性状况，具有普遍性的社会科学研究结论往往遭受质疑。因此，"社会科学的概括通常是以或然性为特征的"①。概率是表达或然性程度的最为恰当的语言形式。概率论中有两个竞争较为激烈的观点：经验主义和主观主义。哈金认为："经验主义是统计的，它本身是关于机会过程的随机法则，主观主义是认识论的，在命题中用于估计合理的置信度。"②经验主义与主观主义分歧的核心在于概率概念的不同解释，这一分歧直接导致两种不同的方法论原则。本节我们主要分析逻辑经验主义者亨普尔在科学解释模型中所采用的经验主义概率观而导致的一系列解释困境，以及造成这一困境的内在根源。

亨普尔认为，科学解释就是运用科学定律，对现象进行逻辑论证，通过论证来回答科学家提出的为什么的问题。亨普尔与奥本海姆于 1948 年提出的"演绎—规律模型"（简称 D-N 模型），以及之后提出的"归纳—概率模型"（简称 I-P 模型）（也称归纳—统计模型）被科学哲学界誉为经典解释模型，影响巨大。"统一科学"是逻辑经验主义者的一个基本纲领，也是亨普尔逻辑重建科学解释欲求达到的目标，为此亨普尔将这两种解释模型一以贯之地普及到包括社会科学在内的一切经验科学领域，但是在具体运用中归纳—概率模型所遇到的诸如模型的高概率要求、解释的歧义性等一系列的解释困境，亨普尔要么避而不答，要么难以做出合理的辩护。

亨普尔在其 I-P 解释模型中强调解释项中必须包含统计规律，规律是解释的必要条件，发挥着重要的解释功能。亨普尔持一种方法论自然主义科学观，论证了规律在社会科学中与自然科学中具有非常相似的作用，但其概率解释模型采用的是经验主义概率观，把概率解释为频率的极限，这一概率方法论在社会科学解释中是难以实施的。针对难以通过经验观察获得统计规律的社会现象，

---

① 〔美〕鲁德纳：《社会科学哲学》，曲跃厚、林金城译，生活·读书·新知三联书店，1988，第 136 页。

② Ian Hacking, *The Emergence of Probability*, Cambridge University Press, 2001, p. 12.

I-P 解释模型是无法诉诸统计规律做出合理解释的。因此亨普尔将 I-P 模型运用于社会科学解释面对的首个问题便是：如何看待并未包含统计规律的科学解释。

1. 科学解释的经典模型：I-P 解释模型及其困境

亨普尔的概率解释模型实质是归纳论证。其基本模式为："

$$(I-S)Pr(G \mid F)=r$$

$$\frac{Fi}{Gi}[r]$$

在上述模型中，把前提与结论分开的双线表示一个归纳论证；括号内的 r 是前提对特定结论的归纳支持的程度。第一个前提被看成是一个统计规律。"[1] 在 I-P 模型中，前提被称为解释项（Explanans），它包括统计规律和先行条件，结论被称为被解释项（Explanandum）。F 与 G 表示类，i 表示单个事件，这种解释论证是以 $Pr(G \mid F)=r$ 这一统计规律为前提，并指出单个事件 i 是 F 中的一例来解释 i 是 G 这一特定事实的，其中统计规律 $Pr(G \mid F)=r$ 表明在 F 的情形下，G 出现的相对频率（relative frequency）是 r。

人们针对 I-P 模型的上述特征提出了许多反例，其中解释的歧义性难题是最令亨普尔头痛的难题之一，这一难题又称为 I-P 模型的统计歧义性难题。比如，链球菌反例——约翰感染了链球菌，但他服用了青霉素后很快康复了。按 I-P 模型解释如下：

$$P(R(x)，S(x) \wedge P(x))=0.95$$

$$\frac{S(j) \wedge P(j)}{R(j)}0.95$$

上式的含义为，一个感染链球菌 S 的患者服用青霉素 P 之后，康复 R 的概率高达 95%；约翰 j 感染了链球菌 S 并服用了青霉素 P，所以他康复了。但是，如果约翰恰巧染上的是对青霉素具有抗药性 F 的链球菌，服用青霉素后并不见康复，未康复概率高达 65%。这种情形可按下述解释：

---

① Carl G. Hempel, *Aspects of Scientific Explanation and Other Essays in the Philosophy of Science*, Free Press, 1965, p. 390.

$$P(\neg R(x)，S(x) \wedge P(x) \wedge F(x))=0.65$$
$$\frac{S(j) \wedge P(j) \wedge F(j)}{\neg R(j)} \quad 0.65$$

比较上述两式，我们得知，无论约翰康复与否，I-P模型都给予了合法的解释，也就是说，由两个不同的真命题构成的解释项对相互矛盾的两个命题均提供了较高的概率。

亨普尔的概率解释所运用的规律是统计规律，只断言某种现象、事件以一定的概率出现，具有归纳的性质，只是给予某个事实作出部分的解释。这种科学解释并不是在普遍规律的基础上严格地演绎出结论，而是在统计规律基础上，对结论给以一定的概率支持，解释项与被解释项之间不是普遍必然关系，而是一种概率关系。也就是说，结论 Gi 并不能从统计规律 $Pr(G \mid F)=r$ 和先行条件 Fi 两者的合取必然地被推出，而是或然地被推出。

2. I-P模型的困境的根源分析

费茨尔(J. H. Fetzer)认为亨普尔概率模型功亏一篑的症结出现在他的概率观上，因为亨普尔接受了概率的频率解释这一经验主义概率观，对概率作了极限频率的解释。亨普尔所采用的这一概率观，直接导致归纳—概率模型在科学解释中的两个困境，即解释的高概率要求和解释的歧义性难题。这两类难题皆由归纳—统计模型引发，"归纳"表明解释项与被解释项具有概率相关关系；"统计"则表明解释项中的规律是概率性的。

经验主义者的概率是以频率解释为基础的，其"概率陈述一方面是从在过去观察到的频率中推导出来的，另一方面也包括着同样频率在未来之中将近似地发生这个假设。它们是通过归纳推论的手段而建成的"[1]。然而，社会科学中的大多数现象是不能重复出现的，根本无法谈论频率，更不能通过归纳推论的手段赋予事件精确的概率值。例如：某人当选为国家领导人的概率，明天是晴天的概率，等等。那么，如何将概率概念用于单个事件？经验主义者在回答这一问题时，频率概率立场的困难出现了，单个事件是指只发生一次的事件，在时

---

① 〔德〕H. 赖欣巴哈：《科学哲学的兴起》，商务印书馆，2004，第182页。

间上不具有可重复性，因此也就没有频率可言，频率学派无法给这类现象赋予概率值。

为此，萨尔蒙（W. Salmon）提出了最大同质（homogeneous）参照类（"参照类"在萨尔蒙那里即"事件序列"）来解决单个事件的概率，最大同质参照类的大意是：没有任何一种性质能使一个单个事件具有的某一特征相对于同质参照类的概率受到影响，例如，抛掷一枚均匀的骰子就是骰子六点朝上的同质参照类，因为这一参照类没有一种性质能够改变骰子出现六点朝上的概率 1/6。但是"对于最大同质参照类的确定在很大程度上带有主观性和私人性，从而使单个事件的概率也具有很大程度的主观性和私人性"①。这与经验主义的客观概率相矛盾，"对于频率解释来说，概率程度是一个经验问题而不是理性问题"②。根据经验主义的意义标准，关于概率的命题都是无意义的，因为它们既不能被经验所证实也不能被经验所证伪，因而关于概率的定义也是无意义的。可以看出经验主义的概率解释在理论上是失败的。

由于社会科学自身的独特性和复杂性，其研究缺乏自然科学那样的实验性、精确性，研究活动也不具有可重复性。研究主体与研究对象之间有着千丝万缕的联系，研究者无法摆脱其主观性和价值判断的影响。人类社会本身又是一个极其复杂的系统，这使得人类社会系统包含的参数、变量甚多，因此研究结果也无法达到自然科学那样的客观性。而"客观性"这一科学评判标准致使社会科学的科学地位历来遭受质疑。经验主义者的概率以频率极限为基础，把概率理解为研究对象所具有的性质，将主观与客观割裂开来，形成主客对立的二元论局面，这必然导致社会科学研究结论是不完整的、表层的、机械的。那么如何在社会科学中将主观与客观统一起来，这成为经验主义方法论所面临的又一个困境。

由此可见，经验主义者的概率解释之于社会科学，有两个本质性的困难：其一是概率的频率解释；其二是主观性如何实现客观化。然而，"在实践中，当

---

① 陈晓平：《贝叶斯方法与科学合理性——对休谟问题的思考》，人民出版社，2010，第 134 页。
② 〔德〕H. 赖欣巴哈：《科学哲学的兴起》，商务印书馆，2004，第 182 页。

没有频率方面的知识可以利用的时候，人们关于实践对象的其他方面的知识、信息、经验可以表现在主观概率之中"①。正是在这个意义上，贝叶斯学派对概率的解释采用的是主观主义解释，这一另辟蹊径的概率解释为社会科学的研究开辟了一条全新的路径。

下面就引起 I-P 模型困境的经验主义概率观做出具体分析。

亨普尔用于科学解释的概率模型，是建立在概率的统计规律基础之上，来对被解释项做出概率性的归纳支持。统计规律是通过经验观察，在重复试验机制下而得到的具有概率性的经验统计规律。按照亨普尔的看法，统计规律是有别于偶适概括(accidental generalization)具有较高频率的似律性陈述。经验主义者以频率作为对概率的解释，概率的频率解释又称为经验主义概率解释。在经典统计中，"频率论者用哲学的经验主义观点来处理统计的稳定性"②。他们主张概率即频率，按这个观点，概率是一个长序列相对频率的极限，例如，在 n 次重复试验中，记 m 为事件 A 出现的次数，则事件 A 出现的概率为

$$P(A) = \lim_{n \to x} \frac{m}{n}$$

这一概率即事件 A 出现的频率。也就是说频率论者把概率定义为无限重复试验中事件发生的频率的极限。"频率论者的基本主张，就是要把他们的概率概念应用在处理'统计'现象上。"③可以看出，频率论者确定概率的方法论原则本质上是经验主义的，经验主义概率论以人们的经验作为确定概率的依据，此经验即人们所观察到的某一事件发生的频率。

为了强调频率的合理性，频率论者理查德·冯·米塞斯(Richard von Mises)认为，"直到现在(1928)，除了在长序列中依靠相对频率来介绍概率外，任何人在发展概率的完整理论方面都未获得成功。更进一步说，概率合理的概念

---

① 熊立文：《现代归纳逻辑的发展》，人民出版社，2004，第 141 页。
② Michael Strevens, *Bigger than Chaos Understanding Complexity through Probability*, Harvard University Press, 2003, p. 9.
③ William H. Newton-smith, *A Companion to the Philosophy of Science*, Blackwell Publishers Ltd, 2000, p. 367.

仅仅是概率演算的基础，仅仅应用在事件本身能反复重复的问题中，或者大量相同元素被包含在相同的时间点上……为了运用概率论，我们必须有一个实际无限观察值序列"[1]。然而，冯·米塞斯的论述遭到诸多学者的抨击，其中贝叶斯学派创始人之一德菲耐蒂（B. de Finetti）在其著作《概率论》中指出："如果概率被认为是赋予了某种客观存在，那么概率不亚于一个误导的错误概念，不亚于一次具体化或者物质化我们真实的概率信念的虚假的尝试。在不确定之下，在研究我们自己思想和行为模型的合理性中，我们所需要的，更进一步说，是被我们合理授予权力的一种一致性，一种在这些信念中的一致性，一种在这些信念与任何一种相关的客观数据的合理关系中的一致性（'相关的'说的是主观上认为的那样）。这就是概率理论。"[2]在德菲耐蒂看来，如果把概率看作是一枚硬币、一个骰子或者其他研究物体本身的性质的话，那么这种观点便是一种形而上学的无稽之谈。

可以看出，频率学派确定概率的方法本质上是经验主义的，"经验主义概率论对于基本概率的确定是以人们的经验为依据的，此经验就是人们对某一事件出现的观察频率"[3]。但是，在社会科学研究中以经验为基础的观察频率是无法给单个事件赋予概率值的，社会科学中的许多统计分析是无法建立在"实际无限"观察值序列之上的。

综上所述，经验主义概率观之于社会科学解释是成问题的，这一概率观也导致了亨普尔概率解释模型在社会科学运用中无法逾越的解释困境。其一是，针对难以通过经验观察获得充足样本的社会现象，如何发现具有较高频率的似律性统计规律？其二是，如何看待并不包含统计规律的社会科学解释？或者说在社会科学研究中针对难以发现统计规律的特定事实如何给出合理的科学解释；其三是，社会科学中人的自由意志造成了社会科学不同于自然科学解释的独特性，而经验主义概率观完全将认识的主体要素置之度外，那么，如何将这一要

① Vic Barnett, *Comparative Statistical Inference*, John Wiley & Sons Ltd., 1999, p. 76.
② Bruno de Finetti, *Theory of Probability (Volumes 1 & 2)*, John Wiley & Sons Ltd., 1974, p. x.
③ 陈晓平：《贝叶斯方法与科学合理性——对休谟问题的思考》，人民出版社，2010，第129页。

素有效地融入模型的逻辑分析之中呢？

我们认为亨普尔概率模型之于社会科学解释中所遇困境之根源便是，逻辑经验主义为拒斥形而上学只注重逻辑形式的分析，不注重解释者与被解释者之间内容上的相关，而将作为主体的解释者的认识论地位排除在外，采用经验主义概率观也是这一研究纲领的内在要求。因此，我们也正是看到经验主义概率观在社会科学中的局限性，而引入了另一种概率观——主观主义概率观，在此概率观上构建一种新的概率解释模型——贝叶斯概率解释模型，这一模型的构建重新确立了解释者在解释过程中的核心地位，同时也将亨普尔概率解释模型的诱人之处包含进来并且避免了它的困境，显示出强大的解释力和生命力。

## 二、贝叶斯模型对社会科学因果概率的重塑

社会科学中的大多数社会现象具有强烈的主观性、难以验证性和不可重复性等特点，经验主义者对其方法论方面的缺陷难以做出合理的辩护，而对于主观性的形式化、客观化，经验主义者更是无所适从。然而，主观主义者主观概率的提出完满地解决了这一方法论难题，并将社会科学研究提高到一个可量化的层面上来。主观概率存在于人们的主观世界中，它反映了人们对某些事物的相信程度，是对不确定性的主观判断，与个人的、心理的等各种因素有关。贝叶斯学派所采纳的是主观主义概率思想，其统计的目的是通过贝叶斯公式依据证据来更新主观概率。贝叶斯论者把概率建立在研究者的背景知识或个体经验基础之上，对事件发生或命题为真的可能性给出的个人信念，具有认识论的性质。

贝叶斯学派与频率学派最大的区别是是否使用先验信息，即人们做实验之前由背景知识或个体经验所提供的信息。贝叶斯论者将先验信息转化为先验概率，将研究者的背景知识加入到分析之中，并且根据经验证据，通过贝叶斯公式对先验概率不断加以修正，最终获得的后验概率将趋于一致，先验概率即研究者关于不确定性的先验信息的概率陈述，后验概率可以看作是经验证据对先验概率做出修正后的概率陈述。这一方法论独到之处使得社会科学中主观性的

客观化问题迎刃而解了。

综上可知，解决亨普尔概率解释模型之于社会科学的困境，就需要重新定位解释者作为解释主体的认识论地位，将解释主体的背景知识或认知状态以及解释者对相关要素的信念度引入到社会科学解释要素当中。基于贝叶斯方法的概率解释模型为这一引入构建了一个可行的平台。贝叶斯方法是基于贝叶斯定理发展起来的用于解决统计问题的方法，这一方法能够很好地解决解释者的不完全性和不确定性。因此，我们认为，用贝叶斯方法来刻画社会科学解释中的解释者的信念度是可行的，我把这一解释模型称作"贝叶斯概率解释模型"（Bayesian Probability Explanation Model，简称 B-P 模型）。这一模型一方面能够将解释者这一认识主体重新引入到解释当中，另一方面能够有效消除由于不同解释主体对同一经验观察内容而给出不同解释的差异，具有重要的方法论意义。

1. B-P 模型的理论来源

自 17 世纪产生概率论到提出贝叶斯主义（Bayesianism）的 20 世纪二三十年代之前，一直是频率学派占据统治地位。贝叶斯主义到 20 世纪 80 年代才成为主导性的流派。"贝叶斯主义又叫作'主观主义'（subjectivism）或'私人主义'（personalism）。其理论特征主要是：其一，把概率解释为一个人的'置信度'（degree of belief）；其二，把贝叶斯公式看作根据经验改变置信度的方式。"[①]它所改变的置信度是研究者的主观概率。比如在硬币投掷试验中，观察者通过贝叶斯公式改变的主观概率即为硬币正面朝上或朝下的信念度。因此，"贝叶斯概率陈述是关于世界在思想中的主观陈述，而不是关于世界本身的陈述"[②]。其概率陈述是一种主观主义概率解释，但在贝叶斯方法中主观概率是根据经验证据，通过贝叶斯定理不断加以修正的，这样就消除了主观概率的赋予者由于背景知识的差异性而导致的主观性和随意性。

关于单个事件或尚未发生的事件的概率，涉及主体的置信度，正是这种主

---

① 陈晓平：《贝叶斯条件化原则及其辩护》，《哲学研究》2011 年第 5 期，第 84—91 页。
② Simon Jackman, *Bayesian Analysis for the Social Sciences*, John Wiley & Sons Ltd., 2009, p. 7.

体置信度的现象引发了主观主义。置信度的含义即某人对某一事件发生或者某个命题为真的相信程度。主观主义者把概率看作置信度，在贝叶斯统计学中称之为信念度。将概率视为研究主体的信念度已有很长的历史。约翰·洛克（John Locke）在《人类理解论》一书中（1698）曾写道："信念亦有各种等级，从接近于解证和确信的起步起，可以一直降到不可保和不可靠的地步，甚至于降到不可能的边境上。"①对于洛克而言，"概率是接近于为真的可能性，频率学派的重复机制在这个定义中是无意义的"②。雅格布·伯努利（Jakob Bernoulli）在其遗作《猜想的艺术》（1713）一书第四部分中断言："概率是确信度（degree of certainty），但不同于绝对确信，就像部分不同于整体一样，'确信'是一种思想的状态，它有两个特点：（1）因人而异（依赖于一个人的知识和经验），（2）它是可计量的。"③

　　基于以上论述可知 B-P 模型采纳的是主观主义概率观，这一概率学说"通常用主观术语将概率解释为具有数学上的形式化和严密性的信念的特征描述"④。贝叶斯学派认为："一个事件的概率是根据经验对该事件发生的可能性所给出的个人信念。"⑤信念作为一种精神实体或内省感觉在主观主义者拉姆齐（F. P. Ramsey）和德菲耐蒂那里是可以测量的。拉姆齐说："为了使我们的信念正确地对应于概率，我们必须也要能够测度我们的信念。"⑥他在其著作《真理与概率》一文中，开宗明义地谈道："日常语言和许多大思想家都使我们有充分的理由在概率这个标题之下讨论一个看起来和频率很不相同的主题，及部分信念逻辑（logic of partial belief）。"⑦信念逻辑又称相信逻辑，而"相信"这一行为具有较大的主观性，拉姆齐将主观性置于概率论的范畴中来考察，他试图给主观性赋予精确的概率值，并建立主观概率合理的逻辑基础。德菲耐蒂在其《预见：其

①　〔英〕洛克：《人类理解论》，商务印书馆，2009，第 703 页。
②　Simon Jackman, *Bayesian Analysis for the Social Sciences*, John Wiley & Sons Ltd. , 2009, p. 6.
③　Simon Jackman, *Bayesian Analysis for the Social Sciences*, John Wiley & Sons Ltd. , 2009, p. 5.
④　Simon Jackman, *Bayesian Analysis for the Social Sciences*, John Wiley & Sons Ltd. , 2009, p. 3.
⑤　茆诗松：《贝叶斯统计》，中国统计出版社 1999 年版，第 76 页。
⑥　江天骥：《科学哲学名著选读》，湖北人民出版社，1988，第 48 页。
⑦　江天骥：《科学哲学名著选读》，湖北人民出版社，1988，第 41 页。

逻辑规律与主观根源》一文中也说道："人们可以对一个给定的人给予一个特定事件的似然性程度给出一个直接的、定量的、用数字表示的定义，使得整个概率论可以从一种具有明显意义的非常自然的条件中直接地引出。"①

主观主义者将概率解释为理性行动者的信念度，即行动者对于某一事件发生的相信程度。关于单个事件赋予概率值的问题涉及行动者的信念度，正是信念度现象引发了主观主义。概率的主观主义理论关注的是信念度的测度问题，因而属于心理学—社会或人类的科学之一。主观概率也称作"私人概率"，这种概率学说就是贝叶斯主义或者"私人主义"，在贝叶斯理论框架内"它包含了多种假设：不但质上而且还包括量上强度不同的信念；为理性的行为者阐明了满足概率演算公理之度量的数值函数；这些函数的值与被视为概率的那种'概率'术语的现有使用完全相关"②。在这一理论框架内，信念的强度是可以用数值来度量的。主观主义者拉姆齐本人写道，"测量概率是不够的，为了正确地把我们的信念赋予概率，我们必须能够测量我们的信念"③。测量信念传统的方法便是提议打赌。贝叶斯主义者认为，对于一个有理性的人来说，通过确定这个人将愿意接受对那个命题进行打赌的可能性，我们就能确定特定命题的主观概率。

主观主义者把概率解释为信念度，又把信念度解释为公平赌商（fair betting-quotient）。这一做法得到著名的大弃赌定理（theorem of Dutch Book）的有力支持，这一定理的内容是："如果 $p_1$，$p_2$，…是关于假设 $h_1$，$h_2$，…的一组赌商（betting quotients），那么，如果 $p_j$ 不能满足概率公理，便存在一个赌博策略和一组赌注，以至于无论谁跟随这个赌博策略都将输掉有限的金额，无论这个假设真值的结果是什么。"④这个定理有时也被称为拉姆齐—德菲耐蒂定理，赌商即赌者所愿下的赌注与全部赌注的比值。大弃赌定理的意义在于将概率解释为信念度是合理的。特别是将大弃赌的结论扩展到了条件概率的情形中，依据新信息如果没有更新主观信念度与概率公理保持一致的话，那么参赌者将处

---

① 江天骥：《科学哲学名著选读》，湖北人民出版社，1988，第84页。

② W H Newtonsmith, *A Companion to the Philosophy of Science*, Blackwell Publishers Ltd, 2000, p. 361.

③ Antony Eagle, *Philosophy of Probability Contemporary Readings*, Routledge, 2011, p. 53.

④ Colin Howson, Peter Urbach, *Scientific Reasoning: the Bayesian Approach*, Open Court, 1993, p. 79.

于必输的境地。也就是说，当概率是主观的时候，贝叶斯定理则支配人们应该如何合理地更新主观信念度。

2. B-P 模型结构的确定及其运用

贝叶斯概率理论把贝叶斯定理作为行动者依据经验事实修正先验概率的模型，这一模型基于解释者的背景知识对特定事实以先验概率的形式给出概率解释，而先验概率并不是一成不变的，随着语境的变化以及行动者对经验事实的不断获取，先验概率会被贝叶斯定理这一概率演算法则不断修正、调整，从而"消除掉"先验概率最初的差别，使得社会科学中的异质主体的先验概率的主观性和私人性得以客观化、公共化，起到很好地"从经验中学习"的作用。

在一定的解释过程中，解释者所具有的关于解释项与被解释项的相关因素的信念度是随着解释语境的变化而变化的，因此，解释者相关因素的信念度具有不完全性和不确定性的特点。因此，根据贝叶斯概率理论的特征我们可以为社会科学解释构建一个标准的心理学模型，"这样一种模型的基本原则包含了一种概率函数。这种函数就是所谓的私人概率（personal probability）函数，它特别适用于去把握行为者（agent）对他所设想的各种命题的信念度"[1]。这一解释模型可以表述为：解释者据其背景知识对解释项赋予一个先验概率，随着语境的变化解释者获取了新的经验证据，先验概率通过 $p(\theta/y) = \dfrac{p(y/\theta)p(\theta)}{\displaystyle\int p(y/\theta)p(\theta)\mathrm{d}\theta}$ 贝叶斯定理所确定的条件概率法则来更新解释者的先验概率以得到后验概率，从而在不同的语境情形下给出合理的概率解释。其中条件概率法则的含义是：$\theta$ 表示解释者对于一个命题或事件的不确定性，$p(\theta)$ 称作 $\theta$ 的先验概率函数，$p(y/\theta)$ 表示解释者获得经验事实 $y$ 之后 $\theta$ 的概率函数即似然函数，$p(\theta/y)$ 表示 $\theta$ 的后验概率。

下面我将针对 I-P 模型的反例——青霉素对链球菌感染的治疗效果来描述 B-P 模型的运用。

---

[1] William H. Newton-smith, *A Companion to the Philosophy of Science*, Blackwell Publishers Ltd, 2000, p. 361.

在这一反例中，首先解释者(一位医学专家)根据自己的背景知识(可以是他多年的行医经验)对解释项"服用青霉素能有效治疗链球菌感染"这一命题赋予了较高的先验概率，康复率高达95％，因此约翰服用了青霉素而康复。另外，这位医学专家对于影响治疗效果的影响因素有着多年的研究，比如：患者合并其他感染、患者有自身的免疫反应等。针对约翰服用了青霉素而没有康复这一事实，这位医学专家对约翰的病症做了检查之后，得出约翰所感染的是一种具有抗药性的链球菌的结果，有了这一经验证据，解释者对先前的先验概率做出修正，这一修正的逻辑法则即贝叶斯定理，从而得到一个关于约翰康复的后验概率，即康复率降到35％，也就是说，未康复的概率高达65％，从而对约翰虽然服用了青霉素而未能有效地康复做出了合理的解释。由此我们发现，B-P 模型的解释过程并未诉诸统计规律，它是基于解释者的背景知识或认知状态给出一个治疗效果的先验概率(95％)，随着解释语境的改变，这一先验概率依据经验事实(通过检查发现约翰感染的是抗药性的链球菌)，再通过贝叶斯定理对先验概率进行修正，得到后验概率(35％)。因此，B-P 模型对于难以发现规律的社会现象也是极其适用的。

3. 贝叶斯方法在社会科学中的可行性分析

事实上，B-P 模型只是贝叶斯方法解决社会科学具体问题的一种个案形式。实质上，贝叶斯方法在社会科学中的应用具有更为普遍的方法论意义。贝叶斯方法是基于贝叶斯定理而发展起来用于系统地阐述和解决统计问题的方法，在社会科学的具体应用中，其方法论的优势主要体现在两个方面：其一，解决了单个事件赋予概率值的问题。传统社会科学的概率统计方法主要依赖于经典统计(也称频率学派或经典学派)，其实质是一种经验主义的概率统计方法。经验主义者将概率建立在无限可重复的事件序列之上，但社会事件大多数不具有可重复性，因此，经验主义概率对于单个事件是无意义的。例如，"安德鲁•杰克逊当选为美国第八任总统的概率是多少"，这一社会事件仅仅是一次相关试验，不具有可重复性，从频率学派的观点来看，如果杰克逊当选，这个概率就是1，否则便为0。这种回答似乎有悖于我们的日常经验，关于这个问题我们是想得知杰克逊当选为总统的可能性有多大，或者对"杰克逊是第八任总统"这一命题为真的相信程度是多少，这就涉及主体的置信度问题，同时反映了研究者的信念程度。

在贝叶斯方法中，关于单个事件的发生或者命题为真的概率，我们可以基于研究主体的先验信息给出精确的概率值，"在贝叶斯理论框架内，先验信息被形式化了，并且先验信息可以是主观的，就这个意义而言，它包括研究者的经验、直觉和理论观点"[①]。通过研究主体的先验信息给出的概率便是主观主义概率，主观概率的使用也意味着贝叶斯主义者可以给出没有观察值的"实际无穷"序列的概率，这对于解释和预测单个复杂社会现象是极其便利且有效的。贝叶斯统计学中的主观概率从认识论的角度把社会科学难以量化的社会现象提高到一个可量化的层面上来。它的合理性在于，"主观主义概率并不是一成不变的，而是根据经验证据不断加以修正的，修正的逻辑依据是概率演算的一个定理即贝叶斯定理"[②]。也就是说，人类的经验知识具有可修正性，通过经验证据的不断修正，最初研究主体之间彼此各异的主观置信度最终趋于一致，从而使这种概率达到公共性和客观性，这与人们的实践活动是相一致的。这就使得不具有可重复性的随机现象也可谈及概率，同时也使人们积累的丰富经验得以概括和应用。

其二，解决了研究主体主观性如何客观化的问题。经验主义者将社会中的人"物化"于自然，忽略了研究主体主观性的一面，将人的主观性排斥在研究范围之外，而社会科学中无论是社会现象、政治现象还是经济现象都包含着众多相异的个体，不同的个体间由于经验、信念、偏好的差异所表现出的行动也不尽相同。因此，主观性在社会科学的研究中断然不可忽略。从而，主观性的客观化问题业已成为当代社会科学家的重要议题。自然主义的社会科学认为自然科学与社会科学性质上具有共同性，强调以自然科学的原则、理论、方法来研究社会科学，力求建立一种基于自然科学方法论基础之上的统一科学，形成社

---

[①]　Jeff Gill, *Bayesian Methods: A Social and Behavioral Sciences Approach*, The CRC Press, 2002, p. 5.

[②]　陈晓平：《贝叶斯方法与科学合理性——对休谟问题的思考》，人民出版社，2010，第146页。

会科学"实证化"的倾向；反自然主义的社会科学则主张社会科学无论是研究对象还是研究方法都具有独立性，社会科学应该采用"理解"的方法，自然科学方法不适用于社会科学，也不可能应用自然科学的方法。这两种社会科学方法论要么忽略了社会科学的主体性，以"实证化"达到研究的客观性，要么一味追求主体性而舍弃社会科学本身客观性的研究。贝叶斯方法从两方面入手，兼顾主观与客观，并且通过贝叶斯定理使研究中的主观逐步趋向于客观，使主观与客观达到有效的融合。"主观主义概率论的'意见收敛定理'表明，随着证据逐渐地增加，最初人们对某一命题所具有的彼此不同的主观置信度最终将趋于一致，从而显示出这种概率的公共性和客观性来。"①"这个定理使得主观主义概率论具有客观性，把频率理论的诱人之处包含进来但却避免了它的困境，显示出主观理论强大的解释力和生命力。"②贝叶斯方法之于社会科学研究中，依据研究主体过去的经验、个人直觉或者专家意见给出相关事件发生的主观概率即先验概率，虽然先验概率具有主观性和私人性，但这一概率是随着经验证据的获取不断加以修正的，修正的逻辑依据便是贝叶斯定理。这种修正过程即为一种主观性通向客观化的动态过程。

综上所述，关于社会科学解释中具体事件的概率解释是与解释者的背景知识相关的，B-P 解释模型通过主观概率的形式，将解释者对解释的相关因素的信念度引入到科学解释要素，这一具有动态认识论意义的解释进路较好地解决了 I-P 模型解释的歧义性难题，一方面，重新确立了解释者在解释过程中的认识论地位，另一方面，由于社会科学的独特性、不可重复性、难以验证性等特点，B-P 模型能够针对这些特点对难以发现规律的社会现象也能给出很好的概率解释。

---

① 陈晓平：《贝叶斯方法与科学合理性——对休谟问题的思考》，人民出版社，2010，第 146 页。

② 陈晓平：《事件的独立性和可交换性——评德菲耐蒂的主观主义概率理论》，《科学技术哲学研究》2011 年第 3 期，第 1—7 页。

## 第三节　贝叶斯概率解释模型的语境化

在具体的社会科学研究中，由于社会主体的异质性，现象的复杂性，研究结论往往无法达到主体间的有效性，通常只能通过抽象化或者形式化的方式对变量间的关系进行描述，然而社会科学欲求取得与自然科学同等的学科地位，以定量化的形式达到自然科学那样的精确化、客观化无疑是一个严峻的挑战。

亨普尔的I-P模型运用了经验工具和逻辑技巧，将科学解释界定为寻求解释项与被解释项之间的客观关系而并不是解释认知主体之关联的主观信念。但是解释者总是伴随着语境的变化而相应地给出不同的解释，科学解释的本质与解释者的背景知识、认知状态是密不可分的，因此，将解释者这一主体要素引入科学解释要素中成为科学解释的必要前提。B-P模型将解释者的背景知识以先验概率的形式有效地融入了解释的逻辑分析之中，并且通过贝叶斯演算法则来对不同语境下的先验概率进行修正、调整，体现出一种认识的动态性。

"在贝叶斯方法中，公认的主观性是通往客观性的路线。"①它首先是基于异质社会主体的意向性因素或者经验信息，以先验概率的形式将异质主体的主观性融入到分析中，并且伴随着证据的增加，通过贝叶斯公式对先验概率做出修正，得到的后验概率将趋于一致，从而使主观性和客观性得到统一，进而达到对社会现象的量化式的说明，为社会科学的客观性及其合法性提供了有力的辩护。

### 一、作为再语境化动态认识论的 B-P 模型

亨普尔概率解释模型的功能在于确定解释项和被解释项之间的逻辑关系，致力于对单个事件的解释进行逻辑上的论证，其中统计规律起着至关重要的作用。人们普遍承认，科学解释的解释能力事实上是规律所承担的。统计规律起

---

① Bruce Western, Simon Jackman, "Bayesian Inference Comparative Research", *The American Political Science Review*, 1994, 88(2), pp. 412-423.

联结的作用，它将解释项之初始条件中提到的特定事实与被解释项中提到的特定事实联结起来。亨普尔的概率解释模型出于拒斥形而上学的目的，采用的是经验主义概率观，完全将解释主体认识论地位排除在外，将自然科学的解释模式贯彻于社会科学，严重忽略了社会科学所具有的独特性。"语境论的科学哲学主张把语境作为阐述问题的基底，把语境论作为一种世界观与方法论，认为科学家的所有认知活动都是在特定的自然、社会、语言和认识语境中进行的，科学理论是一定语境条件下的产物，在一个语境中是真的科学认识，在另一个更高层次的语境中有可能会被加以修正甚至被抛弃。这种修正或抛弃是在再语境化的基础上进行的。"①而贝叶斯概率模型正是通过主观概率的形式在一种再语境化的基础上将说明主体的背景知识、认知状态有效地融入到说明当中，从而避免了亨普尔概率模型的困境，并且给出一种适合于社会科学解释的全新的说明模式。

B-P 模型的构建源于贝叶斯概率理论，贝叶斯主义者认为，一个事件的概率是研究者根据自己的背景知识对该事件发生的可能性给出的个人信念。这样给出的概率称为主观概率。因此，"贝叶斯概率陈述是关于世界在思想中的主观陈述，而不是关于世界本身的陈述"②，主观主义者将概率解释为事件发生的主观信念度，这种解释体现了研究者对于事件发生可能性的个人层次上的不确定性。贝叶斯主义的主要影响之一是，研究者没有必要像频率论者那样去列举或者设想事件重复发生的某些相关序列，这一优点使得研究者能够一致性地估计"一次性"类型事件发生的概率。"在贝叶斯理论框架内，先验信息被形式化了，并且先验信息可以是主观的，就这个意义而言，它包括研究者的经验、直觉和理论观点"③，先验信息比如医学专家多年的行医经验。

在贝叶斯概率理论中，从先验概率到后验概率的逻辑演算规则是贝叶斯定理，而且后验概率又可作为下次演算的先验概率，如此反复地进行演算就能消

---

①　郭贵春：《走向语境论的世界观》，北京师范大学出版社，2012，第357页。

②　Simon Jackman, *Bayesian Analysis for the Social Sciences*, John Wiley & Sons Ltd., 2009, p. 7.

③　Jeff Gill, *Bayesian Methods: A Social and Behavioral Sciences Approach*, The CRC Press, 2002, p. 5.

除掉解释者先验概率的最初差别。在初始语境情形中，说明主体依据自身的背景知识对于特定事实赋予先验概率，而伴随着新的经验事实的获取，说明主体通过贝叶斯定理对初始语境中的先验概率进行逻辑修正，通过这一修正，说明主体就将自身重新置于新的语境情形下，这便是一种再语境化的过程，罗蒂曾指出，语境不断变化、发展的过程，其实质就是一种"再语境化"的过程，因此，在这个意义上来说，B-P 模型实质上是一种再语境化的动态认识论模型。这一模型有两个主要特征：其一，将概率解释为一个人的"信念度"（degree of belief）；其二，把贝叶斯定理看作是依据经验事实改变信念度的方式。这里的信念度是研究者的主观概率。换句话说，这一模型将解释者的非理性因素引入了科学解释当中，通过严格的合乎逻辑的贝叶斯法则即贝叶斯定理，以求解决解释者具有认识论地位的潜在条件。B-P 模型注重解释者的背景知识，而背景知识是解释者确定先验概率的重要依据。这样一种模型至少为解释事实与信念之间的关系铺平了道路，事实是关于世界的事实，信念是解释者的认知主体的信念。这一模型允许解释者考虑所有可利用的信息，比如之前的研究结果，而解释过程的动态性便体现在贝叶斯定理这一具有修复性的逻辑法则之中。

　　总之，在贝叶斯哲学中，研究者赋予任何事件发生的概率取决于，　是个体及个体所考虑的不确定性；二是个体的背景信息状态。因此，根据主观主义的观点，不存在任何不确定事件的唯一的概率值的假设，针对同一事件发生的概率，贝叶斯论者允许不同的个体可以拥有不同的主观信念度。B-P 说明模型再语境化的动态认识论功能，使得社会科学解释更具有合理性，这一模型以主观概率概念为基础，在说明过程中这一概念并不依赖于统计规律。因此，这一说明模型比 I-P 说明模型更具有普遍性。无论亨普尔的 I-P 模型存在多少解释难题和可争论的方面，但他所提出的形式解释至少是科学解释的一种类型，尤其是形式语言的语义学、句法学以及逻辑定义的方法，都具有重要的认识论意义。最后我们通过与 I-P 说明模型进行对比，来概括 B-P 说明模型的主要观点（见表1）。

**表 1　B-P 解释模型与 I-P 解释模型比较**

|  | B-P 解释模型 | I-P 解释模型 |
| --- | --- | --- |
| 采用何种概率观 | 主观主义概率观 | 经验主义概率观 |
| 什么是概率 | 服从概率公理化的信念度 | 长序列相对频率的极限 |
| 如何测量概率 | 通过打赌策略（比如赌商） | 通过重复试验 |
| 模型解释的方式 | 贝叶斯定理所确定的条件概率 | 解释即论证 |
| 模型性质 | 再语境化的动态认识论模型 | 纯粹形式模型 |
| 是否需要规律 | 有无均可 | 必须诉诸规律 |
| 是否包含解释者主体要素 | 是 | 否 |

## 二、B-P 模型中的主观语境因素

作为对 19 世纪后康德主义的回应，"逻辑经验主义的基本信条是，确保在逻辑的协助下，所有的科学知识都依赖于经验事实。这里所指的逻辑既包括归纳或确证，也包括数学和形式逻辑"①。他们把拒斥形而上学和神学作为本派的基本纲领，坚决反对思辨的形而上学，在认识论上主张经验主义，强调现代逻辑的重要性。在此背景下，逻辑经验主义的代表人之一亨普尔采用逻辑和经验作为哲学分析的工具，对科学解释进行完全形式化的研究，同时也促使科学解释成为科学哲学研究的主题之一。"对逻辑经验论者而言，解释的问题就相当于为解释找到某些条件，这些条件确保解释项与被解释项之间有一种客观的关联。他们需要一种关系，这种关系能够解释命题之间的客观关系，而不是解释有关远非万能的认知主体之关联的主观信念。"②亨普尔作为逻辑经验主义者，他所构建的解释模型并不热心于考察科学解释相对于解释者的信念或旨趣，而是更多地关注于解释项与被解释项之间的逻辑构造和关系论证。

亨普尔的科学解释理论强调的是对科学解释的逻辑重建，他将科学分为经

① 　William H. Newton-smith, *A Companion to the Philosophy of Science*, Blackwell Publishers Ltd, 2000, p. 233.

② 　Alexander Rosenberg, *Philosophy of Science A Contemporary Introduction*, Routledge, 2001, p. 27.

验科学和非经验科学两大类，经验科学包括自然科学和社会科学。亨普尔将社会科学归入经验科学的范围之内，在他看来，自然科学与社会科学具有相同的解释模型，所以在他提出了形式化的解释模型之后，就致力于将这些解释模型应用到社会科学中。亨普尔指出，社会科学中的解释具有与物理学逻辑构造的相似性，通过发现适当的规律，就可以像自然科学那样，对人类行为进行有效的解释。然而，社会科学各学科的研究中存在一个共同的内在因素——主观语境因素，"主观语境因素主要是指由研究者的目的、兴趣、现存观念和现存方法、学识水平、研究方式、手段及研究技能、预见能力、直觉、悟性与灵感等因素构成的内在素质"①。也就是说社会科学研究内在地具有一个共同特征——研究主体的主观性。主观语境因素在 B-P 模型中表现为研究者的背景知识、认知状态等主观性因素，它们包括研究者的经验、直觉、猜想、理论观点等。主观语境因素使得社会科学研究主体的异质性尤为凸显，因此社会科学并不像自然科学那样，其基本理论前提和假设是研究主体的同质性，社会科学比自然科学具有的复杂性也体现于此。亨普尔所构建的 I-P 解释模型完全将进行解释的认知主体排除在外，但是科学解释中存在的差异实质上是解释者知识背景、理论休系之间的差异，这一差异在社会科学解释中尤为显著。因此，I-P 解释模型之于社会科学中的困境是不可避免的。所以在社会科学解释中解释者的背景知识、认知状态在解释要素中所体现的主体认识论地位尤为重要。

另一方面，某些社会现象在一定程度上不能够重复观察和试验，社会科学所表现出的一维性、不可重复性、难以验证性使得研究者所概括出的经验规律很难再次适用于同类事件，这样一来人们对社会科学是否存在规律提出了质疑，对社会科学的客观性基础提出了挑战。由于社会科学所具有的这些特征，被亨普尔认为是社会科学所具有的不完全性、不完备性，因而将自然科学研究方法普遍到社会科学研究之中。但在社会科学中，由于"社会现象源于人类的行为，人类作为行为者，他们的活动为自身信念、目标、意义、价值、禁例、顾虑所

---

① 郭贵春：《走向语境论的世界观》，北京师范大学出版社，2012，第402页。

指导"①。人们很难遇到每个人都能接受的解释，由于社会科学中认知主体的异质性这一特点，研究者也只是发现了极少的规律，但是对于大多数无法诉求规律的解释都依赖于科学家们的认知框架或理论框架，比如"雷默（Karen L. Remmer）把19世纪80年代拉丁美洲国家的经济危机看作选举波动的一个来源"②；"戈尔登（Miriam Golden）发现工业化民主政治中工人工资的适度源于协调的集体谈判"③。因此，在社会科学的大多数解释中，我们只有在主观语境的基底上把寻求解释并提供解释之主体的主观信念，当作科学解释中的一种基本要素。针对类似于这样的社会科学问题建立在统计基础上的 I-P 模型是无法诉诸规律作出解释的。

基于以上论述，我们不难得出，传统社会科学在达到其客观性以及寻求社会现象的因果机制时，模仿自然科学的建模方法，但在处理复杂社会现象和社会行为时却很难使用自然科学的传统模型。自然现象是独立于人的客观实在，然而任何一种社会现象或者社会行为都渗透着人的意向性因素，比如信念、偏好等。研究主体由于经验、知识的不同，因而具有不同的信念、偏好，不同的主体针对同一社会事实会采取不同的行动。因此，自然科学所假设的主体的同质性对于社会科学来说显然是不适用的。因此，作为一种数学上具有严格逻辑形式的贝叶斯方法在社会科学研究中，对于提高社会科学的客观性、精确性同样也具有重要的方法论意义。

## 三、贝叶斯模型的主客语境统一

社会科学在其制度化诉求过程中，认识到社会科学要达到摆脱哲学的形而上学的学科特征，无论是在方法上还是研究范围上，都要求其保持认识的客观

---

① Daniel Little, *Varieties of Social Explanation An Introduction to the Philosophy of Social Science*, Westview Press, 1991, p. 39.

② Karen L Remmer, "The Political Impact of Economic Crisis in Latin America in the 1980s", *American Political Science Review*, 1991, 85, pp. 777-800.

③ Miriam Golden, "The Dynamics of Trade Unionism and National Economic Performance", *American Political Science Review*, 1993, 87, pp. 439-454.

性和结果的精确性，必须效仿成功的自然科学。自然主义者在寻求社会科学的客观性及因果机制中，完全模仿自然科学所取得的成功方法，而将社会主体的主观性彻底排除在外，然而，研究者与社会现象有着千丝万缕的关系，研究者根本无法摆脱自身的主观因素，使得社会科学比自然科学带有更强的主观性。反自然主义的社会科学把行动者的意向（信念、期望、目标等）作为研究对象，认为社会科学跟有意义的行为相关联，那么，如何把行动者的信念、期望等这类主观性的因素通过定量化、客观化的形式显示出来呢？这一问题成为反自然主义者在社会科学研究中前进的桎梏。贝叶斯方法介入于社会科学研究，对自然主义和反自然主义各自方法论的缺陷是一次有效补充，为两者提供了一个可融合的平台。贝叶斯方法强大的方法论功能之一便是主观性和客观性的统一。

贝叶斯方法一方面强调认识主体的背景知识或者经验信息的重要性，另一方面强调客观抽样的重要性，重视理性的作用，通过贝叶斯定理把两者进行了有效的结合，在这个意义上贝叶斯方法是一种主观和客观的统一。在社会科学的实际研究中，"一个研究人员总是关注于数据中信息是怎样去调整他对经验现象的信念。在贝叶斯方法用于推断时，研究人员有了运算的技术，可以决定数据中的信息怎样去修正他的信念；也就是原来的初始信念用先验概率表示，然后运用贝叶斯定理将它与融入似然函数中的数据信息综合在一起，产生与参数或假设有关的后验概率。在基本的意义上，改变初始信念的贝叶斯方法是有着巨大价值的学习模型，很好地达到了科学的主要目标——从经验中学习"[1]。这对于无法进行大量实验研究的社会科学家来说，是一种可行的研究方式。

贝叶斯主义由于其"主观性"和"私人性"受到一些学者的批评，许多科学家认为，科学研究应尽可能地客观，个人感觉和信念不应当渗入到科学之中，因此，这些人倾向于拒绝打着科学旗号的主观主义方法论。但事实上，许多科学推理都具有主观性，而且普遍存在于科学研究中。"观察渗透理论"即便是自然科学的研究也存在主观性的介入，只不过社会科学的主观性比自然科学更多罢

---

① 〔美〕阿诺德·泽尔纳：《计量经济学贝叶斯推断引论》，张尧庭译，上海财经大学出版社，2005，第322页。

了。当科学家做一个实验或者发现一条重大科学定律时，通常也是由于他具有了科学发现的预感，科学家用实验试图证实或证伪他个人的主观预感。贝叶斯理论在面对其对于主观性的批评时，最有力的回答是"意见收敛定理"，无论每个个体的先验概率区别有多大，但随着证据的不断增加，通过贝叶斯定理得到的后验概率将趋于一致，"在这个意义上，贝叶斯方法体现了主观性和客观性的统一，私人性和公共性的统一。这也正是贝叶斯方法的优越性所在"[①]。贝叶斯方法的这些独特的方法论优势对于提高社会科学的客观性、因果分析的可能性是一种可行的方式。

## 四、社会语境的客观性呈现

韦伯认为客观性是科学的标志之一。在划清社会科学与自然科学的界限这一问题上，他强调必须证明社会科学自身的客观性，韦伯在建立使社会科学保证其客观性的方法中，为了使社会科学研究排除研究者个人的主观偏见和价值评价的干涉，创立了他方法论中最基本、也最为重要的方法"理想类型"（ideal type），后来又演变成模型抽象化的方法，并且广泛而有效地运用于现代社会科学研究中。"理想类型"之所以成立的根据是价值关联，但是由于社会中每个个体背景知识的差异性，价值关联也不尽相同，因而价值关联使"理想类型"具有很大的主观性，所以每个人可以构造出各种各样的"理想类型"，因此，它无法也不可能达到主体间的有效性，而主体间的有效性是客观性的一个重要标志。这样一来，韦伯就违背了他创建"理想类型"的初衷。也就是说，"理想类型"的创立并没有使社会科学保证其应有的客观性。由此可见，韦伯的"理想类型"在理论上是失败的。

在社会科学中，由于社会中人的"自由意志"的干预，社会现象变得极为复杂，即使对短期内发展的社会现象，也不可能作出比较准确的预言，因此，社会现象是偶然的、相对的、非决定性的，也只能作出概率性的判断和统计性的

---

① 陈晓平：《贝叶斯方法与科学合理性——对休谟问题的思考》，人民出版社，2010，第81页。

预测,才能达到像自然科学一样的客观性和精确性。任何社会事实和社会现象都是在具有主观性的人的行为、意识的参与下形成的,可以说,离开了人的意识、人的价值观念,就不可能对社会现象做出正确的理解。如果把社会世界纯粹看作是意义的世界,把社会事实完全归纳为主观,那么,也就是说社会科学只能是主观的,达不到对其客观的认识,这无异于否定了社会科学存在的可能性和必要性。

社会科学之所以能成为科学,其前提是承认社会科学是客观存在的,那么如何使社会科学的客观性得以呈现呢?又如何使其达到自然科学那样的客观性、精确性的说明呢?对于这些问题的解答,社会科学研究必须诉诸定量化。问题是人的主观作为一种"心理内省"该如何量化呢?贝叶斯方法能很好地解决这一难题,它强大的方法论功能为社会科学的客观性问题进行了有力的辩护,它将客观证据和主观经验都进行了量化,并且随着证据的增加,无论个人最初的经验差别有多大,通过贝叶斯公式计算后得到的后验概率殊途同归,是客观性和主观性的统一,私人性和公共性的统一,这就使得社会科学达到了主体际的有效性,实现了主观性的客观化,成为体现社会科学客观性的有效工具。"贝叶斯方法依赖于主观概率概念,但是它要求主观信念符合概率法则。换句话说,在贝叶斯方法中,科学家的主观被承认,但是同时强调主观是理性的,在这种意义下,当面对证据时,主观信念被理性地更新,与概率的公理是一致的。"①贝叶斯方法的优势就在于:将研究者的主观经验转化为先验概率的形式融入分析之中,把研究主体的主观性进行定量化,并通过客观抽样运用贝叶斯公式反复修正,最终得到的后验概率将趋于一致,实现了从主观到客观的过渡,这一修正过程是一种逼近真理、实现客观的过程。贝叶斯方法把人类的意向性因素(信念、期望、偏好等)通过先验概率的形式定量化地表示了出来,研究主体的主观性得到了更加合理的说明。当研究者面对复杂系统或不确定现象来采取自己的行动时,有时没有可参考的数据或数据很少,研究者可以根据自己的经验信息,

---

① Simon Jackman, *Bayesian Analysis for the Social Sciences*, John Wiley & Sons Ltd., 2009, p. xxxiv.

与有限的数据结合做出合理的判断，使人类的经验信息与系统数据相协调，协调之后得到的信息作为采取行动的依据。在贝叶斯方法中先验信息（经验信息）在人类的行动中起着决定性的作用，正确提取先验信息，使我们的行动适合这种信息，是研究者行动好坏的准则之一，也就是说，人类行为完全可以像自然现象那样，通过发现适当的规律得到有效的说明。

　　综上所述，科学解释是相对于不同的解释语境中解释的相关因素的信念度整体而言的，一个真正有意义的科学解释不仅仅是与规律及形式化的逻辑论证有关，而且与解释者的特定知识背景或背景信仰具有密切的相关性，而"语境论将实体、事件、现象等具有实在特性的存在视为是在相互关联中表述的，不同的语境会形成不同的本体论立场，从而语词及其所指的对象就会具有不同的意义"①。因此，社会科学解释迫切需要在主观语境的基底上将作为解释主体的背景知识、认知状态、认知条件这些解释要素的有效介入，B-P 模型的构建以及在社会科学解释中的运用，使得解释中的主体性要素有效地融入到科学解释要素当中，重新赋予了解释者的认识论地位。亨普尔 I-P 解释模型的困境，根源于其拒斥形而上学，只注重解释的逻辑论证，并不关注解释者作为认知主体的认识论地位，在其解释过程中采用逻辑和经验作为哲学分析的工具，坚持解释即论证的逻辑重建纲领。B-P 解释模型以主观语境为基底，强调只有立足于语境的视角，重新确立科学解释中解释者的主体认识论地位，将解释者关于不同语境下的相关要素的信念度引入科学解释要素当中，才能为社会科学解释提供更为有效、合理的科学解释，从而达到合理理解解释者与经验现象之间的内在联系的目的。

---

① 殷杰：《语境主义世界观的特征》，《哲学研究》2006 年第 5 期。

# 第十二章
## 人的文化性形塑

价值是社会科学区别于自然科学最重要的特征之一，也是其合法性备受质疑的关键部分。每个人都需要价值观来指导其有限生命中的思想和行动，每一个社会都需要价值观来指示其发展的方向，而文化是个体和社会生命发展的主要形态和价值动力，社会科学需要展现个体和社会的文化性。"尤其社会科学家处理的是以语言来表达具有文化意义的行为，所以，所有的理论均可以衍生意涵"。[①] 一个合法的社会科学理论除了包含事实系统和因果系统，还包含对人来说最重要的价值系统，不包含价值的社会科学理论并不能算作真正意义上的社会科学。价值系统如何影响社会科学解释的事实系统和因果系统，如何将价值系统与事实系统和因果系统整合形成一个体现人之文化维度的社会科学理论范式，这是社会科学哲学面临的难题之一。

基于此，本章集中探讨了"价值与文化的互动语境下，社会科学的价值系统如何以文化为内在机制来组织和呈现，进而实现解释自反性层次上的再语境化"这一核心问题。一方面，从人类学研究范式的历史演化入手，考察语境在人类学研究中的逐步渗透过程，揭示了人类学解释的语境模式及价值系统的结构，在语境论框架下重构了人类学对象的确定方式、价值在人类学知识构成中的作用以及人类学知识的评价标准等，明确了人类学知识的科学标准，推动了人类学知识的语境化。另一方面，聚焦于人类价值维度中的道德实践和道德论证问题，以道德语境论的实践方法论为视角，揭示了社会科学对文化的认识受到价值系统的塑造，文化与价值的密切关系使得文化的概念化成为我们打开价值系

---

① 叶启政：《实证的迷思：重估社会科学经验研究》，生活·读书·新知三联书店，2018，第58—59页。

统的黑箱的重要突破口，人类学对文化概念化的作用充分展现了价值塑造在社会科学知识生成过程中的重要作用。

## 第一节　基于人类学话语的文化语境构成

现代科学哲学特别是社会科学哲学聚焦的一个核心问题是，主体为获得关于对象的真实可靠的知识而使用的诸工具何以有效，或者说，社会科学哲学一直是围绕社会知识的科学地位问题而进行的松散的研究。[①] 自然主义作为社会科学哲学富有前瞻性的一个研究纲领，其主旨恰恰在于探索社会科学实现科学性的可行方式。与经济学及其变体以及经验社会心理学等相比，人类学是社会科学中较"软"的学科代表。故这一问题在人类学哲学中更具理论反思和实践指导的意义。

在从实证主义、进化论范式到解释学范式以及后现代主义特别是女性主义人类学的演化过程中，对研究主体的双重身份、研究对象的本体论复杂性、人类学知识的客观性标准、人类学理论与民族志数据之间的关系等问题的持续关注，关涉客观性与价值中立之间的内在区分、"笛卡尔式焦虑"的消解、可预测性与普遍规律的分离、意义的建构与真理存在之间的内在联系等更深层次的哲学问题。同时，在人类学范式转换的过程中，从马林诺夫斯基提出"情景语境"，格尔茨倡导"文本解释"，到斯珀伯论证人类学解释和描述的相似性等，语境观念不断渗透到对人类学学科本质的探讨过程中，在人类学家选择问题、形成假设、设计研究、收集数据、解释和分类数据以及呈现研究成果等各个阶段，都发挥着重要的作用。因此，作为科学哲学的一种替代性范式，语境论有望在认知主体、认知对象和知识形成等层次上，重新描述和构造这些核心问题。

本节从人类学范式的历史演化入手，考察语境在人类学研究的逐步渗透过程，揭示人类学翻译和话语中的语境构成，进而修正人类学知识的科学性标准，

---

① Stephen P. Turner, Paul A. Roth, *The Blackwell Guide to the Philosophy of the Social Sciences*, Blackwell Publishing, 2003, p. 1.

从而探索语境论的人类学研究的具体路径，同时指出，这与旨在厘清人类学知识的合理内涵、提升人类学知识的科学地位的自然主义路径在本质上是一致的，对于人类学学科发展具有重要的理论和实践意义。

## 一、人类学研究范式的历史演化

人类学研究范式的转换围绕着人类学能否成为像自然科学一样的一门学科这个核心问题，以形成人类学研究的客观程序和方法，同时，以实现对人类学行为的深度描写为基本旨趣。在从实证主义、进化论到解释学，以及后现代主义特别是女性主义范式的转换过程中，展现出了人类学与民族志的交融，文本的语义维度和非语言的语用维度的整合，人类学理论的"有条件的客观性"等发展趋势。

1. 实证主义人类学

人类学兴起于 19 世纪，当时，实证主义和进化论在学术界占据主导地位。实证主义人类学聚焦于概括人类学家收集到的数据并对概括的结果进行测试，这就使得"比较问题成为人类学方法论探讨中的唯一问题"，比较研究的最终目的是，建立可以定义的变量，把这些变量当作"客观实在的社会和文化实在对象化的表现或形式"，并把它们关联起来。[1] 比较法的主要依据是，文化和社会都是在同一个宏大的进化图景中展开的，我们可以通过对它们的描述，找到那些相似的特点和条件，并用一般规律对这些特点和条件加以系统化处理。[2]

1871 年，英国人类学家爱德华·泰勒（Edward Tylor）提出了一个具有进化论特征的普遍的文化理论，这一理论是比较法的典型例证。他将文化定义为"复杂的整体，包含知识、信仰、艺术、道德、法律、风俗以及作为社会一分子所习得的其他任何习惯和能力"[3]。鉴于每个民族都有各自的文化，所有社会的文化制度都可以放在一起进行比较，我们可以从这种比较中发现人类社会发展的

---

[1] Ladislav Holy, *Comparative Anthropology*, Blackwell, 1987, pp. 3-4.
[2] Eleonora Montuschi, *The Objects of Social Science*, Continuum, 2003, p. 21.
[3] Edward B. Tylor, *Primitive Culture*, John Murray, 1929, p. 1.

普遍规律，进而运用这些规律来评价社会文明的发展阶段。泰勒的这种观点本质上是一种单线进程的文化进化论，其潜在假设是，从一个阶段到另一个阶段的运动是不可避免的，使用比较法可以帮助我们勾勒出进化的顺序。

此外，比较法的盛行还加剧了"描述事实"和"解释事实"之间的分化。实证主义人类学家认为，尽管对特定社会和文化所做的描述，极大地推动了对这些社会和文化的发展规律的概括，但是，对于任何一门概括性的科学而言，描述阶段仅仅用于给出事实，而比较法是要去解释这些事实。这种观点导致了人类学和民族志之间的一次根本性的分裂，人类学是一门真正的概括性的学科，而民族志倾向于使用访谈、参与以及各种形式的语言分析，而不涉及测量、实验控制和统计分析，因而民族志只是数据收集的准备阶段，它隶属于比较和概括所在的理论—科学阶段。① 因此，民族志研究方法相较于其他研究方法所具有的地位开始受到质疑。然而，值得注意的是，19 世纪末 20 世纪初的绝大多数人类学家，如泰勒、刘易斯·摩根（Lewis Morgan）、詹姆斯·弗雷泽（James Frazer）等，都是"扶手椅上的人类学家"②，他们从不去野外考察，其收集人类学材料的渠道基本上是探险家、士兵、传教士以及自然科学家等的旅行记录、日记或者信件，但是他们却几乎从未质疑过这些材料是如何被收集起来或记录下来的，从而使奠基于其上的人类学研究的可靠性受到质疑。

进入 20 世纪之后，在马林诺夫斯基的影响之下，新一代的人类学家开始尝试"参与式观察"的视角，他们离开扶手椅，走到田野中，亲自去收集数据。尽管如此，这种研究方法本质上仍然是实证主义的。因为他们认为，数据就在那里，在田野中，数据等待着人们去观察、记录和归类，然后我们就可以把它们与其他用类似方法收集到的数据进行比较分析。在他们看来，人类学中的比较法相当于自然科学中的实验法，田野调查类似于科学实验室，人类学家可以从中收集和测试数据。不过，这种方法还是促成了民族志与人类学分化的模糊，在田野调查中记录数据，并运用人类学报告去组织数据的活动，即民族志，逐

---

① Eleonora Montuschi, *The Objects of Social Science*, Continuum, 2003, p. 22.

② 参见 Paul A. Erickson, *A History of Anthropological Theory*, Broadview Press, 1998.

渐成为人类学家关注的一个关键问题。从某种意义上可以说，民族志影响着甚至促成了人类学知识最终产生的方式，成为人类学理论负载的平台。[①] 这样，人类学是否能成为像自然科学那样的一门学科，这个关乎人类学学科定位和知识合法性的关键问题，再次成为人类学家争论的核心。

2. 解释人类学

对于如何把握人类学的学科本质，如何掌握人类学理论和发现，解释人类学的代表人物格尔茨认为，"应该先看看它的实践者做了些什么"[②]。在人类学中，实践者所从事的实践就是民族志。这里的民族志是一种活动，而不是一种方法。自马林诺夫斯基以来，民族志的目标主要集中于捕捉"土著观点"[③]，然而，土著观点显然来自一种异文化，民族志研究者想要理解这种异文化，必须参与到他们的文化当中去，并学习他们的语言，然后把这些亲眼看到的东西和形成的认识带回本国，并表述给他们的同事。这样，问题就出现了：如何表述这些外来的思维、行为以及体验世界的方式，才能使它们既可以得到理解，又保持其外来性。针对这一问题，格尔茨倡导一种解释方法，这种方法兴起的哲学背景是，维特根斯坦认为意义由公众对言语的使用所构成，温奇将这种观点延伸至行动的意义，他认为，只有行动被置于规范和群体期望的背景中时，行动才会变得有意义。哲学上的这些新趋势促成了民族志实践与解释学传统的结合。[④]

格尔茨借用赖尔（G. Ryle）对"深描"（thick description）和"浅描"（thin description）的区别[⑤]，来阐明解释对于把握复杂的、多层次的人类行为的必要性。

---

① Eleonora Montuschi, *The Objects of Social Science*, Continuum, 2003, pp. 22-23.

② Clifford Geertz, *The Interpretation of Cultures*, Basic Books, 1973, p. 5.

③ Stephen Turner, Mark Risjord, *Philosophy of Anthropology and Sociology*, North-Holland, 2007, p. 417.

④ Stephen Turner, Mark Risjord, *Philosophy of Anthropology and Sociology*, North-Holland, 2007, p. 414.

⑤ 赖尔指出，我们无法仅凭观察来区分抽搐和眨眼，因为在观察这个层面上，这两个动作都可以被看作是脸部肌肉的收缩（浅描），为了"看出来"眨眼是一个故意的脸部肌肉收缩动作（眨眼的人试图进行交流，发出来一条信息），我们应该在探讨各种可能的描述之后，为我们所观察的现象提出一个解释（深描）。Gilbert Ryle, *Thinking and Reflecting*, Barnes and Noble, 1971。

民族志研究者如果想要理解人类行为，就必须采用赖尔提出的"深描"策略，用格尔茨自己的话说就是文本解释。因为深描使得概念得以展开，进而使其具有丰富的内涵；相比之下，浅描是行为主义，它尽可能少地涉及行动者的意图或行动的社会影响。民族志研究者的目标是对地方活动进行深描，深描不仅有助于从当地的实践中明白行动的含义，还将显示这些含义是如何与研究对象所处的文化整体关联起来的。①

这与实证主义人类学家所认为的民族志研究者只是去观察、记录和分析截然相反，民族志本质上是一种解释活动，需要人们去"阅读"社会事件，民族志记录是对社会事件的象征意义的深描。要解释社会事件，人类学家应尝试与当地人对话，人类学文本不应被视为单纯的观察结果，而是人类学家与当地人之间对话的结果。在这个对话中，人类学家必须运用他所处的文化中的含义，去"翻译"另一种文化中的人们是如何理解自我及其行动的。② 民族志解释的实践就是一种语言翻译，用一种熟悉的形式来表现一种陌生的行为，把一个意义系统表达为另一个系统。这样，社会文化现象不仅仅是有意义的，而且它们事实上就被归结为意义。"人类学家对另一种文化的描述方式更接近于文艺批评家对一首诗歌的批评，而不像宇航员对一颗恒星的记录。"③人类学家把一个人类学事件当作一个文本，用连贯的建构来呈现这个事件，这种建构不是已经存在的，因而不可以直接用来观察事件，相反，它需要人类学家先去发明一种形式、一个秩序或一个意义框架。这种建构的潜在逻辑是，尝试着去理解，我们是如何理解那些不属于我们的理解的。因此，格尔茨认为人类学本质上是解释性的，是一种"对理解的理解"④。

可见，格尔茨所倡导的文本解释，旨在成为替代实证主义人类学的另一种知识模型。通过把文本作为人类学对象，格尔茨强调了人类学对象的三个特

---

① Stephen Turner, Mark Risjord, *Philosophy of Anthropology and Sociology*, North-Holland, 2007, p. 415.

② Eleonora Montuschi, *The Objects of Social Science*, Continuum, 2003, p. 24.

③ Clifford Geertz, *Local Knowledge*, Basic Books, 1983, p. 10.

④ Clifford Geertz, *Local Knowledge*, Basic Books, 1983, p. 5, 15.

征①：第一，人类学对象是"有厚度的"对象，即复杂的文化形式；第二，人类学对象是"有象征意义的建构"，即有意义的经历；第三，人类学对象的意义是不同象征系统"相互作用"的结果，即"对话"和随后重新阐述的结果。这样，格尔茨就明确地表达了一种反实证主义人类学的观点，人类学对象并非是事实，我们不仅无法通过描述来对它们进行分类，而且，我们对于这些对象的认识也不可能是逻辑推断或律则概括的结果。

值得注意的是，对格尔茨来说，一方面，民族志报告是写给民族志研究者的人类学同事看的，因此，深描必须用民族志研究者的语言来进行阐述；另一方面，民族志研究者必须要通过深描实践来使当地的言语和行动有意义，因此，必须用当地术语来修饰民族志描述。这就需要我们思考，是否存在这样一种方式，既可以使"对理解的理解"成为一种客观的研究方法，又可以把握社会行动本身所牵涉的社会联系、互动和文化整体。另外，格尔茨将人类学对象的意义定位为对话的结果，把它看作是主体与客体之间的一种互动关系，但是在描述如何形成人类学文本时，他却忽视了人类学文本的语用维度。这样，尽管人类学家（主体）具备了马林诺夫斯基所说的"心智图"，即"一张图表、一个计划或者一个详尽的案例一览表"②，但是，客体却被当作是无声的、静态的和被动的对象。这样做的一个后果就是，在把人类学对象描述为一个有意义的建构时，语言的作用被过分高估了。然而，意义不是孤立的，可能会渗透到文化的各个角落，"它们会与不同类型的生态现象或心理现象交织在一起"③，使用文本的目的本来是要引出文化形式的复杂性，但是，把复杂性限制在文本内并忽略意义建构的语用维度，会阻碍对人类学对象特征的全面刻画。

3. 后现代主义人类学

随着对人类学解释本质的认识不断深入，人类学的文化相对主义思想甚嚣

---

① Eleonora Montuschi, *The Objects of Social Science*, Continuum, 2003, p. 26.

② Bronislaw Malinowski, *Argonauts of the Western Pacific: An Account of Native Enterprise and Adventure in the Archipelagoes of Melanesian New Guinea*, Routledge and Kegan Paul, 1922, p. 14.

③ Dan Sperber, *On Anthropological Knowledge: Three Essays*, Cambridge University Press, 1985, p. 10.

尘上，特别是当这种思潮与后现代主义相遇时，带来了人类学研究范式的进一步转换。后现代主义民族志解决人类学家困境的方法是，完全承认民族志进程和产物的局限性，并减少人类学家的各种科学性诉求，改变传统人类学各流派重视理论建构的基本倾向，而倡导实验民族志。例如，批判的民族志研究者避开了中立观察法的超然立场，他们承认，当在人类学研究中把对象当作合作者之后，对象将处于不可完全控制的状态之中，而且当他们参与文化研究时，不可避免地会存在某些不平等性质和文化侵入。① 特别是女性主义人类学完全摒弃了对"客观知识"这一传统理念的研究方式的联系和理解，认为如果我们要考虑立场或其他女性主义方法是否会通过引入不合理的价值或者不合理地使用价值而颠倒人类学，那么我们首先要证明存在这些不合理的价值并且我们可以识别这些不合理的价值。

后现代主义人类学的表现形式较为丰富，但它们共有的一个鲜明特征是，反思先前的古典进化论、功能主义、结构主义，以及文化解释论等传统人类学流派的主要思想，特别是反思作为人类学理论基础的民族志方法论。后现代主义人类学的代表人物马尔库斯（George E. Marcus）、克利福德（James Clifford）和费彻尔（Michael J. Fischer）等都认为，宏大的理论建构无法解释地方生活中人们之间的行动和交往细节，也无法理解生活在地方社会中的人对外部世界做出反应所具有的差异性，因此，范式或总体理论处于支配地位的时期，需要让位于范式失去权威性的时期，理论中心论需要让位于现实细节中心论。② 具体来说就是，超越传统的现实主义民族志，这些民族志在认识论上倡导整体论，在描述异文化时通常将所考察的某一个文化要素与该社会的其他文化现象视为一个有机整体，基于对它们之间复杂关系的考察来把握整个地方社会的文化环境。后现代主义人类学家认为，地方社会中个体之间的行为和交往模式存在差异，不可能通过描述某一个具体的文化现象就能全面刻画异文化的总体特征，

---

① Judith Stacey, "Can There be a Feminist Ethnography?", *Women's Studies International Forum*, 1988, 11(1), p. 25.

② 〔美〕乔治·马尔库斯、米开尔·费彻尔：《作为文化批评的人类学——一个人文学科的试验时代》，王铭铭、蓝达居译，生活·读书·新知三联书店，1998，第26—30页。

因此深刻质疑了人类学家对民族志权威的假设，民族志学者的主观经验与其所考察的客观现实之间，必然存在着一定的距离，民族志文本的真实性有待考察。

后现代主义人类学通过对田野调查的反思和民族志文本的重构，在一定程度上修正了传统人类学研究的缺陷，展示了非西方文化的多样性，但是忽视基于参与式观察所获得的民族志文本的整体性，也在某种程度上破坏了人类学学科地位所赖以建立的认识论和方法论，这就使得它缺乏证实和预见的能力，从而难以形成客观可靠的人类学知识，甚至陷入相对主义的泥淖。

## 二、人类学研究中的语境思想

英国人类学家马林诺夫斯基将语境应用于社会和文化人类学领域。他倡导田野调查的人类学研究方法，并借语境思想来驳斥詹姆斯·弗雷泽的进化论方法。他在《原始语言中的意义问题》一文中首次提出"情景语境"一词，旨在强调语言不参照话语语境就不能得到解释，即意义和语境之间的内在联系，并以此反对弗雷泽的进化方法把社会组织和机构从社会关系的矩阵中抽离出来，以一种脱离语境的方式来构造关于所有人类的普遍理论的做法。[①] 从弗雷泽所代表的进化论学派到马林诺夫斯基所代表的功能主义学派，语境思想在人类学中的渗透体现在三个方面：第一，以田野调查和民族志写作代替扶手椅式的脱离实际的人类学研究；第二，以对行动的整体主义的社会文化研究代替对普遍信念的完全依赖；第三，以对社会系统的共时分析代替对社会进化序列的历时比较。自此，语境成为社会和文化人类学的一个核心概念，在解释中强调语境也成为社会和文化人类学的典型特征之一。[②] 同时，在研究过程中，将语境作为人类学知识的构成部分，与实现人类学科学性的自然主义路径，二者之间如何协同发展，成为人类学家必须面对的一个重要问题。

---

① Bronislaw Malinowski, "Problem of Meaning in Primitive Languages", In Charles Ogden, I. A. Richards, *The Meaning of Meaning*, Routledge & Kegan Paul, 1923, pp. 296-336.

② Roy Dilley, "The Problem of Context in Social and Cultural Anthropology", *Language & Communication*, 2002, 22, pp. 437-454.

### 1. 田野调查代替扶手椅式研究

田野调查意味着人类学家可以在某一社会实践所发生的直接的社会语境中记录人们的行为，同时，这一实践的发生必然与同一文化中的其他实践存在着紧密的联系。每一种文化中的价值观念在某种程度上都存在着差异，人们追求不同的目标、建立起不同的社会纽带，并按照不同的本能和冲动行事，因此，对制度、规范和习俗等的研究，只有在特定文化实在构成的相关语境中，才能得到充分的理解和解释。例如，在马林诺夫斯基经典的人类学研究中，他强调了要解释特罗布里恩群岛上结婚仪式中食物和贵重物品的交换，就只能诉诸这一文化的其他方面，如当地的继承规则和土地所有制等，而不能依靠在其他文化中发现的各种实践。[①] 这样，社会就成为一个只能根据其自身的方式而得到解释的实体，不论是观念、实践、信仰还是规范，都只能在这个特定的社会语境中才能得到分析。社会被当作有机整体，这就为不同社会系统之间的比较奠定了基础。[②] 这种参与式观察显然优于扶手椅式的人类学研究，后者依靠基于旅行者、传教士和殖民地的管理者所收集的一些资料和数据，来尝试对特定社会中的经济、宗教、家庭以及心理等主题进行理论上的研究，这就使得偏见、虚假信息甚至民族中心主义的文本分析有机可乘，无法反映特定社会的真实文化。田野调查以生动的叙事把文化的各个方面纳入到民族志写作中，使得掌握本地人的视角变得可能。

### 2. 整体主义文化研究代替普遍信念

与马林诺夫斯基倡导的跨文化比较相反，弗雷泽并不关注不同社会系统之间的横向比较，而是尝试通过收集其他不同的习俗来阐释某一特定的习俗，这种做法源于他对普遍信念的依赖。弗雷泽的进化论式的比较逻辑是，在任何人类行为中都可以找到先前习惯存在的痕迹，这些习惯有助于解释当前的人类实践形式，而实践是信念的反映，来自世界上任何地方的任何信念和实践，都有

---

① Marilyn Strathern, "Out of Context: The Persuasive Fictions of Anthropology", *Current Anthropology*, 1987, 28, p. 254.

② Roy Dilley, "The Problem of Context in Social and Cultural Anthropology", *Language & Communication*, 2002, 22, p. 438.

可能解释某一特定行为，这就证明了不同地方的人们以相同的方式进行思考的一种可能趋势。因此，人类学家可以用普遍的信念来解释普遍的实践。然而，这种比较观存在着两个方面的问题：第一，它把某一社会的习俗仅仅当作该社会的历史文化所遗留下来的人工物来看待；第二，它根据以前的情况而不是当时的情况来理解所观察到的文化事实。与之相反，对行动的整体主义的社会文化研究，强调了在行为所发生的物理社会环境、构成行为的社会关系以及行为发挥的功能所构成的整体社会文化背景中来理解某一行为。例如，对某一宗教仪式的解释，需要依据当地的社会关系语境，把这一宗教仪式与其他相关的社会组织联系起来，并分析它在维护当地的社会内聚力和社会规则中所发挥的作用。值得注意的是，如果重新定义用于阐释现象的语境，也就是说，对周围环境和语境相关物的选择发生变化，对现象的解释也必然会发生变化。与之相比，弗雷泽的进化解释就成了脱离语境的人类学研究的代名词。

3. 共时分析代替历时比较

传统人类学研究的核心问题之一是，如何利用熟悉的概念和观点去表征和理解那些陌生的现象和文化。这个问题所蕴含的一个前提是观察者和被观察者之间的分离。这种分离带来了一种奇异性和差异感，而认识它们的方式是，把那些"我们"所认为的奇异的东西定位在一个"它们"被认为是正常且普遍的语境中，来克服这种差异感。例如，我们把金钱交换看作是与亲情关系对立的，而他们把交易看作亲情关系的基础，我们推行的是商品经济，他们推行的是礼物经济。这种跨语境的横向比较有助于人类学家使用自己的语言来修正甚至完全颠覆自己的观念，同时，构造出作者、研究对象以及读者之间的相异距离。而把作者、读者的文化与研究对象的文化分离开来的过程，正是构造研究语境的过程。如果说马林诺夫斯基尝试用语境来阐明文化之间的差异性的存在及其合理性的话，弗雷泽的进化序列分析则力图证明人的本质及文化的普遍性和同一性。他的解释模式假定了，我们所观察到的文化事实不应该根据我们在观察之时这些文化事实是什么来进行理解，而应该借助以前的情况，基于这些文化事实所必然代表的东西来理解它们。① 事实上，"我们"与"他们"的不同，不是代表着进化发展的不同阶段，而只是视角和语境的不同，即"他们"没有使用与"我们"相同的构造世界的基本框架。

从语境概念的提出到语境思想在人类学研究中的普遍渗透，一方面，语境概念从情景语境发展到了文化语境，即从仅仅指涉语言的特征、词汇和表达结构，扩展到了一个社会的文化背景，它不仅包括口头语言，还包括面部表情、手势、身体活动、话语交流中在场的所有人以及这些人所参与的环境等。② 另一方面，恰恰因为语境在各个方面上的不断延伸，例如，按照领域划分为文化语境、社会语境、政治语境、经济语境，按照层次划分为农村语境、城市语境、国家语境甚至是世界语境，在人类学的具体的翻译和话语实践中，在地方性知识的构造过程中，规范语境的内涵及其应用也就变得异常重要。

## 三、人类学翻译和话语中的语境构成

语境是社会行为的基本组成部分，同时它也是社会行为的结果。它是一种基于互动而形成的实践模式，常人方法学的面对面交流就是一种最为基本和原始的语境模型。③ 然而，在人类学家对任何文化或社会的研究中，语境化过程都面临着两个方面的难题：人类学家所组织起来的分析、解释和观点都只能在这些观点本身的社会语境中得以语境化，而读者与当地人的文化之间的默认距离迫使民族志写作必须建构起作者、读者和当地人之间的对话网络。因此，在人类学中构建语境必须要考虑到这些平行的对话过程。

1. 语境翻译：联系的制造和断离

翻译社会文化现象是人类学家的核心任务，语境翻译是人类学方法的不可或缺的一部分，人类学家正是依赖某种形式的语境，即某个现象周围的事物的

---

① Marilyn Strathern, "Out of Context: The Persuasive Fictions of Anthropology", *Current Anthropology*, 1987, 28, pp. 259-260.

② Bronislaw Malinowski, *Coral Gardens and Their Magic: A Study of the Methods of Tilling the Soil and of Agricultural Rites in the Trobriand Islands*, Allen & Unwin, 1935, pp. 17-22.

③ Alessandro Duranti, Charles Goodwin, *Rethinking Context: Language as an Interactive Phenomenon*, Cambridge University Press, 1992, p. 22.

特征，去理解、阐述某一现象，并赋予该现象以意义。翻译就是通过参考构成人们的特定生活形式的主体间规则或标准，对于人们的所说所做给出解释，也就是说，给出他们的理由、动机和目标。因此，翻译行为是制造联系的行为，语境将相关的人、物和问题关联起来，对某个对象赋予意义，给出翻译和解释。

翻译包含两个环节：一是当地的行动者在其自身的语境内对各种局部行动和实践进行翻译，二是作为分析者的人类学家把田野调查所收集到的数据和现象放入自己的语境中进行翻译。第一个是内语境翻译，而第二个是跨语境翻译。在内语境中，翻译是一个在隔离的、规范化描述的语境中的实证现象，即静态翻译；在跨语境中，翻译是人类学家与当地人的社会活动过程中协商形成的结果，即互动翻译。作为外来者的人类学家与当地的社会参与者在定义语境、制造联系和翻译行为等方面必然存在着差异，要避免使任何一方的立场或语境优于其他人，就不能采取二者择其一的立场，而必须建立一种对话，在这两种语境化行动中找到一种更为普遍的语境来构造翻译行为。① 这本质上就是翻译过程中语境的再语境化问题，而这一问题加剧了人类学翻译的复杂性。

人类学翻译的这种复杂性在很大程度上来自于语境在内容上的不可饱和，对任何语境的完全定义都需要借助一个新的语境而得以语境化，这样，所有事物都是其他事物的语境，这就使得在具体的文本中限制语境变得异常困难，行动或实践的意义由此变得模糊。其结果是，意义的联系性测定和语境的无限扩展性这二者之间的矛盾，使得人类学中的语境翻译变成了一种游戏，从而难以避免相对主义的质疑。② 然而，值得庆幸的是，从辩证的角度来看，语境既是在制造联系，也是在制造断离。因为语境或框架在研究对象和其周围环境之间制造联系的过程，也是将研究对象与那些被排除在外的或者被视为不相关的要素、问题和环境之间制造断离的过程。③ 不论是对人类学家还是当地人而言，

---

① Roy Dilley, "The Problem of Context in Social and Cultural Anthropology", *Language & Communication*, 2002, 22, p. 454.

② Jonathan Culler, *On Deconstruction: Theory and Criticism after Structuralism*, Routledge & Kegan Paul, 1983, p. 123, p. 215.

③ Roy Dilley, "The Problem of Context in Social and Cultural Anthropology", *Language & Communication*, 2002, 22, p. 440.

对当地人的行动或实践的翻译来源于对语境的限定，即将相关的参与人、关系和环境等联系起来，把它们视为语境之内的有助于解释特定事物的关键特征，而将那些不相关的要素视为语境之外的非关键性特征。联系的断离恰恰避免了语境的无限回归的问题，因此，对于人类学翻译而言，语境联系和断离是同等重要的。

语境在人类学翻译中所制造的联系，避免了每一种行动或实践都变成独一无二的现象，从而难以实现不论是社会系统之间还是社会系统内部的比较；而语境在人类学翻译中所制造的断离，也没有否定人类学知识存在的可能性，没有忽视人类的心理一致性和心理结构的普遍性。因为尽管存在着个体和社会差异，但是，人类是意义的制造者，人类行动存在于合作活动中，这种合作活动受到共同意义和共享价值的指导或调节。这种指导或调节不是对人类行为的约束和限制，相反，它本质上赋予了人们一种积极的自由，也就是说，人们所处的文化和历史语境可以为人们提供有意义的目标和指导方针，根据这些目标和指导方针，人们就可以有意义地思考可能的行动路线。事实上，我们的确需要这些最低限度的共享知识，这些知识不仅涉及语言、话语和交流，还包括关于自然世界和社会世界的知识。① 一方面，如果没有这种知识，人们之间的相互理解和社会互动就是不可能实现的；另一方面，正是因为共享知识的存在，人们才有能力应对多变的环境和问题，把共享知识和规则应用于新的语境，从而改变文化知识本身。

翻译的适当性与解释的成功在整体上是相互依存的。② 翻译是大多数人类学解释的必要组成部分，翻译通过将碎片化的现象组合在一起，构造出认知意义，鉴别一个动作或一组动作所关涉的多方面特性，理解相关能动者的意向状态，基于一般的翻译手册和公共语言，为解释个体的行动、信念和动机等提供具体翻译，从而传递对于解释相关人类学现象而言至关重要的信息。同时，翻

---

① Teun A. van Dijk, *Discourse and Knowledge: A Sociocognitive Approach*, Cambridge University Press, 2014, p. 181.

② Stephen Turner, Mark Risjord, *Philosophy of Anthropology and Sociology*, North-Holland, 2007, p. 607.

译作为解释行为的一部分，其对解释也存在一定的依赖性，翻译的适当性取决于它所服务的解释是否成功，如果人类学家将一般的语言翻译图示应用于自然语言的处理上，出现了解释性难题，那么就会对翻译手册的普遍性产生质疑。总之，没有运用与实践相关的语言进行翻译，很难确定某一社会实践是什么，翻译对于解释而言是必要的；而解释的充分和成功，正是体现翻译适当性的标志。

2. 文化语境：话语和知识的共生

人类学是当代话语分析的摇篮，且一直是对语言和话语进行文化研究的主要场所之一。然而，传统的人类学研究只看到了不同文化和社会中话语的丰富性，忽视了话语在研究知识获得、知识表达和知识判断中所发挥的独特作用，进而难以认识到不同的知识系统对于不同的话语结构在内容层次上的影响。

鉴于群体在信念、实践和语言等方面存在着文化多样性，人类学一般都是通过民族志访谈、分析神话故事、与专家和相关人士的会话等，来获得关于地方性知识的数据。事实上，话语和知识在文化语境中存在着深刻的内在联系，话语是获得地方性知识的一个主要的认知来源。[①] 首先，任何群体成员除了从日常的非言语性的经验和实践中学习知识之外，更多的是通过各种互动、交流和传播媒介等多模式话语来获得有关其周围环境的知识，其中一种最为重要的互动模式就是与其他成员，如父母、同伴和老师等的言语互动；其次，除了显在的学习语境之外，知识在很多方面是不可观察的，它们隐藏在话语之中，需要在话语或其他符号学实践中得到表征，同时，借由文本或谈话来传递文化赋予对象和行为的意义；再次，知识是由社会基于意义和符号而解释的，而意义和符号会随着描述它们的语言和文化的变化而发生变化，这样，不同的话语结构使得不同的群体在检验知识和知识标准的方式上存在着差异。因此，从对知识进行文化研究的语境论的视角来看，知识不是根据某种绝对术语而得到表征的，而是根据认知共同体的标准而得以确立的。通过对话语的交流情境给予充

---

① Teun A. van Dijk, *Discourse and Knowledge: A Sociocognitive Approach*, Cambridge University Press, 2014, pp. 6, 169, 170, 182.

分的语境化分析，考察话语在不同的交流情境下如何预设、隐含、表达和传递知识，进而引起文化上的变化，我们就可以把那些在某一群体的话语和其他社会实践中得到普遍接受或预设的文化上的信念或知识称为地方性知识。

话语在地方性知识的再生产过程中发挥着其独特作用，同样，不同的知识也影响着不同的话语结构，影响着语言使用者与其自然和社会环境之间的基本关系。对于各种实践目的而言，绝大多数的话语理解和互动之所以是成功的，就是因为共享知识的存在。人类学家常常根据群体中成员的共享知识来定义其文化，而知识规则对于话语结构的影响主要体现在内容层次上。[①] 例如，在田野调查中，虽然当地人的话语互动具有奇异性，人类学家与被调查者的访谈也不能获得直接可靠的个人或社会知识，但是，人类知觉和互动的基本属性是普遍的，他们在知识系统中的共享表征，指导和控制着人们的行动或实践，诸如，访谈的目标、参与者的身份及其在群体中扮演的角色等，都规范着话语交流的表现。由此可见，在日常经验和环境层次上，知识并不会因文化而异，而差异只存在于社会结构层次上，如亲缘关系的社会结构，还有一些形而上实体如上帝、祖先、态度等的社会结构。正是这些较高的层次带来了不同社会文化知识之间的差异。这种层次划分一方面生成了相对无可争议的关于自然或环境的知识，避免了"所有知识都是地方性知识"这种极端论断；另一方面形成了关于社会结构、行为、宗教信念等的规范性差异，揭示了"我们的是知识，他们的仅仅是信念和迷信"这样的民族中心主义论断的实质。[②]

通过在文化语境中揭示话语和知识之间的共生关系，将对话语结构的系统分析与地方性知识的再生产结合起来，我们发现，如果没有对知识是如何得到话语的表达、预设、再现、证实或者挑战的分析的话，知识只能得到部分地检验；而如果没有明确详细的认知分析的话，我们也就不能深刻地理解文本和谈话。语境论方法为人类学中话语与知识的整合性研究提供了一种可行的路径，

---

① Teun A. van Dijk, *Discourse and Knowledge: A Sociocognitive Approach*, Cambridge University Press, 2014, pp. 8, 27.

② Teun A. van Dijk, *Discourse and Knowledge: A Sociocognitive Approach*, Cambridge University Press, 2014, pp. 176, 324.

将知识的话语表达与信念结构共同纳入文化语境中。

由此可见，不论是在对行动和实践的语境翻译中制造和断离相关要素之间的联系，还是在文化语境中揭示话语表达和知识建构的共生关系，语境及其带来的语境论思想都为人类学应对相对主义挑战，增加研究客观性，提升学科和科学地位，带来了重要的认知和方法论工具。

## 第二节 文化语境的科学性标准重塑

在人类学的研究中，随着语境思想的不断丰富和语境论研究纲领的逐渐确立，语境的内涵也从一种语言学知识，转变成了一种塑造知识的条件。事实上，语境化过程并不仅限于社会科学，因为在自然科学中，研究对象相对于科学家的时空位置和在科学家所使用的理论体系内的位置等，都是科学家对于研究对象的语境化。只不过因为社会科学研究对象与研究主体之间的关系更为复杂，因此，语境化过程也更难以把握。而在人类学这门学科中，社会科学追求"绝对同一性和客观性"的理想与"语境相对主义"之间的矛盾和进退维谷的处境体现得最为明显。①

### 一、客观性与价值中立的内在分离

诚然，人类学的研究不可能以一种不包含价值的"从无处看世界"的思路去构造研究实践，但是，这并不意味着人类学难以实现研究的客观性。事实上，客观性与价值中立之间存在着本质的区分。客观性是当我们把不同的社会研究方法和来自不同文化的概念放进彼此的对话中时，我们所获得的研究视角的一种典型特征。② 每一种视角都可以通过渗透其他视角的影响来得到不断丰富，例如，人类学家在构造自己的分析语境并形成其翻译和解释的过程中，既受到

---

① Roy Dilley, "The Problem of Context in Social and Cultural Anthropology", *Language & Communication*, 2002, 22, pp. 442-443.

② Robert Bishop, *The Philosophy of the Social Sciences: An Introduction*, Continuum Publishing, 2007, p. 131.

了其他知识框架的影响，又获得了民族性知识的反馈。这样，特定的研究视角不仅会更加意识到自己的偏见，还会了解其他人的偏见，这就会形成对于文化实践及其潜在作用的更充分的理解。

如果说绝对的价值中立是一种外部人视角，那么在人类学中，只有内部人的视角才能有效地参与到当地人的生活和文化中，同时，人类学家与当地人之间的双向互动和人类学知识的双向诠释特征，也需要这种内部人视角去消解认知障碍。从一种行动者或经验者的实践性视角来参与世界，在不同的语境化过程中构造人类行动和实践的众多解释的可能性，这种实践立场不是一种绝对的价值中立的做法，但也绝不是人类学研究遭受相对主义质疑的充分理由。因为即使是在自然科学中，机械解释也只能在历史的、实践的和道德的理解所共同构成的语境内才能获得意义。摆脱所有价值、理念和语境的影响的外部人视角是不存在的，在人类学研究中也是不必要的。客观性不是一种不可改变的理想，也不是进行科学研究的一种预设标准，而是科学（包括社会科学）实践的结果[1]，实践中的客观性绝不能对语境、语境的解释以及人类的判断视而不见。

## 二、笛卡尔式焦虑的消解

与人类学研究的实践立场相对的，是主流社会科学所推崇的理论立场，即寻找关于人类的理想化的和去语境化的普遍规律。人类学对于语境概念和思想的强调，受到坚持客观主义的理论立场的学者的普遍质疑。诚然，在语境论框架内，所有的信念、真理、价值以及规范等，都被限制在研究语境和我们的研究计划内，但是，所获得的人类学知识虽不是客观主义所认可的必然观点和真理，但也绝不是相对主义所认为的那样，所有事物都被限制在个体、群体或文化内，而是在具体的研究语境和语境化过程中，找到提取某些关键特征和要素、参与到某些人的对话中、与特定自然和社会环境关联起来等的理由。这就消解了在客观主义和相对主义之间必须做出选择的"笛卡尔式焦虑"，超越了对语境

---

① Nancy Cartwright, Eleonora Montuschi, *Philosophy of Social Science: A New Introduction*, Oxford University Press, 2014, pp. 123-125.

依赖的行动和实践给出与语境无关的解释这种认知悖论。

值得注意的是，对语境论立场的这种参与式的定位，预设了当某些特定的观点和价值正处于被修正的过程中时，其他的观点和价值不会同时受到质疑。否则，如果我们的所有观点、信念和价值都是悬而未决的话，我们就没有任何理解事物的基底，从而也就不能理解任何事物了。基于此，语境论与存在真正的知识和真理这种观点本质上是一致的[①]，这些知识和真理既不是相对于一个个体、群体或者文化而言的，也不是对一个独立实在的静态描述。同时，这种一致性也证明了语境论与可预测性之间并不矛盾，在人类学中采用语境论的研究视角，并不意味着人类实践和社会文化的发展演化是随机的和不可预测的。只不过由于真理都是对实在是什么的真实表征，而表征是可修正的和多重阐释的，随着研究语境的变化，表征也存在着被修正的可能性。

## 三、人类学知识的语境化

在人类学研究范式从实证主义、进化论，结构主义和功能主义，到解释主义再到后现代主义的转换过程中，人类学知识的科学性和合法性标准随之一并在改变。人类学解释的客观性何在，知识的科学性标准　客观性，在人类学研究中是否具有相似的内涵；描述与解释之间的关系如何，它们之间的关联性是否可以带来民族志与人类学的分化或者整合；人类学文本对田野调查中各种资源的依赖，如被调查者、社会角色、话语、社会实践以及非言语行为等，在何种程度上影响着人类学知识的客观性；个体主义与整体主义的分化以何种方式影响着文化概念化……这些问题都关涉人类学知识的科学性标准和合法性内涵。而长期以来，在说明为什么社会科学不符合自然科学和为什么社会科学研究成果不是客观的这两个问题时，研究者都是在自然科学的客观知识范式中来寻找原因的，这就好比社会科学要被迫去打一场注定无法取胜的战争。[②] 因此，

---

① Robert Bishop, *The Philosophy of the Social Sciences: An Introduction*, Continuum Publishing, 2007, p. 362.

② Bent Flyvbjerg, *Making Social Science Matter: Why Social Inquiry Fails and How It Can Succeed Again*, Cambridge University Press, 2001, p. 3.

在语境论框架下重构人类学对象的确定方式、价值在人类学知识构成中的作用以及人类学知识的评价标准等，有助于明确人类学知识的科学标准，实现人类学知识的语境化，这本质上是一种获得社会科学知识的自然主义路径。

1. 描述与解释的分化和整合

从实证主义人类学开始，经过进化论范式，描述与解释之间的分化带来了民族志与人类学作为两个相互独立的学科的发展。然而，随着格尔茨、德怀尔(K. Dwyer)、斯珀伯以及萨达特(Jeanne Favret-Sadat)等人对人类学解释本质的阐释，文本研究中描述与解释之间的相似性受到了普遍关注。不过，对于基于解释所得出的人类学理论和知识的具体内涵，它们之间也存在差异。

格尔茨把民族志解释的实践看作是一种翻译，把文本作为人类学对象，通过文本研究来表征文化形式的复杂性。斯珀伯虽然也承认人类学是一门解释性的学科，但是他认为，如果我们承认人类学是解释性的，就需要考虑人类学中两个相互关联但又截然不同的层次①：第一个层次涉及人类学家如何将田野调查经历转化为书面报告。对于人类学家而言，田野调查的笔记本、植物标本、地图、照片、家谱、访谈记录等，对于他们具有重要的意义，但是，在他们进行知识表达的过程中，知识的损失肯定是必然的。② 第二个层次涉及人类学家如何将书面报告转化为他们根据其经历所撰写的理论著述。在这个层次上，民族志报告是人类学理论化的基本原材料，人类学的最终目的在于将人类学家的经历进行重新概念化，从而能以一种综合的、连贯的并且可能是一般性的形式来呈现这种经历，为了实现这个目的，人类学家必然会使用大量的术语，如禁忌、亲属、母系血统等，这些术语能够"浓缩非常多样化的地方性观点，并使它们脱离原来的语境而被人们所理解"③。这样，很多时候人类学家不得不为了达到解释的目的而不再完全忠实于最初的调查经历。那么在民族志报告和人类学理论形成过程中，这种双层的解释作用是否会导致人类学知识不客观？这一质

---

① Eleonora Montuschi, *The Objects of Social Science*, Continuum, 2003, pp. 31-32.

② Dan Sperber, *On Anthropological Knowledge: Three Essays*, Cambridge University Press, 1985, p. 6.

③ Dan Sperber, *Explaining Culture: A Naturalistic Approach*, Blackwell, 1996, p. 43.

疑形成了对人类学研究解释性本质的指摘，而指摘的核心标靶就是描述与解释之间的对比。

实证主义人类学和进化人类学都将描述视为民族志的任务，人类学的任务是对民族志所描述的事实给予解释。然而，格尔茨认为，民族志本质上是一个解释活动，需要人们去"阅读"社会事件，对这些事件的象征意义进行深度描写，即文本解释。因而描述对于把握人类学对象而言没有什么实质意义，解释可以获得白描（plain descriptions）等其他方式无法实现的效果。一方面，人类学的宗旨就是解释文化含义，并形成深度的而不是一般意义上的人类学文本；另一方面，解释并不需要任何描述性评论，解释本身就是描述，它们是唯一一种能够被用于解释含义的描述，正是因为具备了这种特殊的描述方式，人类学才能成为一门科学，准确地说是一门特殊的解释性科学。①

与格尔茨不同，斯珀伯认为描述和解释在某种意义上来说是相似的，因为它们属于同一种表征方式。描述和解释"代表"了它们所表征的对象，甚至在对象不存在的时候可以"取代"对象的位置，由于与表征对象之间的这种关系，描述和解释都能以某种方式重现对象。对于人类学研究是否能够做到可描述，斯珀伯认为民族志研究者提供给我们的描述性评论本身就是解释性的，只不过采用了不同的表现方式。一方面，当地人与考察对象之间的话语是以间接引语的方式呈现的，这种表达方式只是对被理解内容的意译，缺少当下的语境；另一方面，民族志研究者对考察对象所提供的认识通常会进行理解和挑选。② 基于这两个层次所做的描述不是民族志研究者、被考察的当地人和考察对象之间的真实互动。因此，与格尔茨认为描述对于文本研究没有意义不同，斯珀伯认为民族志描述本质上具有解释性特征。

人类学理论术语的解释性及其所使用的经验性证据和田野调查数据的解释性，揭开了人类学面临的一个两难困境：一方面，与任何经验科学一样，人类

---

① Eleonora Montuschi, *The Objects of Social Science*, Continuum, 2003, p. 35.

② Dan Sperber, *On Anthropological Knowledge: Three Essays*, Cambridge University Press, 1985, p. 15.

学需要民族志研究者所提供的数据，如果承认这些数据的解释性，那么它们将不能作为事实证据来形成理论概括；另一方面，如果没有民族志研究者所提供的数据，那么作为一门科学的人类学是无法展开研究的。也就是说，人类学家只能使用那些被民族志研究者解释过的数据，并谎称他们的理论概括用一种可靠且客观的方式对数据进行了重构。[①] 针对这一问题，格尔茨认为外来意义只能被重构为人类学家所熟悉的文本，而不考虑这些文本与所建构的事态之间的具体关系，以及我们如何确定所选择的重构要比其他可能的深度描写要更加符合事实。斯珀伯因为坚持民族志与人类学之间的区分，而倡导一种不同于格尔茨的文本分析法和结构主义或功能主义对数据的理论化的方法，即借助进化生物学和认知心理学的发展。

所有人都有能力去生成、记忆和交换信念、意向和偏好等心理表征，有一些表征通过个人的或人与人之间的选择过程而成为大众的心理表征，乃至文化的心理表征。进化生物学和认知心理学不仅有助于人类学确定人类学知识的对象，即心理表征的对象，还能为人类学提供可靠的方法，使人类学可以解释社会共同体在选择和共享特定表征的过程中所遵循的微观机制和宏观机制。[②] 通过这种方法，人类学对象就变得"自然化"了，像任何其他自然物一样，可以用科学或因果关系来说明。这样，人类学的任务与民族志的任务就不同了，前者旨在说明文化，而后者旨在说明和解释文化表征。但这并不意味着人类学不适用民族志数据，恰恰相反，这意味着一旦这些数据得到恰当地重构，人类学就可以以一种更可靠、更科学的方式来处理这些数据。这样，文化表征就可以被科学客观地解释为一种特殊的或复杂的心理表征。值得注意的是，人类学家可以通过认知说明或其他更可靠的途径来处理民族志数据，但这些数据是田野调查重构后的数据，用科学的方式说明文化表征与用民族志的方法去解释这些表征是两个相互独立的活动。它们通过使用各自独立的、不同的方法促进了我们

---

① Eleonora Montuschi, *The Objects of Social Science*, Continuum, 2003, p. 36.

② Dan Sperber, *Explaining Culture: A Naturalistic Approach*, Blackwell, 1996, pp. 49-50.

对文化现象的理解。①

诚然,在人类学研究中,我们观察的是有意义的经历,并且我们要通过另一种有意义的经历来表征这种经历,我们无法改变人类学对象的话语复杂性,因而不能用僵化的客观表征模型来处理人类学对象。但是,表征这种经历的方式本身未必一定就是解释性的。一些机制导致了某些心理表征的出现和传播,而这些心理表征反过来又决定了依赖于意义的文化经历的表现。通过发现这些机制,我们就可以在科学解释的语境中来解释文化经历。也只有在这样的语境中,我们才能找到一种客观方法来描述有意义的文化经历的复杂性。文化表征的复杂性由此变得"自然化",而且一旦我们用这种方式把文化复杂性重新概念化,我们就可以客观地说明它了。由此,基于描述与解释之间的内在联系,客观性在人类学知识表征和建构的过程中的标准、内涵及其作用成为人类学家关注的焦点。

2. 客观性标准和内涵的修正与演化

本质上,人类学知识的客观性涉及两个层次,人类学家既要承认人类学对象不只包含意义,要尝试努力揭示人类行为中的"自然"属性,又要承认人类学对象的复杂性与自然科学对象的复杂性有着本质区别,人类学家对陌生的人类行为进行分类时,他们所遵循的程序会与人类行为发生着相互作用,如果人类学解释没有注意到对象分类程序中存在的相互作用,那么人类学所设想的客观性就会对人们造成误导。因此,对于人类学知识的客观性标准的修正,应着重放在人类学对象的意义和区别于自然对象的复杂性这些层次上。

在人类学对象涉及意义这个层次上,"他者是被创造的"②,这并不是说人类学家所探讨的个人、民族和文化是被发明出来的,而是说"成为人类学知识的一个对象"并不像自然属性那样,而是一种属于个人、民族等的性质,比如,界定一个"当地人",是由研究者根据某些特定的观点或兴趣以及自身所属的更宏

① Eleonora Montuschi, *The Objects of Social Science*, Continuum, 2003, pp. 37-39.

② Johannes Fabian, *Time and the Work of Anthropology: Critical Essays 1971—1991*, Harwood Academic Publishers, 1992, pp. 9-21, 208.

大的背景而建构的一种身份。人类学对象正是在这种意义上"被制造的",对这种建构的客观性的辩护,可以通过考察"制造"这些对象的研究程序以及对这些对象进行分类时是否会出现循环效应。事实上,这个层次上的客观性是一个过程的、历史的概念。知识是一种活动,而不是一种心理状态。客观性,即知识生产活动的结果,将作为一个对象化过程而得到重构和分析。

在从事科学研究时,我们不可避免地会运用到我们的价值观,因为价值观不仅赋予了研究对象以意义,也反映了我们的研究兴趣,正是特定的价值观使得某些现象成为与我们研究"相关的"对象。① 在社会科学研究中,社会科学家的价值观往往构成了其研究结论的一部分,科学家个人的价值观的确会影响到结论的客观性,但是,这并不意味着相应的结论受制于那些价值负载的观点,相反,正是借由那些价值负载的观点,研究结论才得以形成。任何科学研究都需要在特定的语境中展开,这里的语境包括社会语境、文化语境、历史语境等,同时,科学研究的结论也需要在特定的语境限定的范围内才能得到理解。因此,这些价值观需要得到历史学家、社会学家、人类学家的仔细考察。

事实上,目前价值在科学推理过程中的介入已经得到了普遍认可,大部分学者认为,某一些价值总是会以某种方式从某个地方进入科学领域,很少有人还坚持科学在各个方面都是价值无涉的想法。② 但是,对于价值介入与客观性之间的关系,目前存在着几种不同的看法。第一种认为,客观性理念在任何科学研究中都不能被抛弃,为避免价值介入影响客观性,需要在认知价值与非认知价值之间做出根本性区分。认知价值给予我们评价事物的能力,帮助我们做出正确的判断,这些价值有时候具有真理性,理论的预测性和解释性力量就是认知价值的范例,这些价值通常在辩护的语境中使用;非认知价值则是那些属于社会的、文化的和历史的价值,只有将这些价值限定在发现的语境中,它们才不会影响知识生产的过程,进而威胁到客观性。这与内格尔(Ernest Nagel)对

---

① Max Weber, *The Methodology of the Social Sciences*, The Free Press, 1949, pp. 21-22, 76.

② Peter Machamer, Gereon Walters, *Science*, *Values and Objectivity*, University of Pittsburgh Press, 2004, p. 1.

评价性价值判断与描述性价值判断之间的区分存在内在关联，前者表达赞成或不赞成，后者估算某一特征在何种程度上会存在，描述性价值判断在社会科学中与在自然科学中一样，都是科学研究的重要组成部分，因为它可以对在某一种情境下什么因素存在及这些因素在行为中的相对地位等做出描述性评价。

这种观点的问题在于，对于判断的这种区分依赖于事实与价值之分，有些情况下我们可以把事实从价值中解脱出来，但我们并非永远可以这样做，社会科学家常常把评价性判断带入其研究中。观察社会实在的理想方式推动了社会研究中的工具主义能动性和主体—客体本体论，而这些方式隐藏在表面之下，未被社会科学家所认识到，但这并不意味着它们以某种方式失去了影响。① 在社会科学家努力阻止价值承诺介入其研究中时，他们不知不觉地带来了同样多的价值承诺，因为对客观性的构成成分的充分评价，也有赖于主观上的证据，与客观知识不包含价值观相反，如果任何一个理论、解释和模式把主观因素都排除在外，那么它就不是完全的客观；同时，也致使他们不能完全公正地对待研究主题的复杂性，而仅仅集中于工具主义的行动，并且尽可能不考虑丰富的人类语境，掩盖甚至否认人类生活世界和人类经验的多重维度。

第二种认为，并非所有的社会价值和利益都会对研究成果产生不利的影响，先进的价值会具有理性、公正、平等等信念，整个社会共同的文化价值观与我们的偏见存在区分，一个代表价值关联，这是一种有认识论价值的、经过验证的策略，可以赋予研究对象以意义；一个代表价值判断，是一种思想上根深蒂固的、有可能歪曲事实的实践。② 科学研究"至少在原则上体现了各种价值观和兴趣点，尽管这些价值观和兴趣点从表面上来看并不属于科学研究的内容"③，文化和社会价值观在塑造科学知识的过程中发挥着特定的作用，同时，这些价值观对于限制偏见的肆意传播也有着重要作用。哈丁（S. Harding）的"强客观

---

① Robert Bishop, *The Philosophy of the Social Sciences: An Introduction*, Continuum Publishing, 2007, pp. 125-133.

② Max Weber, *The Methodology of the Social Sciences*, The Free Press, 1949, pp. 21-24.

③ Helen Longino, *Science as Social Knowledge: Values and Objectivity in Scientific Inquiry*, Princeton University Press, 1990, 13, p. 102.

性"(strong objectivity)是这种观点的一个典型例证，他力图为客观主义提供一个替代选择。

客观性的传统定义涉及"价值中立、没有偏见、理性可通约、处理事实、重视主体间性等"①，客观主义要求在与主体联系时保持客观性，通过价值无涉或者至少是价值中立的方法来抓住实在的本质，其关键问题在于对实在的淡漠。"强客观性"认为完全的净化是不可能实现的②，我们只能判断哪些价值和利益不太会扰乱我们的信念，而不是像客观主义那样净化我们的价值和利益信念。客观主义强调客观性需要消除研究过程中涉及的所有社会价值和利益，而价值不可避免地在科学研究中起作用，客观主义无法使我们辨别价值在什么时候起到了积极作用，什么时候没有。用强客观性代替客观主义，使得我们可以评价哪个主体共同体和哪些价值有助于生成更好的知识。这里，更好的知识不是消除主观信念和价值从而顺应虚假的客观理想的，而是通过检验当这些新观点被融合进去后，是否能够加强对事物的认识和理解而获得的。另外，由于主体本身是知识生产的一部分，我们还需要对主体本身产生的方式进行研究。强客观性需要出于科学和认识论原因，以及道德、政治因素等综合条件，它不仅需要立场，而且也生成立场。客观性是根植于价值中的客观性，而不是寻找价值无涉的解释。价值之所以客观，是因为它的某些因素比其他因素更有利于人类，可以让人类更靠近富裕、健康和繁荣，这些因素会诞生更好的科学，而这恰恰是激励社会科学研究者的根本信念，而且，它还意味着，当我们探讨在知识生产活动中能否实现客观性这个问题时，不再是"自然涉及价值时如何保持客观"的问题，而是价值如何给予我们客观的问题。③

这种观点完全放弃了社会科学实现绝对客观性的可能性，同时也在一定程度上回避了对自然科学研究模式本质的剖析，将社会科学与自然科学之间的本质关联这一核心问题抛在了一边。如果承认自然科学和社会科学的对象都是按

---

① Marianne Janack, "Dilemmas of Objectivity", *Social Epistemology*, 2002, 16(3), p. 275.

② Sandra Harding, *The Feminist Standpoint Theory Reader*, Routledge, 2004, pp. 136-137.

③ Stephen Turner, Mark Risjord, *Philosophy of Anthropology and Sociology*, North-Holland, 2007, pp. 771-779.

照某些条件分类的，并且这些分类是社会建构的，客观性是"集体实践的一个函数"①，那么知识的科学性标准将容易受到相对主义的质疑；如果承认自然科学与社会科学的客观性存在本质的区分，那么社会科学学科的科学地位问题将再次回到哲学争论的核心。

第三种认为，价值中立与实现客观性没有直接的联系。相对于前两种观点关注"社会科学可以是价值中立的吗"这个问题而言，第三种观点关注"社会科学是否应该是价值中立的"这个问题。对于后一个问题，如果回答是，那么我们就不得不承认，我们追求的是一种特定的"好的"社会科学形式，并提倡一些实质性的价值和理想；如果回答不是，那么我们就是在承认社会研究应该保持偏见。要避免这种困境，需要把握价值中立与客观性之间的相对独立性。

传统观点认为，价值中立意味着完全没有偏见，从某种假定的价值无涉的有利位置去观察事物，否则，社会科学将受到客观性和精确性的质疑。然而，打着价值中立的旗号，社会科学家有可能会重现社会行动者隐藏的思想信念的盲目性和合理化，在数据的"客观"表征和理论化中蕴含文化。进入社会科学中的价值，不仅存在于问题选择中，还存在于结论的评价中、何为事实的鉴定中以及证据的评定中。② 同样，实现绝对的客观性这一目标本身并不客观③，像其他认识论理想一样，客观性理想同样是一种受到道德驱动的理想，它以其工具主义的形式，代表着一种对好的、值得的生活的特定理解，它带有对自由个人主义和自主性，以及诸如自由、个体性、宽容、尊重等价值的深刻承诺，而这些都是现代西方文化的组成部分。因此，这种看似是实现客观性和价值中立的最好方法，其本身对于社会科学来说是一种价值负载的、有偏见的立场。

---

① Helen Longino, *Science as Social Knowledge: Values and Objectivity in Scientific Inquiry*, Princeton University Press, 1990, 13, p. 216.

② Ernest Nagel, *The Structure of Science: Problems in the Logic of Scientific Explanation*, Harcourt, Brace & World, 1961, Chapter 4.

③ Robert Bishop, *The Philosophy of the Social Sciences: An Introduction*, Continuum Publishing, 2007, p. 120.

## 第三节　作为文化要素的人类道德和价值

作为一种实践方法论，道德语境论关注的是怎样的理念和方法才适合研究充满了人的目的、价值和自由选择的实践领域。正如蒙特米尼所言，道德语境论是："'行为主体 A 的行为 C 在道德上是善的（可接受的，要求的）。'这句话在不同谈话语境中有着不同真值。"①本节意在揭示道德语境论的合理性，指出应该直接从原则、主体心理和具体情况的相关模式入手，研究实践领域的特性，揭示语境的优先性，而不是从规范中寻求权威性和正当性。

### 一、道德语境论的道德界定

#### 1. 道德特殊论

道德特殊论（moral particularism）指出，不存在普遍原则，就连"一定范围内的普遍性"也是不存在的，任何一个抽象的结论只必然适用于它被从中总结出来的那个特殊事例。

可以看出，道德特殊论所说的"普遍"指的是"必然普遍"，并不是一般意义上的"存在共性"。正如该理论提出者丹西（Jonathan Dancy）指出的："道德特殊论……在程度上很弱，只局限于模态，但在范围上很强，涵盖了所有理由。我主张所有的理由都能够依语境变化而变化——不存在就其本性而言必然对语境变化免疫的理由。"②道德特殊论并不是认为一般意义上的普遍性不存在，而是认为这种普遍性没有意义，因为它在实践领域的预测力过分脆弱。自然科学中的现象规律，依其所辖范围宽窄，预测力也强弱有别。但在实践领域，所谓的"具有一定程度普遍性"的原则却随时可能失效。每加一个条件，情况就可能发生变化。这就是道德特征的效价（valence）多变性问题。这里的"效价"，源于化

①　Martin Montminy, "Contextualist Resolution of Philosophical Debates", *Metaphilosophy*, 2008(4-5), p. 578.

②　Jonathan Dancy, "The Particularist's Progress", In Brad Hooker, Margaret Olivia Little, *Moral Particularism*, Oxford University Press, 2000, p. 130.

学中的"化合价"，在伦理学中一般指道德的特征像化学元素一样，在各种组合中贡献自己或正或负、或大或小的作用力。

诚然，一般意义上的普遍性是存在的，因为实践主体的行为方案由语境中的相关（relevant）因素决定，具有相同相关因素的语境为相似语境；那么，在一组相似语境中发挥作用的那个抽象理念，即是具有一定范围普遍性的普遍原则。但问题的关键是，这种原则的有效性会由于相关特征判定的滞后性而失去意义。在现实的道德判断中，主体并没有能力在总体判定一个行为对错之前判定哪一个特征相关，哪一个特征不相关。"原因只有在特定场合才真正成为原因。"①在判定"相似语境"时，所有在列者一定是分析过的已知语境。面对新语境，任何"相似语境"都不可能直接发挥作用。只有整体把握该语境中的各个特征，才能判定哪些特征相关，以及以何种方式相关；这样之后才会知道哪些语境是具有相同相关特征和相关方式的"相似语境"。"相关性"的判定依赖整体主义思维方式，这是其滞后性的根源。相关性判定滞后于整体判断，原则的应用又在判定相关性之后，因此实践原则的应用必然滞后于整体判断。这样的原则可以说在已知的某种范围内是"有效的"，但在新情况面前却不是有"预测力"的。它的预测力没有得到必然性在逻辑上的保证。像这样没有必然性和预测力的判断，是不具备实践意义的。

由此，道德特殊论的核心逻辑概括起来就是："由于推理不必然，因而原则不普遍。"

2. "道德孪生地球"

道德语境论对传统道德实在论持有的随附性（supervenience）概念进行了批判。作为道德实在论之核心的"随附性"，指的是"一组性质 A 随附于性质 B，仅当不存在两样东西能够在 A 性质上不同，但却没有在 B 性质上不同。"或者说"没有 B 不同，就没有 A 不同"②。"随附性"概念为道德实在论者的"认知证明所

① Jonathan Dancy, "Defending Particularism", *Metaphilosophy*, 1999, 30(1-2), p. 27.

② Brian McLaughlin, Karen Bennett, Supervenience, *Stanford Encyclopedia of Philosophy*, 2011-11-02, http: //plato. stanford. edu/entries/supervenience/# pagetopright.

依赖的形而上学图景提供了支持"①。价值与事实之间的随附关系是必然的、稳定的，可以依此把价值还原为事实。道德原则就是对道德价值与事实之间稳定关系的陈述，如果这种稳定关系客观存在，道德原则也就客观存在。由此进而提出"因果语义自然主义观点"(thesis of Causal Semantic Natualism，即 CSN)，认为"每一个道德词语 t 都严格指定了一个自然性质 N，N 因果性地控制了人对 t 的使用"②。

道德语境论对此持否定态度，"以描述性定义来代替评价性定义是得不到确定结论的"③，更不能在此基础上论证原则的实在性。道德语境论特别针对CSN，提出"道德孪生地球"思想实验进行反驳：

"设想有一个道德孪生地球，与地球有着一样的地理与自然环境。……那里的人也使用'好''坏''对''错'这样的词语评价人和事物。如果有探险家去了那里，他们会强烈地倾向于把孪生地球上使用的'好''对'看作与地球上相应的词有一样的意义。……不过由于一些种族差异，孪生地球人类的道德情感与我们有一些不同，比如他们会更强烈地感受到愧疚，但感到乐意接受；而对同情则只能微弱地感受到，并不乐意经历这种感觉(这些不同势必会产生关于'什么是善'的不同看法)……那么当探险者与道德孪生地球当地人争论'什么才是善'时，他们的分歧是语义分歧，还是道德理念分歧呢？"④

道德语境论者认为，二者的分歧显然是道德观点的分歧。但如果从 CSN 出发，道德孪生地球上的道德词语不可能与地球拥有一样的语义，道德实在论会得出二者的分歧是语义分歧的错误结论。因此 CSN 是错误的，与 CSN 等价的随附性概念也不成立。

---

① Jonathan Dancy, "Supervenience, Virtues and Consequences: A Commentary on Knowledge in Perspective by Eenest Sosa", *Philosophical Studies*, 1995, 78, p. 190.

② Mark Timmons, *Morality without Foundations: A Defense of Ethical Contextualism*, Oxford University Press, 1999, p. 58.

③ Brad Hooker, Margaret Olivia Little, *Moral Particularism*, Oxford University Press, 2000, p. 99.

④ Brad Hooker, Margaret Olivia Little, *Moral Particularism*, Oxford University Press, 2000, p. 61.

### 3. 语境中的道德判断

道德语境论认为，道德判断首先是语境敏感，其次才是原则遵循。而较激进的道德语境论，如道德特殊论，则完全"否定原则与道德思考和道德陈述的相关性"①，认为道德判断的发生过程，是实践主体考察具体语境后直接下判断的过程，其中并不存在一个道德原则参与的、按图索骥的步骤。

（1）否定道德原则的存在。道德语境论承认主体在实践中做出决断时借助了经验，但在道德思考中，并"没有原则出现在这个过程中，出现的只是关于哪些因素重要，如何重要的思考。而这种'重要'的方式很可能在其他地方出现过。……我们所学到的东西，并不是情况在这里一定是怎样的，而是可能会怎样"②。学习这个由旧到新的过程是不受必然性保护的。不是投射（project），不是应用，只是参考。道德原则的作用即使有，也只是像一个胶囊那样，浓缩了关于某个初始学习事例的记忆。

（2）提出了对道德判断认知过程的描述。道德语境论认为，每一个语境中都有一些特征是相关的，另外一些则不相关。主体将首先对哪些是相关特征，以及如何相关做出判断，然后根据这个判断来权衡怎样的行为、选择与评价是更合适的。如丹西所言："即使是在相关特征中，也有一些特征比其他特征相关度更高。……由于会有几个不同的相互联系的突出特征同时存在，因此一揽全局的视角，将不仅展现每个特征是什么，还能够展现它们是如何相互联系的。"③在此基础上，主体就可以从形状切换到判断，形成关于"怎样做"或"哪一个更好"的答案。道德判断的过程是一个立足于人的能力，面向语境具体内容的过程，没有原则参与进来，也可以正常运行。

### 4. 语境中的道德信念

伦理学意义上的"信念"问题是指："对于能产生严重后果的错误信念，主体

---

① Benedict Smith, *Particularism and the Space of Moral Reasons*, Basingstoke, Palgrave Macmillan, 2011, p. 2.

② Jonathan Dancy, Moral Particularism, *Stanford Encyclopedia of Philosophy*, 2013-08-15, http: // plato. stanford. edu/entries/moral-particularism/.

③ Jonathan Dancy, *Moral Reasons*, Blackwell, 1993, p. 112.

是否该负道德责任?"对于这一道德信念问题,道德语境论认为:信念证明(doxastic justification)是一个语境敏感的过程。

信念证明与命题证明相对应。命题证明追求严密与客观;信念证明则只要主体找到一个理由来支持自己的信念,并自以为充分,就可以算作信念证明。接受一个信念虽然常常伴随着某种盲目,但对于一个信念,主体却总是能给出相信它的理由。不管这些理由是主体自己思索考察而得来的,还是从教育中接受来的;不管是先通过命题证明确认才相信,还是先相信再找证据。在此,道德语境论所关注的问题是,被主体持有,用于证明信念的理由,应该在多大程度上对信念的形成负责?因而在道德理性中占有怎样的地位?还有什么因素发挥了作用?信念证明的模型是怎样的?

对此,道德语境论指出:在每一个认知场景中,都存在"语境基本道德信念"(contextually basic moral beliefs),这些信念是基础的,不可还原的;通过教育习得,而不是通过直觉显示为自明;可废止。语境基本道德信念,是证明其他信念的基础。换言之,一个信念的直接理由通常是经得起推敲的,但理由的理由,以及理由的理由的理由,则很可能是直接从语境中接受而来的。由此可知,信念一方面处于理由的框架中,另一方面框架又扎根于语境,这就是信念认知的模型。在信念形成的过程中,既有理由的证明支持作用,又有语境的信息支持作用。

从理由与语境的关系角度看,道德语境论主张:(1)语境是基础和核心;(2)结构语境论,语境对道德信念的干扰作用不是直接的,而要经过一个理由框架的过滤才传达过来,或"道德语境认识论中的结构性特征";(3)理由与语境的关系,建立在承认主体能够接受尚未具备充分证据的结论作为信念的基础上。信念的形成需要一个理由框架,语境为理由框架提供基本信息,因此信念证明是一个语境敏感的过程。

## 二、人类道德的语境性特征

### 1. 反理论性

道德语境论认为，语境极度灵活，不可能被统一理论所征服。其理由如下：

（1）道德特征具有外在性

前述内容已指出，"外在性"是指一个道德特征会有某种效价，是由该特征所在语境中另外一个或一些相关特征的存在决定的。"窃钩者诛，窃国者侯。""窃"这个特征的效价是正是负，取决于"窃"的是什么，也就是当时语境中的另外一个特征。

对此，丹西用"红蓝论证"来予以论证。他指出："现在我面前有一样东西，对我来说看起来像是红色的。通常有人会说，对我而言这是一个相信有个红色东西在我面前的理由（某种理由，也就是说，并不一定是充分理由）。但在另一种情况中，我相信自己最近吃的一种药，使得所有蓝色东西看起来是红色的，红色东西看起来是蓝色的；那么'我看见红色'就是我面前有个蓝色东西而不是红色东西的理由。并不是出现了另一种对立理由压过'我看见红色'这个理由，才使结论发生转变；而是这个理由已经不再是'我面前有红色东西'这个结论的理由，转而支持相反结论。"[①]由此看来，理由会有怎样的效价，支持哪种行为选择，最终是由语境中其他特征决定的。决定权并不在该特征的内部，而是外在于它的。

（2）道德特征具有整体性

一个道德特征会采取某种效价，是由同一语境中另外一个或一些相关特征的存在决定的，那么这个语境中的任何一个特征尚未落定，其他特征的效价还是有被取消和干扰的可能。因此语境中的所有相关特征是一个整体。每个特征的效价，都是由所在语境整体中其余所有相关特征的存在共同决定的，这样才会"每加一个条件，情况就可能发生变化"。道德特征的效价具有极强的多变性，

---

① Jonathan Dancy, The Particularist's Progress, In Brad Hooker, Margaret Olivia Little, *Moral Particularism*, Oxford University Press, 2000, p. 132.

无法为由"原则"所构成的、法典化的理论所统一。道德语境论关于效价多变性的证明，实际上就是一个反理论观点的论证。

道德语境论的这种反理论性本质上是一种"以多解释多"的思维方式。"基础多元论认为在最基本的层面有多重价值，即不存在囊括所有其他价值的一个价值，不存在一个名为'善'的性质，也不存在能够完全统治行为的原则。"①"以多解释多"具有反理论特征，是道德语境论的精神核心。

2. 充分凸显人的地位

(1)把人融入了事实

由上文可知，从外在性推出来的变动性，指的是道德特征的效价，道德理由的变化。效价体现的是人的价值和人的目的。道德语境论所谈论的并不是"硬事实"，而是加入了人的目的、价值与选择自由的"软事实"。把人融入事实是道德语境论的典型特征。这种融合是因为，在研究对象上道德问题本来就是包含了人的文化、心理因素；在研究方式上道德语境论是语境论在道德实践领域的具体化。语境论认为事实陈述只能在语境中，而语境又以人为中心。

(2)明显的能力论倾向

对于"不借助道德原则，道德判断如何可能"这个问题，道德语境论认为，主体凭借天然的道德直觉，或在后天培养中形成的道德能力，完全可以在日常道德实践中应付自如。"语境能够给事实一种规范性权威，从而(使其为主体)提供理由"②，"这种规范性依赖于变动不居的语境参数"③，主体面对具体问题，"将有一种定性的感受(qualitative feeling)"④，这种感受就是使主体倾向于做出某种判断的"语境压力"。道德语境论把对能力的强调放在理论逻辑的中枢位置，把人放在了理论的中心。

---

① Elinor Mason, Value Pluralism, *Stanford Encyclopedia of Philosophy*, 2011-07-29, http: //plato. stanford. edu/entries/value-pluralism/# toc.

② Matjaz Potrc, Vojko Strahovnik, *Practical Contexts*, Frankfurt, Ontos Verlag, 2004, p. 41.

③ Matjaz Potrc, Vojko Strahovnik, *Practical Contexts*, Frankfurt, Ontos Verlag, 2004, p. 44.

④ Matjaz Potrc, Vojko Strahovnik, *Practical Contexts*, Frankfurt, Ontos Verlag, 2004, p. 45.

（3）以"属人的"因素来说明语境对信念证明理由体系的作用

把属人的影响因素作为关键影响因素，体现了道德语境论对人的重视。道德语境论指出，信念证明是一定会有目标的，且因语境不同，语境中主体的目标也就不同；目标不同，相关问题的重要性和相关度常常也就不同，因而应该考察的相关反例的范围也不同。人的"评价会通过关于证明的谈论，或明或暗地调动目标来推进确证信念的接受"①。要确证一个信念，指定语境是基本的，一种理由如果不能切中这些重点，那么它所支持的观念就不会被接受，观念被接受才会成为信念。

3. 语境权威性

道德语境论认为，语境本身就有权威性，这种权威性保证了道德判断的正常运行。身处语境的权威性当中，主体会有一种"确定性"的感受。主体会在实践判断中感受到语境的这种确定性。

语境的权威性问题，也就是可废止推理（defeasible reasoning）的有效性问题。在认识论和逻辑学领域，"可废止推理"指"大致正确，但允许反例"的逻辑概括。日常生活中的推理大多是可废止推理，即有理有据，但逻辑不必然的推理就是可废止推理。

典型的可废止推理中有三个因素值得我们注意：第一，生活依靠它运行，现实中的人没有时间给予更严格的确证，也不需要这样做；第二，对于可废止推理得出的结论，主体会留有余地，话不说绝，事不做绝；第三，主体在可废止推理中获得某种程度的确定性，并且关注确定的一面，主体会因为自己的判断做出怀疑、留心、验证或直接行动的反应。

第一个因素和第三个因素说明主体信任可废止推理的有效性，第二个因素说明，这种信任是有限度的。道德语境论认为，有限度的信任表明主体受到一高一低两种认知标准的干扰，即想问题的认知标准和办事情的认知标准。在低认知标准语境中被评价为"确定"结论的观点，在拥有更高认知标准的语境中只

---

① Mark Timmons, "Outline of a Contextualist Moral Epistemology", In Walter Sinnott-Armstrong, Mark Timmons, *Moral Knowledge? New Readings in Moral Epistemology*, Oxford University Press, 1996, p. 191.

能算作"怀疑"。低认知标准不能为高认知标准所替代。过高的认知标准"鼓励了这样一种错误观点，即主体相对价值是对真正价值的一种扭曲———一种得到确证的扭曲——但终究还是扭曲"①。丹西认为，在语境中所得出的结论，或者说可废止性推理，可以被看作拥有一种二级客观性（secondary objectivity）。"一事物具有二级客观性，当（1）独立于具体的经验存在，或（2）存在，等待着被经验，或（3）不是只为称为经验的一个主观状态的虚构事物。"②由此可见，可废止推理具有特定的有效性和客观性，主体在具体判断和信念建立的过程中，寻求权威性的认知需要，在语境中就可以得到满足，并不一定要依赖原则来维持道德思考的运转。

概言之，上述道德语境论的三条特征：反理论性、突出人的地位、语境权威性，相互紧密联系。"人"是道德语境论反理论的本质，道德事实加入了人的目的、价值和自由选择，才会成为有效价的特征和有优劣的选项，而变动不居无法用理论把握的正是理由的效价。语境权威性是对人的能力的充分肯定；同时，也只有借助人的能力，语境权威性才能真正实现自己。

## 三、道德语境论的实践旨归

道德语境论是一个具有双重特征的理论。"语境"这个认知工具，在道德语境论中熔化并糅合主观与客观。正因为如此，道德语境论才一方面在认识过程理论中显示出认知主义倾向——只不过认知的对象不是"道德事实"而是"语境"；另一方面在关于客观存在的理论中，又把"人"融合进去——"事实"都是加入了人的目的、价值和选择自由的具有效价的事实。

第一，道德语境论揭示了实践事实与自然事实的不同特性——外在性。自然事实的本性内在于自身，实践事实的本性外在于自身，特征会有某种效价，是由该特征所在语境中另外一个或一些相关特征的存在决定的。一个特征遇到不同的特征就会呈现出不同的效价，而且这种组合有无数多个。正因为实践事

---

① Jonathan Dancy, *Moral Reasons*, Blackwell, 1993, p. 154.
② Jonathan Dancy, *Moral Reasons*, Blackwell, 1993, p. 156.

实有外在性，才无法为统一理论所征服，而要结合语境进行具体分析；也正是从实践事实的外在性入手，我们才清楚地看到加入了人的目的、价值和自由选择之后，"客观事实"将发生怎样的变化。实践事实的外在性特征，向上可以解释道德特征效价极强的多变性，并进一步推导出"不存在必然普遍的道德原则"的结论；向下可以深入为"人的因素是如何融入实践事实"的问题。从"不存在道德原则"到外在性的证明，再到对"人"的强调，是道德语境论步步深入的理论逻辑。

第二，道德语境论为道德认知过程提供了更真实的理论描述，强调了一些细微的事实。丹西认为，道德冲突中的愧疚（regret）心理，可以说明普遍论关于"权衡"的认知模型是错误的。后者认为，主体在道德冲突中，把冲突双方的理由效价各自加起来相较，多者为胜。愧疚感意味着冲突双方中被打败的一方还在发挥作用。但"相加相较"的模式只表现了选择性，却没有表现出被打败的一方仍持续发挥作用，因为在这个模型中，被打败的相当于被取消了。丹西说："问题出在，原则是决定性的，即使有多个原则同时指导一个事例，这些原则也会得到一个统一的结果。这一特征使得道德冲突和愧疚无法理解。"[1]在语境论的解释模式中，语境有"高低起伏的形状"，虽然强势的一方以高压低，但弱势理由依然存在；身处语境中的主体依然会对这个相关特征做出反应。

不仅仅是关于"愧疚"，关于非演绎推理的认知模式，关于既有所冒险，常常又有充分理由的道德信念，道德语境论都一一提出了自己精致、辩证的认知模型。

第三，道德语境论在超越绝对论与相对论的第三条道路上，做出了有意义的努力。道德语境论的反理论特征集中表现为对道德思考的变动性的强调；语境权威性特征集中表现为对确定性的强调。道德思考的变动性与确定性之间的张力，使得道德语境论有潜力成为在实践领域超越绝对论与相对论的第三条道路。要跳出这个争论，最棘手的问题是，批判绝对性，就要强调相对性的事实；

---

[1] Jonathan Dancy, *Ethics Without Principles*, Oxford University Press, 2004, p. 4.

批判相对性，又容易因为武断而犯下绝对主义的错误；最后批判相对论与绝对论的理论，却又变成了双方的混合体。与此不同的是，道德语境论对变动性和相对性的强调，建立在分析实践事实的外在性特征的基础上，并且通过肯定人的能力，从变动性过渡到了确定性。这样一来，逻辑上道德语境论就不存在重新落入争论的危险。

第四，道德语境论对人的能力的肯定，可以提高人们在日常实践中的自信。如果不把道德语境论理解为关于原则有无的理论观点，而是对于这样一个问题的回答："当没有原则可以参考时，人究竟还可以做多少事情？"人们就可以自信地说，人可以做很多事情。面对新事物，面对新事物中完全新的方面，人并不是从随机尝试开始的。主体可以依据具体语境，判断哪些特征相关，如何相关，相关程度怎样，并据此采取行动。

第五，道德语境论关于理由多变性的主张，对社会科学研究具有启发意义。许多社会研究，比如犯罪率、婴儿出生率、受教育程度等，都要涉及个体选择的理由，而理由是加入了主体目的的事实，是有外在性的。在不同的语境中，会由于语境特征间的相干作用支持不同的选择。比如，一位剑桥的人类学家研究日本的低犯罪率，并试图从中找到降低英国犯罪率的有效手段，就不得不仔细考察两国国情的异同，再考虑如何进行理论推广。实践事实区别于自然事实的外在性特征，使得关于加入了人的目的、价值和选择自由的事实的推理都只能是可废止推理。可废止推理的预测性，只能依赖于主体具体分析的能力运行。因此，社会科学的发展能否增强社会科学研究成果的普遍性，至少在理论上还是个未知数。

当然，道德语境论也有自己的问题。道德语境论一直强调现实中的判断不借助原则，但实际上，那只是现实判断的一种。每个人心中都有一些深信不疑因而对其十分执著的道理。因此是否"认死理"，不结合具体情况，实际上也取决于这个道理在主体心中的分量。可见，原则参与道德判断是肯定的，不确定的只是它如何参与道德判断。"理由与解释并不像丹西所说的那样是'顽固地特殊'的，一定与某种概括有关，即便这种概括并不是演绎性的。"①原则在实践中的作用方式不是在"判断"层面能完全解决的问题，因此还需要哲学家们站在更宽广的认知视角上，综合探讨原则信念与语境判断之间互动的模式，既保留语境论的方法多元化、主体化的理论特质，又充分考虑确定信念在实践思考中不可替代的作用，为实践领域提供一个更真实的描述和更可行的方法论理论方案。

## 四、文化的概念化与社会科学的价值塑造

人类学对文化的研究首先是文化的概念化，通过这种概念化来获得具有客观性的人类知识。在人类学对象包含区别于自然对象的复杂性这个层次上，我们获取社会世界知识的途径是不同于获取关于自然界知识的途径的。我们对文化现象的认识，受到价值的塑造，这些价值是基于人类生存本能的不可抗拒的终极选择，因为正是人类行动者的目的和意图定义了他们的行为。人类学对文化概念化的作用充分展现了价值塑造在社会科学知识生成过程中的重要作用。

在传统人类学思想中，文化概念化在两种方法之间摇摆不定，一种是极端个体主义，一种是极端整体主义。个体主义的代表是早期的博厄斯（Franz Boas）、萨丕尔（Edword Sapir）和雷丁（Paul Radin），他们把文化理解成个体的任意集合，个体的特质在代际之间传递，文化现象表征个体的这些特质，而民族志的目标就是表现和记录个体的经验，民族志既关注个体的共性又关注个体的差异。整体主义的代表是马林诺夫斯基、克娄伯（Alfred Louis Kroeber）和格尔茨，他们认为，文化现象是独立于个体的经验或表征之外的，个体的经验和表征只能在他们的文化背景中才能被赋予意义，文化是个体参与其中的东西，而民族志需要提出有关规则、制度、符号或其他文化形式的假设，民族志解释需要强调规范、实践、制度之间相互联系的方式。

人类学家对民族志研究的不同定位，反映了文化概念化路径的历史演化。20 世纪对民族志的认识论和形而上学分析的焦点在于，在何种程度上可以说民

---

① Mark Norris Lance, Vojko Strahovnik, Matjaz Potrc, *Challenging Moral Particularism*, Routledge, 2008, p. 59.

族志属于一般的研究形式。① 把文化当作是个体的集合的人类学家，将民族志作为主要的描述方法，因为其目标是捕捉土著人的观点，因而就需要描述他们的表达、经历以及个人的一些其他特征，几乎不需要提出假设和验证假设；把文化当成是区别于个体的人类学家，必须把个体所说和所做的事情当成是他们理解文化的证据，他们关于规范、制度和其他文化形式的论述都是假设，这就使得他们必须出具更多具体的证据来检验这些假设，因此，民族志是一种需要提出假设和检验假设的研究形式。

可见，个体主义与整体主义争论的核心焦点之一是，社会力量在何种程度上塑造并引导着人们是谁以及人们如何行动，或者说人们的行动和信念在何种程度上决定了制度和社会特征。整体主义认为，各种类型的社会事实和力量，是思想、感觉和行为的通道，它们不只外在于个人，而且具有强加于个人并塑造个人行为和观察事物方式的作用力。这些社会力量在本质上既不是生物的也不是心理的，它们代表着只存在于社会层面上的思维方式和行动的功能可见性。个体主义认为，社会力量会以某种方法产生于各种社会情境中个体之间的交互作用，社会力量并不是真的外在于人类行为的，而是以某种方式产生于个体态度和行动的聚合，这种聚合在社会层面上形成了一种集体效应。

然而，值得注意的是，整体主义并没有预先假定根本不存在个体性，不存在对社会力量的个体回应，相反，这些社会力量塑造了行动的可能性，人们可以沿着行动的各种可能路线自由移动，而不是被社会力量决定着去按照特定方式去行动，只不过这些路线本身是由社会力量生成或者受社会力量支配的，因此这并不是一种个体行动的社会决定论图景。个体在文化进程中的作用是民族志描述的认识论基础，如果没有对个体的关注，人类学研究将不具有历史依据，而只剩下空洞的抽象。同时，个体主义也并没有把解释限制在一个不包含任何与社会现象相关的术语的词汇表中，不论是政治行动还是经济行动，都离不开政治制度和环境、银行和货币制度等宏观社会属性，个体主义通常把这些社会

---

① Stephen Turner, Mark Risjord, *Philosophy of Anthropology and Sociology*, North-Holland, 2007, pp. 422-423.

特征视为既定的事实，然后根据个体因素来继续进行解释，因此这些解释并非严格意义上的最低限度的解释。个体的思想、言论和行动只有在一个共享实践的背景中才是有意义的，文化既不是一种心理学现象，也不是对个体的某种抽象，它是社会互动，是完全公开且可观察的，并能够与任何个体参与者区分开来。① 基于此，进入 21 世纪之后，这两种立场在渐进地、辩证地融合。

对个体主义和整体主义的传统上的对抗阐释，或者进行二者择其一的选择，都是实际上不存在的或者没有必要的。把解释根植于个体动机和行动，预先假定了自由个人主义和自主性等理想，但是仅仅根据个体主义解释是不能分析前现代社会的，群体认同、精神和道德传统、社会习俗等，都同样重要。同时，创造意义的实践是个体行动的结果，只能通过观察个体如何行动以及如何回应彼此来获得关于实践的知识，文化是共同活动的产物，而不是任何独立的事物。因此，我们需要把个体特征与社会特征结合起来，以掌握个体实在和社会实在的社会解释形式。个体和社会在部分程度上构成着彼此，同时也阐明着彼此。解释的整体主义特征阐明了个体主义特征，而个体主义特征又进一步启发了整体主义特征。这本质上是一种诠释学的螺旋上升②，表明了当意义环绕在个体和社会之间时，意义会得到提炼和修正。

综上所述，语境思想以及由此形成的语境论研究纲领，在人类学研究领域中经历了形成、渗透和发展等阶段。相比语境论在自然科学哲学中随着语言学和逻辑学转向而日趋成熟，其在社会科学和社会科学哲学领域中的应用相对比较薄弱。在人类学中构造语境翻译和语境知识的实践，建立起作者、读者和当地人之间的对话网络，在语境化过程中追求人类学的更加自主的发展，剖析人类学知识的语境内涵，本质上是对语境论社会科学研究纲领的一种实践，同时，也带来了人类学研究的一些新的富有潜力的发展方向。反思人类学、认知人类学和语义人类学就是在人类学研究中尝试建立起相互翻译的集体创作、弥合观

---

① Robert Bishop, *The Philosophy of the Social Sciences: An Introduction*, Continuum Publishing, 2007, pp. 151-152.

② Robert Bishop, *The Philosophy of the Social Sciences: An Introduction*, Continuum Publishing, 2007, p. 166.

察者和被观察者之间默认的语境距离、刻画地方性知识的本质特征等方向上的不断尝试的例证。另外，在社会科学实现科学地位和知识合法性的过程中，社会科学家既希望去模仿"真正的"自然科学，但又因为无法描绘出"真正的"科学应有的样子而陷入困境，因此，语境论对于人类学和其他社会科学的另一重根本意义恰恰在于，重构当代自然主义研究的新路径，以丰富表征科学知识的对象的方式，重塑科学知识的合理内涵，进而优化提升科学特别是社会科学的学科合法性。

# 第十三章
## 人的多维演化系统

作为社会科学的研究对象，人的历史性、社会性和文化性，以三位一体式的存在模式，渗透于社会自身的革新和人的本质的不断演进当中，这种从人自身的多维演化中不断生成和建构的科学性，在社会科学的语境化和再语境化的自反性建构中，不断更新着我们由事实系统、因果系统和价值系统构成的社会知识体系，二者之间呈现出一种互为因果的科学化、自然化关系。这种以人的科学性形象为基石的社会科学理路，已经由当代语境行为科学（Contextual Behavioral Science，CBS）、发展科学（Developmental Science）、教育学和人工智能等多学科—交叉学科融合趋势所展示。

基于此，本章以生命发展系统中深层的多方向、多维度、动态层级结构为底色，聚焦于当代语境论心理学中语境行为科学、发展科学、功能心理学的最新进展，整合了发展系统范式、功能语境范式和人工智能语境论范式，对于人的科学所体现的历史—社会—文化的科学化融合与展开进行了深度呈现。具体到章节论述中，我们首先从当代心理学中语境论的不同表征模式入手，明确指出所有解释体系共同具有的实用性、整体性、层级性、主动性、动态性以及扩张性的方法论特征。进而，由语境论介入心理学所导致的研究路径变革出发，审视当代发展科学和语境行为科学的新进展，为心理学、社会学和人类学哲学中涉及的个体发育和演化问题提供新的理论依据，明确提出行为神经科学和演化科学的整合研究有助于实现一致的研究网络，语境行为科学具有演化的认识论特征和一元的本体论特征。最后，作为人的延伸，我们进一步考察了人工智能的发展历程中所贯穿着的鲜明的语境论特征，指出人工智能的表征语境与计算语境围绕智能模拟的语境问题逐步走向融合，已成为语境论范式下人工智能发展的主要趋势。同时，以人工智能的范式转换为契机，分析了作为未来人类的衍生物的智能机器人在模拟和理解人类行为和心理过程中的重要作用，明确提出通过构造网络化语境论范式，以及"网络智能系统＋智能机器人"的智能结构模式，能够帮助从下一代机器人的智能模式中深度透视人类行为的科学性本质。

## 第一节　心理科学的语境化表征

心理学中的语境论模式由来已久，佩珀对语境论作为世界假设和元理论观念的推崇①，使得语境论进入了很多美国心理学家的视野。当前，语境论已经凸显在很多心理学的具体研究领域中，在心理学中产生了巨大影响，心理学中的语境论解释可分为描述的语境论、发展的语境论和功能的语境论三种不同的解释体系。不同的解释体系适用于不同的心理学研究领域，并且采用了不同的研究方法。然而，进一步的分析表明，这些解释体系都具有实用性、整体性、层级性、主动性、动态性以及扩张性的方法论特征。语境论解释不但在具体的心理学研究中显示出明显的优势，而且对于心理学乃至其他社会科学都具有深刻的哲学含义。语境论可以作为一种科学哲学研究纲领，从动态和综合的角度研究心理学。

因此，本节立足于科学哲学中把语境论作为世界观的新的科学解释，从心理学中的语境论解释这一重要视角展开研究，通过分析其形式体系和主要特征，描绘出当前语境论的心理学范式的具体图景。同时，本节从心理学视角，对比机械论解释，明确语境论解释的优势和重要性；从哲学视角，探讨语境论解释作为一种社会科学的科学哲学解释在本体论、认识论和方法论上的意义。

### 一、心理学中语境论解释的形式

大约从 20 世纪 70 年代早期开始，语境论在心理学界有了越来越多的支持

---

① Ralph L. Rosnow, Marianthi Georgoudi, *Contextualism and Understanding in Behavioral Science: Implications for Research and Theory*, Praeger Publishers, 1986, p. 125.

者。这些心理学家按照他们的理解和实践，把语境论作为心理学研究的潜在世界观，构造出了适用于各自领域的语境论解释。语境论解释的形式主要分为：描述语境论、发展语境论和功能语境论。

1. 描述语境论

描述语境论的主要代表人物有心理学家拉尔夫·罗斯诺、西奥多·萨宾，以及戴安·吉莱斯皮（Diane Gillespie）等。这些心理学家往往希望采用描述性质的方法研究心理学，因此，他们的语境论思想被认为是描述语境论（Descriptive Contextualism）。[1] 描述语境论试图借助对事件的参与者和事件特征的考察，描绘整个事件的复杂性和丰富性，因为心理学研究必须注重接受新颖的事物以及强调多层级决定性。描述语境论认为实验虽然可以描述特定的关系模式或者识别因果性，但却无法描述复杂的事件，因为对复杂事件的解释需要额外的关于社会的、文化的、历史的语境知识。因而，实验在心理学中的作用必然是有限的，实验无法描述复杂事件的发展。于是，被归为这类的心理学家都在一定程度上排斥实验，希望用一些方法替代实验。

该理论的奠基者格根认为知识不能在通常的"科学"意义上得到积累，社会心理学的知识通常没有超越历史限制，因此"社会心理学是历史"[2]。萨宾在格根的基础上明确提出"语境论是适用于现代心理学的世界观"[3]，由于一切心理学都与社会紧密相关，所以萨宾认为心理学都是叙事。同时，叙事的结构等同于意义的框架。萨宾用"叙事的原则"把经验和故事等同起来，叙事的原则指导了个人的思想和行为，例如，我们把经验的事情描述成了具有开头、过渡和结尾的故事。因此，萨宾认为叙事抓住了语境论的本质，并且萨宾把他的语境论

① Steven C. Hayes, Linda J. Hayes, Hayne W. Reese, et al., *Varieties of Scientific Contextualism*, Context Press, 1993, p. 21.

② Kenneth J. Gergen, "Social Psychology as History", *Journal of Personality and Social Psychology*, 1973, 26(2), p. 309.

③ Theodore R. Sarbin, "Contextualism: A World View for Modern Psychology", In Alvin W. Landfield, *Nebraska Symposium on Motivation*, University of Nebraska Press, 1977, pp. 34-36.

心理学称为"叙事心理学"。① 吉莱斯皮认为，"认知是情境化的，思想、行动以及社会性以一种复杂的方式与经验交织在一起……随着情境和语境的变化，意义也会变化"②。也就是说，事件所具有的整体的性质无法被还原为部分，因此，语境论是从复杂性和相关性切入对实在和心灵的研究。

2. 发展语境论

发展语境论的主要代表人物有心理学家唐纳德·福特（Donald Ford）、理查德·勒纳以及马乔里·考夫曼（Marjorie Kauffman）等。这些心理学家主要集中在生命全程发展心理学等发展心理学领域，因此他们的语境论思想被叫作发展语境论（Developmental Contextualism）。③ 发展语境论是关于人类发展的多层综合观点，其认为人类发展与个体生活的多重语境密不可分。发展语境论重视来自多个层级的变量，并且重视变量的层级间和层级内部的模式。因为来自组织的多个层级的变量涉及人类生命和发展的各个方面，并且，发展语境论认为组织中的各个层级之间的关系具有同等的重要性，构成人类生命有机体组织层级的那些变量之间存在双向关系。因此，来自某一个层级的变量影响了来自其他层级的变量，同时也受到来自其他层级的变量的影响。具体来说，发展语境论考虑到发展中的各种因素和变化，因而，发展语境论是研究发展的综合理论，在发展语境论中，"个人和环境的关系被看做是相互影响的变量组织，这种组织是一种随着时间发生动态变化的因果场"④。

语境论的模型"给出了关于可塑性和多重方向性的以及随着寿命发展变化的数据构造"⑤，因此，一些发展心理学家从机械论模型转到语境论模型。发展语境论者希望同时依据若干从属变量来研究独立变量的结果，这种方法为研究生

---

① Theodore R. Sarbin, "Contextualism: A World View for Modern Psychology", In Alvin W. Landfield, *Nebraska Symposium on Motivation*, University of Nebraska Press, 1977, pp. 57-58.

② Diane Gillespie, *The Mind's We: Contextualism in Cognitive Psychology*, SIU Press, 1992, p. 47.

③ Steven C. Hayes, Linda J. Hayes, Hayne W. Reese, et al., *Varieties of Scientific Contextualism*, Context Press, 1993, p. 301.

④ Steven C. Hayes, Linda J. Hayes, Hayne W. Reese, et al., *Varieties of Scientific Contextualism*, Context Press, 1993, p. 303.

⑤ Donald H. Ford, Richard M. Lerner, *Developmental Systems Theory: An Integrative Approach*, Sage Publications, Inc., 1992, p. 10.

命全程发展提供了不可或缺的信息来源。心理学家乐观地认为，"语境论明确地解答了一些问题，并且取得了方法论上的进步，此外，一些数据说明语境论视角在经验上的应用让我们对未来充满希望"①。因此，语境论为生命全程发展心理学提供了一种更为动态的和全面的解释。

3. 功能语境论

功能语境论的主要代表人物有心理学家史蒂文·海斯、爱德华·莫里斯（Edward Morris）、埃里克·福克斯（Eric Fox）等。这些心理学家的研究领域主要集中在行为分析学，强调语境论对于行为预测的功能性，因此，他们的语境论思想被叫作功能语境论（Functional Contextualism）②。功能语境论既和语境论心理学一致又和机械论心理学一致。这是由于，一方面，功能语境论认为心理学研究处于历史和环境的语境中并且与历史和环境的语境相互作用，因此功能语境论者承认自己不能逃避个人历史的影响。持有这一观点的心理学家认为对行为的研究是基于很多相互作用的学科，并且这种研究既是个体的也是社会的。因此，这种语境论方法具有多层级的决定性。另一方面，功能语境论试图构建出一般的、抽象的并且不受时空限制的，就如同于科学原理一样的知识。所以，功能语境论接受实验。因此，在一些方面功能语境论和机械论心理学是一致的。

行为分析师莫里斯对此做出了说明，语境论可以理解时空中的个体和行为，通常的心理学是理解时空中的个体，行为主义心理学研究时空中的行为，它们具有相似之处，心理学所研究的个体和行为受到时空的限制，但是，时空的不同会导致个体的变化，却不会改变时空中的行为，因为通常的心理学是研究个体的自然历史，行为主义是研究行为本身的自然科学，因此，行为科学的规律是不可更改的普遍规律。行为主义研究关于社会的、情感的或认知的行为。然而，虽然行为主义是自然科学，但是人们关于特定行为内容的分析是受时空限

① Richard M. Lerner, Marjorie B. Kauffman, "The Concept of Development in Contextualism", *Developmental Review*, 1985, 5(4), p. 327.

② Steven C. Hayes, Linda J. Hayes, Hayne W. Reese, et al., *Varieties of Scientific Contextualism*, Context Press, 1993, p. 23.

制的。行为内容是从整体的行为主义自然科学中分割出的个别的自然历史，它们是特定的时间地点的产物。于是，对行为内容的分析是对特定人群在特定历史和社会中（文化语境中）的行为的精确解释。[①] 因此，语境论为行为分析学提供了新的路径。

## 二、心理学中语境论解释的特征

根据对上述三种语境论解释形式的分析，我们发现，语境论解释的形式并不是完全相同的，在一些方面甚至是截然不同的。描述语境论采取了宽泛的语境标准，发展语境论采取了中性的语境标准，而功能语境论采取了严格的语境标准。因此，正是绝对语境概念的分化，造成了心理学中语境论解释的形式体系的分化，具体方法以及适用领域的分化。因此，有必要对心理学中语境论解释的基本特征进行澄清。

1. 心理学中语境论解释的实用性

自从心理学的研究中心转移至美国，心理学研究就被打上了实用主义的烙印。语境论是"关于真理的操作理论"[②]，心理学中的语境论解释正是继承了这一传统。在心理学中，"语境论、机能主义和实用主义在某种程度上是可相互替换的"[③]。所以，语境论心理学可看作是机能主义和实用主义在心理学中的再次觉醒。描述语境论认为应该用叙事等异于传统的方法研究人的心理发展过程或者对其进行心理治疗，因为有关故事的叙述是人们表达自我或者认识世界的基础；在发展语境论中，语境论被看作是更适用于解释生命全程发展心理学的实用主义方法论；功能语境论强调语境对于预测和影响心理事件的重要性。因此，语境论的解释更好地描述和说明了心理过程和心理特征，语境论心理学重视研究的目的和要达到的效果。

---

① Steven C. Hayes, Linda J. Hayes, Hayne W. Reese, et al., *Varieties of Scientific Contextualism*, Context Press, 1993, pp. 152-154.

② Stephen C. Pepper, *World Hypotheses: A Study in Evidence*, University of California Press, 1942, p. 268.

③ Ralph L. Rosnow, Marianthi Georgoudi, *Contextualism and Understanding in Behavioral Science: Implications for Research and Theory*, Praeger Publishers, 1986, p. 127.

2. 心理学中语境论解释的整体性

语境论本身就是一种关注整体的方法论，语境论是"综合的世界观"①，因此，整体性是语境论的根本属性和根本特征。语境论要求人们在自然的、社会的、历史的语境下解答心理学问题。并且，由于认知活动与人在现实世界中的存在和作用密切相关，因此，心理学问题不可能是简单的还原。根据描述语境论解释，在临床心理学研究中，患者被看成一个面对复杂世界并且设法获得整体叙述的主体。临床医生需要根据患者的意图重新构造患者的自我叙述，让患者能够更加有效地应对复杂的环境②；发展语境论认为人的器官系统与人内部和外在其他变量相互作用，这些变量形成了一个有机的整体系统；功能语境论中的关系框架理论也要求人们从整体的语境中理解人类如何在环境中习得语言。③ 因此，语境论把多个层级的变量综合为一个整体。

3. 心理学中语境论解释的层级性

人的心理过程和心理特征是由来自多个层级的变量决定的。当人们解释心理现象的时候，语境论能够增加独立变量以及多重的层级和维度的数量。描述语境论认为应该从历史发展的不同层级和维度中理解人类行为，而人类的所有行为都是历史的和社会的，所以，对人类的历史行为的解释需要有关观察和语境的不同范畴；发展语境论认为应该从多元的和多层级的变量中理解人类发展，例如，人的器官系统与人内部和外在其他变量相互作用，所以，器官系统的改变会影响其他变量，同时器官系统也受到其他变量的影响；而功能语境论则是把心理学分成了宏观理解和微观理解、跨学科的、个人和社会的不同层级，当人们解释心理现象、说明特定的关系模式或者识别因果性质时，都需要关于其个体内部的、社会的、文化的、历史的语境知识和信息。因此，语境论解释重视从复杂的、多重的维度理解和解释心理现象。

---

① Stephen C. Pepper, *World Hypotheses: A Study in Evidence*, University of California Press, 1942, p. 142.

② Theodore R. Sarbin, "The Social Construction of Schizophrenia", In William F. Flack, Morton Wiener, Daniel R. Miller, *What Is Schizophrenia?* Springer, 1991, p. 189.

③ Steven C. Hayes, Dermot Barnes-Holmes, Bryan Roche, *Relational Frame Theory: A Post-Skinnerian Account of Human Language and Cognition*, Kluwer Academic/Plenum Publishers, 2001, pp. 141-145.

### 4. 心理学中语境论解释的主动性

语境论解释的主动性是指语境论在本质上认为认知主体是主动的。心理学知识是在语境中形成的，这些知识是由认知主体和他们的环境相互作用产生的。语境论对语境的强调就是因为按照语境论的解释，认知主体更加积极地参与了知识的构建。在描述语境论中，教师只需要提出启发性的问题，由学生自己组成小组进行讨论，学生基于与外界环境的复杂关系，可能会得到比教师的标准答案更好的答案。[1] 发展语境论认为人本身就是主动的有机体，人的认知行为本身就是自发的和有机的活动。功能语境论的关系框架理论认为人类对语言的学习是基于环境的，这与人的内部刺激和外部语境层级都有关系，但是，人类具有主动把事物连接起来的能力。[2] 因此，语境论解释认为研究主体的主动性凸显在人的内部和外部的多重语境之上。

### 5. 心理学中语境论解释的动态性

人的心理过程和心理特征会在不同语境下产生动态的差异，这表现在人与人之间、人与环境之间以及各种环境因素之间的双向交互动态影响。文化、社会和历史的语境动态地影响着人的外在活动和内在心理。按照描述语境论的解释，在临床心理学研究中，患者描述自己的想法和问题，临床医生根据患者的叙述确定患者想要达到的目标。随后，临床医生根据患者的叙述重新构造出让患者能够更加有效地应对他或者她的环境的自我叙述。[3] 发展语境论认为，个人的有机体组织相关联的层级上的变量与其他语境层级的变量动态地相互作用。功能语境论强调动态控制产生行为的背景语境中的那些变量对于预测和影响行为的重要作用。因此，语境论解释依据双向交互动态影响研究人的心理过程和心理特征。

---

① Richard S. Prawat, Robert E. Floden, "Philosophical Perspectives on Constructivist Views of Learning", *Educational Psychologist*, 1994, 29(1), p. 46.

② Steven C. Hayes, Dermot Barnes-Holmes, Bryan Roche, *Relational Frame Theory: A Post-Skinnerian Account of Human Language and Cognition*, Kluwer Academic/Plenum Publishers, 2001, pp. 141-145.

③ Theodore R. Sarbin, "The Social Construction of Schizophrenia", In William F. Flack, Morton Wiener, Daniel R. Miller, *What Is Schizophrenia?* Springer, 1991, p. 189.

6. 心理学中语境论解释的扩张性

"语境论的根隐喻是当前语境中正在进行的事件"①，而事物永远处在发展与变化的过程中，所以语境论解释要求用开放的眼光研究心理学问题。随着层级和变量的变化，必将会出现新的层级和变量，与此同时，语境论的解释也在持续扩张。语境本身具有横向的宽度和纵向的深度，语境论解释是静态的和动态的解释在多个层级上的结合。所以在对心理过程和心理特征的解释中，语境论的解释在维度和层级上都是可扩张的。因此，语境论解释重视从多重的维度和复杂的层级上理解和解释心理现象，在这种多重的描述中包含了事件的复杂性、整体性和层级性。同时，语境论解释的整体性、层级性和动态性特征结合在一起引发了语境论解释的扩张性特征。

通过上述分析我们发现，三种语境论解释形式的不同只是因为它们各自所设置的语境标准不同，这三种形式具有相同的主要特征。心理学中的语境论解释要求我们不但要坚持在语境论世界观的视角下解释心理学问题，而且要注重语境论的实用性、整体性、层级性、主动性、动态性以及扩张性的方法论特征。

## 三、语境论心理学的解释力凸显

对比心理学中的机械论解释，语境论解释的心理学范式在心理学的具体研究领域中显示出巨大的生命力和独特的魅力。语境论的心理学范式不仅是一种更加优越的理论范式，而且在世界观的层面上丰富了原有的心理学理论体系，是心理学元理论的突破和创新。

1. 语境论心理学是一种更加优越的心理学范式

首先，关注语境论的心理学家，通常在一开始都是把机械论作为其世界观的，由于机械论心理学研究的局限性，他们在具体研究中逐渐由机械论世界观转向语境论世界观。这些心理学家认为自己从语境论的角度开展的研究比目前统治心理学研究的机械论和还原论更加富有成效。因为，语境论心理学避免了

---

① Stephen C. Pepper, *World Hypotheses: A Study in Evidence*, University of California Press, 1942, p. 232.

孤立和单调，走向了整体和统一。正如萨宾所言，"我回顾这十五年来的心理学研究历程得出结论：我们现在对语境论的兴趣有一部分源自我们对由机械论世界观所指导的研究和实践结果的不满意"①。

其次，在机械论中，有机体是消极的。在语境论中，有机体是积极的。因为，机械论的根隐喻是机器②，就是说有机体会对外界的刺激做出反应，但是他们自身不会发起活动。因此，把有机体比作机器就是在本质上认为有机体是被动的。然而，语境论的根隐喻是正在进行的行为，并且这个行为是动态的主动的事件。③ 因此，语境论是从动态的角度看待有机体的发展变化。

再次，机械论具有单向的、线性的因果性，语境论具有双向的、交互的因果性。因为，机械论的解释模型只描述了原因和结果之间的单向关系。具体说，在机械论的心理学解释中，人们通常把心理现象还原为不同的部分，但是心理现象的研究不是简单的部分之和。然而，机械论心理学家"将会按照还原论的方式，根据某一个被认为是核心的或者基本的层级来研究或解释来自多个层级的各种变量"④。相比之下，语境论的心理学解释则重视心理现象的整体性，因为，语境论认为来自不同组织层级的所有变量都具有同等的重要性。因此，语境论解释的心理学范式不但为心理学研究指出了替代的路径，而且在很多方面都是一种更加优越的理论体系。

2. 语境论心理学是心理学元理论的突破和创新

在本体论上，语境为心理学中的语境论解释提供了"本体论的构架"。首先，心理过程和状态的产生依赖于多重层级的语境结构，这些层级结构相互关联和影响，然后在各个层级上显示出确定的知识。因而，语境论心理学中的语境是

① Steven C. Hayes, Linda J. Hayes, Hayne W. Reese, et al., *Varieties of Scientific Contextualism*, Context Press, 1993, p. 54.

② Stephen C. Pepper, *World Hypotheses: A Study in Evidence*, University of California Press, 1942, p. 186.

③ Stephen C. Pepper, *World Hypotheses: A Study in Evidence*, University of California Press, 1942, p. 232.

④ Steven C. Hayes, Linda J. Hayes, Hayne W. Reese, et al., *Varieties of Scientific Contextualism*, Context Press, 1993, pp. 301-302.

实在的。其次，语境的层级结构具有动态性，于是，语境的层级结构表现为动态的整体层级结构，因此，语境是动态的、是不可被还原的实在。最后，人的心理过程和心理特性受到社会的、历史的、文化的各种因素的影响，语境论重视从全部的层级中理解心理现象，在这种多重的结构中包含了事件的复杂性、整体性、时空性和层级性。因此，语境论是在具体语境限制下研究人的心理过程和心理特性，这本身就是对语境实在的具体化。总之，语境为心理学研究提供了本体论上的实在。

在认识论上，语境为心理学中的语境论解释提供了"认识论的路径"。首先，语言学转向使得人们开始关注语言和世界的关系问题。人类通过语言表述自身所认识到的结果或知识，语境就是人类认识心理过程和心理特性的前提和基础。人们在这种多层级的动态语境框架中形成了对心理现象的基本认识。因而，语境提供了人类认识心理现象的语境结构。其次，语境论的真理标准就是"质的确证假设"①。也就是说，真理是假设与假设造成的可能影响之间的某种关系。科学和哲学中的各种关于自然结构的思考都是假设，有些假设是可直接证实的，有些不能。然而，我们可以确定所有这些假设的关系结构。因此，语境结构为认识提供了可能。② 总之，语境为心理学提供了可以达成一致的研究标准，为心理学理论的产生、心理学研究的进行提供了新的认识路经。

在方法论上，语境为心理学中的语境论解释提供了"方法论的视角"。语境论解释突出了复杂性、动态性、层级性等语境自身的鲜明方法论特征。语境解释的方法论特征决定了各种语境论的研究和分析方法在本质上都可被归为语形、语义和语用的综合分析模式。首先，在描述语境论中，萨宾用叙事作为心理学研究的基本方法，因为，人们通过故事描述世俗的行为以及幻想的创造物、推理或构造出一些东西。③ 其中，故事的句法形式体系构成了描述语境论解释的

① Stephen C. Pepper, *World Hypotheses: A Study in Evidence*, University of California Press, 1942, p. 275.

② Stephen C. Pepper, *World Hypotheses: A Study in Evidence*, University of California Press, 1942, p. 278.

③ Steven C. Hayes, Linda J. Hayes, Hayne W. Reese, et al., *Varieties of Scientific Contextualism*, Context Press, 1993, p. 57.

语形基础。关于句法形式的语境构架的语义分析就是对语形基础的语境构架给出进一步的语义学诠释。语用分析将焦点集中在语言主体的意向，因为，在叙述过程中语言主体主动地建构和解释了心理现象，并决定了心理学中语境论解释的认识范围。其次，在发展语境论中，生命发展被看作是多元的、多层级的组织动态地互动的过程。生命发展的多重复合层级的句法形式体系就是发展语境论解释的语形基础。语义分析就是对生命发展的句法形式体系的语境构架给出进一步的语义学说明。语用分析就是研究言说主体的认识活动。最后，在功能语境论中，关系框架理论认为人类对语言的学习是基于环境的，这与人的内部刺激和外部语境层级都有关系。① 人的内部和外部的复杂语境层级就是功能语境论解释的语形基础。对人的内部和外部的复杂语境层级的句法形式体系的语境构架给出的语义学说明就是语义分析。语用分析就是主体的认识范围。

概言之，在短短几十年中，语境论心理学已经在心理学中产生了一定的影响，这决非是偶然的。首先，和机械论相比，语境论在解决心理学问题时具有明显的优势，并且语境论能够得到心理学家和哲学家的认可。其次，语境论可以作为一种科学哲学研究纲领，从动态的、综合的角度研究心理学。总之，语境论已经作为一种世界观渗透到了心理学研究中。

当然，我们也应该看到，语境论具有一定的局限性和缺陷，主要表现为：形式体系的多样化、绝对语境标准的分化，以及评价标准的相对化，这些都是由语境论本身的属性所造成的。采用语境论解释的心理学具体领域不同，必然会造成语境标准无法统一以及评价标准的相对化；语境论关注于特定时空的语境，必然不会给出定律之类的统一规律。然而，这些局限并不会影响语境论解释的实用性和有效性。"尽管语境论衍生出了多种形式体系，语境论确实能作为连贯的科学哲学。"②因而，心理学中的语境论解释是相对完备的解释范式。并

---

① Steven C. Hayes, Dermot Barnes-Holmes, Bryan Roche, *Relational Frame Theory: A Post-Skinnerian Account of Human Language and Cognition*, Kluwer Academic/Plenum Publishers, 2001, pp. 141-145.

② Steven C. Hayes, Linda J. Hayes, Hayne W. Reese, et al., *Varieties of Scientific Contextualism*, Context Press, 1993, p. 11.

且，"语境论提供的新视角，撇开了心理学中的旧问题，对心理学给出了新的解释"①。

## 第二节　发展科学的语境论趋势

发展科学是在发展心理学的基础上形成的，发展心理学在 20 世纪基于儿童心理学形成，儿童心理学在 19 世纪后半叶就已诞生，从 20 世纪中叶至今，儿童心理学一直处在发展心理学的研究前沿。在 20 世纪 80 年代，跨学科的发展心理学已经"形成了一门以应用或干预为主要目的的新兴分支学科——应用发展心理学"②。在 1998 年第五版《儿童心理学手册》出版之后，发展心理学的基础研究中涉及了更多的多学科或跨学科的系统研究，并出现了基础研究和应用研究的整合。于是，越来越多的研究者认为该研究领域是涉及生命发展的多学科综合研究的发展科学，因此，在 2006 年的第六版《儿童心理学手册》中，勒纳提出这个领域已经发生了"从发展心理学到发展科学的转变"③。2013 年版的《心理学手册》(第六卷)的《发展心理学》中，已经用发展科学代替了发展心理学。此外，2015 年《儿童心理学手册》的第七版也已把标题改为《儿童心理学与发展科学手册》。从 2006 年至今，发展心理学中已经逐步形成了以语境论、有机论和辩证法为基础的"关联论和关联的发展系统范式(relationism and relational developmental systems paradigm)"④，"一个新的科学范式已经为发展科学(devel-

---

① Edward K. Morris, "The Contextualism that is Behaviour Analysis: An Alternative to Cognitive Psychology", In Arthur Still, Alan Costall, *Against Cognitivism: Alternative Foundations for Cognitive Psychology*, Harvester Wheatsheaf, 1991, p. 125.

② 张文新、陈光辉、林崇德：《应用发展科学——一门研究人与社会发展的新兴学科》，《心理科学进展》2009 年第 2 期，第 251 页。

③ Richard M. Lerner, "Developmental Science, Developmental Systems, and Contemporary Theories of Human Development", In Richard M. Lerner, *Handbook of Child Psychology (Volume One): Theoretical Models of Human Development*, John Wiley & Sons, Inc., 2006, p. 4.

④ Willis F. Overton, "Relationism and Relational Developmental Systems: A Paradigm for Developmental Science in the Post-Cartesian Era", In Richard M. Lerner, Janette B. Benson, *Advances in Child Development and Behavior*, Elsevier, 2013, p. 37.

opmental science)做好了准备"①。从科学依据上讲，"发展心理学基于胚胎学和演化生物学，而非实验心理物理学"②，发展科学是发展心理学走向成熟的产物。此外，演化理论一直是社会学和人类学关注的重要内容之一，本节支持其中的"基因—文化协同演化"③的立场，并从发展科学的角度回应演化社会学和演化人类学的科学哲学研究中亟待解决的问题，即演化解释应如何介入社会学和人类学哲学。

## 一、发展科学的研究范式

在2015年版的《儿童心理学与发展科学手册》中，开篇就提到了范式的转变问题。在发展科学内部，诸如哲学、方法论等不同维度的转变共同引起了研究范式的转变，从整体上看，范式的转变意味着世界观的转变，在发展科学内部，世界观分为两类"家族"取向，即割裂的(split)取向和关联的(relational)取向④，机械论世界观和有机论的语境论世界观分别代表了这两种取向。发展科学的范式转变就是从割裂的取向转向关联的取向，关联取向的新范式把语境看作是个体行动和发展的研究基础，这里语境所指的是"若干相互作用的、协同作用的或相互融合的关系过程"⑤，有机体生命发展涉及多重过程和多重层级的相互或联合作用，因此，发展科学的新范式所支持的科学价值观是"把生物的、心理的、社会文化的和历史的多重视角整合为一个综合的、整体的、复杂的、联合作用

---

① Willis F. Overton, "Relationism and Relational Developmental Systems: A Paradigm for Developmental Science in the Post-Cartesian Era", In Richard M. Lerner, Janette B. Benson, *Advances in Child Development and Behavior*, Elsevier, 2013, p. 57.

② Robert B. Cairns, Beverly D. Cairns, "The Making of Developmental Psychology", In Richard M. Lerner, *Handbook of Child Psychology (Volume One): Theoretical Models of Human Development*, John Wiley & Sons, Inc., 2006, p. 92.

③ Valerie A. Haines, "Evolutionary Explanations", In Stephen Turner, Mark Risjord, *Philosophy of Anthropology and Sociology*, North-Holland, 2007, p. 337.

④ Willis F. Overton, "A Coherent Metatheory for Dynamic Systems: Relational Organicism-Contextualism", *Human Development*, 2007, 50, p. 156.

⑤ Willis F. Overton, Peter C. M. Molenaar, "Concepts, Theory, and Method in Developmental Science", In Willis F. Overton, Peter C. M. Molenaar, *Handbook of Child Psychology and Developmental Science (Volume One): Theory and Method*, John Wiley & Sons, Inc., 2015, p. 2.

的系统"①。

"关联的发展系统"(Relational Developmental System，RDS)②就是基于新的关联取向的研究范式，也叫作"当代过程关联和关联的发展系统科学研究范式"(contemporary process-relational and relational-developmental-systems scientific research paradigm)③或关联论和关联的发展系统范式。这是发展科学的元模型，表征了活的有机体自身的一系列联合运作的具身行动。有机体本身就是具有相对可塑性的非线性复杂系统，可以自生成、自组织、自调节，这些行动在社会文化世界和物理世界中的联合运作带动了系统的发展，其中蕴含了有机体毕生的个体内部变化和外部行为，以及这些变化和行为中涉及的子系统和子过程。RDS各层级组织的具身行动会造成正向或者负向的反馈循环，RDS的发展内在指向对立统一的目的，这个系统活的组织产生的具身行动导致了发展，发展又反过来改变了这个系统的机体，RDS就在这样的反馈循环中变得越来越分化、越来越整合，也越来越复杂。此外，RDS是在不同层级上嵌套着各种子系统的复杂语境结构，整体系统和子系统相互定义，不可分割，"部分定义了整体，整体定义了它的组成部分"④。因此，只有在整体的语境中才能确定子系统的结构，也只有通过子系统的复杂语境结构才能确定整体系统。

割裂的取向采用了一元的、还原的动态系统视角，关联的取向采用了多元的、关联的动态系统视角，割裂的取向采用的是整体的动力学方式，关联的取向采用的是动力学的整体方式；割裂的取向重视语境中行动的实际时间，关联

---

① Willis F. Overton, Peter C. M. Molenaar, "Concepts, Theory, and Method in Developmental Science", In Willis F. Overton, Peter C. M. Molenaar, *Handbook of Child Psychology and Developmental Science (Volume One): Theory and Method*, John Wiley & Sons, Inc., 2015, p. 2.

② Richard M. Lerner, Willis F. Overton, "Exemplifying the Integrations of the Relational Developmental System: Synthesizing Theory, Research, and Application to Promote Positive Development and Social Justice", *Journal of Adolescent Research*, 2008, 23(3), p. 245.

③ Willis F. Overton, Peter C. M. Molenaar, "Concepts, Theory, and Method in Developmental Science", In Willis F. Overton, Peter C. M. Molenaar, *Handbook of Child Psychology and Developmental Science (Volume One): Theory and Method*, John Wiley & Sons, Inc., 2015, p. 3.

④ Willis F. Overton, "Processes, Relations, and Relational-Developmental-Systems", In Willis F. Overton, Peter C. M. Molenaar, *Handbook of Child Psychology and Developmental Science (Volume One): Theory and Method*, John Wiley & Sons, Inc., 2015, p. 40.

的取向把有机体看成是一个跨越时间和语境的整合的整体；割裂的取向重视组织层级之间非递归的变化，关联的取向重视循环的因果关系。此外，关联的取向试图用自组织和整体论的系统概念解释发展模式。在这个解释过程中，发展模型必须调和实时行动的不间断流动与发展的分层组织性流动。因此，在建模时需要借助伴随时间发生的复杂的和非线性的数学原理。在数学上，动态系统就是在论述一种对过程的衔接，在时间 $t$ 时的系统状态转变为之后在时间 $t+1$ 时的系统状态。所以，适用于动态系统的方程在本质上是递归的，其中涉及迭代的过程，这个方程初始状态的产物（在系统状态 $t+1$）对方程的反馈作为新的初始系统状态，继而产生之后的系统状态 $t+2$……以此类推。发展时间是自然发生的，这里的时间不可还原为实际的时间，自组织是通过循环的或者层级间的因果性按照自下而上和自上而下的方式发展的。① 这样的模型更加符合对于发展科学的形式化构想："在任何领域中，逻辑的一致性和概念的连贯性都是系统化的经验（实证）知识（即科学知识）的基本特征，元理论就是这种一致性和连贯性的来源。"②

关联论和关联的发展系统范式涉及多元内容的整合，对"时间的流动""动态""变化"和"非还原"的重视，使得关联论和关联的发展系统范式有别于之前的"割裂"的机械论发展系统范式。当前，基于数学理论的心理测量和统计建模研究使得发展科学有了突破性的进展。发展科学中曾经使用的是割裂取向的线性动态系统模型，关联取向的非线性的动态系统体现了发展的分阶段的特征。线性动态系统描述的变化是有关分量过程的线性函数，然而，伴随时间发生的变化本身就具有系统性、语境层级性、关联性和时间性，有机体和语境是一个整体，组织中的各个层级是双向的关系，因此，非线性动态系统的变化本质上是

① David C. Witherington, "The Dynamic Systems Approach as Metatheory for Developmental Psychology", *Human Development*, 2007, 50, pp. 127-128.

② Willis F. Overton, "A Coherent Metatheory for Dynamic Systems: Relational Organicism-Contextualism", *Human Development*, 2007, 50, p. 155.

有关分量过程的非线性函数。[①] 在元理论层面上，发展科学已经实现了从机械论到有机论的语境论的转变，RDS 能够更好容纳科学进展中出现的新系统、新理论、新方法，并解释生命发展的复杂本质。在当前的发展科学研究中，RDS已经被应用于认知发展、语言发展、社会发展和情绪发展等领域。

## 二、发展科学的理论进展

发展科学的新进展使得研究者重新思考演化、发展和个体发育的关系问题。比如，表观遗传学的新进展使得研究者对经典遗传学产生质疑，重新审视经典遗传学，并且放弃了对经典遗传学"修修补补"的做法，与库恩的"范式理论"一致，新的科学发现导致了研究范式的转变。这里的范式转变涉及发展科学作为一门科学的自主性问题。"所有依据其他科学的非基础科学都存在这样的问题。……无论更基础层级的解释和论证是强化还是削弱了更高层级的理论，它们都不会损害心理学的自主性。"[②]因此，基于遗传学、演化和个体发育研究进展的范式转变不会影响发展科学自身的合理性，且可以作为发展科学的研究依据。

1. 对演化和个体发育的重新思考

对演化和个体发育研究的重新思考，使得研究者对经典的现代综合演化论产生了质疑。虽然现代综合演化论整合了孟德尔的遗传学和新达尔文主义的变异与自然选择，但仍是从割裂的视角理解个体发育的发展与演化的关系。(1)1909 年，威廉·约翰森(Wilhelm Johannsen)提出了基因的假设，认为基因是遗传单位，可作为干预变量来解释孟德尔的亲代子代表型遗传。(2)1983 年，沃森(James Watson)和克里克(Francis Crick)提出了双螺旋结构，并明确了基因是脱氧核糖核酸。由此，以基因为中心，他们认为身体构造、生理过程以及

---

① Peter C. M. Molenaar, John R. Nesselroade, "Systems Methods for Developmental Research", In Willis F. Overton, Peter C. M. Molenaar, *Handbook of Child Psychology and Developmental Science (Volume One): Theory and Method*, John Wiley & Sons, Inc., 2015, p.653.

② Daniel A. Weiskopf, Fred Adams, *An Introduction to the Philosophy of Psychology*, Cambridge University Press, 2015, pp.48-50.

有机体的行为模型在有机体发展之前就已经被预先规定。个体发展和基因的关系是割裂的。(3)摩根(Thomas Morgan)的染色体遗传学说对传递遗传学与发育遗传学的区分加剧了这种割裂。传递遗传学研究基因的遗传传递，而发育遗传学研究基因在发展中的表达。总之，在 20 世纪的演化生物学中，割裂的视角占据着主导地位，"演化综合的主要原则是：种群中包含随机出现的(即非适应导向的)突变和重组；种群演化来自随机的基因漂变、基因流和自然选择引起的基因频率的变化；大多数适应的基因变异都具有单独的少量表型影响，所以表型是渐进变化的；物种形成引起了分化，这通常意味着种群之间生殖隔离的逐渐演化；这些过程如果持续的时间足够长，就会引起足够将其命名为更高分类层级(类、科等)的变化"①。因此，演化生物学把演化定义为种群基因的变化，而不是生命在其发展进程中发生的一些变化，忽视了环境的作用，从而割裂了遗传、演化和个体发育过程之间的关联。这也使得心理学研究中长期存在着预先决定论的先天视角，由此加剧了研究中对于天性和教养的二分。在知觉和认知发展的研究中，这样的二分表现为对于先天的能力和后天经验习得的能力的争论。然而，新的关联取向的发展科学主张消解这种二分，生物和其经验是一个不可分割的整体。

2. 对经典遗传学与表观遗传学的反思

长期以来，达尔文主义的遗传学说一直在科学研究中占据着统治地位，对生命发展本质的研究正是发展科学关注的焦点，表观遗传学、分子遗传学和细胞生物学的研究进展撼动了研究者对于天性—教养之争的传统理解，具体来讲，对经典遗传学的质疑不是最近才出现的，只是这些疑问直到近十几年才逐渐引起重视。早在达尔文提出"自然选择"的进化论学说之前，拉马克(Jean-Baptiste Lamarck)就认为环境会直接影响生物体的性状，并且，生物有机体后天获得的性状是可以遗传的。但是拉马克的学说一直未引起足够重视。1942 年，沃丁顿(Conrad Waddington)在其对果蝇的研究中发现，基因和表型特征的关系并不

---

① Douglas J. Futuyma, *Evolutionary Biology*, Sinauer Associates, Inc., 1986, p. 12.

符合传统的遗传学假设。在从胚胎到成体的发育过程中，果蝇受到的某些外部刺激会导致果蝇翅膀的变化，这种变化具有可遗传的特性。尽管沃丁顿的研究证明了拉马克的论点，主流研究还是继续使用基因突变等学说解释经典遗传学。然而，近几十年的分子遗传学研究对基因的定义产生了强烈的质疑。根据分子遗传学，"在性腺决定期将怀孕的雌性大鼠短暂暴露于激素干扰物农利灵（一种抗雄激素复合物）或甲氧滴滴涕（一种类雌激素复合物）中，可导致成年大鼠 F1 代产生精子能力（细胞数量和生存能力）的下降和雄性不育发生率的增加。这些效应通过雄性生殖系统传递到几乎所有经过检测的雄性后代（即 F1—F4）。……外源物质诱导的代际效应需要稳定的染色体改变或表观遗传现象，例如 DNA 甲基化。在这项研究中，代际指的是种系的世代相传，至少到 F2 代"[①]。此外，世界各地的多个研究中心都已给出支持表观遗传学的有力证明。大量证据表明遗传活动受到神经的、行为的、环境的事件的影响，"对鱼类、鸟类和哺乳类动物的研究已经证明社会刺激也会通过对基因组的影响引起大脑和行为的变化"[②]。因此，发展科学认为基因的作用和有机体的内外环境共同决定了有机体的表型发展，生物学家在解释表型特征的时候无须赋予基因特殊的地位。旧有的研究范式已经无法容纳新发现、无法解释生命发展的复杂本质，这直接导致了研究范式的变化。

## 三、发展科学中的语境论蕴含

关联论和关联的发展系统范式涉及多元内容的整合，在元理论层面上，发展科学中的语境论思想涉及的最为核心的部分就是辩证法：（1）辩证法思想可被理解为一种语境论的变体；（2）辩证法思想整合了有机论世界观和语境论世界观；（3）借助辩证法思想，发展科学在本体论和认识论上的哲学内涵变得更加

---

① Matthew D. Anway, Andrea S. Cupp, Mehmet Uzumcu, et al., "Epigenetic Transgenerational Actions of Endocrine Disruptors on Male Fertility", *Science*, 2005, 308, p. 1466.

② Robert Lickliter, Hunter Honeycutt, "Biology, Development, and Human Systems", In Willis F. Overton, Peter C. M. Molenaar, *Handbook of Child Psychology and Developmental Science (Volume One): Theory and Method*, John Wiley & Sons, Inc., 2015, p. 175.

明确。

1. 作为语境论哲学基础的辩证法

20 世纪 70 年代，社会学家里格尔（K. F. Riegel）尝试采用辩证的理论解释生命发展过程，认为辩证思想就是在解释变化社会世界中变化的个体。也就是说，在平衡状态下的事物是不会发展的，事物内部和外部矛盾产生的持续变化导致了发展。具体而言，这些矛盾造成了发展科学中四个维度的不同步：内部生物的维度、个体心理学的维度、文化社会的维度和外部物理的维度。为了促使这四个变化维度之间的相互依赖和相互影响的交互作用达到同步或者协调，于是就产生了发展。① 在 20 世纪 70 年代后期，蕴含辩证法形式的语境论逐渐在发展心理学中兴起，并且形成了一种语境论的辩证法范式和生态系统观。里格尔有关辩证思想的讨论对发展心理学产生的影响一直持续至今，而且，"把语境论的辩证法作为理解毕生发展的世界观并没有导致对经验主义的方法论和科学的方法的拒斥"②。至此，"矛盾"成为语境论隐喻中的基础原理，蕴含了发展带有阶段性的特征的思想。③

具体来说，发展科学在解释生命发展时体现了辩证法系统自然观、人工自然观和生态自然观。按照系统自然观，生物和环境处在多层级的复杂系统中，生物和环境的关系本身就是循环的、动态的和相互作用的演化过程；按照人工自然观，人在整个生命发展过程中具有主体性和能动性，因此，人和自然处于一种相互作用的状态中，也就是说，自然界（人化的自然界，人工自然界和天然自然界）和作为主体的人处在动态的、双向的相互作用之中；按照生态自然观，"生态系统是由人类及其他生命体、非生命体及其所在环境构成的整体，它是自组织的开放系统，具有整体性、动态性、自适应性、自组织性和协调性等特

---

① Klaus F. Riegel, "Toward a Dialectical Theory of Development", *Human Development*, 1975, 18, pp. 62-63.

② Paul B. Baltes, Hayne W. Reese, Lewis P. Lipsit, "Life-Span Developmental Psychology", *Annual Review of Psychology*, 1980, 31, p. 80.

③ Hayne W. Reese, "Contextualism and Developmental Psychology", In Hayne W. Reese, *Advances in Child Development and Behavior (Volume TwentyThree)*, Academic Press Inc., 1991, p. 205.

征"①。基于蕴含着辩证法思想的语境论，RDS 是一个组织发展系统，具有"活的内源"和开放的关系。如果我们把人作为"活的内源"，人和其所处的外部世界（包括物理世界和社会文化）相互地共同地作用于彼此，那么，RDS 实际所描述的是以人为中心的生物—文化综合生态观。

2. 有机论的语境论世界观

根据佩珀的《世界假设》，有机论的世界观和语境论的世界观都是"相对充分的"②，按照这两种世界观可以分别发展出"纯粹的"有机论范式和"纯粹的"语境论范式。但是，这两种独立的范式都有局限：有机论的根隐喻是有活力的系统或有机体的发展过程③，语境论的根隐喻是历史事件或正在进行的行为。④ 如果我们把"纯粹的"有机论看成是发展心理学的元模型，由于有机论不重视时间，会使发展缺乏一种阶段性概念；如果我们把"纯粹的"语境论看成是发展心理学的元模型，语境论世界观的极度分散性会导致无穷的可塑性和朝向任意方向的发展。如果我们要采取关联的立场对有机论和语境论进行有原则的整合，就需要在它们二者之间架起辩证的桥梁。从辩证的视角看来，它们的矛盾可以转变为一种互补关系。也就是说，语境论和有机论都是动态和变化的世界观，语境论限制了时间，有机论规定了发展方向；而有机论—语境论的世界观强调对来自不同分析水平的变量之间的二分的矛盾性进行辩证的整合。由此，心理学家奥弗顿认为有机论的语境论是一种"过程关联的元理论世界观"（Process-Relational metatheoretical worldview）⑤。

---

① 郭贵春：《自然辩证法概论》，高等教育出版社，2013，第 55 页。

② Stephen C. Pepper, *World Hypotheses: A Study in Evidence*, University of California Press, 1942, p. 141.

③ Stephen C. Pepper, *World Hypotheses: A Study in Evidence*, University of California Press, 1942, p. 280.

④ Stephen C. Pepper, *World Hypotheses: A Study in Evidence*, University of California Press, 1942, p. 232.

⑤ Willis F. Overton, "Processes, Relations, and Relational-Developmental-Systems", In Willis F. Overton, Peter C. M. Molenaar, *Handbook of Child Psychology and Developmental Science (Volume One): Theory and Method*, John Wiley & Sons, Inc., 2015, p. 28.

具体来说，有机论具有垂直的宇宙观，语境论具有水平的宇宙观①；语境论表示有机体的外部行为，有机论表示有机体正在执行这个行为。语境论和有机论共同享有若干可以从不同维度进行理解的整体和辩证的特征，表现为：第一，语境论具有分化的整体论特征，一个事件由当前的一系列分散的子行动构成。语境本身并没有因果关系，具有不可还原的特征。第二，有机论具有整合的整体论特征，当前的事件反映了有机体不同组织层级的活动，并且这些活动表现出一种动态的系统层级之间的关联。第三，语境论具有分散的辩证特征，那些未实现的具体行为就包含着某种分散的矛盾，不论这一行为是否实现都会产生新的"新奇"行为，这个"新奇"又会产生新的"分散的矛盾"。或者说，这种分散的特征意味着多重维度和多重方向的变异。第四，有机论具有整合的辩证特征，也就是整合的系统的辩证形式。也就是说，在有机论的语境论视角下，辩证法描述了动态系统分化和整合的过程，垂直的层级和水平的层级通过辩证的过程相互作用。

3. 语境论的"本体论构架"和"认识论路径"

第一，在本体论上，有机论的语境论的"本体论构架"是兼具整体性和动态性的语境实在，"语境具有本体论性的特质，是判定意义的本质基元"②。一方面，按照有机论的语境论解释，根本实在具有运动的、关联的、变化的、辩证的和层级的特性。我们不但无法把我们经验到的事件还原为某种不会发展变化的世界本质，我们的系统组织本身就是不可还原的。例如，当我们说视觉的时候，其实指的是视觉系统。但是，"视觉不存在于任何子过程，也不存在于这些子过程之和。视觉是这个整体组织的一种突现机能"③。另一方面，语境与语言和认知密切相关，语境的本体地位是通过语言的语形、语义和语用共同显示的。

---

① Stephen C. Pepper, *World Hypotheses: A Study in Evidence*, University of California Press, 1942, p. 251.

② 殷杰：《语境主义世界观的特征》，《哲学研究》2006 年第 5 期，第 94 页。

③ Willis F. Overton, Processes, "Relations, and Relational-Developmental-Systems", In Willis F. Overton, Peter C. M. Molenaar, *Handbook of Child Psychology and Developmental Science (Volume One): Theory and Method*, John Wiley & Sons, Inc., 2015, p. 37.

所以，在本体论上，有机论的语境论是生命发展和语言语境的动态统一。

第二，在认识论上，有机论的语境论的"认识论路径"是兼具分析性和综合性的层级语境结构。一方面，有机论的语境论体现了形式逻辑和辩证逻辑，形式逻辑和辩证逻辑代表不同的认识层级，即知性层级和理性层级。在知性层级上，有机论的语境论只涉及具体认识方法，这些方法是分析的、经验的，基于观察、分析和推理，这样的方式确保了知识的确定性；但是，在理性层级上，有机论的语境论不存在机械的因果关系，身体和心智、形式和质料、稳定和变化、分析和综合的二分矛盾的双方是互补和不可分割的。另一方面，如果有机论的语境论的认识路径悬置了形式逻辑的矛盾律，那么，矛盾的双方是同一的，也就是说，"一个行为100％是生物的，因为这个行为100％是文化的"[1]。如果有机论的语境论的认识路径悬置了辩证逻辑的同一，那么，矛盾的双方又回到了二分和对立。因此，在发展科学中，有机论的语境论细化了语境在本体论和认识论层面的解释维度。

总之，当前在发展科学内部已经形成了关联的发展系统范式。首先，割裂的机械论世界，以及其中包含的元理论曾作为发展心理学和发展科学的标准模型，但是，关联的发展系统更适合研究遗传学、演化生物学以及有机体发展中的新发现。其次，如果环境和人的关系是动态地相互作用的，那么发展心理学中核心的天性—教养问题就变成了生物和文化的综合关系问题，心理学、社会学和人类学中的发展问题就变成了以人为中心的渐成概率研究。最后，生命发展是一个关联的系统，在考虑生物和文化的关系时，文化不只是生物的先行条件，而是有关生物—文化联系的基本特征，生物和文化是相互作用、共同发展的。因此，发展科学是以人为中心的生物—文化综合研究。

---

[1] Willis F. Overton, "Processes, Relations, and Relational-Developmental-Systems", In Willis F. Overton, Peter C. M. Molenaar, *Handbook of Child Psychology and Developmental Science (Volume One): Theory and Method*, John Wiley & Sons, Inc. , 2015, p. 41.

## 第三节　当代语境行为科学及其特征

　　行为主义是心理学的一个重要流派，所指的并不是有关心理学的科学研究本身，对于行为主义最为恰当的理解是"一种关于人类行为的科学哲学"①。一些行为主义者把心理学看作是一门自然科学，然而，行为心理学领域中也有一些反对模仿自然科学的尝试，认为应该把行为研究看作人文科学或解释科学。伴随认知革命的兴起，行为主义似乎走向衰落，但是，行为主义并没有消亡。行为主义在一些领域中依然焕发着生机与活力，最为突出的是伯尔赫斯·斯金纳(B. F. Skinner)的新行为主义在 20 世纪后半叶得到了很好的发展，尤其在应用行为分析和行为疗法的研究中，已有多个行为疗法被美国心理学会列为经验上确证的行为治疗技术，此外，认知科学与心智哲学的一些领域与行为主义仍有交集，例如联结主义和动态系统论等。在行为主义内部，首先，行为心理学在具体研究中已经形成多层级的研究系统，涉及元理论和较低层级的理论模型，并重视与语言和解释相关的问题，语境行为科学就是最为突出的代表。其次，实用主义特征使得行为主义与常识心理学关系较为密切，对此，本节支持一种反对取消主义的行为神经科学和发展科学的整合立场。

### 一、基于多层级演化发展系统的语境行为科学

　　海斯等人对语境行为科学给出的定义是："语境行为科学是一种以原则为中心的、共同体主义的网状科学和实践发展策略。基于语境论的哲学假设，嵌套在多维、多层级的演化科学中，并把这看作一种语境的生命视角，它寻求的是发展出基础的和应用的科学的概念和方法，并使它们用于有效地预测和影响整个有机体嵌套在语境中的行动，这种预测和影响可以是个体的或是群组的，并具有精确性、广泛性和深刻性；并且，语境行为科学将这种方法扩展到知识发

---

　　① Elizabeth Gifford, Steven Hayes, "Functional Contextualism: A Pragmatic Philosophy for Behavioral Science", In William O'Donohue, Richard Kitchener, *Handbook of Behaviorism*, Academic Press, 1999, p. 10.

展本身，从而创造出一种更适合应对人类境遇挑战的行为科学。"①当前，作为后斯金纳行为主义的一个分支，以海斯（Hayes）为代表的语境行为主义以功能语境论（Functional Contextualism，FC）、关系框架理论（Relational Frame Theory，RFT）和接纳与承诺疗法（Acceptance and Commitment Therapy，ACT）作为哲学和理论基础，形成了整合哲学背景、概念网络和基础行为研究模型的语境行为科学（Contextual Behavioral Science，CBS）研究系统。2012 年，爱思唯尔出版公司发行了第一卷《语境行为科学杂志》（*Journal of Contextual Behavioral Science*），标志着 CBS 正式作为一个独立的研究领域经受实践的检验。2016 年出版的《威利语境行为科学手册》（*The Wiley Handbook of Contextual Behavioral Science*）为 CBS 提出了新的定位，CBS 不再仅是 ACT、RFT 及其相关研究的总称，也不再像从前那样与行为分析密切相关，CBS 的目标是发展出基于功能语境论的哲学假设的行为科学，以应对人类境遇中的各种挑战。2018 年出版的《演化和语境行为科学：一种适用于理解、预测和影响人类行为的整合框架》（*Evolution and Contextual Behavioral Science：An Integrated Framework for Understanding，Predicting，and Influencing Human Behavior*）对近年来的演化科学与 CBS 的系统研究予以回溯，基于 CBS 的社会科学的定位进行了更多扩展研究。在具体的研究中，不存在对基础研究和应用研究的严格区分，为了便于理解，本节将分别从这两个方面进行论述。

1. 语境行为科学的基础研究

CBS 重视环境因素、私人事件、言语过程、中级术语和临床实践模型，并且把多维度和多层级的演化科学视为一种有关生命的语境观。具体来说，根据斯金纳的行为分析，"一种有机体的功能参与了它对外部世界的作用或与外部世

①　Steven Hayes, Dermot Barnes-Holmes, Kelly Wilson, "Contextual Behavioral Science: Creating a Science More Adequate to the Challenge of the Human Condition", *Journal of Contextual Behavioral Science*, 2012, 1(1-2), p. 2.

界的交易"①。对行为的语境分析本身就隐含着对行为的环境因素的重视，行为和其环境是整合在一起的现象，行为会随着环境改变而改变。同时，环境和有机体的关系涉及多层级的演化因素，功能的行为心理学是演化心理学的一种变体。CBS 就是这种变体的最新形式，这种演化生物学把基因的因素、表观遗传的因素、生物和行为的因素，以及行为和符号的文化因素整合为一个多维度的生命发展综合研究，整体上分为三个领域：语言和认知；个体或群组生命发展系统；生命与文化系统的整合研究。在 CBS 中，行为分析的对象包括外部事件和内部事件，内部事件也是个体的行动，内部私人经验（例如，认知和情绪）与外部公开事件没有区别，因为"行为这个词指的是整个有机体的任意或所有行动，包括那些私人的行动"②。对复杂的人类行为的分析必须包括对私人经验的分析。RFT 是"一种分析社会行为的新范式"③，"关系框架虽是个名词，但是，它所指的不是一种框架结构，而是有机体在特定情境下的行动"④。RFT 是一种分析的抽象理论，使用了中级术语和临床实践模型，用于分析言语事件，以阐明儿童语言习得和言语刺激的本质，也适用于社会域。CBS 把多维度和多层级的演化科学视为一种有关生命的语境观，围绕有关人类复杂性的理论研究和实践研究形成了整体的研究纲领。因此，CBS 的研究涉及行为心理学、环境心理学、生态心理学、发展科学、演化科学、认知科学、人类学、语言学等领域，把语言和行为联系在一起，并认为文化的维度、符号的维度、行为的维度、基因的维度、表观遗传的维度是相互作用的。

---

① Elizabeth Gifford, Steven Hayes, "Functional Contextualism: A Pragmatic Philosophy for Behavioral Science", In William O'Donohue, Richard Kitchener, *Handbook of Behaviorism*, Academic Press, 1999, p. 293.

② Steven Hayes, Dermot Barnes-Holmes, Kelly Wilson, "Contextual Behavioral Science: Creating a Science More Adequate to the Challenge of the Human Condition", *Journal of Contextual Behavioral Science*, 2012, 1(1-2), p. 5.

③ Bryan Roche, Yvonne Barnes-Holmes, Dermot Barnes-Holmes, et al., "Relational Frame Theory: A New Paradigm for the Analysis of Social Behavior", *Behavior Analyst*, 2002, 25(1), p. 75.

④ Stephen C. Hayes, Kelly G. Wilson, "Some Applied Implications of a Contemporary Behavior-Analytic Account of Verbal Events", *Behavior Analyst*, 1993, 16(2), p. 286.

2. 语境行为科学的实践进展

在实践层面上，CBS 有专门的国际学会，即语境行为科学学会（Association for Contextual Behavioral Science，ACBS），该学会旨在建立一种包含各种实证数据和严谨的科学理论的应用心理学。因此，CBS 也是一个围绕 ACT 的研究共同体，由 RFT、语境论、演化论的研究者和临床医生等相关研究人员共同为其提供支持。"在过去的 10 年中，采用这种框架的行为科学家和实践者的数量呈爆炸式增长。ACBS 成立于 2006 年，目前在全球有超过 7300 名会员。这种增长也在一定程度上反映了该方法在开发关于行为的有效科学方面的成功。"[①] CBS 在当前的研究目标已经转向开拓协作、开放与多元的科学文化，并且进一步建立与演化科学和认知科学的一致联系。ACT 及其相关研究已经为临床心理学研究所熟知，并且在世界范围内产生了巨大影响。近年来国内专家也已经进行了 ACT 的中国本土化研究及推广，已有多位学者翻译了多部 ACT 资助的心理学书籍，并开设相关培训课程。最具代表性的新进展是：中国科学院心理研究所的祝卓宏教授及其课题组已经开展了将 RFT 用于孤独症的相关研究。[②] 中国心理卫生协会总会于 2017 年 12 月批准认知行为治疗专业委员会成立了 ACT 治疗学组。在《中国国民健康发展报告（2017—2018）》中，收录了 ACT 的中国本土化研究新进展，用 ACT"建构了适合我国公务员群体的压力源—压力应对资源—压力结果模型，利用 ACT 的核心概念——提升心理灵活性来提升公务员群体的身心健康水平"[③]。总之，CBS 是一门以实证研究为基础的社会科学，CBS 中的理论和模型已经扩展为更大范围的有关人类复杂性的多层级网状研究纲领，试图以一致的方式发展相关的基本知识，并且，CBS 立足于实践，其理论和模

①　Anthony Biglan, Steven C. Hayes, "Functional Contextualism and Contextual Behavioral Science", In Robert Zettle et al. , *The Wiley Handbook of Contextual Behavioral Science*, John Wiley & Sons, Ltd, 2016, p. 45.

②　王分分、祝卓宏：《言语行为的关系框架理论视角：孤独症谱系障碍的新探索》，《心理科学进展》2017 年第 8 期，第 1321—1326 页。

③　王淑娟、陈艺柠、李茜、祝卓宏：《公务员压力与心理健康状况——以心理灵活性为中介变量》，见傅小兰、张侃主编：《心理健康蓝皮书：中国国民心理健康发展报告（2017—2018）》，社会科学文献出版社，2019，第 101 页。

型在实践层面上取得的成功又会反馈回到基础研究，助益基础研究，这使得基础研究和实践研究之间形成了正向的良性循环。

## 二、语境行为科学的哲学基础

　　哲学假设是科学理论的基础，哲学假设保证了科学工作的不同组成部分可以保持一致的研究框架。CBS 的科学哲学是功能语境论，功能语境论是基于传统的语境论的哲学假设形成的。具体来说，CBS 中的语境论假设来自佩珀对四种世界假设的区分，佩珀的区分虽然缺乏科学哲学的精致性，但却解释了行为分析和心理学中的一些本质的哲学问题，这四种世界假设（语境论、机械论、有机论和形式论）是四个基于观察和推理的宇宙模型，代表了不同的世界观、本体论和认识论假设。哲学上，"语境论"源自"实用主义"，实用主义是一种统称，其中包括很多种不同变体，如杜威（John Dewey）的工具主义，或席勒（F. C. S. Schiller）的人本主义。佩珀把一种源于杜威的实用主义形式称为"语境论"。因此，狭义上说，语境论是一种实用主义，广义上说，"语境论是一种实用主义的自然主义"[1]。行为分析与语境论的一致性主要体现在四个方面：（1）语境论的真理标准是"成功的运作"[2]，这也就意味着语境论者可以为了实现某个目标采取实用的分析策略，对预期要达成的目标没有任何预设，目标的设置有着非常灵活的空间；在行为分析中，环境因素在一定程度上是可调控的，我们可以在实践中评估某次行为分析是否是实现了其期望预测和控制的具体目标的成功的运作，"我们可以找到塑造和维持人类行为的物理条件，并且可以找到那些条件的原因，以及这些原因的原因"[3]。因此，一个行为分析是真的在于这

---

　　[1]　Lewis E. Hahn, *A Contextualistic Worldview: Essays by Lewis E. Hahn*, Southern Illinois University Press, 2001, p. ix.

　　[2]　Stephen C. Pepper, *World Hypotheses: A Study in Evidence*, University of California Press, 1942, p. 270.

　　[3]　Stephen C. Hayes, Linda J. Hayes, Hayne W. Reese, "Finding the Philosophical Core: A Review of Stephen C. Pepper's World Hypotheses: A Study in Evidence", *Journal of the Experimental Analysis of Behavior*, 1988, 50(1), p. 102.

个分析实现了分析的目标。(2)语境论的根隐喻是"历史事件"①,然而,这个事件不是已经过去的,而是正在进行的,"历史"意味着对这个事件的重现,"如果我们愿意,我们可以把它称为一个'行为'……但是,这不是一个单独或隔离构思的行为,这是一个处于其设定中的行为,也就是处于其语境中的行为"②。在行为分析中,有机体的行为是被嵌入历史和情境的语境中的,同一个行为在不同的语境下表达的含义是不同的,分析的单元是由语境和行为共同构成的整体。例如斯金纳的"三项相倚":"相倚本身就是基本的分析单元,并且它的各个部分,前件、行为和结果只有在它们的相互关系中才有意义。"③(3)语境中的行动不仅发生在个体层面上,也发生在群组层面上。分析单元的范围可以扩展到社会的、心理社会的,以及人类学的领域。来自基因、表观遗传、行为和符号的特定遗传流对心理现象和有机体的结构的影响使得人们必须从生物学和生命科学的视角分析情境中的行为。同时,分析的单元可以扩展至多重重叠的单元,"因为所有说明的效用都必须在其给定的分析层级上是经验上已经确立的,所以,不存在还原论和扩张论的问题"④。并且,分析的单元可以连成一个一致的、互通的整体。(4)语境论和行为分析都接纳变化和新奇,也就是说,行为分析更为类似于演化生物学,基因的突变和变异造成了物种选择,但是突变和变异本身却是随机的。因此,行为分析本身就具有语境论的世界观和若干重要的语境特征。

功能语境论是 CBS 的科学哲学,基于语境论和斯金纳的行为分析,具有不同于其他语境论变体的独特分析目标,即有精确性、广泛性和深刻性地预测和

---

① Stephen C. Pepper, *World Hypotheses: A Study in Evidence*, University of California Press, 1942, p. 232.

② Stephen C. Pepper, *World Hypotheses: A Study in Evidence*, University of California Press, 1942, p. 232.

③ Michael E. Levin, Michael P. Twohig, Brooke M. Smith, "Contextual Behavioral Science: An Overview", In Robert Zettle et al., *The Wiley Handbook of Contextual Behavioral Science*, John Wiley & Sons, Ltd, 2016, p. 19.

④ Steven Hayes, Dermot Barnes-Holmes, Kelly Wilson, "Contextual Behavioral Science: Creating a Science More Adequate to the Challenge of the Human Condition", *Journal of Contextual Behavioral Science*, 2012, 1(1-2), p. 3.

影响个体或群组的行为。其中，预测和影响是一个整体目标，意味着同时确定预测和影响行为的变量。精确性指的是用有限数量的术语来解释给定的事件，广泛性指的是技术术语的应用范围，深刻性指的是跨层级的分析的一致性。在哲学层面上，功能语境论具有不同于传统语境论的特点：（1）虽然 CBS 既包括基础研究也包括应用研究，但是，CBS 的研究者更偏向于实践应用，热衷于讨论预测和改变现实物理世界的各种方式，而不是像基础科学家那样讨论理想世界的抽象问题，因为实践应用是整个体系发展的动力来源。相比之下，功能语境论具有更高的有效性和精确度，其他形式的语境论更加类似于历史或叙事，更多地停留在抽象和文本的层面，缺乏实践层面的操作理论。（2）语境论与机械论是行为分析的两种世界观，语境论具有分散性、综合性和广泛性，机械论具有整合性、分析性和精确性。语境论的方法是综合的，机械论的方法是分析的。为了实现对行为的影响和预测，功能语境论采用了语境论的根隐喻和真理标准，以及机械论的分析的方法。在机械论的世界观下，行为的部分和整体有一种可推导的关系。而在语境论的世界观下，行动和语境是一个不可分割的整体。因此，功能语境论是对语境论世界观和机械论方法的整合，在语境论的世界观之下采用了机械论的理论。并且，"这样的有策略整合并不是佩珀所谓的折中主义，因为这里没有把根隐喻整合在一起"①。语境论的真理标准和机械论的分析的方法是不矛盾的，这意味着功能语境论是从实用性出发采用了分析的方法，语境论和机械论的整合是在语境论真理标准层面的。机械论和功能语境论都把预测行为作为其分析目标，也都不排斥行为的功能定义。（3）功能语境论基于因果律，而不是对于自然的表征。因为，"整体可还原为部分的假设绝对是机械论，但是，心理学（在原则上）可还原为生物学的假设不必然是机械论。基于大脑的计算机隐喻的机械论概念未必与神经学有关"②。控制和影响在整体的层面

---

① Stephen C. Hayes, Linda J. Hayes, Hayne W. Reese, "Finding the Philosophical Core: A Review of Stephen C. Pepper's World Hypotheses: A Study in Evidence", *Journal of the Experimental Analysis of Behavior*, 1988, 50(1), p. 101.

② Stephen C. Hayes, Linda J. Hayes, Hayne W. Reese, "Finding the Philosophical Core: A Review of Stephen C. Pepper's World Hypotheses: A Study in Evidence", *Journal of the Experimental Analysis of Behavior*, 1988, 50(1), p. 104.

上是无法实现的，功能语境论用机械论方法实现自己的目标，因此需要将目标整体划分为若干部分，但是需要注意的是，从整体中抽象出的行为分析必须是基于历史事件，不能损害语境论的根隐喻。(4)功能语境论把预测和影响看作是一个整体目标，并强调实用性，"因为一个将知识应用于行为的人是而且必须是在该行为的语境中，意图产生预测和影响的知识陈述必须始于历史和环境的可操作世界"①。人类可以基于自己要达成的目标澄清为达到目标要做的事情，并对其进行评估。此外，在功能语境论的视阈下，科学目标的实现最终是一个实践问题，功能语境论强调实践层面上对行为的预测和影响的功能，其适用理论是具有直接可操作变量的模型或理论。此外，功能语境论的实践优势使得功能语境论与若干社会科学领域形成网状研究整体，例如生物演化科学、商业组织发展、公共卫生等领域，并具有一定程度的适用性。

## 三、莫里斯式行为分析的语境论建构

爱德华·莫里斯教授(Edward K. Morris)供职于美国堪萨斯大学应用行为科学(又名人类发展和家庭生活)系，任该系系主任，主要研究方向是行为分析和行为主义史，曾任国际行为分析协会(ABAI)和美国心理学协会(APA)行为分析分部的主席，创立并主持美国堪萨斯大学的行为分析协会。莫里斯是美国心理学界较早且较为系统地提出语境论适用于心理学的几位研究者之一，从 20 世纪 70 年代起至今，通过相继发表的十余篇论文，莫里斯深入探讨了语境论对心理学的影响。20 世纪 80 年代发展心理学中语境论思想的盛行对莫里斯影响极大，相关文献表明，莫里斯从 1987 年开始显露出对语境论的研究兴趣，并于 1988 年明确提出语境论是行为分析的世界观。因此，莫里斯是语境论心理学的主要代表人物之一。但是，相比于主流的机械论心理学，语境论心理学远没有得到足够的重视。因此，虽然有很多语境论心理学的研究者援引莫里斯的观点

① Steven Hayes, Dermot Barnes-Holmes, Kelly Wilson, "Contextual Behavioral Science: Creating a Science More Adequate to the Challenge of the Human Condition", *Journal of Contextual Behavioral Science*, 2012, 1(1-2), p. 5.

为自己的相关研究进行辩护，但莫里斯对语境论心理学的贡献远没有得到应有的称誉。故而，我们专门设置了这一模块来考察莫里斯作为语境行为科学典型代表的理论建树，在内容设计上，主要是基于 1988—1998 年间莫里斯以独立作者身份发表的十余篇学术论文，评述莫里斯的语境论心理学思想，梳理出莫里斯的语境论心理学思想的核心内容，并且明确语境论心理学在当下的现实意义。

1. 莫里斯语境论心理学的思想来源

在 1987 年参加美国心理学会年会时所作的报告中，莫里斯提出语境论、彻底的行为主义和发展心理学，这三者之间并不是分离的，而是有联系的。[①] 1988 年，莫里斯以论文的形式明确了这个观点[②]，也是在同一年，莫里斯发表了《语境论：行为分析的世界观》[③]，明确提出语境论是行为分析的世界观，至今仍然具有非常深刻的意义。因此，我们把这篇文章作为起点，系统研究莫里斯的语境论心理学，并且，通过梳理其主要的思想来源，我们认为莫里斯语境论心理学思想的主要来源是：佩珀的《世界假设》[④]；罗斯诺和乔古狄（Marianthi Georgoudi）主编的《行为科学中的语境论和理解》[⑤]和海斯等人对语境论的呼吁；以及莫里斯本人对心理学史和斯金纳的行为分析的理解。基于此，莫里斯进而依据行为分析自身的历史发展，逐步系统地论述了语境论是行为分析的世界观。

（1）佩珀的语境论根隐喻

莫里斯认为心理学中的语境论来源于佩珀的《世界假设》。并且，语境论直接源于杜威的实用主义思想，因此，语境论是一种实用主义。[⑥] 莫里斯曾数次明确表示，在哲学上，他的语境论思想直接受益于佩珀对语境论的区分，为此

---

① Edward K. Morris, "Not So Worlds Apart: Contextualism, Radical Behaviorism, and Developmental Psychology", *The Interbehaviorist*, 1988, 16(1), pp. 8-15.

② Edward K. Morris, "Not So Worlds Apart: Contextualism, Radical Behaviorism, and Developmental Psychology", *The Interbehaviorist*, 1988, 16(1), pp. 8-15.

③ Edward K. Morris, "Contextualism: The World View of Behavior Analysis", *Journal of Experimental Child Psychology*, 1988, 46(3), pp. 289-323.

④ Stephen C. Pepper, *World Hypotheses: A Study in Evidence*, University of California Press, 1942.

⑤ Ralph Rosnow, Marianth Georgoudi, "Contextualism and Understanding in Behavioral Science: Implications for Research and Theory", Praeger, 1986.

⑥ Edward K. Morris, "Some Reflections on Contextualism, Mechanism, and Behavior Analysis", *The Psychological Record*, 1997, 47(4), p. 533.

他对佩珀的"相对充分的世界观"做出了详细的解读和系统的研究。佩珀所谓的语境论实际上沿袭了杜威等人的实用主义，由于佩珀本人没有解释过为什么他不把实用主义叫作"实用主义"，而是叫作"语境论"，所以，莫里斯认为，"尽管实用主义详细说明了真理理论——成功的运作——但是，它并没有提出一种能够被世界观认同的常识根隐喻。'语境论'表述了这样一个隐喻——语境——但是语境却有许多的含义。有可能这些含义是相同的，这种可能性促使佩珀选择了更为具体的（虽然是难懂的）根隐喻——'历史事件（historic event）'，这样就使得语境论成为这种世界观的名字"①。并且，莫里斯认为，"在哲学上，佩珀的这部著作是进步的，但是有时候有些难懂。佩珀提出的几种相对充分的和自发的世界观（机械论、语境论以及有机论）都可以根据它们各自潜在的根隐喻（分别是机器、历史事件、有机体）常识性地构建出来"②。"语境论的根隐喻是历史事件，抓住了赫拉克利特的警句'人不能两次踏入同一条河流'的精髓。历史事件既不是指地点也不是指时间流向，而是指某种一直在演化的动态关系，举例来说，在生物学中，是指有机体和生态环境之间的关系；在心理学中，是指个体与环境的关系；在行为分析中，是指反应类和刺激类之间的关系。"③

此外，莫里斯采用的机械论概念也来源于佩珀，并且，基于佩珀对四种世界观的区分开展进一步的研究。④ 莫里斯认为，佩珀是一个谦虚的人，但不是"伟大的哲学家"，《世界假设》是佩珀在研究过相关的基本材料之后，倾力探寻的某种基本的哲学，这种探寻是发乎于一种原始的出于哲学的好奇心。佩珀试图理清 20 世纪中期的那些有关哲学和科学的混乱观点和概念。他仅是描述了那

---

① Edward K. Morris, "Some Reflections on Contextualism, Mechanism, and Behavior Analysis", *The Psychological Record*, 1997, 47(4), p. 533.

② Edward K. Morris, "Contextualism: The World View of Behavior Analysis", *Journal of Experimental Child Psychology*, 1988, 46(3), p. 289.

③ Edward K. Morris, "Mechanism, Contextualism, and the Behavior Analysis of Development", *Mexican Journal of Behavior Analysis*, 1998, 1(2), p. 101.

④ 参见 Edward K. Morris, "Behavior Analysis and Mechanism: One is Not the Other", *The Behavior Analyst*, 1993, 16(1), p. 31;

Edward K. Morris, "Mechanism and Contextualism in Behavior Analysis: Just Some Observations", *The Behavior Analyst*, 1993, 16(2), p. 256.

些'相对充分的'世界观，并且对它们进行标注。因为，所有的科学家都是基于某个视角、他们自己的历史、某些他们始终坚持的哲学传统进行研究。① 对世界观的选择，在于这个世界观是否与自身研究相融。此外，莫里斯认为，上世纪七八十年代几位语境论心理学研究者以佩珀的论述作为研究的起点，由于后来他们的观点引起了广泛的争议，佩珀对机械论和语境论的划分也因此被推为了争议的焦点。② 然而，正如前面所言，佩珀的《世界假设》只是基本描述，仅为参考，因此不应该用佩珀关于世界观的描述约束这个争论，而是应该通过进一步的探究和问询延伸对于这个问题的讨论。

(2)其他的语境论心理学支持者

莫里斯评述了罗斯诺和乔古狄主编的出版于 1986 年的《行为科学中的语境论和理解》③，这本书概述了 20 世纪 80 年代语境论对行为科学各个相关领域的影响，同时莫里斯注意到了心理学对"语境"的兴趣，并且试图通过《行为科学中的语境论和理解》说明心理学对语境的兴趣已经"表现在各种子学科中，例如社会心理学、人格、语言以及发展研究中"④。并且，莫里斯援引这本书指出"当今的行为科学中有一种语境论的世界观"⑤。我们由此推断语境论在发展心理学中的盛行对莫里斯产生了一定的影响，并且，按照语境论的观点，有机体与生态环境，个体与环境，以及反应类和刺激类都是历史实体。因而，按照《行为科学中的语境论和理解》中的叙述，"它们的变化是自然历史，不是自然科学"，也就是说，社会心理学不是科学，而是"历史"。⑥

---

① Edward K. Morris, "Some Reflections on Contextualism, Mechanism, and Behavior Analysis", *The Psychological Record*, 1997, 47(4), pp. 531-532.

② Edward K. Morris, "Some Reflections on Contextualism, Mechanism, and Behavior Analysis", *The Psychological Record*, 1997, 47(4), pp. 531-532.

③ Edward K. Morris, "Review of Contextualism and Understanding in Behavioral Science", *The Psychological Record*, 1988, 38, pp. 363-367.

④ Edward K. Morris, "Contextualism: The World View of Behavior Analysis", *Journal of Experimental Child Psychology*, 1988, 46(3), p. 308.

⑤ Edward K. Morris, "The Aim, Progress, and Evolution of Behavior Analysis", *The Behavior Analyst*, 1992, 15(1), p. 20.

⑥ Edward K. Morris, "Mechanism, Contextualism, and the Behavior Analysis of Development", *Mexican Journal of Behavior Analysis*, 1998, 1(2), p. 101.

　　除此之外，20 世纪 80 年代，有很多研究者从事语境论心理学的相关研究，例如，海斯、里斯、勒纳等。在 1988 年莫里斯明确提出语境论是行为分析的世界观，那时在行为分析领域，人们虽没有明确认同语境论是行为分析的世界观，但是，很多研究者都在讨论这个问题，其中就包括海斯、里斯、勒纳等人。因而，莫里斯的论述中时常引述这些研究者的观点。同时，莫里斯的论文也影响了相关领域的研究者，在很多涉及语境论心理学的文献中都能看到原作者对莫里斯观点的引证。莫里斯曾明确表示，"在语境论的世界观下，理解一些理论间的多样性有助于更好理解诸种变体"①。因此，莫里斯和这些语境论心理学研究者之间是一种互相借鉴的良性循环。

　　(3)心理学史和斯金纳的行为分析

　　莫里斯把行为分析的历史和编年史作为研究的基本框架，通过细致的研究说明了语境论是行为分析的世界观。根据他自己的说法，莫里斯的研究涉及坎特的著作《心理学的科学进化》②，这部著作论述了心理学的场论自然科学的发展历史；戴(Willard Day)的《当代行为主义的历史前身》③，其中涵盖了彻底行为主义更为一般的相关历史脉络；并且，莫里斯参考了史密斯(Shawn Smith)的《行为主义和逻辑实证主义：对同盟的重新考量》④，其中认为斯金纳彻底行为主义心理学的认识论不同于逻辑认识论。

　　此外，莫里斯关于斯金纳的研究为其阐述语境论的行为分析提供了强有力的支持。莫里斯认为，"人们把华生的行为主义看作是机械论的，因此，也把斯金纳的行为科学看成是机械论的。但是，斯金纳等人认为行为分析不等同于刺

---

① Edward K. Morris, "Some Reflections on Contextualism, Mechanism, and Behavior Analysis", *The Psychological Record*, 1997, 47(4), p. 536.

② Edward K. Morris, "Contextualism, Historiography, and the History of Behavior Analysis", In Steven C. Hayes, Linda J. Hayes, Hayne W. Reese, et al., *Varieties of Scientific Contextualism*, Context Press, 1993, p. 137.

③ Edward K. Morris, "Contextualism, Historiography, and the History of Behavior Analysis", In Steven C. Hayes, Linda J. Hayes, Hayne W. Reese, et al., *Varieties of Scientific Contextualism*, Context Press, 1993, p. 137.

④ Edward K. Morris, "Contextualism, Historiography, and the History of Behavior Analysis", In Steven C. Hayes, Linda J. Hayes, Hayne W. Reese, et al., *Varieties of Scientific Contextualism*, Context Press, 1993, p. 137.

激—反应心理学(S-R psychology)"①，因为，在斯金纳看来，行为是分析的单位，而不是时空上定义的反应或者"肌肉痉挛"。反应本身是生理学的和解剖学的存在，因此，单独按照反应分析行为是肤浅的元素论或者还原论。因为，行为是动态的、协同的、主动的相互关系，而不是一个事物。行为包括反应和有关这些反应的功能，以及它们在当前和历史语境中的相关刺激功能。行为分析认为没有任何基础的、原子的刺激或反应元素能够先天地或者脱离语境地给出定义。② 因此，在重新审视斯金纳的相关文献之后，莫里斯认为斯金纳的行为分析具有语境论的世界观。但是，行为分析的机械论的研究传统导致行为分析师忽略了他们自身研究中有关含义的语境理论，把自身限制于更为机械论的观点，没有意识到他们真正应该遵循的元理论是语境论。③ 对此，莫里斯给出了详细的阐述。

2. 作为行为分析的世界观的语境论

莫里斯长期关注行为分析史的研究，因而系统梳理了 20 世纪语境论心理学在行为分析领域的发展和演变，依据心理学的历史发展，给出编年史的回溯，重新探究了与语境论的行为分析相关的核心概念，对其进行澄清，通过数篇论文逐步地深入剖析语境论的行为分析的合法性，详细阐述了为何语境论本身就是行为分析的世界观。莫里斯没有直接说明行为分析的世界观应该是语境论，而是通过先明确行为分析的世界观不应是机械论，继而论证语境论更适于用作行为分析的世界观。因此，我们认为有必要对相关的基本问题和莫里斯的研究视角最核心的内容进行澄清。

(1)行为分析的发展历史

莫里斯通过追溯行为分析的发展历史，指出人们对于这段历史的误解，并

---

① Edward K. Morris, "Some Reflections on Contextualism, Mechanism, and Behavior Analysis", *The Psychological Record*, 1997, 47(4), p. 529.

② Edward K. Morris, "Contextualism: The World View of Behavior Analysis", *Journal of Experimental Child Psychology*, 1988, 46(3), p. 300.

③ Edward K. Morris, "Contextualism: The World View of Behavior Analysis", *Journal of Experimental Child Psychology*, 1988, 46(3), p. 303.

予以修正，进一步说明了语境论为何是行为分析的世界观。莫里斯在其 1988 年发表的论文中就明确提出了这个观点，并且于 1993 年收录在《诸种科学语境论》的论文中对这个观点进行了深化，因此我们结合了这两者的论述，并以后者为基准进行讨论。这里，莫里斯认为人们之所以在传统上都会把行为主义看成与机械论相一致，这是由于哲学传统一致影响着心理学的发展，行为主义的出现本身就综合了元素论、还原论、经验论、联想论、唯理论和机械论的哲学传统，为了寻求科学的可靠性，一开始这些研究人员把孔德的实证主义、摩根（Conwy Morgan）的简约性和勒布（Jacques Loeb）的操作主义结合起来，后来，在新行为主义者那里，他们在形式上更加偏向维也纳学派的逻辑实证主义。斯金纳的操作心理学就被认为具有这些特质。[①] 因此，某些遗留的传统使得人们长期误以为行为分析具有机械论的世界观。而后，莫里斯通过梳理哲学和心理学的历史脉络，讨论了自然主义、唯理论、经验论、联想论、结构主义、机能主义、行为生物学，以及实用主义和行为分析的关联，并对这些研究给出行为分析编年史的评价，提出行为分析应该具有语境论的世界观。

具体来说，在哲学上，行为分析的历史可以追溯到亚里士多德的自然主义，但是后来受到神学影响，出现了笛卡尔的二元论，因此，唯理论机械地构建在 S-R 心理学内部，但是行为分析在精神上和物质上都是不能被还原的。同时，行为分析的发展也受到经验论的影响，但是经验论的一些方面和行为分析是一致的，洛克的"白板说"从没有否认有机体的机构和功能造成了个体的差异。并且，在行为分析中，生物学参与了所有的心理学活动，生物学充当了不断发展的语境，这个语境是行为发展的必要不充分条件。洛克没有否认我们所说的感觉、思考和意识有包含私人的或者不能知道的方面，行为分析也没有否认这点。并且，所有生物的活动和行为的活动都是其之后的活动的历史语境。行为分析不包含联想论的因素，联想论具有还原论和机械论的视角，认为存在关于心灵

---

① Edward K. Morris, "Contextualism, Historiography, and the History of Behavior Analysis", In Steven C. Hayes, Linda J. Hayes, Hayne W. Reese, et al., *Varieties of Scientific Contextualism*, Context Press, 1993, p. 143.

的基本的和一般的原子元素，在形式上表现为刺激和反应。但是，在行为分析的分析方法中，基本的刺激和反应单位不是先天的，行为只有在语境中不断进化、联合定义的刺激和反应相互关系或功能中才有意义。①

在心理学上，行为分析和机能主义是一致的，它们都强调行为和意识的实用性和适应性，但是，行为分析也不排斥结构。因为认知心理学通常研究心理结构，行为分析通常研究心理功能，结构和功能就分别与认知和行为二元论相关，于是，认知和行为领域的争论导致了结构分析和功能分析彼此对立。但是在语境论的世界观下，可以改变这种对立的关系。为此莫里斯给出了详细的说明，"在语境论中，结构分析和功能分析的关注点之间的区别实际上是观察者时间观点和事件的持续时间的问题，因为行为从不是静止的，行为永远是活动的。然而，通过分别化解认知心理学和行为分析的结构—功能的不同分析模式，即便是在认知心理学家和行为心理学家对于结构和机能的视角已经逐渐分化的领域，这些分化也没有定义两种取向(认知心理学和行为心理学)，因而，经得起从两者当中任何一个角度进行分析"②。因此，无论从哪个方面来说语境论都应该是行为分析的世界观。

(2)行为分析的具体内涵

莫里斯认为，就行为分析而言，语境论的观点与斯金纳早期分析刺激和反应的类本质时采用的方法非常一致，斯金纳强调了联合定义的组织以及相互联系的刺激和反应类，而不是它们暂时的前因和后果关系。因此，"对于科学家的行为而言，按照自变量和因变量描述行为的特征，并把自变量包含在'原因'之内，要比当前对功能相互关系的研究更加富有成效"③。于是，语境论的世界观更适合解释行为分析。此外，在把分析的反应单位和操作单位抽离通用的刺激

① Edward K. Morris, "Contextualism, Historiography, and the History of Behavior Analysis", In Steven C. Hayes, Linda J. Hayes, Hayne W. Reese, et al., *Varieties of Scientific Contextualism*, Context Press, 1993, pp. 143-144.

② Edward K. Morris, "Contextualism: The World View of Behavior Analysis", *Journal of Experimental Child Psychology*, 1988, 46(3), p. 296.

③ Edward K. Morris, "Contextualism: The World View of Behavior Analysis", *Journal of Experimental Child Psychology*, 1988, 46(3), p. 303.

和反应类的抽象过程中，"行为分析按照前因—后果，自变—因变的因果关系表示这两个单位，行为被看作是刺激和反应类（或者功能）的系统的相互关系"①。这些都反映出行为分析和语境论在世界观层面的一致性。

此外，莫里斯认为斯金纳的行为分析和语境论相一致，因为，除了世界观层面的一致性，还有四个具体表现，分别是：实用主义的真理标准、功能关系、语境依赖性，以及语境论的根隐喻——"历史事件"②。为了证明这些，莫里斯重新研读了斯金纳的相关文献，继而指出行为分析在其发展中严重地被误解了，因此，通过解读斯金纳的预测和控制、三项相倚，以及彻底行为主义，莫里斯证明了行为分析和语境论是一致的。首先，行为分析的目的是预测和控制行为。预测和控制就是我们关于经验真理的实用主义标准。用语境论的世界观解释就是"成功的运作"③。成功的运作和有效的行动都强调对行为的理解。于是，理解行为就是用自然语言说明如何去预测和控制行为。因此，行为分析的真理标准就是"成功的运作"，这也是语境论的真理标准。④ 其次，斯金纳提出的分析单位，三项相倚：$S^D$—$R_O$—$S^R$。其中，上标的 D 和 R 分别代表辨别性（discriminative）和强化（reinforcing），下标的 O 表示操作性（operant）。结果的 $S^R$ 是强化的或惩罚的刺激。这是行为的原因。前件 $S^D$ 是辨别性刺激，它引起了反应，但不是机械的驱动反应。因此，辨别性刺激是反应和强化关系的"语境"。并且，反应在功能上要根据前因和后果给出定义。莫里斯举了一个例子，"当你看见我沿着劳伦斯大街奔跑，你不一定知道我行为形式的意义或者功能，除非你知道这个行为的前因和后果。我可能跑着去赶火车，或者我在进行跑步训

① Edward K. Morris, "Contextualism: The World View of Behavior Analysis", *Journal of Experimental Child Psychology*, 1988, 46(3), p. 304.

② Stephen C. Pepper, *World Hypotheses: A Study in Evidence*, University of California Press, 1942, p. 232.

③ Stephen C. Pepper, *World Hypotheses: A Study in Evidence*, University of California Press, 1942, p. 270.

④ Edward K. Morris, "The Aim, Progress, and Evolution of Behavior Analysis", *The Behavior Analyst*, 1992, 15(1), p. 11.

练——在功能上两种不同的行为，在形式上却是相同的"[1]。与之相应，行为分析的单位(三项相倚)包含了刺激和反应中联合定义的功能关系。也就是说，刺激的功能、意义或者定义(例如，增强和惩罚)存在于其对于反应的关系中，反之亦然。因此，行为分析包含了功能关系。[2] 此外，由于 Ss 和 Rs 都是变量，一个变量的出现不能预测或控制另一个。斯金纳扩充了他 1931 年的公式，于是，R＝f(S)扩充为 R＝f(S，A)，其中 A 就是斯金纳的"第三变量"，也就是说，A 是变化刺激和反应之间关系的条件。于是，斯金纳的心理学中就有了三个一般项，反应、刺激，以及第三变量。并且，斯金纳第三变量其实就是充当了语境的含义。刺激和反应不具有内在的或者不变的功能。它们的功能取决于它们的语境，也就是说，所有的原因都有语境。后来，人们发现了刺激和反应中存在可变性，对此，伍德沃斯(R. S. Woodworth)把原有的 S—R 心理学修正为 S—O—R 心理学，其中 O 代表了有机体(organism)，也就是中介因素。斯金纳也解释了可变性，但是斯金纳和伍德沃斯不同，斯金纳是用他的第三变量解释的。因此，斯金纳的 O 不是存在于 S 和 R 之间，而是包括了 S 和 R 的。也就是说，斯金纳用语境包围 S 和 R 之间的关系，以此处理解释不了的可变性。因此，斯金纳的行为分析其实具有语境的依赖性，这也是行为分析和语境论相一致的方面。[3] 并且，针对斯金纳的增强(reinforcement)而言，增强的历史是一直变化的，这种变化改变了刺激参与增强的强度，于是，三项相倚内部的功能关系随之发生动态的持续变化。行为来自有机体和环境连续的相互作用，因为行为的历史语境是永远变化的，所以，行为也是永远变化的，现存的都将成为过去。[4] 于是，行为是不断变化的历史事件，行为分析和语境论的根隐喻是

---

① Edward K. Morris, "The Aim, Progress, and Evolution of Behavior Analysis", *The Behavior Analyst*, 1992, 15(1), p. 12.

② Edward K. Morris, "The Aim, Progress, and Evolution of Behavior Analysis", *The Behavior Analyst*, 1992, 15(1), p. 12.

③ Edward K. Morris, "The Aim, Progress, and Evolution of Behavior Analysis", *The Behavior Analyst*, 1992, 15(1), p. 13.

④ Edward K. Morris, "The Aim, Progress, and Evolution of Behavior Analysis", *The Behavior Analyst*, 1992, 15(1), p. 17.

一致的。因此，莫里斯通过实例分析，说明了斯金纳行为分析在真理标准、功能关系、语境依赖性，以及根隐喻"历史事件"的几个方面都是和语境论一致的。

（3）行为分析的世界观

在莫里斯看来，语境论意味着，个人是历史的实体，个人分析产生的是自然历史，而不是自然科学。虽然有关行为的自然科学会产生"与历史无关的"定律或者原则，但是，这些原则实际上也是会发展变化的，因为操作过程是自然选择的结果。因此，总体上看，行为科学还是语境论的。[1] "语境是语境论中的'历史事件'"[2]，也就是语境论的根隐喻。但是，根据家族相似性，在通常的理解中，人们可以在行为科学、社会科学，以及认知科学中找到语境的另外的家族含义，这就造成了困扰。[3] 因为，语境可以是"背景、环境、条件、框架、设置，以及情境。这样语境就被看作是地点，而不是历史。当我们用这样的理解来定义语境论时，语境论更像是复杂版的机械论"[4]。并且，机械论就是当其他条件不变时（具有语境常量时），原因将产生完全确定的事态。然而，"当其他条件不变"和"具有语境常量"同时也隐含了行为是由多重因素决定的。[5] 所以，在这点上，语境论和机械论就出现了混淆。但是，在我们看来，语境论和机械论在这个问题上的根本区别是，语境论把多重原因考虑在研究范围之内，机械论把多重原因排除在研究范围之外。

此外，莫里斯以发展心理学为例，对机械论和语境论进行了比较。按照机械论的世界观，行为和环境分别被还原为反应和刺激，两者都作为主要的、普遍的、不变的、不连续的元素存在，在它们之外，发展的整体建构具有其全部

---

[1] Edward K. Morris, "Some Reflections on Contextualism, Mechanism, and Behavior Analysis", *The Psychological Record*, 1997, 47(4), p. 533.

[2] Edward K. Morris, "Some Reflections on Contextualism, Mechanism, and Behavior Analysis", *The Psychological Record*, 1997, 47(4), p. 533.

[3] Edward K. Morris, "Mechanism and Contextualism in Behavior Analysis: Just Some Observations", *The Behavior Analyst*, 1993, 16(2), p. 263.

[4] Edward K. Morris, "Some Reflections on Contextualism, Mechanism, and Behavior Analysis", *The Psychological Record*, 1997, 47(4), pp. 533-534.

[5] Edward K. Morris, "Some Reflections on Contextualism, Mechanism, and Behavior Analysis", *The Psychological Record*, 1997, 47(4), p. 534.

的复杂性和特质。这是因为这些元素被认为是像物理力那样作用于彼此的，其结果是产生了刺激和反应之间的连锁关系或者序列。从刺激到反应的因果关系，以一种即刻的、连续的，以及有效的方式产生。这些因果机制具有一致的真理标准，也就是说，机械论中的知识是关于实在本体论本质的知识，因此，关于知识的真理出现在相应的跨领域的机械行为中，或者出现在人们关于机器说了什么（例如假设）和机器如何运作（例如证实）之间的预测中。最后，根据机械论的观点，发展的有机体和其反应的特点是被动的和固有的静止状态。它们是"being"（是），而不是"becoming"（成为）。① 因此，机械论是基于事件本身的和被动的。

在语境论中，行为发生在语境中，并且人们必须以这种方式研究行为，因为语境赋予了行为意义（即，其功能）——整体是最重要的。行为的意义显现在循环的历史语境中（即，通过历史因果关系），并且在当前语境中被具体化，正如对于后来的行为而言，当前的行为成了过去的，因此，正在进行的语境中的行为的根隐喻是"历史事件"。在历史事件中，变化是在范畴上给定的，因此使得心理学的本体论既是积极的又是进化的。因为有关世界的知识永远没有终点，并且是归纳的、推理的和概念上的，因此，真理标准应该是实用主义的"成功的运作"。最后，行为以本质上的主动和内在的发展为特点。它不是"being"（是），而是"becoming"（成为）。② 因此，语境论是基于行为的和主动的。所以，语境论是更适合行为分析的世界观。

3. 莫里斯语境论行为分析的影响

莫里斯的语境论心理学思想是相对系统的，因此启发了很多心理学研究者，这些研究者针对莫里斯的评述给出了关于语境论心理学更为具体的思考，下面将讨论里斯对莫里斯的评价，以及莫里斯的回应。此外，莫里斯语境论心理学最根本的特点，就是引入了生物学的进化和自然选择的概念，按照科学史和社

---

① Edward K. Morris, "Contextualism: The World View of Behavior Analysis", *Journal of Experimental Child Psychology*, 1988, 46(3), p. 299.

② Edward K. Morris, "Contextualism: The World View of Behavior Analysis", *Journal of Experimental Child Psychology*, 1988, 46(3), p. 299.

会史的整体发展，从科学哲学的视角考察行为分析的发展脉络，并对其未来的发展做出展望。

（1）里斯对莫里斯的评价

很多心理学研究者把语境论视为其研究的世界观，他们的思想在不同程度上有着交集，并且也包含相互借鉴的因素，莫里斯本人在其论文中也多次明确提到过海斯、里斯等人的论述，他们对彼此的思想既有认同之处，也有质疑之处，并且进行了进一步的探讨，这也是我们把他们的研究统称为语境论心理学的原因之一。里斯曾专门发表论文评价莫里斯的思想，并且，表示他认同莫里斯所说的行为分析在认识论上是语境论的，但是，里斯认为，行为分析在本体论上是机械论的。

根据里斯所言，首先，库恩、拉卡托斯、劳丹（Larry Laudan）等科学哲学研究者把本体论假设看作是不可直接检验的预设的一部分，并且科学家也是采用了这种硬核。因此，尽管科学的本体论基于预设，但是这样的预设依然是基于证据的，当这样的本体论预设不再富有成效的时候，人们自然不会再采用它。其次，有机体受到刺激、对刺激进行反应，刺激和反应就有了一段特殊的历史，这个过程中，刺激和反应的本体论不包括无实体的类似于柏拉图的理念形式，其所涉及的所有精神事件都被假设为物质实体。这样的本体论在形式上和自然科学的本体论是一致的，只不过没有包含自然科学涉及的特殊元素，诸如酶和DNA等。在这点上，海斯和里斯的意见相同。并且，里斯认为行为分析具有机械论的本体论，并不意味着行为分析需要接受还原论。[1] 除此之外，里斯和莫里斯都认为行为分析的认识论是语境论的，为了进一步明确这个观点，里斯研究了赫尔（Clark Hull）和斯宾塞的机械论观点。[2] 随后，在莫里斯1997年的论文中，论述行为分析中的语境论和机械论之争时，提到里斯认为行为分析既是语境论的又是机械论的，并且从本体论演变的视角表达了一种本体论进化的科学哲学思想，我们也把这看作是莫里斯对里斯的回应。下面的部分将详细说明，

---

[1] Hayne W. Reese, "Comments about Morris's Paper", *The Behavior Analyst*, 1993, 16, pp. 67-68.

[2] Hayne W. Reese, "Comments about Morris's Paper", *The Behavior Analyst*, 1993, 16, pp. 71-72.

莫里斯从科学史的角度，借助库恩范式革命的观点说明了科学哲学涉及的认识论进化和本体论进化。

(2)历史的分析方法

莫里斯的语境论心理学最大的突破，就是引入了生物学概念，依照整个科学发展史研究行为分析的发展走向。首先，行为分析经常涉及进化的概念，例如，斯金纳把生物学中的自然选择称为"种系发生的偶然"(例如，自然选择)，用来解释种系发生(或遗传)的行为，把强化操作行为称为"个体发生的偶然"(例如，正强化)，用它来解释个体发生(或习得)的行为。并且，斯金纳把这个类比用于社会科学，用它来解释文化实践。其次，莫里斯援引了库恩的《科学革命的结构》来说明科学的进化。库恩提出了"范式"的概念，并且，范式由共享的范例和学科基体两部分组成。共享的范例是从事科学研究的模型，例如，研究操作行为的实验准备和概念上的工具(例如，三项相倚)。学科基体包含范式的本体论和认识论假设。本体论假设是关于自然本质的预设，例如关于一元论、唯物论以及决定论的预设。认识论假设是关于知道(knowing)、可靠的知识和真理本质的预设，例如关于实证主义、经验主义、实用主义的预设。①

科学革命是新的范式替代旧的范式，其中就包括了共享范例的进化和学科基体的进化。就共享范例的进化而言，从地心说到日心说，从决定论到非决定论，从绝对时空到相对时空等变革足以说明共享范例的进化。就学科基体而言，包含了认识论和本体论。于是学科基体的进化涉及认识论的进化和本体论的进化。对此，莫里斯认为波普尔的"进化认识论"可以为认识论的进化辩护，因为知识是对人类本质和人类行为的"科学理解"，于是，知识是一种凭借理论构建中的证伪进行试错学习和选择性消除的功能。② 因此，人类的认识论是进化的。但是，没有任何研究关注过进化的本体论，所以，莫里斯认为，这是由于"人们认为关于知道、可靠的知识和真理的认识论主张反映了科学家的行为与他们的

---

① Edward K. Morris, "Some Reflections on Contextualism, Mechanism, and Behavior Analysis", *The Psychological Record*, 1997, 47(4), p. 537.

② Edward K. Morris, "Some Reflections on Contextualism, Mechanism, and Behavior Analysis", *The Psychological Record*, 1997, 47(4), pp. 537-538.

主题相互作用，并且就其本身而言，这些主张可以用实验检测，检测结果分别强化或削弱了这些主张。然而，人们认为本体论的主张基本没有反映科学家的行为，更多地反映了自然的本质。这些本体论主张或真或假都不能被检测"①。于是，无法证明本体论是进化的。但是，莫里斯认为，本体论间接反映了科学家的行为，因为科学家的行为需要与本体论假设一致。并且，"这些假设能够被经验检验，依据其在长远看是否具备有用性和有效性，因而，它们也是进化的"②。因此，科学是进化的，在科学革命中范式的共享范例和学科基体都是进化的。

根据莫里斯的分析，认识论和本体论都是进化的，这符合佩珀描述的四种相对充分的世界观的描述，并且，这几种世界观代表了科学进化的不同阶段。为此莫里斯分别研究了物理学的进化史、心理学的进化史，以及哲学的进化史，进而发现它们趋合于一种统一的发展脉络。莫里斯用爱因斯坦和英费尔德（L. Infeld）1938 年的《物理学的进化》说明了物理学如何从实体论进化到机械论，然后进化到场论。用坎特 1946 年的论文《心理学的目标和进展》说明了心理学按照"科学进展的比例"从实体—性质阶段进化到统计—关联阶段，然后进化到综合的场论阶段。并且，用杜威和本特利（Arthur F. Bentley）1949 年合写的哲学论著《知与所知》（*Knowing and the Known*）说明组织和表述有三个历史层级，分别是：自我作用（self-action）、相互作用（interaction），以及反式作用（trans-action）；它们分别表示前科学概念、牛顿描述的概念，以及现代系统的描述。这三个学科各自的分别的发展都是相一致的，在第一个前科学阶段，例如，物理学研究燃素说，生物学研究生机说，心理学研究灵魂（soul）、精神（psyche）以及心灵（mind）。在第二个相互作用阶段，起主导作用的是因果决定论的机械论观点。例如，牛顿的相关理论，刺激—反应心理学和心灵的计算模型。第三个反式作用是现代系统的阶段，特定事件和行动的发生处在所有它们相互依赖

---

① Edward K. Morris, "Some Reflections on Contextualism, Mechanism, and Behavior Analysis", *The Psychological Record*, 1997, 47(4), p. 538.

② Edward K. Morris, "Some Reflections on Contextualism, Mechanism, and Behavior Analysis", *The Psychological Record*, 1997, 47(4), p. 538.

的条件的不断变化的相互关系中，处在相关因素的场或者系统中的它们进化的功能关系中，也就是作为交互的、反式作用关系（reciprocal，transactional relations）。例如，相对论、量子力学、场论。因此，莫里斯认为这种一致性很可能反映了本体论按照和上述三种科学进化的描述平行的形式论/有机论、机械论和语境论进化。[①] 也就是说，"如果语境论和发展的行为分析一致，这将会使发展的行为分析处于整体学科的前沿"[②]。总而言之，莫里斯认为科学是进化的，因此科学符合自然选择理论，并且，科学沿着从形式论/有机论到机械论，再到语境论的方向发展，心理学亦然。

莫里斯对语境论和行为分析做了大量的研究，但大多是从历史和科学哲学的角度给出的考量，没有给出具体的方法，因此具有其局限性，并且，莫里斯最后只是做出了一种展望，认为如果行为分析在世界观、认识论和本体论上都是语境论的，那么行为分析将处在整个学科研究的前沿。莫里斯对行为分析的发展给出的总体阐释，在理论层面上明确指出语境论是心理学乃至整个科学未来的发展方向，这是一个大胆的哲学层面的断言，并且具有非常深刻的哲学内涵。莫里斯也表示，根据实用主义的真理标准，只有行为分析真正采用了语境论的世界观之后才能验证他的理论。目前看来，或许现在行为分析中充满生机的关系框架理论和接受与承诺疗法（Acceptance and Commitment Therapy，ACT）已经在某种程度上验证了莫里斯的预言。

## 四、语境行为科学的变革性意义

CBS 以演化科学作为研究基础，遗传学的研究进展为 CBS 提供了更为坚实的理论基础，CBS 逐渐演化成了多层级的科学研究系统，在 CBS 中的具体表现是：多个层级的系统演化发展使得演化科学回到人类学和社会学的研究视野；演化的立场使得功能语境论赋予了症状假设新的含义；CBS 试图整合演化研究

---

① Edward K. Morris, "Some Reflections on Contextualism, Mechanism, and Behavior Analysis", *The Psychological Record*, 1997, 47(4), pp. 538-539.

② Edward K. Morris, "Mechanism, Contextualism, and the Behavior Analysis of Development", *Mexican Journal of Behavior Analysis*, 1998, 1(2), p. 107.

和认知研究，为精神病理学的研究带来新的启示；CBS 具有独特的认识论和本体论特征。

第一，CBS 涉及多个层级的系统演化发展，语境行为分析的行为包括外显的活动和腺体分泌行为与内在的心理行为（思考、感受和记忆等），根据当前遗传学的研究进展，相关领域对于演化论的研究已经扩展到了基因之外，表观遗传学的研究表明在研究基因表达时要考虑环境诱发的变化，基因和文化是相互定义的整体。"社会达尔文主义"造成的负面影响使得研究者尽量避免将演化论与人类行为和文化的研究整合在一起，这项研究有望扭转演化论在人类学和社会学领域的研究现状。

第二，功能语境论强调语境的功能性，CBS 对于症状的假设与演化心理学一致，并带有辩证的特性。从演化心理学的视角来看，有些问题被错误地当成了功能障碍。例如，大约 10% 的美国年轻人有过抑郁体验，抑郁情绪的产生通常是因为丧失了某些东西（比如，钱财、配偶和声誉等），但是，抑郁情绪也拥有一些适应功能。例如，悲伤情绪能使人们避开进一步的损失，啼哭是一种求助信号，焦虑让我们保持警觉，这就好比是，痛觉让人们避开后续的身体伤害，发烧是为了帮助人们抵御感染。① 因此，行为的功能与行为的意义相关。

第三，认知行为疗法没有采用实验室行为科学作为理论依据，转而采用了有关认知的临床心理学和常识心理学，主流神经科学研究虽具备较高的精度，然而对大脑成像的研究与具体的历史语境功能脱节，大脑的物质状态本身并不是心理活动的科学充分原因，历史、语境和功能的因素对于理解大脑的发展和运作都是至关重要的，CBS 强调把情境行为和神经生物学联系在一起。此外，认知研究和功能研究是可以相互促进的，如果把二者结合在一起，"认知研究将揭示行为的环境因素，并且促进环境和行为之间新的因果关系的发现"②。因此，行为神经科学和演化科学的整合立场有助于消解常识心理学遭遇的取消主

---

① 〔美〕戴维·巴斯：《进化心理学》，张勇、蒋柯译，商务印书馆，2015，第445—447页。

② Jan De Houwer, "Why the Cognitive Approach in Psychology would Profit from a Functional Approach and Vice Versa", *Perspectives on Psychological Science*, 2011, 6(2), p. 202.

义问题，以及从精神病理学角度讨论相关的心理学哲学问题。

第四，在 CBS 中，语境的功能性还体现在语言能力是一种超越基因影响的维度，目标的实现和语言或非语言因素是平行的，这里隐含着要用语言与行为实现对事件的预测和影响。因此，研究的核心问题是朝向目标的个体和群组的认识论问题，这种实用主义的演化行为观是一种演化的认识论。并且，CBS 具有特殊的非本体论立场，不考虑本体的实在性。这样就使得 CBS 的本体是一种悬置的状态。这个特征非常明显地体现在 ACT 中，ACT 是"非本体论的，而不是反本体论的"①。因此，CBS 不存在二元论中精神与物理相互作用的问题，也不考虑传统本体论所带来的二元论问题。CBS 具有演化的认识论特征和一元的本体论特征。

CBS 是基于功能语境论、RFT 和 ACT，结合演化科学和认知科学，采用归纳的方法建立的综合性的、系统性的心理学理论与方法。在 CBS 内部，独特的科学哲学、理论基础和研究方法共同构成了 CBS，这也使得 CBS 不同于其他行为心理学。并且，不同于传统的由基础理论到实践应用的研究模式，CBS 中没有严格的基础研究和应用研究的界限，来自不同领域的研究人员共同构成了 CBS 的研究共同体，这个研究共同体本身就是一种网状的研究模式，联系 CBS 的各个研究领域，研究者以一种相互关联的方式同时进行研究，共同构建连贯的 CBS 知识网络。当前，CBS 已经收获了一定程度的成功，相对于 CBS 的研究目标，仍有大量需要解决的问题，然而，就其当前研究进展而言，我们有理由相信，CBS 能够从积极的方向引导行为的改变与文化的变革，因此，CBS 能够更好地应对人类社会生活中的问题和挑战。

## 第四节　功能语境论在教育学中的应用

在社会科学的发展过程中，教育学是其重要的研究领域，当然受到学者们

---

① Steven C. Hayes, Kirk D. Strosahl, Kelly G. Wilson, *Acceptance and Commitment Therapy: The Process and Practice of Mindful Change*, The Guilford Press, 2012, p. 36.

的普遍关注。教育学家鲁本(Julie A. Reuben)认为，"社会科学自发展以来一直对教育有着强烈的兴趣"①。但是，作为社会科学的组成部分，教育学的学科地位一直被人质疑，其面临着学科消解的危机。教育学之所以遭受质疑和挑战，是因为其依赖于常识经验，无法形成科学有效的知识体系。因此，教育学必须走科学之路，才能摆脱学科消解的危机。在教育学科学化的过程中，必须以科学的哲学世界观为基础，形成科学的研究范式。

功能语境论将语境论世界观作为其教学设计理论的哲学基础，以经验科学研究方法寻求一般的、抽象的、超时空的规律，从而预测和改变教学事件。功能语境论者通过控制实验来确定预测和影响行为的变量，将在功能上与心理事件变化有关的语境特征隔离开，通过系统的方式分析行为语境中的事件，并观察其对行为产生后果的影响。功能语境论教学设计理论是教学设计者对科学性不断追求的结果，其力求构建一种具有普遍性原理和规则的应用性学科，一种以科学的世界观为基础的语境论哲学，它本质上是一种基于科学发现的自然主义的语境论。

本节对功能语境论的世界观基础进行了详细阐述，并揭示功能语境论哲学世界观的理论含义及其特征。在此基础上，本节对功能语境论教学设计理论的内涵和意义进行了深入探讨，揭示出功能语境论对教学设计和学习理论的启发意义，尝试为教学实践提供一种创造性的教学模式。

## 一、教育学中功能语境论的理论内涵

功能语境论是一种来源于实用主义和语境论哲学的现代科学哲学。它在行为科学中最为活跃，尤其是在行为分析和语境行为科学领域。功能语境论是海斯对斯金纳激进行为主义的扩展和语境解释，其通过关注语境中可操作变量的精度、广度及深度，强调预测与影响心理事件(包括思想、感情和行为)的重要性。功能语境论的本质特征是坚持将语境论作为其世界观基础。

① Peter Bowler, John Pickstone, *The Modern Social Sciences*, Cambridge University Press, 2003, pp. 621-634.

功能语境论以经验性的概念与规则来预测和影响事件。这种哲学路径坚持语境论真理标准，将其比作科学与工程学，即普遍规律与法则用于预测和影响事件，忽视和拒绝对实践目标没有帮助的规则和理论。功能语境论者主张知识是普遍的、抽象的、无限的。如同科学原理，它可能适用于所有（或许多）类似的事件，而不考虑时间和地点。①

功能语境论者以经验的方法寻求一般的、抽象的、超时空的规律，以预测和改变事件。它作为一门科学哲学，已经属于哲学范畴，而不单纯是一种理论。功能语境论是由大量的理论和规则形成的，其强调在语境中分析研究对象，秉承语境论的真理标准，同时坚持语境论的根隐喻。

### 1. 功能语境论与行为分析

功能语境论在心理学中被明确地看作一种科学哲学，尤其是它被称为行为分析领域的哲学基础。从功能语境论的角度看，行为分析是一种行为的自然科学，它寻求"以经验为基础的语言概念和规则的有组织系统的发展，其允许行为现象以精度、广度和深度被预测和影响"②。精度是指能通过概念来解释特定现象的方式的数量，广度是指用那些概念来说明的现象的数量，深度意味着关于一个分析层次的分析概念要符合其他层次的概念。通过研究行为演变的当下和历史的语境，行为分析者形成分析概念和规则，其可以用来预测和改变各种情境下的心理事件，同时也可以用来描述和解释具体的心理现象。

在功能语境论和行为分析中，通常对行为和语境的定义都是相当宽泛的。相较于大多数心理学家，行为分析者总是以不同的方式对行为进行定义，包括公开的或明显的活动，如走路和微笑，以及私人的或隐秘的活动，如思考和感觉。他们认为行为就是心理事件，这涉及人类的所有活动，既包括外在的行为活动，也包括内在的心理活动。因此，任何私人的活动，如思想、认知、态度

---

① Edward K. Morris, "Contextualism, Historiography, and the History of Behavior Analysis", In Steven C. Hayes, Linda J. Hayes, Hayne W. Reese, et al., *Varieties of Scientific Contextualism*, Context Press, 1993, pp. 137-165.

② Anthony Biglan, Steven C. Hayes, "Should the behavioral sciences become more pragmatic? The case for functional contextualism in research on human behavior", *Applied and Preventive Psychology*, 1996(5), pp. 47-57.

和感觉，都被行为分析者看作是行为，都是他们的研究对象。行为分析者认为，预测和影响心理事件或现象是行为分析的目标。而且，功能语境论者认为忠实于语境论的根隐喻，心理事件的完整语境并不清楚预先决定的或绝对的边界。但是，他们也认为忠实于他们的实用主义真理标准，促成有效行动的兴趣事件的语境特征需要被包含在分析过程中。

　　研究心理事件的行为分析路径可以被看作是选择论的。在本质上，"行为分析者认为塑造行为的方式与事物进化的方式相同"[①]。在生物进化的过程中，生存的偶然性在特定环境中选择物种的哪些特征将会持续存在。在行为进化的过程中，强化的偶然性在特定语境中选择个体的哪些反应将会持续（或可能发生）。物种进化和行为进化都能被认为是由结果所选择的，相同的过程也被证明可用于解释文化实践的进化。事实上，行为分析者认为人类行为是"导致物种自然选择的生存偶然性，以及导致人们全部活动的强化偶然性，包括由进化的社会环境所维持的特殊偶然性（文化），全部整体的联合产物"[②]。语境论和选择论是密切相关的概念，选择论是语境论固有的因果模式。选择论强调历史语境和结果在塑造当下研究对象的形式和功能方面的作用，这清晰地反映了语境论的根隐喻和真理标准。

　　在语境论的理论研究中，行为分析的许多显著特征都直接源于这个分析目标。行为分析者拒斥行为的心灵主义和认知说明，强调行为和环境事件之间的功能关系，他们热衷于实验的研究方法，这都与其所属领域的终极目标有关。预测和影响对于功能语境论者而言是一个重要的分析目标，因此其强调分析对心理事件的预测和影响。功能语境论者致力于确定变量"预测正在研究中的事件，如果其可操作的话，将会影响事件的可能性、发生率或流行率"[③]。只允许对行为预测进行分析，或者其分析所依赖的变量是不可操作的（至少在原则上），

---

[①]　William M. Baum, *Understanding Behaviorism: Science, Behavior, and Culture*, HarperCollins College Publishers, 1994, pp. 25-30.

[②]　Burrhus F. Skinner, *Upon Further Reflection*, Prentice-Hall, 1987, pp. 18-21.

[③]　Anthony Biglan, *Changing Culture Practices: A Contextualistic Framework for Intervention Research*, Context Press, 1995, pp. 28-32.

都被认为是不充分或不完整的。

教育学中的很多研究都是以模型的发展为基础，这些模型对假设的建构和中介性的认知或神经机制如何决定外显行为进行描述。虽然这些模型能够很好地预见心理事件的过程，但它们对于理解心理事件是如何被影响或改变的没有太多帮助。当人们说一种心理事件导致或说明另一种心理事件，而对环境或历史变量的影响只做有限的参考，那么就很难理解心理事件是如何被改变或影响的。要改变或影响其心理事件，研究者必须在具体情境中考察可操作的变量，因为它们是研究对象所处环境的组成部分。心理学家或教育家影响研究对象行为的任何事情，如传递一个教学模块或实施电子作业支持系统，都发生于其研究对象的环境中——在其行为语境中。①

此外，认知和心灵模型中行为的原因本身就是需要说明的心理事件。例如，对态度产生的原因和方式进行说明。行为分析者是在环境中或者更具体地说是在其与环境相互作用的整个过程中寻找这些问题的答案。认知和其他内在的事件通过研究对象的学习历史进行解释，而不是假设这些事件是引起和控制外显行为的潜在过程。为了使这一视角看起来明确而少有争议，行为分析者们简单地相信，人们对思考、推理、计划、建构意义、解决问题等的学习过程，是通过与他们的自然、社会和文化环境相互作用完成的。因此，行为分析者试图确定环境的可操作因素，这些方面影响着私人的和外显的心理事件的发生率、流行率或可能性。

功能语境论者通过控制实验来确定预测和影响行为的变量。在实验过程中，通过系统的方式分析行为语境中的事件，并观察其对行为发生后果的影响。这使得研究者将在功能上与心理事件变化有关的语境特征隔离开，纯粹的描述性或相关性研究通常并不提供这样的知识。在行为分析中，这些过程通常情况下通过重复测量的方法对个体生物进行深入研究。但是功能语境论者倡导实验的研究方法，他们鼓励使用多种多样的方法，至于价值总是在实用目标的意义上

---

① Steven C. Hayes, Aaron J. Brownstein, "Mentalism, Behavior-Behavior Relations, and a Behavior-Analytic View of the Purposes of Science", *The Behavior Analyst*, 1986(2), pp. 175-190.

被看待。例如，使用主体间比较的群组设计能被有效地用于功能语境论，甚至关于预测和影响的研究同样有助于理解影响行为的语境变量。[①] 定性方法在功能语境论中是非常重要的，但是其在测试环境变量对行为的影响，或验证原理的普遍效用上不如实验的研究方法有效。

2. 功能语境论的科学性

功能语境论是一种有着明确的科学分析目标的科学哲学，而行为分析是以此哲学为基础的科学。人们或许会对寻求一种科学体系的做法提出质疑。尤其是一些参与到"科学之争"或"范式之争"的后现代学者，他们认为科学一直被评价过高，科学的参与者错误地相信其在寻找宇宙终极真理中能达到完全的客观性。甚至大多数描述语境论者也认为，行为科学是一种徒劳的追求，因为每个人具有完全独特的本质，这使得行为的普遍原理成为一种空想。

功能语境论者寻求构建一种行为科学，他们所有工作的出发点都是"科学是有用的"这一实用主义的假设。功能语境论者之所以提倡科学，并不是由于其认为科学是有效的认知形式，且在分析事件时提供了完全的客观性，或揭示了宇宙的真实本质，而是由于科学实践——其特征是细心的观察、开放的分析、实验、理论化和观念的自由交流——已经证明在人们与其世界的有效互动方面取得了显著的成功。[②] 现代社会中的某些事物是先进的或有效的，只是由于其具有科学的特征。功能语境论者极力地主张，人类文明史表明科学认知是一种有价值的认知形式，它所提倡的行为科学原理或许可以改进人类与其世界之间的互动方式。

我们之所以认为科学家是成功的，很大程度上是由于他们追求能普遍地应用于事件的规律和原理，而不是特殊的规律和原理。如莫里斯认为，科学家试图构建一般的、抽象的、不受时空限制的知识，这样的知识不只能用到特定的

---

① Eric J. Fox, "Constructing a Pragmatic Science of Learning and Instruction with Functional Contextualism", *Educational Technology Research and Development*, 2006, 1, pp. 5-36.

② Steven C. Hayes, "Fighting for Science Values", *The Behavior Therapist*, 1998, 21, pp. 205-206.

人、地点、客体、事件或时间中。① 这样的知识以普遍规律或原理的形式存在，其使得人们在各种各样的语境中更加有效地与自然世界进行互动。普遍原理对我们而言是非常重要的，科学是一个以直接经验、间接描述的经验和逻辑融贯为基础的系统，其非常重视这种知识的形成过程。

实际上，语境论者看待每一事件，都将其置于语境中考虑，这就将事件看作是独一无二的，且并不假设宇宙中存在任何形式的普遍规律。这也许给人们这样的假象，即语境论与科学具有本质上的矛盾，但事实上并非如此。尽管每一特定语境中的行动，个人和心理事件被认为是独一无二的，但语境论者承认，一种特定的分析类型可能会成功地被应用到多个案例中。我们以相同的语言描述来分析不同的案例，"不是因为案例是相同的，而是因为对它们的分析是相同的"②。例如，在医学中，人们普遍认为每个人的身体都是独一无二的生物实体，由基因和经验等多种复杂因素综合构成。但是，医学、生理学和药理学中的很多原理都能成功地应用于每个人。同样地，物理学和化学中的每个事件也被认为是独特的，但这并没有排除在这些领域中普遍原理的建构和使用。

语境论者以及其他对真理和知识采取相对主义立场的研究者，对科学的进步不会产生重要的贡献。实际上，对于以语境论为基础的科学哲学而言，极端的或怀疑论的相对主义是极有问题的，因为它们掩盖了知识主张如何被评价，以及科学进展如何被实现的问题。如果所有的真理都是相对主义的，那么我们就无法对一种知识优于另一种知识做出区分。

功能语境论并非相对主义存在两方面原因。首先，尽管语境论者将真理看作有条件的、暂时的和非绝对的，但这并不意味着所有的分析或知识主张都是同样有效或有价值的。他们通过分析目标的完成程度对知识主张进行评价，以

---

① Edward K. Morris, "Contextualism, Historiography, and the History of Behavior Analysis", In Steven C. Hayes, Linda J. Hayes, Hayne W. Reese, et al., *Varieties of Scientific Contextualism*, Context Press, 1993, pp. 137-165.

② Anthony Biglan, Steven C. Hayes, "Should the Behavioral Sciences Become More Pragmatic? The Case for Functional Contextualism in Research on Human Behavior", *Applied and Preventive Psychology*, 1996, 5, pp. 47-57.

及通过科学家能否成功地以越来越高的精度、广度和深度进行行动对其进步与否进行评价。其次，科学是一种有意识的社会进程，因此知识主张是依据某一特定的科学共同体共同拥有的分析目标进行评价的，并且受到这一共同体成员的经验确证。通过将科学共同体共同拥有的分析目标作为分析的衡量标准，语境论者便可以避免"使真理成为相对主义的，以及将所有的哲学信念简单地看作是与个人偏好相关的"[①]。这样的弊端不仅内在于实用主义者的观点中，如詹姆士，在现代主义的描述语境论者中也同样存在。此外，科学确证是一种使用经验方法对知识主张进行验证的过程。在实用主义中，真理总是与经验结果联系在一起，科学方法论寻求确保知识主张保持暂时的有效性，直到科学共同体成员能够对其有效性进行经验验证。功能语境论者通过承认在没有绝对真理的情况下，也可能拥有经验知识，从而避免了相对主义的问题。

## 二、功能语境论对于教学设计的意义

教学设计理论被定义为"包含对学习和绩效问题的分析，以及教学、非教学过程和资源的设计、开发、实施、评估和管理，旨在改善各种情境中的学习和绩效"的领域。[②] 在特定的语境中，教学设计者和技术专家寻求使用某些方法预测和影响心理事件。功能语境论者和行为分析者多年来一直致力于构建更为宽广的教学设计理论，发展出一种融贯的哲学和行为科学。功能语境论教学设计理论以经验研究方法为基础，有着显著的广度和深度，但其拒斥机械论、客观主义和实证主义。

行为理论对教学系统设计和教学绩效技术的发展起到了重要的推动作用，功能语境论和行为分析对这一领域的影响同样深远。行为分析者为改进教学而提出的很多建议已经被融入了大量教学设计模型。功能语境论作为教学设计的基础，其在精度、广度和深度方面具有很大优势。功能语境论和行为分析以相

---

① John P. Diggins, *The Promise of Pragmatism: Modernism and the Crisis of Knowledge and Authority*, University of Chicago Press, 1994, pp. 29-35.

② Robert A. Reiser, "A History of Instructional Design and Technology", In Robert A. Reiser, John V. Dempsey, *Trends and Issues in Instructional Design and Technology*, Allyn&Bacon, 2011, pp. 26-53.

对较少的核心原理和概念对各种心理学现象进行说明，这些原理和概念被融贯的哲学基础统一起来。功能语境论为教学设计提供了坚实的哲学基础，这有助于为教学实践提供有效的教学指导。它以行为分析的研究方法为基础，关注于实践知识的建构，为学习和教学提出了一种动态的研究路径。

功能语境论秉承语境论的世界观基础，强调具体实践过程的效果。除此之外，功能语境论还使用行为科学中的研究方法，这就使得功能语境论区别以往教学设计理论的哲学世界观。

第一，功能语境论者通过行为分析的方法研究教学现象，以语境论作为其哲学基础。"在语境论方法中，我们从整体开始，定位行动以及把它们分解为部分只是出于实用的目的……整体才是首要的；有用的辨别和区分则是第二位的。"①功能语境论教学设计理论强调教学研究的整体语境意义，对整体教学事件的划分只是出于实用的目的。

第二，功能语境论者拒斥客观主义的真理观，坚持实用主义的真理观。功能语境论者认为教学设计理论的有效性取决于其在教学实践中的实际效果，而不在于如何准确地描述真实的教学事件。功能语境论者强调只有通过对绩效进行分析，才能确定对学生具有促进作用的教学事件，并形成有效指导教学的原则。"建构主义认为，关于世界的知识是主观建构的而非真实发现的，这种观点其实是实用主义观点的改头换面，实用主义者在很久以前就已经提出过了。"②

第三，功能语境论者重视将科学的教学规则和教学原理应用于指导教学实践过程，其认为科学的教学理论可以应用到任何的教学实践中，从而指导人们的教学实践。功能语境论者所坚持的教学科学是有限的科学。他们并不认为其提供唯一有效的理论，也不认为自己可以揭示教学事件的真相。功能语境论者重视具有普遍指导意义的教学原则，他们大多重视教学目标的科学性和可行性，其认为教学目标是极其重要的，并且是可以检验的，否则将无法评价教学实践

---

① Eric J. Fox, "Constructing a Pragmatic Science of Learning and Instruction with Functional Contextualism", *Educational Technology Research and Development*, 2006, 1, pp. 5-36.

② Eric J. Fox, "Constructing a Pragmatic Science of Learning and Instruction with Functional Contextualism", *Educational Technology Research and Development*, 2006, 1, pp. 5-36.

产生的现实效果。

关系框架理论(Relational Frame Theory，RFT)是功能语境论最突出的理论贡献，其主要研究语言与认知，对教学设计具有重要的指导作用。关系框架理论以功能语境论作为其基础，是行为分析的原理和对派生性刺激关系的研究。关系框架理论与语义网络理论在某些方面极其相似，但在关系框架理论中语义或关系网络并不被看作假设的心智结构。相反，这种关系网络被认为是语境控制下的相关反应学习模式。关系框架理论家认为，关系反应技能为与教学实践相关的广泛认知能力提供了基础，并且对这些关系技能的强化可能会在学术和智识上带来广泛的益处。① 除了对一般的言语和认识过程的目标进行详细阐述之外，研究者还利用关系框架理论来解释、分析和考察教育者感兴趣的几种特殊技巧，包括逻辑推理、认知视角的选取、概念的学与教以及问题的解决。此外，关系框架理论可以对涉及心理过程的复杂教学策略进行更为精确的分析，如情境认知。总之，关系框架理论为研究复杂的人类行为提供了一种连贯的、有效的方式。

总之，在功能语境论者看来，教学设计是研究者以经验的方法来预测和影响特定语境中的心理事件，其主张将改变学习环境看作改变学习者学习过程的场景，通常以实验的研究方法考察具体语境中的事件，然后对最终的结果进行有效的评价。

"关于某种形式的技术如何能够或已经融入到一种教学环境中的各种研究成果充斥在当前的教学设计和技术著作中，而实际展示的技术运用如何对学习产生实际影响的研究成果则日益稀少。这在某种程度上意味着将手段和目标混为一谈。如果没有一种哲学或科学可以指导、评价、区分或改进使用者的工作，他们就有可能成为纯粹的技术人员。而功能语境论为避免这种情况的发生，可以为实用科学提供坚固的哲学基础和坚定的承诺，并将重点放在能够改善个体

---

① Steven C. Hayes, "Relational Frame Theory: A Functional Approach to Verbal Events", In Steven C. Hayes et al. , *Behavior Analysis of Language and Cognition*, Context Press, 1994, pp. 9-30.

和组织绩效的相关策略"①。功能语境论者能够对其目标的实现情况进行评价，还十分强调评价的语境性，这也要求我们在具体的教学语境中开展教学评价。

功能语境论教学设计理论对教学设计领域的主要贡献在于，首先，理解教学设计理论提供了理论上的澄清，并且通过倡导对实践知识的追求，其关注于产生适用于整个时空相似事件的实践知识。尽管教育工作者通常非常重视教育研究，但很少有人认识到，在教育应用领域中，生产实践性知识应该受到更高的重视，而功能语境论恰恰为产生超时空的实用知识提供了一种合法性和重要性的路径。

其次，功能语境论为教学设计理论提供了坚实的哲学基础，其强调教学设计关注于清晰明确的目标、可操作变量以及语境特征。② 功能语境论强调预测和影响心理事件的重要性，能够对心理事件的预测和影响进行价值分析。功能语境论依据因果关系将行为方式划分为预测、说明和解决：预测行为是根据因果事件预测可能的效果，说明行为是根据效果事件预测可能的原因，解决行为需要选择和实施必要的原因以产生预期的效果。解决行为是以目标为导向的，预测和说明是无目标的行为。因此，功能语境论不仅能够影响和改变心理事件，而且能够有效预测相关事件。

最后，功能语境论拓展了教学设计领域的理论内容，其为提高人类学习和发展的方式提供了创造性的研究路径。功能语境论认为只有教学事件的语境特征才有助于有效开展教学实践，所以在对教学事件的研究过程中，以教学方法最终实现教学目标的效果作为评价标准，强调教学设计理论应用于具体教学实践的实际效果。教学设计是一个理论与实践相结合的过程，在此过程中既要重视理论知识，也要重视实践知识。

综上所述，功能语境论力求构建一种精确的行为科学，从而形成有效的教

---

① Eric J. Fox, "Constructing a Pragmatic Science of Learning and Instruction with Functional Contextualism", *Educational Technology Research and Development*, 2006, 1, pp. 5-36.

② Charles M. Reigeluth, Yun-Jo An, "Functional Contextualism: An Ideal Framework for Theory in Instructional Design and Technology", *Educational Technology Research and Development*, 2006, 54(1), pp. 49-53.

学设计，提高教学过程中个人和组织的绩效，指导学习者更好地学习。功能语境论者以语境论世界观作为其哲学基础，为教学设计和学习理论提出了一种科学的研究范式，同时，他们强调运用自然主义的研究方法对教学事件进行经验研究，其本质上是一种基于科学发现的自然主义的语境论。

## 第五节　人工智能与智能机器人的语境论范式

20世纪50年代以来，以表征和计算为基础的人工智能理论，出现了符号主义、联结主义和行为主义三种主导性范式，但经过50多年的跌宕起伏，仍未形成较为统一的理论范式。随着人工智能理论和应用的迅速发展，目前的人工智能技术逐渐突破已有范式局限，开始趋向于对各种范式进行逐步融合。然而，如何对人工智能范式进行融合，以及在什么样的基础上来进行融合，或者说，融合的哲学基底应该是什么样的，这一尚未解决的难题成为人工智能理论进一步发展的瓶颈所在。通过考察人工智能研究的发展历程，揭示其自始至终贯穿着的鲜明语境论特征，我们认为，语境论有望成为人工智能理论发展的新范式，语境问题的解决程度决定了以表征和计算为基础的人工智能所能达到的智能水平。

### 一、语境论观念在人工智能演进中的渗透

伴随对"语境"认识所发生的根本性变化，即从关于人们在语境中的所言、所作和所思，转变为以语境为框架，对这些所言、所作和所思进行解释，"语境论世界观"[①]逐渐显现在了自然科学和社会科学各个学科的发展中。当我们以这样一种具有普遍性的"语境论"思维，来反思50多年来人工智能理论的发展时，可以清晰地看到，实际上语境论观念就内在于符号主义、联结主义和行为主义的发展中，并逐步成为当代技术背景下人工智能理论融合和发展的新范式。

---

① Steven C. Hayes, Linda J. Hayes, Hayne W. Reese, et al., *Varieties of Scientific Contextualism*, Context Press, 1993, p. vii.

### 1. 符号主义中的语境论观念

物理符号系统假设认为，"符号是智能行动的根基"①。符号主义人工智能系统是一个具有句法结构的符号表述系统，在对所处理的任务进行表征的基础上构造相应的算法，使其可以在计算机硬件上得以实现。采用何种表征方式直接决定了可采取的相应的计算方式，即表征决定计算。并且，同一表征可以由不同的算法来实现，算法描述与所表征的语义内容没有必然的对应关系。也就是说，在符号主义中，表征和计算之间是一种一对多的关系。因此，决定符号主义发展的主要是表征理论的变更。以表征为基础，可以看出符号主义的各个发展阶段，实际上体现出了从语形到语义、再到语用的特征。

人工智能领域主要关注于，为了具有智能行为，符号系统应该如何组织知识或信息。因为信息必须以能够在计算机中运行的方式来表征。从根本上讲，计算机是一个形式处理系统，即便在语义和语用处理阶段，语形处理也是基础。因此，在人工智能领域，应根据计算机系统在组织和表征知识时对处理对象采用何种表征原理和分析方法，来确定其体现出的语形、语义和语用特征。

受乔姆斯基有限状态语法（finite-state grammar）、"短语结构语法"（phrase structure grammar）以及"转换生成语法"（transformational grammar）三种语法模式理论的影响，早期符号主义认为，计算机对知识进行组织和表征时以语形分析方法为主，并以语形匹配为主要计算方式，从而完成指定的处理任务。因为任何领域的知识都是可形式化的，在任何范围内实施人工智能的方法，显然都是找出与语境无关的元素和原理，并把形式的符号表述建立在这一理论分析的基础上。然而，基于语形处理的解题过程，对处理对象的概念语义并无确切掌握，处理结果往往精确度不够，常常会出现大量语义不符的垃圾结果，或遗漏很多语义相同而语形不同的有用结果。

为了提高系统的智能水平，人们开始关注表征的语义性以及相关的语境因素。表征理论必须解决的首要问题，就是如何将语境中的语义信息通过语形方

---

① 〔美〕玛格丽特·A. 博登：《人工智能哲学》，刘西瑞、王汉琦译，上海译文出版社，2005，第115页。

式表征出来。由此从 20 世纪 70 年代起，人们相继提出了语义网络、概念依存理论、格语法等语义表征理论，试图将句法与语义、语境相结合，逐步实现由语形处理向语义处理的转变。

但以词汇为核心的语义表征，所描述的内容都是词汇中各个语义组成部分的固有的、本质的语义特征，同样与词汇所在语境无关，是一种以静态语义关系知识为主的语义表征，在动态交互过程中很难发挥应有的作用。也就是说，这种语义描写方式局限于对单句内固有场景的描述。这种静态语义表征无法根据语用的不同对词汇所描述的场景进行语用意义上的语境重构。所以，建立在这类语义表征理论之上的智能程度是极为有限的。

因为语用涉及语言的使用者即人的视角问题，针对同一个问题，不同的视角将产生不同的理解。因此，到了语用阶段，将会是一种站在语言使用者立场的动态语义表征。尤其在网络的动态交互语境中，对于每个网络用户（无论是使用系统的人还是某个虚拟系统），都需要以某个视角或立场进入到交互过程中。这就需要引入虚拟主体，使系统在交互过程中以某个视角或立场的主体地位，来对交互过程中的问题加以考虑，在特定语境中为达到特定的交流目的，进行相应的语用化处理。

正如维特根斯坦所指出的，语言意义只有在具体使用过程中才能体现出来。主体的参与性以及不同主体使用语言的不同目的，是考察话语意义的前提。引入语用技术，消解了存在于语言中的歧义性、模糊性以及隐喻等问题。在这个意义上，将虚拟主体引入以语用为特征的动态语义表征过程，将是人工智能从语义阶段向语用阶段迈进的关键所在。借助于建立在语形和语义基础上的语用思想，可以实现更高层次的智能化服务。当然，在现阶段，语义表征问题尚未完全解决，语用研究的基础则更为薄弱，向语用阶段迈进将是一个相对较长的过程。

2. 联结主义中的语境论观念

联结主义认为，人工智能源于仿生学。以整体论的神经科学为指导，联结主义试图用计算机模拟神经元的相互作用，建构非概念的表述载体与内容，并以并行分布式处理、非线性映射以及学习能力见长。

在符号主义时代，联结主义的复兴是很多领域共同驱动的结果。不同领域的专家利用联结主义这一强大的计算工具，根据具体需要分别构建特定的网络计算结构。然而，在诸多与联结主义相关的领域中，更多的则是存在于这些研究中的不统一。研究目的与应用语境的不同，使联结主义缺乏与某个研究计划的相似性，更重要的是它似乎成为模拟某些现象的便利工具。[①] 在不同的语境中，人们编写结构不同的联结主义程序，来满足特定语境下的应用需求。一旦语境范畴发生改变，该程序便失去原有的智能功能。这使得联结主义不具有符号主义的统一性，无法在一个统一的基础上开展研究。因此，直至今日，这一按照生物神经网络巨量并行分布方式构造的联结主义网络，并没有显示出人们所期望的聪明智慧来。

知识表征一直是符号主义研究的核心问题。许多学者认为，联结主义独特的表征方式避免了知识表征带来的困难，可以通过模拟大脑的学习能力而不是心灵对世界的符号表征能力，来产生人工智能。作为对传统符号主义方法论的翻转，联结主义由计算开始，在比较复杂的网络中构建出对语境高度敏感的网络计算，并通过反复训练一个网络，来获得对一个任务的高层次理解，从而体现出一定的概念层次的特征。算法结构直接决定了联结主义程序是否可以体现出一定的概念，以及可以在何种程度上表征概念的内容，即计算决定表征。联结主义网络中没有与符号句法结构完全相似的东西。非独立表征的内容分布在网络的很多单元中，也许很难辨别一个特定单元执行的是什么内容。单元获取并传输激活值，导致了更大的共同激活模式，但这些单元模式并不按照句法结构来构成。并且，在联结主义系统中，程序和数据之间也没有清晰的区别。无论一个利用学习规则的网络是线性处理的还是被训练的，都会修改单元之间的权重。新权重的设置将决定网络中未来的激活过程，并同时构成网络中的存储

---

① Dan Wieskopf, William Bechtel, *The Philosophy of Science: An Encyclopedia*, Routledge, 2006, p. 151.

数据。此外，联结主义网络中也不存在明确的支配系统动态的表征规则。<sup>①</sup> 这些都表明，表征并不是联结主义的主要特征。不论是否含有语义内容，联结主义程序的运行结果都是由不断变化着的计算语境决定的。因此，计算语境是联结主义的一个主要特征，建立在计算语境上的联结主义从一开始便是以语境思维为基础的。

当然，不以符号的方式进行知识表征和没有知识表征是截然不同的两回事。正如 H. 德雷福斯（Hubert L. Dreyfus）所指出的那样，联结主义也不能完全逃避表征问题。因为计算机需要将那些对人来说是自然而然的东西用规则表征出来。而这并不比将人的知识和能力用符号主义系统表征出来更为容易。<sup>②</sup> 联结主义虽然采取了不同的智能模拟形式，但它不可直接处理人类思维中形式化的表征内容，无法模拟符号主义范式下已经出现的大部分有效的智能功能，这都为其发展带来了难以跨越的障碍。

总之，联结主义在计算语境的基础上构造算法结构并生成智能，一定程度上正面回答了智能系统如何从环境中自主学习的问题。然而，在联结主义的各个应用领域中，发展出如此之多的神经网络模型，表明联结主义内部对如何模拟人类智能，还没有形成统一的方法论认识。这不仅使联结主义和符号主义之间难以实现完全的信息交换，也使得联结主义内部各网络模型之间的交流很难进行。"作为交叉学科，联结主义缺乏特征上的统一，而寄期望于一个研究程序。""甚至在这些领域，如果重视由网络形成的不同用途，一个研究程序的特征统一在很大程度上也是缺乏的。"<sup>③</sup>这些都表明，联结主义研究还处于初级阶段。"联结主义范式"是从计算结构的角度对这种计算形式所进行的概括，而"语境论范式"则是对这种计算形式的本质特征进行的概括。

---

① Dan Wieskopf, William Bechtel, *The Philosophy of Science: An Encyclopedia*, Routledge, 2006, p. 153.

② Hubert Dreyfus, *What Computers Can't Do: The Limits of Artificial Intelligence*, HarperCollins Publishers, 1978.

③ Dan Wieskopf, William Bechtel, *The Philosophy of Science: An Encyclopedia*, Routledge, 2006, p. 154.

### 3. 行为主义中的语境论观念

行为主义，更准确地说是基于行为的人工智能（Behavior Based Artificial Intelligence，BBAI），认为智能行为产生于主体与环境的交互过程，智能主体能以快速反馈替代传统人工智能中精确的数学模型，从而达到适应复杂、不确定和非结构化的客观环境的目的。复杂的系统可以从功能上分解成若干个简单的行为加以研究。在这些行为中，感知和动作可以紧密地耦合在一起而不必引入抽象的全局表征，而人工智能则可以像人类智能一样逐步进化（因此也称为进化主义）。所以，行为主义的研究目标，是制造在不断变化着的人类环境（Human Environments）中，使用智能感官与外界环境发生相互作用的机器人。因此，它首先假设外界环境是动态的，这就避免了使机器人陷入无止境的运算之中。

行为主义的创始人布鲁克斯（R. Brooks）认为，生物产生智能行为需要外在世界以及系统意向性的非显式表征，大多数甚至是人类层次的行为，都是没有详细表征的、通过非常简单的机制对世界产生的一种反射。传统人工智能就失败在表征问题上。当智能严格依赖于通过感知和行为与真实世界的交互这种方式来获得时，就不再依赖于表征了。在他的智能机器人中，从不使用与传统人工智能表征相关的任何语义表示，既没有中央表征，也不存在一个中央系统。即使在局部，也没有传统人工智能那样的表征层次。[①] 在行为主义机器人的执行过程中，最恰当的说法是，数字从一个进程传递到了另一个进程。但这也仅仅是着眼于可将数字看成是某种解释的第一个进程和第二个进程所处的状态。布鲁克斯不喜欢将这样的东西称之为表征，因为它们在太多的方面不同于标准的表征。也就是说，行为主义表征不具备符号主义那种标准的语形、语义以及语用特征。行为主义所面临的语境特征在本质上是一种计算语境。

行为主义机器人的控制器超越了那种对环境的不完全的感觉表征，机器人在真实世界中的体现是控制器设计的主要成分。在这一方法中，物理机器人不

---

①  Rodney A. Brooks, "Intelligence without Representation", *Artificial Intelligence*, 1991, 47, pp. 139-159.

再与问题不相关，而成为了问题的中心。日常环境被包括进来而不是被消除掉。可见，行为主义的智能是根植于语境的。离开语境，行为主义机器人便表现不出任何的智能特征。从这个意义上讲，行为主义在本质上是语境论的。

从上述分析可以看出，无论是符号主义、联结主义还是行为主义，从根本上讲都是基于"语境"观念的。目前，在人工智能科学研究中，虽然新理论层出不穷，但涉及应用问题时大都局限于某个领域，与早期人工智能研究的整体性和普遍性相比，表现出明显的局部性特征。很多研究甚至是"玩具型问题"，不具备应用推广的条件。隐藏于这些表象之下的人工智能领域的根本困境，就在于常识知识问题，而常识知识问题的本质则是语境问题。人工智能的实用性是建立在对研究对象规律的归纳基础之上的。只有找到规律，才有可能编写适合于运行在机器之上的智能程序。然而，"无秩序（disorder）是语境论的绝对特征"①，由于无法用形式化的描述方式模拟"无秩序"这一人类语境的重要特征，人工智能就不可能模拟相对全面的人类常识知识，只能局限于范围较小的专家系统开展研究。也就是说，从功能主义角度对人类认知特征进行模拟，人工智能是相当局限的。所以，人工智能要想获得真正的突破，在相当长的一段时期内，研究的核心问题就是解决建立在形式系统之上的计算机应该如何处理各种各样的语境问题。正是在这个意义上，人工智能研究必须引入"语境"观念。

## 二、人工智能语境论范式的特征

在语境论范式下，最大的特征就是所有问题都围绕语境问题展开。无论在已有三种范式下进行的研究，还是在三种范式交叉领域开展的研究，甚至后来出现的各种新技术，所研究的关于智能模拟的核心问题，都是围绕语境问题展开的。而对这些问题的研究之所以无法继续深入，也都是由于无法解决所遇到的语境问题。这就要求以语境问题为核心，在更为本质的层面上着眼于人工智能未来的研究，为今后的研究工作提供研究纲领及方法论指导。

---

① Stephen C. Pepper, *World Hypotheses: A Study in Evidence*, University of California Press, 1942, p. 234.

必须指出，我们这里提出的人工智能语境论范式，是通过对已有范式理论核心价值的继承以及新技术新问题的概括，为解决当前人工智能学科所遇到的核心瓶颈问题而提出的新的研究框架。它不是某个局域层次的个别认识，而是对整个人工智能学科及相关学科实际发展过程中得出的新概括。着眼于人类智能模拟问题的人工智能，目前已经从早期的语形处理转向语义处理，并提出要从语义网(The Semantic Web)向语用网(The Pragmatic Web)转向的互联网发展规划。其中，由于语言的任何层次都与语境相关，所以，对自然语言意义的理解，各个层次的静态语境描写技术只是起点与基础，关键是篇章级别及动态语境下的意义理解。而对动态语义理解的实质就是"一种在实践中通过相互作用构成的模式"①，仅仅依靠计算语境还远远不够，它必然是以层次性为基础的静态表征语境与动态计算语境紧耦合的结果。因此，人工智能语境论范式的关键就在于，如何在形式系统中，将建立在解构方法论基础上的层次性的静态表征语境向建构整体性的篇章语境扩张，并与动态性的计算语境相结合。这是人工智能语境论范式藉以超越现有范式理论而必须解决的核心问题。

事实上，人工智能语境论范式的理论本质就在于为人工智能研究提供了新的认识论视角，"当我们谈到语境论，我们便由理论的分析类型进入合成类型(synthetic type)"。"语境论坚持认为变化展现事件"②，并且，语境变化的"这种可能性是无限的"③。在解构方法论基础上，如何将"无秩序"的语境以形式化的方式表征出来，并实现在动态语境中的语义理解，整体性的语境认识论便显得尤为重要。基于此，人工智能语境论明确认识到，形式系统之上的"语境"与真实的人类语境相比是相对有序的。这种相对有序性是基于形式系统的计算机的本质属性，它不会因为语境论的引入而达到人类认知能力对"无秩序"语境的认知程度。此外，人工智能的语境很大程度上是"先验"的。无论是表征语

---

① Alessandro Duranti, Charles Goodwin, *Rethinking Context: Language as an Interactive Phenomenon*, Cambridge University Press, 1992, p. 22.

② Stephen C. Pepper, *World Hypotheses: A Study in Evidence*, University of California Press, 1942, p. 232.

③ Richard Rorty, *Objectivity, Relativism and Truth*, Cambridge University Press, 1991, p. 94.

境还是计算语境，都是在对现实世界某种规律性的认识的形式概括基础上，预先以形式化的方式写入计算机系统的。

因此，不论在什么范式下，人工智能说到底还是一个表征和计算的问题。所以，建立在现有范式之上的语境论范式，必然以表征语境和计算语境为主要特征。具体表现为：

第一，围绕表征的语境问题，对基于人类语言的高级智能进行模拟，使计算机具有一定程度的语义理解能力，是语境论范式的一个主要特征。

本质上讲，计算机是一个形式系统，而形式系统所能表现出的智能程度，根本上由建立在表征和计算之上的功能模拟决定。对基于人类语言的高级智能进行模拟，必然要以已有的符号主义技术为基础，围绕语形、语义和语用相结合的语境描写技术，来让计算机对人类语言具有一定程度的语义理解能力。

对基于语言符号的人类思维进行模拟，从人工智能诞生之日起，就一直是智能模拟的核心问题。建立在形式系统之上的计算机，不可能具有意向性，也无法对人类语言意义给出真正的理解。计算机要想表现出类似于人类的智能，首先就要具有人类的常识知识。人们希望通过研究内容庞大的知识表征问题来解决计算机的常识知识问题。然而把常识阐述成基于形式描写的表征理论，远比人们设想的困难，绝不仅仅是一个为成千上万的事实编写目录的问题。威诺格拉德(T. Winograd)在对人工智能"失去信心"后，一针见血地指出："困难在于把那种确定哪些脚本、目标和策略是相关的以及它们怎样相互作用的常识背景形式化。"[①]

在语境论范式下，对语形、语义和语用的处理，必须将要表征的常识知识通过形式化的方法转化为计算机可以实现的方式。人工智能之所以要关注表征方式的变革，关键在于表征方式直接决定了计算机对语义内容的处理能力。无论是纯句法的表征，还是各种语义表征，甚至是语用表征，本质上都是形式表征。形式表征理论关注的是如何便于计算机进行推理或计算，从而提供更为恰

---

① 〔美〕玛格丽特·A. 博登：《人工智能哲学》，刘西瑞、王汉琦译，上海译文出版社，2005，第351页。

当的结果。而结果是否恰当关键在于语义，而不是语形。表征理论沿语境论转换的实质意义在于，使计算机更好地处理表征的语义内容。只有建立在语形、语义和语用基础上的表征理论，才能更加接近人类自然语言的表征水平。

然而，同句法范畴比起来，语义范畴一直都不太容易形成比较统一的意见。"层级分类结构"(hierarchy)的适用范围、人类认知的多角度性及其造成的层级分类的主观性，导致了语义概念的不确定性、语义知识的相对性以及语义范畴的模糊性。而语义知识必须进行形式化处理的特征，决定了它需要对各种情境或场景进行形式化表征。事实上，对一个对象进行的语义描述，在语境发生变化时就不再适用。要对之建立完整的描述就需要将其可能涉及的各个方面都考虑在内，但这是不可能的。因为我们不可能事先将这一对象出现的所有语境都表述出来，并且这种表述上的无度发展很快就会变得无法控制。因此，各种描述常识知识的表征理论要想具有实用性，必须针对特定领域构建相关的描述体系，并应用于特定的专家系统。

总之，在语境问题得到根本解决之前，不可能构建适用于所有日常领域的表征体系。专家系统实质上是对常识知识工程所面临的表征语境根本问题的回避。在相当长一段时期内，表征语境问题将是语境论范式必须解决的首要问题。为使计算机具有一定程度的语义理解能力，围绕表征语境展开研究将是语境论范式的一个主要特征。

第二，在计算语境方面，基于结构模拟和功能模拟的计算网络的智能水平，很大程度上是由计算语境决定的。围绕计算语境展开研究，将是语境论范式的又一重要特征。

语境论范式是对已有范式进行的新概括，其计算特征也源于已有的计算模式，并围绕计算语境问题而展开。具体表现在：

首先，从语境论范式的角度审视联结主义，可以发现，联结主义计算中存在的根本问题，从网络结构设计，到对网络进行训练以及网络运行的整个过程，都是基于特定语境而展开的，但对特定语境的依赖使联结主义计算在应用上非常局限。

（1）由于联结主义计算的构造前提是基于特定语境的，也就是说联结主义程序的计算结构，是根据某一特定问题的需要而专门设计的，没有相对统一的结构模式，所以每遇到一类新的问题，就需要重新构建相应的计算结构。这使得联结主义程序很难在同一结构上同时实现处理多种智能任务的功能，已开发的程序不能被重复利用。这也是联结主义范式无法走向统一的症结所在。这一问题表明，每个联结主义程序都是局限在某个特定语境下的。如何使联结主义程序突破特定语境的限制，从而具有更强的适用性，是语境论范式下迫切需要解决的问题。

（2）联结主义计算的学习能力是建立在特定语境中的归纳和概括之上的。联结主义最大的优势就在于具有很强的学习能力。联结主义系统的智能程度不仅取决于系统结构，更取决于对系统的训练程度。在这种训练过程中，程序按照某种类型的"学习规则"对权重不断进行调整。这种调整的实质，就是对所学到的知识进行某种意义上的归纳和概括，但这种归纳和概括只有按照设计者预先设计好的规则来进行，才能是合理的。一个系统需要花费大量的时间重复训练，才能归纳和概括出符合设计者期望的智能程度。而这种预设语境的问题和学习规则，实际上规定了联结主义计算只有在特定语境中获得的知识才是有意义的。

这种在特定语境中产生的学习能力，其前提就是对要处理的任务对象进行分类，并在分类的基础上规定一个适用的语境范畴。但分类是一个主观认知的结果，具有不确定性。要把智能建立在某种分类前提下的归纳和概括之上，必然会使所表现出的智能被这种相对固定的形式系统所束缚，失去本来的灵活性。在某种语境下适用的分类以及归纳、概括体系，在其他语境下往往会变得不适用。在某种预设和规定语境下建立起来的联结主义网络，决定了其不可能发现这种预设语境范畴之外可能存在的归纳和概括。而人类智能则可以在同一个大脑结构中对各种语境以恰当的方式进行分类、归纳和概括。因此，联结主义网络只能在预设的语境中获得智能，不可能在同一个结构中像人类智能那样适应各种语境并获得知识。

（3）联结主义程序对计算语境具有高度的语境敏感性。以非线性大规模并行分布处理及多层次组合为特征，联结主义程序通过计算语境给出的数据进行训练。这种花费大量时间训练而成的程序，其智能程度不仅取决于系统构造，更取决于在特定语境下对系统进行的重复不断的训练程度。从上述分析可以看出，联结主义网络构造的前提，是将问题限制在某个特定领域。网络具有智能的基础，是按照某种学习规则进行归纳和概括。这就使联结主义程序的功能被限制在某个预设的语境之中，而不是任意的和无规律的。所以，程序的训练和运行过程，也必然被局限在这种预设的语境之下，根据计算语境的变化不断调整权重，从而表现出更加符合设计需要的智能功能。这体现出计算结果对计算语境的高度依赖。并且，如果计算语境的范畴发生改变，程序的计算结果就会毫无意义，这在一定程度上正面回答了智能系统如何从特定环境中自主学习的问题。因此说，联结主义对计算语境具有高度的敏感性。

以上特征说明，联结主义程序从设计、训练以至运行的整个过程中，都是基于特定语境而展开的，计算语境在很大程度上决定了联结主义网络的智能水平。在这个意义上，联结主义在本质上是语境论的。

其次，用语境论范式的观点重新看待行为主义，可以得出，行为主义所表现出的智能功能是由计算语境决定的。离开语境，行为主义机器人就不可能表现出任何智能特征。

作为计算语境的另一典型应用，行为主义采取自下而上的研究策略，希望从相对独立的基本行为入手，逐步生成和突现某种智能行为。行为主义以真实世界作为智能研究的语境基础，构建具身化的计算模型，试图避开符号主义研究框架的认知瓶颈，从简单的规则中"突现"出某种程度的智能来。

行为主义基于行为的主体框架可以看作是联结主义和控制论在智能机器人领域的延伸，其智能系统能够体现出一定的生物行为的主动特性和相应于环境所做出的自调整能力。因此，从本质上说，行为主义不仅继承了联结主义所有的语境特征，而且反过来对所处语境施加影响。在这种与真实语境的互动过程中，行为主义机器人表现出一定的智能特征。

然而，真实语境是动态变化的，行为主义机器人并不能适应全部的人类环境，其适应性是针对特定语境而言的。在基于行为的方法中，机器人通过不断地引用它的传感器来实现对人类环境的认知。这样，硬件技术必然会对机器人的认知活动构成限制。麻省理工学院的爱德森格（Aaron Ladd Edsinger）指出，"基于行为的方法在机器人操作中存在一个不足。目前以及在可预知的将来，传感器和驱动技术将强制一个机器人使用来自其自身和世界的不确定的、分解的观点去执行任务。同样，人类环境下的机器人操作将需要一套运算法则和方法去处理这种不确定性。基于行为的方法目前是作为这一难题的基本部分出现的"①。

可见，对真实计算语境整体性的把握以及适应性，是决定行为主义机器人智能程度的关键因素。离开计算语境，行为主义机器人就不可能表现出任何智能特征。但同时，我们也应该认识到，仅仅建立在基于行为之上的智能研究，对于处理复杂的真实语境下的智能任务是远远不够的。布鲁克斯的研究成果使人们普遍产生误解，似乎以低智能为前提的反馈式的智能行为，可以逐步进化或突现出更为高级的智能形式。而实际上，反馈在智能形成机制中虽然起了重要作用，但不是全部作用。这是行为主义研究无法继续深入的根本所在。

总之，语境论范式在人工智能学科领域的提出，不仅仅是提供某些具体方法，而是给出了一种新的"根据范式中隐含的技巧、价值和世界观进行思考和行动的问题"②。在人工智能语境论范式下，所有的研究都围绕表征语境和计算语境而展开。表征语境与计算语境相结合，将是语境论范式下人工智能发展的主要趋势。

## 三、人工智能语境论范式的延展

从人工智能范式的发展过程中可以看到，符号主义范式从表征的角度对人类智能进行模拟，联结主义范式从计算的角度进行模拟，而行为主义则是在联

---

① Aaron Ladd Edsinger, *Robot Manipulation in Human Environments*, 2007-01-16, http: //people. csail. mit. edu/edsinger/index. html.

② 〔英〕W. 牛顿-史密斯：《科学哲学指南》，成素梅、殷杰译，上海科技教育出版社，2006，第511页。

结主义和控制论的基础上，试图从反馈式智能中进化或突现出更高级的智能形式。每种范式都从各自的角度出发，但随着研究的深入，都殊途同归地落在了语境问题上。因此，语境论范式的提出对于未来人工智能的发展具有重要的意义，主要表现为：

首先，人工智能领域出现的新理论和新技术，突破了现有范式理论的局限，围绕语境问题表现出很多新的特征。具体体现在：

(1)当前，符号主义建立在大规模数据库基础之上的智能研究，需要进行大量的以统计为基础的数值计算。而传统的线性计算在一定程度上无法满足符号主义的这种应用需求，需要引入以非线性为特征的联结主义计算，来弥补符号主义在计算能力上的不足。随着技术的发展，联结主义程序逐步作为计算工具引入符号主义系统中。这是一种将符号主义的表征优势与联结主义的计算优势结合起来共同处理任务的新技术。这一新技术的出现，突破了原有的仅在符号主义或联结主义范式下研究问题的局限，实现了这两种范式在一定程度上的结合。然而，这种结合是建立在数据库统计基础之上的，具有很大的局限性。因此，将符号主义表征和联结主义计算在语境论范式下有机结合，将是语境论范式的一个重要趋势。

(2)联结主义在发展过程中，由于表征能力的不足，很多情况下无法对符号内容进行有效处理。为了弥补这种不足，研究人员对符号主义表征的语义内容按概念进行分类，再用联结主义结构以某种语义关系将其连接(即通常所说的语义神经网络)，试图将对符号的处理融入到联结主义中。然而，对语义进行分类本身就是一个主观认知的结果，具有不确定性。要把自然语言理解按分类方式用语义网络相连，必然会使语义被这种相对固定的形式系统所束缚，失去本来的灵活性。在一种情况下适用的分类体系，在另一种情况下往往就变得不适用。这种将符号主义的语义特征融入联结主义计算的做法，在一些情况下可能是适用的，但在更多的情况下，可能反而会使对语言的处理受到符号主义和联结主义双重规则的限制。并且，基于继承等关系建立的语义网络，不能体现人类语言使用过程中灵活的语境特征。因此，将符号主义表征融入联结主义计算，在现实中存在着很大困难。探索二者在语境论范式下的融合模式，将是未来人工智能研究的一个重要方向。

（3）行为主义采取的是自下而上的研究路径，用一种分解的观点来构造整个智能体系。而实际上，人类的认知活动无疑是整体性的。例如，我们在认知一个书架时，必然先对书架有一个整体的视觉感知，进而观察其细节特征。而基于行为的方法，则通过对视觉图片中的色彩值进行对比等，找到书架的某些关键点，进而通过这个点，像盲人摸象般利用触觉来感知一个面，然后才能对这个简单的书架产生一个并不完整的认知结果。在认知过程中，行为主义机器人将从语境中分别获得的处于分解状态的视觉与触觉等感知信息联合起来，才能对认知对象生成一个较为综合的认知结果。这种认知方法与人的整体性认知方式正好相反，成为行为主义发展过程中遇到的最大困难。而对整体性语境的全面把握，正是自上而下的符号主义智能系统的优势所在。正如麻省理工学院的开创者明斯基（Marvin Minsky）曾经指出的，布鲁克斯拒绝让他的机器人结合传统的人工智能程序的控制能力，来处理诸如时间或物理实体这样的抽象范畴，这无疑使他的机器人毫无使用价值。[①] 因此，如何将自下而上的行为主义与自上而下的符号主义系统相结合，突破现有的单一研究模式，研制表征语境和计算语境相结合的智能机器人，将是未来机器人研究取得功能性突破的有效途径。

从以上三点可以看出，现有的范式理论已无法对人工智能的发展状况做出正确描述，急需新的范式理论来对人工智能领域表现出的新特征和新趋势做出新的概括。在这种情况下，语境论范式从人工智能的核心问题入手，在总结现有范式理论重要特征的基础上，对人工智能的发展现状以及未来的发展趋势做出合理判断，并为人工智能的进一步发展提供理论依据。

其次，语境论范式将人工智能领域的语境问题区分为表征语境和计算语境。对这两种语境进行区分的意义在于，二者虽然都是语境问题，但在人工智能中，二者的特征以及运行机制却不相同。对表征语境的研究，以符号表征的语形、

---

① 〔美〕戴维·弗里德曼：《制脑者：制造堪与人脑匹敌的智能》，张陌、王芳博译，生活·读书·新知三联书店，2001，第31页。

语义以及语用问题为核心，而计算语境则是影响程序计算结果的外部要素的总称，并不特别针对具体的符号表征问题。在语境论范式下，只有对这两种语境做出区分，才有利于更好地理解和把握人工智能范式发展的特征所在。

最后，在人工智能中，智能功能的实现是表征和计算共同作用的结果。作为状态描述的表征与作为过程描述的计算是密不可分的。因此，在语境论范式下，表征语境与计算语境也是密切相关的。它们将围绕智能模拟的语境问题逐步走向融合，各自的不足也只有在融合的过程中才能得到弥补。这种融合已不再是建立在已有范式之上的简单叠加，而是围绕人工智能的核心问题——语境问题——展开的。只有将表征语境与计算语境的优势相结合，才能从根本上解决当前人工智能面临的根本问题，而这也是语境论范式突破现有范式理论的关键所在。

综上所述，人工智能在发展过程中体现出了很强的语境论特征。语境论范式的提出，并不是对已有范式理论的否定，而是对已有范式在现阶段关注的核心问题的改变、表现出的新特征以及出现的新技术进行的一种全新概括，是对已有范式理论的提升。在语境论范式指导下，人工智能有望突破已有范式理论的局限，获得进一步的发展。

当然，并不是所有的人类思维都可以形式化，计算机在本质上是一个形式系统，不可能具有人类思维的所有特征，因而也不可能具有如同人类般对语义的理解。我们理解语境论范式的基础，是人工智能技术本身所具有的语境论特征。但无论是哪种类型的语境论特征，都不可能具有真正的意向性。因此，即使在形式系统之上实现了表征语境与计算语境的有机统一，人工智能也不可能具有人类智能的本质特征。在现有的科学发展阶段，常识知识问题能否从根本上得到解决，还需要经历一个漫长的探索历程。

## 四、智能机器人研究的语境论趋向

自1920年捷克斯洛伐克作家卡雷尔·恰佩克（Karel Capek）在其科幻小说中提出"机器人"概念以来，人们逐渐认识到，不能以似人外观性而应根据自动机器所具有的智能性来界定机器人。尽管可以把能自动执行工作的机器装置都视为机器人，但要成为智能机器人，则至少要具有一定的自主处理任务的智能功能。人工智能的快速发展，尤其是传感器的出现，延伸了智能机器人对外部环境信息及其自身内部状态信息的了解。人们藉此希望智能机器人可以在非结构化的环境下完成各种指定的任务。由此，从1968年世界上第一台智能机器人Shakey诞生以来，人工智能机器人学共出现过三种研究范式。不过，这三种范式主导下研发出来的智能机器人，都无法在非结构化环境下很好地处理未知事件。作为人的延伸，人工智能机器人的发展方向与语境行为科学内在契合。人工智能机器人学的范式问题，日益成为制约人工智能机器人发展的核心问题。由此，我们在这一部分详尽分析了智能机器人研究已有的分级范式、反应范式和慎思/反应混合范式三种范式，指出制约人工智能机器人学范式发展的核心问题，在于如何解决智能机器人在复杂环境中的任务处理。以现有范式中存在的问题为基点，我们提出构造网络化语境论范式，以及"网络智能系统＋智能机器人"的智能结构模式。要言之，我们认为网络化语境论范式突破了现有范式理论在智能行为处理中解构的思维特征，为建构下一代机器人的智能模式提供了重要的理论支持。

1. 当前智能机器人的研究范式及其问题

以感知、规划和执行为主要基元，智能机器人研究中先后出现过分级范式（the hierarchical paradigm）、反应范式（the reactive paradigm）和慎思/反应混合范式（the hybrid deliberative/reactive paradigm）等三种结构的研究范式。从自上而下还是自下而上的路径来模拟人类智能，以及如何处理感知、规划和执行这三种主要基元之间的关系，成为人工智能机器人学范式演变的关键因素。然而，一方面是必须对机器人所处的复杂环境进行表征，另一方面却是计算机自身计算能力低下，这两者之间的矛盾一直是人工智能机器人学研究无法逾越的障碍。

（1）分级范式及其问题

1956年，在明确提出"人工智能"的达特茅斯会议上，马文·明斯基（Marvin Minsky)指出，智能机器应该能对周围环境创建抽象模型，并从中寻找解决问题的方法。这一思想为以后的智能机器人研究指出了方向。智能机器人研究的核心之一，就是如何表征智能机器人所面临的复杂环境，进而在表征基础上通过计算来解决问题。在这一思想影响下，智能机器人研究领域最早出现了分级范式。从 20 世纪 60 年代后期至 80 年代末，分级范式是人工智能机器人学领域最主要的研究范式。

分级范式以人类理性主义思维的内省观点为基础，按照自上而下的研究路径，以"感知—规划—执行"的方式来处理任务：智能机器人首先感知外部环境，将感知到的数据处理成一个全局环境模型，为规划器提供唯一的环境表征。然后，感知器暂时停止工作，规划器进而根据这一全局环境模型规划机器人将要执行的动作。最后，由执行器来执行这个动作。依次循环，就形成机器人的连续动作。①

表面看来，分级范式似乎行得通，但在实际应用过程中，却表现出很多难以克服的困难：

首先，分级范式是基于封闭环境假设之上的。封闭环境假设要求在全局环境模型中表征出机器人需要的所有知识。而这些知识是由程序员在编程过程中编写到全局环境模型中的。一旦机器人在执行过程中遇到了全局环境模型之外的情况，就不能正常完成任务。从常识知识工程的失败中我们可以知道，用表征的方式不可能将世界上的所有知识都记录下来，因此要建立一个有关世界的全局环境模型根本就不可能。并且，即便建立一个较小范围或较小领域，所需的全部常识知识也相当困难。

具体到分级范式，在计算机计算能力的限制下，人们只能对一个很小范围的环境进行抽象表征(如一两间陈设简单的办公室)。一旦环境发生一定程度的改变，智能机器人就不能正常工作。而这又带来了框架问题。因此，分级范式智能机器人都是针对特定小生境(niches)而设计的，其感知器建立的所谓全局

---

① 〔美〕罗宾·墨菲：《人工智能机器人学导论》，杜军平等译，电子工业出版社，2004。

环境模型也不可靠，更无法考虑机器人的通用性。可以说，分级范式过于注重智能功能的针对性，而没有真正解决机器人所面临的不确定性问题。封闭环境假设以及框架问题的出现，从根本上说都与对常识知识的表征问题相关。其实质是将环境模型作为一种先验知识，通过静态表征方式抽象地描述出来。人工智能机器人学要求"机器人必须在开放的环境中工作"，即必须以开放环境假设为基础。而开放环境假设要求机器人可以处理环境的动态改变。根据这一要求，分级范式的封闭环境假设显然远远不能满足要求。

其次，分级范式"感知—规划—执行"模式模拟人类理性主义内省思维的特点，首先假设机器人的智能模式应遵循自上而下的研究路径，对机器人要处理的所有任务都必须事先规划，然后才能付诸实施。机器人的"大脑"是一个中央控制系统，所有行为都先需经由这一系统规划之后才能执行。这种在感知、规划和执行三种基元之间顺序进行的结构，无法根据环境的改变对机器人动作及时做出相应调整。编程人员不可能为机器人预先编制好处理所有可能出现的偶然事件的程序，这使得智能机器人动作看起来不连贯或表现出对环境变化的不适应。并且，这种"感知—规划—执行"的顺序结构忽略了人类行为中感知可以直接引起动作这一事实。也就是说，自上而下的分级范式虽然符合人类理性思维的内省模式，但不符合人类行为的刺激—反应模式。从表面上看，这仅仅是一个计算速度问题，但从智能生成的内部机制来看，这更是一个结构处理问题。因为在机器人学的每一个发展时期，计算机的计算速度都相对固定，要想提高机器人智能，只有从改善感知、规划、执行这三种基元的结构入手，才能取得较好效果。

此外，在分级范式盛行的时代，计算机硬件技术还不十分发达，由此造成的计算速度缓慢也是该范式难以取得较好效果的主要决定因素之一。在计算速度的影响下，这一时期的智能机器人研究很少能走出实验室，真正达到商业应用的目的。

（2）反应范式及其问题

20世纪80年代初，鉴于分级范式中的问题，人们开始从动物智能的认知模式上寻找灵感，试图突破分级范式"感知—规划—执行"结构模式。与分级范式自上而下的处理方式完全相反，反应范式认为，智能行为产生于主体与环境的交互过程，智能主体能以快速反馈替代传统人工智能中精确的数学模型，从而达到适应复杂、不确定和非结构化的客观环境的目的。复杂行为可以分解成若干个简单行为加以研究，人工智能可以像人类智能一样逐步进化。

反应范式以动物的刺激—反应（stimulus response）模式为基础，按照自下而上的研究路径，以"感知—执行"方式来处理任务，并且没有规划部分。由于不存在分级范式那样的全局环境模型，所以反应式机器人的执行速度非常快，从而也避免了框架问题。

然而，经过多年发展，反应范式智能机器人并没有表现出人们期望的智能程度，这主要由以下几个原因所致：

首先，反应范式假设大多数甚至是人类层次的行为都没有详细表征，是通过非常简单的机制对世界产生的一种反射。灵活性、敏锐的视觉以及在一个动态环境中执行与生存相关任务的能力，是发展真正智能的必要基础。分级范式主要就失败在表征问题上。当智能严格依赖于通过感知和行为与真实世界的交互这种方式来获得时，就不再依赖于表征了。低层次简单活动可以慢慢教会生物对环境中的危险或重要变化做出反应。没有复杂的表征以及维持那些与之相关的表征和推理的需要，这些反应可以很容易地迅速做出，足以适应它们的目标。① 也就是说，行为由感知器和执行器之间的紧耦合而产生，没有任何机制来监视环境的改变，也没有记忆系统，只是简单地对环境的激励做出反应。这虽然很大程度上提高了机器人的执行速度，但舍弃了规划使反应范式走向了另一个极端：反应式机器人既没有中央表征，也不存在一个中央系统。很显然，在人类的智能行为中，只有很少一部分完全基于反馈机制，人主要还是通过大脑这一中枢神经系统来控制行为，人类语言就是一个很明显的中央表征体系。在没有自身主体意向驱动的情况下，反应式机器人所表现出来的行为将毫无意

---

① Rodney A. Brooks, "Intelligence without Representation", *Artificial Intelligence*, 1991, 47, pp. 139-159.

义。因此，这种自下而上的智能模式，只能用于高级工业机器人或商业机器人。可以说，反应范式只是一定程度上模拟了人或动物最基本的智能行为，却无法解释人类高级思维模式的整个过程。

其次，反应范式虽然避开了对整体环境模型的表征问题，却无法避开类似常识知识这样的问题。它需要模拟人类所有抽象的生物功能，才能表现出类似于人的智能行为。它将人类所表现出的各种生物功能进行分类，并建立相应的模块来模拟每一种功能。例如，仅仅有关手的接触和抓取小物件这一简单功能，就归类出手臂的运动、手的形状、手指的运动、手腕的运动、硬度适应、接触察觉、抓取缝隙、表面测试、表面位置等如此之多的功能模块。反应范式目前最先进的机器人 Domo（多默），虽只有上半身且仅具简单抓取的操作能力，就需要 15 台奔腾计算机联合而成的 Linux 集群系来支持其运行①，而要模拟人类行为的全部功能，其工程难度绝不会亚于常识知识工程。造成这一问题的原因在于，反应范式并没有从人类产生这些生理功能的根本机制入手，而只是抽象和概括人类行为中所表现出来的功能特征，以为只要解决了对抽象的人类基本能力的模拟就可以进化出高级智能来，是一种典型的功能主义。因此，在反应范式的智能模式中，我们看不出它将如何进化出更为高级的人类智能。反应范式虽然避免了关于客观世界的常识知识问题，却无法避开关于人类自身多样化的生物功能这类常识知识问题。

再次，在反应范式中，机器人认知功能的局限，使得对人类环境的适应性研究只建立在小生态环境的基础上，并不是以完全的开放环境假设为基础，因而也无法适应全部人类环境。反应范式虽然非常强调智能机器人对人类环境的适应能力，但从已有的机器人认知技术来看，还无法实现对复杂人类环境的认知。因此，研究一般都局限于在某些特定认知功能前提下，机器人在一定人类环境中的智能表现。人类环境是动态的和难以预料的，具有简单智能功能的机器人常常无法适应，这就对智能机器人的研究工作提出了严峻挑战。因此，即

---

①　Aaron Ladd Edsinger, *Robot Manipulation in Human Environments*, 2007-01-16, http: //people. csail. mit. edu/edsinger/index. html

便是反应式机器人，也是在一个预设的、应用范围很小的小生态环境中展开研究，并不能在真正的开放环境下工作。

第四，反应式智能机器人系统可从功能上分解为行为。对于每个行为而言，只能通过属于它的特定传感器来实现对环境的感知，而这是一种局部的、行为特定的感知。这样，硬件技术必然会对机器人的认知活动构成限制，使智能机器人的认知系统建立在分解的基础上。爱德森格指出，"传感器和驱动技术：将强制一个机器人使用来自其自身和世界的不确定的、分解的观点去执行任务。同样，人类环境下的机器人操作将需要一套运算法则和方法去处理这种不确定性"。而实际上，人类的认知活动无疑是整体性的。在反应式机器人的认知系统中，并不具备将那些处于分解状态的局部认知抽象为某种整体性认知的能力。这种分解式的认知方法与人的整体性认知正好相反。完全相反的认知路径，使反应式智能机器人如何适应全部人类环境成为问题所在。

(3)慎思/反应混合范式及其问题

从上述分析可以看出，分级范式采用自上而下的方法来解决智能机器人系统的构造问题，"首先确定一个复杂的高层认知任务，进而将其分解为一系列子任务，然后构造实现这些任务的完整系统"[1]。这种以静态和整体性表征为前提的方法论，使分级范式陷入了大量烦琐的表征以及计算之中，因而对环境的适应性非常低。而反应范式则采用自下而上的研究策略，从相对独立的基本行为入手，逐步生成或突现某种智能行为。这种以动态和分解为特征的方法论，使反应范式无法形成对人类环境的整体性认知，因而也无法真正实现开放环境假设的要求。基于此，人们认识到，如何将自上而下的分级范式与自下而上的反应范式相结合来构建混合系统[2]，可能是智能机器人研究取得突破之关键所在。20世纪90年代以来，人工智能机器人研究逐步采用慎思/反应混合范式。

慎思/反应混合范式在反应范式的基础上，让智能机器人重新具有规划和慎

---

① Rodney A. Brooks, *Intelligence without Reason*, Morgan Kauf mann, 1991, p.570.

② Dominique Luzeaux, Andre Dalgalarrondo, "HARPIC, An Hybrid Architecture Based on Representations, Perception and Intelligent Control: A Way to Provide Autonomy to Robots", *International Conference on Computational Science*, Springer, 2001, pp.327-336.

思的功能，即以"规划，感知—执行"的方式来处理任务：智能机器人首先使用全局环境模型将任务规划分解为若干子任务，然后按照感知—执行的方式来分别执行每一个子任务。在子任务执行过程中，高层规划器可以监听低层感知信息，当行为识别出障碍后，就将该障碍标示在全局地图中，但规划器并不直接干预低层具体的执行程序。当低层任务无法继续执行时，可以通过故障上传的方式向高层求助。通过异步处理技术，反应式行为可以独立于慎思功能自主执行，慎思功能的规划器则可以慢慢计算机器人导航的下一个目标，而同时又以高刷新率对当前目标进行反应式的导航。这样，既没有破坏反应式行为快速执行的优势，又将分级范式的规划和慎思功能融合进来，使两种范式在优势互补基础上达到更好的智能效果。

与分级范式和反应范式相比，慎思/反应混合范式显然是一种进步。然而，在慎思/反应范式中也存在着很多难以克服的困难：

首先，从结构上看，"规划，感知—执行"虽然在一定程度上融合了分级范式和反应范式的优势，但这种融合是一种松耦合。也就是说，规划部分不能直接控制感知和执行部分。在慎思/反应范式下，虽然加入了分级范式的全局环境模型，使行为包括了反射的、本能的和学习的行为，但引起行为执行的"感知"实际上仍是直接感知或称为直感，即感知仍然是局部的和行为相关的。而在人类认知中，虽然也存在着直接感知，但很显然，人类大部分的感知和动作，都受大脑直接控制，而不仅仅是由直接感知直接引起动作这么简单。我们的感知是一种有选择的感知，相同环境下，不同的人总是根据各自的需求有选择地关注或感知某些对象而忽略另一些，并且相应采取的行为或动作建立在这种有选择的感知基础之上。这说明在人的认知过程中，规划、感知和执行之间是一种紧耦合关系。因此"规划，感知—执行"结构模式不能很好地模拟人类大部分行为。

其次，在慎思/反应混合范式中，规划部分创建的所谓"全局环境模型"是一个相对含混的概念。由于研究核心是规划机器人的行为使之更加适应环境，因此"全局环境模型"的核心问题仍在于对复杂环境的表征。虽然在慎思/反应混合范式阶段，硬件技术的进步提高了计算机的计算速度，但与分级范式一样，人们同样无法在开放环境假设前提下，将智能机器人可能面临的所有环境都表征出来。因此，慎思/反应混合范式机器人仍然是运行在小生态环境下的智能产品，而不是运行在真正意义上的"全局环境模型"中。在这个意义上，慎思/反应混合范式只是在处理低级智能行为的前提下松耦合了分级范式和反应范式，并没有真正实现将自上而下与自下而上的人类思维模式有机融合的智能处理模式。也就是说，在模拟人类整体思维的方式上，慎思/反应混合范式本质上还是遵循了自下而上的在低级智能中突现高级智能的研究路径。

2. 构建智能机器人研究的网络化语境论范式

从上述对人工智能机器人学各范式在发展过程中存在问题的分析中，我们可以看出，造成已有范式问题的共同原因主要有以下几个方面。

第一，三种范式共同关注的问题都局限在低级智能行为上，而忽略了高级智能行为及其产生原因。

从已有的三种机器人学范式可以知道，反应范式在处理低级智能行为方面速度最快，慎思/反应混合范式虽然加入了规划模块，但处理重点还是低级智能行为。这三种范式实质上都秉承了行为主义路线来开展研究，研究重点是针对复杂变化的环境，移动机器人如何完成规定的智能任务。这其实是以所给出的智能任务的简单性为基础，这类智能任务必须以与环境的"感性"接触为前提，不包括纯粹复杂的高级理性思维，更谈不上两者都涉及的智能任务。而对于人类环境下的大多数智能任务，仅仅依靠低级智能行为是无法完成的，需要引入大量基于符号的高级智能因素才能实现。舍弃了对符号主义高级智能的研究，智能机器人对智能任务的处理能力就不可能有大的提高。

第二，已有三种范式都无法突破小生态环境的局限。

机器人学的学科目标，是研制出像人一样可以在开放环境假设下工作的智能机器人。而已有三种研究范式中：①分级范式以闭环境假设为前提，不仅无法突破小生态环境的局限，还无法摆脱框架问题的影响，致使该范式在20世纪90年代后就遭到淘汰。②反应范式似乎突破了封闭环境这一前提假设，从而也摆脱了框架问题。但由于机器人认知能力的局限，反应式机器人研究都局限在特定的小生态环境下。并且，模拟人类智能行为越复杂的机器人，其适应环境的能力就越差。因为复杂性智能行为是以对环境的高度认知为前提的。③慎思/反应混合范式虽然在反应范式基础上融合了分级范式的优势，但在对环境的认知方面，并没有在前两种范式基础上取得根本性突破。所以，混合范式也不可能突破小生态环境的局限。正如詹姆士所描述的："与环境的直接交互将增加一个真正智能功能所需要的关于世界的知识。不知何故，在前进的道路上，无论是人工视觉还是机器人学，都似乎再一次地偏离了最初的路线，转而去寻找它们自己特定的小生境。"①总之，造成小生态环境局限的根本原因，是机器人认知能力低下。所带来的后果就是，智能机器人研究从整体转入局部，所有的智能机器人要么是功能单一的商业产品，要么是实验环境下的玩具型问题。而在机器人认知问题上，人们一直致力于如何将感知器感知到的局部的、被动的感知信息，构建成一个整体的、有选择性的主动认知体系，从而使智能机器人具有处理不确定性且相对完整的认知系统。在这一构建过程中，最大的困难在于如何从环境信息中抽象出有用部分，以及用何种表征方式来描述这些信息，进而对机器人行为产生影响。事实上，人们尚未弄清人类自身的认知机制。在机器人认知这一问题上，虽然取得了一定研究成果，但罗杰·彭罗斯（Roger Penrose）曾经指出："可能这样较为客观地说，尽管目前确实已经有了许多聪明的东西，但距真正有智能的任何东西的模拟还差得很远。"②

第三，在硬件资源相对一定的情况下，三种范式都无法突破复杂性表征和计算能力低下两者之间固有的矛盾。

机器人要想突破小生态环境限制，获得较高的智能，就必须具有对复杂环境的认知能力。按照目前计算机技术的发展现状，机器人智能是建立在表征和计算基础之上的。研究者必须把智能机器人所需了解的常识知识，通过一定的

---

① James P. Hogan, *Mind Matters*, The Ballantine Publishing Group, 1997, p. 199.

② Roger Penrose, *The Emperor's New Mind: Concerning Computers, Mind, and the Laws of Physic*, Oxford University Press, 1989, p. 27.

表征方式存储下来，然后根据具体的任务要求，用相应的算法将任务相关的常识知识提取出来，机器人才能表现出一定的智能。从表征的角度来看，机器人想要适应的环境类型越多，所需的常识知识也就越多。常识知识工程的失败说明，要想用表征的方式将所有人类常识知识都表征出来是不可能的，其工程量也相当大。从计算的角度来看，机器人的所有行为以及智能表现都要通过一定的算法才能实现。硬件技术虽然发展得非常迅速，但对于大计算量的智能任务来说还很不够。计算速度太慢是制约机器人智能水平的一个关键因素。而硬件技术的发展并不是无限的。因此，在计算机硬件一定的前提下，复杂性表征和大计算量就成为竞争使用硬件资源的两个主要因素。在一个机器人上，太多常识性知识的表征意味着计算能力低下，机器人就不可能有足够的空间用于处理相关的行为计算，机器人的动作会不连贯。但如果将硬件资源都用于行为相关的计算，这必然导致机器人不可能具有足够的常识知识和认知能力，所能表现出的智能程度就比较低。两者之间的矛盾也是造成现有的机器人只注重低级智能行为而忽略高级智能的重要因素。

正是在这个意义上，我们提出构建智能机器人研究的"网络化语境论范式"(the networked contextualism paradigm)，就是要试图解决现有范式中存在的核心问题。但"网络化语境论范式"要想成为人工智能机器人学的新范式，不仅要提出解决已有范式中存在问题的新方法和新思路，而且要论证现有技术水平是否具有实现这一新范式的可能性。从这两个方面出发，我们认为：

首先，网络化语境论范式的提出是解决已有范式存在困境的现实选择。

(1)为什么说语境论的机器人要想具有在复杂环境中处理任务的能力，必须具备对复杂环境的认知能力？理论界习惯用"环境"这一术语来概括机器人的处理对象，而实际上，机器人在认知过程中，不仅需要获取有关外界环境的信息，也必须对其自身的运行状况进行监测。只有将两种信息综合起来分析，才能获取对下一步行为的正确预期。比如，规划器根据外部环境信息要求机器人在某个通道内向前移动 50 米然后右转。假设机器人的轮式移动装置每秒转 10 转，轮子周长为 1 米，那么机器人在理论上的移动速度为 10 米/秒。按此估算，机器人应在 5 秒后右转，否则就会撞墙。但机器人在实际移动过程中，由于轮子打滑，虽然每秒轮子还是转了 10 转，但只移动了 9 米。此时，如果机器人没有对其自身运行状况进行了解，依然在 5 秒后右转的话，它就会撞墙。也就是说，外部环境信息和自身状态信息对智能机器人来说都是必要的。而对这两种信息的掌握实质上就是对机器人所处语境的掌握。在一个简单的移动行为中尚且如此，在复杂的智能任务中，对于语境信息的把握则更为重要。无论是什么样的任务，智能机器人都是以一个独立个体的姿态与环境发生互动的，它必然就会有独立个体所必须的主体地位。因此，对智能机器人来说，只有"环境"还不够，它必定只有在"语境"中才能产生正确的智能行为。由此，语境论范式的提出对于人工智能机器人学研究来说具有了现实的必然性。

(2)从上述分析可以看出，制约人工智能机器人学范式发展的主要因素在于：①没有将基于行为的低级智能与基于符号的高级智能相融合，从而使机器人同时具有自上而下和自下而上的智能模式；②无法突破小生态环境的局限；③复杂性表征和大计算量对硬件资源的竞争性使用。而这三个因素的核心问题就在于如何解决智能机器人在复杂环境中的任务处理。这实际上是一个语境处理问题。现有的范式理论围绕单台机器人的行为主义研究路径，希望在智能行为研究的基础上发展机器人的智能水平，进而向人类智能水平靠近。然而，在人类对自身思维的生理机制尚未弄清的情况下，以功能主义为特征的人工智能机器人学的研究路径，是否可以实现对人类智能的整体性模拟，也还是个未知之数。依照目前的技术水平，要在单台机器人上解决这些问题，在相当长的一段时期内都不太可能。然而，在网络逐步走向智能化的今天，我们是否可以突破单台机器人的限制，通过智能网络来解决这些问题呢？以人工智能专家系统取得的成果为基础，结合单台智能机器人的研究成果，网络化的发展方向便成为人工智能机器人学取得突破的关键因素。

其次，网络化语境论范式的提出具有现实的理论和技术基础。

人工智能为高级智能任务的处理提供了基础，智能机器人学是低级智能行为处理的基础。一方面，随着专家系统、自然语言处理、智能网络技术、分布式人工智能以及智能体(agent)等技术的发展，人工智能具备了针对某类特定语境的智能处理能力，为智能机器人处理自上而下的高级智能任务打下了良好的基础。另一方面，各种认知理论使智能机器人具备了一定的视觉、听觉、触觉、嗅觉等对环境的认知能力，再加上仿生学、认知神经科学、情感计算等相关学科的发展，人工智能机器人学在对自下而上的智能行为模拟上获得了很好的成绩。这两个方面的发展为实现自上而下与自下而上相结合的机器人智能模式奠定了理论和技术基础。这是网络化语境论范式得以实现的现实基础。

基于以上两点原因，构建网络化语境论范式便成为人工智能机器人学发展的一个可能前景。

3. 网络化语境论范式的特征和意义

人工智能机器人学已有三种范式中核心问题的突现，为网络化语境论范式提供了研究的基点。建立在人工智能和机器人学研究成果基础上的网络化语境论范式，其主要特征在于：

第一，构造"网络智能系统＋智能机器人"的智能结构模式，将人工智能的符号主义范式与慎思/反应混合范式相融合。

人工智能机器人学经过一段时期的发展已经证明，仅仅依靠自下而上的研究路径，很难实现对人类高级智能的模拟。同时，符号主义作为处理高级智能最成功的主流模式，具有巨大的网络资源优势。很多类别的常识知识都以专家系统的方式投入使用，并收到了很好的实际效益。因此，必须引入符号主义研究成果，智能机器人研究才会有更广阔的发展前景。问题在于以什么样的方式把符号主义范式和慎思/反应混合范式进行融合。基于目前的研究基础，有两点必须明确：①网络化语境论范式在目前的技术水平基础上，还不能实现智能模式在自上而下的符号主义与自下而上的慎思/反应混合范式之间的紧耦合。②必须在智能机器人系统中，增加将网络智能与智能行为控制系统相协调的中央控制模块，同时构建相应的网络智能系统，来处理符号主义部分的高级智能，并通过无线连接的方式，使智能机器人的中央控制系统可以随时调用相应的网络智能系统，来为其提供服务。由此，我们构建了网络化语境论范式的系统结构：

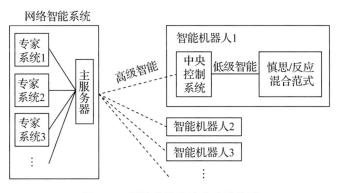

图 13-1　网络化语境论范式结构图

如图所示，网络化语境论范式由网络智能系统和智能机器人两部分组成，智能机器人通过无线连接方式与网络智能系统相连。一个网络智能系统可同时为多个与其相连的智能机器人提供服务。一方面，对于单个机器人来说，在慎思/反应混合范式的上层增加了一个中央控制系统，用于协调网络智能系统和慎思/反应混合范式之间的关系，并对接收到的指令进行判别：如果是符号类的高级智能任务，则上传给网络智能系统的主服务器处理；如果是行为类的低级智能任务，则交由机器人自身的慎思/反应混合范式处理。这就在单个机器人上，实现了自上而下的符号主义与自下而上的行为主义之间的松耦合。并且，符号主义与行为主义之间的耦合程度，可以随着技术的进步逐步向紧耦合的方向发展。另一方面，对于网络智能系统来说，主服务器根据智能机器人的请求，调用相应的专家系统，为所有与其连接的智能机器人提供多种类型的智能服务。总之，网络化语境论范式主要特征之一，就是依靠智能网络来扩展机器人的智能功能。

第二，围绕语境问题展开人工智能机器人学研究。

纵观 50 多年的人工智能发展历程，我们发现其中贯穿着鲜明的语境论特征，所有问题都围绕语境问题而展开。符号主义、联结主义、行为主义等现有范式理论已无法对人工智能的发展状况做出正确描述。各范式围绕语境问题走向融合，是人工智能发展中的一个明显趋势。建立在现有范式之上的语境论，有望成为人工智能理论发展的新范式。随着人工智能机器人学研究的不断深入，人们越来越认识到，语境问题也是机器人智能研究的核心问题。而要扩展智能机器人的处理能力，必须将人工智能与机器人学的研究相结合。因此，语境论范式在人工智能机器人学领域的确立，将为该学科的发展指明方向。从上述分析可以看出，智能机器人研究之所以要向网络化方向发展，关键就在于单个机器人对语境问题处理能力低下，只关注于机器人行为等低级智能方面的语境问题，而无力处理人类高级智能层次的语境问题。可以说，网络化本身也是为解决语境问题服务的。网络化语境论范式的另一个主要特征，就是围绕语境问题展开研究。

第三，突破现有范式理论在智能行为处理中解构的思维特征，以语境重构为基础，建构下一代机器人的智能模式。

在现有范式理论中，分级范式将有关小生态环境的知识先验地存储在机器人中，一旦环境发生改变，分级范式机器人就无法正确执行任务；反应范式将机器人动作解构为一个一个的行为，并直接与感知器相连，根本不对环境进行整体性表征；而慎思/反应范式虽然创建了所谓的"全局环境模型"，但只是对小范围环境进行的一种动态表征，并没有突破在低级智能中突现高级智能的自下而上的研究路径。而网络化语境论范式，则建立在对智能机器人外部环境信息和自身状态信息进行语境重构的基础上。这就确立了智能机器人的主体地位，可以在纷杂的环境信息中，选择有用的信息为其所用。因此，语境重构的过程本身就是减少计算量、提高机器人认知能力的过程。

我们看到，从分级范式、反应范式再到慎思/反应混合范式，随着人工智能机器人学的发展，语境问题逐步凸显出来，成为制约该领域进一步发展的瓶颈。网络化语境论范式的提出，突破了现有范式理论在单个机器人基础上研究智能问题的限制，明确了语境问题的核心地位，对下一阶段人工智能机器人学的发展具有重要意义，主要表现为：

首先，突破了单台机器人的限制，将智能处理能力扩展至网络范围，解决了单台机器人对复杂环境进行表征的需求与计算机自身计算能力低下之间的矛盾，为符号主义与行为主义的融合奠定了物理基础。网络化的发展方向，为单台机器人无限扩张其智能处理范围提供了可能。人们可以通过在网络智能系统中增加专家系统的方式，来扩张智能处理任务的类型和范围，不必考虑资源限制的问题。而这是单台机器人所无法解决的根本问题，也是人脑所不可能具有的优势。

其次，通过一个网络智能系统同时为多个智能机器人提供服务的模式，最大程度地实现了软件资源共享，这将导致智能机器人开发模式的转变，为下一代智能机器人的商业化提供了有利模式。目前的机器人智能功能单一，且不具备智能升级的功能，智能功能高的产品造价也比较高。网络化语境论范式下的智能机器人，可以通过网络智能系统实现对单个机器人智能功能的升级，且不会增加单个机器人的硬件成本。智能处理功能的扩张，提高了机器人对人类环境的适应能力，这是智能机器人实现商业化的基础。

总之，在人工智能机器人学中，现有的范式理论关注与行为相关的智能研究，而忽视了构建全面的智能模式。网络化语境论范式的提出，将人工智能机器人学研究从对智能的解构上升到对智能的建构这一高度。正如佩珀所指出的："当我们谈到语境论，我们便由理论的分析类型进入合成类型。"①网络化语境论范式的意义在于，机器人的智能虽然建立在常识知识基础之上，但这是一个以语境重构为主要特征的合成理论。通过常识知识表征，并不仅仅提供给机器人一个对环境的状态描述，而是抽取机器人行为相关的有用因素，在语境重构的基础上完成智能机器人对任务的理解。由此获得的整体性智能，不仅仅只是部分之和，而是以常识知识为基础的、置身于动态语境中的智能模式。网络化语境论范式虽然没有解决常识知识问题，但它表明，常识知识问题的解决不仅仅是解构式的表征，更重要的是以常识知识为基础的语境重构。

---

① Stephen C. Pepper, *World Hypotheses*, University of California Press, 1970, p. 232.

# 第十四章
# 语境论研究纲领的建构

在本体论层面，语境论为社会实在的本体论构造提供了事件这一新的"根隐喻"，确立了事件在社会科学中的本体论地位；在知识论层面，语境论强调了社会科学应关注真实的认知主体，并在语境的话语特征基础上给出了社会科学知识的规范性特征；在方法论层面，社会科学方法论转向了更具语境敏感性的语用—语境分析模式，语境分析方法在经济学、政治学等学科领域产生了重要影响；在社会科学与自然科学关系、社会科学解释力等社会科学哲学核心议题上，基于语境的话语特征提出了与自然科学兼容的社会科学语境模型。由此我们可以看出，语境论在社会科学哲学本体论架构、知识论融合和方法论革新等的基础作用，在解决社会科学哲学核心议题的重要作用，以及在社会科学各学科中的广泛应用，特别是在人的历史性生成、社会性结构与文化性形塑的关键作用，预示了一种基于语境论的新的社会科学研究范式已然形成。在此基础之上，本章尝试提出一种明显区别于传统社会科学哲学模式的语境论研究纲领，并最终指明社会科学本质上是一种"人的科学"，这也是解决社会科学合法性危机的核心所在。

## 第一节 社会科学是人的科学化展开

社会科学如何研究人，如何从真实的人到抽象的人，最后再回归到真实的人，其关键是如何处理这个过程中意义和价值的科学性问题，而这本身其实是一个社会科学的研究范式问题。社会科学不是完全复刻真实的人，而是对人的科学化展开和聚焦的过程，是在人的抽象和扭曲失真条件下的系统化科学研究。

对真实的人的扭曲和失真是不可避免的，这点既是科学研究的本质与局限，也是人的认知局限所致。关键是，我们应该以什么方式来处理人在理论化过程中的扭曲和失真问题。当我们把人分割为互不关联的部分来研究，那么最终我们不可能获得一个完整、真实的人的图景，而当我们把人视为一个具有整体意义的多维度主体，那么我们就可以真正从科学意义上研究完整的人。换言之，社会科学提供的是一种科学框架，这个框架提供了从真实的人到预设的人、再到目标的人的系统化映射，人的不同维度在这个框架中被展开为具有不同科学意义的事实范畴、因果范畴和价值范畴，社会科学为这些不同科学范畴建立彼此间的关系，进而获得对人之本质的科学之理解。在这个理解的过程中，语境起到了关键性作用。不同语境下的解释方法和目的是不同的，范畴之间只有通过语境化才能在语境层次实现多重范畴的语境融合。比如，在理论预设上，我们不可能假设一个人是最大化自身利益的同时又假设这个人具有利他主义倾向，这在同一种科学理论的预设中是不允许的。但是我们可以假设在不同的语境下，同一个人可能具有不同的行为倾向，但是在特定语境下具有稳定的行为倾向。

我们以语境论心理学为主要示例来说明社会科学对人的科学化展开过程。

在前面章节中已经提到，语境论的心理学提出心理学具有描述、功能、发展三种语境，体现了心理学对人的心理的全方位理解与刻画。人可以分为历史的、社会的和文化的三种维度，相应地，社会科学理论包含了事实系统、因果系统和价值系统，语境论心理学则包含了描述语境、功能语境、发展语境三种研究范式，确保了人的各种维度在不同范畴之间合理地转换融合。这些范式之间又具有相互作用，缺一不可。例如，历史学的主要目标是描述历史事实，这种历史事实需要因果系统，也就是人的社会性所支持，同时也需要人的价值系统来确定叙述方向。语境论不同于机械论和有机论，体现了一种人与人、人与世界互动的世界观，同时语境论也是心理学较为成熟的研究范式。心理学的三种语境范式代表了人在心理学中科学化的展开方式。

1. "人的历史性"的科学展开

人的历史性，是指人的意向性、相应的行为以及行为结果是不可复制、不可逆转的。也就是说，我们在描述人的事实时，并不能像自然科学那样复刻自然现象，不存在完全客观的历史还原，只能是对历史事实的重建。而重建历史的难点在于人所处时空的意向性及其行为后果，我们既不能断定在场的他者能够通过行为结果确定行为人的意向性含义，也不能在当下去精准还原历史当中的人的意向性。我们需要在恰当的语境中来还原历史人物的心理和意向结果，并由此重建历史事件的发生过程，这点体现的正是语境论中"事件"的根隐喻。在语境论心理学的层面，我们能够把人的社会性和文化性整合到历史人物的心理中，进而理解人的意向性。比如，描述语境论是叙事心理学的主要范式，当把这种叙事心理学放大到人的历史性层面（非历史学层面），我们就会发现，社会科学可视为对人的历史性进行科学叙事的过程。无论是个人的生命经历还是社会和文化的发展过程，都需要具有一定规则和方法的叙事，描述语境不仅为人的历史的科学叙事提供了规则，也确定了叙事的基本单位：事件。社会科学的因果系统和价值系统则提供了叙事所需要的方法和视角。因果系统提供了叙事的科学逻辑，价值系统提供了叙事指向，这正是人的历史性在社会科学当中的展开。

2. "人的社会性"的科学展开

人的社会性并非单指社会学或者对社会的某种结构性或者功能性假设，也体现了人的一种存在方式。人与人之间的关系、人与自身之间的关系都具有社会性，这种社会性既来源于人的心理与认知，也会影响人的心理和行为。经由社会科学来研究人的心理与行为以及行为之间的因果关系，社会科学所发现或者反映的关于人的行为的因果关系，需要在一定的功能语境下才有意义。从心理到行为的因果关系，前提是功能语境论的心理学。功能语境论的心理学强调了语境对于行为预测的功能性，并且这种预测不能摆脱个人的历史性。因此，功能语境论心理学认为，对行为的研究是基于很多相互作用的学科，并且这种研究既是个体的也是社会的。实际上，对人类行为相对精确有效的预测不仅需要因果系统，也需要事实系统和价值系统的支撑，这点与海斯强调的"对行为内容的分析是对特定人群在特定历史和社会中（文化语境中）的行为的精确解释"①是一致的。比如，如果一个社会科学理论不考虑群体对象的文化性，也不考虑人和社会的历史性，那就不可能真正解释任何社会现象。同样，当我们解释一个人的行为时，如果不考虑其社会性，就无法理解该行为以及背后的意向性。因此，社会科学解释之所以能够建构因果系统，是源于语境对人的社会性维度的科学展开，因果系统是社会科学解释的重要组成部分，是区别于人文科学的重要方面，也是其科学性的重要体现。

3."人的文化性"的科学展开

人的思想和行动背后都蕴含了一定的价值观，社会的发展进步也是个人价值观的体现，可以说，没有价值观，人和社会就失去了目标，社会科学也就失去了解释的意义。从实用主义的角度看，自然科学的目标是实现人类对自然世界的操控，操控就是目的。社会科学传统范式理想的代表之一是社会工程学，其目的在于实现类似自然科学那样对社会世界的操控。且不论这种操控是否可能，是否符合社会科学的精神，问题是对社会世界的操控并不是把社会世界视为一个大的任人操控的机器，因为我们需要给予这个机器以一定的操控目的。也就是说，社会机器始终需要一种意义来指引，这种指引来源于人的文化性。在心理学和人类学等将人的价值和文化整合较好的社会科学学科中都蕴含了一种发展语境，充分体现了这些学科具有的价值系统和应予的人的文化维度，同时也是社会科学解释的重要类型之一。

人的本质表现为历史性、社会性和文化性，社会科学则是事实、因果和价值三个系统之间相互交织的理论构建，每一个社会科学学科或者理论都难以基于事实、因果和价值中某个单一的因素来完成自身的科学性建构。社会科学的传统范式总是在考究这些因素中哪些应该纳入到合法性基础当中。从事实、因果和价值的视角看，自然科学的范式模板，是基于因果系统来构建事实系统，同时排除价值系统；人文科学的范式模板，则是基于价值系统来构建事实系统，

---

① Steven C. Hayes, Linda J. Hayes, Hayne W. Reese, et al., *Varieties of Scientific Contextualism*, Context Press, 1993, pp. 152-154.

同时排除因果系统。与传统范式相比，我们所提的语境论研究纲领并不是完全另起炉灶，事实系统反映了实证模式和阐释模式中的事实成分，因果系统反映了实证模式中的因果成分，价值系统反映了阐释模式和批判模式中的价值成分。

## 第二节　语境论研究纲领的形式化建构

本节主要给出语境论研究纲领的一种形式化建构方案，主要包含三个部分，第一部分论证事件在研究纲领中的基础地位，第二部分形式化建构社会科学的事实系统、因果系统和价值系统，第三部分阐述了语境论研究纲领与社会科学哲学主要理论模式之间的关系。

### 一、事件：语境论研究纲领的建构基础

语境论的根隐喻是历史事件，强调社会不是事物的集合，而是事件的生成，并以事件本体论的哲学立场赋予事件解释人类行为的合法性。特别是 20 世纪后半叶以来，"事件"概念已是哲学家们的重要话题，同时这一概念也逐渐渗透到社会学、人类学、政治学甚至文学理论与文学批评等学科当中，足见其已经在社会科学中有一定程度的应用积淀。

（1）事件是构成世界的基本单元。怀特海在《过程与实在》一书中揭示了一个实际实有是如何生成的，实质上就决定了该实际实有是什么。它的"存在"（being）是由它的"生成"（becoming）所构成的。这便是"过程的原理"[①]。为此，怀特海认为，事件才是宇宙的唯一组成部分。自然界的终极事实就是事件，用相关性进行认识的本质就是借助时间和空间来详细说明事件的能力。一个现实事件被剥夺了所有可能性，它是自然中生成的东西。它决不会再次发生，本质上，它恰恰就是它自己——该地和该时，一个事件正如就是它所是的东西，即正好表明它如何联系另外的东西，并且如何不是别的东西。[②] 此外，怀特海还对"事

---

① 〔英〕怀特海：《过程与实在》，周邦宪译，北京联合出版公司，2013，第 34 页。
② 陈奎德：《怀特海过程哲学的演化》，上海人民出版社，1998，第 53—54 页。

件"和"对象"做了区分，事件是唯一的，就其本质而言是不可能重复出现的，它们是自然的材料，也构成了自然的特殊性，而对象则是我们在自然中认识到的东西，是自然的永恒之物。对此，维特根斯坦也表述过与"事件是本体论的基元"相似的观点。维特根斯坦《逻辑哲学论》的第一条就开宗明义地指出，世界是所发生的事情，世界是事实的总和，而非事物的总和。事物和事实是不同的，我们看到的世界不是静止孤立的单个事物，而是每个事物都处于不断地运动变化的状态之中。由此可见，构成世界的基本单位就不可能是静止孤立的单个事物，而只能是处于不断变化中的事物的状态。

（2）事件包含了主体的可能性。巴迪欧（Alain Badiou）对"事件"的理解可谓独树一帜，这主要表现在三个方面：一是，他明确抛弃了海德格尔的诗性哲学，而是倡导一种"数学转向"，试图引入数学集合论来进行世界的本体追问，把数学视为世界的本体。他认为本体论即数学，存在是数学的，其由数学的客观性而构成，希腊哲学的起源正是数学，而非诗歌。他充分吸收了现代数学的成果，从康托尔数学集合论来思考存在，将数学与存在联结在一起，主张存在是空而非有，是异而非同，是多而非一，多故生变，变即事件。二是，将"事件"视为通向真理的路径。巴迪欧在其《存在与事件》一书中指出，"真理只有通过与支撑它的秩序决裂才得以建构，它绝非那个秩序的结果。我把这种开启真理的决裂称为'事件'。真正的哲学不是始于结构的事实（文化的、语言的、制度的等），而是仅始于发生的事件，始于仍然处于完全不可预料的突现的形式中的事件"①。实质上，在巴迪欧那里，事件的根本含义就是变化断裂，事件是对旧情境的冲击，事件总意味着新奇。三是，真理、事件与主体的统一。在巴迪欧的事件哲学中最为凸显的特征就是事件—真理—主体的三位一体。巴迪欧以"事件"概念来通向对柏拉图普遍真理的获得，不过，事件不仅仅指向真理，而且与主体的产生密不可分。事件的本体建构成为主体的逻辑前提，主体即事件中的主体，事件的变化断裂隐含着主体的可能性。在巴迪欧的事件哲学中，事件是

---

① Alain Badiou, *Being and Event*, Continuum, 2006, pp. xii-xiii.

通向政治主体和政治解放的唯一方式。

（3）事件体现了行动与理由之间的关系。该特征体现在戴维森在其行动哲学思想中所倡导的以心理事件解释行动的合法性的一系列辩护当中。戴维森把时空视为表征事件的重要标志。戴维森将事件看作是不可重复的、注有发生日期的个别事件，比如特定时间火山的爆发、人类个体的出生或死亡、1968年美国两大棒球协会之间的冠军棒球联赛。事实上，戴维森的行动哲学思想也颇受怀特海的影响，戴维森所提出的事件本体论，旨在恢复被赖尔和维特根斯坦等分析哲学家所取消的心理世界。

一方面，戴维森从个别事件的时空区域化本质出发，坚持物理性世界的立场，强调时空是表征事件的重要标志，事件的确立是由时空区域化界定的。如果一个事件能用纯物理学术语来描述，那么它就是物理的，如果能用心理学术语来描述，那么它就是心理的。对此，戴维森指出，摹状词是区别物理事件和心理事件的重要标志。① 另一方面，在区分事件本身与事件描述的前提下，戴维森通过把心理摹状词视作心理事件标签的方式，赋予内心世界存在的合法性，以及利用心理性事件解释物理性行为的合法性。这种解释路径本质上是一种意向性解释，通常又被称为理由解释，其目的在于使行动的解释合理化。为此，戴维森强调："理由能够使我们看到，行为人在行动过程中所看到的事情，像行动的某些特征、结果，它是行为人所需、赞赏、珍视的某种东西，并认为对其负有责任、义务、能受益、接受的东西。"② 事实上，戴维森对于"理由"的这一解读反映了理由与行动之间具有某种特殊关系，也正是在这种特殊关系中，理由才能够对行动给出合理化的解释。由此可见，戴维森行动哲学的核心观念之一就是以心理事件来解释行动，其实质就是为人类的行动提供理由，从而使得行动趋于合理化。不过，在此需要指出的是，人们在使用心理事件解释人类行为过程中，不可避免地会出现多种理由相互竞争的情形，戴维森在此提出"基本理由"这一概念来促使合理化解释与其他竞争理由相分离，以此来获得对行为的

---

① Donald Davidson, *Essays on Actions and Events*, Oxord University Press, 2002, pp. 209-211.

② Donald Davidson, *Essays on Actions and Events*, Oxord University Press, 2002, p. 3.

最佳解释。

总的来说，事件在社会科学中不仅具有本体地位，而且涵盖了事实、主体以及行动和理由等多个方面。无论是宏观层面的社会，还是微观层面具有能动性的个人和主体，以及与行动有关的因果性等都可以用事件来表达。由此，我们可以基于事件来形式化建构语境论研究纲领，并将论证社会科学可在事件的基础上进行科学的逻辑分析与科学解释。

## 二、事实、因果和价值的语境化

社会科学研究实际上是以事件为出发点，将事实、因果和价值语境化，形成社会科学的"事实系统、因果系统和价值系统"三位一体的架构，展现人之本质的历史性、社会性和文化性三个维度，上述构成了语境论研究纲领的核心骨架。

第一是事实的语境化。简言之，社会科学将处于遮蔽状态的事实呈现为包含主体能动性的事件，构成了社会科学中的事实系统，刻画了人的历史性维度。

首先，语境论研究纲领承认存在社会事实或者由人的行为构成的事实，同时，由于人的事实不仅包含了人的行为，也包含了人的意向性等方面，即便是当事人也无法完全还原当时的事实状态，这便是处于遮蔽状态的事实。换言之，无论是从可见的行动还是不可见的意向性等方面，人们始终无法回到过去，这些都是人的历史性所决定的。事实的语境化主要解决的是如何呈现和描述这种包含主体行动和价值的事实。实际上，事实是由能动个体的行动所构成，社会科学基于特定语境把遮蔽的事实分割成为具有因果特征和价值指向的行动序列，事实由此得以显现为语境化的事件。事实显现的形式化建构过程如下：

假定一个遮蔽的事实 F 由 k 个行动构成，由于事实处于遮蔽状态，我们不可能将所有的行动及其之间的相互关系表征出来。在一个社会理论的预设语境 SC 中，按照语境的因果特征和价值取向，从 k 个行动中选择 n 个行动，形成了一个 n 元行动序列集合，即为语境 SC 中的事件 $A = \{a_1, a_2, \cdots, a_n\}$，其中 n 远小于 k。当然，由于因果特征和价值取向的差异，这里的事件 A 并不唯一，还可能存在 B、C 等其他事件。

按照语境论的观点，事件 A 本质上也是一个语境，由于 A 是在语境 SC 下生成的，是一种语境化的事件，A 的形成过程同时也表征了语境 SC 的因果特征与价值取向（这点在稍后的因果语境化与价值语境化中予以解释）。在社会科学的语境 SC 中不断生成的事件构成了语境 C 下的事实系统，这个事实系统由相似的因果特征和价值取向形成。

事实 F 的遮蔽性来源于人的历史性，社会科学描述事实的实质是基于语境 SC 以事件 A、B、C、…的形式再现了事实 F。换言之，人的历史性在语境框架下表现为一个包含因果特征和价值取向的历史事件。

以经济学为例，美国 1929 年经济大萧条是一个社会事实，这个社会事实由无数事件形成，每个事件又由无数个个体行动构成。在经济学语境下，经济学家根据其理论的因果逻辑和价值取向选取特定的行动序列来描述该事件，一个关于大萧条的事实在经济学语境下得以显现。

第二是因果的语境化。即社会科学通过事件对个体行动的功能作用来建构事件之间的因果关系，形成了社会科学中的因果系统，刻画了人的社会性维度。

因果关系是科学解释的一个主要特征之一。由于价值和主体性等问题，社会科学很难达到自然科学那样强度的因果关系，但这并不意味着社会科学要放弃因果关系。实际上，社会科学的因果关系之所以难以把握，问题还在于如何在人是能动性的主体这个条件下来定义或者发现因果关系。或者说，社会科学的因果关系是在行动层次还是在事件层次。与自然科学的因果关系不同，社会科学的事件是由人的行动序列集合所构成。假设我们需要建立事件 $A=\{a_1, a_2, \cdots, a_n\}$ 与事件 $B=\{b_1, b_2, \cdots, b_m\}$ 二者之间的因果关系，但是如果直接基于行动之间的联系来表征事件之间的因果关系，而 A 中的任意一个行动 $a_i$ 都有可能与任意 $b_j$ 存在因果联系，这样 A 和 B 之间理论上就会出现 $m^n$ 种关系，如此复杂庞大的因果可能性并没有多大的解释空间和理论价值。因此，社会科学的因果关系应该以事件之间的关系为主，而非寻找行动之间的因果关系，即研究为什么 A 事件的发生会导致 B 事件的发生。

由于事件是由人或主体的行动构成，因此，事件之间因果关系的基础是行动，而其中的关键是 A 事件对 B 事件中每个行动是否具有功能作用。需要说明的是，这里的功能作用不是因果作用或者因果关系。这是因为，具有因果关系的对象应该处于同一水平范畴内，而事件和行动是包含和被包含的关系。功能则是整体与局部的关系，是局部在整体中所发挥的作用。我们举一个例子来说明：假如在一个城市当中发生了一次恐怖袭击，附近的人四散逃窜，远处不知道发生了什么事情的人们看见有人恐慌逃离，于是也跟着逃离。在这个场景中，附近人的行动集合形成了一个事件 A，而这个事件影响了远处的人，使其也开始逃离。我们能否说 A 是远处的人实施逃离行动的原因？答案是否定的。这是因为，人是具有能动性的主体，大部分远处的人可能逃离，但也有人可能不会逃离，事件和逃离行动之间很难建立具有科学解释意义的必然性。但是如果我们把所有远处逃离的人的行动视为一个事件 B，那么事件 A 和事件 B 之间就构成了一种因果关系，事件 A 对远处的人实际上是一种功能作用，人总是存在于人与人之间的关系之中，整个城市的人已然具有一种社会性。因此，这种功能性影响来源于人的社会性。

事件因果关系的形式化建构过程如下：

$A = \{a_1, a_2, \cdots, a_n\}$ 和 $B = \{b_1, b_2, \cdots, b_m\}$ 之间的因果关系是建立在 A 对 $b_j$ 的功能作用基础上，用 $A(b_j)$ 来表示 A 对行动 b 的功能作用。因此，事件 A 和事件 B 之间具有因果关系，实际上就是将事件 $B = \{b_1, b_2, \cdots, b_m\}$ 解释为一个语境化的事件 $\{A(b_1), A(b_2), \cdots, A(b_m)\}$，即：当事件 A 能够在功能作用上解释 B 中的每一个行动 $b_j$，并且这个解释的结果也形成一个语境化的事件，A 和 B 之间就具有了因果关系，$\{A(b_j)\}$ 代表了社会科学中语境化的因果关系。

因此，一个社会科学理论想要建立两个事件之间的关系，就必须建构事件对行动的功能作用，而社会科学解释经常出现的一个问题是：A 只对部分的 $b_j$ 有效，或者 $\{A(b_j)\}$ 没有真正形成一个事件，那么 A 和 B 之间就没有构成语境化的因果关系，也不是完整的社会科学解释。

以第二次世界大战的爆发原因为例。二战爆发的原因是多方面的，从经济学视角，人们发现 1929 年的大萧条是第二次世界大战爆发的主要原因。按照语境化的因果关系，二战这个事件是由各个参战国的行动构成，这里行动主体是具有能动性的国家，而经济危机对国家的战争行为具有非常明显的功能作用，即经济危机往往使得国家更容易与他国发生冲突。因此，大萧条和二战这两个事件之间建立了一种因果关系。

第三是价值的语境化。社会科学基于行动序列来表征事件的价值取向与知识的价值输出，形成了社会科学中的价值系统，刻画了人的文化性维度。

社会科学最难处理的莫过于价值，不仅在于事实与价值的二分，而且也表现在价值无处不在又飘忽不定。当我们描述一个人、个体行动或者事件时也存在价值影响，当我们探究人的行为动机时也存在价值影响。在以事件为基础的框架下，价值表现在两个方面：一是由遮蔽事实形成事件的过程。这个事件中的行动序列就表征了一种显现事实的价值取向。比如，对于同一个事实，社会学和经济学所形成的行动序列不会完全一样，而从历史学的视角呈现这个事实时也会因为个体的立场而形成不同的历史事件。二是价值以知识的方式输出到社会世界，以指导人的行动。社会科学的目的不仅仅是解释一个事实，在解释过程中必然包含了对某种规范性的肯定，也就是对某种价值的肯定。因此，社会科学同样输出价值知识。综上，由行动序列形成的事件本身就包含了价值，一系列事件构成了事实系统，也表征了价值系统，在事件中事实和价值在一定程度上获得了统一。

事件价值的形式化建构过程如下：

事件的行动结构对价值的表征：一个遮蔽的事实 F 在理论语境 SC 中被显现为事件 A，理论对构成事件 A 的行动序列的筛选过程就是价值性的体现，即事件 A 的行动集合 $\{a_1, a_2, \cdots, a_n\}$ 表征了理论语境 SC 的价值预设。比如，集体主义文化中关注的大多是具有集体性意义的行动，个体主义文化中强调体现个人价值的行动，在不同的价值预设下形成的事件的焦点会有所差异。基于事件语境化因果关系的价值输出：当我们建立了事件 A 和 B 之间的因果关系，得到了事件 $\{A(b_j)\}$，这个事件本身的行动结构表征了理论解释结果的价值属性。

我们以经济学为例来说明三个系统之间的相互关系。一个经济学理论包含了对经济状况的描述，这是其事实系统部分，同时，经济学研究社会经济实体的变化规律，这是其因果系统，最后，各类经济学理论必须有一种统一的价值观假设，以及价值观的结果，比如，理性人假设就是一种价值观假设，而经济学的结论也必然带有价值色彩，这是其价值系统部分。上述三者形成一个有机的整体，即事实系统的描述需要价值观支撑，比如反映贫富差距的基尼系数，这点就是事实系统中的价值观体现。更为重要的是，事实系统是一种非常复杂的时间序列构成，这些不同序列之间的行为事件需要因果系统和价值系统才能组织起来，这是社会科学的一个核心功能。事件一定是社会的事件，而不是孤立的事件，这里的社会性，不仅是指社会，也是指具有和社会类似功能的任何具有实在性的社会群体，社会性是事件因果关系的来源，没有社会性，事件就不会对个体或者能动主体产生功能作用。因此，事实系统、因果系统和价值系统三者既相互独立，又相互影响。

任何哲学思想最终要服务于实践，研究纲领的最终目标是服务于社会科学研究。下面我们简要阐述一下研究纲领对社会科学研究有哪些具体的指向作用。

一是关于社会科学的宏观问题。以如何认识社会科学研究与自然科学研究的差异为例。相比较自然科学，社会科学在研究对象和目标上还是要围绕"人之本质"这一核心来展开，要充分理解事实系统、因果系统和价值系统三者之于人之本质的重要性，不能过于按照自然科学范式而简化、忽视甚至否定价值系统。对于社会科学而言，此种否定价值系统的做法并不能在事实系统和因果系统之间建立稳固科学的关系。当然，这同时也说明，社会科学的研究形态并不是唯一的，不同学科的社会科学表现为"事实、因果、价值"三者之间的比例和关系强度不同，但是所有社会科学研究都具有相似的三位一体结构。

二是关于具体学科的研究问题。前面章节阐述了诸如历史学、心理学等社会科学学科对人的历史性、社会性和文化性三个维度的刻画，展现出研究纲领对社会科学具体学科具有较强的适应性，在此不再赘述。

三是关于社会科学跨学科交叉研究的问题。这里又包含两个方面，一个是自然科学与社会科学的交叉研究，如何将自然科学方法运用于社会科学。主要表现在：自然科学方法强化了社会科学呈现事实的能力，并为社会科学建立事件之间的因果关系提供了更多可能；另外一个是社会科学内部的交叉，甚至包含多重交叉，比如以历史学为主，社会学、经济学和心理学的交叉。按照研究纲领的三位一体结构，在这些交叉学科中，有的通过学科交叉建立新的因果链条，有的通过学科交叉建构新的价值系统，有的基于新的价值取向重新呈现了事实，这即为纲领对学科交叉的一种新认识。

## 三、研究纲领对社会科学哲学主要理论模式的分析

语境论研究纲领并不是完全脱离社会科学现有的理论模式的全新创造，而是为这些不同的理论模式提供一种统一的新的理解框架。当代社会科学哲学主要包含自然科学模式、描述主义模式、批判理论模式、社会建构论模式和诠释学模式等五种理论模式①，我们将其与语境论研究纲领进行逐一对比，进一步说明语境论研究纲领的意义和作用。

（1）自然科学模式。该模式本质上属于自然主义的研究路径，比如最典型的实证主义，其主要特征表现为两个方面：一个是社会研究的自然科学化。社会领域本身就是自然之一部分，而成熟的自然科学提供了迄今为止最好的范例或模板，社会现象的研究可以比拟自然科学的方法来进行。第二个是客观主义的视角。该种模式认为，社会世界中的对象彼此处在一种因果关系中，这种客观主义的视角要求事实和价值的分离，因为价值是关于感情和态度的，而科学知识所反映的是事实。

从语境论研究纲领的视角来看，自然科学模式是一种典型的去价值化的研究模式，和自然科学一样强调的是因果系统和不包含价值的事实。这种模型显然不符合以人为核心的社会科学研究，遵循此种模式实际上就是社会科学完全臣服于自然科学，社会科学实际上成为自然科学的一个分支。

---

① Robert Bishop, *The Philosophy of the Social Sciences: An Introduction*, Continuum Publishing, 2007, pp. 45-76.

　　(2)描述主义模式。该模式的核心思想在于，社会科学所做的工作主要是对生活世界中的有目的的人类行为进行描述，这里的生活世界是充满意义的和主体际的世界。具体包含两个方面：一个是社会研究的意义化。在描述主义看来，社会研究所探索的是个体和社会的意义，有意义的人类行为或活生生的经验构成了整个人类生活，而非受制于普遍规律或因果关系。社会领域的对象与自然科学的对象截然不同，前者首先考虑的是寻求理解意义，而后者则追求普遍规律。第二是主体视角。描述主义模式认识到了社会研究的主体，即社会科学家自身就是行为者，通过认识其所处世界的意义来进行活动，与待描述和解释的事物之间具有相互的影响。这意味着不仅研究者会影响到描述事物的结果，而且被描述之物，诸如社会秩序、文化理想等，反过来也会渗入到研究过程中。总的来说，描述主义认为我们无法从完全独立的或中性的立场上来对他人和社会做出客观描述，社会科学家总会把文化关心和承诺，以及主体的偏见和价值带入到自己的工作中，从而与客体形成相互的影响。

　　描述主义模式强调了价值的重要性，并不需要像自然科学那样的因果关系来参与，社会科学描绘的是一种包含主体视角的事务，而非纯粹客观的事实。从语境论研究纲领的视角来看，描述主义强调了社会科学中"事实—价值"关系，但是无法将价值与因果性相结合，于是社会科学成为对生活世界的描述，这种描述虽然披上了科学的外衣，却没有了科学的内涵。

　　(3)批判理论模式。在以哈贝马斯等为代表的批判社会科学家看来，既然解释、价值、道德等对于社会研究的影响不可避免，那就有必要树立正确的道德价值从而为人类自由和福祉而服务。所有的社会理论和研究成果，都必定是解释性的和评价性的，而在此背后，往往隐藏着的是意识形态。批判社会科学家认识到，要想达到客观化和价值中性是不可能的，价值承诺和解释本身就具有巨大的力量，会影响到社会生活，它们能够像动机和意识一样，形成日常的实践。因此，认识和阐明这种经常隐藏着的或不被认可的影响，是批判社会科学的主要任务。社会领域不仅要求所谓的观察和报告，而且会涉及社会生活背后的各种矛盾，而要解释和评价这些事情，就需要认识和理解社会潮流及人类动机，这必然就会涉及对人类之道德和价值的伦理评价。

严格意义上来说，批判理论并不是一个完整的社会科学理论模式，更多展现为社会科学应该干什么的问题。从语境论研究纲领来看，批判理论强调了价值在社会科学研究中的作用，只不过和描述主义强调的主体视角下的价值不太一样，更多关注价值的伦理维度和实践意义。

(4)社会建构论模式。伯格和卢克曼等人提出了社会建构论模式，认为知识就存在于日常世界中，是社会行为者使用认知结构构造了他们的知识世界，因此，社会世界是通过社会来建构的。世界是由人们从社会视角上建构成的，我们每个人都具有建构我们自己世界的能力。所以，社会科学所提供的对于事件的描述，并不必然优越于诸如美学、宗教等的描述。社会科学的描述只是反映了我们所选择的具体词汇或语言游戏。在此，并没有中性的词汇或标准，能够使得我们对事件之描述做出优劣判断。与此同时，社会建构论认为，主体是一个积极的行动者，处于特定的历史、文化背景之中。主体在对客体进行认识活动时，不是单一的对客观世界进行简单的反映，而是主体会受到许多社会因素的影响、在一定的环境背景下对客体所进行的认识和建构的过程。[①] 因此，所有的知识都具有明确的历史和文化特征。历史文化视阈中的科学是相对于人类历史文化语境来定位的。任何科学的发现和发明，任何理论的建构和提出，任何科学成果的应用和检验都必然是在一定的社会语境中进行的。

社会建构论从个体的交互出发，给出了社会形成的建构逻辑，正确地说明了科学之于人类历史文化语境的关系，也就是知识的语境特征。但是其贬低了社会科学所描述的事实。之所以如此，原因还在于社会建构论仍然无法处理事实和价值问题，并且其目标在于说明社会知识如何可能，关注点在社会而非人之本质，这点是社会建构论与语境论研究纲领最大的区别。

(5)诠释学模式。诠释学认为，我们体验日常生活、价值和意义的方式，都是在我们之中以及围绕着我们的世界来进行的。生活更多的是一种叙述性的特

---

① Karin Cetina, Michael Mulkay, *Science Observed*, Sage Publications Ltd, 1983, p. 243.

征，和我们的遗传与社会影响一道，提供了我们生活的可能状况。我们对于事件、社会实体和他人之行为的共同理解，会比普遍规律和抽象方法更加密切地影响我们。因此，社会研究的目标就是在文化上有特别意义的设定中来提供人类行为的解释。在研究方式上，诠释学认为，对话(conversation)是思考和探索人类行为及其相互作用的重要方式。对话使我们对自己产生了新认识，形成了看待我们生活情景和我们世界的新方式。我们不得不在彼此的会话中放置许多个内在者的视角，以描绘出一种关于人类动机和行为的精确图景。社会科学家就是他们自己正在研究着的社会构造之一部分，这种社会构造对于他们的研究和结果来说，都具有影响。

诠释学模式突出了文化对于解释人类行为的重要性，这点与纲领中所强调的人类文化性是一致的，同时其关于对话的研究模型与本书前面章节提出的具有话语特征的语境也颇有相同之处。当然，诠释学模式的问题也是非常明显的，其核心强调的仍旧是一种阐释，而不是真正意义上的科学解释，无法将因果系统纳入其中，缺乏科学具有的根本特征。

在研究纲领的视阈下，自然主义模式强调的是因果系统，描述主义强调的是事实系统，批判理论模式强调的是价值系统，社会建构主义模式强调了知识建构意义上的"事实—价值"关系，诠释学强调了文化意义上的"事实—价值"关系。总体而言，相比较社会科学哲学五种理论模式而言，语境论研究纲领还是展现出了较为明显的特点和优势。

## 第三节　回归人的科学

19世纪后的一段历史时期，很多早期社会科学奠基者就渴望建立一门单独统一的社会科学，这是社会科学史上第一次谋求获得统一的"社会科学范式"之理想。"最初，社会科学就旨在既理解世界，又支配和改变世界。"①社会科学的

① Theodore Porter, Dorothy Ross, *The Cambridge History of Science: the Modern Social Sciences*, Cambridge University Press, 2003, p. 13.

先驱者们的初心，就是以科学的认知方式来认识人类世界，同时也希望用这种科学的成果和方法来改变和驾驭社会的发展进程，并为之建立永久性的完美秩序。然而，随着实证主义神话的破灭以及自然科学在社会科学中的强势介入，社会科学的合法性空间受到了进一步挤压，其独特性也处于丧失的边缘。即便当代社会科学的科学化程度明显提升，但人们似乎总是要求社会科学家在每个新理论上都要附加一份自然科学家认可的"身份证明"，由此社会科学合法性问题仍旧是悬在社会科学家头顶之上的一把"达摩克利斯之剑"。

　　如此，我们又回到了本书导言中所提出的几个问题：社会科学为什么需要合法性的身份证明？社会科学与自然科学的本质差异是什么？如果以自然科学为标准来衡量社会科学，其科学地位能否真正树立起来？如果与自然科学不同，那么社会科学应当如何定位？其作为科学的合法性又当如何体现？本书正是对于以上问题的求解与回应，旨在探索一种以语境论为基础的社会科学哲学研究框架，并基于多元维度的研究模式来呈现语境论社会科学哲学的研究定位、主要内容及最新趋势，为破解社会科学合法性难题提供新的思路和方案，寻求到社会科学哲学未来发展可供选择的理论基点和研究路径。

　　从研究模式上看，与局限于特定视角下的"见招拆招"式论证思路不同，本书不预设任何具有优先地位的科学范式模型（尤其是自然科学范式），而是从社会科学的思想基础开始探究问题产生的本原，即在社会科学发展过程中，为什么多种解释范式不能给予社会科学类似于自然科学一样的合法性？针对这一问题，本书提出了将语境论这一独特的世界观作为社会科学思想基础的主张，论证了语境论在解决社会科学本体论、知识论和方法论问题困境的具体方法路径，并在语境论与范戴伊克话语理论的基础上构建了与自然科学解释相兼容的、能够说明社会科学规范性和解释力来源的语境模型，进而说明社会科学解释也具有与自然科学一样的合法性地位，在大量研究语境论在社会科学哲学诸学科的作用机理之后，提出了社会科学哲学的语境论研究纲领。

　　在反思总结本书提出的语境论研究纲领时，我们深刻地认识到：社会科学本质上就是"人的科学"（the sciences of man），而不仅仅是研究人的行为或行为结果的科学。社会科学的合法性关键在于，社会科学的思想基础及其研究范式应具有人之本质的科学内涵。语境论研究纲领之所以能够适用社会科学，其根本原因就在于，社会科学是"人的科学"的具体科学形态，为"人的科学"提供了科学的研究范式，而社会科学的三个系统正是"人的科学"中人的科学性和人之本质双重特征在社会科学中的展开方式。语境论的社会科学哲学可以作为"人的科学"的思想基础和范式模型，进而为解决社会科学的合法性问题提供一种新的理性尝试。因此，作为本书的结束部分和未来社会科学哲学研究的展望，我们重点阐述一下社会科学哲学语境论研究纲领所倡导的社会科学应回归"人的科学"的缘由和意义。

社会科学研究的核心对象是人以及由人的行动所形成的社会现象，其目的不仅是用科学语言来描述和解释社会现象，更要从科学意义上来理解人的本质，也就是人性，所有与人性有关的内容都应置于社会科学的研究范围内。社会科学不只是研究人的行为的科学，而且还是对人性全面深入的科学探究。社会科学的范式不是基于自然科学的范式，也不是一种简单瞄向科学理论形态和标准的范式，其锚定的基点是"人的科学"。以人为出发点就必须假设社会科学理论所预设的人是什么，而人同时又是理论解释对象的基础，这正是社会科学理论结构中的自反性特征。所以，我们不能从社会科学自身来建构社会科学的范式，而是要从"人的科学"应该是什么来建构，这正是社会科学哲学语境论纲领最重要的内涵指向。

第一，社会科学调和了自然科学与人文科学关于人的思想观点，形成了关于人的科学化理论。虽然"科学"一词使得社会科学能够区别于人文艺术领域而进入科学视野，但同时也让社会科学的合法性备受质疑。这就需要我们重思自然科学、社会科学、人文科学三者之间的异同。自然科学与人文科学，无论是在研究对象、研究方法和研究目标上都有很大不同，前者主要是运用科学方法对自然现象进行研究，而后者主要是运用哲学、文学、艺术等人文方法对人的精神世界进行意义阐释，从而揭示人性的本质。社会科学处于自然科学和人文科学之间，从研究对象看，社会科学与人文科学一样都是以人为研究对象，研究方法上则更多倾向于自然科学的研究范式。社会科学"在客观性程度和普遍性水平上可以说处于自然科学与人文科学之间的关键的中介地位上，对于自然科学和人文科学均具有主导、规范、协调和控制作用"①。社会科学正是通过将人文科学中人的精神内涵与自然科学的研究范式相结合来对人性进行科学探究。尤其是现代自然科学对于社会科学领域的介入，使得部分纯粹的人文科学逐渐向社会科学靠拢，社会科学日益呈现出自然化的趋势，而纯粹的人文科学也开始与社会科学相融合，自然科学与社会科学融合形成的"自然化的社会科学"也开始与人文科学相融合。比如，文化一般属于人文科学领域，但是文化社会学、文化心理学、文化人类学这些都是相关的人文科学领域向社会科学靠拢的表现，这些社会科学理论构成了人的科学领域。

第二，社会科学基于人的心理特征与认知维度来刻画人的科学范畴。聚焦于方法论或者"解释"和"理解"之争并不能真正解决社会科学的合法性问题，因为这些争论本质上不是社会科学与自然科学的冲突，而是自然科学精神与人文科学精神的对弈，社会科学更是沦落为二者争论的战场。理解是人文科学的精神，解释是自然科学的精神，而社会科学夹在其中不可能有结果，对于社会科学合法性困境的解决也毫无助益。从社会科学的理论结构看，社会科学的预设和解释目标都是围绕"人"来展开的。人在社会科学中表现为两极：社会科学理论预设的"人"和作为社会科学解释对象的"人"，社会科学理论其实就是从预设的人到目标的人之间的关系问题，社会科学哲学讨论的一个核心问题就是权衡预设与目标两端的这两个"人"的应有之义。比如，经济学理论一般会假设人是理性主体，这是理论预设中的人，而经济学解释的则是由人的经济活动形成的经济现象。从更一般的层面看，人是具有无限可能的，人类可以创造出无穷多的艺术形式和众多价值意义，但是人的科学要求把人的无限可能映射为具有特定意义的"科学范畴"，只有这样才能展开人的科学。社会的、经济的、历史的、文化的……这些都体现了社会科学对人的科学范畴的界定与刻画。其实，这些

---

① 王忠武：《论自然科学、社会科学、人文科学的三位一体关系》，《科学学研究》1999年第3期，第3—9页。

人的科学范畴还来源于人自身，是人的心理特征和认知维度决定了这些科学范畴。比如，人的利己/利他心理以及人对利益的理性认知能力是形成经济学的前提，而人对他人的关注和对社会作用的认知构成了社会学的前提。语境论心理学认为，任何个体实际上都反映了其经历的事件的"性质"，而不仅仅是反映了其受到的刺激。人的心理所经历的事件构成了社会科学中各学科研究的焦点对象。当代社会科学将心理学、认知科学等反映人内在状态的科学理论与经济学、社会学等反映人外在行为及其"事件"的科学理论相结合，就形成了覆盖更多人性的科学化的社会科学理论。一个完整的人被映射到社会科学所刻画的科学范畴内，每一个社会科学分支学科都是"人的科学"范畴内的投影，这些构成了"人的科学"的基本内容。

　　第三，"人的科学"是社会科学合法性的基础。社会科学研究的合法性问题之所以长期无法得到解决，主要原因就是社会科学没有以"人的科学"来定位自身的合法性地位。"人的科学"归根到底属于科学领域，其核心架构和主要理论形态也会表现出一种特有的科学范式。"人的科学"源于早期人文社会科学思潮，古希腊哲学已经开始对人的行为和意义进行系统性思考，尔后逐渐形成社会学、伦理学等具有显著哲学印记的社会科学。在自然科学出现之后，"人的科学"主要表现为两种路径：一种是基于自然科学所蕴含的科学范式来重建社会科学。这种路径主要借鉴了自然科学的公理化系统，试图通过建立社会科学的公理来实现社会科学的合法性。比如，诺贝尔经济学奖得主萨缪尔森（Paul A. Samuelson）主张公理化是经济学理论的最高目标。另外一种路径是将自然科学方法直接引入到社会科学，用自然科学来改造社会科学，使社会科学获得和自然科学一样的合法性。第一种路径本质上追求的是社会科学理论要有和自然科学完全一样的"科学形式"，这在大多数社会科学学科中是不可能实现的，属于实证主义在社会科学中的残余。第二种路径追求的则是社会科学方法的科学化，也就是社会科学的研究方法应该和自然科学方法具有相同的本质。但是这种方法的科学化并不能成就社会科学，因为"它就是无法处理行为背后的（文化）意义内涵的问题，而这恰恰是了解人类之社会行为时最值得关心，也是最为重要的核心课题"①，一味追求精致的科学方法只会导致人的意义的贫乏，从而使社会科学在眼花缭乱的技术方法中迷失方向。这两种路径未能从"人的科学"应该具有的范式来探寻社会科学，对自然科学形式和自然科学方法的强调都导致一些分支社会科学逐渐转化为关于人的行为科学，人的历史性和文化性都被驱逐出了社会科学的范畴，社会科学也不再是人的科学。无论是事实和价值二分、理解和解释之争，还是形式与方法的路径分歧，实际上都是自然科学范式和社会科学传统范式之争，二者皆不能担当起科学研究人的范式之重任。只有从"人的科学"这个思想出发，社会科学才能真正构筑起坚实的合法性基础。

最后，我们总结一下语境论研究纲领的核心观点及其衍生意义。

(1)社会科学应从"人的科学"视角审视社会世界

研究纲领基于常识认知的根隐喻，使我们从现实的、具体的、实践的语境中，基于我们主体的人正在从事的、符合实际需要的目的性行动，来看待周围的一切。在语境论的世界观看来，我们只是在经验一个范围有限的、发生着各种"历史事件"的社会世界的意义上，以实现我们当下的研究目的为旨趣的行动语境中，从事研究活动。如果过多地预设各种理想化目标，反而只能使视野和眼光变得狭隘和局限，而且又会倾向于把有限的认知引申为普遍性知识。由此，当我们研究经济现象时，只需更多地关注人的理性一面即可，不需要假设所有的人不论时空语境如何永恒如此；当我们研究社会变迁时，只需更多地注意政治、文化、宗教、人口等社会因素的各种影响即可，不需要假设社会如同有机体一样在朝某个目标生长；当我们研究他人的行为意图或意义时，只需尽可能真诚地对话交流，在交流中不断把握客体的意向即可，不需要假设所有人都有共同的生命体验和相同的自由意志。采纳语境论作为社会科学的哲学基础，就会使各种社会科学传统范式的极端立场能够放弃偏狭的过度延伸，用人的科学视角直面人类正在经验的既充满复杂性，但又是有限的社会世界及其发展和变化，从而将社会科学拉回到人的现实语境中。

---

① 叶启政：《实证的迷思：重估社会科学经验研究》，生活·读书·新知三联书店，2018，第126页。

（2）社会科学是具有开放性特征的科学体系，展现了人的无限可能

从语境的话语结构看，社会科学和自然科学并没有本质区别，但是在体系特征上，社会科学还是有着自身的特点，在这方面，社会科学与自然科学的差异在于社会科学的开放性与自然科学的收敛性之间的差异。自然科学的收敛性表现在，我们所发现的每一个自然科学规律都是对自然世界本质运行的揭示，也是我们现实世界与可能世界之间的边界。也就是说，随着我们发现的自然科学规律越多，或者自然科学能够解释的现象越多，我们面向的可能世界就越少。在此种意义上，自然科学是一个由多种可能世界向唯一现实世界收敛的过程，不存在例外和奇迹。社会科学之于人的关系，与自然科学之于自然世界的关系是不同的。社会科学是一个向外拓展的过程，虽然社会科学发展的规律揭示了人的本质，但是这些规律并不是限制人的可能性，而是人自身发展的科学基础。我们每个人的认知能力是有限度的，这是自然世界对人的约束，但是这种认知能力限度并不能完全决定人的生命发展过程和社会的发展形态，人拥有运用认知能力来理解自我和世界的能力，也有按照理解来选择处理与世界关系的行为能力。因此，社会科学是以科学方法来研究人的发展过程，体现出显著的开放性特征。

（3）以事件为中心的本体论、以话语为基础的知识论、以问题案例为核心的方法论，为社会科学本体论、知识论和方法论困境提供了语境论解决方案

在本体论方面，没有必要对研究对象的属性及存在层次做出先验的假定，而是将科学研究中的主体与客体都视为是在以行动事件为核心的语境中互动关联起来的存在，社会科学研究首要的关注点，就应当是以主体行动为核心的事件整体语境。在知识论方面，从语境论根隐喻的常识认知视角入手，认为知识是在主客互动的语境中动态地生成的，知识体现了语境因素的客观性和语境认知的建构性的辩证统一，知识的有效性也体现在其具体的语境中。从而反对传统认识论设定的理想化的主客对立关系，不存在实证主义主张的永恒的、在任何语境下都为真的社会普遍真理。由此，要充分完整地认识和理解社会事件，就必须将之置于特定语境中进行，对社会科学知识的检验和评价同样如此。在

方法论方面，主张研究是一种对话，是主体语境与客体语境寻求融合的过程，所以，可以依据研究的目的和研究对象的特性来建构适当的语境，引入被以往方法论所抽离或忽略的语境因素，不必拘泥于某种严格的经验或逻辑标准，而是将现象的与意向的、规律的与机制的等各种解释与理解都整合在一个语境框架中，从而能够融合各种方法论的优势。

(4)语境论已成为社会科学主要学科的主要求解模式之一

心理学、经济学、政治学、人类学等具有代表性的社会科学学科研究都表现出语境论范式。在心理学领域，语境论心理学所展现的描述语境论、发展语境论和功能语境论三种研究范式，是心理学元理论的重要突破和创新；在经济学领域，经济学哲学家借助于语境论和进化论范式提出了隐喻经济学，给经济学提供了一个可靠的实在性基础；在政治学领域，面对在全球化的背景下政治事件呈现出偶然性、即时性、多元性和复杂性的特点，政治学家尝试将研究对象置于特定语境中，注重分析语境本身与政治事件的关系，构建起一套融合了经验性进路和规范性进路的方法论路径；在教育学领域，基于功能语境论的教学设计理论将语境论世界观作为其哲学基础，力求构建一种以教学事件为核心的具有普遍性原理和规则的应用性学科；在人类学领域，马林诺夫斯基的"情景语境"源于人类学，其强调语境也成为社会和文化人类学解释的典型特征之一，人类学解释体现的语境范式充分展现了价值塑造在社会科学知识生成过程中的重要作用。

社会科学哲学是对社会科学的逻辑、方法和解释模式进行研究的学科，并以社会科学实践的理性重建为基本旨趣。虽然社会科学哲学属于科学哲学的一个分支，但与以自然科学为主要对象的科学哲学相比，社会科学哲学之困难在于，既要说明社会科学与自然科学、人文科学的关系，又要面对社会科学内部不同的分支学科存在的极大异质性，很难在传统科学哲学的本体论、方法论和知识论上找到共同认可之基点，将某个传统范式单独作为社会科学哲学之基础，难以权衡社会科学之得失。虽然本书勾画出了一种语境论社会科学哲学之雏形，但社会科学哲学的语境研究纲领如何影响社会科学的未来发展，我们究竟应该如何把握语境视野下当代社会科学哲学的发展趋势与理论特征，仍旧有诸多重要问题尚待研究。但我们完全可以相信，这样一种以兼具横断性、开放性、包容性和平台性多种优势的语境论所重新整合而成的，充分彰显"人的科学"的社会科学范式，极有希望实现社会科学先驱们之统一范式的理想，尽管并不是沿着他们偏爱的实证主义道路前进。

# 参考文献

**一、中文部分**

（一）图书类

1.［奥］阿尔弗雷德·许茨：《社会世界的意义建构：理解的社会学引论》，霍桂恒译，北京师范大学出版社 2017 年版。

2.［德］H. 赖欣巴哈：《科学哲学的兴起》，商务印书馆 2004 年版。

3.［德］彼得·温奇：《社会科学的观念及其与哲学的关系》，张庆熊等译，浙江大学出版社 2016 年版。

4.［德］卡尔-奥托·阿佩尔，《哲学的改造》，孙周兴、陆兴华译，上海译文出版社 1997 年版。

5.［德］马克斯·韦伯：《社会科学方法论》，韩水法译，商务印书馆 2013 年版。

6.［德］施太格缪勒：《当代哲学主流》，王炳文、王路、燕宏远等译，商务印书馆 2000 年版。

7.［德］伊曼努尔·康德：《纯粹理性批判》，邓晓芒译，人民出版社 2004 年版。

8.［德］尤尔根·哈贝马斯：《交往行为理论（第一卷）》，曹卫东译，世纪出版集团 2014 年版。

9.［德］尤尔根·哈贝马斯：《现代性的哲学话语》，曹卫东等译，译林出版社 2004 年版。

10.［法］孔多塞：《人类精神进步史表纲要》，何兆武等译，江苏教育出版社 2006 年版。

11.［法］雷蒙·阿隆：《社会学主要思潮》，葛智强、胡秉诚、王沪宁译，上海译文出版社 2005 年版。

12.［芬兰］冯·赖特：《解释与理解》，张留华译，浙江大学出版社 2016 年版。

13.［芬兰］凯瑞·帕罗内：《昆廷·斯金纳思想研究》，李宏图、胡传胜译，华东师范大学出版社 2005 年版。

14.［古希腊］亚里士多德：《工具论》，余纪元等译，中国人民大学出版社 2003 年版。

15.［加］威尔·金里卡：《当代政治哲学》，刘莘译，生活·读书·新知三联书店 2004 年版。

16.［美］阿诺德·泽尔纳：《计量经济学贝叶斯推断引论》，张尧庭译，上海财经大学出版社 2005 年版。

17.［美］彼得·伯格，［美］托马斯·卢克曼：《现实的社会建构：知识社会学论纲》，吴肃然译，北京大学出版社 2019 年版。

18.［美］戴维·巴斯：《进化心理学》，张勇、蒋柯译，商务印书馆 2015 年版。

19.［美］戴维·弗里德曼：《制脑者：制造堕与人脑匹故的智能》，张陌、王芳博译，生活·读书·新知三联书店 2001 年版。

20.［美］多米尼克·拉卡普拉：《对思想史的重新思考与文本阅读》，赵协真译，载丁耘、陈新：《思想史研究（第一卷）》，广西师范大学出版社 2005 年版。

21.［美］华勒斯坦等：《开放社会科学：重建社会科学报告书》，刘锋译，生活·读书·新知三联书店 1997 年版。

22.［美］鲁德纳：《社会科学哲学》，曲跃厚、林金城译，生活·读书·新知三联书店 1988 年版。

23.［美］罗宾·墨菲：《人工智能机器人学导论》，杜军平等译，电子工业出版社 2004 年版。

24.［美］罗伯特·布兰顿：《在理由空间之内：推论主义、规范实用主义和元语言表达主义》，孙宁等译，上海人民出版社 2019 年版。

25. [美]玛格丽特·A. 博登：《人工智能哲学》，刘西瑞、王汉琦译，上海译文出版社 2005 年版。

26. [美]帕特里特·贝尔特，[葡]菲利佩·席尔瓦：《二十世纪以来的社会理论》，翟铁鹏译，商务印书馆 2014 年版。

27. [美]佩里·梅林：《费希尔·布莱克与革命性金融思想》，白当伟译，机械工业出版社 2014 年版。

28. [美]乔治·莱考夫，[美]马克·约翰逊：《我们赖以生存的隐喻》，何文忠译，浙江大学出版社 2015 年版。

29. [美]乔治·E. 马尔库斯，米开尔·M. J. 费彻尔：《作为文化批评的人类学——一个人文学科的试验时代》，王铭铭、蓝达居译，生活·读书·新知三联书店 1998 年版。

30. [美]托马斯·库恩：《科学革命的结构》（第四版），金吾伦、胡新和译，北京大学出版社 2016 版。

31. [美]约翰·R. 塞尔：《社会实在的建构》，李步楼译，上海人民出版社 2008 版。

32. [美]约翰·塞尔：《心灵、语言和社会——实在世界中的哲学》，李步楼译，上海译文出版社 2001 年版。

33. [美]约瑟夫·熊彼特：《发展》，南京大学出版社 2005 年版。

34. [瑞士]索绪尔：《普通语言学教程》，刘丽译，九州出版社 2007 年版。

35. [以]鲁宾斯坦：《经济学与语言》，钱勇、周翼译，上海财经大学出版社 2004 年版。

36. [英]W. 牛顿-史密斯：《科学哲学指南》，成素梅、殷杰译，上海科技教育出版社 2006 年版。

37. [英]埃莉奥诺拉·蒙图斯基：《社会科学的对象》，祁大为译，科学出版社 2018 年版。

38. [英]安德鲁·海伍德：《政治的密码》，吴勇译，中国人民大学出版社 2016 年版。

39.[英]安德鲁·海伍德:《政治学导论》,王浦劬编,中国人民大学出版社2011年版。

40.[英]安东尼·吉登斯:《社会的构成:结构化理论纲要》,李康、李猛译,中国人民大学出版社2016年版。

41.[英]贝兰特·罗素:《论指谓》,载于涂纪亮:《语言哲学名著选辑》,生活·读书·新知三联书店1988年版。

42.[英]彼得·F.斯特劳森:《论指称》,载于涂纪亮:《语言哲学名著选辑》,生活·读书·新知三联书店1988年版。

43.[英]布莱恩·巴利:《作为公道的正义》,曹海军、允春喜译,江苏人民出版社2008年版。

44.[英]戴维·米勒:《社会正义原则》,应奇译,江苏人民出版社2001年版。

45.[英]戈特洛布·弗雷格:《论涵义与指称》,载涂纪亮:《语言哲学名著选辑》,生活·读书·新知三联书店1988年版。

46.[英]怀特海:《过程与实在》,周邦宪译,北京联合出版公司2013年版。

47.[英]古尔德·德兰逊:《社会科学:超越建构论和实在论》,张茂元译,吉林人民出版社2005年版。

48.[英]卡尔·波普尔:《客观知识:一个进化论的研究》,上海译文出版社2001年版。

49.[英]卡尔·波普尔:《历史决定论的贫困》,上海人民出版社2009年版。

50.[英]柯林武德:《柯林武德自传》,陈静译,北京大学出版社2005年版。

51.[英]柯林武德:《历史的观念》(增补版),何兆武等译,北京大学出版社2010年版。

52.[英]昆廷·斯金纳:《观念史中的意涵与理解》,任军锋译,载丁耘、陈新:《思想史研究(第一卷)》,广西师范大学出版社2005年版。

53.[英]昆廷·斯金纳:《自由主义之前的自由》,李宏图译,上海三联书店2003年版。

54.［英］路德维希·维特根斯坦：《逻辑哲学论》，贺绍甲译，商务印书馆1999年版。

55.［英］路德维希·维特根斯坦：《哲学研究》，李步楼译，商务印书馆2010年版。

56.［英］洛克：《人类理解论》，商务印书馆2009版。

57.陈奎德：《怀特海过程哲学的演化》，上海人民出版社1998年版。

58.陈晓平：《贝叶斯方法与科学合理性——对休谟问题的思考》，人民出版社2010年版。

59.费多益：《心身关系问题研究》，商务印书馆2018年版。

60.高登亮、钟焜茂、詹仁美：《语境学概论》，中国电力出版社2006年版。

61.郭贵春：《当代科学实在论》，科学出版社1991年版。

62.郭贵春：《后现代科学实在论》，知识出版社1995年版。

63.郭贵春：《隐喻、修辞与科学解释》，科学出版社2007年版。

64.郭贵春：《走向语境论的世界观：当代科学哲学研究范式的反思与重构》，北京师范大学出版社2012年版。

65.郭贵春等：《自然辩证法概论》，高等教育出版社2013年版。

66.韩震等：《历史学研究的语言学转向：西方后现代历史哲学研究》，北京师范大学出版社2008年版。

67.胡军：《知识论》，北京大学出版社2006年版。

68.胡壮麟：《认知隐喻学》，北京大学出版社2004年版。

69.黄敏：《知识之锚：从语境原则到语境主义知识论》，华东师范大学出版社2014年版。

70.江天骥：《科学哲学名著选读》，湖北人民出版社1988年版。

71.李文管：《社会实存与社会科学》，中国社会科学出版社2011年版。

72.刘钢：《真理的话语理论基础：从达米特、布兰顿到哈贝马斯》，人民出版社2014年版。

73.《马克思恩格斯文集》第 8 卷，人民出版社 2009 年版。

74. 茆诗松：《贝叶斯统计》，中国统计出版社 1999 年版。

75. 盛晓明：《话语规则与知识基础：语用学维度》，学林出版社 2000 年版。

76. 王淑娟、陈艺柠、李茜、祝卓宏：《公务员压力与心理健康状况——以心理灵活性为中介变量》，载傅小兰、张侃主编：《心理健康蓝皮书：中国国民心理健康发展报告(2017—2018)》，社会科学文献出版社 2019 年版。

77. 吴国盛：《科学的历程》，北京大学出版社 2007 版。

78. 熊立文：《现代归纳逻辑的发展》，人民出版社 2004 年版。

79. 叶启政：《实证的迷思：重估社会科学经验研究》，生活·读书·新知三联书店 2018 年版。

80. 于海：《西方社会思想史》，复旦大学出版社 2009 年版。

81. 袁继红：《社会科学解释研究》，中国社会科学出版社 2009 版。

82. 张沛：《隐喻的生命》，北京大学出版社 2004 年版。

83. 张庆熊：《社会科学的哲学：实证主义、诠释学和维特根斯坦的转型》，复旦大学出版社 2010 年版。

84. 张世英：《黑格尔〈小逻辑〉译注》，吉林人民出版社 1982 年版。

85. 张五常：《经济解释》，中信出版社 2015 年版。

86. 周建漳：《历史哲学》，北京大学出版社 2015 年版。

(二)论文类

1.［美］C·G. 亨普尔：《普遍规律在历史中的作用》，黄爱华译，《哲学译丛》1987 年第 4 期。

2.［美］默顿·米勒：《现代金融学的历史——一位目击者的叙述》，刘云鹏译，《经济导刊》2000 年第 2 期。

3.［美］詹姆斯·马奇、［美］约翰·奥尔森：《新制度主义详述》，允和译，《国外理论动态》2010 年第 7 期。

4. 安超：《交易成本：从概念到范式》，《经济研究导刊》2014 年第 19 期。

5. 本刊记者：《语境论的科学哲学研究纲领——访郭贵春教授与成素梅教授》，《哲学动态》2008 年第 5 期。

6. 陈大刚：《表征：认识论及审美》，《兰州学刊》2007 年第 11 期。

7. 陈晓平：《贝叶斯条件化原则及其辩护》，《哲学研究》2011 年第 5 期。

8. 陈晓平：《事件的独立性和可交换性——评德菲耐蒂的主观主义概率理论》，《科学技术哲学研究》2011 年第 3 期。

9. 成素梅、郭贵春：《语境论的科学观》，《学术月刊》2009 年第 5 期。

10. 程瑞、郭贵春：《当代时空实在论研究现状及其述评》，《哲学动态》2011 年第 4 期。

11. 费多益：《他心感知如何可能》，《哲学研究》2015 年第 1 期。

12. 顾晓伟：《何谓"历史解释"？——以"亨佩尔—德雷论战"为讨论中心》，《史学理论研究》2014 年第 1 期。

13. 郭贵春、刘俊香：《伽达默尔的理解语境观》，《自然辩证法研究》2000 年第 7 期。

14. 郭贵春、王凯宁：《当代物理学哲学的研究现状及趋势》，《哲学动态》2014 年第 4 期。

15. 郭贵春、赵晓聃：《规范性问题的语义转向与语用进路》，《中国社会科学》2014 年第 8 期。

16. 郭贵春：《"语境"研究纲领与科学哲学的发展》，《中国社会科学》2006 年第 5 期。

17. 郭贵春：《科学修辞学的本质特征》，《哲学研究》2000 年第 7 期。

18. 郭贵春：《论语境》，《哲学研究》1997 年第 4 期。

19. 郭贵春：《语境的边界及其意义》，《哲学研究》2009 年第 2 期。

20. 郭贵春：《语境论的魅力及其历史意义》，《科学技术哲学研究》2011 年第 1 期。

21. 郭贵春：《语用分析方法的意义》，《哲学研究》1999 年第 5 期。

22. 韩彩英：《关于语境问题的哲学解读》，《科学技术与辩证法》2004 年第

3 期。

23. 韩彩英：《情景会话中的语境及其语义制约功能》，《山西大学学报》1998 年第 3 期。

24. 韩彩英：《语境本质论》，《自然辩证法通讯》2004 年第 5 期。

25. 韩彩英：《语境的制约功能及其表现形式》，《语言文字应用》2000 年第 4 期。

26. 韩东晖：《人是规范性的动物——一种规范性哲学的说明》，《中国人民大学学报》2018 年第 5 期。

27. 刘松青：《存在"规范事实"吗？》，《中国人民大学学报》2018 年第 5 期。

28. 孟强：《科学哲学的介入主义方案》，《哲学研究》2008 年第 4 期。

29. 束定芳：《论隐喻的本质及语义特征》，《外国语》1998 年第 6 期。

30. 孙竹：《布莱克—斯科尔斯模型与金融衍生市场风险管理》，《经济学动态》1998 年第 2 期。

31. 万俊人：《政治如何进入哲学》，《中国社会科学》2008 年第 2 期。

32. 王分分、祝卓宏：《言语行为的关系框架理论视角：孤独症谱系障碍的新探索》，《心理科学进展》2017 年第 8 期。

33. 王路：《论"语言学转向"的性质和意义》，《哲学研究》1996 年第 10 期。

34. 王梅：《话语与语境：从社会认知入手介绍》，《当代语言学》2012 年第 3 期。

35. 王忠武：《论自然科学、社会科学、人文科学的三位一体关系》，《科学学研究》1999 年第 3 期。

36. 魏敦友：《释义与批判：哈贝马斯的"交往合理性"述评》，《江汉论坛》1995 年第 7 期。

37. 魏建：《交易成本理论：法经济学的理论基础》，《学术月刊》1998 年第 9 期。

38. 吴畏：《当代知识论与社会科学哲学》，《自然辩证法研究》2007 年第 11 期。

39. 武庆荣、何向东：《布兰顿推理论的整体论取向及其问题》，《哲学研究》2013 年第 3 期。

40. 徐恒兵、徐昕：《马克思扬弃社会唯名论和社会实在论的视阈及其意义》，《南京政治学院学报》2012 年第 3 期。

41. 徐竹：《因果知识的规范性理论：塞拉斯先天综合》，《中国人民大学学报》2018 年第 5 期。

42. 阎学通：《道义现实主义的国际关系理论》，《国际问题研究》2014 年第 5 期。

43. 阳建国：《步步为营的语境主义——论斯图尔特·科恩的反怀疑论方案》，《哲学动态》2008 年第 1 期。

44. 杨伟清：《政治哲学的进路》，《中国人民大学学报》2012 年第 5 期。

45. 殷杰、樊小军：《社会科学范式及其哲学基础》，《山西大学学报》2010 年第 1 期。

46. 殷杰、樊小军：《语境论的社会科学方法论探析》，《自然辩证法研究》2018 年第 4 期。

47. 殷杰、王亚男：《社会科学中复杂系统范式的适用性问题》，《中国社会科学》2016 年第 3 期。

48. 殷杰：《当代社会科学哲学：背景、理论和意义》，《哲学研究》2008 年第 6 期。

49. 殷杰：《当代西方的社会科学哲学研究现状、趋势和意义》，《中国社会科学》2006 年第 3 期。

50. 殷杰：《论库恩的语言学转向》，《科学技术与辩证法》2006 年第 6 期。

51. 殷杰：《社会科学哲学的论域》，《科学技术与辩证法》2006 年第 3 期。

52. 殷杰：《语境分析方法的起源》，《科学技术与辩证法》，2005 年第 4 期。

53. 殷杰：《语境主义世界观的特征》，《哲学研究》2006 年第 5 期。

54. 张庆熊：《寻求"说明"与"理解"的整合——论近 200 年来社会科学哲学的发展线索》，《探索与争鸣》2014 年第 11 期。

55. 张维迎：《科斯的历史贡献》，《经济观察》2013 年第 10 期。

56. 张文新、陈光辉、林崇德：《应用发展科学——一门研究人与社会发展的新兴学科》，《心理科学进展》2009 年第 2 期。

57. 张旭昆、张连成：《"交易成本"概念的历史》，《浙江工商大学学报》2011 年第 5 期。

58. 张之沧：《科学实在论与反科学实在论之争》，《自然辩证法研究》1992 年第 12 期。

59. 张宗庆、张寅：《交易成本、历史和文化：新制度经济学的三种分析指向》，《江海学刊》2009 年第 5 期。

60. 章素珍：《冯·赖特行动哲学研究》，华东师范大学 2014 年博士学位论文。

61. 赵斌：《进化论的语境分析》，《科学技术哲学研究》2011 年第 2 期。

62. 赵斌：《生物学哲学研究的历史沿革与展望》，《科学技术哲学研究》2012 年第 4 期。

63. 周穗明：《当代西方政治哲学：定义、概况与意义》，《国外社会科学》2015 年第 2 期。

## 二、英文部分

(一)图书类

1. Alain Badiou, *Being and Event*, Continuum, 2006.

2. Alan Thomas, *Value and Context: The Nature of Moral and Political Knowledge*, Oxford University Press, 2006.

3. Alessandro Duranti, Charles Goodwin, *Rethinking Context: Language as an Interactive Phenomenon*, Cambridge University Press, 1992.

4. Alex Silk, *Discourse Contextualism: A Framework for Contextualist Semantics and Pragmatics*, Oxford University Press, 2016.

5. Alexander Rosenberg, *Philosophy of Science A Contemporary Intro-*

*duction*，Routledge，2001.

6. Alvin Goldman，*Knowledge in a Social World*，Oxford University Press，1999.

7. Andrew Sayer，*Method in Social Science：A Realist Approach*，Routledge，1992.

8. Anthony Biglan，*Changing Culture Practices： A Contextualistic Framework for Intervention Research*，Context Press，1995

9. Anthony Biglan，Steven C. Hayes，Functional Contextualism and Contextual Behavioral Science，In Robert Zettle et al.，*The Wiley Handbook of Contextual Behavioral Science*，John Wiley & Sons，Ltd，2016.

10. Antony Eagle，*Philosophy of Probability Contemporary Readings*，Routledge，2011.

11. Arthur C. Danto，*Narration and Knowledge*，Columbia University Press，1985.

12. Aviezer Tucker，*Our Knowledge of the Past：A Philosophy of Historiography*，Cambridge University Press，2004.

13. Axel Gelfert，*How to Do Science with Models：A Philosophical Primer*，Springer International Publishing，2016.

14. Barry Smith，Materials towards a History of Speech Act Theory，In Achim Eschbach，*Karl Bühler's Theory of Language*，John Benjamins Publishing Company，1988.

15. Benedict Smith，Characterizing Moral Particularism，In Benedict Smith，*Particularism and the Space of Moral Reasons*，Palgrave Macmillan，2011.

16. Benedict Smith，*Particularism and the Space of Moral Reasons*，Basingstoke，Palgrave Macmillan，2011.

17. Benoit B. Mandelbrot，*The Fractal Geometry of Nature*，

W. H. Freeman and Company，1982.

18. Bent Flyvbjerg，*Making Social Science Matter*：*Why Social Inquiry Fails and How It Can Succeed Again*，Cambridge University Press，2001.

19. Bent Flyvbjerg，Todd Landman，Sanford Schram，*Real Social Science*：*Applied Phronesis*，Cambridge University Press，2012.

20. Bhikhu Parekh，*Rethinking Multiculturalism*：*Cultural Diversity and Political Theory*，Harvard University Press，2006.

21. Boicho Kokinov et al. ，*Modeling and Using Context*：*6th International and Interdisciplinary Conference*，Springer，2007.

22. Brad Hooker，Margaret O. Little，*Moral Particularism*，Oxford University Press，2000.

23. Brian Epstein，*The Ant Trap*：*Rebuilding the Foundations of the Social Sciences*，Oxford University Press，2015.

24. Brian McGuinness，Gianluigi Oliveri，*The Philosophy of Michael Dummett*，Kluwer，1994.

25. Brigitte Nerlich，David Clarke，*Language*，*Action*，*And Context*：*The Early History of Pragmatics in Europe and American 1780-1930*，John Benjamins Publishing Company，1996.

26. Bronislaw Malinowski，*Argonauts of the Western Pacific*：*An Account of Native Enterprise and Adventure in the Archipelagoes of Melanesian New Guinea*，Routledge and Kegan Paul，1922.

27. Bronislaw Malinowski，*Coral Gardens and Their Magic*：*A Study of the Methods of Tilling the Soil and of Agricultural Rites in the Trobriand Islands*，Allen & Unwin，1935.

28. Bronislaw Malinowski，Problem of Meaning in Primitive Languages，In Charles Ogden，I. A. Richards，*The Meaning of Meaning*，Routledge & Kegan Paul，1923.

29. Brunode Finetti, *Theory of Probability* (*Volumes* 1 & 2), John Wiley & Sons Ltd. , 1974.

30. Burrhus F. Skinner, *Upon Further Reflection*, Prentice-Hall, 1987.

31. C. Behan McCullagh, Theories of Historical Explanation: Philosophical Aspects, In James D. Wright, *International Encyclopedia of the Social & Behavioral Sciences*, Elsevier Ltd, 2015.

32. Carl G Hempel, *Aspects of Scientific Explanation and Other Essays in the Philosophy of Science*, Free Press, 1965.

33. Charles Merbitz et al. , Precision Teaching: Foundations and Classroom Applications, In Daniel J. Moran, Richard W. Malott, *Evidence-Based Educational Methods*, Elsevier Academic Press, 2004.

34. Charles Morris, *Foundation of the Theory of Signs*, Chicago University Press, 1938.

35. Charles N. R. McCoy, *The Structure of Political Thought*, Routledge, 1963.

36. Charles P. Snow, *The Two Cultures*, Cambridge University Press, 1998.

37. Charles Taylor, *Philosophical Arguments*, Harvard University Press, 1995.

38. Clifford Geertz, *Local Knowledge*, Basic Books, 1983.

39. Clifford Geertz, *The Interpretation of Cultures*, Basic Books, 1973.

40. Colin Howson, Peter Urbach, *Scientific Reasoning: the Bayesian Approach*, Open Court, 1993.

41. Cory Juhl, Eric Loomis, *Analyticity*, Routledge, 2010.

42. Dan Sperber, Deirdre Wilson, *Relevance: Communication and Cognition*, Harvard University Press, 1986.

43. Dan Sperber, *Explaining Culture: A Naturalistic Approach*, Black-

well，1996.

44. Dan Sperber，*On Anthropological Knowledge：Three Essays*，Cambridge University Press，1985.

45. Dan Wieskopf，William Bechtel，*The Philosophy of Science：An Encyclopedia*，Routledge，2006.

46. Daniel A. Weiskopf，Fred Adams，*An Introduction to the Philosophy of Psychology*，Cambridge University Press，2015.

47. Daniel Hutto，The Narrative Practice Hypothesis：Origins and Applications of Folk Psychology，In Daniel Hutto. *Narrative and Understanding Persons*，Cambridge University Press，2007.

48. Daniel Little，*Microfoundations，Method，and Causation：On the Philosophy of the Social Sciences*，Transaction Publishers，1998.

49. Daniel Little，*Varieties of Social Explanation An Introduction to the Philosophy of Social Science*，Westview Press，1991.

50. Daniela M. Bailer-Jones，*Scientific Models in Philosophy of Science*，University of Pittsburgh Press，2009.

51. David Byrne，Charles Ragin，*The SAGE Handbook of Case-Based Methods*，SAGE Publications，2013.

52. David Miller，*Justice for Earthlings：Essays in Political Philosophy*，Cambridge University Press，2013.

53. David Stewart，Gene Blocker，James Petrik，*Fundamentals of Philosophy*，Person Education，2012.

54. Deirdre McCloskey，*The Rhetoric of Economics*，University of Wisconsin Press，1985.

55. Diane Gillespie，*The Mind's We：Contextualism in Cognitive Psychology*，SIU Press，1992.

56. Dilley Roy，*The Problem of Context*，Berghahn Books，1999.

57. Dominique Luzeaux，Andre Dalgalarrondo，HARPIC，An Hybrid Architecture Based on Representations，Perception and Intelligent Control：A Way to Provide Autonomy to Robots，*International Conference on Computational Science*，Springer，2001.

58. Don Herzog，*Without Foundations：Justification in Political Theory*，Cornell University Press，1985.

59. Donald Davidson，*Essays on Actions and Events*，Oxord University Press，2002.

60. Donald H. Ford，Richard M. Lerner，*Developmental Systems Theory：An Integrative Approach*，Sage Publications，Inc.，1992.

61. Donald MacKenzie，*An Engine，Not a Camera：How Financial Models Shape Markets*，The MIT Press，2006.

62. Donatella Della，Micheal Keating. How Many Approaches in the Social Sciences? An Epistemological Introduction，In Donatella Della，Micheal Keating，*Approaches and Methodologies in the Social Sciences：A Pluralist Perspective*，Cambridge University Press，2008.

63. Douglas Greer，Dolleen-Day Keohane，A Real Science and Technology of Education，In Daniel J. Moran，Richard W. Malott，*Evidence-Based Educational Methods*，Elsevier Academic Press，2004.

64. Douglas J. Futuyma，*Evolutionary Biology*，Sinauer Associates，Inc.，1986

65. Edmund Gordon，Production of Knowledge and Pursuit of Understanding，In C. Camp Yeakey，*Edmund W. Gordon：Producing Knowledge，Pursuing Understanding（Advances in Education in Diverse Communities，Vol. 1）*，Emerald Group Publishing Limited，2002.

66. Edward B. Tylor，*Primitive Culture*，John Murray，1929.

67. Edward K. Morris，Behavior Analysis and A Modern Psychology，In

Kennon A. Lattal, Philip N. Chase, *Behavior Theory and Philosophy*, Springer, 2003.

68. Edward K. Morris, Contextualism, Historiography, and the History of Behavior Analysis, In Steven C. Hayes, Linda J. Hayes, Hayne W. Reese, et al. , *Varieties of Scientific Contextualism*, Context Press, 1993.

69. Edward K. Morris, The Contextualism that is Behaviour Analysis: An Alternative to Cognitive Psychology, In Arthur Still, Alan Costall, *Against Cognitivism: Alternative Foundations for Cognitive Psychology*, Harvester Wheatsheaf, 1991.

70. Eleonora Montuschi, *The Objects of Social Science*, Continuum, 2003.

71. Elizabeth Gifford, Steven Hayes, Functional Contextualism: A Pragmatic Philosophy for Behavioral Science. In William O'Donohue, Richard Kitchener, *Handbook of Behaviorism*, Academic Press, 1999.

72. Emile Durkheim, *The Rules of Sociological Method*, The Free Press, 1982.

73. Eric Fox, Contextualistic Perspectives, In Jonathan Spector et al. , *Handbook of Research on Educational Communications and Technology*, Routledge, 2008.

74. Eric J. Fox, The Personalized System of Instruction: A Flexible and Effective Approach to Mastery Learning, In Daniel J. Moran, Richard W. Malott, *Evidence-Based Educational Methods*, Elsevier Academic Press, 2004.

75. Ernest Nagel, *The Structure of Science: Problems in the Logic of Scientific Explanation*, Harcourt, Brace & World, 1961.

76. Esteban Céspedes, *Causal Overdetermination and Contextualism*, Springer International Publishing, 2016.

77. Ferdinand de Saussure, *Course in General Linguistics*, McGraw-Hill, 1916.

78. Francisco J. Ayala, Robert Arp, *Contemporary Debates in Philosophy of Biology*, Wiley-Blackwell, 2009.

79. Frank Ankersmit, *Meaning, Truth and Reference in Historical Representation*, Leuven University Press, 2012.

80. Frank Knight, *Risk, Uncertainty, and Profit*, University of Chicago Press, 1971.

81. Frederic Bouchard, Moving Beyond the Influence of Molecular Genetics on the Debate About Reductionism in Philosophy of Biology, In Anne Fagot-Largeault, Shahid Rahman, Juan Manuel Torres, *The Influence of Genetics on Contemporary Thinking*, Springer, 2007.

82. Frederick Newmeyer, *Linguistics: The Cambridge Survey*, Cambridge University Press, 1988.

83. Gabriel A. Almond, Political Science: The History of the Discipline, In Robert Goodin, Hans-Dieter Klingemann, *A New Handbook of Political Science*, Oxford University Press, 1996.

84. George Couvalis, *The Philosophy of Science: Science and Objectivity*, SAGE Publications, 1997.

85. George E. G. Catlin, *A History of Philosophy*, London, 1950.

86. Gerald A. Cohen. *Rescuing Justice and Equality*, Harvard University Press, 2008.

87. Gerald Gazdar, *Pragmatics: Implicature, Presupposition, and Logical Form*, Academic Press, 1979.

88. Gerhard Preyer, Georg Peter, *Contextualism in Philosophy: Knowledge Meaning and Truth*, Clarendon Press, 2005.

89. Gilbert Ryle, *Thinking and Reflecting*, Barnes and Noble, 1971.

90. Gunnar Skirbekk, *Rationality and Modernity: Essays in Philosophical Pragmatics*, Scandinavian University Press, 1993.

91. Hanna Pualaczewska, *Aspects of Metaphor in Physic*, Max Niemsyer Verlag Gmblt, 1999.

92. Hans P. Rickman, *Dilthey's Selected Writings*, Cambridge University Press, 1976.

93. Hans-Georg Gadamer, *Truth and Method*, Continuum, 2006.

94. Harold Garfinkel, *Studies in Ethnomethodology*, Prentice Hall Inc., 1967.

95. Harold Kincaid, *Philosophical Foundations of the Social Sciences*, Cambridge University Press, 1996.

96. Hasok Chang, Epistemic Activities and Systems of Practice: Units of Analysis in Philosophy of Science After the Practice Turn, In Soler L, Zwart S, Lynch M, Israel-J V. *Science After the Practice Turn in the Philosophy, History, and Social Studies of Science*, Routledge, 2014.

97. Hayden White, Formalist and Contextualist Strategies in Historical Explanation, In Hayden White, *Figural Realism: Studies in the Mimesis Effect*, The Johns Hopkins University Press, 1999.

98. Hayden White, Interpretation in History, In Hayden White, *Tropics of Discourse: Essays in Cultural Criticism*, The Johns Hopkins University Press, 1978.

99. Hayden White, *Metahistory: The Historical Imagination in Nineteenth-Century Europe*, The Johns Hopkins University Press, 1973.

100. Hayden White, *The Practical Past*, Northwestern University Press, 2014.

101. Hayne W. Reese, Contextualism and Developmental Psychology, In Hayne W. Reese, *Advances in Child Development and Behavior (Volume*

*TwentyThree*），Academic Press Inc.，1991.

102. Hayne W. Reese，Contextualism and Dialectical Materialism，In Steven C. Hayes，Linda J. Hayes，Hayne W. Reese，et al.，*Varieties of Scientific Contextualism*，Context Press，1993.

103. Helen Longino，*Science as Social Knowledge：Values and Objectivity in Scientific Inquiry*，Princeton University Press，1990.

104. Herbert Simons，*The Rhetorical Turn*，University of Chicago Press，1990.

105. Herman Paul，Why Did Analytical Philosophy of History Disappear? Three Narratives of Decline，In Krzysztof Brzechczyn，*Towards a Revival of Analytical Philosophy of History：Around Paul A. Roth's Vision of Historical Sciences*，Brill/Rodopi，2018.

106. Hubert Dreyfus，*What Computers Can't Do：The Limits of Artificial Intelligence*，HarperCollins Publishers，1978.

107. Ian Hacking，*The Emergence of Probability*，Cambridge University Press，2001.

108. J. H. Zammito，Post-positivist Realism：Regrounding Representation，In N. Partner，S. Foot，*The Sage Handbook of Historical Theory*，Sage Publications，2013.

109. Jaan Valsiner，*Culture in Minds and Societies：Foundations of Cultural Psychology*，SAGE Publications，2007.

110. Jakob Hohwy，Colin Palmer，Social Cognition as Causal Inference：Implications for Common Knowledge and Autism，In Mattia Gallotti，John Michael，*Perspectives on Social Ontology and Social Cognition*，Springer，2014.

111. James A. Marcum，*The Evolving Notion and Role of Kuhn's Incommensurability Thesis*，In William J. Devlin，*Kuhn's Structure of Scientific Revolutions-50 Years On*，Springer International Publishing，2015.

112. James C. Mancuso, Personal Construct Systems in the Context of Ae tion, In Steven C. Hayes, Linda J. Hayes, Hayne W. Reese, et al. , *Varieties of Scientific Contextualism*, Context Press, 1993.

113. James Gordon Finlayson, *Habermas: A Very Short Introduction*, Oxford University Press, 2005.

114. James P. Hogan, *Mind Matters*, The Ballantine Publishing Group, 1997.

115. Jane Ritchie et al. , *Qualitative Research Practice: A Guide for Social Science Students and Researchers*, SAGE Publications, 2003.

116. Jaroslav Peregrin, The Pragmatization of Semantics, In Ken Turner, *The Semantics/Pragmatics Interface From Different Point of View*, Elsevier, 1999.

117. Jeff Gill, *Bayesian Methods: A Social and Behavioral Sciences Approach*, The CRC Press, 2002.

118. Jesús Zamora-Bonilla, Rationality in the Social Science, In Ian Jarvie, Jesús Zamora-Bonilla, *The SAGE Handbook of the Philosophy of Social Sciences*, SAGE Publications Ltd. , 2011.

119. Joan P. P. I. Font, *Chaos and Political Science: How Floods and Butterflies Have Proved to Be Relevant to Move Tables Closer*, Springer, 2014.

120. Johannes Fabian, *Time and the Work of Anthropology: Critical Essays 1971-1991*, Harwood Academic Publishers, 1992.

121. John Gerring, Social Science Methodology: A Unified Framework, Cambridge University Press, 2012.

122. John H. Hummel, Martha L. Venn, Philip L. , Teacher-Made Scripted Lessons, In Daniel J. Moran, Richard W. Malott, *Evidence-Based Educational Methods*, Elsevier Academic Press, 2004.

123. John H. Zammito，*A Nice Derangement of Epistemes*：*Post-Positiv ism in the Study of Science from Quine to Latour*，University of Chicago Press，2004.

124. John P. Diggins，*The Promise of Pragmatism*：*Modernism and the Crisis of Knowledge and Authority*，University of Chicago Press，1994.

125. John Rawls，*A Theory of Justice*，Harvard University Press，1999.

126. John Rawls，*Political Liberalism*，Columbia University Press，1996.

127. John Searle，Metaphor，In Aloysius P. Martinich，*The Philosophy of language*，Oxford University Press，1985.

128. John Searle，*The Construction of Social Reality*，Free Press，1995.

129. Jonathan Culler，*On Deconstruction*：*Theory and Criticism after Structuralism*，Routledge & Kegan Paul，1983.

130. Jonathan Dancy，*Ethics Without Principles*，Oxford University Press，2004.

131. Jonathan Dancy，*Moral Reasons*，Blackwell，1993.

132. Jonathan Dancy，The Particularist's Progress，In Brad Hooker，Margaret Olivia Little，*Moral Particularism*，Oxford University Press，2000.

133. José Luis Bermúdez，The Domain of Folk Psychology，In Anthony O'Hear，*Minds and Persons*，Cambridge University Press，2003.

134. Josef Stern，*Metaphor in Context*，The MIT Press，2000.

135. Joseph Carens，*Culture，Citizenship and Community*：*A Contextual Exploration of Justice as Evenhandedness*，Oxford University Press，2000.

136. Joseph P. Forgas，*Language and Social Situations*，Springer，1985.

137. Joshua Cohen，Moral Pluralism and Political Consensus，In David Copp，John Roemer，Jean Hampton，*The Idea of Democracy*，Cambridge University Press，1993.

138. Jürgen Habermas, *The Theory of Communicative Action: Reason and The Rationalization of Society*, Beacon Press, 1984.

139. Jürgen Harbermas, *Between Facts and Norms*, The MIT Press, 1996.

140. Kari Palonen, Quentin Skinner, *History, Politics, Rhetoric*, Polity Press, 2003.

141. Karin Cetina, Michael Mulkay, *Science Observed*, Sage Publications Ltd, 1983.

142. Karl-Otto Apel, *Understanding and Explanation: A Transcendental-Pragmatic Perspective*, translated by Georgia Warnke, The MIT Press, 1984.

143. Karsten R. Stueber, *Rediscovering Empathy: Agency, Folk Psychology, and the Human Sciences*, The MIT Press, 2006.

144. Kenneth Waters, Shifting Attention from Theory to Practice in Philosophy of Biology, In Maria Carla Galavotti, *New Directions in the Philosophy of Science*, Springer, 2014.

145. Kent Bach, The Semantics-pragmatics Distinction: What It is and Why It Matters, In Ken Turner, *The Semantics/Pragmatics Interface From Different Point of View*, Elsevier, 1999.

146. Khachig Tololyan, Narrative Culture and the Motivation of the Terrorist, In John Shotter, Kenneth, Gergen, *Texts of Identity*, Sage Publications, 1989.

147. Kostas Kampourakis, *The Philosophy of Biology: A Companion for Educators*, Springer, 2013

148. Ladislav Holy, *Comparative Anthropology*, Blackwell, 1987.

149. Lars Mjøset, The Contextualist Approach to Social Science Methodology, In David Byrne, Charles C. Ragin, *The SAGE Handbook of Case-Based*

*Methods*，SAGE Publications，2009.

150. Lewis E. Hahn，*A Contextualistic Worldview：Essays by Lewis E. Hahn*，Southern Illinois University Press，2001.

151. Ludwig Wittgenstein，*Philosophical Investigations*，Blackwell，1953.

152. Ludwig Wittgenstein，*The Blue and Brown Books*，Blackwell，1958.

153. Margaret Gilbert，*On Social Facts*，Routledge，1989.

154. Marie I. Kaiser，*Reductive Explanation in the Biological Sciences*，Springer，2015.

155. Marina Sbisa，Analytical Philosophy，In Jef Verschueren，*Handbooks of Pragmatics：Manual*，John Benjamins Publishing Company，1995.

156. Mario Bunge，*Finding Philosophy in Social Science*，Yale University Press，1996.

157. Mark Bevir，*The Logic of the History of Ideas*，Cambridge University Press，2004.

158. Mark Norris Lance，Vojko Strahovnik，Matjaz Potrc，*Challenging Moral Particularism*，Routledge，2008.

159. Mark Timmons，*Morality without Foundations：A Defense of Ethical Contextualism*，Oxford University Press，2000.

160. Mark Timmons，Outline of a Contextualist Moral Epistemology，In Walter Sinnott-Armstrong，Mark Timmons，*Moral Knowledge? New Readings in Moral Epistemology*，Oxford University Press，1996.

161. Mary Hesse，*Models and Analogies in Science*，University of Notre Dame Press，1966.

162. Mary Morgan，Margarget Morrison，*Models as Mediators*，Cambridge University Press，1999.

163. Matjaz Potrc，Vojko Strahovnik，*Practical Contexts*，Frankfurt，

Ontos Verlag，2004.

164. Maurice Merleau-Ponty，*Phenomenology of Perception*，translated by Colin Smith，Routledge Classics，2003.

165. Max Horkheimer，*Eclipse of Reason*，Continuum Publishing，1974.

166. Max Weber，*The Methodology of the Social Sciences*，The Free Press，1949.

167. Michael Dummett，*The Sea of Language*，Clarendon Press，1996.

168. Michael E. Levin，Michael P. Twohig，Brooke M. Smith，Contextual Behavioral Science: An Overview，In Robert Zettle et al.，*The Wiley Handbook of Contextual Behavioral Science*，John Wiley & Sons，Ltd，2016.

169. Michael Keating，Culture and Social Science，In Della Porta，Michael Keating，*Approaches and Methodologies in the Social Sciences: A Pluralist Perspective*，Cambridge University Press，2008.

170. Michael Ruse，*Oxford Handbook of the Philosophy of Biology*，Oxford University Press，2007.

171. Michael Sandel，*Liberalism and the Limits of Justice*，Cambridge university Press，1982.

172. Michael Strevens，*Bigger than Chaos Understanding Complexity through Probability*，Harvard University Press，2003.

173. Michael Walzer，Nation and Universe，In David Miller，Michael Walzer，*Thinking Politically: Essays in Political Theory*，Yale University Press，2007.

174. Michael Walzer，*Spheres of Justice*，Basic Books Inc.，1983.

175. Nancy Cartwright，Eleonora Montuschi，*Philosophy of Social Science: A New Introduction*，Oxford University Press，2014.

176. Nicholas Bunnin，Tsui-James，*The Blackwell Companion to Philosophy*，Blackwell，1995.

177. Nicholas Rescher, *Epistemology: An Introduction to the Theory of Knowledge*, State University of New York Press, 2003.

178. Niels Bohr, *Atomic Theory and the Description of Nature*, Cambridge University Press, 1934.

179. Norman Fairclough, *Discourse and Social Change*, Polity Press, 1993.

180. Patrick Baert. *Philosophy of the Social Sciences: Towards Pragmatism*, Polity press, 2005

181. Paul A. Erickson, *A History of Anthropological Theory*, Broadview Press, 1998.

182. Paul A. Roth, *Beyond Understanding: The Career of the Concept of Understanding in the Human Sciences*, In Stephen P. Turner, Paul A. Roth, *The Blackwell Guide to the Philosophy of the Social Sciences*, Blackwell Publishing, 2003.

183. Peter Bowler, John Pickstone, *The Modern Social Sciences*, Cambridge University Press, 2003.

184. Peter C. M. Molenaar, John R. Nesselroade, Systems Methods for Developmental Research, In Willis F. Overton, Peter C. M. Molenaar, *Handbook of Child Psychology and Developmental Science (Volume One): Theory and Method*, John Wiley & Sons, Inc., 2015.

185. Peter Machamer, Gereon Walters, *Science, Values and Objectivity*, University of Pittsburgh Press, 2004.

186. Peter Nidditch, *The Clarendon Edition of the Works of John Locke: An Essay Concerning Human Understanding*, Oxford University Press, 1975.

187. Peter T Manicas, *A Realist Philosophy of Social Science: Explanation and Understanding*, Cambridge University Press, 2006.

188. Peter Winch, *The Idea of a Social Science and Its Relation to Philosophy*, Routledge, 1990.

189. Quentin Skinner, *The Foundations of Modern Political Thought*, Cambridge University Press, 1978.

190. Quentin Skinner, *Visions of Politics (Volume 1: Regarding Method)*, Cambridge University Press, 2002.

191. Raimo Tuomela, *The Philosophy of Sociality: The Shared Point of View*, Oxford University Press, 2007.

192. Rainer Bauböck, Normative Political Theory and Empirical Research, In Della Porta, Michael Keating, *Approaches and Methodologies in the Social Sciences: A Pluralist Perspective*, Cambridge University Press, 2008.

193. Rainer Forst, *Contexts of Justice: Political Philosophy Beyond Liberalism and Communitarianism*, University of California Press, 2002.

194. Rainer Forst, *Toleration in Conflict: Past and Present*, Cambridge University Press, 2013.

195. Ralph L. Rosnow, Marianthi Georgoudi, *Contextualism and Understanding in Behavioral Science: Implications for Research and Theory*, Praeger Publishers, 1986.

196. Rein Taagepera, *Making Social Sciences More Scientific: The Need for Predictive Models*, Oxford University Press, 2008.

197. Richard Bernstein, *Beyond Objectivism and Relativism: Science, Hermeneutics and Praxis*, University of Pennsylvania Press, 1983.

198. Richard Grandy, Richard Warner, *Philosophical Grounds of Rationality: Intentions, Categories, Ends*, Oxford University Press, 1988.

199. Richard H. Schlagel, *Contextual Realism*, Paragon House Publishers, 1986.

200. Richard J. Bernstein, *The Restructuring of Social and Political The-*

*ory*，University of Pennsylvania Press，1978.

201. Richard M. Lerner，Developmental Science，Developmental Systems，and Contemporary Theories of Human Development，In Richard M. Lerner，*Handbook of Child Psychology (Volume One)*：*Theoretical Models of Human Development*，John Wiley & Sons，Inc. ，2006.

202. Richard Rorty，*Objectivity*，*Relativism and Truth*，Cambridge University Press，1991.

203. Richard Rorty，*Philosophy and the Mirror of Nature*，Princeton University Press，1979.

204. Richard Schlagel，*Contextual Realism*：*A Meta-physical Framework for Modern Science*，Paragon House Publishers，1986.

205. Robert A. Reiser，A History of Instructional Design and Technology，In Robert A. Reiser，John V. Dempsey，*Trends and Issues in Instructional Design and Technology*，Allyn&Bacon，2011.

206. Robert Audi，*The Cambridge Dictionary of Philosophy*，Cambridge University Press，1995.

207. Robert B. Cairns，Beverly D. Cairns，The Making of Developmental Psychology，In Richard M. Lerner，*Handbook of Child Psychology (Volume One)*：*Theoretical Models of Human Development*，John Wiley & Sons，Inc. ，2006.

208. Robert Bishop，*The Philosophy of the Social Sciences*：*An Introduction*，Continuum Publishing，2007.

209. Robert F. Berkhofer，*Beyond the Great Story*：*History as Text and Discourse*，Harvard University Press，1995.

210. Robert Lickliter，Hunter Honeycutt，Biology，Development，and Human Systems，In Willis F. Overton，Peter C. M. Molenaar，*Handbook of Child Psychology and Developmental Science (Volume One)*：*Theory and*

*Method*，John Wiley & Sons，Inc.，2015.

211. Robert Merton，*Social Theory and Social Structure*，Free Press，1968.

212. Robert Skidelsky，Christian Wigström，*The Economic Crisis and The State of Economics*，Springer，2010.

213. Robert Stalnaker，*Context*，Oxford University Press，2014.

214. Rodney A. Brooks，*Intelligence without Reason*，Morgan Kaufmann，1991.

215. Roge Backhouse，*New Directions in Economic Methodology*，Routledge，1994.

216. Roger Penrose，*The Emperor's New Mind：Concerning Computers，Mind，and the Laws of Physic*，Oxford University Press，1989.

217. Roger Trigg，*Understanding Social Science：A Philosophical Introduction to the Social Science*，BlackWell Publishcr，2001.

218. Roy Dilley，*The Problem of Context*，Berghahn Books，1999.

219. Sahotra Sarkar，Anya Plutynksi，*A Companion to the Philosophy of Biology*，Blackwell，2008.

220. Sandra Harding，*The Feminist Standpoint Theory Reader*，Routledge，2004.

221. Scott Gordon，*The History and Philosophy of Social Science*，Routledge，1991.

222. Seven Steinmo，Historical Institutionalists，In Della Porta，Michael Keating，*Approaches and Methodologies in the Social Sciences：A Pluralist Perspective*，Cambridge University Press，2008.

223. Shaun Gallagher，Anika Fiebich，Being Pluralist about Understanding Others：Contexts and Communicative Practices，In Anita Avramides，Matthew Parrott，*Knowing Other Minds*，Oxford University Press，2019.

224. Simon Jackman，*Bayesian Analysis for the Social Sciences*，John Wiley & Sons Ltd. ，2009.

225. Stathis Psillos，Past and Contemporary Perspectives on Explanation，In Theo A. F. Kuipers，*General Philosophy of Science：Focal Issues（Handbook of the Philosophy of Science）*，Elsevier，2007.

226. Stephanie Lawson，*Culture and Context in World Politics*，Palgrave Macmillan，2006.

227. Stephen C. Pepper，*World Hypotheses：A Study in Evidence*，University of California Press，1942.

228. Stephen Levinson，*Pragmatics*，Cambridge University Press，1993.

229. Stephen P. Turner，Paul A. Roth，*The Blackwell Guide to the Philosophy of the Social Sciences*，Blackwell Publishing，2003.

230. Stephen Turner，Mark Risjord，*Philosophy of Anthropology and Sociology*，North-Holland，2007.

231. Steven C. Hayes，Dermot Barnes-Holmes，Bryan Roche，*Relational Frame Theory：A Post-Skinnerian Account of Human Language and Cognition*，Kluwer Academic/Plenum Publishers，2001.

232. Steven C. Hayes，Kirk D. Strosahl，Kelly G. Wilson，*Acceptance and Commitment Therapy：The Process and Practice of Mindful Change*，The Guilford Press，2012.

233. Steven C. Hayes，Linda J. Hayes，Hayne W. Reese，et al. ，*Varieties of Scientific Contextualism*，Context Press，1993.

234. Steven C. Hayes，Relational Frame Theory：A Functional Approach to Verbal Events，In Steven C. Hayes et al. ，*Behavior Analysis of Language and Cognition*，Context Press，1994.

235. Steven Hayes，Dermot Barnes-Holmes，Kelly Wilson，Contextual Behavioral Science：Creating a Science More Adequate to the Challenge of the

Human Condition，In Steven Hayes，*The Act in Context*，Routledge，2016.

236. Stuart Hampshire，*Morality and Conflict*，Harvard University Press，1983.

237. Tariq Modood，Simon Thompson，Revisiting Contextualism in Political Theory：Putting Principles into Context，*Res Publica*，2016.

238. Teun A. van Dijk，*Communicating Ideologies：Multidisciplinary Perspectives on Language*，*Discourse and Social Practice*，Peter Lang，2004.

239. Teun A. van Dijk，*Communicating Racism：Ethnic Prejudice in Thought and Talk*，Sage Publications Inc.，1987.

240. Teun A. van Dijk，Contextual Knowledge Management in Discourse Production：A CDA Perspective，Ruth Wodak，Paul Chilton，*A New Agenda in (Critical) Discourse Analysis*，John Benjamins Publishing Company，2005.

241. Teun A. van Dijk，*Discourse and Context：A Socio-cognitive Approach*，Cambridge university press，2008.

242. Teun A. van Dijk，*Discourse and Knowledge：A Sociocognitive Approach*，Cambridge University Press，2014.

243. Teun A. van Dijk，*Society and Discourse：How Social Contexts Influence Text and Talk*，Cambridge University Press，2009.

244. Theodore Porter，Dorothy Ross，*The Cambridge History of Science：the Modern Social Sciences*，Cambridge University Press，2003.

245. Theodore R. Sarbin，Contextualism：A World View for Modern Psychology，In Alvin W. Landfield，*Nebraska Symposium on Motivation*，University of Nebraska Press，1977.

246. Theodore R. Sarbin，The Narrative as a Root Metaphor for Psychology，In Theodore R. Sarbin，*Narrative Psychology*，Praeger Press，1986.

247. Theodore R. Sarbin，The Social Construction of Schizophrenia，In William F. Flack，Morton Wiener，Daniel R. Miller，*What Is Schizophrenia?*

Springer，1991.

248. Thomas S. Kuhn，*The Road Since Structure*，University of Chicago Press，2000.

249. Tom Rockmore，*On Constructivist Epistemology*，Rowman & Littlefield Publishers，Inc.，2005.

250. Tony Lawson，*Economics and Reality*，Routledge，1997.

251. Uskali Mäki，*Fact and Fiction in Economics：Models，Realism and Social Construction*，Cambridge University Press，2002.

252. Uskali Mäki，*Handbook of the Philosophy of Science：Philosophy of Economics*，Elsevier，2012.

253. Valerie A. Haines，Evolutionary Explanations，In Stephen Turner，Mark Risjord，*Philosophy of Anthropology and Sociology*，North-Holland，2007.

254. Vic Barnett，*Comparative Statistical Inference*，John Wiley & Sons Ltd.，1999.

255. W. H. Newtonsmith，*A Companion to the Philosophy of Science*，Blackwell Publishers Ltd，2000.

256. W. V. Quine，Existence，In W. Yourgrau，A. Breck，*Physics，Logics and History*，Plenum Press，1970.

257. Wesley C. Salmon，*Four Decades of Scientific Explanation*，University of Pittsburgh Press，2006.

258. Wilhelmina C. Savenye，Rhonda S. Robinson，Qualitative Research Issues and Methods：An Introduction for Educational Technologists，In David Jonassen et al.，*Handbook of Research on Educational Communications and Technology*，Lawrence Erlbaum Associates，2004.

259. William A. Gorton，*Karl Popper and the Social Sciences*，State University of New York Press，2006.

260. William H. Dray, *Laws and Explanation in History*, Oxford University Press, 1957.

261. William H. Newton-smith, *A Companion to the Philosophy of Science*, Blackwell Publishers Ltd, 2000.

262. William H. Sewell, *The Logics of History: Social Theory and Social Transformation*, University of Chicago Press, 2005.

263. William H. Walsh, *Philosophy of History: An Introduction*, Happer Torchbooks, 1960.

264. William M. Baum, *Understanding Behaviorism: Science, Behavior, and Culture*, HarperCollins College Publishers, 1994.

265. Willis F. Overton, Peter C. M. Molenaar, Concepts, Theory, and Method in Developmental Science, In Willis F. Overton, Peter C. M. Molenaar, *Handbook of Child Psychology and Developmental Science (Volume One): Theory and Method*, John Wiley & Sons, Inc. , 2015.

266. Willis F. Overton, Processes, Relations, and Relational-Developmental-Systems, In Willis F. Overton, Peter C. M. Molenaar, *Handbook of Child Psychology and Developmental Science (Volume One): Theory and Method*, John Wiley & Sons, Inc. , 2015.

267. Willis F. Overton, Relationism and Relational Developmental Systems: A Paradigm for Developmental Science in the Post-Cartesian Era, In Richard M. Lerner, Janette B. Benson, *Advances in Child Development and Behavior*, Elsevier, 2013.

268. Wolfgang Teubert, *Meaning, Discourse and Society*, Cambridge University Press, 2010.

(二)论文类

1. Aaron Ladd Edsinger, *Robot Manipulation in Human Environments*, 2007-01-16, http: //people. csail. mit. edu/edsinger/index. html.

2. Admir Skodo，"Post-analytic Philosophy of History"，*Journal of the Philosophy of History*，2009，3.

3. Alan Nelson，"How Could Facts Be Socially Constructed"，*Studies in History and Philosophy of Science*，1994，25.

4. Albert-László Barabási，Réka Albert，"Emergence of Scaling in Random Networks"，*Science*，1999，286.

5. Alexandre Guay，Olivier Sartenaer，"A New Look at Emergence. Or When After is Different"，*European Journal for Philosophy of Science*，2016(6).

6. Andreas Pickel，"Mario Bunge's Philosophy of Social Science"，*Society*，2001，38.

7. Andrew Abbott，"Of Time and Space: The Contemporary Relevance of the Chicago School"，*Social Forces*，1997，4.

8. AnikaFiebich，"In Defense of Pluralist Theory"，*Synthese*（*Published Online*），(2019-12-02) https：//doi. org/10. 1007/s11229-019-02490-5.

9. Anthony Biglan，Steven C. Hayes，"Should the behavioral sciences become more pragmatic? The case for functional contextualism in research on human behavior"，*Applied and Preventive Psychology*，1996(5).

10. Baptiste Le Bihan，"Super-relationism: Combining Eliminativism about Objects and Relationism about Spacetime"，*Philosophical Stidies*，2016，173(8).

11. Brain Epstein，"A Framework for Social Ontology"，*Philosophy of the Social Sciences*，2016，46(2).

12. Brian Epstein，"History and the Critique of Social Concepts"，*Philosophy of the Social Sciences*，2010，40(1).

13. Brian McLaughlin，Karen Bennett，Supervenience，*Stanford Encyclopedia of Philosophy*，2011-11-02，http：//plato. stanford. edu/entries/su-

pervenience/ ♯ pagetopright.

14. Bruce Western, Simon Jackman, "Bayesian Inference Comparative Research", *The American Political Science Review*, 1994, 88(2).

15. Bryan Roche, Yvonne Barnes-Holmes, Dermot Barnes-Holmes, et al., "Relational Frame Theory: A New Paradigm for the Analysis of Social Behavior", *Behavior Analyst*, 2002, 25(1).

16. Cameron Buckner, Ellen Fridland, "What is Cognition? Angsty Monism, Permissive Pluralism(s), and the Future of Cognitive Science", *Synthese*, 2017, 194.

17. Caterina Marchionni, Petri Ylikoski, "Generative Explanation and Individualism in Agent-based Simulation", *Philosophy of the Social Sciences*, 2013, 43(3).

18. Charles M. Reigeluth, Yun-Jo An, "Functional Contextualism: An Ideal Framework for Theory in Instructional Design and Technology", *Educational Technology Research and Development*, 2006, 54(1).

19. Christopher Hookway, "The Presidential Address: Questions of Context", *Proceedings of the Aristotelian Society*, Aristotelian Society, Wiley, 1996, 96.

20. Craig Dilworth, "The Linguistic Turn: Shortcut or Detour?", *Dialectica*, 1992, 46.

21. Daan Evers, "Moral Contextualism and the Problem of Triviality", *Ethical Theory and Moral Practice*, 2014, 17(2).

22. Daniel Hutto, Mitchell Herschbach, Victoria Southgate, "Editorial: Social Cognition: Mindreading and Alternatives", *Review of Philosophy and Psychology*, 2011, 2(3).

23. David C. Witherington, "The Dynamic Systems Approach as Metatheory for Developmental Psychology", *Human Development*, 2007, 50.

24. David H. Jonassen, "A Constructivist's Perspective on Functional Contextualism", *Educational Technology Research and Development*, 2006, 1.

25. David Miller, "National Self-determination and Global Justice", *Citizenship and National Identity*, 2000.

26. Deirdre McCloskey, "The Rhetoric of Economics", *Journal of Economic Literature*, 1983, 21(2).

27. Donald Saari, "Mathematical Complexity of Simple Economics", *Notices of the American Mathematical Society*, 1995, 42(2).

28. Edward K. Morris, "Behavior Analysis and Mechanism: One is Not the Other", *The Behavior Analyst*, 1993, 16(1).

29. Edward K. Morris, "Contextualism: The World View of Behavior Analysis", *Journal of Experimental Child Psychology*, 1988, 46(3).

30. Edward K. Morris, "Mechanism and Contextualism in Behavior Analysis: Just Some Observations", *The Behavior Analyst*, 1993, 16(2).

31. Edward K. Morris, "Not So Worlds Apart: Contextualism, Radical Behaviorism, and Developmental Psychology", *The Interbehaviorist*, 1988, 16(1).

32. Edward K. Morris, "Review of Contextualism and Understanding in Behavioral Science", *The Psychological Record*, 1988, 38.

33. Edward K. Morris, "Some Reflections on Contextualism, Mechanism, and Behavior Analysis", *The Psychological Record*, 1997, 47(4).

34. Edward K. Morris, "The Aim, Progress, and Evolution of Behavior Analysis", *The Behavior Analyst*, 1992, 15(1).

35. Elinor Mason, "Value Pluralism", *Stanford Encyclopedia of Philosophy*, 2011-07-29, http://plato. stanford. edu/entries/value-pluralism/#toc.

36. Eric J. Fox, "Constructing a Pragmatic Science of Learning and In-

struction with Functional Contextualism", *Educational Technology Research and Development*, 2006, 1.

37. Esther Eidinow, "Approaches to historical explanations", *Religion Brain & Behavior*, 2018.

38. Evelyn Brister, "Feminist Epistemology, Contextualism, and Philosophical Skepticism", *Metaphilosophy*, 2009(5).

39. Franz-Peter Griesmaier, "Causality, Explanatoriness, and Understanding as Modeling", *Journal for General Philosophy of Science*, 2006, 37(1).

40. Gareth Morgan, Linda Smircich, "The Case for Qualitative Research", *Academy of Management Review*, 1980, 4.

41. Geoffrey Hodgson, "The Concept of Emergence in Social Science: Its History and Importance", *Emergence*, 2000, 2(4).

42. Gilmour J. Sherman, "Reflections on PSI: Good News and Bad", *Journal of Applied Behavior Analysis*, 1992, 25(1).

43. Gustavo E. Romero, "On the Ontology of Spacetime: Substantivalism, Relationism, Eternalism, and Emergence", *Foundations of Science*, 2017, 22(1).

44. Hanne De Jaegher, "Ezequiel Di Paolo, Participatory Sense-making", *Phenomenology and the Cognitive Sciences*, 2007, 6(4).

45. Hans Primas, "Emergence in Exact Natural Sciences", *Acta Polytechnica Scandinavica*, 1998, 91.

46. Harold Kincaid, "Contextualism, Explanation and the Social Sciences", *Philosophical Explorations: An International Journal for the Philosophy of Mind and Action*, 2004, 7(3).

47. Hayden White, "Contextualism and Historical Understanding", *Taiwan Journal of East Asian Studies*, 2010, 7(1).

48. Hayne W. Reese，"Comments about Morris's Paper"，*The Behavior Analyst*，1993，16.

49. Henk W de Regt，Dennis Dieks，"A Contextual Approach to Scientific Understanding"，*Synthese*，2005(144).

50. Ian Hunter，"The Contest over Context in Intellectual History"，*History and Theory*，2019，2.

51. Iikka Niiniluoto，"Social Aspects of Scientific Knowledge"，*Synthese*，2020，197(1).

52. Ilya Kasavin，"To What Extent Could Social Epistemology Accept the Naturalistic Motto?"，*Social Epistemology*，2012(3-4).

53. Isaac A. Reed，"Epistemology Contextualized：Social-Scientific Knowledge in a Post-Positivist Era"，*Sociological Theory*，2010，1.

54. Jaegwon Kim，"Making Sense of Emergence"，*Philosophical Studies：An International Journal for Philosophy in the Analytic Tradition*，1999，95(1/2).

55. Jakub Čapek，"Explanation and Understanding：Action as 'Historical Structure'"，*Philosophia*，2008，36.

56. James Maclaurin，"Against Reduction"，*Biology & Philosophy*，2011，26(1).

57. Jan De Houwer，"Why the Cognitive Approach in Psychology would Profit from a Functional Approach and Vice Versa"，*Perspectives on Psychological Science*，2011，6(2).

58. Jennifer L. Zamzow，"Rules and Principles in Moral Decision Making：An Empirical Objection to Moral Particularism"，*Ethical Theory and Moral Practice*，2015，1(1).

59. Jeroen Van Bouwel，"Do Mechanism Based Social Explanations Make a Case for Methodological Individualism?"，*Journal for General Philosophy of*

*Science*，2019，50.

60. John Dupre，"Social Science：City Center or Leafy Suburb"，*Philosophy of the Social Science*，2016，46(6).

61. John Gerring，Joshua Yesnowitz，"A Normative Turn in Political Science"，*Polity*，2006，38(1).

62. John Searle，"Language and Social Ontology"，*Theory and Society*，2008，37(5).

63. Jonathan Dancy，"Defending Particularism"，*Metaphilosophy*，1999，30(1-2).

64. Jonathan Dancy，"Moral Particularism"，*Stanford Encyclopedia of Philosophy*，2013-08-15，http：// plato. stanford. edu/entries/moral-particularism/.

65. Jonathan Dancy，"Supervenience，Virtues and Consequences：A Commentary on Knowledge in Perspective by Eenest Sosa"，*Philosophical Studies*，1995，78.

66. Joseph Carens，"A Contextual Approach to Political Theory"，*Ethical Theory and Moral Practice*，2004，7(2).

67. Joseph Long，"Who's a Pragmatist：Distinguishing Epistemic Pragmatism and Contextualism"，*The Journal of Speculative Philosophy*，2002(1).

68. Judith Stacey，"Can There be a Feminist Ethnography?"，*Women's Studies International Forum*，1988，11(1).

69. Karen L Remmer，"The Political Impact of Economic Crisis in Latin America in the 1980s"，*American Political Science Review*，1991，85.

70. Karsten R. Stueber，"Understanding Versus Explanation? How to Think about the Distinction between the Human and the Natural Sciences"，*Inquiry*，2012，55(1).

71. Kenneth J. Gergen，"Social Psychology as History"，*Journal of Per-*

*sonality and Social Psychology*，1973，26(2).

72. Klaus F. Riegel，"Toward a Dialectical Theory of Development"，*Human Development*，1975，18.

73. Lars Mjøset，"A Case Study of a Case Study: Strategies of Generalization and Specification in the Study of Israel as a Single Case"，*International Sociology*，2006，21(5).

74. Leonidas Tsilipakos，"The Poverty of Ontological Reasoning"，*Journal for the Theory of Social Behaviour*，2012，42(2).

75. Leslie Henrickson，Bill Mckelvey，"Foundations of 'New' Social Science: Institutional Legitimacy from Philosophy，Complexity Science，Postmodernism，and Agent-based Modeling"，*Proceeding of the National Academy of Sciences of the United States of America*，2002，99(10).

76. Lorenz B. Puntel，"The Context Principle，Universals and Primary States of Affairs"，*American Philosophical Quarterly*，1993，30(2).

77. Luke Roelofs，"Seeing the Invisible: How to Perceive，Imagine，and Infer the Minds of Others"，*Erkeen*，2018，83.

78. Lynne Cameron，"Graham Low"，*Metaphor (Survey Article)*，*Language Teaching*，1999，32(2).

79. Marianne Janack，"Dilemmas of Objectivity"，*Social Epistemology*，2002，16(3).

80. Marilyn Strathern，"Out of Context: The Persuasive Fictions of Anthropology"，*Current Anthropology*，1987，28.

81. Mark Bevir，"Contextualism: From Modernist Method to Post-analytic Historicism"，*Journal of the Philosophy of History*，2009，3.

82. Mark Bevir，Naomi Choi，"Anglophone Historicisms"，*Journal of the Philosophy of History*，2015，9(3).

83. Mark Bevir，"The Role of Contexts in Understanding and Explana-

tion", *Human Studies*, 2000(23).

84. Martin Gustafsson, "Systematic Meaning and Linguistic Diversity: The Place of Meaning-Theories in Davidsons Later Philosophy", *Inquiry*, 1998, 41.

85. Martin Jay, "Historical Explanation and the Event: Reflections on the Limits of Contextualization", *New Literary History*, 2011, 42(4).

86. Martin Montminy, "Contextualist Resolution of Philosophical Debates", *Metaphilosophy*, 2008, 4-5.

87. Matthew D. Anway, Andrea S. Cupp, Mehmet Uzumcu, et al., "Epigenetic Transgenerational Actions of Endocrine Disruptors on Male Fertility", *Science*, 2005, 308.

88. Mattia Gallotti, "A Naturalistic Argument for the Irreducibility of Collective Intentionality", *Philosophy of the Social Sciences*, 2012, 42(1).

89. Mhichael J. Hannafin, "Functional Contextualism in Learning and Instruction: Pragmatic Science or Objectivism Revisited?", *Educational Technology Research and Development*, 2006, 1.

90. Michael Tomasello, "How Children Come to Understand False Beliefs: A Shared Intentionality Account", *Proceedings of the National Academy of Sciences*, 2018, 115(34).

91. Miriam Golden, "The Dynamics of Trade Unionism and National Economic Performance", *American Political Science Review*, 1993, 87.

92. Mitchell Green, "Conversation and Common Ground", *Philosophical Studies*, 2017, 174.

93. Nathalie Bulle, "Under What Conditions Can Formal Models of Social Action Claim Explanatory Power", *International Studies in the Philosophy of Science*, 2009, 1(23).

94. Nathan H. Miller, "Strategic Leniency and Cartel Enforcement",

*American Economic Review*，2009，5，99(3).

95. Noretta Koertge，"The Methodological Status of Popper's Rationality Principle"，*Theory and Decision*，1979(1).

96. Osmo Kivinen，"Tero Piiroinen，Toward pragmatist methodological relationalism：from philosophizing sociology to sociologizing philosophy"，*Philosophy of the Social Sciences*，2006，36(3).

97. Paul A. Roth，"Varieties and Vagaries of Historical Explanation"，*Journal of the Philosophy of History*，2008，2.

98. Paul B. Baltes，Hayne W. Reese，Lewis P. Lipsit，"Life-Span Developmental Psychology"，*Annual Review of Psychology*，1980，31.

99. Paul Lewis，"Metaphor and Critical Realism"，*Review of Social Economy*，1996，54(4).

100. Paul Lewis，"Recent Developments in Economic Methodology：The Rhetorical and Ontological Turns"，*Foundations of Science*，2003，8(1).

101. Paul Miller，Tom Grimwood，"Mountains，Cones，and Dilemmas of Context：The Case of 'Ordinary Language' in Philosophy and Social Scientific Method"，*Philosophy of the Social Sciences*，2015，45(3).

102. Paul Roth，"Analytic Philosophy of History：Origins，Eclipse，and Revival"，*Graduate Faculty Philosophy Journal*，2016，37(2).

103. Peter Burke，"Context in Context"，*Common Knowledge*，2002，19(1).

104. Petri Ylikoski，Jaakko Kuorikoski，"Dissecting Explanatory Power"，*Philosophical Studies*，2010，148(2).

105. Poe Yu-ze Wan，"Dialectics，Complexity，and the Systemic Approach：Toward a Critical Reconciliation"，*Philosophy of the Social Sciences*，2012，43(4).

106. Richard Lauer，"Predictive Success and Non-Individualist Models in

Social Science", *Philosophy of the Social Sciences*, 2017, 47(2).

107. Richard M. Lerner, Marjorie B. Kauffman, "The Concept of Development in Contextualism", *Developmental Review*, 1985, 5(4).

108. Richard M. Lerner, Willis F. Overton, "Exemplifying the Integrations of the Relational Developmental System: Synthesizing Theory, Research, and Application to Promote Positive Development and Social Justice", *Journal of Adolescent Research*, 2008, 23(3).

109. Richard S. Prawat, Robert E. Floden, "Philosophical Perspectives on Constructivist Views of Learning", *Educational Psychologist*, 1994, 29(1).

110. Robert Bishop, Harald Atmanspacher, "Contextual emergence in the description of properties", *Foundations of Physics*, 2006, 36(12).

111. Rodney A. Brooks, "Intelligence without Representation", *Artificial Intelligence*, 1991, 47.

112. Roger Straus, "The Theoretical Frame of Symbolic Interactions: A Contextualist Social Science", *Symbolic Interaction*, 2011, 4(2).

113. Ronald Dworkin, "Natural Law Revisited", *University of Florida Law Review*, 1982, 34(2).

114. Roy Dilley, "The Problem of Context in Social and Cultural Anthropology", *Language & Communication*, 2002, 22(4).

115. Saul Cornell, "Splitting The Difference: Textualism, Contextualism, and Post-Modern History", *American Studies*, 1995, 36(1).

116. Shaun Gallagher, "Inference or Interaction: Social Cognition without Precursors", *Philosophical Explorations*, 2008, 11(3).

117. Simon Lohse, "Pragmatism, Ontology and Philosophy of the Social Sciences in Practice", *Philosophy of the Social Sciences*, 2017, 47(1).

118. Stephanie Lawson, "Political Studies and the Contextual Turn: A Methodological/Normative Critique", *Political Studies*, 2008, 56(3).

119. Stephen C. Hayes, Kelly G. Wilson, "Some Applied Implications of a Contemporary Behavior-Analytic Account of Verbal Events", *Behavior Analyst*, 1993, 16(2).

120. Stephen C. Hayes, Linda J. Hayes, Hayne W. Reese, "Finding the Philosophical Core: A Review of Stephen C. Pepper's World Hypotheses: A Study in Evidence", *Journal of the Experimental Analysis of Behavior*, 1988, 50(1).

121. Stephen Daskal, "A Contextual Approach to Political Philosophy", *Spectra: the Social, Political, Ethical, and Cultural Theory Archives*, 2012, 2(1).

122. Steven C. Hayes, Aaron J. Brownstein, "Mentalism, Behavior-Behavior Relations, and a Behavior-Analytic View of the Purposes of Science", *The Behavior Analyst*, 1986(2).

123. Steven C. Hayes, "Fighting for Science Values", *The Behavior Therapist*, 1998, 21.

124. Steven Hayes, Dermot Barnes-Holmes, Kelly Wilson, "Contextual Behavioral Science: Creating a Science More Adequate to the Challenge of the Human Condition", *Journal of Contextual Behavioral Science*, 2012, 1(1-2).

125. Sune Lægaard, "Contextualism in Normative Political Theory", *Oxford Research Encyclopedia of Politics*, 2016, https://doi.org/10.1093/acrefore/9780190228637.013.87.

126. Sune Lægaard, "Multiculturalism and Contextualism: How is Context Relevant for Political Theory?", *European Journal of Political Theory*, 2015, 14.

127. Sune Lægaard, "Normative Interpretations of Diversity", *Ethnicities*, 2009, 9(3).

128. Takashi Shogimen, "On the Elusiveness of Context", *History and*

*Theory*，2016，55(2).

129. Theodore R. Sarbin，"If These Walls Could Talk: Places as Stages for Human Drama"，*Journal of Constructivist Psychology*，2005，18.

130. Theodore R. Sarbin，"The Narrative Quality of Action"，*Theoretical & Philosophical Psychology*，1990，2.

131. Theodore R. Sarbin，"The Poetics of Identify"，*Theory Psychology*，1997，7.

132. Thomas Nagel，"Rawls on Justice"，*Philosophical Review*，1973，82(2).

133. Tuukka Kaidesoja，"Response to Little"，*Understanding Society*(the academic blog by Daniel Little)，2013，https: //undsoc. org/2013/09/19/response-to-little-by-tuukka-kaidesoja/.

134. Vincent W. Hevern，"Narrative, Believed-In Imaginings, and Psychology's Methods: An Interview with Theodore R. Sarbin"，*Teaching of Psychology*，1999，26(4).

135. Wesley Buckwalter，"Epistemic Injustice in Social Cognition"，*Australasian Journal of Philosophy*，2019，97(2).

136. William C. Coe，Theodore R. Sarbin，"Hypnosis from The Standpoint of a Contexualist"，*Annals of New York Academy of Sciences*，1977，296.

137. Willie Henderson，"Metaphor, Economics and ESP: Some Comments"，*English for Specific Purposes*，2000，19(2).

138. Willis F. Overton，"A Coherent Metatheory for Dynamic Systems: Relational Organicism-Contextualism"，*Human Development*，2007，50.

# 索 引

# 后　记

　　本书《社会科学哲学的语境论研究纲领》，是我 2017 年由北京师范大学出版社出版的《当代社会科学哲学：理论建构与多元维度》一书的"姊妹篇"。这两部书都聚焦于"社会科学哲学"这个主题，并分别于 2016 年和 2022 年入选了《国家哲学社会科学成果文库》。我自 2000 年起开始关注"社会科学哲学"领域，这两部书都是我二十年来所做思考和探索的总结。

　　2017 年出版的《当代社会科学哲学：理论建构与多元维度》一书，学习、借鉴、介绍的成分多一些，主要对"社会科学哲学"这一较新领域做了系统整理。所以，其"理论建构"指的是梳理了当代社会科学哲学的历史流派、人物思想以及富有争议性的哲学问题，呈现了社会科学哲学的演变过程、趋势定位、理论范式的最新研究成果。一些关键认识包括：

　　目前关于社会科学哲学有四种基本定位，即统一社会科学论、社会科学的哲学方法论、批判社会科学论、社会科学增长论；主要研究论域有六个方面，即社会科学的本体论、社会科学的认识论、社会科学的方法论、社会科学的价值论、社会科学的伦理学和社会科学的政治学；重要思想流派有四个，即实证主义的社会科学哲学、解释主义的社会科学哲学、批判主义的社会科学哲学、后实证主义的社会科学哲学，其中后实证主义的社会科学哲学主要介绍了建构论、批判实在论、女性主义认识论和社会认识论四种思潮；理论或研究模式有五个，即自然科学模式、描述主义模式、批判理论模式、社会建构论模式和诠释学模式等。

　　由此，《当代社会科学哲学：理论建构与多元维度》一书，其呈现的特征是"多元维度"。当然，从全书内容的演进思路上，我把"自然主义"趋势，视为这多元维度所内含的本质特征和整体路向，试图以此来把握当代社会科学哲学的发展趋势，并对其众多具体理论形态的内在品质特征及意义，予以进一步的合理定位和评估。

所以，《当代社会科学哲学：理论建构与多元维度》这本书，既做了一些工作，又留下了一些问题。通过这些工作，"社会科学哲学"这个更多是"把交叉的争论和论题比较宽泛地结合在一起"的领域，其定位要更加清晰一些了。我将之视为既是广义科学哲学的亚领域，又作为一般意义上的哲学问题，还是对社会研究实践进行反思的理论探索。这三个方面的定位，既有历史和逻辑上的关联，又有论题和范围上的差异，共同构成了该领域科学性、哲学性和实践性的取向。

我把"社会科学哲学"领域呈现出的这种丰富"理论建构"及"多元维度"，归因于社会科学的合法性危机这样一个总问题，以及理解这一总问题的诸多努力的结果。社会科学理论和实践领域所面对社会现象的复杂性、人的行为的不确定性、意义生成的多样性等，以及由此而衍生出的诸多问题，首要且核心需要解决的是"社会科学的科学地位"或社会科学知识的本质问题，这是之后诸多观点分歧的根由所在，不同回答事实上造成了对社会科学理解的各种差异。哲学的介入不仅可以澄清社会科学理论中的基本概念，而且可以通过各种理论模式，为理解社会科学的理论和实践以及对其合法性的辩护提供基础性手段。由此，社会科学哲学就是对社会科学的逻辑、方法和说明模式进行研究的领域，它围绕社会知识的科学地位问题而形成，并以社会科学实践的理性重建为基本旨趣。一方面，社会科学哲学具有描述性的特征，它对社会科学的说明、论证方法和理论、假设等所做的探索，就存在于社会科学研究领域中，要求的是一种合乎社会科学实践的哲学分析；另一方面，社会科学哲学又是说明性的，从而也是认知取向的，它关涉社会科学的理论和假设，通过理性基础上的经验的和理论的论证，给出对现有社会科学方法和实践的批判性评价。

《当代社会科学哲学：理论建构与多元维度》这本书，反映的是社会科学合法性危机及其诸种理解方式，是由社会科学到社会科学哲学的一种发展，给出了社会科学哲学的必然性。然而，目前的社会科学哲学尚无法通过调和具有自由意志的人或者能动主体与科学所要求的普遍性、规律性之间的矛盾，来为社会科学的合法性进行有效辩护；而且，反思这诸多类型的社会科学哲学，重新定位社会科学自身的科学地位，进而找到论证社会科学自身合法性的路径，既是迫切需要解决的基本问题，也是为解决社会科学研究的碎片化、实现社会科学知识的有效累积、构造统一的社会科学研究的哲学基础的内在要求。

这正是本书《社会科学哲学的语境论研究纲领》所考虑的问题或目标所在。

我的思路是，社会科学应回归"人的科学"这一本质。社会科学在科学化进程中失去了其最重要的核心——真实的人。对人之本质的科学理解，即是指人之本质在科学视阈下展现的普遍性和规律性特征。换言之，社会科学是通过一种科学解释的方式来展现人之本质的科学。

基于这一认识，我在本书中给出的解决问题的办法是，提出语境论的社会科学哲学，并以此作为一种"研究纲领"，来重建社会科学的哲学框架，从而尝试去解决社会科学的合法性危机。

社会科学研究的核心对象是人以及由人的行动所形成的社会现象。其目的不仅是用科学语言来描述和解释社会现象，更要从科学意义上来理解人的本质，也就是人性，所有与人性有关的内容都应置于社会科学的研究范围内。社会科学不只是研究人的行为的科学，而且还是对人性全面深入的科学探究。社会科学的范式也不是基于自然科学的范式，不是一种简单瞄向科学理论形态和标准的范式，其锚定的基点是"人的科学"。以人为出发点就必须假设社会科学理论所预设的人是什么，而人同时又是理论解释对象的基础，这正是社会科学理论结构中的自反性特征。所以，我们不能从社会科学自身来建构社会科学的范式，而是要从"人的科学"应该是什么来建构，这正是社会科学哲学语境论研究纲领最重要的内涵指向。

为什么是语境论的？在语境论视阈下，社会科学研究的基本单元是事件，也就是"语境中的行动"，通过把事实语境化、因果语境化、价值语境化，社会科学将处于遮蔽状态的事实呈现为包含主体能动性的事件，形成了社会科学中的事实系统，刻画了人的历史性维度；通过事件对个体行动的功能作用来建构事件之间的因果关系，形成了社会科学中的因果系统，刻画了人的社会性维度；

基于行动序列来表征事件的价值取向与知识的价值输出，形成了社会科学中的价值系统，刻画了人的文化性维度。由此，社会科学形成了由事件集合构成的事实系统、由事件关系构成的因果系统、由事件意义构成的价值系统的社会科学新范式，这就使得社会科学可以对包含人的意向性和价值的事实进行逻辑分析和科学解释，体现了人之本质的历史性、社会性和文化性三种维度。

换言之，社会科学是基于事实系统、因果系统和价值系统对人的历史性、社会性和文化性维度的科学重建与展开。社会科学哲学语境论研究纲领聚焦于恢复社会科学在传统科学理性的常规范式下被消失的真实的人，提出一种能够统一主体能动性与科学普遍性的社会科学研究新范式，进而从人的历史性、社会性和文化性三个维度重建人的科学意义，为社会科学回归到最开始的核心追求——对人的科学理解提供了一种新路径。

本书《社会科学哲学的语境论研究纲领》中，所谓的"研究纲领"，模仿了拉卡托斯的"科学研究纲领"的表述，想强调两点，一是语境论的社会科学哲学，认为社会科学理论具有一种特有的语境结构，这就是本书提出的语境化的事实系统、因果系统和价值系统，所以这里的"语境论研究纲领"也是在强调社会科学理论具有语境结构；二是语境论研究纲领在消解"事实—价值"二分法的情况下给出一种评价社会科学发展进步的标准，其核心就是，一个社会科学理论对人的历史性、社会性和文化性三个本质维度的科学认识程度，是评判这个社会科学理论的主要标准。

本书是我 2012 年获批立项的国家社会科学基金重点项目"语境论的社会科学哲学研究"的最终结项成果，该成果于 2018 年结项并获得"优秀"鉴定等级。在项目的执行过程中，我和课题组成员赵雷、孟辉、王亚男、刘扬弃、樊小军、祁大为、胡松、马健、张鑫、董佳蓉、张玉帅、陈嘉鸿、蒋鹏慧、申晓旭等，陆续撰写了三十多篇阶段性成果，发表在《中国社会科学》《哲学研究》《哲学动态》《江海学刊》《自然辩证法研究》《自然辩证法通讯》和《科学技术哲学研究》等期刊上。本书撰写过程中，我把前期这些成果融合在各章节中，"导论"中对此进行了具体说明。因此，本书无论是整体思路主旨，还是框架内容，都是我们共同集体合作的结果。

今年，这项成果依托北京师范大学出版社申报了《国家哲学社会科学成果文库》，并最终有幸入选。在此，我特别感谢出版社副总编辑饶涛编审的殷切鼓励和大力支持；感谢申报《国家哲学社会科学成果文库》时，诸位匿名评审专家提出的宝贵建议，使得本书的主题与内容获得了更进一步的提升；感谢责任编辑祁传华主任的认真负责，最大限度降低了书中一些笔误与用词的不妥之处。

在此，要特别感谢我的博士硕士导师、授业恩师郭贵春教授，他指引我在哲学大道中去寻求哲学之美、之善、之真；他指导我从事科学哲学、语言哲学的研习，始终关怀支持帮助我成长；他系统开启和推进了"语境论科学哲学"研究，成为我进行"语境论社会科学哲学"研究的前提和基础。谨以此书感谢恩师多年的培养和教诲。

这项成果入选《国家哲学社会科学成果文库》后，我和赵雷、孟辉、马健、张鑫，用整整一个月的时间，结合申报《成果文库》时评审专家提出的宝贵建议，重新审定了本书的主旨、视角和研究方法，增加了新的认识和想法，反复打磨、逐句讨论，最终形成了摆在读者面前的这本《社会科学哲学的语境论研究纲领》。

本书得到了教育部人文社会科学重点研究基地和科学技术哲学国家重点学科——山西大学科学技术哲学研究中心，山西大学哲学"国家双一流"学科建设项目，部省合建山西大学建设项目，以及山西省高等教育"1331 工程"建设计划项目的支持，谨致谢忱。

此时此刻，2022 年再有几个小时就过去了，窗外华灯初上，万家灯火。2023 年马上就来了。我依然相信事实，遵循因果，存有价值。

最后，需要说明的是，作为"社会科学哲学"研究方面的一部探索性成果，限于其研究领域的广泛性和学科的交叉性，书中必有许多不尽如人意之处，还望学界同人和读者不吝赐教，共同推动这一领域学术研究的进步。

殷杰

2022 年 12 月 31 日于山西大学